L'IDENTITÉ AU TRAVAIL

Ouvrages parus dans la collection « Références » :

1. *Critique de la décision*, Lucien Sfez (nouvelle édition).
2. *Crise du féodalisme*, Guy Bois.
3. *Léon Blum, chef de gouvernement (1936-1937)*, Pierre Renouvin, René Rémond.
4. *Réforme et révolution chez les musulmans de l'Empire russe*, Hélène Carrère d'Encausse.
5. *Le Parti communiste français pendant l'entre-deux-guerres*, Nicole Racine, Louis Bodin.
6. *André Malraux et le gaullisme*, Janine Mossuz-Lavau.
7. *Mon village*, Roger Thabault.
8. *Le mode de vie des familles bourgeoises, 1873-1953*, Marguerite Perrot.
9. *Emploi et chômage*, Jacques Mairesse.
10. *Administration et politique sous la Cinquième République*, Francis de Baecque, Jean-Louis Quermonne.
11. *La Constitution de la Cinquième République*, Olivier Duhamel, Jean-Luc Parodi (épuisé).
12. *Le fellah marocain, défenseur du trône*, Rémy Leveau.
13. *L'État au Cameroun*, Jean-François Bayart.
14. *L'identité au travail*, Renaud Sainsaulieu (épuisé).
15. *Sociologie des Brazzavilles noires*, Georges Balandier.
16. *France de gauche, vote à droite?*, Jacques Capdevielle, Élisabeth Dupoirier, Gérard Grunberg, Étienne Schweisguth, Colette Ysmal.
17. *La Constitution de la Cinquième République*, Olivier Duhamel, Jean-Luc Parodi (nouvelle édition).
18. *L'identité au travail*, Renaud Sainsaulieu (nouvelle édition).
19. *Les musulmans dans la société française*, Rémy Leveau, Gilles Kepel.
20. *Les espaces d'Israël*, Alain Dieckhoff.
21. *Explication du vote*, Daniel Gaxie.
22. *L'électeur français en questions*, CEVIPOF (inédit).
23. *Sirius face à l'histoire*, Bruno Rémond (inédit).
24. *Naissance de la Cinquième République*.
25. *A l'Est en Europe. Des économies en transition*, Jean-Paul Fitoussi.
26. *Idéologies, partis politiques et groupes sociaux*, Yves Mény.
27. *Sur l'individualisme*, Pierre Birnbaum, Jean Leca.
28. *Géographies du politique*, Jacques Lévy.
29. *Sociologie des crises politiques*, Michel Dobry.
30. *L'entreprise, une affaire de société*, Renaud Sainsaulieu.
31. *La France de la « Belle Époque »*, Jean-Baptiste Duroselle.
32. *L'ordre mondial relâché*, Zaki Laïdi.

Le Catalogue général sera envoyé sur simple demande adressée
aux Presses de la Fondation nationale des sciences politiques
44, rue du Four, 75006 Paris.

L'IDENTITÉ AU TRAVAIL

RENAUD SAINSAULIEU

Les effets culturels de l'organisation

Troisième édition

PRESSES DE LA FONDATION NATIONALE
DES SCIENCES POLITIQUES

La troisième édition de *L'identité au travail* présente des résultats de recherche sur les entreprises de la croissance, et rend ainsi possible une compréhension des fondements culturels de leurs fonctionnements collectifs. Ces travaux sociologiques sont-ils pertinents à notre époque de crise et de mutations ? Une postface expose les apports et limites de cet ouvrage dans les domaines des cultures et du développement social d'entreprise.

Couverture : Luis Costa Bonino
Photo de couverture : Sygma

ISBN 2-7246-0559-4 (3e édition)
(ISBN 2-7246-0511-X 2e édition revue et augmentée)
(ISBN 2-7246-0385-0 1re édition, 1977)

table des matières

Graphiques par André Leroux

Introduction

L'organisation de rapports collectifs est l'un des impératifs majeurs que rencontre de nos jours toute structure économique ou sociale face à la croissance de ses activités. Un véritable réseau de situations organisées selon des principes rationnels s'interpose ainsi entre le monde des relations interpersonnelles et familiales et le monde des rapports collectifs à l'échelon national ou local ; et rares sont les individus qui restent à l'écart de ces structures organisées industrielles, administratives et même culturelles ou politiques. Nombreux, en revanche, sont ceux qui passent une moitié de leur vie au moins dans les organisations économiques. Ce sont là les données qui justifient que l'on poursuive la réflexion sur les conséquences profondes de ce phénomène de l'organisé, dont on restreindrait beaucoup la signification en ne comptabilisant ses effets qu'au plan de l'économie et de la technique.

Les habitudes de travail, les modes de pensée et d'action étaient, il y a un siècle, encore profondément liés aux institutions familiales, artisanales et corporatives. Mais ces modèles ne peuvent conserver leur efficacité traditionnelle en face des problèmes de développement posés par une société de masse et de consommation urbanisée et industrielle. Il suffit de constater les effets de dévastation sur les structures sociales du village, ou des sociétés restées médiévales, provoqués par l'arrivée d'une grande entreprise avec ses schémas d'organisation rationnelle et de catégorisation fondée sur la compétence technique, pour comprendre que nos sociétés ont instauré en fait de nouvelles formes de sociabilité, en inventant des solutions techniques à leurs problèmes d'organisation.

Cet ouvrage est précisément le résultat d'une découverte progressive de l'influence profonde du travail organisé sur les structures mentales et les habitudes collectives des habitants du monde industriel ou administratif. Il peut, certes, paraître étonnant de parler d'apprentissage de culture à propos du travail alors que la famille, l'école et les mass media sont des institutions spécialement orientées vers l'éducation et l'enseignement des connaissances et des idées. Mais notre propos vise autre chose que la transmission de messages culturels, incontestablement caractérisés par des appartenances de classe, et contribuant de ce fait à reproduire des différences et inégalités sociales. Nous voudrions montrer que, dans le processus même des mécanismes de la reproduction d'une culture, se situe toujours l'expérimentation concrète et immédiate des normes et valeurs transmises antérieurement, et que les conditions mêmes de cette expérimentation, sans cesse reprise, peuvent introduire un apprentissage de nouvelles significations, valeurs et idées, au point de modifier le contenu des messages transmis. C'est ainsi que l'étude des phénomènes d'apprentissage culturel dans l'organisation du travail prend tout son sens, car la croissance et l'extension de cette nouvelle forme sociale à de nombreux secteurs de l'activité humaine dans nos sociétés introduit un fait nouveau dans les conditions de la mise à l'épreuve quotidienne des modèles culturels transmis à l'école et dans la famille.

Centrée sur les rapports de travail industriel et administratif dans les organisations grandes ou moyennes, notre recherche aurait tout aussi bien pu porter sur les expériences de relations internes aux petites entreprises, aux écoles, hôpitaux, partis politiques, syndicats ou associations diverses. Notre hypothèse générale est en effet que le phénomène organisationnel étant considérable à notre époque, il ne peut manquer de médiatiser en toute institution la reproduction des conduites et des cultures.

Depuis que les industries et administrations sont nées au siècle dernier, on s'est en réalité toujours étonné de la nouveauté des conduites collectives se manifestant au cœur même des rapports de production. Le travail en grande organisation n'a en fait jamais cessé de révéler à la société l'apparition de catégories sociales nouvelles, par l'originalité de leurs comportements. Les employés ont ainsi longtemps retenu l'attention des romanciers par leur neutralité petite-bourgeoise ; tandis que les premiers ouvriers d'usine inquiétaient artisans et sociétés de compagnons par leur nouvel esprit de solidarité. Plus près de nous, la progression numérique des techniciens et des cadres pose la question de nouvelles formes de solidarité, et l'apparition sur la scène sociale des nouveaux acteurs que sont les jeunes, les femmes et les immigrés se manifeste par l'abandon d'attitudes de dépendance individuelle et l'invention de formes nouvelles et spontanées de conduite dans les groupes et face à l'autorité.

Mais c'est à propos de la condition ouvrière que l'on a d'abord vu s'élaborer une étude systématique d'une dimension culturelle des rapports en organisation. Fréquemment décrites par les témoins de la vie ouvrière [1], ces relations habituelles de travail étaient considérées comme le résultat d'une sous-culture ouvrière, comme un ensemble de valeurs, d'idées et de connaissances caractéristiques de la condition ouvrière globale et venant en colorer les rapports humains. Tout analyste des phénomènes d'organisation rationnelle du travail aurait dû ainsi se doubler d'un ethnologue au courant des us et coutumes des diverses catégories socio-professionnelles que l'on croisait dans les ateliers et bureaux. Pendant longtemps, la recherche en sciences sociales a ainsi exploré une voie « culturaliste » c'est-à-dire orientée vers la description des sous-cultures présentes au travail, notamment dans le groupe ouvrier, et expliquant les actions interpersonnelles et collectives.

Mais, parallèlement à cette période de constat culturel, la psychologie[2], puis la sociologie industrielle[3], principalement américaine, orientaient la recherche scientifique vers une tentative d'explication des comportements par tel ou tel facteur de la situation de travail. Et nos propres recherches se sont appuyées sur trois résultats fondamentaux pour notre propos, émanant des très nombreuses études effectuées dans les années cinquante et le début des années soixante.

Georges Friedmann[4] montre qu'au-delà de facteurs de situation, c'est l'ensemble du système d'organisation scientifique du travail qui peut agir sur les comportements au point de provoquer des troubles graves de la personnalité des ouvriers soumis à une extrême simplification des tâches. De son côté, tirant des conclusions de nombreuses études sur les rapports humains en organisation, J.-D. Reynaud[5] remarque combien « l'homme de l'organisation a soif d'informel », révélant ainsi que les rapports de travail sont riches d'implications complexes pour les individus ou les groupes, et que les formes d'aménagement officiel du travail n'ont jamais pu trouver une explication satisfaisante dans une logique purement économique et technique. Peu après ces remarques, Michel Crozier[6] dévoilait l'importance des phénomènes de pouvoir dans les relations informelles d'usine ou de bureau ; montrant que l'autorité dans les entreprises bureaucratiques est la conséquence de la structure formelle des rapports de travail certes, mais aussi et plus profondément des possibilités de jeux partiellement indépendants que s'y constituent les acteurs en fonction des ressources stratégiques de leurs positions organisationnelles.

Dès le début des années soixante, l'organisation était ainsi clairement désignée comme un lieu d'implication très forte des individus dans un milieu humain dépassant de loin en complexité la définition formelle qui en était donnée par l'organigramme. La scène des rapports de travail habituellement envisagée sous le double angle des rapports fonctionnels de production et des rapports collectifs de lutte sociale, acquérait ainsi une troisième dimension : celle des échanges humains quotidiens de production, où le fonctionnel, l'interpersonnel et le collectif pouvaient, en se mêlant, contribuer à donner une nouvelle signification au monde du travail.

Nos travaux nous amenèrent précisément à constater à quel point l'individu pouvait être influencé dans sa façon de raisonner, de symboliser et d'interpréter son expérience ou celle des autres, par les circonstances de la communication dans le travail. La culture, au sens anthropologique du terme, qui recouvre l'ensemble des significations, représentations et valeurs plus ou moins codifiées, dont on se sert pour agir et se faire comprendre dans les échanges, pourrait ainsi être apprise ou transformée dans le contexte dangereux et complexe des relations humaines du travail, car les individus y font l'expérience plus ou moins forte d'un véritable conditionnement de leurs aptitudes à communiquer. Telles sont les raisons qui nous ont conduit à centrer nos recherches et cet ouvrage sur la constatation empirique de l'influence des structures d'organisation sur la qualité des échanges humains, pour en dégager ensuite l'analyse des processus d'un apprentissage culturel dans l'expérience des relations.

Toute étude, et particulièrement en sciences humaines, s'inscrit évidemment dans un cheminement lent et complexe de recherches associées sur soi-même et sur le monde ; et ses résultats reflètent une forte interdépendance entre l'évolution des connaissances de l'auteur et celle des sciences de référence. En ce qui nous concerne, l'interrogation persistante sur les problèmes du travail et de l'individu a traversé plusieurs étapes en fonction d'expériences et d'influences intellectuelles successives, qui expliquent largement la progression de la pensée présentée dans cet ouvrage.

Le premier chapitre retrace assez fidèlement l'étonnement d'un psychologue et d'un juriste de formation universitaire, face à la réalité des rapports de travail en atelier. Refusant consciemment de prendre la place des militants ouvriers pour exposer les conditions difficiles de la vie en usine et leur signification politique, nous étions venu observer intellectuellement comment et jusqu'où des individus pouvaient être conditionnés par leur travail d'OS afin de mieux situer la marge de manœuvre du psychologue industriel dans le changement des règlements du travail. Et, de même que tout voyage à l'étranger recèle un dessein souvent inconscient de se trouver soi-même hors des impératifs du milieu habituel, pris dans les contraintes de la situation observée, nous avons été confronté au double problème de l'adaptation aux dures conditions de la chaîne et de la définition d'une position personnelle, d'une existence en soi. C'est dans le double mouvement du conditionnement et de la lutte pour en sortir que se découvrait progressivement l'une des sources de la culture ouvrière. Le premier chapitre a pour fonction de faire partager cet effort de compréhension des données d'une culture locale se constituant dans la recherche difficile d'une possibilité d'expression au travers des contraintes matérielles et sociales imposées aux échanges humains par la situation d'atelier.

Les chapitres II à VI correspondent à une seconde étape intellectuelle. Passé le choc de l'observation participante et guidé par la formalisation croissante des techniques d'enquêtes et théories des rapports de pouvoir en matière de sociologie de l'organisation, nous avons effectué une étude [7] plus systématique dans plusieurs entreprises privées et publiques, secondaires et tertiaires, pour analyser les différences de styles de relation et de compréhension mutuelles au travail, chez les ouvriers, les employés, les techniciens et les cadres. Cet élargissement de l'étude a surtout fait ressortir que la variété des conduites ainsi observées ne coïncidait que très imparfaitement avec les catégories socio-professionnelles déterminées par la formation professionnelle et scolaire. L'expérience d'accès au pouvoir dans les organisations rendait mieux compte des différences dans les normes de relations interpersonnelles, collectives et hiérarchiques observées dans les ateliers, bureaux et échelons d'encadrement. Ce constat des conséquences relationnelles de la position dans les structures d'organisation nous a alors orienté vers une réflexion plus théorique sur les processus d'apprentissage de ces normes.

L'étape suivante de cette recherche, présentée dans les chapitres VII et VIII, prend tout d'abord appui sur les travaux d'enquête et d'expérimentation des psychologues sociaux des écoles américaine, anglaise et française, ayant exploré les facteurs sociaux organisationnels et structuraux de la constitution des relations et des groupes. Nous avons trouvé des correspondances entre leurs conclusions et les modalités de relations et de capacités stratégiques observées dans les situations concrètes de travail en entreprise. Il devenait alors possible de parler d'un apprentissage des normes de comportement dans les relations de travail, en montrant que ses processus pouvaient être liés aux conditions sociales d'accès au pouvoir dans les échanges en organisation ; au même titre que les psychologues et psychologues sociaux se sont efforcés de théoriser l'apprentissage des aptitudes et de séquences de comportement en montrant qu'ils étaient liés à la variation expérimentale des stimuli dans les situations de laboratoire. Mais cette recherche sur les processus d'apparition des normes de relations, dans l'expérience contraignante et conflictuelle des rapports de travail, nous a progressivement orienté vers un autre type d'interrogation qui a longtemps été portée exclusivement par les psychanalystes et les psychosociologues et qui concerne la signification inconsciente, pour les structures mentales du sujet, des expériences identificatoires et conflictuelles qu'il peut vivre dans ses relations affectives et cognitives. C'est ainsi que nous avons été conduit à proposer une nouvelle interprétation des conséquences collectives de l'organisation, en analysant les processus d'interdépendance entre l'expérience du pouvoir en entreprise et celle de l'identité personnelle des individus, confrontés aux modalités d'accès à la reconnaissance de soi dans le milieu social du travail.

La dernière partie de cette étude rejoint les catégories plus sociologiques des valeurs, idéologies et de la culture des groupes sociaux, en visant à démontrer la thèse que l'expérience des relations est si intense et durable dans les organisations contemporaines que leurs effets culturels ne se limitent pas aux seules normes de comportement dans les bureaux et les ateliers. Le schéma d'apprentissage culturel au travail que nous présentons dans le dernier chapitre permet de soutenir l'idée que des représentations collectives, des valeurs communes de l'action et des discours sur l'entreprise et le pouvoir peuvent être la conséquence culturelle de l'expérience quotidienne des relations de travail. Les rapports sociaux de classe et tout particulièrement leurs expressions syndicales doivent ainsi être réinterprétés par l'exploration des processus inconscients d'apprentissage culturel dans le travail, qui se sont probablement amplifiés avec la croissance récente des organisations industrielles ou administratives et l'extension des structures organisées à d'autres formes d'activité sociale éducatives et militantes.

Le plan de cet ouvrage traduit donc une évolution théorique et conceptuelle allant du schéma relativement classique du conditionnement et de la référence culturaliste au rapprochement des modèles de normes, ainsi dégagés avec d'une part des processus psychosociologiques, voire psychanalytiques, en œuvre dans les relations et d'autre part des analyses sociologiques du pouvoir dans l'organisation.

Résultat d'une maturation progressive de recherche, ce cheminement traduit en outre à nos yeux une préoccupation permanente qui est, au-delà de l'étude nécessaire des systèmes, de redonner sa place à l'acteur social. Trop souvent limitée à la considération de conditionnements primaires ou à la reconstitution rapide d'intérêts économiques communs, l'étude d'un acteur social doit être celle de la compréhension de sa culture propre et des processus de sa genèse comme de son évolution dans les rapports sociaux. Or l'acteur social effectivement appréhendé à partir de positions collectives prévisibles dans une situation sociale commune à de nombreux individus n'est pas le fruit d'une génération spontanée. C'est dans le fonctionnement des relations interindividuelles, avec leurs contraintes, leurs conflits, leurs inégalités de pouvoir et leurs phénomènes d'identification que s'élabore la logique des conduites, des représentations et des sociabilités communes. L'étude des relations dans le contexte nécessaire du pouvoir, de l'affectif et des structures de groupe est ainsi le lieu commun d'une interdépendance entre diverses branches des sciences humaines pour comprendre en quoi, de nos jours, la culture peut fonder les forces sociales et collectives.

L'étude des rapports humains du travail a déjà provoqué tant de recherches empiriques et théoriques qu'elle demeure probablement l'un des secteurs où le rapprochement entre sciences humaines peut être le plus clairement démontré et le plus urgent à réaliser. C'était aussi notre ambition que de contribuer à cet effort théorique.

Cet ouvrage, qui a fait l'objet d'une soutenance de thèse d'Etat à l'Université Paris V René Descartes, est le résultat d'une longue recherche effectuée au Centre de sociologie des organisations, sous la direction de Michel Crozier que je remercie ici vivement pour l'attention, la patience, l'intérêt qu'il a manifestés pour mes travaux. Je dois également beaucoup aux autres chercheurs du CSO et tout particulièrement à Jean-Pierre Worms, Danièle Kergoat et Pierre Grémion. Je suis également reconnaissant à Henri Mendras, François Bourricaud et Jean-Daniel Reynaud de l'aide qu'ils ont bien voulu m'apporter à diverses phases de cette recherche.

Les enquêtes sur lesquelles reposent les résultats présentés dans cet ouvrage ont pu être réalisées grâce à la compréhension et l'aide de nombreuses institutions de recherche et d'entreprises. Je remercie très sincèrement le CNRS, la Fondation Royaumont, le Commissariat au Plan, les services informatiques de l'EDF, le service PROFOR et la distribution EDF, la direction du matériel de la SNCF, les entreprises Gauthier, Alsacienne, Christofle, Merlin-Gérin, Le Phénix, etc., ainsi que tous les membres de leur personnel qui m'ont accueilli en période d'enquête.

Je suis enfin reconnaissant envers les collègues et collaborateurs qui m'ont aidé et soutenu aux divers étapes de cette étude : H. Mandelbaum, C. Blanquet, J. Vallet, Y. Paris, M.-J. Raguenès, B. Milecent et Odile Chenal.

Chapitre 1

Le conditionnement des rapports humains dans l'atelier

L'idée que des individus puissent être conditionnés jusque dans leurs habitudes mentales par les pressions diverses émanant des formes mêmes de l'organisation du travail n'était certes pas étrangère à ma décision d'effectuer une observation participante, mais d'autres motifs plus personnels y tenaient également une grande place. Telle que je peux la reconstituer dix années après, mon intention d'aller travailler en usine ressortait d'une double expérience familiale et universitaire et pouvait s'inscrire dans une compréhension de la façon dont les pensées, les sentiments et les actes des individus sont influencés par leur milieu social et professionnel. Issu de deux familles bourgeoises, l'une industrielle et l'autre d'architecte, j'avais progressivement découvert que les valeurs inculquées de la réussite individuelle par le courage, l'effort, l'honnêteté professionnelle, tout autant que celles de la beauté du métier et de l'œuvre personnelle pouvaient entrer en contradiction avec les conditions inégales de l'accès à l'école, au travail, et à la sécurité économique. Des études en droit et en psychologie sociale et industrielle, j'avais surtout retenu que la forme institutionnelle de l'entreprise et les conditions de travail qui y régnaient pouvaient, au-delà des revendications économiques, influencer en profondeur l'individu jusque dans ses façons de s'estimer, de se comprendre et d'arrêter son action face au présent et à l'avenir. Le travail parcellisé pouvait avoir un effet atrophiant pour le sujet, comme le soulignait Georges Friedmann, mais fallait-il pour autant y voir une fatalité inéluctable du progrès, telle que seul le secteur du loisir s'offrait comme un lieu de création et d'expression de soi pour l'individu ? Ne pouvait-on comprendre davantage les processus sociaux de la structuration mentale du sujet ainsi que ceux de la constitution dans le travail de formes collectives de la culture ?

L'étude du conditionnement culturel d'un sujet au cours de son expérience de travail, et par là très certainement aussi une réflexion sur les effets culturels de mes propres origines bourgeoises, étaient donc les raisons profondes de mon travail en usine, beaucoup plus que l'observation particulière du monde ouvrier. Et c'est dans de telles dispositions personnelles et théoriques mélangées et encore assez confuses que je trouvais le moyen de me faire embaucher à quelques mois d'intervalles dans deux entreprises, l'une de petite mécanique où j'étais OS sur une chaîne de polissage, et l'autre d'alimentation où j'ai été d'abord manœuvre dans une chaîne de fours, et ensuite opérateur-conducteur spécialisé d'un grand four à biscuits dans une autre usine.

Je voudrais tenter de présenter dans ce chapitre les impressions dominantes de cette observation participante qui ont ensuite orienté toute la démarche de cette recherche.

L'extrême façonnement des individus jusque dans leur manière de penser, de se percevoir et de se comprendre, par l'effort répétitif exigé dans le travail parcellaire me paraît avoir été l'impression première et constamment ressentie tout au long de ces six mois d'usine. La monotonie des tâches et les difficultés d'échanges verbaux orientent la communication vers une sorte de projection affective imaginaire par manque de moyens pour mesurer la différence des opinions et connaissances inter-individuelles. Cette expérience perceptive plus lente et difficile à réaliser est en rapport étroit avec une troisième impression majeure qui est celle d'un fort sentiment de solidarité et de camaraderie qui vient colorer toute action collective. Et, cependant, les rapports quotidiens ne peuvent être ramenés ni à cette expérience de rapprochement affectif inter-personnel, ni à l'image d'une solidarité collective. Tout un jeu de sous-groupes d'intérêts et d'opinions divergentes selon l'âge, les positions professionnelles, l'ethnie et les personnalités, dessine la trame complexe d'une société, car chacun tend à défendre son autonomie d'action aussi bien envers les chefs qu'envers le groupe des pairs. L'approfondissement de ces quatre aspects des rapports humains de travail en atelier devrait permettre d'affiner la compréhension du processus de conditionnement des individus par le poids que la situation de travail exerce sur les échanges inter-personnels et collectifs.

LE POIDS DE L'EFFORT RÉPÉTITIF

Au polissage, qui est un grand atelier de cinquante personnes d'une usine de fabrication de couverts de la banlieue parisienne, la production a récemment été organisée à la chaîne, et les vieux polisseurs de métier sont partis ou sont déqualifiés. Les travailleurs les plus expérimentés sont disposés le long d'un tapis qui achemine les pièces selon un rythme continu. Chacun devant sa meule doit polir une partie seulement de la fourchette ou de la cuillère, en évitant de se laisser déborder par la vitesse continue du tapis. Un peu plus loin, au milieu de l'atelier, une batterie de douze machines sert à la finition du polissage par montage de douze couverts à la fois ; les travailleurs étrangers ou les nouveaux arrivants y sont affectés car l'effort physique est épuisant pour suivre un rythme, soulever les portecouverts, appuyer sur les pédales et agiter la « bécane » devant le rouleau.

Derrière le poli-machine se trouve un banc de retouches plus paisible sans rythme imposé, qui est surtout confié aux vieux polisseurs. Enfin, plus loin, des ouvriers âgés contrôlent les défauts dans une sorte de tunnel-isoloir fortement éclairé. A l'écart, les ouvriers d'entretien et d'outillage ainsi que des graveurs sur métaux travaillent à l'établi face à leur panoplie d'outils. L'ensemble de l'atelier est assez propre et peint en vert et jaune pâle avec des tuyaux multicolores pour signaler leur contenu. La soufflerie de l'aspirateur, le moteur du tapis des machines et les couverts sur les meules créent un fond assourdissant. Le bureau du contremaître est au centre de l'atelier sous les panneaux de rendement ; celui de l'ingénieur de fabrication dans un local vitré tout proche. A la porte se trouve l'horloge de pointage. Çà et là, des matériaux divers et caisses de rebuts sont vaguement cachés par des barrières de plastique jaune.

J'ai moi-même occupé la plupart des postes tout au long de la chaîne, sauf ceux du contrôle. L'impression centrale que je retirai de ces postes est l'énorme implication de toute la personnalité, y compris les capacités de réfléchir, dans l'effort physique. Quoique à tout moment supportables, les gestes répétitifs pour appuyer le couvert sur la meule en restant debout, pour soulever, retourner et agiter les montages de couverts plusieurs fois par minute sont épuisants ; au bout de quelques heures, on a vraiment mal dans le dos ; il faut se tordre en avant pour trouver des positions d'accoudoirs. L'histoire de mes premières semaines de travail est non pas l'apprentissage progressif de performances physiques, mais bien plutôt l'accoutumance lente, entrecoupée de révolte, de l'effort sans cesse à refaire.

Dès ma première période d'essai au poli-machine, plusieurs voisins, de grands Martiniquais, me disent d'aller doucement pour ne pas être trop fatigué après. A chaque nouveau poste, on me regarde m'appliquer à l'extrême pour tâcher de faire comme les autres, et « d'aller vite ». Le soir, le grand Noir me le fait encore remarquer au poste d'accroche et, un peu plus tard, un ouvrier algérien, qui me voyait fatigué de rester debout, me propose de prendre sa place assise.

Dans ma tête, c'est le freinage observé par les sociologues[1] qui prend toute sa réalité, mais je n'avais pas compris jusqu'alors combien la défense de son intégrité physique en constituait un ressort important. Il est nécessaire « de ne pas trop forcer » autrement « quand est-ce que tu te reposeras », et il est vital de se reposer si on veut tenir jusqu'au soir, « il n'y a qu'à voir la figure des gens à 16 heures ».

Quelques jours plus tard, alors que j'ai du mal à suivre une cadence régulière, par manque de tour de main, et que, d'autre part, j'essaie de comprendre à quelle vitesse il faut aller pour ne pas s'épuiser et respecter les normes implicites du groupe, un Breton de trente ans, placide et tire-au-flanc, me dit : « Tu travailles trop vite, que faisais-tu avant ? » Et, comme pour vérifier ses soupçons, je me suis si bien appliqué au travail que l'ingénieur, le contremaître et le régleur viennent me regarder faire en surveillant discrètement le tableau de production de l'atelier ; on semble s'intéresser à mes efforts et j'ai l'impression aiguë de passer un double examen contradictoire : l'un pour les chefs, il faut que je travaille suffisamment bien pour ne pas être renvoyé ; l'autre pour les compagnons, il ne faut pas que je brise les cadences, car on se tuerait de fatigue.

En général il y a trop de rebuts, la chaîne ne rend pas ce qu'on en attendait, le contremaître est nerveux et le régleur hystérique : rien n'est jamais correct, les cuillères sont mal rangées, le montage mal fixé ou lancé trop fort, etc. Vers 15 heures, Yvon, ouvrier français d'environ quarante ans, voûté et le visage creusé, fonce et s'énerve quand je ne lui passe pas assez vite les montages, il paraît épuisé et pourtant ne contrôle plus sa dépense physique. Vers 17 heures, un Réunionnais qui dispose à toute vitesse ses cuillères dans l'appareil, attend d'un air excédé que j'aie terminé, je suis plus lent. L'Algérien ne serre pas assez ses montages, les cuillères se décrochent pour le suivant et c'est la dispute.

Le lendemain, Yvon continue de travailler comme un fou aux postes III et IV. Il a l'air crevé, mais il se balance à toute vitesse et secoue la bécane avec frénésie. Un autre montre son désaccord. Le régleur gueule en disant : « Si t'es pas content, t'as qu'à prendre sa place ». Comme peu sont capables de bien faire IV, Yvon y a été 4 heures le veille et 2 heures le matin, plus une heure l'après-midi ; un Espagnol y est resté 2 heures, dont une à ma place. Autour de lui, on pense que Yvon est malade de la tête.

La fatigue s'accumule au long de la semaine. Il y a des matins où l'on n'arrive pas à se réveiller, ça fait des « loupés » et puis des disputes ou des remontrances du régleur. Les postes n'entraînent pas le même type de fatigue. Aux retouches et au polissage, le long du tapis, c'est la colonne vertébrale qui fait mal, et c'est l'ennui, l'esprit vide. Au poli-machine, l'effort est encore plus exigeant. En XI, il faut tourner l'appareil deux fois, polir sur les deux côtés et redonner un coup pour décrocher la cuillère, repivoter encore à droite d'un demi-tour et déposer l'appareil sur la table du suivant, continuer la rotation et reprendre l'appareil que présente le poste précédent sur la gauche, et recommencer. Le tout se fait presque dans un même élan à environ 100 montages à l'heure, soit 1 200 pièces. Ce poste est physiquement épuisant. On n'a pas le temps de penser à autre chose, ni même de regarder ailleurs. Au poste I qui fait la jonction entre le tapis et les poli-machine, il faut aller très vite, car on y accroche sur les appareils les pièces venant du tapis. Il faut accrocher, porter le montage en III, reprendre un appareil vide et compter le nombre de montages exécutés ; on est constamment tendu. Au poste V, il faut également manipuler beaucoup les montages, car on les passe à un autre poste à bout de bras derrière son dos. Tout cela est fatigant.

Un jour, c'est la frénésie collective au poli-machine sous le regard tranquille des autres, ceux du tapis, qui nous prennent pour des fous.

Mais n'importe qui en serait arrivé à ce degré de mise en jeu totale du caractère ; aux limites de la fatigue, on ne se contrôle plus. C'est le soir, vers 17 heures, on nous a fait travailler à toute vitesse à 1 500 pièces à l'heure. On fonce comme des fous sans contrôler la qualité. Un Algérien semble freiner. Un jeune en colère pose le montage sur le tabouret entre Yvon et l'Algérien, au lieu d'attendre que ce dernier ait terminé, le jeune, furieux, jette le montage dans les pieds de l'Algérien. Il recommence un peu plus tard. Tous sont en colère. Je regarde et un Espagnol rit. Le régleur arrive et attrape l'Algérien. Yvon prend le montage resté par terre d'un air exaspéré, le fait n'importe comment, sans qu'il ait été touché par l'Algérien et le jette quasiment à la décroche. Autant dire que ça fera directement du rebut. Un peu plus tard, il m'en passe un autre avec tant de violence que je manque de le laisser tomber, mais c'est un autre qui jette le sien par terre avec fracas ! Yvon, le lendemain, est à nouveau pris par le rythme. On existe seulement par le mouvement : si tous les gestes s'enchaînent exactement, il y a même une sorte de satisfaction, car on est complètement intégré au processus mécanique, et là, chacun a sa vraie place de simple élément humain. C'est presque reposant de n'être que le rythme. Quand il y a des ruptures de cadence, alors c'est l'autre qui vous fait mal car il faut sortir du mouvement où l'on s'était lové dans une sorte de stupeur anesthésiante.

Un petit Espagnol pris par la frénésie du rythme me dit constamment « plus vite, plus vite », alors que, cinq semaines avant, il me conseillait de ne pas me tuer. Yvon est à nouveau fou de cadence, il ne peut supporter une attente, il se lève et va piquer un montage en attente deux postes en amont, plutôt que de se reposer. Il me présente même certains montages, les retouches à l'envers pour que je ne me fatigue pas à les polir, je me trompe, me crois à l'envers, et lui réponds : « Y en a marre, tu me fais... » Il paraît étonné et interdit. Le soir au vestiaire, il me dit : « Qu'est-ce que tu avais à gueuler, c'était pas pour moi, c'était pour t'éviter du travail, moi je m'en fous que ça aille vite ou pas ». D'autres sont plus contrôlés et réussissent à paresser davantage. Mais aucun de ces vingt ouvriers que j'ai vus sur ces poli-machines (y compris moi-même) ne peut éviter d'être pris plusieurs fois par jour et par semaine dans cette frénésie du rythme qui apporte comme le sentiment d'avoir retrouvé sa vraie place dans l'univers des simples forces mécaniques.

Cette forte implication de toute la personnalité dans l'effort physique est difficile à analyser. Au-delà de ma propre accoutumance à la fatigue, il y avait ce phénomène, troublant pour tout le monde, d'une sorte d'état second, relativement supportable parce que l'engourdissement de l'esprit qu'il entraînait correspondait à une sorte d'intégration de toute la personnalité dans l'effort. Je pensais à l'état du montagnard qui s'abandonne au rythme de la marche lente et rendue pesante sous le sac, quand il s'élève des alpages aux pierriers pour atteindre le refuge où l'on dormira avant la course de glace ou de rochers.

Cette notion d'effort a toujours fait problème aux psychologues industriels qui auraient bien voulu pouvoir en mesurer l'importance pour l'isoler comme un facteur spécifique du travail. Les principales conclusions de psychologie montrent que l'effort met en jeu tout le système nerveux et qu'il n'est pas possible de l'analyser comme une simple mesure de fatigue portant sur des sécrétions de substances chimiques. Quand l'effort croît, en fonction de jugements subjectifs ayant un certain rapport avec la difficulté et la répétition de l'activité expérimentale du sujet, c'est toute une intégration psycho-physiologique du sujet qui se modifie et met en jeu sa personnalité [2].

Du point de vue socio-psychologique, on peut dire que certains travaux d'usine, impliquant de grosses dépenses d'énergie, en plus des phénomènes de fatigue, font subir aux individus des expériences répétitives de désintégration, restructuration de la personnalité, au travers des séquences répétitives d'efforts imposés. Cette plongée dans l'effort n'a donc pas la seule signification destructive de la perte de substances physiques et nerveuses qu'engendre la fatigue. Mais cette réintégration de la personnalité par l'effort met quand même en jeu tous les processus mentaux, car le maximum d'effort physique implique une certaine mise à l'écart de la réflexion et une sorte d'invasion du comportement par l'univers émotif.

Pour reprendre notre exemple du montagnard enfermé dans le contrôle de son souffle, cet effort qui conduit presque à l'abrutissement n'est pourtant pas dénué de sens car il mène au chalet-refuge et puis ensuite à la course et à ce qu'elle signifie pour l'individu dans sa vie sociale et professionnelle. Mais dans l'usine, la signification de l'effort est faible car le salaire et le prestige social de l'ouvrier ne sont pas en rapport avec cette mise en condition totale de la personnalité. En poste, je me demandais parfois avec rage et dégoût pourquoi les travaux les plus durs étaient les moins payés. Le conditionnement par l'effort imposé joue un rôle puissant de transformation de la personnalité en lui imposant des formes d'intégration de style réflexe et affective, ne mettant guère en jeu l'activité cérébrale supérieure. Le travail répétitif entretient ainsi une forme de régression forcée de la personnalité dans une sorte de plongée en soi-même où les autres, les voisins, les collègues, les chefs, ne sont plus que des présences physiologiques trop semblables sur le plan de l'identité régressive et trop distantes et inaccessibles sur le plan de leur monde intérieur, des goûts, idées et sentiments.

L'EFFET DE MONOTONIE

La seconde forme de conditionnement que j'ai rencontrée dans les ateliers, surtout ceux de gaufres et de fours, est celle de la monotonie. Nombre de postes de travaux simplifiés et spécialisés, que les techniciens d'organisation scientifique du travail introduisent dans les ateliers le long de chaînes de fabrication ou derrière des machines très automatisées, ne demandent pas d'efforts physiques considérables. Georges Friedmann [3] a mis en évidence la fatigue nerveuse et cette espèce de rêve éveillé que provoque la répétition de tâches inintéressantes, comme une espèce de refuge de soi dans le phantasme pour se protéger d'une réalité trop vide de contenu et de communication. Puis-je parler du contenu de ces rêves après quelques mois d'atelier et quelques heures d'entretiens ? Il me semble effectivement qu'aux deux chaînes où je suis passé, la densité principale de la journée est celle de l'ennui.

A l'atelier de gaufres, douze fours s'alignent devant un tapis roulant, et déposent, avec l'aide manuelle d'ouvriers hommes et femmes, de grandes gaufres destinées à être découpées aux étages inférieurs pour faire des gaufrettes. Dans mon carnet de notes en usine, je retrouve ces passages sur l'ennui journalier :

> *Notes d'usine.* Le comportement au travail est fort significatif du ressentiment ouvrier. Le travail parcellaire est profondément ennuyeux. Ce matin, une ouvrière arrive dans la salle de repos pour ses dix minutes : « Ah ! ce qu'on s'ennuie, c'est pas croyable ! » et on sent, chez toutes celles qui viennent, le même esprit. Le jeune de midi me dit devant le cimetière : « Là, au moins, t'es pas emmerdé par le travail ! » Il existe bien des postes intéressants comme celui du pétrisseur ; ceux qui le tiennent peuvent aussi se retrouver à ébarber les feuilles 9 heures durant sans bouger. Quel attachement éprouver pour un travail même un peu compliqué, répété inlassablement ? Le pétrisseur ce matin me parle de son travail avec une profonde impression de dégoût. Les femmes le matin en parlent, l'une d'elles dit : « Ça ira mieux à 14 heures », expression « ritournelle », mais vérité éternelle aussi. Me voyant peser les feuilles, il me répète chaque fois qu'il me croise : « Tu verras ce qu'ils feront de toi ; te casse pas, pour ce que ça sert ; tu m'en diras des nouvelles au bout de cinq ans ». Le mécanicien de Hendaye que je rencontre à la salle de repos me dit bonjour avec sympathie le matin, mais à la salle, assis en face de moi, il ne dit rien, il a l'air complètement éteint, un commentaire ou deux sur le temps : « Il va encore faire laid, il faisait beau ce matin » et regarde éperdument les voitures rouler dans la rue, la *vie normale* qui poursuit son cours hors de notre portée, et aussi... les jambes des filles... A les entendre parler rarement d'un air dégoûté, lui et les autres, on les croirait tous en pleine dépression nerveuse.

Enfermé dans cet ennui, j'avais moi-même une très grande difficulté à maintenir l'attention en éveil pour retenir des faits à reporter en notes le soir. Mon esprit était largement vidé de pensées suivies ; il ne concevait plus que des bouts de projets pour le soir, le samedi. Dans la tête, quelques préoccupations d'argent allaient et venaient mais sans possibilité de réfléchir, car toujours une gaufre se cassait au démoulage et venait rappeler à la réalité. Alors l'effort de pensée finissait par s'estomper et il restait la pendule à surveiller pour les dix minutes de repos et le casse-croûte ; j'en revenais aux bonnes vieilles méthodes pour tromper le temps, compter les carreaux des fenêtres ou ceux du carrelage, se laisser attirer l'attention par tout déplacement du chef d'équipe, etc. Et, autour de moi, ça n'avait pas l'air d'être beaucoup plus inventif. Il aurait bien sûr été possible de penser à des choses intéressantes : la vie dehors, la famille, les amours, les achats... Mais, outre que la réflexion suivie était hachée par le travail, le monde extérieur était trop désirable pour y penser huit heures durant.

Mais cette pauvre aventure intérieure n'était pas faite que de phantasmes effilochés, l'angoisse en était une dimension importante dont l'expression la plus immédiate tournait autour de la négation de soi, de la peur d'un avenir uniformément monotone, d'une vie entièrement passée à ne rien faire de personnel.

A l'autre atelier de fours, mon poste consistait à servir, alimenter et surveiller l'un des huit grands fours automatiques : je devais courir trente mètres au bout de cette machine pour surveiller la cuisson de biscuits à la sortie, et revenir ensuite rapidement à l'entrée du four pour surveiller la taille et la régularité des pâtons, ainsi que l'approvisionnement de la trémie, en entonnoir au-dessus du fil à découper la coulée de pâte. C'était un samedi où il fallait venir neuf longues heures depuis 5 heures du matin avant de pouvoir enfin commencer la journée.

> Tout à coup, seul au bout des machines à surveiller l'arrivée des gâteaux, il m'est apparu que la vie n'était plus faite que de cet assemblage de tuyaux qui part dans tous les sens, de ce rythme obsédant des ventilateurs et des tapis roulants et de l'enchevêtrement de machines et de tapis qui déversent leurs milliers de pâtons. Comment comprendre que des journées comme cela s'accumulent, qu'on vive finalement au rythme des machines si bien que la pensée n'existe plus pendant douze ou treize heures de la journée, ou très peu ?

Je me souviens bien du sentiment d'angoisse étouffant qui m'a pris ainsi brusquement et qui ne devait pas être épargné aux collègues à en juger par leurs mines sombres et leurs hargnes apparemment inexplicables, par leurs nombreuses réflexions désabusées à propos du cimetière qu'on voyait à la fenêtre et par les soupirs sur l'usine : « C'est dur le travail, c'est pas croyable ce que c'est dur... » alors qu'ils ne faisaient apparemment pas grand-chose à surveiller leurs machines.

Cette monotonie, ces rêves éveillés contenaient aussi du sentiment, de l'affection, du désir et de l'attirance ou de la répulsion envers les autres et l'usine mais avec cette grande différence avec la vie normale que l'on n'avait guère de moyens et d'occasions pour les exprimer et pour saisir ce qu'éprouvaient les autres envers soi.

A la chaîne de polissage, dite « préparation des couverts, avant leur finition au poli-machine » où l'on était environ vingt ouvriers et ouvrières le long d'un tapis en forme de S, il y avait une ambiance commune particulière due au rapprochement et à l'impossibilité de parler à d'autres qu'aux deux voisins. Les heures se passaient à voyager du regard de la meule ou du tapis chargé de couverts, aux gens de face ou de dos. Et le contraste était saisissant entre le désintérêt pour la pièce à polir et l'intérêt sans cesse rallumé pour les autres. On voyait défiler sur le tapis des fourchettes, des cuillères, des couteaux avec des motifs très variés : « Pompadour », « Coquilles », « Modernes », « Filets »... Je ne me souviens pas d'avoir jamais entendu autre chose des collègues que ceci : « Tu prends ta pièce ». Jamais on ne faisait allusion à l'utilité de la pièce, alors que les chefs m'avaient dit à l'entrée qu'on faisait du travail noble parce que la pièce avait une signification : « Ce n'était pas comme ailleurs où l'on visse des boulons, etc. ». En fait, pas plus aux couverts qu'aux gaufres ou aux fours à petits gâteaux, on ne parle du produit avec satisfaction. « Ce sont tous des travaux de manœuvre », me disaient aussi bien l'ancien polisseur professionnel ramené à la chaîne, que l'ancien ouvrier de la boulange entré à l'usine pour avoir des horaires plus normaux. Le travail simplifié ne retient pas l'attention, il évoque surtout la fatigue, l'effort et la contrainte.

Et pourtant, les individus existaient par leur présence, leurs sourires, leurs attitudes pour faire rire, leurs signes de lassitude et parfois leurs gestes d'entraide. On pouvait remarquer les allures dignes de ces vieilles ouvrières et des anciens polisseurs qui continuaient de travailler avec la précision et l'honnêteté des gestes du métier. Leurs regards n'étaient même plus révoltés et pourtant pas soumis, ils représentaient toute une vie de souffrance et de production dont seule une petite tranche, celle du moment présent, était prise dans la contrainte. Mais tout le reste, ils l'avaient eux-mêmes transformé en sagesse. « C'est de grands philosophes, car ils en ont vu, ceux qui ont trente années d'usine », me confiait un jeune ouvrier respectueux des anciens.

Je regardais souvent cette jolie ouvrière en blouse bleu pâle avec un foulard clair que sa chevelure gonflait en coiffe vaguement bretonne ou égyptienne selon l'inclinaison de sa tête vers la meule. Mais c'était plus souvent le bandeau égyptien qui encadrait son visage entier, quand elle le relevait pour me regarder, à la dérobée au début et puis souvent en face, avec un vague sourire de compassion réciproque à propos des pièces, de la chaleur, de la pâte à meuler ou du soir qui tombe au-dessus de nos têtes derrière les vitrages sales. On ne s'est jamais dit grand-chose, mais quelle émotion dans le regard ! Je ne sais plus si elle était jolie ou bien faite, il y avait le tablier par-dessus la blouse qui déformait le corps. Parfois j'aurais voulu, comme les héros d'amour, chevaliers de mon enfance, faire un exploit pour elle... mais quoi ? Avant d'entrer à l'usine, un copain ouvrier, ex-étudiant, qui avait épousé une jeune ouvrière rencontrée en usine m'avait dit : « Tu verras, il y a les jeunes ouvrières, on y passe tous, c'est plus fort que soi... » Et puis la pièce à polir reprenait l'attention, faisait sortir du rêve en brûlant les mains et de nouveau le regard vague d'ennui, fuyant le capot de la meule, glissait sur celui de la meule en face et rencontrait à nouveau la coiffe bretonne, puis bientôt la coiffure égyptienne... L'usine impose son moule, ses formes particulières de stimulants. Et surtout, la parole existant peu à cause du bruit, du temps prisonnier, de la fuite du soir vers les vestiaires comme la ruée hors de l'école ou de la caserne, il n'y a pas moyen de contrôler la rêverie du sentiment par l'échange. Chacun pense, désire, refuse, déteste l'autre à partir de ce qui se passe en lui-même. C'est une projection de soi sur le monde sans possibilité de mesurer par l'échange les limites de soi ou celles des autres. Le langage surtout gestuel fournit suffisamment d'indications sur l'affection de l'autre à votre égard, les regards sont très importants aussi. Mais cet univers affectif hors du contrôle de la parole et des idées introduit dans un curieux monde d'indifférenciation où l'autre est surtout ce que l'on vit à son égard et où l'on sait juste assez de lui, de sa peine, de ses joies extériorisées dans un sourire, de ses fureurs, pour alimenter le rêve intérieur et savoir que l'on existe de même pour lui. Il n'y a d'existence interpersonnelle qu'en entrant dans ce monde collectif du sentiment projectif, avec le risque grave d'en être exclu dès qu'on se met à parler.

Dans cet univers humain très pesant et pourtant très flou émergent des rôles particuliers qu'on affecte d'autant plus facilement aux individus que c'est un moyen de compenser la difficulté à entrer dans leur monde intérieur. On cherche à mettre une étiquette sur chacun : le mouchard, l'égoïste, le râleur, le clown, le tire-au-flanc, etc. On se servait des signes extérieurs pour désigner les gens ; chacun est ainsi enfermé par les autres dans un trait de sa personne : le rouquin, le grand, le gros, le tordu... Au-delà des avatars de la personnalité et de l'humeur qui alimentent le rêve, une réalité tragique est celle de se sentir assigné pour la vie à ce travail simplifié, aux cadences, aux ateliers clos, aux horaires trop longs, quand il ne s'agit pas du travail d'équipe ou des trois huit qui bouleversent la vie extérieure.

Une sorte de compassion générale, de retenue permanente à l'égard d'un jugement trop rapide porté sur l'autre, constituent ainsi une autre dimension essentielle de cette attention diffuse qui perce quand même sous la monotonie.

LES ÉCHANGES D'IDÉES

Le troisième effet du conditionnement des individus par le travail d'atelier est à situer au niveau de l'accès aux idées dans les conversations et les échanges humains. Ce sont ici en fait toutes les conséquences de l'effort physique et de la monotonie augmentées des entraves matérielles à la communication sur le travail, et des coupures sociales et matérielles d'avec le monde extérieur à l'usine qui pèsent au travail sur les échanges d'idées entre individus.

J'ai mis longtemps à ressentir clairement cette dimension du conditionnement et ce sont surtout les réactions des collègues de travail à ma conversation qui m'ont fait apercevoir l'influence de l'usine sur le maniement des idées.

N'étant pas moi-même considéré comme ouvrier pour la vie, on savait que j'avais fait des études et je disais attendre une bourse pour les recommencer, je sentais les signes d'inquiétude et de soupçon à mon égard. Il n'y avait rien d'autre à faire qu'à continuer de travailler pour être, par le biais du sort commun immédiat, introduit dans la collectivité affective. Mais le sentiment très fort d'exclusion, de reproche ou de méfiance que je ressentais à des réflexions comme : « Monsieur est étudiant... » « Qu'est-ce que tu faisais avant... ? » « Pourquoi tu continues pas les études ? » « Avec le front que tu as, t'es pas fait pour le balai... » Et puis, les conciliabules dont je me figurais être le centre et aussi les conversations qui s'arrêtent à mon arrivée au vestiaire. Tous ces indices me faisaient comprendre que je ne faisais pas réellement partie de ce monde, alors même que le poids du travail me faisait par moment oublier le monde d'où je venais.

Mais après un certain temps, j'ai fini par établir un certain style d'appartenance à la collectivité de travail qui reposait sur le comportement dans l'effort, la soumission au conditionnement général, où chacun révèle les traits forts de son caractère face à l'adversité éternellement répétée. Mais surtout, je le compris plus tard, c'était mon étrangeté, mon langage d'étudiant, mes intérêts pour les journaux, les voyages, Paris, les vacances, les idées, bref, tout ce que j'avais à dire et qui m'était donné par l'origine sociale bourgeoise et les expériences concrètes que j'en avais reçues, qui m'ont permis de construire un personnage acceptable.

C'est plus particulièrement dans le dernier atelier, celui des fours à gâteaux, que j'ai compris qu'on m'acceptait comme une sorte de messager ou de trouvère, capable de venir parler et témoigner d'un autre monde, où les idées s'agitent et confèrent aux hommes le moyen de comprendre et de s'affirmer par le raisonnement, parce que l'expérience multiforme de rencontres, d'échanges, de compréhension s'alimente aux possibilités variées de la vie urbaine, étudiante, de vacances, de famille, etc.

Dans cet atelier où le contrôle et l'alimentation, par chacun, de son four ou de son pétrin laissent un certain temps libre, on peut se rencontrer derrière les machines et discuter, boire du nescafé discrètement, prendre un casse-croûte sur place, lire son journal en cachette, ou même se balader sous divers prétextes en sachant que les collègues surveilleront d'un œil votre machine. Très vite, cependant, l'ennui s'installe au cœur du travail monotone et la possibilité de se déplacer permet d'espérer un dérivatif par la conversation.

En fait, on ne trouve pas grand-chose à se dire ; les conversations tournent vite court. Le travail, il n'y a pas grand-chose à en dire ; l'entreprise, on peut récriminer contre, mais c'est lassant. Il y a bien sûr les chicanes sur les décisions d'action collective mais cela n'apparaît qu'une ou deux fois par semaine et, de toutes façons, on se retrouve à parler de l'usine. Chacun évidemment a ses projets personnels envers les enfants, la maison à construire, la voiture à acheter, etc., mais en parler, c'est se confier à un ami et ce n'est pas fréquent. Alors les conversations tombent, si bien que mes histoires sur l'Algérie, le monde étudiant, Paris, la famille quand ma fille est née alors que j'étais à l'usine, sont acceptées non pour leur intérêt en soi mais parce qu'elles révèlent un ailleurs et aussi parce que ce que j'essayais de pousser la conversation au point de me retrouver le plus souvent tout seul à dialoguer avec moi-même en face d'un interlocuteur, butant avec gêne sur son manque d'idées, de connaissances ou d'arguments.

Plusieurs phénomènes semblent jouer leur rôle dans la raréfaction de l'apport des idées dans l'atmosphère des échanges humains au travail.

La nature même du travail répétitif et les conditions physiques d'attachement aux postes n'alimentent pas la réflexion, si bien que le domaine des idées est renvoyé au registre de l'accessoire et des moyens pour passer le temps. Cette condition « manuelle » du travailleur serait sans doute supportable si elle accaparait suffisamment l'esprit et les forces de chacun et si elle apportait des récompenses en argent et prestige social suffisantes. Mais il n'en est rien. Ma propre réflexion part du thème de l'ennui et il est en outre évident que l'ouvrier ne peut être satisfait de sa situation personnelle sans espoir d'évolution. Il en résulte que le monde des idées reste une question permanente, alors que la pratique du travail retire les moyens de l'aborder avec efficacité.

Une difficulté fondamentale de l'accès aux idées est en fait l'irruption de l'affectivité dans le raisonnement sous la forme d'un a priori d'identification entre les gens, dont j'ai signalé une des racines dans la monotonie du travail. L'autre individu est en effet appréhendé au terme d'une projection affective de chacun sans pouvoir recourir au contrôle des différences par la parole et la critique. C'est ainsi que les informations et la culture qui arrivent à l'usine seront filtrées par les gens, en fonction d'un critère de classe : est bon ce qui est pour les ouvriers ou ce qui vient d'eux ; est mauvais et rejeté, tout le reste.

Les séances de télévision après la cantine sont sur ce point très révélatrices. On ne discute jamais des événements politiques ; en revanche, c'est l'enthousiasme spontané pour les chanteurs et les chanteuses qui représentent le rythme, source de joie pour des gens obligés de se plier aux cadences, sources d'ennui. Mais cette communion affective bute sans cesse sur les différences sociales. A propos de l'enterrement de Piaf qui passe sur l'écran, tout le monde est triste et presque révolté contre ces jeunes qui s'esclaffent : « Pas étonnant qu'il y ait tant de monde avec tous les Jules qu'elle a eus... ! », des ouvriers répliquent, dans l'assentiment général des adultes : « Taisez-vous, Piaf, c'était une bonne petite mère... » et l'on savait qu'elle était d'origine sociale très modeste. Un autre jour, le speaker introduit une jeune chanteuse toute nouvelle qui se présente comme une petite employée en secrétariat. Les ouvriers et ouvrières prennent sa défense spontanément quand le speaker insiste pour connaître sa formation scolaire : « Qu'il la laisse donc tranquille... » Une autre fois encore, après le rythme joyeux d'un jeune chanteur, on passe brusquement à une présentation guindée sur fond de musique classique, des modèles de fourrures de Maggy

Rouff. C'est un « oh ! » de désappointement général dans la salle et on s'en va plus tôt au travail.

Cette approche affective des informations se fait encore beaucoup sentir dans les quelques conversations où l'on a le temps de pousser quelque peu le dialogue.

Dans le vestiaire, le soir, un jeune mécano explique à un autre qu'il doit écouter et voir la Tosca. « La Tosca, tu comprends, mon vieux, c'est quelque chose ! C'est le soir ce qu'on fait de mieux au point de vue Opéra, la Tosca, c'est le mieux ! » Je remarque alors qu'il cherche à me faire entrer dans la conversation. Je ne trouve pas autre chose à dire : « Qui interprétera la Tosca ? » Il me dit : « Le premier rôle, je ne sais pas ». Je reprends : « Est-ce que ce n'est pas la Tebaldi ou la Callas » ? Il ne sait que répéter indéfiniment : « La Tosca, tu comprends, c'est bien, c'est vraiment bien la Tosca ». On ne sent plus dans notre échange qu'un courant affectif très fort, et trop court tout à la fois. On veut sans doute, lui comme moi, se rapprocher par un échange d'idées et de sentiments, mais le manque de connaissances fait qu'il ne passe plus rien qu'une fugitive chaleur.

Un autre jour, bien à l'abri des surveillants du bout des machines, en simulant de contrôler la cuisson des gâteaux, un ancien mineur d'origine polonaise me confie qu'en Pologne l'ouvrier a du pain et du du travail. C'est le paradis là où il y avait l'enfer. Et je dis : « Mais le cerveau ?... » Il reprend : « Ça c'est vrai là-bas, il y a une bonne culture populaire ; l'ouvrier fait la guerre pour aller au théâtre. Tout est pour lui. Alors qu'en France, moi je n'irai jamais à l'Opéra, non mais, tu me vois ? »

Au niveau des idées, une barrière de classe est vécue intensément qui provient, me semble-t-il, de l'impossibilité de libérer l'esprit de cet a priori d'identification affective qui a pour effet général d'introduire une sélection brutale dans les sources d'information et les domaines de la connaissance. Est bien ce qui est pour les ouvriers ou ce qui vient d'eux ; on introduit ainsi une distorsion fondamentale dans la position critique à l'égard d'un événement social ou politique dont on discute très peu. Car l'autre est a priori d'accord ou, s'il ne veut pas entendre raison, c'est à cause de son caractère, de son tempérament affectif.

C'est d'ailleurs sur le sport que les conversations se développent le mieux, car chacun peut s'y reconnaître, se référer à son expérience personnelle et formuler des points de vue différents. C'est même sur le sport seulement que j'ai surpris une discussion un matin sur la passerelle, entre un ingénieur, un chef et des ouvriers, au moment où le travail se met lentement en route.

Le tiercé joue un rôle à peu près analogue dans les conversations car chacun a la ressource de sa propre chance ou de celle toujours fameuse de ses proches. Partant de ces éléments d'expérience maîtrisés par chacun, on peut échanger des impressions, des idées et dépasser sans trop de peine l'a priori de ressemblance affective. Mais le sujet du tiercé n'offre guère de matière à discussion, d'autant qu'on ne parle jamais de chevaux, et les conversations en restent à un constat mutuel des risques pris par chacun et des appréhensions très individuelles qu'ils ont entraînées. C'est quand même, comme pour le sport, une réelle occasion pour chacun de mesurer qu'il est différent des autres.

Le conditionnement n'est donc pas un vain mot dans l'atelier. Chaque individu est effectivement soumis à un ensemble de telles contraintes sur son équilibre psycho-physiologique et sur la nature affective ou cognitive de ses rapports humains que l'on peut se demander si l'atelier ne représente pas une sorte de laboratoire permanent du conditionnement social. Le problème est alors posé de savoir comment les gens vivent, se reconnaissent, se différencient et arrivent quand même à agir personnellement dans ces circonstances.

LE POUVOIR D'ÊTRE SOI-MÊME

Comment réagir à l'intérieur d'un conditionnement aussi fort que celui de la chaîne ou du travail-machine ? Prenant l'atelier pour une sorte de laboratoire social où le poids des contraintes du travail est excessivement développé, plus que dans toute autre situation, sauf peut-être celle du bateau, de la prison ou du couvent, on peut essayer de dégager quelques-unes des réactions typiques des individus face aux autres qui peuplent cette situation.

Au niveau le plus immédiat, « les autres » sont les voisins de poste, et c'est là qu'on peut d'abord se demander comment chacun arrive à réagir, à être soi-même, dans le bruit, la chaleur, le rythme des gestes mécaniques, l'ennui des répétitions, le hachement des rêves, le vide des conversations.

Il paraît tout d'abord évident que, dans cet univers de mort, la vie éclate quand même au travers des plaisanteries et des services qu'on se rend et qui prennent les proportions de cadeaux très précieux dans la misère des heures qui traînent. C'est encore Ivan Denissovitch, le petit paysan madré de Soljenytsine[4], prisonnier en Sibérie, qui fait le mieux comprendre cette chaleur prodigieuse qu'apporte une plaisanterie dans les rangs sous la neige ; une gamelle remplie de soupe épaisse servie avec attention comme spécialement pour vous ; ou le conseil donné juste à temps pour éviter les gelures des mains.

Cette sorte de joie compte pour les autres sans proportion avec le petit rien de l'événement ; on l'éprouve aussi à la chaîne et aux machines. D'autres témoins de l'usine en ont parlé avec la délicatesse indispensable. Je ne peux moi-même évoquer ici cette source constante de vie que pour en souligner le rapport avec les conditions évoquées plus haut.

Dans un univers privé d'initiative, où le travail de la chaîne et celui du contrôle des machines est celui d'un manœuvre, s'exprimer, c'est trouver les moyens de passer le temps en puisant dans l'arsenal possible des gamineries et des enfantillages auxquels la discipline et la technologie font regresser chacun.

C'est vrai que, d'une certaine façon, l'ennui engendre la vie. Au poli-machine, on se bagarre pour des questions de place face aux machines, c'est une façon de jouer, on s'envoie des morceaux de pâte, des chiffons. Parfois on chante ou on rit très fort en se racontant des blagues, ou l'on accroche des étiquettes dans le dos des voisins.

Il y en a même certains qui se hissent au rang de boute-en-train. Un ouvrier ancien dans la maison jouit ainsi d'un prestige de vedette. Il envoie des baisers aux dames, il tombe et fait semblant de s'être fait mal, provoque des attroupements, il part aux toilettes toutes les heures, ce qui exaspère les chefs et met en joie l'atelier. Un autre ouvrier, dans la maison depuis six ans, s'est fait une spécialité de traîner ostensiblement, pour la galerie. Un autre est capable de chanter des airs d'Opéra au point de couvrir le bruit des ventilateurs.

A la chaîne des fours à gaufres, on se désennuie en se racontant des histoires qui courent le long de la chaîne, en se faisant des niches, en manifestant de la compassion ou en surveillant la machine des autres pour de brefs instants. Certaines ouvrières dansent sur place, d'autres s'envoient des bouts de gaufres, ou tapent avec leur bâton sur le tapis, se relèvent ou s'assoient pour se réveiller.

A l'atelier des grands fours, on se distrait aussi comme on peut. Serge, voisin de four, se promène sans arrêt, Noël,de l'autre côté, lit son journal, etc. J'ai assisté à de fausses bagarres, avec coups de poings simulés, rien que pour affoler les chefs. Dès qu'il y a une panne ou un coulage, on s'attroupe et on regarde s'énerver la maîtrise. Enfin, aucune occasion de boire un coup en cachette n'est perdue. A la naissance de ma fille, j'ai offert l'apéritif discrètement, derrière une armoire, où la bouteille était cachée dans un sac de sport suspendu comme une outre.

Mais tous les moyens de secouer l'ennui, le vide du temps se révèlent très insuffisants, même s'ils entretiennent un courant de camaraderie.

Beaucoup plus profondément, il y a une révolte fiévreuse qui couve en chacun, contre le fait d'être réduit à vivre enfermé et sans responsabilité. L'autre, à ce niveau, est avant tout le représentant de l'autorité hiérarchique, c'est-à-dire les ingénieurs, très rarement le patron ou un directeur, et tous les jours les contremaîtres et les chefs d'équipe. Contre eux tous, on se sent inexorablement poussés à s'opposer, au point même d'apparaître presque bêtement réactionnel ou caractériel.

On en veut tout d'abord aux chefs d'être réduits à faire un travail inintéressant et monotone et d'être considérés comme de simples manœuvres dans les processus de fabrication qui, bien souvent, laissent beaucoup à désirer. C'est ainsi qu'au polissage, les exigences de qualité et de quantité sont relativement contradictoires avec l'organisation des postes. Aller vite, c'est forcément louper le polissage et accroître les rebuts occasionnés par la dureté du métal et la monotonie des gestes ; le régleur est alors sans cesse à crier dans le dos de tout le monde, sur ordre du contremaître. Un jour que je n'en pouvais plus d'énervement, je lui crie en colère : « Alors faudrait savoir, c'est la qualité ou la quantité que vous voulez, des chefs comme vous, en Algérie, on leur tirait dans le dos ! » Un ouvrier à côté qui s'était lui-même accroché avec le régleur le matin me calme : « Tu sais, il n'est pas fort, il ne connaît pas son boulot ! » comme pour excuser le régleur, lui-même contraint par le contremaître de faire exécuter des ordres inexécutables.

A la chaîne des gaufres, le travail presque entièrement mécanisé ne prêtait guère le flanc à une critique technique. Il fallait seulement accepter d'être réduit à un simple élément humain dans un processus mécanique en décrochant les gaufres d'un coup de baguette et en faisant tomber les bavures ou « ébarbes » à la sortie du four, toutes les dix secondes. Trois machines plus perfectionnées avaient même un dispositif d'éjection automatique, mais la moitié des gaufres se cassaient, car les machines allemandes n'étaient pas au point ; si bien que trois ouvriers devaient rester assis pour assister le mécanisme au cas où il y aurait de la casse. Absurdité intégrale de n'être plus qu'un dispositif de surveillance. Il fallait accepter d'être ainsi réduit à presque rien, ou réclamer l'automatisation complète des fours au risque de perdre sa place.

Au grand atelier de fours, les surveillants et opérateurs de machines, comme moi, étaient systématiquement écartés de leur machine à la moindre panne, alors qu'ils auraient largement pu connaître le fonctionnement mécanique. Il n'y avait rien de plus humiliant que d'être ainsi considéré comme négligeable au moment même où l'expérience pouvait servir, tandis que les chefs et les mécanos prenaient des airs de sauveteurs et se disputaient pour avoir l'honneur de faire un peu de mécanique.

On en voulait aussi plus sourdement aux chefs des règlements de discipline surajoutés aux contraintes du travail, ne pas avoir le droit de quitter son poste, de discuter avec d'autres pendant le travail, de sortir avant l'heure quand le travail était fini, de prendre l'ascenseur pour descendre au vestiaire avant l'heure exacte de la fin de la journée ; le pointage, le fait d'être enfermé, de ne pouvoir sortir, de donner constamment l'impression d'être occupé, « comme à l'armée » pour être tranquille. Tout cela conduisait le soir à une sorte d'hystérie collective un quart d'heure et même une demi-heure avant la sortie, où chacun rangeait à l'avance pour être prêt à l'heure ; la sonnerie tant espérée, les dernières minutes comme des heures, et c'était la ruée vers la sortie, la bousculade dans l'escalier, la hâte fébrile dans les vestiaires avec toujours les mêmes plaisanteries, et ces deux vieux polisseurs qui, depuis trente ans, continuaient de se pousser en s'habillant comme à l'école primaire après le stade. Et enfin, on fuyait dans la rue, vers l'air, les derniers quarts d'heure de jour entre l'usine et le métro, le train ou l'autobus. Toutes les conduites, bien chantées par Sheila dans « l'heure de la sortie », aussi valables pour les usines que les grands magasins ou les bureaux, étaient comme imposées à tous. On se sentait malgré soi redevenu enfant, obligé de s'exprimer comme à l'école, à la colonie de vacances ou à la caserne.

La troisième raison de se révolter m'est apparue a contrario, quand on m'a accusé presque ouvertement d'avoir l'air trop calme et pas assez malheureux. Tout cela, même vécu intensément par moi, ne constituait pas mon destin. J'ai bien pu douter de l'intérêt de cette expérience pour mon avenir. Je me revois encore revenant du métro, las et désorienté, sans doute par le changement d'univers, me demandant ce que serait mon avenir matériel et me disant que je pourrais toujours trouver une place alimentaire dans un service du personnel avec le sentiment de n'être plus grand-chose nulle part et pour personne. Mais ce sentiment écrasant et vraiment éprouvé d'être un zéro social ne durait pas trop longtemps quand je réussissais à comparer mes atouts à ceux des collègues de travail. Pour eux, c'était la vie entière qui devait se plier à ce destin terne et arbitraire.

En reconstituant après coup les biographies de mes collègues, j'ai été frappé de l'extrême fragilité de leur destin que je pouvais caractériser ainsi : faire un choix personnel à l'usine, c'était à chaque fois tout risquer, son ancienneté, son avancement, sa place, son métier et même sa famille. Deux biographies professionnelles évoquent le drame de la sécurité ouvrière qui ne peut être acquise qu'au prix de la dépendance acceptée.

Un voisin de table à la cantine du polissage, ancien ajusteur de soixante ans, contremaître à l'emboutissage, reconnaît qu'il n'est plus comme les autres car il est aisé et a pu acheter sa petite maison de meulière à Luzarches : « Nous, on est déjà aisé avec ma femme... » Il a été mécanicien à l'usine puis chef de groupe à l'emboutissage jusqu'en 1936, où il y a eu grève et occupation de l'usine. En 1936, on l'a redescendu comme régleur : « Les patrons jouent à la balle avec les ouvriers ». En 1940, on a déboulonné le chef d'atelier qui était agent de maîtrise, et lui a été nommé de nouveau chef d'équipe, mais il faisait le travail de contremaître, alors qu'on a donné le titre de chef d'atelier à un autre pour ne pas le lui donner, sans doute à cause de ses opinions politiques, il était déjà communiste. « Pendant l'occupation, on travaillait pour les Boches, on avait une équipe de soixante emboutisseurs et on avait monté, d'accord avec la direction, un atelier clandestin. Quant à l'atelier officiel, on a mis un an à la mettre en route ; à la fin, les Boches en ont eu marre et ils ont menacé d'embarquer le matériel ». Un jour, un autre a été nommé contremaître « alors j'ai demandé une audience au directeur pour râler, et j'ai été nommé contremaître jusqu'en 1950 ».

Alors, il a quitté la maison ; « quitter une maison où l'on est resté quarante ans, c'est bien dur ». Il avait refusé de monter le chauffage central du patron. « Il ne payait pas le déplacement », se justifiait-il ; « et puis on parlait de réduire à quarante heures par semaine et ça ne faisait plus assez ». Alors il a retrouvé un poste comme ajusteur : « J'étais bien désemparé ; ensuite, je suis revenu chez C... et c'est eux qui sont revenus me demander et j'ai remis l'atelier sur pied qui était complètement par terre. Le directeur avait entre-temps éjecté le chef de fabrication... y sont salauds entre eux aussi les patrons, et plus tard, j'ai été renommé contremaître ».

A l'entreprise d'alimentation, j'ai rencontré un opérateur de four, mon voisin, qui avait également suivi un chemin plein d'embûches avant de se retrouver à l'usine : « A quatorze ans, ma mère m'a dit que je lui coûtais cher, alors moi, sur un coup de tête, j'ai tout laissé tomber. Je suis rentré apprenti boulanger. Un an après, j'étais compagnon boulanger chez mon parrain où je suis resté sept ans. J'en ai eu marre. Le lendemain, j'arrive à 3 heures du matin, sans voir les sacs, et j'en crève un avec ma pédale dans le noir. Tu comprends, à 3 heures du matin, je songeais au boulot sans regarder autour de moi. Puis, à 7 heures, il m'engueule. Je ne dis rien, je fais mon boulot comme d'habitude, et le soir je prends ma douche, ramasse mes affaires et m'en vais définitivement sans rien dire de plus. Ensuite, j'ai refait des études pour essayer de me sortir de là. Je suivais des cours du soir d'électronique pour passer un examen de repêchage, mais c'était trop difficile, j'avais misé trop haut. Il y avait des gars vraiment cotés qui avaient étudié plusieurs années et moi je n'avais pas trop le temps. Alors j'ai raté le concours, et je suis rentré à l'usine où j'ai tout fait. Enfin je suis arrivé au four il y a 4 ans, et j'y suis resté ».

Ces profils de carrière qu'on retrouve derrière chaque cas personnel, révèlent une différence essentielle par rapport aux catégories sociales privilégiées. Les choix d'orientation personnelle, les volontés d'indépendance se paient chez les ouvriers, par des ruptures totales et des régressions importantes, si bien que la sécurité s'obtient surtout par la docilité à exécuter des tâches inintéressantes, une angoisse permanente travaille ainsi chacun à l'égard d'un destin trop lourdement déterminé de l'extérieur.

Ce jeune ouvrier de 30 ans, ancien maçon, puis fondeur, puis ancien employé, ancien apprenti en technico-commercial et récemment arrivé comme manœuvre, me disait avec anxiété : « Tu comprends, tout se règle avant 35 ans, moi avant 35 ans, il faut que ce soit décidé... » Pour d'autres c'est la perspective de la fin de carrière à l'usine qui les affole, ainsi que la retraite mal payée après : « A l'usine, de toutes les façons, tu termines à pousser les poubelles, quand on n'a plus la force de travailler ».

Toutes ces contraintes produisent une révolte permanente de tout l'être qui refuse de s'y laisser enfermer. Même les plus résignés refusent catégoriquement de manifester de la considération pour leur travail. Partout et de tout le monde viennent les fameuses phrases : « Vivement vendredi » ou bien : « Vendredi soir, c'est bien dommage qu'il y ait lundi ». La fuite éperdue de fin de journée, le travail qu'on arrête sans un regard en arrière à l'heure de la sortie, tout indique qu'une façon de conserver sa dignité est de nier l'importance de ce que l'on est condamné à faire toute la vie, parce que chacun s'estime capable de faire plus, mieux et davantage, si le travail était intéressant. Cette réaction de refus peut aller même jusqu'aux petits vols et aux sabotages partiels rien que pour se venger et se sentir exister. Des tapis se coincent, des machines se bloquent et les rebuts s'amoncellent ; par colère, j'en ai moi-même fait pas mal pour réagir à la stupidité des ordres et des règlements. J'ai bu le nescafé, emporté des gâteaux, pris du lait, etc. Comme tout le monde, à titre de récupération.

Dans un tel contexte, la paie est perçue comme une victoire arrachée et non comme un dû. C'est une sorte de vengeance à chaque quinzaine[5] contre le monde du pouvoir qui impose de semblables conditions. Comment expliquer autrement cette attente presque fiévreuse des enveloppes distribuées dans l'atelier, cette impression générale d'être volé, alors que les paies sont calculées électroniquement ? Ce climat passionnel rencontré dans les trois ateliers m'a toujours surpris, mais je me sentais moi-même pris dans cette attente d'une sorte de récupération. On pensait : « Toujours ça de pris » puisque,de toutes les façons, le montant obtenu ne justifiait aucunement la somme d'efforts dépensés et le temps volé passé à s'user pour l'enrichissement des autres ; et que, de surcroît, la multiplicité des paramètres intervenant dans la paie empêchait de calculer à l'avance le montant d'une quinzaine et de comparer les bulletins de paie entre eux.

Les attitudes envers les chefs étaient finalement l'expression de cette révolte profonde, au point que le fossé social s'établit dans l'atelier de part et d'autre des responsabilités de commandement. Avec les chefs, on ne coopère pas, et une réelle complicité commune s'établit autour du freinage et des camouflages multiples pour s'aménager des zones de protection et de tranquillité. L'entraide prend ainsi une signification de libération collective et d'aménagement pour chacun d'un certain droit de s'exprimer par des gestes de révolte plus ou moins tolérés par la maîtrise ou les chefs d'équipe pris entre le « marteau et l'enclume », entre les ingénieurs et la base dont ils sont eux-mêmes fréquemment issus.

En revanche, les chefs de fabrication, les ingénieurs, ceux avec qui j'ai pu avoir quelques conversations à mon départ, se sentaient encouragés, par les révoltes et par les signes de réactions enfantines, à considérer leurs ouvriers comme des mineurs sur qui ils avaient la mission d'imposer le bonheur par le travail stable et la croissance du niveau de vie. Des ingénieurs m'ont dit qu'ils voulaient vraiment le bonheur des ouvriers et qu'ils appréciaient surtout chez eux la « docilité » comme vertu majeure. Je sortais de ces entretiens déchiré entre la logique de la production qui m'apparaissait comme inexorable, et la logique des individus qui s'accordait mal avec le point de vue des chefs.

Mais les positions de chacun n'étaient pas entièrement exprimées par ces réactions communes, et trois types de positions plus autonomes ressortaient en quelque sorte des atouts inégalement distribués. Ceux qui avaient un métier entre les mains manifestaient une sorte d'adaptation critique à l'entreprise. Certains jeunes, qui pouvaient espérer faire autre chose que l'usine, adoptaient une position nettement distante à l'égard du groupe. Enfin la grande masse des manœuvres sans métier ni prospectives d'études se cantonnaient dans une sorte de résignation fataliste.

Le prestige du métier manuel est un élément primordial de la vie à l'usine. S'il n'y avait pas le métier, on pourrait même dire que le monde ouvrier n'existerait pas, car il aurait été depuis longtemps réduit à l'état de troupeau résigné ou évasionniste. Mais qu'est-ce que le métier et comment intervient-il dans le quotidien des rapports de travail ?

Je n'ai pas moi-même été au milieu de travailleurs de métier, alors que c'était eux que je pensais rencontrer à mon arrivée en usine ; et cependant, la référence au métier, celui de l'ajusteur, du fraiseur, du tourneur ou de l'électricien, m'est apparue comme centrale dans les entretiens que j'ai pu avoir après la fin de mon engagement en atelier avec les collègues qui avaient accepté de me revoir. Parmi d'autres questions sur leur travail, leurs perspectives d'avenir, ainsi que celles de leurs enfants, je leur avais posé la question : « Qui est le plus malheureux actuellement ? » Et tous m'ont répondu que les malheureux sont les gens sans métier. En y réfléchissant, on comprend que le métier confère une certaine indépendance par rapport à l'usine, car un bon compagnon pourra toujours retrouver une place, ce qui lui donne une certaine assurance dans les rapports avec les chefs. Mais le problème n'est pas tant celui de cette indépendance tactique mais bien plutôt la possibilité de faire quelque chose de matériel où l'on puisse mesurer le résultat de son œuvre et par là même une certaine valeur de soi. Les plus enviés dans tous ces ateliers étaient les mécaniciens de l'entretien, mais le métier ne s'arrêtait pas à l'exercice de leurs activités, très importantes à l'usine d'alimentation à cause du mauvais fonctionnement des fours. Le métier, c'était le passé tout proche, celui des polisseurs remis sur la chaîne après la conversion technique, ou celui des compagnons de la boulange, qui, fatigués par des horaires trop durs, étaient venus à l'usine d'alimentation chercher la tranquillité, mais y trouver aussi la monotonie. Le métier, c'était par référence à ces expériences professionnelles de chacun, « l'idéal de son boulot » ou du travail bien fait. Une sorte de code sous-jacent aux rapports de travail manuel soutenait l'idée que chacun était capable de bien faire un bon travail ; et, d'une façon plus subtile, qu'en tout travail, même simplifié, il restait une certaine attitude de respect envers les outils, les machines et même la qualité du produit de série.

Bien sûr, il n'était pas question de confondre la série et le métier, comme certains ouvriers un peu simples avaient tendance à le faire en donnant trop d'importance à leurs opérations de polissage ou de surveillance de fours. Cette conduite était même dénoncée comme du « fayotage » ou de « la bêtise ». Il ne fallait pas non plus mélanger le respect du travail de qualité avec les brusques mouvements de révolte qui pouvaient faire gâcher des pièces ou coincer des machines. Mais il ne fallait jamais oublier en revanche que le travail manuel a ses exigences de qualité et de respect des outils. C'était affirmer par là que la dignité de chacun, même contrainte aux dernières limites de l'ennui, résidait ailleurs, dans une sorte de volonté de se faire soi-même en créant, en façonnant la matière, et non pas en demandant la protection de plus puissants. L'un des plus grands reproches adressés par les ouvriers aux chefs, contremaîtres, ingénieurs et directeurs était précisément qu'ils étaient tous en train de « fayoter », de s'influencer mutuellement ou de se tromper au lieu d'exercer un métier digne. Leur position dans la hiérarchie faisait dépendre en effet leurs réussites personnelles d'une série de négociations permanentes beaucoup plus que des résultats d'un savoir-faire.

Je reverrai toujours le chef d'équipe du polissage, vieil ouvrier français au regard sage et un peu triste derrière de fines lunettes dorées. En cotte bleue et chandail à col roulé, il avait longtemps refusé ce poste de semi-commandement avant d'avoir pratiquement été contraint de l'accepter et d'abandonner son établi d'ajusteur. Respecté par tout le monde pour son savoir technique, il représentait aussi une sorte d'intermédiaire entre les ouvriers, le régleur et le contremaître. Quand la production n'allait pas fort, et que toute la hiérarchie tempêtait, il lui arrivait de passer directement pour voir ce qui n'allait pas. Mais c'était toute son attitude faite d'attention et de dignité qui calmait, car elle rassurait. On comprenait, à le voir, qu'il y aurait toujours une voie possible, celle de l'intelligence et du métier, au-delà des hiérarchies stupides et des incohérences de l'exaspération.

Au début de ma présence au poli-machine, je produisais consciencieusement des loupés en m'appliquant à contre-temps, et voilà qu'au bout d'un certain temps arrive le chef d'équipe. Je ne l'avais pas remarqué jusqu'alors, mais il m'observait pour comprendre ; il demande au régleur de faire une démonstration à la « bécane », puis me dit : « Allons, c'est quand même pas du boulot ». Et je compris ensuite que même dans le travail fatigant il y avait quelque chose à respecter, l'idée qu'un boulot était possible au-delà de la tracasserie du régleur et de la discipline, et que cette voie menait loin dans la réalisation de soi-même ; il n'y avait qu'à le regarder pour comprendre que tout boulot, manuel ou pas, enserre le joyau secret de la mesure de soi et du monde.

Désespéré par la dureté du travail, la destruction de mon identité sociale antérieure, et l'incertitude totale sur l'avenir, je ne trouvais moi-même parfois de réconfort que dans l'idée qu'en m'appliquant, je pouvais toujours avoir un métier, devenir organisateur du travail, vu les bêtises que je constatais au polissage. Et je m'essayais en cachette à faire une analyse des postes, des gestes, des méthodes de formation et de transmission des pièces. J'avais même inventé tout un système de voyants lumineux pour savoir avec certitude quand la pièce était polie et quand on commençait à « bouffer les filets ». Et dans ces moments de réflexion, tout reprenait un sens, il y avait des problèmes à résoudre, des solutions à trouver et un savoir technique à inventer puis à classer.

Les « résignés », à leur situation d'alternance, entre la révolte et la somnolence, ne représentaient pas une catégorie de caractères apathiques. Un certain nombre d'individus sans espoir ou sans référence de métier et sans perspectives d'avenir paraissaient supporter leur condition avec une certaine apathie, ou une certaine accoutumance calme, comme si une telle situation leur était devenue naturelle. Mais, à y regarder de plus près, cette apparence d'adaptation recouvrait en fait de multiples raisonnements. Pour certains et c'étaient surtout les femmes avec enfants, encore jeunes mariées comme ces ouvrières de la chaîne des gaufres, l'usine n'était qu'un pur moyen d'améliorer leur vie familiale. Elles y venaient juste pour gagner un certain fixe, en essayant de préserver au maximum leur physique et leur santé. Pour d'autres étrangers, comme les Espagnols ou les Portugais, l'usine n'est qu'un moyen de se préparer un avenir au pays comme petit propriétaire terrien ou comme hôtelier. Pour d'autres, comme certains Algériens ou créoles, l'usine est un moyen de s'intégrer au monde moderne français. Pour d'autres ouvriers, surtout des Français anciens à l'alimentation, l'usine est la seule issue et ce qui compte pour eux c'est de faire de grosses semaines de soixante heures pour toucher beaucoup d'heures supplémentaires. L'un d'entre eux, me voyant refuser des heures, en reste stupéfait car, lui, avec une semaine de 44 heures m'avoue « n'avoir rien fait cette semaine-là, il s'est reposé... » Il revient tout joyeux quelque temps après car il peut rester trois heures de plus en fin de journée. Il n'était pas rare qu'à l'atelier de gaufres certains ouvriers fassent deux équipes à la suite, soit dix-huit heures à la file, ce qui les plongeait dans une hébétude permanente pour la semaine. Cette fringale d'heures supplémentaires était considérée comme le seul moyen de « faire » ou de « ne pas faire » quelque chose de son temps. Pour ceux qui n'avaient pas d'autres atouts, c'est encore un moyen d'exister que de se conquérir une paie. D'autres enfin, comme ce paysan du Nord, espéraient monter dans la hiérarchie vers la maîtrise.

La dernière forme particulière de réactions individuelles du monde des autres et du travail est celle des évasionnistes : ceux qui ne pensent qu'à une seule chose : sortir de l'usine et ne plus jamais y retourner de leur vie. Ce sont tous des jeunes qui suivent des cours, un créole du polissage, un Français de la banlieue qui veut se mettre à son compte en sous-traitance avec l'usine, ou bien deux jeunes de l'entretien qui cherchent à s'instruire le soir. Pour ceux-là plus que pour les autres, je suis une véritable question : « Pourquoi venir à l'usine ? » Ils me disent que je « n'ai pas un front à tenir le balai ». Pour les ouvrières qui approuvent mon départ de l'usine d'alimentation, c'est une exclamation unanime : « Quand on le peut, il faut quitter l'usine. Ce n'est pas une vie ici ».

Un contremaître m'a même proposé spontanément de m'inscrire aux cours du soir pour le service du personnel. Il m'a dit qu'il y avait une carrière intéressante et que c'était ce qu'il avait fait lui-même.

Quelques individus peu nombreux vivent à l'usine un appel permanent vers d'autres métiers ou vers la hiérarchie. Ce type de profil les isole du groupe, ils s'habillent autrement au travail et en dehors, où leur objectif est de montrer le moins possible qu'ils sont ouvriers. Mais pour supporter leur isolement, il faut qu'ils puissent appuyer leurs projets sur des capacités intellectuelles et une fermeté d'organisation matérielle très poussée. Ce qui est relativement rare.

Il n'est donc pas impossible d'être soi-même c'est-à-dire différent des autres dans les circonstances du travail en usine. Cette remarque pourrait être banale et superflue puisque les individus ne se ressemblent pas et qu'ils sont, a priori, distingables par leurs sexe, âge, allure, paroles, etc. Mais en rester à ce niveau superficiel de l'observation du phénomène social serait faire trop bon marché des mécanismes de conditionnement pesant de façon identique sur les pensées et les conduites de tous ces individus vivant la même situation. C'est alors que la diversité des réactions devient étonnante et que l'on peut sérieusement se demander comment le travail permet quand même de les élaborer et avec quels moyens les individus arrivent à se différencier dans un contexte de nivellement des perceptions, idées et sentiments.

LA SOLIDARITÉ DANS L'ATELIER

Un monde social n'est pas plus élaboré à partir des seules réactions individuelles que des conditionnements collectifs. Ces approches déterministes et réflexes du fait social laissent échapper de l'équation les phénomènes de groupes et de masses qui imposent comme un écran d'opacité supplémentaire à l'interprétation des événements de l'actualité. Comprendre le poids des conditions de travail n'explique pas forcément les réactions des gens, leurs satisfactions et leurs peines. Connaître un peu plus les gens pour les avoir fréquentés au travail m'a fait découvrir, par comparaison ou différence avec moi, quelles pouvaient être leurs réactions individuelles pour exister et poursuivre des objectifs qui leur soient propres. Profondément impliqué dans le conditionnement de l'atelier, j'ai même expérimenté quelque peu la vérité de plusieurs de ces réactions, c'est-à-dire, me semble-t-il après coup, les voies selon lesquelles chacun s'aménage une zone de rationalité, de cohérence, en fonction de ses atouts physiques, sociaux et professionnels. Les attitudes répertoriées, établies, reconnues, ne sont jamais vraiment incohérentes ; elles produisent au contraire un effort constant pour dépasser les contradictions entre l'espoir ou le souvenir du métier et le vide du travail, entre la protection de soi et la nécessité de produire, entre son domaine réservé de réflexions, de rêves et de souffrances et le domaine des autres à qui le travail vous confronte quotidiennement, mais aussi la famille, le quartier, etc.

Et c'est précisément à cet effort de cohérence du sujet que semblent bien s'articuler la densité des relations de groupes et de masses, la complexité de l'univers collectif. Le monde social des relations humaines s'offre à l'expérience individuelle à la fois comme moyen de résolution et comme source de contradictions supplémentaires. Les voisins, les collègues, ceux du bout de la chaîne ou de l'entretien, les chefs aussi, poursuivent tous des projets d'équilibre personnels alors que je suis personnellement lié à eux par le travail collectif. S'aider, se soutenir, se cacher,... c'est déjà vérifier qu'on dépend des autres pour arriver à ses fins, mais ces mêmes autres peuvent aussi se mettre ensemble pour imposer leurs solutions, de quels moyens disposent-ils pour avoir des zones d'influence, et comment choisir soi-même entre les définitions sociales toutes faites et ces types d'appartenance à des groupes ?

Sous le terme de solidarité, on voit aussi se profiler les conditions sociales de l'accès à l'identité pour chaque individu. Comment parler de ce problème quand on réfléchit à l'atelier, et aux travailleurs et travailleuses de l'usine ?

Vivre à l'usine est impossible sans l'expérience d'une profonde solidarité entre travailleurs. L'observation de la vie courante à la chaîne et derrière les machines révèle une coupure, tranchante et blessante pour ceux qui veulent la franchir, entre les ouvriers salariés et commandés, et la hiérarchie, elle-même au service d'un pouvoir plus vaste qui a généralement intérêt à maintenir à vie les travailleurs dans leur conditionnement. Là est la source de cette solidarité.

Depuis le début de l'histoire industrielle, l'usine a toujours eu cet étrange destin de rassembler les travailleurs dans une solidarité agissante contre le reste de la société qui s'accommodait fort bien des conditions de vie et de travail qui leur étaient faites. Au bout de la souffrance, et toujours pour survivre, les ouvriers se sont réunis dans une lutte commune contre les machines, contre les bourgeois et leur Etat, et même, ils ont eu l'espoir de se réunir par-delà les frontières et les langues contre les misères que la guerre des Etats finissait toujours par leur imposer. Je n'ai rien à redire sur cette page d'histoire lamentable pour un monde moderne, où l'on est vite et depuis longtemps informé de tout cela ; je n'ai rien à redire sinon que cela n'est pas terminé, même si l'espérance physiologique de vie ouvrière se rapproche de celle de la moyenne nationale, même si les produits de grande consommation, voitures, radios, TV, les services sociaux, les écoles primaires et les HLM sont accessibles aux travailleurs. L'objet de mon étude n'est pas de dénoncer une fois de plus l'injustice sociale, ce n'est plus aux explorateurs bourgeois de rapporter ce message de l'enfer individuel. Il y a beau temps que les ouvriers ont pris eux-mêmes en charge leur propre défense, et leur combativité est devenue un exemple de ténacité et d'efficacité. Mon objet est seulement de montrer quelles sont les conditions psychologiques et sociologiques d'une solidarité en partant du modèle de la réalité ouvrière.

Or, au moment de mes observations d'usine confirmées ensuite par huit années d'enquêtes, je peux affirmer que le travail d'atelier continue de secréter le ferment d'une solidarité entre travailleurs. Mon propos est ici de montrer qu'il ne s'agit pas d'une sorte de contagion mystérieuse ou d'une détermination à base de faits économiques ; pour qu'il y ait réactions solidaires et si possible spontanées aux mêmes conditions de travail et aux groupes humains qui les imposent, il faut que les travailleurs vivent ensemble et simultanément le même processus d'accès à l'identité. Là est la racine de leur solidarité et probablement de toute solidarité.

Pour les raisons principales d'enfermement, d'organisation imposée, de travail décomposé, d'autorité arbitraire et de carrière impossible, il y a une révolte profonde qui couve en permanence au cœur de chaque travailleur. Contre le temps volé, presque entièrement passé à servir d'autres, contre l'univers du non-sens dans le travail et l'effort, contre les régressions enfantines entretenues par un monde disciplinaire et avare de responsabilités, il y a toujours dans l'usine un climat de guerre et de vengeance qui s'apparente à la rage des prisonniers sans faute et qui hurlent sous l'aiguillon sans cesse aiguisé d'une injuste condamnation.

Freinage, chapardage et complicité contre les chefs sont les indices permanents de cette révolte. Mais toutes les occasions sont bonnes pour provoquer l'explosion et vérifier qu'à nouveau les travailleurs sont solidaires dans l'atelier. En trois mois de polissage, j'ai eu l'occasion de voir deux manifestations collectives de colère à l'intérieur de l'atelier, alors que l'usine sortait tout juste d'une grève très dure de plusieurs semaines qui avait eu pour objet d'empêcher la disqualification des anciens polisseurs à l'occasion de l'introduction de la chaîne.

C'est tout d'abord une histoire de chauffage insuffisant pendant les grands froids de Noël. J'étais au banc de retouches à côté d'un vieux polisseur de métier qui, depuis deux jours, souffrait particulièrement de ses rhumatismes augmentés par le froid et la position inconfortable du polissage. « J'ai la colonne vertébrale en S depuis le temps que je travaille », m'avait-il confié un jour que je ne savais plus quelle position adopter pour ne plus avoir mal au cou et au dos, parce qu'il fallait travailler à bout de bras. Et puis, tout d'un coup, il a explosé, et d'autres avec lui : « Ça n'est plus possible, ils veulent nous faire crever de froid, ils le font exprès, etc. ». Et il est parti réclamer auprès de l'ingénieur. Et, brusquement, toute l'atmosphère a changé. On a cessé de travailler pour la pause de onze heures ; ça discutait partout, alors que d'ordinaire chacun se promenait avec un ou deux amis ou se reposait assis dans un coin. Et puis, d'anciens polisseurs entourés de mécanos de l'atelier ont fait un rassemblement entre les machines, certains étaient montés sur des chaises, on sentait la longue habitude, une sorte de tradition collective qui brusquement surgissait de la grisaille quotidienne. Les ouvrières soutenaient les anciens de la voix et du geste. Il y avait comme une atmosphère de fête ! Je n'avais jamais vu l'atelier ainsi, chacun semblait revivre, trouvait une façon personnelle de s'exprimer. Les chefs avaient déserté l'atelier et le chef d'équipe servait d'intermédiaire avec le groupe des ingénieurs, chefs et régleurs réunis plus haut comme effrayés par la vision d'une force qui mettait trop gravement en question leur bonne gestion et leurs bonnes intentions. Après le repas, deux poêles tout neufs étaient installés ; l'ingénieur était parti lui-même les acheter à Paris au lieu de déjeuner et la routine reprenait lentement ses droits, mais dans un climat plus clair et plus limpide ; en plus de la chaleur des poêles, quelque chose de réconfortant était descendu sur l'atelier : la conscience de la force collective et la certitude d'en retirer pour chacun une part de considération. Les contremaîtres et régleurs n'ont pratiquement fait aucun reproche au cours de la fin de la journée, ni le lendemain. Quant à l'ingénieur, on ne l'a pas revu pendant une semaine.

L'autre affaire était celle du vote dans l'atelier à propos d'une proposition de la direction de suivre l'exemple de Renault qui venait d'adopter la quatrième semaine de congés payés, mais en échange de quatre journées rattrapées le samedi matin. Autour des délégués du personnel, tout le monde s'attroupe à nouveau et les signes d'une démocratie spontanée se développent. Ici et là on discute les deux thèses, on suppute les intentions de la direction car, pour certains, voter, c'est pactiser, alors que, pour d'autres, il faut surtout voir les intérêts pratiques de la proposition patronale. Là encore on retrouve le même scénario de fête en fin de journée avec du temps passé à ne rien faire : « C'est toujours ça de pris ! »

D'une façon plus générale, cette solidarité prend la forme d'une camaraderie spontanée dont les racines plongent dans l'expérience d'identification affective entre travailleurs, que le conditionnement du travail monotone et imposé finit par déclencher en tout individu. Au moment de l'action collective face à l'événement, cette identification facilite la fusion des membres du groupe et coule naturellement l'action sur le modèle de la masse unitaire. De cette expérience de la camaraderie entre travailleurs, j'ai eu de nouvelles preuves à chaque réaction lors de mon arrivée dans un nouvel atelier. Au polissage, je n'avais pas plutôt quitté le vestiaire, atteint la porte de l'atelier où je ne connaissais personne, qu'un mécano me prend par l'épaule et me conduit vers un polisseur en disant : « Tiens, voilà un nouveau copain, faudrait s'occuper de lui ».

A l'atelier de gaufres, au cours de la première journée, les ouvriers m'accueillent chacun à sa manière : « Alors, ça ira le boulot ici ? » En me serrant la main : « Tu verras, c'est pas une mauvaise place ». On se sent soutenu d'emblée par une longue tradition de camaraderie héritée de générations d'ouvriers, mais dont on comprend ensuite l'urgente nécessité pour survivre.

L'autre face de cette solidarité est l'opposition irréductible au monde des dirigeants. Quand le directeur ou le fils du patron passent dans l'atelier, tout le monde se fige, et l'on affecte de ne pas les voir. Ils sont comme des ombres incapables d'arrêter les regards. Un directeur depuis longtemps à l'usine a bien connu l'un des anciens polisseurs. Celui-ci demande un bon de sortie pour éviter d'avoir à lui parler. Quand il est sorti, on entend les Espagnols jurer entre leurs dents « la vaca ». Un emboutisseur à la cantine constate avec amertume : « A l'usine, c'est comme autrefois, rien n'a changé, le patron c'est le seigneur, il fait ce qu'il veut ».

L'expression de haine spontanée contre tout ce qui représente l'autre monde, celui de la coalition contre l'univers des travailleurs, témoigne de la force de cette solidarité de camarades. Tous les chefs, absolument tous, et surtout s'ils sont haut placés, sont accusés de machiavélisme et de duplicité dans leur attitude bon enfant envers les ouvriers. L'ingénieur du polissage, personnalité effectivement douce, est appelé « Nounours » et, lors de ses apparitions, on entend des phrases murmurées : « Voilà encore le gros fainéant », « Il gagne beaucoup d'argent et fait peu de travail, c'est normal, et nous beaucoup de travail et peu d'argent, c'est normal ».

C'est ici que je peux enfin comprendre l'attitude générale des ouvriers à l'égard des visiteurs que j'ai vu passer au polissage comme aux fours. Parfois ce sont des écoles de garçons ou filles en fin d'études secondaires, parfois des cadres d'entreprises extérieures qui viennent étudier la chaîne ou bien une machine. Toujours la réaction collective est la même, je sens une volonté d'indifférence forcée, une sorte de crispation figée, qui atteint tout le monde. On ne veut pas voir ces visiteurs, c'est comme s'ils n'existaient pas, leurs personnes physiques n'arrêtent même pas les regards qui se fixent étrangement au-dessus de leurs têtes ou se concentrent sur la pièce à faire. Mais eux non plus ne veulent pas voir l'ouvrier, ils regardent la technique, les convoyeurs, les fenwicks, les ponts roulants, l'intérieur d'une machine sous le capot, mais la présence des travailleurs est soigneusement éludée. Deux mondes se refusent réciproquement la reconnaissance et, du côté ouvrier, c'est précisément cette position d'objet moins intéressante que la technique ou l'organisation qui est refusée.

En ce qui me concerne, ces visites me projettent dans un réel dédoublement ; je suis du monde de ceux qui passent et qui m'ignorent derrière ma machine ; par ailleurs, je refuse de regarder mes pairs en promenade protégée. Spontanément, mon attitude est celle de refuser le statut de simple objet de curiosité, mais ne suis-je pas déjà et au premier chef, celui qui vient voir ? Ce dédoublement, je le traverse sans le comprendre, avec une conscience confuse qu'il y a autre chose dans ma démarche, mais, sur l'instant, seuls le déchirement, l'angoisse, la perte de cohérence sont les signes de cette expérience supplémentaire à celle du simple visiteur ou du simple observé. L'intensité de l'angoisse vécue jusqu'aux signes psychosomatiques me révèle tout simplement la force cohésive du monde ouvrier en face du reste de la société hors l'usine et l'atelier.

Les moments de passage entre ces deux mondes sont particulièrement difficiles à intégrer dans une personnalité déchirée. Le métro, mais aussi les week-ends me laissent encore maintenant les souvenirs les plus difficiles, ceux des moments que l'on vit sans rien comprendre, où toutes ces activités pèsent lourd, car elles ont perdu une signification sociale simple. C'est dans ces longues heures de transport que je vivais au maximum les effets de cette contradiction interne. Dans le métro, je traversais tout Paris aux heures de presse, parfois j'arrivais à jeter quelques notes sur la journée et je me retrouvais comme sociologue sans aucune certitude. Le plus pénible était d'éprouver une sorte de dédoublement de personnalité sociale imposé par le glissement entre deux mondes juxtaposés dans l'autobus d'ouvriers épuisés mais presque joyeux du grand air et de l'animation de la ville ; dans le métro et les queues à Opéra et Saint-Lazare où les gens de la ville sortant des bureaux lisaient le journal, ce qui me renvoyait aux conversations avec les amis ainsi qu'aux perspectives d'homme à carrière puisque j'avais fait des études ; et enfin, la marche dans les rues froides et encore ouvrières du 13e arrondissement où se dressait mon immeuble pour classe moyenne ou jeunes cadres. Un jour, au grand croisement de la station Opéra, sorte de nœud souterrain de la vie parisienne, je me frayais un chemin vers la ligne Mairie d'Issy. En canadienne sale et portant un sac de sport, j'ai cru reconnaître un étudiant de psychologie rencontré à la Sorbonne avant la guerre d'Algérie. Il s'est arrêté stupéfait, incertain, ne pouvant recoller les deux images, celle du responsable étudiant, comblé, actif, admiré que j'étais et celle de ce type fatigué qui passait. C'était bien lui, en costume propre, manteau long et chic, visage d'intellectuel. On ne s'est rien dit, j'ai continué comme si ce n'était pas moi qu'il reconnaissait. Un peu étrange, c'était lui précisément qui avait fait une recherche de maîtrise sur l'image de la mort et je l'avais soutenu dans la diffusion de ses questionnaires. Il m'avait toujours glacé et, ce jour-là, son étonnement m'interrogeait sur la mort, n'étais-je pas en train de traverser une sorte de mort sociale ?

Une autre fois, écrasé par la bousculade, je ne pouvais même plus sortir à Gobelins, alors j'ai crié et tapé pour sortir. Comme une bête, parce que c'était trop d'être, en plus du travail, de l'incertitude sur l'avenir et sur moi-même, réduit à ne plus respirer, ne plus pouvoir bouger, ni éprouver quelque humour envers la situation.

Le matin dans le métro, c'était le cheminement inverse vers 6 heures, mais je comprenais aussi que je n'étais pas le seul à faire cette conversion de personnalité. L'hébétude quasi générale autour de moi montrait bien que le retour du conditionnement était une contrainte générale. Seuls quelques bureaucrates d'une centrale syndicale se retrouvaient avec joie, semble-t-il, après Saint-Lazare. Ils étaient les seuls à dire avec un humour enjoué : « Ça sent l'ouvrier ici », les seuls à parler fort dans la rame du métro, à grand renfort de retour à « la bible », au paquet de fiches jaunes imprimées contenant la clé d'interprétation péremptoire et sibylline, pour tous les événements politiques et sociaux du journal du matin.

Mais cette coupure du monde et la solidarité globale ouvrière, je la ressentais aussi dans la méfiance à mon égard qui ne s'éteignait jamais complètement, sans cesse réalimentée par la différence de mon langage, de ma conversation ou de mes réactions face au travail et aux chefs. J'étais soupçonné d'être un jaune, un émissaire du patronat envoyé pour contrôler la vie intime de l'atelier. Seules mes difficultés aux machines, ma plongée dans l'effort commun offraient suffisamment de preuves d'une certaine bonne foi pour passer correctement les heures de travail.

Les chefs eux-mêmes jouaient inconsciemment cette carte de l'espionnage pour mieux comprendre les ouvriers si proches et pourtant si distants. C'est ainsi qu'aux ateliers de fours, le chef de fabrication est venu me voir discrètement, sous un prétexte quelconque, pour me demander si je n'avais besoin de rien, si je n'avais pas des remarques à faire, étant donné ma nouveauté dans l'entreprise, qui pourraient servir à tout le monde. J'ai fait alors la sourde oreille, disant que le travail me plaisait et que je ne voyais rien à redire, déplaçant la réponse sur mon cas personnel. Il y avait une profonde gêne entre nous deux car toute l'attitude du chef de fabrication signifiait qu'il faisait appel à une sorte de complicité, nous étions du même monde, il était donc inutile de jouer au plus fin. Mon intérêt n'était-il pas, comme le sien, de rendre l'usine plus vivable pour tout le monde ? Peu après son départ, le contremaître est venu me demander ce que j'avais dit, « car avec des gens pareils on ne savait jamais sur quel pied danser ». Lui aussi me voyait comme un espion et venait tenter de s'attirer mes bonnes grâces.

Mais la coupure sociale s'est révélée le plus pénible à vivre à l'atelier de polissage. La direction m'a fait appeler après quelques semaines pour me demander également si je n'avais pas des idées sur la mentalité ouvrière qu'elle comprenait mal. Je ne savais pas alors que la chaîne était déficitaire et que l'usine entière avait fait plusieurs semaines de grève au moment de son instauration. J'ai répondu que j'accepterais peut-être de les rencontrer plus tard. Et, la fatigue ou le conditionnement agissant, cette rencontre me hantait. J'aurais voulu ne pas avoir à les rencontrer car je ne me sentais plus de ce bord ; d'un autre côté, j'étais torturé par l'inquiétude pour mon salaire trop faible, pour ma famille, par le sentiment de ne plus rien valoir ni savoir. Je me raccrochai alors à ma formation de psychologie industrielle et je trouvai une sorte de moyen terme en élaborant un plan d'analyse des postes pour réduire techniquement les rebuts. Et j'acceptai de rencontrer clandestinement les directeurs, en fin de journée, dans une pièce retirée de l'usine. Ce fut une entrevue très bouleversante car ces hommes d'âge mûr adoptaient une attitude bienveillante à mon égard, et même admirative ; ils me voyaient un peu, en 1963, comme un prêtre-ouvrier. De mon côté, je retrouvais l'atmosphère sereine, polie, attentive, raisonnable de mon milieu bourgeois. C'est l'univers culturel de la protection, du préjugé favorable des pères envers les fils, qui ne jugent pas les plus jeunes sur la moindre de leurs incartades, mais qui sont là pour comprendre, attendre, redresser et au besoin corriger, mais avec bonté.

Or j'avais découvert de façon encore à peine consciente que l'usine, pour les ouvriers, c'est toujours le domaine des conséquences dures et blessantes de n'importe quelle décision individuelle. On ne peut donner son point de vue sans être menacé de renvoi ou de mesures punitives. Et l'habitude de cette dureté de la vie engendre une dureté dans les contacts entre collègues. Accepter la protection attentive des directeurs, répondre à leurs questions sur les voisins de travail, c'était parler de cette dureté des conditions de vie, justifier leurs révoltes, et ils ne m'auraient pas cru ou ils auraient déformé mes propos. Refuser de parler, ce que je fis maladroitement, c'était encourir le risque de briser l'univers de la compréhension et de la protection, reconnaître précisément que j'en étais sorti du seul fait d'aller à l'usine, et contempler à nouveau l'incertitude matérielle de ma position sociale et la dégradation de l'image que j'avais reçue de mon passé privilégié. Je m'en tirai dans l'ambiguïté par une proposition d'analyse des postes qui pourrait offrir des formules techniques pour résorber les rebuts, mais je demandai à être payé comme conseiller technique pour rendre un rapport dans le mois après ma sortie, pour bien souligner que je travaillais pour de l'argent et non par complicité. Cette proposition fut rejetée plus tard et le soulagement que j'en éprouvai révèle encore maintenant avec quelle intensité j'avais ressenti en moi-même ce dédoublement culturel et l'apprentissage de l'importance de la solidarité ouvrière.

Que la solidarité ouvrière s'alimente de façon permanente aux sources de l'histoire des luttes sociales qui se sont développées autour de la production et de ses conséquences matérielles pour les travailleurs, c'est là une réalité profonde que je connaissais en arrivant à l'usine et que je ne songeais pas à nier. Mais l'expérience des relations humaines de travail m'a fait comprendre que les leçons de l'histoire ne sont pertinentes et acceptées au point de reproduire les grands mouvements passés que dans la mesure où elles coïncident avec des expériences sociales présentes qui engendrent à nouveau les mêmes racines de révolte. La solidarité ouvrière est d'abord la conséquence d'un apprentissage quotidien de la révolte d'individus placés dans les mêmes situations, opprimant leurs communications et par là, leur personnalité. Si la culture ouvrière est à ce point imprégnée de solidarité, c'est que l'expérience ouvrière des relations humaines de travail est celle d'un même conditionnement des moyens d'expression, de compréhension mutuelle, tandis que les mêmes obstacles économiques continuent d'interposer une forte barrière entre groupes sociaux inégalement privilégiés. Loin d'être une contagion, la solidarité ouvrière doit plutôt être vue comme une somme de réponses logiques élaborées par des individus soumis aux mêmes obstacles dans les relations humaines et sociales. La transmission d'un héritage culturel propre au groupe ouvrier ne s'opère, dans les histoires racontées, les chansons, et les textes syndicaux qu'au travers de l'expérience quotidienne de la contrainte vécue au travail. Si les gens, en effet, ne retrouvent pas dans la culture héritée suffisamment d'éléments pour éclairer leur situation présente, ils n'ont pas de raisons de croire aux « histoires du passé ».

Pas plus que nombre d'étrangers ou de paysans dans l'usine, je n'étais ouvrier d'origine et pourtant nous apprenions les gestes et le sens de la tradition ouvrière de solidarité et de camaraderie en face de l'oppression commune. Mais peu d'ouvriers français disposaient d'un bagage culturel important sur le monde ouvrier et eux aussi refaisaient comme nous la découverte journalière, immédiate, de la vérité d'une tradition de solidarité.

Les raisons présentes et historiques tout à la fois de cette révolte sombre, permanente et toujours vivace, ne suffisent cependant pas à rendre compte de l'action collective fondée sur la réflexion, les intérêts et les projets à long terme. C'est ici qu'il faudrait parler du sens de l'action et se demander si la révolte spontanée suffit à l'expliquer et permet de la prévoir et de l'orienter.

Or, l'observation de la vie interne de différents ateliers fait prendre conscience de la complexité des intérêts et des projets individuels qui alimentent les rapports humains. Il est faux de se représenter le monde ouvrier comme un agglomérat d'individus également poussés et dominés par la même révolte et inexorablement conduits à penser de la même façon.

L'atelier est un ensemble social compliqué tout comme ailleurs, composé d'alliances et d'antagonismes divers. La réalité quotidienne n'est que rarement celle de la solidarité globale, mais bien davantage celle des clivages entre collègues qui délimitent des groupes d'appartenance différents sur le plan des idées, des intérêts et des sentiments. On peut affirmer que les rapports entre ouvriers sont, comme dans n'importe quelles situations collectives, traversés de multiples oppositions.

Au moment du vote sur la quatrième semaine de congés en échange du rattrapage de quatre samedis, les étrangers préféraient les longues vacances pour rentrer chez eux, de même que les jeunes ; en revanche, certains ouvriers français refusaient le principe du vote en arguant de la généralisation probable des accords Renault, tandis que de vieux professionnels votaient pour les quatre semaines en disant que c'était toujours cela de pris aux patrons.

Sur le problème des heures supplémentaires aux ateliers de gaufres et de fours, les syndicats étaient tous opposés, en accord avec les plus anciens ouvriers de la boulange, qui avaient précisément abandonné la boulangerie pour retrouver des heures de travail plus normales et bien payées. Un certain nombre de femmes plutôt jeunes refusaient également de consacrer leur vie à l'usine. En revanche, beaucoup d'hommes chargés de famille et sans espoir de promotion n'avaient comme moyens d'améliorer leur salaire que la ressource des heures supplémentaires ou du travail noir.

Une histoire significative de la division des points de vue entre ouvriers à l'égard des heures supplémentaires se passe à l'atelier de fours. En fin octobre, il fallait produire davantage pour augmenter les stocks en prévision des ventes des fêtes de Noël. La direction demande de venir pendant le week-end de la Toussaint. Syndicats en tête, tout le monde est contre. Un contremaître passe avec un carnet pour inscrire les noms des volontaires, il remonte la passerelle, le carnet vide. Le chef de fabrication est furieux. Je sens une atmosphère lourde d'inquiétude, chacun affirme qu'il ne vit pas pour travailler, etc. Juste avant le week-end, le chef de fabrication fait monter les ouvriers un par un, au cours de la journée. Les gens reviennent discrètement et silencieux. Le mardi, j'ai su que beaucoup étaient venus travailler sauf ceux qui avaient des excuses majeures. Les syndicats ont juré que la direction ne recommencerait pas sous peine de grève. Mais ce furent ensuite d'interminables discussions et rancœurs à l'intérieur de l'atelier pour justifier tant de soumissions individuelles et l'éclatement de la solidarité ouvrière.

Sur le problème de la promotion interne jusqu'à chefs d'équipe ou contremaîtres par cours du soir, les positions étaient également fort variées aux usines d'alimentation. Appâtés par la politique du personnel, certains ouvriers acceptaient la responsabilité de chefs de file ; les « chefaillons », comme on les nommait, avaient un galon rouge sur le calot blanc de la boulange. Leur position d'informateurs privilégiés de la direction était très inconfortable, on parlait même d'un cas de suicide manqué d'un chef d'équipe passé par cette position de chef de file. Contre l'avis des syndicats et de l'ensemble du personnel, certains acceptaient parfois de tenter la promotion sous le regard narquois de leurs voisins de postes, jusqu'à ce qu'une demande précise de renseignements finisse par les réintégrer à la masse, écœurés de l'aventure. Mais c'étaient surtout les jeunes sortis de l'armée qui n'arrivaient pas à accepter cet avenir monotone d'ouvriers spécialisés avec le double salaire familial et la révolte permanente comme perspective ; pour eux, les anciens étaient de pauvres résignés, battus par l'existence. A les entendre, les syndicats vivaient de la misère ouvrière et l'entretenaient plus qu'ils ne luttaient vraiment contre. Leurs seuls espoirs étaient de suivre des cours, ou de s'établir à leur compte comme artisan, boulanger, pâtissier, poissonnier, assureur, etc. Les anciens voyaient bien avec amertume que les jeunes « tiraient de leur côté », mais ils ne pouvaient leur proposer autre chose d'autre pour les rassurer, que leur propre exemple de lutte et de patience.

Entre ouvriers, on peut remarquer l'envie et une forte opposition entre la production et l'entretien. Aux fours, je note que les servants de machine comme moi étaient considérés de haut par ces messieurs de l'entretien. Les mécanos ne nous adressaient pas la parole quand il y avait une panne et se contentaient de nous écarter, en faisant le mur à plusieurs autour de la machine. Au cours d'une journée de pannes causées par le balancier du couteau de ma machine, je vois s'accumuler les essais, les fautes, les pourparlers, les arrêts, les refus de prendre des décisions de la part des chefs, qui ne veulent pas avoir la responsabilité d'une bêtise, les refus de coopération des mécanos et de leur grand chef, ce qui augmente les susceptibilités froissées. Je note le soir dans mon carnet : « Les ouvriers de la fabrication (boulange) détestent les mécanos de l'entretien, ceux-ci méprisent tout le monde, tout au moins les anciens ; je crois que cela tient peut-être au fait qu'ils se sentent en possession d'un vrai métier et que les autres en sont jaloux ». Les jeunes mécanos, en effet, respectent les anciens à cause de leur compétence, ils voient dans leur exemple une carrière pour eux, mais les vieux ne s'efforcent guère de les mettre au courant : « Ça les rendrait trop vite savants », disent-ils.

Entre ouvriers et ouvrières, les jugements ne sont pas plus tendres. Aux fours, on est plutôt méprisant et protecteur envers l'atelier contigu où des femmes sont à la chaîne. Les jugements qui traînent traduisent une opinion sévère sur la solidarité des femmes : « Elles se bouffent entre elles. Le soir elles trépignent à l'heure sans perdre une minute et, le matin, elles sont là dix minutes trop tôt. Un chef qui les attrape, en parlant bien, ça suffit à les séduire, il cause si bien ! Entre elles, elles se font des vacheries, si elles courent le matin, c'est pour attraper les meilleures places... elles fayotent ».

Les opinions des femmes sur les hommes qui acceptent de rester dans le travail d'ouvrier spécialisé ne sont guère plus douces. Elles leur reprochent de ne pas être suffisamment importants dans la société : « T'as pas une personnalité forte », et d'accepter une situation où « on est là pour servir et non pour travailler ». « C'est pas un travail mais un service que tu rends au patron », reconnaît une ouvrière ayant vingt ans d'ancienneté. Au polissage, un ouvrier éclate de rire en voyant sa paie et me dit, cynique : « Quand tu rentres chez toi avec cette paie, ta femme, elle est contente ? »

Enfin, le racisme est d'autant plus affirmé que les étrangers sont nombreux ; il est plus sensible au polissage où les postes les plus durs sont occupés par des étrangers. Dans la journée au moment de pause, de cantine, ou de vestiaire, les conversations restent cantonnées à l'intérieur des groupes nationaux ; et les Français jouissent d'avantages qu'ils ne voudraient pas laisser aux étrangers. « Ce qui a tant attiré ces étrangers : y en a qui ont maintenant une maison, de l'argent ; ils sont venus avant la guerre, les Polonais, et maintenant, ils ne pensent qu'à eux, ce sont des égoïstes. Ils sont faux, y a que l'argent. Et tous les jeunes Espagnols, ils sont rosses entre eux » (un vieux polisseur):

Dans le même atelier, un graveur sur métal, Espagnol, me confie : « On nous considère comme des pestiférés. Après trois ans de travail côte à côte dans l'usine, on a toujours été amical dans l'usine, mais il était impossible de les voir chez eux. J'ai entendu dans des conversations : " Tiens, voilà ces sales Espagnols ". Avec les Arabes, ils sont habitués depuis longtemps et semblent les tolérer plus que les autres étrangers... Je me compte dans les rangs des ouvriers français et je ne sais pas si j'ai le droit ».

Toutes ces différences qui encombrent les rapports de travail sont-elles compatibles avec le thème de la solidarité réactive qui existe tout autant que les clivages ? Il serait trop simple de dire que la solidarité n'est en fin de compte qu'épisodique et superficielle parce que les hommes sont incapables de s'entendre longtemps sans entrer dans un maquis d'intérêts divergents. Cette solidarité se réalimente en effet sans cesse aux mêmes sources c'est-à-dire l'obligation de supporter des conditions de travail et de vie imméritées. Mais il serait trop facile de dire à l'inverse que toutes ces différences ne sont que des peccadilles subjectives et circonstancielles qui n'atteignent pas le grand mouvement objectif de la solidarité ouvrière historique. Tous ces clivages existent bel et bien pour ébranler sans cesse la cohésion du groupe ouvrier, dont l'histoire est vraiment faite d'un éternel effort toujours recommencé pour s'unir et lutter contre le mauvais sort collectif. Comment parler avec pertinence de cette spécificité ouvrière de la solidarité ? Comment justifier l'importance du fait syndical et la permanence de ses divisions ? Comment rapprocher la spontanéité globale de toute réaction solidaire et l'évidente difficulté à se mettre d'accord sur des objectifs d'action ?

La réponse à ces questions doit être cherchée dans les effets complexes du conditionnement des individus par le travail en atelier. La conséquence principale des conditions de vie à l'usine est de développer en chaque travailleur une forme de rapport aux autres fondée sur la projection affective de soi-même sur l'entourage, car l'effort, le rêve et les difficultés matérielles d'échanges dominent l'activité perceptive. La solidarité est la transposition au plan collectif de cette expérience projective, refaite par chacun à longueur de journée. Dès lors que le but est simple et évident, dès lors qu'il s'agit de se révolter contre l'oppression clairement désignée, le chef, la hiérarchie ou tel événement, alors l'action de masse effectivement soudée se développe naturellement avec une redoutable efficacité.

Mais les circonstances ne clarifient pas toujours l'objectif et c'est alors que le mode affectif de l'action solidaire n'est plus suffisant. Confrontés aux idées, aux débats et aux discussions, les individus ont en fait à surmonter de multiples handicaps pour s'entendre et se comprendre. La coupure d'avec le monde extérieur à la fois symbolique au niveau de la repésentation des classes et matérielle au niveau du temps disponible, de la fatigue et de l'instruction, tarit les conversations et appauvrit les rapports aux idées. L'impossibilité matérielle de communiquer et le processus même de la perception projective empêchent de saisir l'autre comme détenteur d'idées différentes des siennes et de mesurer du même coup le caractère relatif de son propre point de vue. Enfin, l'expérience triomphante et historique de tout mouvement de masse oriente toute action collective vers la recherche a priori d'une forme solidaire, au lieu de mesurer avec soin la valeur des divergences en présence. C'est ainsi que l'action ouvrière ne peut être dynamique que par manque de lucidité sur ses différences internes. Quand les points de vue différents continuent tout de même à s'exprimer, alors la solidarité trop rigide se casse et se désintègre dans une série d'affrontements sans issue où chacun revendique la représentation du tout. C'est l'univers des solidarités qui s'affrontent et se prennent chacune pour la totalité.

Les indices les plus frappants de cette ambiguïté du conditionnement ouvrier à la solidarité ressortent de la profonde gêne des individus à l'égard du domaine de la politique et du syndicat. Cette grave difficulté à l'égard des syndicats et du politique m'est apparue lors des multiples conversations et entretiens faits au cours de l'observation participante et dans les mois qui l'ont suivie. On peut sans transition répondre que « l'ami de l'ouvrier c'est l'ouvrier » mais que « la politique casse tout » ; ou bien reconnaître que « c'est quand même le syndicat qui unit les gens », et « que sans lui on serait bien malheureux », mais que « tout de même, les syndicats sont trop désunis » et même qu'on ne se syndiquerait que si les syndicats étaient plus unis. Tandis qu'un militant, écœuré de la faiblesse combative de l'atelier, constate avec découragement que « pour atteindre l'unité syndicale, il faut bien commencer par se syndiquer quelque part ».

En fait, la réalité syndicale ne m'a jamais été contestée par personne. La représentation de la vie politique en général passe pour chaque ouvrier par la visualisation très claire d'un monde où les syndicats sont pour les ouvriers et contre les patrons, tandis que, par derrière, se profile, pas très nettement, le rôle du parlement, de l'Etat et des partis. La chose dont on est certain, même si l'on n'a pas sa carte, c'est que le syndicat représente l'ouvrier, même si on ne lui demande qu'une sorte de protection contre l'arbitraire patronal. D'autre part, les activités syndicales sont vécues clandestinement dans l'atelier, même si la section syndicale est reconnue et dispose d'un local, ce qui était déjà le cas dans l'usine d'alimentation. Les journaux sont distribués sous le manteau, on les lit en cachette, les délégués passent et discutent discrètement ; on ne me parlait guère des positions de chacun, même ceux qui avaient confiance en ma façon de travailler. Il est en quelque sorte toujours dangereux de s'exprimer individuellement en matière politique ou syndicale, les seuls moments d'ouverture correspondent aux explosions collectives où c'est le groupe ouvrier qui s'affirme dans son ensemble. Et il faut bien dire que du point de vue des chefs, les syndicalistes et l'action ouvrière étaient considérés comme dangereux pour la vie économique de l'entreprise et pour l'autorité des chefs d'atelier.

C'est ainsi que l'action collective ouvrière cimentée par la solidarité affective et sans cesse entravée par la nécessité de recourir aux divergences d'idées pour se définir des objectifs d'action, oscille entre une série de mythes plus ou moins contradictoires qui constituent une rationalité globales en réponse aux difficultés concrètes d'accès aux idées éprouvées quotidiennement dans l'expérience de travail.

Le mythe de l'unité est incontestablement au centre de l'action ouvrière. Il renvoie à l'expérience commune de la solidarité affective issue des conditionnements imposés aux travailleurs en usine. Et ce mythe a comme caractéristique essentielle de privilégier les moyens de l'action en écartant le problème de la définition des objectifs. Ce qui compte, c'est de s'unir et non pas de perdre du temps à discuter sur ce qu'on fera. Il ne s'agit pas là d'une conduite illogique mais bien de l'expression de situations où le conditionnement est tel qu'il serait vain de s'interroger sur le sens de l'action qui est tout tracé : soulever le couvercle des pressions économiques, sociales et techniques qui écrasent injustement les travailleurs. Le problème est alors de réveiller les gens engourdis dans l'effort physique ; de leur faire abandonner la simple position d'éléments humains à l'intérieur d'un ensemble technique, pour leur redonner le souffle de l'action.

La force de ce mythe se retrempe sans cesse dans l'efficacité des mouvements solidaires d'envergure comme 1936 ou d'autres grandes grèves nationales. Même la guerre de 1940-1945 et l'Occupation restent d'heureux souvenirs de solidarité. Dans tous ces cas, il apparaît en fait que l'objectif de lutte contre le fascisme ou l'occupant étant dicté par les événements, il restait surtout à se réveiller pour se trouver dans l'action.

L'efficacité du mythe, outre les occasions de trouver dans l'événement un objectif commun incontestable, repose sur la souplesse et l'extraordinaire dévouement de quelques hommes, les militants, à qui l'on demande de résoudre en permanence la quadrature du cercle. Ils doivent en effet réveiller les gens, les inciter à agir tout en leur proposant un éventail de syndicats disparates et en leur demandant de s'inscrire dans le monde des idées et des opinions contradictoires où ils sont précisément peu à l'aise. Conduits à se faire pardonner sans cesse cette intrusion paradoxale du monde des idées au nom de la solidarité, les militants ne trouvent d'issue qu'à renforcer leurs propres liens affectifs avec chaque travailleur. Augmenter l'amitié avec chacun, se déplacer pour parler à tout le monde sont les moyens principaux de l'action militante, ainsi que les tracts péremptoires et exclusifs pour soutenir l'unité par la vérité unique. La pluralité des syndicats à l'intérieur d'une même entreprise n'est pas compatible avec ce mythe de l'unité par fief, s'appuyant sur une répartition des influences, pour que dans un même atelier, les ouvriers ne soient pas trop confrontés aux divergences de positions, qui les démobiliseraient en les emmenant trop loin de leur expérience d'identification projective.

Un autre mythe, celui de l'anarchie, est la forme privilégiée que peut prendre l'action revendiquée comme ouvrière et individualiste tout à la fois. Ce mythe renaît de l'expérience du travail de métier, où chaque ouvrier vit la découverte plus fine des différences interprofessionnelles. Le travail professionnel permet, suscite et alimente en effet les échanges techniques et conduit par là-même à une possibilité de mesurer sa propre valeur par comparaison avec celle des autres et non plus par projection affective. Chacun est en quelque sorte son propre militant, car il dispose de moyens culturels plus étendus pour analyser la situation. Le problème n'est pas tant d'abolir des conditions de travail écrasantes pour l'individu que d'instaurer un nouveau mode de gestion de l'atelier, fondé sur la reconnaissance du pouvoir de chaque professionnel. Contrairement au mythe de l'unité, le mythe de l'anarchie met l'accent sur le but, qui est la prise du pouvoir économique, au nom du fait que le pouvoir technique de fabrication est déjà entre les mains des ouvriers ; il ne leur reste plus qu'à s'approprier les machines pour être autonomes. Mais ce mythe oublie les moyens d'exercer le pouvoir, car l'autogestion est une formule qui sort de l'époque artisanale, où les compagnons se révoltaient contre le pouvoir du maître fondé sur la propriété des outils. Or le problème du pouvoir se pose depuis plus de cent années à propos de la grande industrie où le thème de l'autogestion n'a été expérimenté sérieusement que pour achopper sur de graves difficultés précisément dues aux exigences techniques, financières et organisationnelles de la grande industrie. La façon de prendre le pouvoir est également hors des préoccupations des partisans du mythe, qui sont affrontées à la réalité du monde ouvrier comprenant 4 300 000 OS et manœuvres contre moins d'un million de professionnels en 1968.

Il reste que, l'anarchie évoquant une gestion par soi-même des conditions de son existence, la démocratie dans le travail, en quelque sorte, est profondément vécue par les ouvriers de métier qui s'accommodent mal du décalage entre la démocratie communale et nationale et la féodalité industrielle.

La déclaration que m'a faite un emboutisseur de quarante-cinq ans, voisin de table à la cantine, dans sa petite bicoque de grande banlieue, est révélatrice, par son jaillissement confus, de la survivance de ces thèmes anarchistes dans la culture ouvrière contemporaine. Pour lui, il semble que la grandeur de l'ouvrier reste celle de l'idéal de l'homme libre que la Révolution républicaine avait imposé aux privilèges anciens et que la lutte sociale s'efforce d'imposer dans l'usine. Mais, contre la tactique des patrons, ces nouveaux seigneurs, les ouvriers sont bien obligés de lutter pour la masse, ce qui les amène à perdre de vue leurs espoirs profonds de liberté individuelle.

« Aujourd'hui dans l'usine, il n'y a que les " sans-culottes " de 36... Les privilèges de 36, ils étaient beaux mais ça se râpe de plus en plus. L'idée républicaine, y en a plus. Le Français c'est un mouton de Panurge. Il est comme l'Arabe : *alea jacta est*, y va se faire casser la gueule, les sans-culottes y en a plus... L'ouvrier français a été habitué à toute sa liberté républicaine. En Allemagne y a un autre terrain de discipline. Le patronat français a eu peur : y sont tous ensemble, ils vont nous buter, il est donc arrivé à diviser les ouvriers. L'ouvrier, c'est un communiste, un socialiste, une vipère lubrique ; pendant ce temps-là, il nous fout la paix et il ne pense pas à son fric... Les moins favorisés, c'est l'ouvrier, le pauvre diable en général, le petit artisan, paysan. Moi, je veux ma liberté, je suis un traîne-ganache ».

Y a-t-il un troisième mythe dans l'usine ? Je ne pense pas qu'on puisse dire qu'un autre mythe soit sorti de l'atelier, mais il semble que l'affrontement entre la vie de travail enfermée dans l'usine scientifiquement organisée et la vie de famille, d'école et de loisirs dans une société avancée ait engendré un nouveau mythe. Celui de la méritocratie, c'est-à-dire la réussite individuelle par le mérite et l'organisation rationnelle de ses moyens.

Alors que le mythe de l'unité exclut les opposants et unit la société sous la domination des ouvriers révoltés, que le mythe de l'anarchie organise le monde sur le modèle de l'atelier autogéré, le mythe de la méritocratie renverse l'ordre des pouvoirs ; c'est la société extérieure à l'usine qui sert à l'individu pour utiliser le travail comme une échelle pour monter dans l'ordre social. Les immigrants sont, au moins au début, des utilisateurs rationnels de l'usine où ils viennent chercher le salaire et la fortune pour soutenir leur famille et réussir chez eux en profitant de la différence de niveau de vie. D'une certaine façon, les femmes en usine, où elles sont particulièrement barrées sur le plan technique et hiérarchique, se servent du travail pour réussir dans la famille ou le quartier et pour éviter à leurs enfants l'impasse du travail en atelier. Mais c'est, pour les jeunes ouvriers récemment formés dans les écoles secondaires et techniques, et largement initiés aux attraits de la consommation, que la méritocratie prend une couleur dramatique. On leur a appris qu'avec les études et le travail personnel, on pouvait monter, se sortir de la misère. Ils ont vu, par les voyages et la TV, à quel point leur niveau de vie dépassait celui de la plupart des autres pays et, brutalement, il leur faut se couler dans un moule qui sort des âges du sous-développement industriel : celui de la chaîne de l'atelier et de la fabrique, sans grands espoirs de perfectionnement ni d'avancement. Le rêve anarchiste issu du travail de métier reste fort séduisant pour ces jeunes ouvriers, mais ils en mesurent trop le caractère irréel, à voir le petit nombre de tâches manuelles intéressantes offertes par l'entreprise moderne. Le grand espoir de la révolte unitaire est aussi leur espoir, mais ils sont impatients de faire valoir leurs capacités d'apprentissage intellectuel et de perfectionnement qu'ils ont acquises avant même d'entrer en atelier, et la lente résignation ouvrière qui sous-tend le mythe de l'unité ne peut convenir à ces jeunes. Il ne leur reste qu'à inventer leur propre voie individualiste qui les obligera à se séparer de la masse ouvrière ou collective et qui impliquera une cassure d'avec leurs aînés.

CONCLUSION

Ce chapitre avait pour objectif de faire sentir, par les détails d'une observation participante de la vie quotidienne en atelier, à quel point les possibilités de comprendre l'autre, de percevoir son originalité et sa différence, étaient limitées, orientées par le rythme, la monotonie, l'ambiance matérielle de l'atelier, etc. N'ayant jamais auparavant connu l'atelier et le monde ouvrier, l'observateur découvre la force des processus de conditionnement de sa personnalité par le travail. Il constate alors que ses voisins réagissent depuis longtemps à ces contraintes et que leur façon de communiquer entre eux en reçoit une marque profonde. Il remarque enfin que tous les travailleurs ne vivent pas le même genre de conditionnement et que diverses façons de se percevoir et de se comprendre existent à l'intérieur même du groupe ouvrier, et que le monde bourgeois dont sont souvent issus les cadres d'entreprise n'a pas non plus une façon unique d'aborder et de percevoir l'autre dans les relations humaines. Le système social des rapports collectifs doit alors concilier la complexité des intérêts et positions socio-professionnelles, ethniques... avec le phénomène constant de solidarité émanant d'une même révolte, contre un conditionnement trop puissant des échanges humains. L'univers des représentations du monde social ne peut lui-même se comprendre sans être mis en rapport avec cette expérience interpersonnelle et collective du travail. Les mythes de l'unité et de l'anarchie, que l'on retrouve mêlés à l'engagement syndical, sont les ponts nécessaires qu'il faut élaborer au plan des idées pour réconcilier l'expérience projective d'accès à l'autre, la diversité des groupes d'intérêts et la solidarité affective commune.

La perception de la différence chez l'autre avec qui l'on est mis en relation par les circonstances de la vie et tout particulièrement par celles du travail est ainsi l'un des processus importants de la communication. On y voit en effet une interférence du social et de l'individuel par le moyen de ce conditionnement des activités perceptives de l'individu. Mais le sujet n'étant pas un esclave total du travail, du moins dans notre société, la richesse de sa sensibilité est la résultante d'une combinaison entre le conditionnement du travail et d'autres formes de contraintes qui pèsent sur ses relations parallèles au travail. L'individu ne peut compartimenter sa personnalité en fonction des divers conditionnements qu'il subit dans ses multiples lieux de relations ; sa sensibilité aux autres s'alimente de l'influence complexe de ses milieux sociaux de relations humaines, et c'est une combinaison, propre à l'individu, d'influences sociales sur ses relations qui devrait rendre compte des possibilités d'accès à la différence de l'autre.

L'objet des chapitres suivants est de comparer les divers types de conditionnement que le travail en entreprise peut exercer sur les relations humaines, c'est-à-dire sur la possibilité d'y percevoir l'autre dans sa différence. On s'est efforcé de caractériser chaque type de situation professionnelle, atelier, bureau, hiérarchie, par le style de relations particulier qui s'y déploie, en se fondant sur les résultats d'une large enquête, elle-même inspirée des intuitions de recherche tirées de l'observation participante.

Si nous avons parlé de conditionnement des individus par le travail dans ce chapitre, c'est qu'un tel mot traduisait assez bien l'impression d'écrasement et d'étouffement de sa personnalité vécue par l'observateur, confronté pour la première fois au travail industriel. On a pu reprocher à Simone Weil ainsi qu'à de nombreux autres « témoins extérieurs du monde ouvrier » comme Michèle Aumont, Micheline Peyre, Jean Girette, Jacques Loew, etc.[7], d'avoir projeté sur les individus qu'ils étaient venus observer leurs propres réactions d'intellectuels ou de cadres bourgeois aux difficultés du travail en usine. Cette critique peut être justifiée, encore que cette position semble, de nos jours, rejoindre les impressions premières de masses de jeunes abordant avec stupeur les contraintes de la chaîne et de l'atelier.

Le mot de conditionnement ne coïncide pas en effet avec une lecture d'autres types de témoignages racontés par des gens encore ouvriers comme Daniel Mothé, Andrieux et Lignon, ou d'autres ayant connu de très près la condition ouvrière : Claire Etcherelli, Juliette Minces, P. Gavi, J.-M. Koncksyk, J. Destray ou Georges Douart[8]. De cette seconde catégorie de témoignages, il ressort que la vie de travail en usine est dure, certes, et, comme toujours dans ces cas-là, il y a des résignés et des gens profondément atteints par des contraintes trop fréquentes ; mais ces témoignages parlent surtout de la façon dont on réussit à survivre et à dominer de multiples façons les contraintes matérielles de la situation. C'est à ce propos que l'on parle de solidarité, coopération, entraide, lutte collective, alliances et coalitions... Pour rester dans la ligne de cette analyse où l'individu n'est plus représenté comme solitaire en face de la machine, mais actif dans et par son milieu humain, il nous est progressivement apparu indispensable de comprendre davantage la nature de cette « réaction collective » à l'égard des contraintes de la situation. Il importe en effet de faire un tri parmi ces pressions émanant de la technique, de l'organisation de la hiérarchie et plus largement encore des forces politiques ; et il convient d'analyser plus distinctement les éléments intervenant dans cette collectivité ouvrière, où les relations quotidiennes interpersonnelles ne coïncident pas forcément avec les actions collectives et où la qualité des relations humaines de travail semble varier fortement d'une situation à l'autre.

Le chapitre suivant et les chapitres ultérieurs ont ainsi pour objectif d'analyser les processus de ces réactions individuelles et collectives aux contraintes industrielles mais aussi administratives du travail dans les grandes organisations.

Chapitre 2

Conditions de travail et relations entre ouvriers

L'influence des conditions de travail sur les comportements individuels et collectifs n'est plus à démontrer de nos jours. Il a été largement prouvé que l'esprit d'initiative et l'implication dans la tâche dépendaient non seulement de facteurs externes au travail comme l'environnement physique, les voisins, la rémunération, la sécurité, etc., mais aussi de facteurs intrinsèques à la tâche comme la technicité, les connaissances, la variation des opérations et, d'une façon plus large, l'organisation des postes et des équipes et de tout l'atelier. Les travaux de Herzberg [1] ainsi que l'école sociotechnique [2] démontrent avec suffisamment de force que l'approche taylorienne des structures sous l'angle d'une rationalité absolue doit tenir compte de multiples facteurs de motivation des travailleurs, au point de réinventer le contenu des tâches en les enrichissant, et, repenser la structure des équipes en les rendant semi-autonomes. Mais, parallèlement à cette recherche de solutions centrées sur la tâche ou l'équipe, l'ancienne école américaine des relations humaines [3], qui avait souligné l'importance des groupes informels et des relations psychologiques dans les processus de motivation au travail, trouvait une sorte de renouvellement dans une série de recherches sur la psychologie des organisations. Sous l'effet d'une enquête toujours plus exigeante de productivité, on découvre que la capacité de travail, de créativité et de direction dépendant largement de l'état des structures de l'organisation, n'est pas indifférente à cette qualité relationnelle d'une entreprise. Nombre de travaux [4] expérimentaux permettent ainsi de poser raisonnablement l'hypothèse des rapports systémiques entre les actions centrées sur la production, l'état des relations entre producteurs de tout grade et la structure de l'organisation du travail et celle de l'entreprise.

Le problème que rencontrent alors notre propre recherche et celle de multiples praticiens de l'entreprise est celui de clarifier le processus même des interdépendances entre ces éléments du système : les conduites de travail, et les structures du travail. L'observation participante en atelier effectuée parallèlement à ces différentes approches de l'aspect humain des organisations nous a permis de dégager des pistes de réponses.

Tout individu effectuant une observation participante en atelier, finirait probablement par constater plusieurs phénomènes. Les conditions de travail en atelier sont en général fort contraignantes et elles aboutissent à isoler l'individu face à sa tâche ; mais il n'est pas pour autant possible d'analyser cette situation selon le schéma du réflexe conditionné, car les réponses du sujet aux pressions de l'environnement sont rarement automatiques et purement individuelles. L'observateur découvrirait en effet qu'en plus des éléments matériels, il y a la présence des autres personnages qui introduit de nouvelles contraintes. Sur les conduites de chacun, il remarquerait ensuite que l'une des contraintes les plus efficaces porte davantage sur les moyens de communiquer entre acteurs que sur la liberté individuelle d'agir à sa guise ; il constaterait enfin que c'est la personnalité tout entière qui est mise en question et qui doit inventer ses propres solutions de défense à plus ou moins long terme, et que la logique de réponse immédiate à un événement peut fort bien s'inscrire dans une réalité le dépassant de beaucoup dans le temps et l'espace. En d'autres termes, la démonstration d'une liaison entre la technique et le social passe par l'étude de la structure même du milieu humain de l'atelier et par l'analyse des articulations entre les différentes logiques d'acteurs possibles dans les données matérielles du travail et de l'environnement.

Pour dépasser une vision trop simpliste du conditionnement des habitudes mentales qui influencerait directement la communication entre membres de l'atelier, il faut donc disposer d'un outil conceptuel permettant de justifier l'articulation des logiques d'acteurs dans les structures mêmes de l'organisation du travail et de l'entreprise.

La théorie des organisations, fondée sur l'étude des relations de pouvoir [5] entre partenaires de travail, permet en effet de reconstituer un système social de rapports humains dans un univers organisé, en analysant les stratégies des acteurs en fonction des sources de pouvoir qu'ils contrôlent dans la structure et par rapport au jeu des autres membres de l'organigramme.

C'est, en fin de compte, sur l'intérêt des concepts associés de pouvoir et de stratégie que nous pouvons faire l'hypothèse d'un lien entre l'organisation sociale de l'entreprise et les habitudes relationnelles qu'on y rencontre. Nous pensons que toute relation met en cause à un degré quelconque la rationalité du sujet. A divers degrés de conscience et de formalisation près, une relation interpersonnelle est stratégique ; il est possible d'étudier en quoi la possibilité concrète d'accès à des sources de pouvoir dans la structure de travail est à l'origine de stratégies répétées et par conséquent d'habitudes en matière de rapport aux collègues, chefs et subordonnés.

L'objet de ce chapitre et des trois suivants est donc l'étude des relations quotidiennes de travail dans les ateliers, bureaux, laboratoires et poste d'encadrement. En faisant l'hypothèse que s'il y a des différences de styles de relation entre ouvriers, employés et cadres et à l'intérieur d'une même catégorie, elles sont, partiellement au moins, la conséquence des formes possibles d'accès au pouvoir dans la structure, nous voudrions montrer comment les organisations contemporaines engendrent au niveau même de l'atelier des styles de relations très différents les uns des autres, car les structures relationnelles n'ont jamais complètement remplacé les anciens métiers de l'industrie, tandis que les changements de technologie ou d'organigramme, ainsi que les nouvelles possibilités de formation permanente n'ont pas fini de bousculer les rapports entre catégories professionnelles.

Il semble ainsi que les stratégies possibles dans l'organisation contemporaine soient plus variées que ne le sont les anciennes catégories socio-professionnelles. L'étude de l'effet des conditions de travail en atelier sur les conduites d'acteurs suppose donc que l'on soit capable d'analyser les logiques des relations en fonction de la structure des tâches et de l'organisation avant d'en analyser les processus de changement.

Les enquêtes qui vont servir de support empirique à la réflexion tout au long de cet ouvrage ont été faites dans des entreprises permettant de comparer les styles de relations interpersonnelles entre ouvriers dans plusieurs situations typiques du monde industriel des années 1960-1970. Sans avoir aucune valeur d'échantillonnage rigoureux de la totalité des organisations du travail manuel, les enquêtes faites dans le secteur public et privé recouvrent tout de même des situations bien connues : le travail de métier d'ouvrier professionnel dans la mécanique, les tâches d'installation et d'entretien, les postes de simples opérateurs de machines dans la métallurgie classique, les chaînes de montage, les travaux nouveaux et peu standardisés issus du changement technique dans l'électrotechnique, l'électronique et un peu la chimie.

Nous avons même retrouvé des travaux de force dans une fonderie évoquant presque le temps de Zola. Les divers types de tâches rencontrés recouvrent une large gamme de situations allant des opérations les plus simplifiées et monotones jusqu'aux métiers les plus difficiles. Mais les branches de l'industrie ne sont pas toutes absorbées, notamment le bâtiment, les mines, le textile, l'imprimerie et la pétrochimie. On peut tout de même penser que le dénominateur commun de l'industrie c'est le travail manuel dans une organisation qui s'appelle l'atelier ou l'usine. Et les analyses faites par observations et enquêtes sur quarante ateliers de seize usines ou services indépendants, dans sept entreprises, peuvent éclairer d'autres situations que celles des branches industrielles de l'enquête.

Il est relativement banal de constater que les relations humaines sont influencées par l'aptitude à l'expression verbale et par le bagage scolaire, mais l'observation participante nous a fait découvrir à quel point le langage et les mots pouvaient être chargés de significations affectives et ambiguës dans les rapports de travail, comme si, après l'influence de la famille et de l'école, l'entreprise devenait un nouveau lieu d'accès au langage.

Pour 80 % à 95 % des ouvriers, employés, agents techniques et cadres de toutes nos enquêtes, « bien parler » permet à la fois de se faire plus de relations, plus de « vrais amis » et « il faut se méfier des gens qui parlent mieux que d'autres ». Loin d'être un simple support à la pure transmission d'informations techniques, la parole au travail est ainsi reconnue comme le moyen de multiples phénomènes d'influence et de rapprochements affectifs. Or, le maniement de cet instrument puissant et dangereux ne paraît pas être seulement la conséquence de l'origine sociale et de la formation scolaire.

Quand on pose en effet la question : « Bien parler permet-il de mieux comprendre les événements ? » on obtient des réponses étonnantes. Le tableau ci-contre montre en effet que la valeur explicative de la parole est d'autant plus reconnue que l'on descend dans l'échelle hiérarchique et dans celle des qualifications. Ce phénomène présent dans toutes les usines étudiées reste le même dans une grande compagnie d'assurances. Etant donné que les postes du bas de l'échelle des ateliers et des bureaux sont précisément des lieux de communication difficile et peu nécessaire au travail, on est bien obligé de constater que la parole est d'autant plus valorisée qu'on a moins l'occasion de la pratiquer dans le travail. En d'autres termes, la communication est d'autant moins source de sens que l'usage matériel de la parole y est difficile ; ce verdict un peu brutal installe d'emblée notre réflexion à sa véritable place : les relations humaines de travail n'ont pas la même charge communicative selon les contraintes matérielles qui pèsent sur les échanges.

Valable entre les niveaux de qualification, cette conclusion pouvait également différencier les réponses en fonction du type d'entreprise. A la fonderie, on accorde plus de valeur explicative aux mots qu'à l'électronique et à l'entreprise de peinture, où la communication verbale paraît plus utile et plus facile qu'à trois mètres des creusets de métal en fusion. De même, les réponses des employés qui travaillent sur du « mot » et n'ont pas de contraintes physiques à supporter, traduisent une plus grande accoutumance à la parole et, a contrario, une moindre valeur accordée au fait de savoir s'exprimer. Chez les cadres, cette gêne à l'égard du langage disparaît car la formulation scolaire et l'exercice même du commandement font de la souplesse verbale une qualité essentielle de cette fonction.

Mais les circonstances qui pèsent sur la communication verbale ne sont pas seulement liées à l'exercice des tâches, certaines évolutions peuvent être constatées avec la promotion et la formation. Dans les

Tableau 1. Valeur explicative de la parole et situations de travail

Ont répondu « d'accord » à la question
Bien parler permet de mieux comprendre les événements :

Usines	*Qualifications*							
	OS	*OP1*	*OP2*	*OP3*	*CE*	*AM*	*AT*	*Cadres*
	%	%	%	%	%	%	%	%
Fonderie (n = 241)	72	73	70	—	—	50	—	—
Usinage (n = 466)	75	55	48	32		59	21	—
Montage (n = 581)	70	42	48	—		26	28	
Equipement (n = 369).....	62	50	44	—		27	17	
Electronique (n = 162.....	74	38	23	—		21	26	
Ensemble électrotechnique (n = 1 766)	71	50	46	33		32	32	23
Atelier réparation SNCF ... (n = 448)..............		51	45	—	32	15	—	14
Entreprise fabrication peinture (n = 200)..........	50	43	71	—	60	—	39	—
Compagnie d'assurances (n = 713)..............	47	35	36	27	34		34	15
	(Echelles de qualifications dans les bureaux)							

chiffres du tableau suivant on constate en effet que la parole est un atout de promotion pour ceux qui ont une perspective d'avenir devant eux. Il apparaît ainsi qu'un courant de promotion coïncide probablement avec une redécouverte de la parole dans les relations. En analysant les mêmes réponses en fonction de la formation permanente suivie par divers groupes de nos enquêtés, on constate que le fait d'être formé, d'avoir réussi et d'avoir été effectivement promu augmente la valeur utilitaire de la parole, comme si on reconnaissait après coup un certain changement dans la densité des relations humaines de travail.

Inversement, si l'on compare les réponses des individus formés à ceux qui n'ont suivi aucune formation permanente d'adulte, on constate que l'expérience même des stages tend à diminuer l'importance du langage dans la compréhension des événements. On peut penser que la pratique des relations humaines d'enseignement et de stages aient un effet d'accoutumance à la parole et d'entraînement à l'expression orale, au point ensuite, pour l'individu, de se laisser moins impressionner par ceux qui parlent bien. Cette indication est particulièrement intéressante car elle tend à montrer qu'en dehors de la promotion et du changement du contenu de la tâche, la formation permanente peut, elle aussi, avoir des effets sur la façon de vivre les relations de travail.

Ces divers résultats confirment et orientent tout à la fois les conclusions de nos observations participantes sur la multiplicité des façons de vivre les relations humaines de travail. En effet, la parole est l'outil privilégié des alliances et des échanges humains. Adopter

Tableau 2. Valeur promotionnelle de la parole et qualification

Ont répondu " d'accord " à la question : « Bien parler permet de monter en grade »								
Usines	*Qualifications*							
	OS	OP 1	OP 2	OP 3	CE	AM	AT	Cadres
	%	%	%	%	%	%	%	%
Electrotechnique..........	53	55	67	81		70	72	61
Atelier SNCF............		43	50		66	69		43
Districts EDF		53			30			
Peinture.................	50	88	72		33		60	
Assurances...............	7	31	36	44	25	37	43	56

Influence de la formation permanente sur le rôle du langage dans la communication entre ouvriers

	Bien parler permet de monter en grade			*... mieux comprendre les événements*		
	Formation			*Formation*		
	—	+	+ +	—	+	+ +
Districts EDF		47	66	50	43	26
Ateliers SNCF............		37	49	49	36	39
Peinture..................		42	70	80	55	41

une conduite stratégique est nécessairement fonction des possibilités verbales, or ces dernières ne sont pas que la conséquence de la culture scolaire. Les ouvriers, employés, petits cadres et techniciens sont tous des individus qui n'ont pas été plus loin dans les études que le certificat d'études primaires ou le BEPC ; on constate cependant de fortes différences entre leurs opinions à l'égard de la valeur explicative et utilitaire du langage. De telles différences paraissent être en réalité fortement liées à l'expérience même des rapports de travail. Le contenu même de la tâche exigeant plus ou moins de qualifications, les possibilités concrètes de mobilité et de promotion, les occasions d'aller en stages de formation permanente sont autant d'occasions de modifier ses fréquentations et leur contenu au point d'alimenter différemment la dimension verbale de la communication.

Etudier la communication entre les membres de l'entreprise suppose donc que l'on inventorie avec beaucoup de précision les types de stratégies possibles dans les structures du travail et les habitudes de relation qui peuvent en découler. Plusieurs enquêtes en entreprise nous ont ainsi permis de reconstituer quelques types de relations dominantes à l'intérieur même du groupe ouvrier en fonction des formes d'accès au pouvoir dans les structures de travail.

L'ORGANISATION ET LE MÉTIER DANS UN ATELIER DE RÉPARATION

Le problème que nous avons rencontré dans un grand atelier de réparation est celui des bases quotidiennes de l'homogénéité ouvrière que l'on a généralement l'habitude d'analyser à partir des solidarités combatives des moments de grève. Les travaux d'Andrieux et de Lignon[6] sont suffisamment révélateurs de l'ampleur du phénomène de résignation et d'apathie à l'intérieur du groupe ouvrier pour que l'on s'interroge sur les bases d'un système social de la solidarité active. Pris entre une phase d'organisation rationnelle pour introduire le changement technique et une période antérieure de suprématie des métiers classiques de l'industrie, l'atelier de réparation de locomotives SNCF où nous avons fait l'enquête en 1968[7] offrait l'intérêt de permettre de réfléchir sur un groupe ouvrier traditionnellement combatif et affilié à un syndicat CGT très largement majoritaire. L'entreprise était en pleine reconversion à la suite du passage de la vapeur à l'électricité ou au diesel. Pour assurer une rapide adaptation des ouvriers aux nouvelles techniques de réparation, il a fallu les envoyer en formation technique accélérée, tandis que les ateliers et bon nombre d'équipes étaient réorganisés. Un second phénomène intéressant à étudier dans ce cas est donc celui des effets du changement technique sur les alliances internes au système social et l'évolution consécutive de l'homogénéité ouvrière.

Les outils d'analyse dont dispose ici le sociologue pour aller au-delà de la compréhension des techniciens ou économistes, pour qui cette reconversion s'est finalement très bien passée grâce à un vaste effort d'organisation et de formation, sont essentiellement ceux de l'étude des rapports de pouvoir dans la structure officielle de l'entreprise. Connaissant les principales sources de pouvoir libérées par un état donné de l'organisation de l'entreprise, on peut reconstituer les stratégies des acteurs, le sens de leurs alliances et les conditions humaines de la reproduction du système social d'entreprise. Et c'est au bout de cette analyse que nous pouvons comprendre en quoi le vécu socio-professionnel finit par entraîner des habitudes mentales au niveau des conduites d'échanges interpersonnels.

La première étape de l'analyse consiste donc à dresser le bilan des éléments techniques, économiques et organisationnels caractéristiques de l'entreprise pour isoler les points clés de son fonctionnement. L'enquête ayant été faite en cours de réorganisation, alors qu'une large part du personnel ne changeait pas de fonctions et que les autres étaient encore profondément influencés par l'ancienne structure encore toute récente, nous tenterons en premier lieu de reconstituer le système technique d'avant la reconversion.

L'entreprise se présente comme un immense garage de plusieurs centaines de mètres de long. Cinq halls sont alignés parallèlement. A l'Ouest entrent les locomotives à réparer ou à entretenir selon les normes kilométriques ; à l'Est sortent les locomotives révisées. Dans le cas des locomotives à vapeur, la technologie est simple et dictée par la machine, sorte de grosse chaudière sur roues, que l'on ne peut démonter. Quelques moteurs électriques ou tuyauteries accessoires sont démontables et réparés à poste fixe. Pour le reste, ce sont des équipes qui prennent en charge une même machine jusqu'à sa sortie. Une sorte de grappe humaine fouille les tuyauteries et les circuits électriques, soude et répare les tôles dans un ordre secret que seules les lois du métier permettent de comprendre. Il faut en effet beaucoup d'ouvriers qualifiés : soudeur, chaudronnier, tuyauteur, électricien, outilleur, etc. pour réussir ces opérations d'entretien ou de remise en état après accident. Du point de vue de l'organisation, on a spécialisé les opérations le plus possible dans chaque hall. L'outillage, le service électrique, les organes de roulement, la forge et certains appareillages démontables sont tous localisés dans des halls ou des sections de halls séparés. A chacun correspond un atelier avec un ingénieur chef d'atelier, des contremaîtres chefs de sections, des chefs d'équipes et des ouvriers. Dans un bâtiment à part, le directeur dispose de son administration, du service du personnel et des bureaux des méthodes et de l'organisation. Les problèmes ne sont pas très importants sur le plan de cette organisation relativement simple pour un vaste personnel de plus de huit cents personnes. En revanche, les stocks de pièces font souvent défaut à cause de places disponibles pour emmagasiner et aussi parce que les magasins ont été centralisés à l'échelon de l'arrondissement et même parfois plus haut. Ce qui pose de difficiles questions de communications et de prévisions. De nombreux compagnons sont souvent arrêtés dans leurs tâches à cause du manque de pièces détachées. Du point de vue économique, la comptabilité de cet atelier est autonome, mais exprimée en standars-heure. Il a fallu améliorer la productivité et, pendant longtemps, surtout après la guerre, l'état du réseau et des locomotives a entraîné une surcharge de travail considérable, si bien que la direction s'efforçait d'améliorer la productivité en chronométrant les tâches et en standardisant le plus possible les opérations et les méthodes de travail.

Ce rapide tableau d'une entreprise de réparation fondée sur une organisation assez simple laisse apercevoir quelques incertitudes majeures dans son fonctionnement courant. Le principal de ces points clés est très certainement la qualité de la réparation puisque bon nombre de pièces doivent être refaites à même la locomotive et que cela exige un grand savoir-faire. L'acheminement des pièces de stock fait également problème et, faute de rechange, le compagnon devra bien souvent se débrouiller lui-même. Le contrôle des standards de travail ainsi que le contrôle de la rapidité et de la fidélité d'exécution des tâches sont malaisés pour l'encadrement, à cause du travail, à même la machine, d'une ou plusieurs équipes à la fois. Au plan le plus général, la sécurité du transport est considérée comme mettant en jeu toute la responsabilité de l'atelier, et les sanctions en cas d'accidents causés par un défaut d'entretien ou de réparation peuvent aller très loin, des amendes sont prévues.

Du point de vue des salaires et de l'avancement, la situation dépend strictement des règles établies au niveau supérieur de toute la région d'exploitation ; et si les négociations paritaires au comité mixte se passent au plan de l'atelier, qui a rang d'arrondissement parce que son personnel est nombreux, le directeur ne peut agir que sur des agencements mineurs. Il ne peut pas non plus promouvoir des ouvriers qui ont réussi leurs examens professionnels tant que les postes de qualification voulue ne sont pas libérés.

Après 1954, et jusqu'à l'enquête, débute une nouvelle période due à l'embauche d'un nouveau directeur ; celui-ci adopte une position plus diplomatique envers le personnel. Il l'informe à l'avance de ses décisions et développe un service de conseil psychologique et social pour traiter tous les problèmes individuels. Reconnaissant le pouvoir officiel des représentants du personnel au comité d'entreprise, il ne trouvera de pouvoir réel que dans le changement des règles par la reconversion.

De toute cette époque d'avant la reconversion, on peut affirmer que le système social se caractérise par une sorte de partage des pouvoirs entre un groupe ouvrier très fort et très qualifié et une direction s'appuyant sur tout le poids de l'appareil bureaucratique de la SNCF. Dans les rapports hiérarchiques quotidiens entre les ouvriers, les chefs d'équipe, les contremaîtres et les ingénieurs chefs d'atelier, on rencontre le reflet de cette situation. Une sorte de complicité s'instaure autour des problèmes techniques complexes entre les compagnons et les professionnels. Ils connaissent mutuellement la compétence de l'autre et la nécessité d'une alliance objective face aux difficultés techniques de la réparation. Les ingénieurs chefs d'atelier sont en outre, souvent issus du rang ou bien d'origine cheminot, si bien que le langage commun avec les ouvriers trouve à s'alimenter dans une même culture technique du métier. Les contremaîtres qui représentent la discipline, le contrôle, le bureau des méthodes, les primes et tout le règlement sont en butte à toutes les hostilités. Une de leurs armes favorites a longtemps été la répartition des bons et des mauvais boulots, c'est-à-dire ceux qui permettent de faire du bonus et de gagner des primes ; leur droit d'exercer des mutations, en déplaçant les compagnons de leurs équipes pour accélérer le travail ailleurs, est également une forte source de conflits avec les ouvriers. Quant aux chefs d'équipes , ils sont eux aussi écartelés entre la ligne hiérarchique et le groupe des ouvriers. Les questions d'approvisionnement sont plutôt de leur ressort et ils y mesurent en permanence leur manque de pouvoir face aux ouvriers et aux magasins : leur attitude consiste finalement à refuser le commandement et à se cantonner dans les travaux de paperasserie qui accompagnent les réparations.

En définitive, une sorte de collusion s'opère autour du métier contre le pouvoir de l'organisation formelle du travail et c'est très certainement les gens du métier qui l'emportent sur ceux de l'organisation taylorienne du travail dans cette entreprise. Dans les tableaux 3 et 4, ont été regroupées une série de réponses au questionnaire qui rendent bien compte de cette situation. D'un côté les ouvriers, dont 64 % sont des professionnels, donnent l'impression de disposer d'une véritable liberté dans l'organisation de leur travail,et leurs conflits avec les chefs se polarisent autour de questions de mutation, de contrôle et d'avancement. Les ouvriers admettent fort bien qu'ils peuvent se débrouiller entre eux tant au point de vue des difficultés de travail que des relations humaines en équipe, ce qui ne paraît pas coïncider avec le point de vue des chefs à cet égard. Mais les conflits qui surgissent du contrôle et des déplacements autoritaires entraînent des accusations fortes à l'égard de tous les chefs et notamment du contremaître. Le chef d'équipe semble en fait mis à l'écart de ces affrontements.

Dans les rapports hiérarchiques descendants, tels qu'on peut s'en faire une idée à partir des chiffres du tableau 3, on constate une différence d'attitude profonde à l'égard du groupe ouvrier. Les chefs d'atelier se perçoivent comme plus acceptés que les contremaîtres et ils se représentent le groupe ouvrier comme plus homogène et plus proche d'eux que les contremaîtres, qui ont une vision incontestablement antagoniste de leurs subordonnés. Ils les voient prêts à s'opposer, parfois désunis et dépendant de leaders actifs. Il semble même que les chefs d'atelier soient moins gênés par la présence de meneurs et de militants ouvriers que le contremaître, comme si une amorce de contacts directs avec la base par l'intermédiaire des militants était parfois tentée par les chefs d'atelier pour court-circuiter les contremaîtres.

Dans un jeu d'alliance à cinq partenaires, le chef d'atelier, le contremaître, les ouvriers, les chefs d'équipe, et les militants syndicaux, on voit s'exprimer un système. Les chefs d'atelier se servent des militants pour communiquer avec la base et les ouvriers se servent du chef d'équipe pour se protéger contre l'action autoritaire et réglementaire de la maîtrise. Le principal pouvoir de l'ingénieur, en plus de sa technicité, est alors de contrôler la valeur et la rapidité des communications verticales par le jeu d'alliances tandis que le contremaître ne peut guère agir que par l'imposition de la règle et le jeu du passe-droit envers les subordonnés.

Comment alors parler des relations qui s'instaurent entre ouvriers dans un tel contexte ? Car la réalité des échanges entre les 400 personnes ne saurait être celle d'une entité complètement homogène. C'est en décryptant l'univers de ces relations dans le contexte d'un fort pouvoir d'expert et d'une forte organisation syndicale que nous pourrons comprendre certaines des raisons de la présence de normes de relations humaines dans un tel système social.

Pour décrire un peu plus l'univers des ouvriers, il faut souligner que leur ancienneté est très forte, car 53 % d'entre eux ont plus de 20 ans de maison, 35 % ont entre 10 et 20 ans de maison et 12 % ont moins de 10 ans d'ancienneté dans les ateliers et à la SNCF, tout à la fois. Ce phénomène se double d'une forte corrélation avec la qualification : 81 % des moins de 10 ans sont dans les échelons de qualification 1 à 5. La plupart de ces ouvriers sont en outre d'origine

Tableau 3. Rapports de travail dans les ateliers d'entretien (en %)

	Ouvriers				
	1 à 5 (144)	*6 à 7 (217)*	*CE (43)*	*CM (13)*	*CA (21)*
On a mis des ouvriers sur un travail plus compliqué qu'il n'y paraît, que font les compagnons ? :					
- Ils viennent voir le chef	19	21	13	88	95
- Ils se débrouillent entre collègues	58	47	41	12	5
- Ils se débrouillent seuls	23	32	46	0	0
Dans le service, il faut :					
- Surveiller de près l'exécution du travail				54	30
- On nous dit faites ceci, faites cela sans demander notre avis	41	30	18	—	—
- Le chef tient compte des remarques des subordonnés	37	43	58	46	70
Imaginez que dans une équipe un compagnon devienne difficile à vivre, il a des difficultés familiales, il ne termine plus son travail, que font ses collègues, à votre avis ?					
- Ils font son travail pour que le chef ne s'en aperçoive pas	50	46	13	24	10
- Ils proposent à leur collègue d'avertir le chef	42	40	59	30	35
- Ils en parlent directement au chef	8	14	28	30	50
- Non réponse	0	0	0	16	15
Dans une équipe qui est sur un travail qui tourne bien, le contremaître arrive tout à coup dire qu'il y a un travail urgent à faire et exige que des compagnons soient mutés sur un autre travail. A votre avis ?					
- Le travail pouvait attendre pour que l'équipe finisse correctement ce qui est commencé	75	85	65	24	45
- *Dans un cas comme ça, comment le CM voit les choses ?*					
• On peut déplacer les gens n'importe quand	70	59	43	0	0
• Ils s'efforcent de ne pas casser une équipe	30	41	57	100	100
- *Et les chefs d'équipe, comment voient-ils les choses ?*					
• On peut déplacer les gens	36	24	15	0	0
• Ils s'efforcent de ne pas casser l'équipe	64	76	85	100	100

ouvrière, au moins 70 % d'entre eux, même parmi les plus récemment arrivés.

Le tableau n° 4 permettra de comprendre beaucoup de choses sur les stratégies possibles de ces travailleurs de la SNCF à l'égard de l'entreprise.

On voit en effet que la très grande partie de cette population est d'origine ouvrière et même cheminot. On s'aperçoit que les cadres sont encore plus d'origine cheminot, comme si le fait de rester à la SNCF sur plusieurs générations assurait une promotion sociale de la famille. Cela nous a d'ailleurs été confirmé par de multiples conversations, l'une des bases de l'esprit-maison à la SNCF est la

Tableau 4. Rapports avec les subordonnés dans les ateliers d'entretien*

	Contremaîtres (n = 13)	*Chefs d'ateliers (n = 21)*
	%	%
Les ouvriers sont très intéressés par leur travail..	0	30
Les ouvriers se plaignent d'avoir trop de travail .	24	40
En cas de difficultés personnelles, les ouvriers viennent parler à leur chef	32	50
Impression d'être sympathique aux ouvriers.....	48	80
Ce qui compte le plus aux yeux des compagnons :		
- Que le chef leur fasse confiance individuellement	16	75
- Arriver à former un groupe solidaire	40	75
L'ambiance dans le travail est mauvaise	44	25
Dans un groupe, un meneur est nécessaire	40	65
Pourquoi les militants ouvriers arrivent-ils à s'imposer ?		
Ils n'hésitent pas à affronter le chef pour défendre les intérêts de quelqu'un..............	92	65
Comment prend-on une décision dans le groupe ouvrier ?		
On suit toujours celui qui sait parler	48	10
Tout le monde arrive à se mettre d'accord....	31	75

* Ces réponses proviennent de la totalité du personnel d'encadrement de l'entreprise.

Tableau 5. Origine sociale et appartenance à la SNCF

Profession du père	*Qualification*				
	1 - 5	*6 et 7*	*CE*	*CM*	*Cadres*
	%	%	%	%	%
Ouvrier......................	75	65	60	69	52
Agent technique AM	6	6	15	15	23
Employé....................	6	12	18	17	18
Cadre	0	0	0	5	7
Parent cheminot.............	50	52	66	53	76

sécurité économique et la promotion sociale assurée pour soi-même et pour ses enfants.

Un certain nombre ont encore une vie agricole, car ils profitent du train pour habiter dans des villages éloignés où ils ont des jardins ou des morceaux d'exploitation. Le reste habite une banlieue ouvrière environnante. En général, très peu de leurs épouses travaillent comme ouvrières ou employées. Cette fiche signalétique du personnel n'a été établie que pour mieux cadrer les stratégies possibles au travail.

La situation de ces travailleurs ne peut en effet être améliorée que par une lutte générale et dépassant largement les ateliers au plan des salaires, ou par l'action de la mairie au plan de la vie familiale, scolaire et du logement. Dans ce travail, l'important est d'acquérir le métier et, même avec un CAP de formation professionnelle, cela prend du temps. C'est aussi à la longue que l'on peut devenir un grand professionnel. Mais une contrainte organisationnelle vient perturber cette tension vers le métier : à la SNCF, on n'obtient de réel avancement qu'en occupant le poste ; c'est la fonction qui est qualifiée et non l'individu. Celui-ci peut bien passer des examens, il doit attendre la vacance de poste pour en éprouver un résultat économique. Dans les ateliers étudiés, l'ancienneté des compagnons et les perspectives de reconversion ont longtemps bouché tout le tableau d'avancement. C'est donc au niveau du travail quotidien, de la protection contre les chefs, de l'acquisition d'un savoir technique, de la recherche de bons boulots pour faire des primes individuelles et de tous les avantages de tranquillité, de liberté et de rapprochement des amis que s'établissent les enjeux des rapports humains. Or, certains ont nettement plus de pouvoir que d'autres : ce sont les experts, les ouvriers professionnels. Mais, à la différence de nombreuses usines, ces experts sont plus nombreux que les débutants ou les manœuvres, si bien qu'avec l'effet d'ancienneté accumulé, cet atelier ressemble à un vaste ensemble de relations entre individus ou équipes détenteurs de pouvoirs assez comparables.

Pour bien faire comprendre en quoi la nature de ces relations est la conséquence de jeux stratégiques accessibles dans cette entreprise particulière de la SNCF, nous allons présenter en détail les réponses des ouvriers, agents de maîtrise et cadres au même questionnaire. La formulation des questions provient des divers entretiens effectués auprès de 40 ouvriers et cadres avant l'enquête, ainsi que d'une reprise de questions déjà élaborées selon le même processus dans plusieurs enquêtes antérieures.

Les questions sur les relations avec les collègues, la vie de groupe, les rapports aux militants et aux chefs hiérarchiques représentent comme une sorte de discours, qu'il faut suivre avec attention, en le comparant à celui des agents de maîtrise et des cadres, si l'on veut se faire une idée de la façon dont se passent les rapports humains entre ouvriers dans ce type d'usine.

Quand on analyse les relations individuelles entre collègues présentées dans le tableau n° 6, on constate tout d'abord une grande homogénéité de réponses entre tous les ouvriers, y compris les chefs d'équipe. Les cadres et très souvent la maîtrise ont des réponses très différentes. Des résultats ouvriers se dégage une forte impression d'harmonie, de confiance et de camaraderie fondée semble-t-il sur la faiblesse des désaccords d'idées, l'appartenance au même milieu social, et le peu de conséquences des divergences cognitives. Et c'est précisément sur ce point que les chefs se séparent des subordonnés ; ils ont eux aussi des amis et une grande confiance dans les rapports humains, mais cette dernière repose sur une plus grande sensibilité aux désaccords, à la discussion et aux différences affectives et idéologiques.

Tableau 6. **Les relations individuelles entre collègues**

	Ouvriers				
	4 à 5 (146)	*6 et 7 (266)*	*CE (43)*	*CM (13)*	*Cadres (21)*
	%	%	%	%	%
Plus de 6 amis parmi les collègues de travail....	57	59	46	48	40
Difficile de parler de problèmes personnels avec des collègues............................	23	16	10	8	5
La solidarité de l'amitié tient au fait :					
- d'être ensemble..........................	43	38	33	56	60
- d'appartenir au même milieu social.........	41	50	45	24	20
Impression d'être sympathique					
- à tous..................................	32	37	48	36	25
- à certains...............................	21	25	37	48	65
- c'est difficile à dire......................	47	38	25	16	10
Dans une discussion avec un collègue					
- on peut dire tout ce qu'on pense...........	47	42	41	40	25
- il vaut mieux nuancer sa pensée...........	53	58	59	60	75
En cas de désaccord avec quelqu'un					
- vous n'y attachez pas d'importance........	67	59	59	30	30
- vous réagissez toujours..................	33	41	41	70	70
Deux amis se connaissent de longue date. L'un s'engage dans l'action politique, l'autre s'y refuse catégoriquement. Que deviennent leurs relations ?					
- il y aura des sujets tabous................	32	34	54	36	65
- ils ne se verront plus....................	10	7	0	8	35
- cela continue comme par le passé..........	58	59	46	56	0
Quand il s'agit de faire quelque chose de sérieux avec d'autres personnes......................					
- il faut toujours être prudent car on ne peut jamais faire confiance aux gens............	25	30	27	8	14
- si l'on veut arriver à un résultat, il faut savoir faire confiance aux gens................	75	70	73	94	86

Dans la vie de groupe, on constate à nouveau une forte homogénéité de représentation dans tout le groupe ouvrier. La collectivité paraît fondée sur le sentiment d'appartenir au même milieu social, mais enrichie d'une importante expérience de travail en commun où l'on s'entraide et où s'est développée l'amitié.

La façon de décider en groupe paraît largement démocratique, et les valeurs dominantes paraissent être la solidarité, le bon travail et la camaraderie. Il est cependant étonnant de constater que c'est pour les cadres que la solidarité paraît compter le plus. Mais, en y regardant de plus près, on voit que leurs rapports de groupes reposent sur des échanges de sympathie et de services impliquant la mise au point d'accords collectifs, et une réelle tendance à refuser la loi majoritaire. En d'autres termes, si la solidarité est prisée à ce point, c'est qu'elle ne paraît pas aussi facile à réaliser que parmi les ouvriers. Cette observation peut être mise en parallèle avec l'importance d'un meneur pour les cadres dans un groupe d'amis, car il leur faut peut-être ce ciment supplémentaire pour arriver à former une collectivité, alors que, pour les ouvriers, cette dernière existe tout naturellement. Les chefs d'équipe et contremaîtres, eux-mêmes encore très proches du milieu ouvrier, commencent à se distinguer sur ce point de leurs anciens collègues, car ils sont effectivement écartelés entre plusieurs univers de référence. Les chefs d'équipe sont d'ailleurs les plus nombreux à avoir abandonné le syndicat ouvrier, et leur position de petits chefs les isole du groupe des anciens camarades.

Tableau 7. Les relations collectives

	Ouvriers				
	4 et 5 (146)	*6 et 7 (266)*	*CE (43)*	*CM (13)*	*Cadres (21)*
Qu'est-ce qu'une bonne ambiance ?	%	%	%	%	%
- On s'entraide	42	40	41	8	25
- Les relations entre collègues sont franches	29	30	27	56	50
La solidarité, qu'est-ce que c'est ?					
- Un échange de services	20	16	26	48	50
- Le fait d'appartenir au même groupe social	58	69	54	4	0
- La sympathie entre collègues	22	25	20	48	50
Si vous pouviez choisir ceux avec qui travailler, que préféreriez-vous ?					
- Travailler avec tous vos collègues actuels	47	51	48	36	45
- Avec certains mais pas avec d'autres	26	29	32	64	50
- Avec aucun	27	20	20	0	5
C'est une expérience courante de rester longtemps proche des mêmes collègues. Qu'est-ce qu'on en retire au bout d'un certain temps ?					
- On se retrouve dans un groupe sympathique d'anciens	40	47	59	20	20
- On s'est créé quelques très bons amis	25	24	13	40	40
- On a quelques très bons camarades mais pas plus	25	29	28	40	30
Dans quelles conditions vous sentiriez-vous le plus en confiance pour participer à un groupe ?					
- Etre avec des gens qui ont les mêmes idées que vous	34	30	22	22	14
- S'être mis bien d'accord sur les buts du groupe	59	57	63	63	86
- Avoir la garantie d'une association légale	7	13	15	15	0
Pour vous, qu'est-ce qui compte le plus ?					
- Que votre chef vous fasse confiance	12	16	17	24	20
- Que l'on soit vraiment camarade	23	24	12	0	0
- Que chacun fasse bien son travail	23	26	22	12	10
- Que l'on arrive à former un groupe solidaire	42	34	49	64	70
Pensez-vous qu'un meneur soit nécessaire dans un groupe de camarades ou d'amis ?					
- Oui, c'est nécessaire	19	22	48	40	65
- Non, c'est inutile	81	78	52	60	35

Le militant est un personnage omniprésent dans la vie de ces ateliers. Il y en a un dans chaque équipe, et une hiérarchie informelle structure le groupe syndical autour de militants anciens et grands professionnels de l'outillage ou de la chaudronnerie. Les cadres aussi sont syndiqués, mais pas à la CGT, et leurs réponses sur le militantisme concernent principalement les délégués ouvriers à qui ils ont affaire en permanence. Les réponses au tableau n° 8 viennent colorer d'un jour quelque peu nuancé la démocratie collective et solidaire précédemment analysée. Tout le monde reconnaît une grande facilité à obtenir l'unanimité, mais cette dernière repose sur l'intervention de militants. Ces derniers sont reconnus pour leur capacité intellectuelle, leur connaissance des problèmes et leur audace en face des chefs. Ils peuvent, savent et osent parler. On voit sourdre ici toute une angoisse à l'égard de ces personnages hors du commun qui sont nécessaires à l'entente à l'intérieur du groupe ouvrier, mais dont on ne sait trop comment ils exercent leur influence. Nous retrouvons ici toute la difficulté du groupe ouvrier à constituer une collectivité sur une expérience des relations peu différenciée en matière d'accès aux idées. Si un groupe social est composé d'individus habitués à se percevoir comme semblables sur le plan de la condition sociale comme sur celui des idées, alors le groupe ne pourra fonctionner, face à la complexité des événements, des opinions et des influences, qu'en acceptant l'intervention des personnages hors du commun que sont les militants, ou quelques ouvriers, en général anciens, respectés pour leurs capacités professionnelles et intellectuelles.

Les positions adoptées à l'égard des chefs sont alors nettement influencées par cette expérience des relations quotidiennes à la base. Pour des ouvriers, experts dans leur métier, et connaissant leurs collègues et l'entreprise depuis longtemps, la formule idéalement envisagée est celle de la suppression de la hiérarchie, ils veulent bien d'un chef, mais désigné par leur groupe. Et la question sur le style du chef idéal ne produit guère de résultats pour la raison même qu'on n'en veut pas. Mais, à côté de cette revendication fondamentale d'une autonomie de structure qui tienne compte des capacités relationnelles du groupe des gens de métier, la position à l'égard du chef hiérarchique réel paraît être marquée par de difficiles problèmes d'ambiance. En effet, on demande au chef à la fois d'être humain et en même temps d'intervenir dans les discussions entre collègues, car elles produisent une mauvaise ambiance dans les équipes. Cette contradiction des réponses entre l'idéal et le vécu paraît renvoyer aux difficultés de relations entre ouvriers dès lors qu'ils voient entre eux de véritables relations de pouvoir. Les boni et les primes, les promotions, les mutations et l'entraide technique sont des occasions d'échanges réels entre ouvriers mais aussi de négociations plus ou moins ouvertes et assez complexes. Un système de relations de pouvoir fondées sur l'ancienneté, la qualification, la parole, et les différences de métier ou d'équipes, agite en permanence la vie concrète des ateliers, comme nous avons pu le montrer par l'observation participante. Dans cet ensemble vivant, il ne semble pas que les conflits d'intérêts multiples soient facilités par une grande souplesse cognitive au niveau des échanges interpersonnels et de la vie collective. Et, dans un tel contexte, c'est vers une hiérarchie quelconque des clivages et des groupes d'intérêts que l'on se tourne pour arriver à des solutions ; l'appel à des militants et leaders ouvriers en était une ; l'appel au chef officiel pour résoudre les difficultés interpersonnelles peut en être une autre, et c'est bien ce qui ressort des attitudes apparemment contradictoires du groupe ouvrier envers le chef hiérarchique.

Au terme de cette réflexion sur chiffres, il est possible de dégager de ces réponses deux façons de vivre la collectivité. En systématisant exprès les différences, on voit que, du côté ouvrier, apparaît un modèle de relations évoquant une sorte de solidarité démocratique plus ou moins fusionnelle au plan des idées et impliquant pour cette raison une forte intervention de militants et même de chefs

Tableau 8. Le rapport aux militants

	Ouvriers				
	4 et 5 (146)	*6 et 7 (266)*	*CE (43)*	*CM (13)*	*Cadres (21)*
	%	%	%	%	%
Etes-vous syndiqué ?					
- Je suis syndiqué	60	63	46	77	92
- Je l'ai été mais je ne suis plus	26	29	41	15	4
- Je ne l'ai jamais été	14	8	13	8	4
Vous avez rencontré des militants syndicaux dans votre travail. Ils réussissent à s'imposer. Pourquoi ?					
- Ils sont capables de consacrer du temps pour aller voir les gens	9	8	21	7	20
- Ils peuvent toujours fournir une explication aux événements	25	27	37	38	55
- Ils n'hésitent pas à affronter les chefs pour défendre quelqu'un	66	65	42	55	25
Dans un groupe de 50 personnes, il faut voter, vous préférez :					
- Un vote à main levée	28	32	18	22	9
- Un vote à bulletin secret	72	68	82	78	91
Dans un groupe, pourquoi certains ont-ils de l'influence ?					
- Ils parlent mieux que les autres	24	17	3	17	7
- Ils savent s'imposer	43	39	50	56	60
- Ils en savent plus	33	44	47	17	33
En général, dans un groupe ouvrier, comment une décision est-elle prise ?					
- Tout le monde arrive à se mettre d'accord, c'est l'unanimité	73	69	64	33	75
- Le groupe suit toujours celui qui sait parler	8	8	8	50	5
- Entre majorité et minorité, on arrive à s'entendre	7	13	10	8	15
- La minorité refuse de s'incliner	12	10	18	9	5

Tableau 9. Les relations hiérarchiques

	Ouvriers 4 - 5 (146)	Ouvriers 6 et 7 (266)	CE (43)	CM (13)	Cadres (21)
	%	%	%	%	%
Imaginez qu'un chef intervienne dans une discussion entre collègues. Dans l'idéal, que devrait-il faire à votre avis ?					
- Il doit intervenir pour aider les gens à se mettre d'accord	72	70	76	92	95
- Il doit décider et trancher	8	17	20	8	5
- Il doit laisser les gens se débrouiller entre eux	19	13	5	0	0
Quand il y a des difficultés entre les gens, il arrive souvent que le chef doive arbitrer :					
- Parce que les gens sont incapables de s'entendre	11	13	10	30	14
- Car ce n'est pas aux gens mais aux chefs à décider	31	36	48	40	52
- Car les gens savent bien qu'une discussion entraîne une mauvaise ambiance dans l'équipe	58	51	43	30	34
Quelle est la qualité essentielle pour un chef ?					
- Avoir de l'autorité	2	2	3	0	19
- Etre impartial	13	23	28	38	19
- Etre un bon technicien	19	15	20	31	5
- Etre humain	65	60	50	31	57
Dans un groupe idéal de camarades ou d'amis, il faut :					
- Que le chef soit désigné par une autorité supérieure	17	18	44	7	23
- Que les gens du groupe choisissent eux-mêmes leurs chefs	52	48	41	93	44
- Qu'il n'y ait pas de chefs	31	34	15	0	33

hiérarchiques pour résoudre les difficultés de rapports humains. Une expérience d'accès au pouvoir d'expert inégalement réparti entre les individus et les équipes, doublée d'une longue ancienneté professionnelle dans un monde finalement assez replié sur lui-même, où les différences de prestige et de puissance relatives continuent de s'imposer de façon assez rigide, paraissent expliquer cet attachement affectif à une vie collective fusionnelle et hiérarchisée tout à la fois.

Du côté des cadres, une autre façon de vivre la collectivité repose sur une forte sensibilité aux désaccords et une forte référence à la position hiérarchique de commandement. La vie collective oscille entre plus ou moins de démocratie ou de séparatisme en fonction des intérêts et des stratégies dans les rapports entre cadres, agents de maîtrise et chefs d'équipes.

Il semble que, dans le contexte hiérarchique, les cadres fassent l'expérience de stratégies multiples et conscientes impliquant un fort degré de sensibilité permanente aux divergences de points de vue et d'intérêts personnels.

Ces deux styles de relations traduisent ainsi la réalité socio-technique de l'atelier telle qu'elle s'est en gros édifiée depuis la fin de la guerre. Ayant acquis ensemble du métier et de l'ancienneté dans une technologie « vapeur », les ouvriers ont progressivement développé une solidarité fondée sur une sorte de hiérarchie intra et inter métiers tandis que les cadres sont en mesure et contraints tout à la fois d'élaborer des stratégies plus individualisées et plus dépendantes de la hiérarchie formelle. Comment un tel système va-t-il réagir au changement technologique avec l'arrivée des machines diesel, qui est préparé par une importante opération de formation et d'organisation rationnelle ?

La reconversion a été préparée depuis fort longtemps par le directeur avec l'aide des services de la nouvelle organisation qui ont été créés spécialement à cet effet au niveau de toute la région SNCF. Au moment de l'enquête, on peut affirmer que tout le système technique, économique et l'organigramme de l'entreprise ont été bouleversés. Les locomotives diesel ont un meilleur rendement que les anciennes machines à vapeur, on ne les entretient de façon régulière que pour des kilométrages plus élevés, les réseaux sont améliorés et les accidents moins fréquents qu'après-guerre. Les anciennes capacités de réparation de l'atelier sont donc devenues beaucoup trop vastes. Le problème posé au directeur est de trouver du travail pour justifier le maintien de ses ateliers aux yeux de la direction régionale. Il doit trouver des commandes pour occuper son monde. Des chaînes de

Tableau 10. Les styles de relation dans l'atelier de réparation

Styles de relation	*Solidarité démocratique*	*Stratégies individuelles*
Relations entre collègues		
- Quantité de relations au travail........	+ +	— +
- Contenu affectif : amitié	+ +	+
- Contenu cognitif : sensibilité aux divergences d'idées	+ —	+ +
Relations collectives		
- Groupe homogène	+ +	— +
- Décision unanime....................	+	—
» démocratique	+	+
» séparatiste	—	+
- Rapport au militant..................		
» culturel.....................	—	+
» relations humaines...........	+	—
Relations hiérarchiques		
- Le principe hiérarchique.............	—	+
L'intervention du chef réel :		
- Autoritaire	—	+
- Libérale............................	+	+
Positions dans l'organisation............	Ouvriers qualifiés Ech. 4,5,6,7	Cadres et agents de maîtrise

wagons transcatener ont ainsi été montées, on a développé la production d'outils de coupe à la chaîne, la fabrication de pièces de parc, et enfin la réparation de pièces d'autorail.

Du côté de la technologie, en plus des installations nécessaires à ces divers chantiers qui ont été faites avec les moyens du bord, les opérations de contrôle de machines diesel sont très différentes de la vapeur. On peut démonter beaucoup plus de pièces. Les moteurs, pompes, injecteurs régulateurs, machines tournantes, chaudières, parties électriques, sont à la fois plus complexes et plus mobiles que celles des locomotives à vapeur. Par ailleurs, les fluides (gas-oils, fuels) nécessitent des stations spéciales de pompage, vidange et tests. Enfin, les recherches de métallurgie des alliages ont permis de concevoir des essieux, bougies, carters et caisses plus légers et donc plus amovibles. La révision consiste en fait à soulever la caisse, gigantesque capot de moteur dont toutes les parties sont démontées pour être acheminées dans des halls parallèles où sont installés des postes fixes de réparation. Il ne s'agit plus d'un garage mais d'une sorte de chaîne de démontage-remontage avec des opérations intermédiaires qui interviennent en dérivation. Dans le plan d'organisation finale, une locomotive entrant par l'Ouest du bâtiment pour une révision légère, une révision générale ou une réparation accidentelle, doit avancer tout le long du hall et ressortir pour les essais six ou neuf jours après.

Sur le plan de l'organisation du personnel et des services, plusieurs phénomènes concurrents sont à noter. Tout d'abord l'ancien système d'équipes, comprenant un ensemble de compagnons diversement spécialisés pour effectuer toutes les opérations sur une même machine, a été remanié. A présent, les opérations sur postes fixes regroupent des individus de même spécialité avec des tâches plus ou moins complexes, comme l'outillage, qui, lui, a peu bougé. Ensuite, il a fallu convertir au diesel d'anciens chaudronniers, soudeurs, électriciens, etc. Un quart a été envoyé en formation pendant plus de trois mois en internat. 10 % des autres ont reçu une simple formation rapide de quelques semaines. Et le reste continue de travailler sur des tâches comparables ou nouvelles mais n'exigeant pas de nouvelles connaissances, comme les installations d'usines, ou la vérification des bougies ou essieux. Enfin, un grand nombre de ces ouvriers ont été mis sur des postes de chaîne, où ils sont déqualifiés par rapport à leur métier.

Au plan des conditions de travail, le changement est également important. La saleté des machines à charbon avait encrassé tous les halls. Avec l'arrivée des belles machines diesel aux couleurs claires, on repeint l'intérieur des bâtiments. Les postes sont délimités par des bandes de plastique jaunes ou vertes. Les machines-outils sont repeintes. Certaines opérations de révision de moteurs doivent se faire à l'abri de la poussière, et des sous-ateliers de verre et plastique ultra-modernes abritent des ordinateurs et tableaux de commandes qui jettent une note futuriste dans ces halls de 1910, où l'on continue de réparer les machines à vapeur du 19e siècle qui vont être envoyées au musée du rail. La réorganisation se traduit ainsi physiquement par un grand coup de balai et de peinture au rythme de l'arrivée des nouvelles motrices.

De ces contraintes nouvelles qui définissent le nouveau champ des rapports de travail, peut-on dire que de nouvelles sources de pouvoir apparaissent et quelles en sont les conséquences sur le jeu antérieur des alliances ? Pour le directeur, il est évident qu'une telle situation est une aubaine. La réorganisation est certes difficile à mener et elle pose beaucoup de questions épineuses, mais elle est d'abord et avant tout son œuvre. Ou, plus exactement, l'incertitude majeure à laquelle était confrontée l'organisation technique était devenue surtout commerciale. Le directeur a été capable de trouver des commandes et de les faire réaliser rapidement par ses ateliers. Dans le même temps, il fallait créer de nouvelles installations et réparer correctement les nouvelles machines diesel. Tout cela a été réussi. Alors que le directeur n'était qu'un gestionnaire sans grande responsabilité de développement commercial, il est devenu expert en marketing, en technologie nouvelle et en réorganisation.

Les ouvriers ont, pour certains, également acquis du pouvoir : les nouveaux diésélistes et les anciens outilleurs ont en effet dû se débrouiller pour dépanner, réparer, inventer et même former d'autres et ils y sont arrivés. C'est-à-dire que la double incertitude de la mise en place des installations et de la bonne réparation des machines encore neuves et mal connues est largement contrôlée par eux. Un courant de promotion a d'ailleurs suivi la mise en place des nouvelles équipes pour les professionnels ayant suivi le recyclage diesel. Mais les autres ouvriers ont été soit envoyés dans d'autres dépôts, soit mis à la retraite anticipée, soit mis sur des travaux de chaîne, et ils y ont pratiquement perdu l'occasion d'exercer leur ancien métier. Le gain de pouvoir n'a donc pas été aussi important pour tous les ouvriers que pour le directeur.

Les chefs d'équipe, en revanche, ont tous vu leur rôle considérablement accru. En effet, les équipes sont plus grandes car elles comprennent des travaux plus spécialisés, regroupés en sous-équipes menées par un chef de file au-dessus de plusieurs ouvriers polyvalents. Le chef d'équipe devient une sorte de contremaître capable de faire tous les boulots de son groupe. Comme, en outre, il faut se reporter à des fiches techniques nouvelles, le chef d'équipe prend tout naturellement l'autorité de ce nouveau rôle de formateur. Dans le cas des équipes de travail à la chaîne, le rôle du chef d'équipe devient central, car il doit à lui seul organiser le travail et former les gens.

Les ingénieurs chefs d'atelier ont certainement gagné un renouveau de problèmes techniques à résoudre tant dans les méthodes que dans l'organisation du travail. Il a même fallu inventer des installations et des machines comme aux premiers temps de l'industrie, où « Monsieur l'Ingénieur » était surtout chargé de penser la technique et les machines. Dans cet effort technique, les compagnons diésélistes et outilleurs contrôlent une large part du pouvoir, et les conversations ont augmenté entre les ingénieurs et les compagnons dans une sorte de complicité réelle.

Les contremaîtres, enfin, sont en difficultés de tous les côtés ; officiellement, ils sont plutôt chargés de la coordination entre les nouvelles équipes et des rapports inter-sections et avec le bureau des méthodes ou le service de la réorganisation. Leur pouvoir réglementaire s'est donc considérablement accru, car ils interviennent au niveau de la définition des fiches de travail et des nouveaux standards. Par ailleurs, ils sont à l'intersection de nombreuses informations entre équipes et sections, voire même ateliers, concernant les problèmes quotidiens de la nouvelle organisation. Mais ils sont peu nombreux et pris en sandwich entre la montée du rôle des chefs d'équipe et le renforcement ou le maintien de l'interdépendance ingénieurs-compagnons. Ils sont en fait au centre de luttes permanentes de pouvoir, comme le révèle assez bien ce tableau de répartition des fonctions où les ingénieurs leur contestent leur rôle de communication, d'organisation et de relations avec les compagnons, tandis qu'on leur reconnaît les tâches désagréables de contrôle et de répartition du travail en face d'ouvriers de métier soucieux d'autonomie :

Tableau 11. Luttes de fonctions dans la hiérarchie

	Opinions des CM n = 13			*Opinions des cadres n = 12*		
	C'est la fonction de :			*C'est la fonction de :*		
	CE	*CM*	*Cadres*	*CE*	*CM*	*Cadres*
	%	%	%	%	%	%
Contrôle du travail	16	54	20*	15	50	35
Répartition du travail	6	30	62	15	55	25*
Rapports aux autres sections	0	40	60	5	20	75
Rapports avec les services techniques	8	70	22	5	25	45*
Approvisionnements	48	40	12	60	15	10

* Non réponses.

Un malaise des contremaîtres à l'égard de leurs responsabilités dans le travail et envers leurs possibilités d'avancement traduit cette situation de pouvoir difficile. La structure ne leur offre pas les moyens de faire valoir leur position à l'égard de leurs partenaires.

	CE *n = 43*	*CM* *n = 13*	*CA* *n = 21*
	%	%	%
L'impression d'avoir de l'initiative et des responsabilités	88	54	90
Satisfaction du travail	33	32	60
Mécontent de l'avancement	17	56	15

La reconversion a donc profondément atteint les sources de pouvoir et, par conséquent, les stratégies des acteurs sociaux en présence. De nouvelles disparités sont clairement apparues entre ouvriers, car certains vivent la déqualification alors que d'autres ont un métier neuf ou ancien revigoré. De nouveaux rapports humains ont ainsi tendance à s'établir dans le groupe des ouvriers passés en formation de recyclage. Les différences de réponses au questionnaire ne sont guère plus fortes que 25 %, mais elles vont toutes dans le même sens. Parmi les diésélistes surtout les plus qualifiés, les dépanneurs, par exemple, ou certains chefs de file, on constate une sorte de personnalisation accentuée des rapports avec les collègues, qui se manifestent par des amitiés fortes pouvant se prolonger au-delà du travail. L'amitié et l'ambiance sont alors jugées plus comme une question de rapprochement et d'entraide entre individus que d'origine sociale commune ou de positions politiques. D'après les entretiens, cette densité nouvelle de rapports humains est due au temps passé en formation, ainsi qu'à la période de redémarrage de l'atelier où l'on a appris à se connaître, s'aidant pour étudier les locomotives tout en devant les réparer pour de bon.

Un autre groupe d'ouvriers très qualifiés reste très représentatif du style de relations de solidarité démocratique déjà analysé, il présente une tendance à valoriser encore plus le groupe, les militants et la solidarité ouvrière quand ils ne sont pas sur des postes très intéressants.

Enfin, tout le reste des ouvriers, les moins qualifiés et ceux qui ont été quand même mis sur des postes simplifiés où on manquait d'ouvrage, manifestent des attitudes d'indifférence ou de méfiance envers les collègues. L'ambiance est mauvaise pour eux, le chef est autoritaire et la charge de travail trop lourde.

Le groupe ouvrier semble ainsi entamer des réactions différenciées envers la reconversion selon qu'ils sont ou non en possession d'un métier. Cet effet de clivage des stratégies, joint au vieillissement général et au départ d'une moitié du personnel sans remplacement sur plusieurs années affaiblit très certainement la combativité du groupe. Et l'on voit en 1968 que cet atelier débraye le dernier et reprend le travail le premier, par rapport aux usines de la région, sans avoir jamais fermé la porte au directeur, alors que le même atelier, dix ans plus tôt, était considéré comme une terreur.

De cette étude sur une reconversion technique dans un atelier de réparation composé d'ouvriers anciens et fortement qualifiés on peut tirer trois conclusions :

1. Même dans un ensemble assez homogène sur le plan de l'ancienneté et du travail, on constate que le groupe ouvrier peut être solidaire sans être pour autant composé de groupes identiques. Un modèle de relation de solidarité démocratique impliquant tout de même de fortes tendances fusionnelles et hiérarchiques est au centre des rapports humains de cet atelier. Mais deux évolutions importantes de ce modèle montrent que des groupes d'ouvriers ayant même expérience et ancienneté ne vivent plus le même type de relations.

D'un côté les diésélistes nouvellement formés à ce métier neuf entament des rapports interpersonnels plus sélectifs que fusionnels. D'un autre côté, la catégorie des ouvriers les moins qualifiés ou soumis à des tâches déqualifiées adopte une attitude de retrait et de pessimisme envers le groupe ouvrier et, corrélativement, de plus grande dépendance à l'égard des chefs. Dans cette attitude de retrait, on rencontrera aussi les compagnons de métier les plus anciens et proches de la retraite. Le petit schéma ci-dessous résume ce que l'enquête a permis de révéler sur les modèles de relations humaines entre ouvriers et leurs liens avec la situation de travail dans l'atelier de réparation.

Fig. 1. Dynamique des structures de relation et de travail dans le changement technique

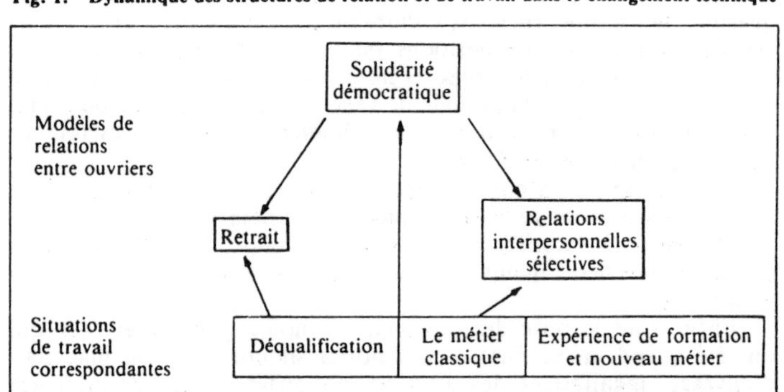

2. Ces modèles de relations et leur évolution traduisent autre chose qu'un simple conditionnement. Les indicateurs de rapports humains obtenus par questionnaires et observations traduisent en réalité la reproduction de systèmes d'alliance entre partenaires stratégiques, dans le contexte d'une permanence d'accès aux mêmes sources de pouvoir émanant des structures de l'entreprise. Cette sorte de grand garage peut être en fin de compte analysé comme le lieu d'une tentative toujours à recommencer d'imposer une organisation standardisée au pouvoir du métier. Le type de relations du modèle « solidarité démographique » exprime la façon dont les ouvriers de métier arrivent à coopérer ou à coexister à la longue alors que le travail confère à chacun la maîtrise d'une forme de pouvoir d'expert non négligeable. Mais cette approche des rapports de travail est forcément systématique, car le pouvoir des uns se heurte à celui des autres, en l'occurrence ici : la maîtrise, les chefs d'équipe, les ingénieurs, la direction et le syndicat. Ce n'est qu'au terme d'une analyse des points clés majeurs du fonctionnement que l'on peut voir qui a du pouvoir et comment il s'en sert en face de celui des autres. Pendant longtemps, l'entreprise a reposé en fait sur la suprématie réelle des exécutants réparateurs et la solidarité démocratique est en quelque sorte la trace relationnelle de cette réalité du pouvoir que confère le métier dans les contraintes économiques et topologiques de l'organisation industrielle et de la très grande entreprise bureaucratisée.

3. Le changement technique de la reconversion des ateliers pour réparer les diesels et non plus les locomotives à vapeur se présente alors comme un bouleversement de tout le système social antérieur, en ce sens qu'il redonne du pouvoir à l'organisation contre le métier. Ce sont donc des équilibres internes, aussi bien à la hiérarchie d'encadrement qu'à la hiérarchie informelle du groupe ouvrier, qui sont modifiés. Si la reconversion s'est bien passée, ce n'est pas seulement parce que les bureaux d'organisation ont bien pensé le problème et parce que le directeur s'est débrouillé pour trouver du travail de remplacement, c'est aussi parce que les compagnons ont accepté de se former et de modifier leur pratique professionnelle. Une sorte de solidarité nouvelle est née de cet effort général d'adaptation, qui n'aurait pu se comprendre sans l'existence antérieure des relations d'échanges et d'ouverture entre individus hautement compétents. Une époque de créativité enthousiaste a saisi une bonne partie de l'atelier, car chacun y trouvait l'occasion d'utiliser à plein ses capacités inventives de professionnel. Sans la mise en œuvre d'un tel potentiel humain de compétences et de coopération, on n'aurait pas réussi la reconversion. Dans cette entreprise de réparation, le changement technique impliquait d'abord et avant tout le changement des pratiques de travail, et c'est le métier qui a permis ces mutations. Comme on nous l'a dit à plusieurs reprises : « Ce sont les plus grands chaudronniers qui ont fait les meilleurs diésélistes. »

On comprend alors pourquoi l'ancien système social n'a pas tellement été perturbé par la reconversion ; il y a plutôt trouvé l'occasion de raffermir sa structure fondamentale. Un bon nombre d'ouvriers y ont vu l'occasion d'acquérir un nouveau métier ou de mieux exercer leur métier ancien. Pour certains, l'expérience de mise à la chaîne est vécue comme une parenthèse nécessaire avant de profiter du même courant. Les liaisons qui se développaient le long de la chaîne hiérarchique entre ingénieurs et compagnons se sont trouvées confirmées. Le malaise de la maîtrise est plutôt le signe d'une déception que d'un changement des anciens équilibres de la structure des alliances. Temporairement investi du pouvoir de changer les règles d'organisation, ils se sont en fait à nouveau heurtés au monde du métier avec la concurrence nouvelle des chefs d'équipe. Mais il est fort probable que ces derniers se trouveront progressivement confrontés au même malaise, quand « les boulots tampons » ne seront plus nécessaires et que l'atelier de réparation tournera de nouveau à son plein de locomotives.

Le changement le plus important est sans doute l'apparition d'une nouvelle mentalité plus sélective et « techniciste » des diésélistes envoyés en formation. Ils mettent en péril l'architecture des pouvoirs dans la hiérarchie informelle ouvrière anciennement fondée sur l'outillage, la chaudronnerie et la forge, métiers nobles de la vapeur. Les départs d'effectifs et cette apparition de nouveaux « seigneurs » du métier est sans doute une cause de la reconversion. Mais si l'on en croit une observation[8] que nous avons faite des mêmes problèmes de reconversion dans un autre atelier d'entretien sur une période de dix années consécutives, cette hésitation du système social des rapports entre ouvriers ne durera qu'un temps. Dans cet autre atelier plus petit de taille et vivant le passage de la vapeur à l'électricité, les nouveaux « seigneurs » étaient les dépanneurs formés à la visite électrique par six mois de cours en internat. Après une phase de coopération et d'enthousiasme généralisé, on a vu s'installer de nouvelles disparités entre anciens de l'outillage et nouveaux de l'électricité d'une part, et entre professionnels électriciens chefs de file et les simples ouvriers électriciens d'autre part, qui ne bénéficiaient pas de la polyvalence des tâches qu'on leur avait laissé espérer. Quatre années après le début de la reconversion, ces nouveaux professionnels ont encore une attitude isolée et davantage centrée sur les relations d'affinités sélectives que sur le contrôle de la solidarité ouvrière. Mais, dix ans après, ce sont eux qui dominent la hiérarchie interne aux ouvriers, tandis que certains sont devenus techniciens aux bureaux d'études des services de « l'organisation ». Quand la hiérarchie professionnelle ouvrière s'est clarifiée, le groupe ouvrier plus homogène parce que de nouveau structuré a retrouvé sa combativité antérieure.

Ces deux histoires industrielles révèlent l'importance toujours présente de l'expérience du métier comme source de pouvoir, de relations, et d'actions pour le groupe ouvrier.

DIVERSITÉ DES STRUCTURES D'ORGANISATION ET DE RELATIONS À L'ENTREPRISE D'ÉLECTROTECHNIQUE

L'étude effectuée dans cette entreprise[9] dans le but d'y tester la variété des modèles de relations entre ouvriers et leurs liens avec la structure d'organisation matérielle du travail a montré que les relations avec les collègues étaient en fait étroitement dépendantes des perspectives d'intégration individuelle à l'entreprise. On a compris à cette occasion que l'on ne pouvait pas plus analyser l'esprit maison que l'engagement syndical ou les relations quotidiennes entre collègues sans faire appel à une compréhension plus large des diverses stratégies d'intégration à l'entreprise.

Le taux de participation des exécutants aux objectifs et directives émanant de la direction d'une entreprise n'est pas seulement la conséquence de satisfactions matérielles et psychologiques octroyées par une politique du personnel astucieusement conçue. Il ne suffit pas d'analyser en détail les bonnes intentions patronales, l'idéologie des dirigeants plus ou moins soucieux de bonnes relations humaines, ainsi que les pratiques en matière de formation des agents de maîtrise, orientation des individus, information des travailleurs et développement des œuvres sociales, pour avoir une idée exacte de la façon dont les différentes catégories de travailleurs vont s'intégrer à l'entreprise. Cette conclusion centrale de l'étude reposait en effet sur le constat de la diversité des attachements collectifs à l'entreprise entre les OS, OP, AT, AM et cadres. D'autres différences internes à ces catégories émanant de la nationalité, du sexe, de l'origine sociale et de la mobilité socio-professionnelle, enfin du caractère plus ou moins neuf de la technologie des ateliers et des bureaux d'études, venaient encore modifier les types d'adhésion à la politique générale de l'entreprise.

Il est en outre apparu que les attitudes exprimées envers la maison, la hiérarchie et le travail coïncident avec des types de relations interpersonnelles très différentes, comme si la qualité des rapports entre collègues était l'une des dimensions importantes de l'adhésion à une entreprise. On a pu montrer en fait que cette fameuse intégration collective à l'esprit maison [10], loin d'être l'effet du conditionnement des relations humaines, devait se comprendre comme la résultante de stratégies complexes des diverses catégories de travailleurs. Les groupes d'acteurs n'adhèrent aux directives de la politique du personnel et ne se soumettent spontanément aux chefs qu'au terme d'une évaluation des ressources actuelles accessibles dans et hors le travail et les perspectives d'évolution. La collectivité humaine de travail et les styles de relations qu'on y rencontre sont la conséquence de la multiplicité des calculs possibles dans l'état des ressources internes et externes au travail. Or, cette entreprise offrait l'avantage de réunir une grande diversité de situations professionnelles généralement caractéristiques de la condition ouvrière contemporaine. C'est pourquoi cette enquête a fourni des illustrations intéressantes de la diversité des styles de relation présents dans le groupe ouvrier.

Dans cette entreprise de fabrication de matériel pour la coupure et la transformation du courant de haute et de basse tension, douze départements localisés dans six usines assurent les opérations de fonderie, chaudronnerie, construction et montage de transformateurs, disjoncteurs et convertisseurs de courant. Nous avons étudié tout le personnel de cinq départements autonomes et localisés dans quatre usines afin de recouvrir les conditions de travail les plus variées. A la fonderie, nous avons trouvé du travail de force pour OS et manœuvres avec des ateliers de grands professionnels. A l'usinage, le travail était révélateur des métiers classiques de la mécanique. A la chaîne de montage de disjoncteurs basse tension, c'était la chaîne des opérations répétitives pour OS hommes et femmes. Un autre atelier de presses et d'usinage simple recouvre des opérations extrêmement simplifiées pour OS. Au département de l'équipement en basse tension, des nouveaux professionnels assez jeunes réalisent des installations d'appareils complexes dans des armoires standard. Ce travail n'est déjà plus de série et chaque commande implique un certain degré d'invention et de changement dans les programmes. Enfin, le département électronique ultra-moderne et confortable comprend des jeunes professionnels pour la construction de convertisseurs semi-expérimentaux, des OS surtout féminins pour le montage de micros.

Il est tout d'abord frappant de constater à la lecture de la figure n° 2 à quel point les relations d'amitié ne sont pas vécues de la même façon dans le groupe ouvrier [11]. En analysant les réponses au questionnaire sur la quantité et la qualité affective des rapports entre collègues par départements ou ateliers, relativement homogènes sur le plan de la qualification, des conditions de travail et du recrutement, on découvre plusieurs sous-univers humains à l'intérieur même du groupe ouvrier.

Tout d'abord les femmes OS en ateliers de chaîne ou d'opérations simplifiées sur machines ont peu d'amitiés réelles au travail, même si la moitié considère qu'il devrait y en avoir plus ; leurs relations affectives importantes sont hors du travail. La moitié des ouvrières de l'électronique sont récentes. Mais cela est beaucoup moins vrai pour celles de la chaîne et de l'usinage, dont beaucoup sont mariées et mères de famille. Cette distance envers les relations affectives de travail n'est donc pas seulement liée à l'embauche récente, car, de toutes les façons, ces ouvrières ont presque toutes au moment de l'enquête plus de deux ans d'usine dans le même atelier.

Un autre sous-ensemble très différent du précédent est celui des ouvriers professionnels qui ont presque autant d'amis au travail qu'à l'extérieur, avec un taux déchanges amicaux et de confidences entre collègues qui est le plus élevé. Nous retrouvons ici l'importance des rapports affectifs entre professionnels de métiers classiques : l'outillage, la fonderie, l'entretien, que l'on avait décelée à l'atelier de réparations SNCF.

Le groupe des ateliers d'OS masculins est partiellement comparable à ces ouvriers professionnels en ce qui concerne les OS de l'usinage et de la fonderie où règne une sorte de climat de solidarité démocratique. En revanche, les OS plus jeunes des chaînes de montage sont moins engagés dans les rapports affectifs que les précédents, mais tout de même beaucoup plus que les OS féminins.

On trouve une dernière catégorie de travailleurs : les ouvriers professionnels des nouveaux métiers à l'équipement et au montage, où il s'agit de faire du câblage et de poser des barres de contact à l'intérieur d'armoires comprenant des appareillages complexes. Le climat affectif paraît également assez fort, mais moins qu'à l'outillage et à la fonderie tandis que les attentes d'amitiés semblent développées.

Ce constat de différences prend une signification encore plus intéressante si on le complète par des indications sur le contenu cognitif des échanges c'est-à-dire l'importance des idées et des opinions dans la relation d'amitié. Une deuxième courbe (figure n° 3) montre en effet que les relations cognitives ont tendance à être d'autant plus refusées que les relations affectives sont moins développées. Ceci est très vrai pour les OS femmes et une partie des OS masculins qui sont sur des chaînes où une certaine méfiance a priori semble envahir les rapports humains, ainsi qu'un refus de s'engager dans les discussions. En revanche, l'engagement paraît plus fort et la méfiance a priori plus faible chez les ouvriers professionnels de métier classique. Une position particulière serait celle des ouvriers de nouveaux métiers qui vivraient à la fois plus d'échanges cognitifs

Fig. 2. Amitié entre collègues et conditions de travail

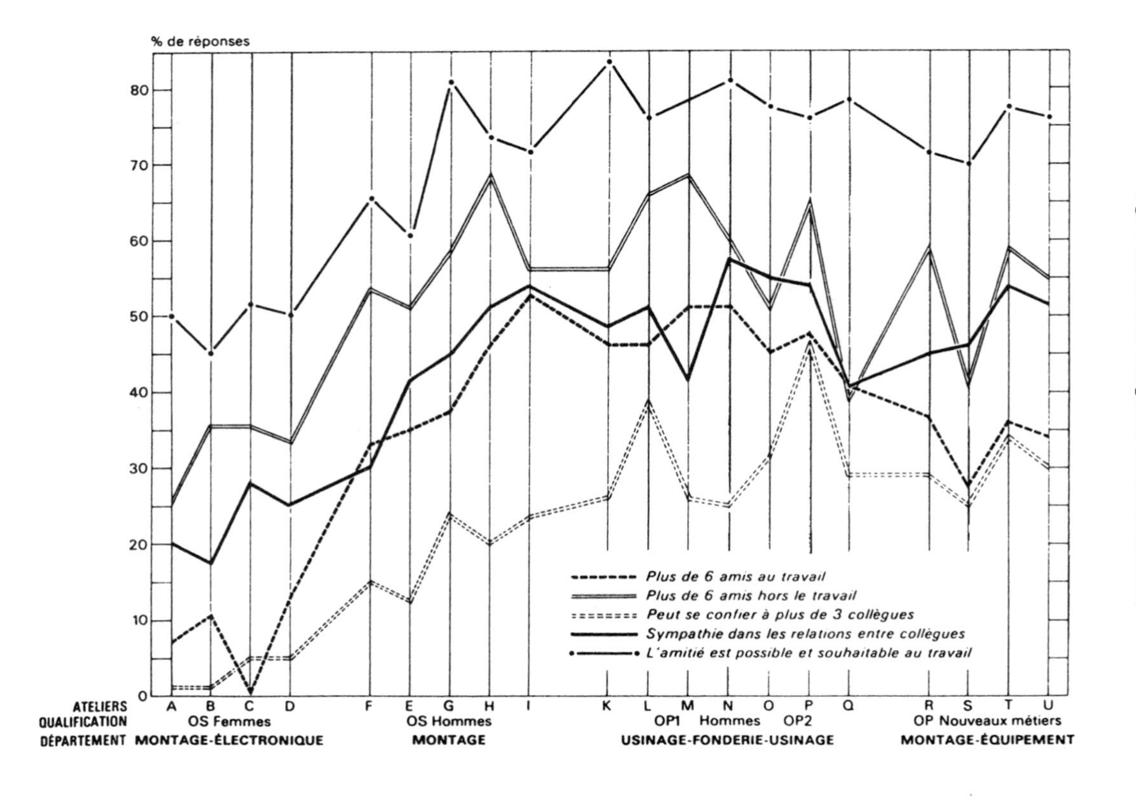

Fig. 3. Echanges cognitifs et rapports entre collègues

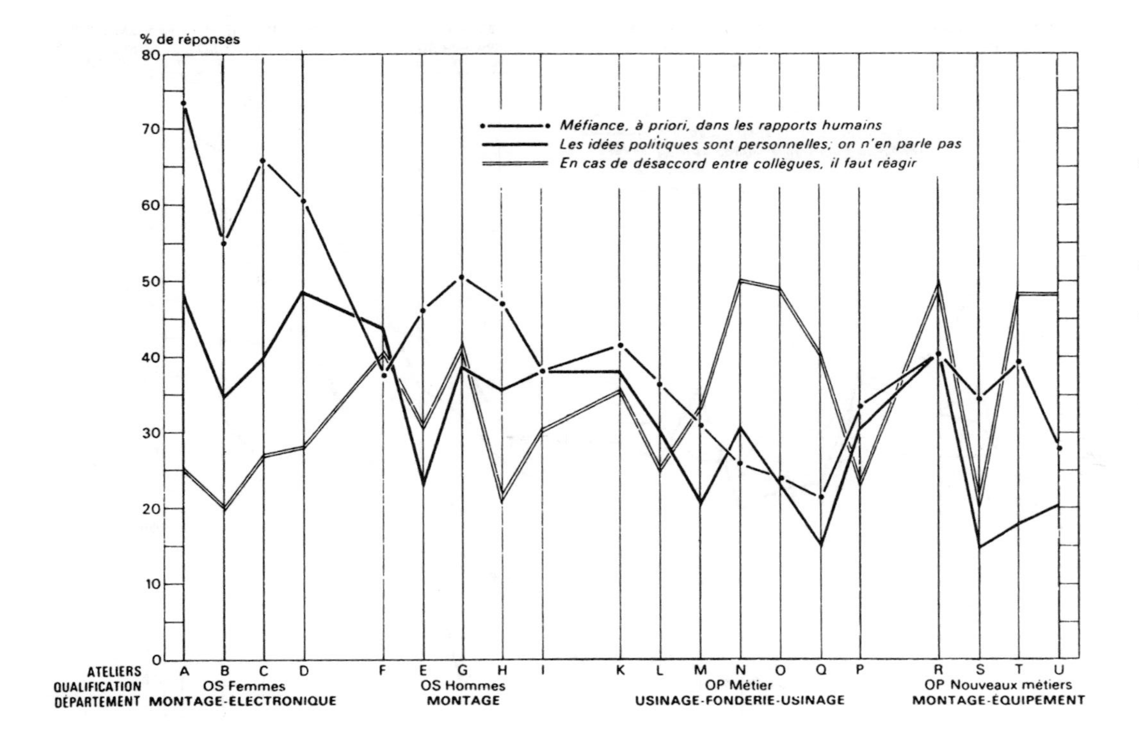

mais aussi plus de méfiance que les OS. Une autre question sur la définition de l'ami était ainsi formulée : « Un ami, pour vous, c'est d'abord...
- quelqu'un à qui vous pouvez parler de toutes vos préoccupations personnelles ?
- quelqu'un que vous aiderez et qui vous aidera dès que l'un des deux aura un problème ?
- quelqu'un que vous connaissez depuis longtemps et que vous souhaitez voir toujours ? »

Les nouveaux professionnels choisissent à 75 % le thème de l'entraide comme fondement de l'amitié, alors que ce pourcentage n'est que de 65 % pour les ouvriers de métier, de 58 % pour les OS hommes et de 48 % pour les OS femmes. On peut voir une liaison probable entre le taux d'entraide et d'échanges exigé par les tâches non standardisées et peu répétitives de ces ateliers d'équipements et la complexité des rapports humains, où le travail peut être à la fois source de coopération et de conseils mais aussi d'influence et de manœuvres dont il faut se méfier.

Le tableau 12 présente d'autres résultats chiffrés concernant les relations collectives et hiérarchiques. On constate d'abord que l'expérience du groupe homogène n'est pas identique dans les diverses situations de travail. Elle paraît la plus forte à la fonderie et parmi les OS de l'usinage. La reconnaissance est la plus développée dans ces ateliers ainsi que chez les outilleurs et ouvriers de divers départements. Mais un autre indicateur vient modifier ce diagnostic d'entente solidaire. La phrase « renoncer au projet plutôt que de couper le groupe en deux » est plus fortement choisie par les OS femmes et les OS hommes que par les professionnels de métiers anciens et nouveaux. De même, la nécessité d'un meneur dans un groupe de pairs est retenue très inégalement entre les catégories de qualifications par ateliers considérés dans cette étude. Plusieurs façons de vivre la collectivité paraissent ainsi coexister dans le groupe ouvrier. Les relations les plus collectivistes se retrouvent chez les OS masculins et chez les ouvriers de métier. Mais, alors que ces derniers ont une vision de l'entente fondée davantage sur l'acceptation des différences, les premiers, surtout à la fonderie et à l'usinage, refusent les clivages et dépendent fortement de la présence d'un meneur pour réguler leur groupe homogène. Parmi les moins collectivistes, on trouve les OS femmes qui refusent à la fois les meneurs et les choix internes aux groupes ; on trouve également les nouveaux professionnels, dont la faible homogénéité coïncide avec une réelle sensibilité aux clivages et à l'influence du meneur.

Quand on porte l'attention sur les réponses révélatrices des rapports hiérarchiques, d'autres disparités distinguent les catégories d'ateliers et de tâches. Les individus acceptant le plus l'intervention d'un chef hiérarchique dans les rapports de travail, les relations humaines et même dans l'hypothèse d'un groupe d'amis, sont les OS, surtout les femmes mais aussi les hommes, car les nouveaux professionnels ne sont un peu plus sensibles qu'à la dimension psychologique des rapports de commandement.

Tableau 12. Modèle de relation entre ouvriers à l'entreprise d'électrotechnique

Relations interprofessionnelles au travail	*OS femmes chaînes presses ....*	*OS masculins chaînes machines*	*Ouvriers professionnels très qualifiés métiers*	*OP nouveaux professionnels*
Relations duelles				
Quantité d'amis	—	+	+	—
Importance affective	—	+	+	+
Méfiance cognitive	+	+	—	—
Acceptations différences d'idées...............	—	—	+	+
Relations collectives				
Groupe homogène	—	+	+	—
Décision unanime.......	—	+	+	—
Acceptations clivages....	—	—	—	+
Séparatisme	+	—	—	+
Nécessité du meneur	—	+	+	—
Relations hiérarchiques				
Influence du chef sur les questions de travail ...	+	+	—	—
Sur les relations humaines	+	+	—	+
Hiérarchie dans un groupe d'amis...............	+	+	—	—
Tendance générale	Retrait Soumission	Unanimisme Autoritarisme	Solidarité Démocratie	Affinités sélectives Séparatisme
Départements les plus caractéristiques	Montage et usinage	Fonderie et usinage		Equipement et électronique

Toutes ces différences de façons de vivre les relations entre collègues ouvriers sont relatives les unes aux autres, mais elles viennent compléter certaines des observations faites à l'atelier de réparation. Une présentation schématique de ces variations relatives par grande catégorie de travail permet de reconstituer une logique de rapports humains par situations de travail typiques.

Nous avons finalement trouvé quatre modèles sur la façon de vivre les relations interpersonnelles à l'intérieur même du groupe ouvrier. Les quatre termes utilisés traduisent une certaine intégration différenciée au groupe des pairs et, par contrecoup, une dépendance relative à l'égard de l'autorité formelle de la hiérarchie. Ces différences de style sont nettement associées à deux ordres de facteurs de situation. A l'intérieur même de l'organisation du travail, les conditions de travail comprises au sens large du terme, environnement et contenu même de la tâche, influencent l'accès au pouvoir de la définition de stratégies d'échanges dans les rapports de travail quotidiens, en fonction du degré de standardisation des méthodes de travail. Les anciens métiers et les nouveaux métiers issus du changement technologique récent permettent des échanges humains différents et plus riches que ceux des chaînes et opérations très rationalisées et simplifiées.

A l'extérieur de l'entreprise, les gens peuvent avoir d'autres occasions d'accès au pouvoir dans leurs relations de famille, de loisirs et de vie urbaine ou rurale. Or, pour un bon nombre de travailleurs comme les femmes, les jeunes et les étrangers récemment immigrés, les stratégies d'adaptation à un travail sans intérêt ni avenir sont nettement influencées par l'intégration à d'autres univers parallèles où l'on dispose de plus d'atouts dans les relations.

Dans ces ateliers de travaux et de technologie fort différents les uns des autres, nous avons certainement retrouvé chez les outilleurs de l'usinage, chez les mouleurs et couleurs de l'atelier de recherche à la fonderie, et chez les ouvriers professionnels de l'entretien et de laboratoires d'essai des autres départements le même modèle de solidarité démocratique « analysé chez les compagnons de l'atelier SNCF ». La maîtrise d'un fort pouvoir d'expert dans le cas du travail à l'unité ou outillage, par exemple, coïncide avec des échanges nourris par une culture technique, la reconnaissance des différences cognitives, la discussion et l'acceptation de la position minoritaire en collectivité, le refus du meneur et même d'un chef dans l'idéal. Les chiffres et les témoignages cités dans l'ouvrage où l'enquête est présentée montrent le rôle actif et la capacité d'indépendance et d'autonomie de ces groupes de grands professionnels par rapport à leurs agents de maîtrise et leurs ingénieurs.

En revanche, un nouveau modèle, « l'unanimisme », chez les OS et les OP1, affrontés à des tâches répétitives et sans valeur professionnelle, correspond, semble-t-il, au type de relations stratégiques possibles dans un ensemble de fortes contraintes imposées par la cadence, la discipline, le contrôle et la faiblesse des rémunérations. Les types de relations observées dans ce contexte sont résumées dans le tableau n° 12 pour divers ateliers de la fonderie et de l'usinage où les ouvriers masculins et principalement français font des tâches répétitives. La structure dominante de ce modèle paraît être la fusion affective faisant dépendre la solution des problèmes techniques et humains vécus dans le groupe d'une intervention d'un personnage exceptionnel qui prendra la forme soit d'un chef, soit d'un meneur selon les circonstances. Ce modèle de l'unanimisme fusionnel du groupe impliquant l'autoritarisme d'un chef extérieur n'apparaît que dans la situation de travailleurs depuis longtemps confrontés à des tâches sans contenu technique véritable et sans grandes initiatives ni liberté d'action personnelle. Chez les OS plus jeunes et sans ancienneté dans l'entreprise, comme aux chaînes de montage, l'effet d'« unanimisme » n'a pas encore eu le temps de se produire. De même, la frontière entre les OS et les OP1 n'est pas très fixée, notamment à la fonderie et peut-être dans certains ateliers rationalisés de l'outillage où les machines auto-régulées permettent de réaliser des grandes séries de pièces et n'exigent que peu d'initiative et de métier de l'ouvrier classé OP.

En termes d'accès au pouvoir dans la position de travail, il apparaît que l'OS est nettement défavorisé. L'individu affecté à une tâche simplifiée ne maîtrise aucun pouvoir d'expert car, sur le plan technique, les opérations répétitives n'impliquent guère de connaissances. Tout au plus faut-il acquérir quelques coups de main et une grande attention pour soutenir la cadence et la monotonie. L'apprentissage d'embauche ne dépasse en réalité jamais une semaine et, parfois, il suffit de quelques heures pour avoir fait le tour des difficultés du poste, le reste est une affaire de progressive adaptation musculaire et physiologiques aux rythmes de la production et de la machine.

Dans l'ordre des communications, le travail d'OS à la chaîne ou derrière une machine ne donne pas la possibilité de contrôler beaucoup d'informations pertinentes pour l'action des autres membres de l'atelier. Il n'est pas possible de se déplacer et toujours difficile de parler avec ses voisins, comme nous le signalons dans l'observation participante. Le bruit oppose un obstacle matériel direct à la communication verbale, tandis que le caractère pénible et fatigant du travail et de son environnement finit par abrutir les gens et leur ôter toute envie de faire un effort pour discuter même avec les voisins.

Toujours dans l'ordre des communications avec d'autres univers que celui du travail, les OS sont en général défavorisés. Le travail commande toute la vie active et, rentrant chez soi, on découvre la faiblesse de ses moyens d'actions, l'envie d'oublier la journée et la nécessité de récupérer pour la journée suivante. Souvent syndiqués, les OS sont rarement les militants et délégués responsables du syndicat. Ce sont presque toujours les professionnels qui animent et contrôlent cette organisation parallèle que représente chaque syndicat. Les OS ne sont que rarement au pouvoir dans ces structures adjacentes.

Il ne reste finalement que la règle où les OS puissent trouver une part quelconque de pouvoir. En effet, si leur rôle n'est pas de changer la règle, leur fonction suppose fréquemment une interprétation des procédures de contrôle de la qualité, et du rythme des opérations, tandis que les machines peuvent être plus ou moins réglées et adaptées aux cadences. C'est en fait tout le problème de la réglementation, même du contrôle, qui laisse bien souvent au moins le pouvoir de freiner et de « faire la cadence » aux ouvriers spécialisés. Toutes les fameuses manœuvres qui se développent autour des rapports avec le chronométrage, le contrôle des chefs d'équipe ou contremaîtres et le passage des régleurs, et dont tous les témoins de la vie en usine ont amplement parlé, montrent bien que le pouvoir de l'OS n'est pas négligeable sur la règle. Mais cette action, souvent en réaction contre le contenu vide et désespérant du travail, et de sa situation, trouve ses limites dans la surveillance et le pouvoir formel de renvoi exercé par la hiérarchie. Le pouvoir des OS ne peut exister que dans la complicité collective, ce qui en limite la souplesse et les résultats individuels.

La seule forme de pouvoir réellement offensif dont dispose la base est finalement l'action collective de refus de la règle économique ou technique. La source de ce pouvoir vient du nombre des exécutants et de leur présence dans de vastes ateliers où, même si la parole est difficile, il est néanmoins possible de se communiquer des impressions et des mots d'ordre. Le rêve d'une direction serait évidemment de contrôler un outil entièrement automatique où les hommes n'interviendraient plus comme producteurs. Mais, jusqu'à présent, le nombre des producteurs est la réalité industrielle, et le refus collectif par la grève reste l'arme principale, mais difficile et tributaire de l'action de meneurs, pour des travailleurs dépossédés de pouvoirs individuels.

Quand, pour des raisons le plus souvent externes au travail, les gens refusent de recourir à cette arme collective du refus de la règle, comme c'est souvent le cas des travailleurs féminins ou des étrangers n'ayant pas encore décidé de rester en France, ou encore des travailleurs âgés ou résignés, alors la condition d'OS ne laisse plus d'accès au pouvoir que par la soumission à la règle. Le fait qu'une procédure soit formalisée et traduite par écrit sous forme de notes de service, règlement d'atelier, gammes de production, etc., permet aux individus de se protéger contre l'arbitraire des chefs en respectant la lettre de la règle. La force de ce pouvoir n'est plus à démontrer depuis que l'on sait faire la grève du zèle, mais il trouve d'abord et avant tout ses limites dans la reconnaissance officielle de la règle d'organisation et des titulaires de la hiérarchie. Le modèle du retrait de la vie collective de travail n'est donc pas non plus celui d'une position absolument soumise, il est en fait rendu possible par l'existence même de l'organisation rationalisée du travail. Dans un atelier de métier, l'hypothèse du retrait n'est plus concevable, car le pouvoir des experts ne se formalise pas en règles écrites et ceux qui voudraient s'exclure totalement de la collectivité devraient accepter une position de très forte dépendance envers l'arbitraire du pouvoir non réglementé.

Le quatrième modèle de relation rencontré chez les ouvriers nouveaux professionnels des ateliers de technologie avancée se présente davantage comme une perte de solidarité par rapport à l'unanimisme et à la solidarité ouvrière que comme l'invention d'une nouvelle forme de collectivité en atelier. La raison principale de ce modèle semble bien être liée aux conséquences du changement technique sur l'accès au pouvoir dans l'atelier. Comme il y a déstandardisation et travaux expérimentaux à l'unité en attendant d'avoir mis au point une nouvelle rationalisation de la production, et que, par ailleurs, les bureaux d'études créés pour inventer les nouvelles méthodes et techniques sont en contacts fréquents avec la production, il semble que les ouvriers de ces ateliers aient davantage à participer au processus de l'invention. En échange de cette collaboration, souvent intellectualisée, les meilleurs montent rapidement aux bureaux d'études en étant soutenus pour suivre des cours de formation. Un courant de projets individuels traverse ainsi les rapports entre collègues, et la solidarité ouvrière, surtout édifiée pour compenser des positions individuelles bloquées, n'est plus une arme pour les travailleurs en perspective d'évolution. Le chef et les quelques collègues de formation deviennent alors les principaux supports de la stratégie promotionnelle, ce qui rend assez bien compte du modèle séparatiste retrouvé dans ces ateliers de pointe.

En fin de compte, la variété des formes d'organisation rencontrée à l'entreprise électrotechnique, après les autres enquêtes de cette étude, permet de constater l'importance des deux modèles d'unanimisme et de solidarité démocratique dans les relations de travail à l'usine et la réalité toujours présente de positions de retrait ou de séparatisme à l'égard de ces deux modèles dominants.

EFFETS DE LA FORMATION PERMANENTE SUR LES HABITUDES DE RELATIONS ENTRE OUVRIERS

L'expérience de travail peut être traversée d'événements, comme un long stage de formation pour adultes ; qu'advient-il alors des styles de relations antérieurement constitués dans les rapports quotidiens de travail ? L'enquête [12] effectuée auprès d'agents monteurs électriciens, employés dans les districts de distribution implantés en province sur leurs attitudes à l'égard du milieu de travail permet d'analyser l'impact de la formation sur les styles de relations précédemment analysés. Ces agents, OS et OP1, ont été en effet envoyés en stage de formation pour améliorer leurs capacités professionnelles et leurs relations humaines en vue de diminuer le nombre des accidents. A la suite de cette formation qui s'est étendue sur plusieurs années, dans le groupe ouvrier, après avoir été d'abord consacrée aux cadres et aux agents de maîtrise, une enquête sociologique a été envisagée pour évaluer les effets en profondeur d'une telle pratique.

De cette étude, il ressort l'impression générale qu'une expérience de formation peut avoir des conséquences durables sur les styles de relations. Le temps du stage peut être un temps fort d'apprentissage en matière de relations humaines, et le temps d'après stage est l'occasion d'une remise en cause des anciennes stratégies d'intégration à l'entreprise, au point que l'ancien groupe des pairs et les rapports hiérarchiques ne peuvent plus être vécus de la même façon. Le style général qui semble traduire cet effet de formation pourrait être caractérisé par un esprit critique envers le groupe, plus d'engagement dans les relations interpersonnelles et davantage de souplesse dans la vie collective.

Le changement volontaire analysé est donc celui de la création d'un groupe local de perfectionnement professionnel de l'EDF au niveau d'une région de distribution d'électricité, organisée en centre, subdivisions et districts de base.

L'analyse du système économique et technique de la distribution justifie pleinement cette initiative au milieu des années cinquante. L'EDF, en effet, n'est pas encore sortie des conséquences de la nationalisation qui a engendré la fusion de multiples compagnies privées, de rentabilités et technicités inégales, au moment où la guerre a contribué au vieillissement et à la destruction de multiples réseaux locaux. Le mauvais état des lignes, la faible standardisation des appareils ou des méthodes de travail, et la charge de travail et de réparations urgentes entraînent de nombreux accidents qui coûtent cher en hommes, en hospitalisation et en productivité des districts. La sécurité apparaît alors comme un problème majeur du développement économique et technique. En bons tayloriens, les ingénieurs de l'EDF ont fait l'étude des gestes du « monteur au poteau » et ils ont proposé un catalogue de précautions à respecter pour arriver au meilleur mode opératoire. Ils se sont même inspirés du manuel du « parfait artilleur » en usage dans les écoles de formation de l'armée, comme exemple de travail dangereux.

Afin de parachever ce dispositif de sécurité, on a recours à la stimulation économique en pénalisant par des sanctions financières les fautes à l'origine des accidents ; tandis que, sur le plan du système de l'organisation du travail, il est prévu que les chefs doivent faire remplir des feuilles complètes de déclarations d'accident afin d'établir les responsabilités des fautes. Cet ensemble de mesures appliqué sur plusieurs années ne donne pas satisfaction, car le coût humain et financier de la distribution est toujours très élevé.

C'est alors que l'innovation sociale s'introduit pour des raisons comme toujours assez fortuites. Un adjoint au chef d'une région dispose, aux alentours de 1955, d'un certain temps, car les structures régionales récemment superposées à celles des centres n'ont pas encore la pleine charge de responsabilités qu'elles auront acquise dix années après. Intéressé par les sciences humaines pour des raisons personnelles, cet ingénieur fait partie d'une mission d'étude des méthodes de relations humaines que l'EDF envoie aux Etats-Unis. Il en revient avec l'idée que la sécurité n'est pas seulement une question de règlements et d'analyses des tâches, mais qu'elle dépend également des bonnes relations humaines entre collègues et avec les chefs.

Fort de cette compréhension nouvelle du travail, ce responsable décide, et obtient l'autorisation, de lancer dans sa région une action expérimentale de formation à la sécurité d'un tout nouveau style.

Des stages sont organisés pendant deux, trois ou quatre semaines dans un centre confortable et même gastronomique. Des ingénieurs sont d'abord formés à l'analyse des opérations de sécurité ainsi qu'aux relations humaines et au commandement libéral. Ils sont destinés à devenir eux-mêmes animateurs des divers stages destinés aux agents de maîtrise et aux ouvriers. Les agents de maîtrise et chefs de tous les districts sont ensuite formés dans l'idée qu'ils seront des relais dans la diffusion des nouvelles consignes de sécurité. Elles ont été en effet repensées en termes de motivation individuelle, dans le but d'inciter les ouvriers à prendre eux-mêmes en charge leur sécurité.

On a compris que des sanctions pécuniaires pouvaient être doublement néfastes, car elles incitaient les gens d'une part à camoufler leurs erreurs et leurs responsabilités dans les déclarations d'accident, et d'autre part à se venger d'une telle réglementation en cherchant à obtenir le maximum de journées d'arrêt de travail en cas de fautes. Les amendes pour accidents ont donc été supprimées, et l'on a encouragé au contraire les gens à déclarer en détail toutes les circonstances des accidents, de façon à mieux en comprendre les racines motivationnelles ou techniques.

Tous les ouvriers anciens, et les plus récents, ont ensuite eux-mêmes été envoyés en stage à mesure que l'expérience se développait et que les catégories supérieures avaient été entièrement formées. En 1962 et 1963, on y envoie même tous les agents EDF rapatriés d'Algérie qui ont été replacés dans la région.

Les responsables de la formation de l'EDF qui ont organisé pratiquement cette expérience l'ont fait en s'inspirant des dernières découvertes psycho-sociologiques en matière de pédagogie. Les ouvriers s'entraînent et s'observent mutuellement sur réseau réel. Il y a des discussions collectives conduites par un animateur permissif et libéral. Les films, et tout le matériel audio-visuel disponible, stimulent la réflexion de gens qui n'ont pas l'habitude de s'exprimer en groupe. Les cycles composés d'ouvriers venant de districts différents offrent l'occasion de comparer les méthodes, les tâches et les climats de travail. Une initiation à la complexité des motivations au travail et à la vie de groupe tient lieu de formation aux relations humaines. En 1964, les responsables de cette action expérimentale demandent aux sociologues de faire une sorte de bilan des effets complexes de cette opération qui, au début centrée sur un changement des règles d'organisation du travail, a ensuite été clairement dirigée vers une transformation des motivations individuelles, pour obtenir d'autres habitudes de communication et d'attention au travail. C'est-à-dire qu'un changement de normes des échanges à l'intérieur du système social de travail a été expressément recherché par une formation technique et psycho-sociologique des cadres et des ouvriers.

Les résultats de cette expérience sont en réalité des indices d'accidents intéressants mais qui ouvrent de surprenantes perspectives sur le comportement des travailleurs. Les taux d'accidents sont en baisse, si on les mesure en nombre de journées d'hôpital, ce qui laisse à penser que les accidents graves sont devenus moins fréquents. Ce résultat peut être imputé à la formation, encore que, pendant la même période de six années, d'autres raisons matérielles ont pu agir dans le même sens puisque les réseaux ont été améliorés progressivement, ainsi que les outils, le matériel d'isolation, et le déplacement en petite camionnette vers les lieux de travail. Mais, chose curieuse, le nombre de déclarations d'accidents a beaucoup augmenté, comme si la suppression des amendes avait laissé entendre qu'une bonne part des déclarations antérieures étaient le résultat de négociations compliquées entre les chefs et agents, et entre les agents eux-mêmes à l'intérieur des districts. D'autres indices semblent bien révéler que les changements de comportement à l'égard de la sécurité ont perturbé tout l'équilibre social de rapports humains dans les équipes et les districts. Les syndicats n'ont en effet jamais été contents de cette expérience de formation aux relations humaines à propos de la sécurité. Ils y voient une action de persuasion idéologique sur les travailleurs, pour les convaincre de ne plus considérer leur situation ouvrière et de classe autrement que sous l'angle des motivations individuelles et des relations interpersonnelles.

L'enquête sociologique révèle encore d'autres indices d'une transformation des règles d'échanges implicites à l'intérieur de l'univers social du district. Tous les anciens stagiaires se disent très contents du stage, des nouvelles amitiés qu'ils y ont nouées, de l'atmosphère, de la détente, et même de l'effort intellectuel. La seule chose pénible rapportée était le fait de rester assis presque toute la journée pour des gens ayant l'habitude d'un travail physique.

Par comparaison avec des agents non formés, de la même région et d'une région voisine, les agents formés apparaissent plus critiques envers l'avancement, les méthodes de commandement de leurs chefs, leur propre marge d'autonomie au travail, et envers l'entreprise EDF en général. Dans le même temps, les chefs de districts, agents de maîtrise, et ingénieurs se disent beaucoup plus libéraux et attentifs aux problèmes de leurs subordonnés que les cadres d'autres régions, comme s'ils s'efforçaient réellement de mettre en pratique les leçons de relations humaines apprises en stage.

Les résultats de l'enquête auprès des agents présentés dans le tableau 14 montrent en outre une évolution systématique de la façon de vivre les relations entre collègues et avec les chefs. Par référence aux analyses faites dans les autres enquêtes, on voit qu'un style de relations collectives assez fusionnelles et autoritaristes évolue chez les ouvriers formés vers plus d'attention personnalisée envers les collègues, plus de démocratie dans le groupe et plus de réalisme à l'égard du rôle du chef. On pourrait en quelque sorte interpréter cette évolution d'ouvriers spécialisés comme le passage accéléré d'une phase d'unanimisme à une phase de solidarité collective fondée sur une plus grande habileté à vivre les relations de groupe et une plus grande capacité d'attention au contenu des relations interpersonnelles.

Cet effet de la formation permanente chez les adultes peut être interprété comme la mise en cause de l'ancien système de rapports humains où les anciennes habitudes d'échanges et d'alliances ne coïncident pas avec de nouvelles formes d'accès à la reconnaissance apprise au cours de la formation. L'effort intellectuel en groupe produit un nouvel apprentissage de valeurs, car les individus se découvrent de nouvelles sensibilités et moyens d'action dans les échanges humains. L'acquisition de nouvelles connaissances « élargit l'esprit », « ouvre de nouveaux horizons », comme on le dit souvent, c'est-à-dire que chacun réfléchit sur ses anciens moyens d'action et découvre peut-être en quoi ses échanges antérieurs pouvaient s'inscrire dans une certaine répartition des connaissances entre

Tableau 13. Les effets de la formation sur les relations de travail à EDF

	Agents	
	Non formés *65*	*Formés* *63*
	%	%
Ce qui compte surtout en matière de sécurité c'est que les relations entre les gens soient bonnes	62	83
Point de vue des agents sur les relations		
- Parler de problèmes personnels avec 2 collègues et plus ..	35	60
- Invité chez plus de 3 collègues.........................	40	52
- Sympathique à tous dans l'équipe	45	54
- Dans l'équipe, préfère rester avec les mêmes compagnons..	50	78
- Décision de groupe à l'unanimité	60	38
- Décision majo-mino	50	78
- Refus de prendre une décision seul à la place d'un groupe ..	40	60
- Le bon chef doit contrôler de près....................	31	23
- Dans un groupe idéal il faut un chef hiérarchique	56	41
- Dans le district on vous dit :		
- faites ceci, faites cela..............................	19	29
- le chef tient compte de vos remarques................	30	36
- le chef admet la discussion..........................	51	36

	Chefs	
	Non formés *20*	*Formés* *40*
	%	%
Point de vue des chefs		
Consultez-vous les agents à propos de leur travail ?		
- souvent..	30	53
- quelquefois	35	27
- jamais...	35	20
Laissez-vous des initiatives à vos subordonnés ?		
- beaucoup	5	24
- un peu	75	34
- aucune	20	36
Un chef doit exprimer le point de vue de ses agents	55	80
Satisfaction réciproque		
Le chef est très satisfait des subordonnés.................	22	64
Les agents sont satisfaits du chef d'équipe.................	56	55
du contremaître.................	39	49
du chef de district...............	20	53

partenaires de travail. Le contact avec des pairs, des collègues, vivant des expériences de travail parallèles, conduit à s'interroger sur le caractère relatif des règles, méthodes et pratiques adoptées et présentées comme absolues par ceux qui ont le pouvoir de la compétence ou de la hiérarchie. Les anciennes représentations de la compétence des autres et les moyens concrets d'influence dans les échanges subissent une perturbation réelle au cours de cette expérience du stage. De nouvelles relations de pouvoir se développent à propos des tâches intellectuelles, autour de l'animateur, envers les enseignants, et entre sous-groupes de stagiaires qui se constituent et se dissolvent à mesure que le stage progresse. La formation paraît ainsi être une expérience pleine où un double mouvement de déconditionnement des idéologies et d'apprentissage de nouvelles identités se fait à travers des échanges humains inhabituels, centrés sur des tâches intellectuelles exigeantes et dans un contexte institutionnel différent de celui du travail. L'acquisition de connaissances met effectivement en jeu la bonne volonté de chaque adulte, elle suppose des échanges fondés sur des aptitudes intellectuelles inégalement réparties et les rapports humains en groupe de formation sont souvent très différents de ceux qui s'instaurent dans les ateliers et les bureaux.

En restant dans notre schéma d'analyse du système social de rapports de travail, nous pouvons faire l'hypothèse que l'effet de formation s'explique par le caractère novateur de l'expérience de rapports de pouvoir différents, vécus au cours des stages de formation permanente, par comparaison avec les habitudes acquises à la longue dans les rapports de travail. L'effet de contentement du stage provient, semble-t-il, du déconditionnement idéologique vécu au cours du stage dans la mesure où il a permis de découvrir le caractère relatif de ses anciennes représentations du rôle de soi et des autres.

L'effet d'autonomie dans les normes de relations interpersonnelles souligne la découverte positive de nouveaux moyens intellectuels pour imposer ou expliciter son point de vue dans les alliances formant la base des relations quotidiennes de travail.

Comprenant entre 18 et 30 personnes, les districts assurent la réparation, l'entretien et l'installation des lignes électriques. Les ouvriers font des fouilles, montent aux poteaux, installent des compteurs et de petits transformateurs, mais laissent aux électriciens titrés les installations intérieures des immeubles. Organisés en équipes volantes de deux ou trois ouvriers, ils se retrouvent tous les jours dans les locaux du district pour recevoir des ordres, rapporter leurs bons de travail, prendre les outils et garer leurs véhicules. Le chef du district est un cadre moyen ou un agent de maîtrise et il est parfois assisté d'un contremaître, selon l'ampleur de son personnel et de la charge de travail. Dans ce contexte technique, les ouvriers sont très spécialisés et relativement peu qualifiés, sauf quelques anciens professionnels de l'électricité. Le style de relations dominantes paraît bien être celui des ouvriers spécialisés habitués à ne pas mesurer le poids de leur influence personnelle dans les rapports de travail, même si les libertés de déplacement offrent une plus grande protection à l'égard du chef. L'unanimisme des échanges correspond à une forte organisation hiérarchique informelle sous la domination des plus anciens. Les indices les plus forts de cette structure sociale informelle paraissent bien être la dissimulation des erreurs et des accidents qui s'était instaurée comme des habitudes dans la vie des districts. Une telle violation du règlement ne pouvait qu'être imposée en permanence aux chefs de districts et aux contremaîtres par une solidarité des ouvriers, dont le pouvoir commun trouvait un aliment permanent dans la difficulté concrète de surveillance d'individus éparpillés dans la campagne.

D'une façon plus générale, la syndicalisation assez forte de tous les ouvriers de la distribution se nourrissait en permanence de cette solidarité de base, pour traiter des questions catégorielles de rémunération et de défense des travailleurs. Il semble bien que l'accusation syndicale portée contre le style relations humaines de la formation, d'être une arme de persuasion idéologique entre les mains de la direction pour casser la solidarité ouvrière, n'ait pas été dénuée de fondement, en ce sens que l'expérience du stage a effectivement fait découvrir aux formés les chemins de valeurs nouvelles et plus personnalisées. En dénonçant les aspects idéologiques de la formation, les syndicats ne mettaient pas en question la valeur professionnelle des outils de la pédagogie moderne, par ailleurs utilisée dans le contexte même de la formation syndicale, mais ils entendaient défendre les bases de leur pouvoir sur les travailleurs. Les syndicats supportaient tout de même difficilement l'idée d'une plus vaste autonomie d'action des individus, car cela aurait pu modifier les systèmes d'alliances à l'intérieur des rapports quotidiens du district.

Du côté de la hiérarchie officielle, on pouvait aussi déceler des signes de résistance à la transformation de l'ancien système social de travail. En effet, dans les districts à fort taux de formation où tous les ouvriers et agents de maîtrise avaient suivi le stage, les contremaîtres manifestaient un extrême mécontentement de leur situation et de leurs subordonnés. Les chefs de districts et agents de maîtrise, confrontés à des ouvriers plus capables de critiques et d'initiatives individuelles après leur formation, manifestaient un réel désengagement à l'égard des leçons de libéralisme reçues aux stages. Alors que de tels signes de déceptions et de critiques n'apparaissaient pas dans les districts à faible taux de formation.

La structure d'organisation des tâches n'ayant pas bougé, il semble que les chefs ne trouvaient plus le moyen d'accorder leur idéologie nouvelle et leurs moyens de pression sur les ouvriers quand ces derniers étaient devenus eux-mêmes plus capables d'initiative, et donc moins prêts à supporter le contact des chefs. Les structures d'organisation technique du travail ne permettent guère d'inventer de nouveaux échanges et, en manifestant leur mécontentement et leur autoritarisme, les chefs montraient qu'ils ne voulaient pas abandonner les bases de leur pouvoir dans le système social ancien. A aucun moment, ni la direction, ni les services de formation n'avaient laissé entendre que le fait d'aider les gens à améliorer leur sécurité pouvait entraîner la suppression de l'échelon de la maîtrise et la transformation du rôle des chefs.

De tels indices de résistance à l'ancien système social se sont révélés confirmés par la disparition des signes de mécontentement et d'autoritarisme des chefs, quand les districts ont été par hasard soumis à des modifications de rôle à l'occasion de l'introduction des méthodes de planification du travail et, de façon encore plus fortuite, quand la charge excessive du travail de district perturbait constamment l'organisation formelle du district. Dans ce genre de situation, les chefs retrouvaient une nouvelle définition d'un rôle de conseiller, de prévision, de contrôle a posteriori, face à des ouvriers qui avaient la liberté d'utiliser davantage leur compétence et leur esprit d'initiative. Les effets seconds de la formation pouvaient ainsi être pris en charge et provoquaient l'apparition progressive de nouveaux systèmes de rapports humains.

En conclusion de ces analyses, nous pouvons dire que la formation permanente peut avoir des effets considérables sur le fonctionnement humain des organisations. Ces effets se traduisent en général par une augmentation de l'esprit critique et de la contestation de l'autorité imposée sans discussion ; et ils se doublent d'une résistance importante des anciens milieux professionnels à l'égard du stagiaire de retour en entreprise ; au point que l'on a souvent parlé de formation-récompense ou de formation-punition, le stage n'étant absolument pas conçu pour avoir des effets en profondeur sur les relations habituelles de travail. Cet effet inattendu de la formation [13], quel que soit le contenu des matières enseignées, peut se résumer en trois symptômes : contentement du stage, critique envers l'ancien milieu de travail et autonomie à l'égard des rapports collectifs ou hiérarchiques. La permanence de ces constatations tendant à désigner un véritable phénomène, celui de l'inadaptation chronique des structures d'organisations relationnelles du travail aux capacités d'évolution et d'apprentissage de la très grande majorité des travailleurs dans des sociétés industrielles avancées. Le temps de formation, intensément vécu comme une nouvelle occasion d'affronter les autres et les idées, développe de fortes attentes individuelles que l'organisation habituelle du travail ne sait généralement pas utiliser. Avant de reprendre au chapitre 7 les aspects sociologique et psychologique de cet apprentissage par la formation permanente, nous pouvons dès à présent considérer cet effet inattendu comme le signe contrarié de l'influence des conditions et de l'organisation du travail sur les individus et leurs relations.

LA GESTION D'UN PERSONNEL ÉVOLUTIF

Le développement encore récent de la formation permanente et des politiques d'abandon des structures d'organisation trop parcellaires des tâches, en inventant des définitions plus évolutives et plus souples des postes et des équipes conduit à s'interroger sur la façon dont pourraient s'harmoniser des rapports de travail plus dynamiques.

Nous avons eu à cet égard la chance d'observer la structure sociale des rapports humains dans une petite entreprise provinciale, caractérisée en 1968 par un fort taux de formation permanente, une croissance économique rapide, des transformations techniques très fréquentes et une politique de gestion du personnel laissant une grande influence aux délibérations du comité d'entreprise et de ses commissions d'étude.

Les premiers résultats de l'enquête [14] ont de plus fait apparaître les indices statistiques, confirmés par les entretiens, d'un extraordinaire attachement des ouvriers à leur entreprise (cf. figure n° 4). Fallait-il conclure au pur et simple effet d'une politique paternaliste, mais alors, comment expliquer la forte cohésion et l'importante évolution syndicale, ainsi que les effets mêmes de l'effort général de la formation permanente ? Fallait-il accepter l'idée d'une négociation permanente dans cette entreprise, mais à quelles conditions sociales et

Fig. 4. Attachement comparé des ouvriers à leurs entreprises dans plusieurs enquêtes

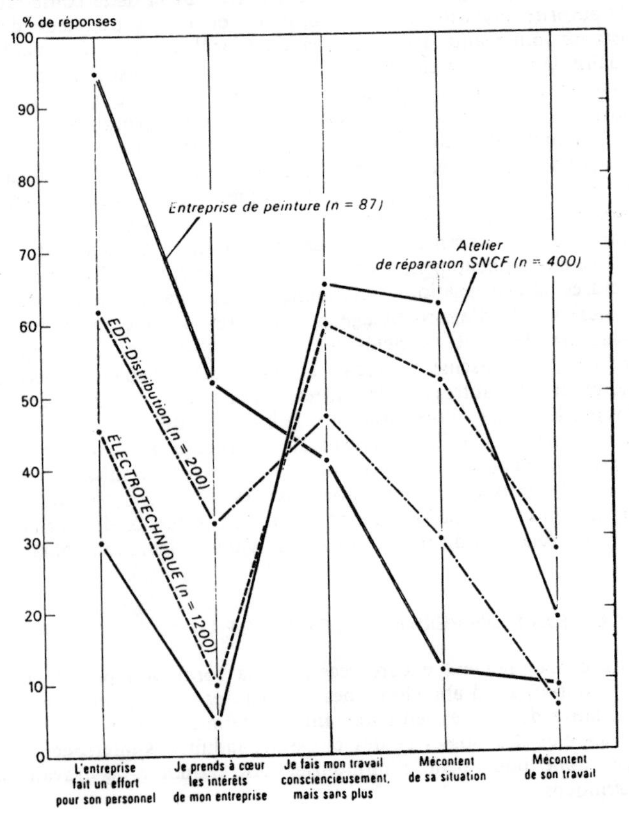

culturelles était-elle possible ? et entre quels partenaires ? C'est pour répondre à ces questions que nous avons entamé l'étude du système social de l'entreprise par enquête, entretiens, et observations.

Simple officine de mélanges de peintures dans l'arrière-boutique d'une droguerie en 1900, cette entreprise acquiert le statut industriel vers 1939, au travers des classiques mésaventures des faillites, vols, guerres, incapacités de dirigeants, sauvetage par d'autres. C'est pendant longtemps une petite barque qui flotte, dérive et se dirige autant par l'habilité du capitaine à éviter les brisants que par le hasard des vents, des courants et du ressac. Depuis la deuxième guerre mondiale, un dirigeant familial compétent et humain gère sagement la croissance de l'entreprise, qui abandonne progressivement les caractéristiques de la cellule artisanale et paternaliste pour devenir une firme moderne. Et voici qu'un nouveau directeur, extérieur à la famille et issu des écoles françaises et américaines du business, est désigné après avoir fait ses classes dans tous les services de l'usine.

Au moment de l'enquête, cette entreprise tient l'un des premiers rangs de sa catégorie en France, elle vient d'absorber son concurrent immédiat, son réseau commercial couvre toute la France. La croissance de la production est assurée par une large automatisation des processus de broyage, dilution, mise au type, mise en boîte et empaquetage des peintures. Une équipe de recherche fonctionne en laboratoire pour assurer la solidité de quelques grands produits sur différentes sortes de fonds, et la fidélité des teintes. Les organisations des services administratifs de facturations et commandes ont été remodelées par secteur géographique et non plus par spécialisation comptable, de façon à faciliter le contact avec les clients et les agents commerciaux. Les ingénieurs du laboratoire sont eux-mêmes très en contact avec les agents commerciaux et les clients pour se tenir au courant des exigences du marché. Une nouvelle usine vient d'être construite à dix kilomètres de la première pour accentuer les processus de fabrication automatisée et la qualité du service de recherche. Trois années après l'enquête, en 1972, une visite sur place révèle que le tiers du chiffre d'affaires de cette fabrique de peinture provient du textile ; la décoration en appartement utilise de moins en moins la peinture et de plus en plus les tissus molletonnés autocollants ou même facilement agrafables. Et l'entreprise a compris le phénomène, si bien que la fabrique de peinture reste encore dans les anciens bâtiments, tandis que les nouveaux halls de l'usine ultramoderne, installée en pleine campagne, sont occupés par des machines à imprimer, coller et traiter chimiquement des kilomètres de tissus d'intérieur. Et ce virage extraordinaire semble avoir été réalisé avec les gens de l'ancienne usine, sans difficultés insurmontables en matière de technologie et d'engineering.

Cette expérience du mouvement économique et technologique coïncide avec une invention en matière de gestion du personnel qui paraît être la principale originalité de l'usine, du moins aux yeux de cadres d'autres industries avoisinantes qui avaient signalé l'intérêt de cette entreprise pour une recherche sociologique. Les ingénieurs de la métallurgie classique, en visitant l'usine en 1967, avaient été stupéfaits par les détails suivants : le pointage était supprimé, la promotion est assurée dès qu'on a passé un examen de formation ; c'est aux cadres à utiliser les capacités nouvelles des gens, et non à ces derniers d'attendre après la réussite de leurs examens qu'on ait trouvé un poste qui corresponde à leurs formations. Il n'y a pas de contrôle disciplinaire dans l'atelier sur les questions de sécurité, et on laisse les ouvriers eux-mêmes faire attention aux dangers d'incendie. Un très gros effort de formation est fait, les ouvriers et les cadres sont aidés financièrement et disposent de crédits de temps de travail pour suivre les cours. Une réelle décentralisation de la gestion est pratiquée jusqu'au niveau de la maîtrise qui dispose d'une marge financière d'auto-investissement sur certains matériels. Le comité d'entreprise se voit reconnaître un droit réel de contrôle sur la promotion annuelle qui est fixée à un taux de 50 % au choix, en fonction de critères contrôlés à chaque cas par les représentants du personnel.

L'information sur l'entreprise est très développée ; une fois par mois, le responsable de la production réunit la maîtrise et les chefs d'équipe pendant deux heures pour parler de la technique, du chiffre d'affaires, du compte d'exploitation mensuel, des nouveaux produits et programmes de production. Un résumé de toutes ces informations est affiché pour le personnel ouvrier. Une fois par trimestre cette même réunion a lieu pour tout le personnel pendant les heures de travail.

Le problème qui se pose est alors celui de comprendre les conséquences humaines de toutes ces pratiques de gestion dans un contexte de forte croissance économique et technique, et de mettre à jour les principes de régulation du système social des rapports entre acteurs stratégiques dans cette entreprise. On a en effet constaté au moment de l'enquête un très grand attachement du personnel ouvrier à l'entreprise. Les réponses des ouvriers exprimant la satisfaction du travail, de l'avancement, de l'appartenance à l'entreprise et de sa politique du personnel, n'ont jamais été aussi élevées dans toutes les autres enquêtes. Mais ce très fort degré d'attachement à l'entreprise ne recouvre pas une masse ouvrière homogène, bien au contraire. Les indices de satisfaction (présentés dans la figure 4) à l'égard des conditions de travail semblent directement influencés par les perspectives d'évolution des diverses catégories d'ouvriers qui se distinguent par l'âge, l'ancienneté, la qualification, et le taux de formation.

On remarque en effet que les jeunes ouvriers encore OS sont les plus attachés personnellement à l'entreprise car ils y voient la possibilité de se perfectionner pour devenir un bon ouvrier professionnel. Ils sont en fait pleinement engagés dans un effort d'apprentissage par cours du soir.

Les ouvriers moins récents et déjà plus qualifiés grâce aux cours qu'ils ont déjà suivis et réussis sont encore soucieux de se

N =	30 OS	30 OQ	26 OHQ	10 CE
	%	%	%	%
Très satisfait du travail	21	37	36	60
Très satisfait de l'ambiance	42	7	14	20
Très satisfait de l'avancement	29	20	21	40
Prend à cœur les intérêts de l'entreprise	53	44	28	20
Travail consciencieux mais sans plus	40	44	56	60
Ont chaque année été promus au choix	21	34	74	40
La méthode de promotion est valable	53	31	35	70
Ont réussi des examens	0	61	35	50
En train de suivre des cours de formation	62	0	0	0
Suivi mais arrêté des cours de formation	20	13	0	10
Jamais suivi de cours de formation	18	26	65	40
Décidé à se perfectionner en suivant des cours	86	66	29	40
Espère devenir un bon professionnel	50	27	64	0
chef d'équipe	25	41	24	0
technicien du laboratoire	17	5	0	0
Non réponse	4	17	6	30
Ancienneté dans la maison : + de 8 ans	0	30	56	80
3 à 7 ans	21	34	35	10
— de 3 ans	79	36	9	10

perfectionner pour passer dans la ligne hiérarchique, mais ils contestent déjà plus les possibilités d'avancement.

Très différents sont les ouvriers fortement qualifiés, anciens dans l'entreprise, qui n'envisagent plus guère de se perfectionner, ni même de monter à la maîtrise. Ils ont bénéficié au maximum de la politique de promotion annuelle menée dans l'entreprise. Leurs espoirs se développent principalement autour d'une conscience professionnelle dans un travail jugé intéressant.

Les chefs d'équipe enfin, qui n'ont pas de réelles responsabilités de commandement, sont plus orientés vers un effort de formation que les ouvriers hautement qualifiés, bien qu'ils soient plus anciens qu'eux. Ils espèrent devenir contremaîtres et leur conscience professionnelle se double d'une grande satisfaction de leur travail et du système de promotion.

On constate ainsi que de fortes disparités caractérisent les stratégies d'intégration à l'entreprise en fonction des perspectives réelles d'évolution. Les relations humaines qui s'établissent dans ce contexte sont alors soumises à l'effet cumulatif de l'ancienneté, de la qualification et de la formation professionnelle et générale.

Les résultats [15] présentés dans le tableau 14 sur les sous-groupes ouvriers délimités selon ces critères révèlent que la solidarité ouvrière recouvre ici de nombreux particularismes. Un modèle se rapprochant de l'unanimisme paraît en effet caractériser les ouvriers anciens et hors du courant de formation. Mais une tendance au séparatisme existe chez eux de même que chez les ouvriers très qualifiés qui ont abandonné la formation. Du côté des ouvriers qui sont engagés dans la formation plus positivement, les plus jeunes paraissent impliqués surtout par les échanges interpersonnels et le respect du leader, tandis que les autres, déjà plus anciens, font l'expérience d'un groupe souple, démocratique et soucieux des divergences d'idées, mais fort peu homogène et troublé de courants de mauvaise ambiance.

Le groupe ouvrier paraît donc caractérisé par une certaine hétérogénéité qui vient colorer les modèles repérés dans d'autres enquêtes. Un groupe d'ouvriers plutôt qualifié mais écarté de l'expérience de formation, soit par l'ancienneté, soit par les échecs aux examens semble avoir un type de relations plutôt unanimiste mais peu solide et largement marqué par l'expérience du séparatisme et du désaccord avec les autres groupes d'ouvriers. On trouve en effet dans ces derniers les effets en profondeur sur les stratégies d'alliances de la possibilité d'évoluer par un effort personnel de formation. Dans ce groupe, on trouvera soit des jeunes en cours d'engagement dans le système social de travail par les relations duelles et un réel retrait à l'égard des chefs, soit des moins jeunes capables de souplesse collective, mais pas de solidarité fusionnelle avec le reste de l'atelier.

Tableau 14. Modèle de relations entre ouvriers à l'atelier de fabrication de peinture

	Formation		*Formation*	
	en cours	*réussie*	*échouée*	*aucune*
Relations interpersonnelles				
Duelles				
- quantité d'amis	+	—	+	+
- contenu affectif	+			+
- différences cognitives	—	+	+	—
Collectives				
- perception du groupe homogène		—	—	+
- Décision : unanimité fusionnelle		—	+	+
majorité / minorité	+	+	—	—
séparatisme		—	+	+
- meneur charismatique	—		—	+
culturel	+		+	—
Hiérarchiques				
- Nécessité d'un chef hiérarchique dans tout groupe	—	—		+
- chef autoritaire pour le travail	—	—	+	+
- chef autoritaire pour les problèmes humains	+	+	+	+
Qualification	OS	OQ OHQ	OQ OHQ	variée
Ancienneté	faible	moyenne	moyenne	forte

Le tableau n° 14 schématisant les résultats montre assez clairement que le groupe ouvrier de cette entreprise vit en réalité l'affrontement de deux stratégies : ceux qui veulent fonder leur avenir sur un projet personnel d'évolution par la formation, et ceux qui veulent maintenir leur position professionnelle intéressante. On peut dire que l'effet de formation joue de deux façons : il accélère l'intégration des jeunes à une collectivité démocratique, il tend à creuser un fossé dans le groupe ouvrier des plus anciens et, par là même, produit une double tendance séparatiste : les gagnants à la formation abandonnent le groupe ouvrier, les perdants ne se sentent plus dans une communauté fusionnelle.

Comment peut-on rendre compte de ces modèles de relations dans le contexte du système social d'atelier et d'entreprise ? Les attitudes exprimées envers le rôle du comité d'entreprise, qui est important dans cette usine, montrent en fait qu'une nouvelle solidarité démocratique ou conflictuelle se joue à ce niveau entre différentes catégories professionnelles qui ne se limitent pas aux ouvriers.

Les plus actifs et les plus optimistes au comité d'entreprise sont les ouvriers les plus concernés par la formation et ils y rencontrent dans les commissions les techniciens et quelques employés. Il semble ainsi que l'univers informel des rapports entre ouvriers soit traversé par un principe de rencontre dans l'entreprise fondé sur l'intérêt pour la formation, le projet d'évolution personnelle et le rôle du comité d'entreprise.

Tableau 15. Formation ouvrière, participation au comité d'entreprise

Attitudes envers le comité d'entreprise	*Formation ouvrière*				*Em-ployés*	*Tech-niciens*
	Aucune *N = 18*	*Echoué* *N = 14*	*En cours* *N = 23*	*Réussie* *N = 32*	*N = 47*	*N = 24*
	%	%	%	%	%	%
Font partie du CE	0	0	6	43	23	50
Ont quitté	0	20	0	16	2	6
Intérêt	45	70	50	30	46	31
Désintérêt	55	10	44	13	30	12
	%	%	%	%	%	%
Que pensez-vous du CE ?						
- Il obtient réellement quelque chose	35	22	41	35	25	55
- On se connaît, sans plus	25	22	35	35	53	33
- C'est toujours la direction qui gagne	40	56	24	30	22	12
Un bon comité d'entreprise doit :						
- Défendre le personnel	64	60	53	63	60	59
- Améliorer la formation	18	10	33	12	22	17
- Orienter les choix de l'entreprise	18	30	14	25	18	24

Une analyse plus fine des attitudes du personnel envers le comité d'entreprise et son rôle dans la maison fait apparaître que, loin d'être le véhicule d'une intégration inconditionnelle des individus à l'entreprise paternaliste, il est au contraire un lieu de confrontation des intérêts et stratégies très différents des divers groupes de personnels, en fonction des avantages réels qu'ils tirent de leur place dans l'entreprise. Le comité d'entreprise ayant un certain pouvoir de décision en matière de gestion du personnel devient un petit parlement et il a pour fonction de faire apparaître au grand jour les rationalités divergentes non seulement entre les travailleurs et la direction, mais aussi entre les travailleurs eux-mêmes. On voit en effet que les groupes les plus attachés au comité d'entreprise sont les ouvriers et les techniciens qui bénéficient, grâce à la formation, du courant de promotion. Les ouvriers les plus anciens qui occupent les postes les plus qualifiés dans l'atelier ne peuvent plus guère espérer monter, et ils sont déjà trop vieux pour vouloir accéder au laboratoire comme aides-chimistes. Leur attitude envers le comité est beaucoup plus méfiante ; en revanche, ce qu'ils apprécient de l'entreprise, c'est la position avantageuse qu'ils occupent dans les ateliers, où ils tiennent les postes d'intérêt technique maximum. Les agents techniques sont parmi les plus attachés au comité d'entreprise où ils gèrent les conditions de leur formation et promotion, mais leur esprit envers l'entreprise, comme celui d'un certain nombre d'ouvriers atteignant la fin de la mobilité, est déjà plus critique car ils touchent le terme de leurs espoirs d'évolution. Les employés enfin, surtout les femmes, qui sont en majorité alors que les chefs de hall et de bureau sont des hommes, commencent à découvrir que tout a été fait pour les agents techniques de laboratoires, mais que la promotion de 50 % n'est pas effective dans les bureaux. Leur intérêt croissant pour le comité d'entreprise témoigne bien ainsi de l'importance stratégique de son fonctionnement.

La variété des indices d'attachement à l'entreprise et au comité d'entreprise en fonction de l'ancienneté, la qualification, la pratique de formation du personnel, traduisent bien l'originalité du système social de cette entreprise, où la multiplicité des stratégies avouées révèle l'importance et la complexité des moyens d'accès au pouvoir. Revenant aux caractéristiques économiques, techniques et organisationnelles de cette fabrique de peinture, on constate en effet que la croissance emporte avec elle de nombreux facteurs d'incertitude dans le fonctionnement quotidien. Le jeu de la concurrence et des relations avec les agents commerciaux exige beaucoup d'initiatives dans la correspondance et le classement dans les bureaux, ainsi que beaucoup d'inventions et de recherches appliquées au laboratoire. L'évolution des commandes, de la mode en décoration, et des techniques de construction impose des rendements élevés, des coups de feu saisonniers et surtout des changements de gammes de procédés et même de machines pour réussir la régularité dans la qualité malgré la croissance commerciale. Comme les qualifications professionnelles n'existent pas dans ces types de fabrications très récemment industrialisées, il fallait fonctionner avec un personnel capable d'évoluer, d'apprendre et de s'adapter aux circonstances du changement.

En termes de pouvoir, c'est en fait établir les rapports sociaux sur un large pouvoir d'interprétation individuelle de la règle et, bien souvent, cela peut aller jusqu'à son invention, aussi bien dans les bureaux, dans le contact direct avec les agents chimistes, ou dans l'atelier quand il faut bricoler de nouvelles installations. L'ensemble du fonctionnement de l'entreprise repose donc sur une large part de bonne volonté des travailleurs à se former, et à s'adapter en permanence aux aléas techniques d'une production qui ne peut ni attendre ni se déprécier face à un marché fortement concurrentiel.

C'est ainsi que se pose le problème de la constitution d'un système social qui soit fondé sur une sorte d'intercompétence, non plus seulement à l'intérieur du groupe ouvrier, mais entre employés, techniciens, et diverses catégories d'ouvriers où certains vivent encore la société pyramidale sous la direction des anciens et des plus qualifiés. Tandis que d'autres, en plus grand nombre ici, vivent l'accès au projet individuel de promotion par l'effort intellectuel. Qu'est-ce qu'un système social où chacun dispose des moyens de formuler ses propres objectifs ? Qu'est-ce qu'un système social où les rationalités limitées s'expriment, se reconnaissent et s'affrontent ? L'intérêt de cette petite entreprise est de montrer précisément qu'un tel système social ne peut fonctionner qu'à travers le conflit et la négociation permanente, mais à la condition que chaque partenaire ait les moyens culturels d'accès à sa rationalité et à celle des autres pour comprendre où et comment les perspectives de la vie collective favorisent ou freinent la réalisation de ses projets.

Or, il se trouve que cette entreprise a, semble-t-il, secrété par une série de réformes plus ou moins coordonnées des styles de relations suffisamment voisins pour qu'une majorité des partenaires puissent se comprendre et jouer le jeu avoué de la négociation. C'est ainsi que l'effet de formation a engendré un style de relations chez les ouvriers proche de celui des techniciens. Tandis que, dans les bureaux, une réorganisation du travail par collaboration de tables et non plus par spécialisations isolées a augmenté l'esprit collectif et l'implication de ces jeunes dans la vie de l'entreprise. En définitive, une majorité d'individus ont un style de relations interpersonnelles et collectives caractérisé par le souci des différences de points de vue et par l'expérience du dialogue à plusieurs. Cette homogénéité culturelle rend efficace le travail au comité d'entreprise, où de multiples points de la gestion du personnel sont effectivement débattus et résolus.

L'une des preuves de l'importance de cette répartition des pouvoirs est certainement la situation syndicale de l'entreprise en mai 1968. Quand nous sommes arrivés dans les établissements en septembre 1968, il n'y avait pas de syndicat dans l'entreprise, et pourtant le comité était très suivi. Pendant la grève de mai, il y a eu de nombreuses collectes pour les grosses industries voisines où bon nombre des membres de l'atelier de peinture avaient des conjoints ou des parents en grève. Interrogés sur ce point, tous les ouvriers, employés, techniciens et cadres ont confirmé la même idée : à savoir que les syndicats officiels n'étaient pas nécessaires car chacun avait le droit à ses opinions et, de toutes les façons, l'atelier était capable, avec le CE, d'arrêter la production quand il le voudrait. « Pourquoi se syndiquer, on a tout ce qu'on veut comme cela ? » me disait-on souvent dans les entretiens. Il semble bien, après réflexion et analyse du système social, que chacun ayant le pouvoir de viser un objectif personnel évolutif se servait du comité pour contrôler les promotions, la formation et les conditions de travail et que, pour le reste, réintroduire les syndicats, c'était réinstaurer la suprématie par la formation des anciens ouvriers.

Le comité d'entreprise et la majorité du personnel se sont donc contentés pendant les grèves avoisinantes de se tenir au service des autres grévistes, tout en préparant une action collective interne plus forte si le besoin local s'en était fait sentir.

Une autre preuve qu'un tel système d'intercompétence fonctionne réellement, même s'il ne s'agit que d'éléments partiels de la vie de l'entreprise, est fournie en plus du climat général d'attachement des ouvriers, employés et techniciens, par le malaise relatif des cadres et de la maîtrise. Ces derniers découvrent en effet progressivement qu'ils sont les derniers à être informés de multiples décisions concernant leurs personnels, sous prétexte qu'elles ont été prises au comité d'établissement. Deux années après l'enquête, le comité se syndicalise à la suite d'événements survenus au siège social entre les agents technico-commerciaux à majorité CFDT et la direction. Le comité de l'usine est alors dominé par la CFDT qui rassemble des jeunes ouvriers, des techniciens et des employés, avec une forte minorité CGT à l'atelier. Dans ce nouveau concert, il apparaît que les cadres n'ont plus leur mot à dire, et un ingénieur de fabrication avouait sincèrement qu'ils avaient dû se syndiquer à la CGC pour pouvoir faire entendre leur point de vue, au comité, sur les questions de travail les plus habituelles concernant la gestion de leurs propres services.

La situation hiérarchique est, sinon renversée, du moins médiatisée par la négociation collective, et la syndicalisation in extremis des cadres révèle assez que cette entreprise, si elle est capable d'absorber les multiples aspects du changement d'organisation qu'exige le mouvement général du système social, ne peut supporter l'imposition d'une hiérarchie rigide. Les cadres se collectivisent pour faire valoir leur point de vue dans le fonctionnement quotidien de l'entreprise et non pas seulement pour défendre les avantages économiques de leurs catégories socio-professionnelles. Le tableau 19 présente un indice intéressant de ce changement de climat dans les relations hiérarchiques, en ce sens que, dans toutes les catégories d'exécutants, on note une réelle possibilité de discuter avec les chefs à propos du travail.

Par comparaison avec trois autres entreprises de nos enquêtes, on voit que si la tendance autoritaire du commandement diminue régulièrement avec la qualification croissante, en revanche, à la peinture, la discussion ouverte avec le chef ne suit pas le phénomène inverse. Tous les ouvriers reconnaissent avoir de larges possibilités de discuter, ce qui ne peut que révéler la part importante de pouvoir qu'ils détiennent dans l'atelier et l'entreprise. (Tableau n° 16.)

Tableau 16. Liberté de discussion avec le chef par entreprise et par qualification

	Peinture				*Electrotechnique*				*SNCF'*		
	OS	*OQ*	*OHQ*	*CE*	*OS*	*OP1*	*OP2*	*OP3*	*OS*	*OP*	*CE*
	%				%				%		
Comment travaillez-vous dans la section ?											
- On vous dit faites ceci, faites cela sans jamais vous demander votre avis	31	13	21	10	47	51	36	14	41	30	18
- Si quelqu'un a une remarque intéressante à faire sur la marche du travail, le chef en tient compte.....	3	31	28	40	14	15	21	38	22	27	24
- Chacun peut discuter librement avec le chef de son propre travail...........	66	56	51	50	39	34	43	48	37	43	58
	100				100				100		
N =	(30)	(31)	(86)	(10)	(604)	(420)	(285)		(63)	(146)	

La direction reconnaît en gros la nécessité de cette négociation permanente et accepte d'expliquer à fond ses positions et ses comptes au risque de ne pas toujours imposer son point de vue. Mais si, pour le fondateur, président honoraire, il s'agit d'un discours assez paternaliste, par référence à cette petite entreprise familiale qu'il a su développer, pour le président-directeur en exercice et pour l'ingénieur technique responsable de la fabrication, la vision est moins humaniste et plus instrumentale. L'idéologie du management impliquant des contrats clairs avec les cadres a été étendue par eux aux agents de maîtrise et, de façon plus confuse, aux représentants du personnel réunis au comité d'établissement. Sans avoir fait l'analyse des sources de pouvoir de la base, ils ont néanmoins compris qu'ils devaient payer en promotion, formation et conditions de travail une bonne volonté indispensable chez les ouvriers et agents techniques. La revendication croissante des employés à obtenir leur place au soleil dans cet ensemble est, pour la direction, la prochaine étape de la reconnaissance du pouvoir de la base et de la valeur des conventions négociées.

Notre étude montre en définitive à quel processus de régulation aboutit un système social évolutif. Un fort taux de contestation et de critiques internes peut être accepté en entreprise dans la mesure où une structure de négociation permet de proposer des solutions, de les appliquer et de les dépasser. Mais un tel équilibre ne fournit son plein rendement de capacité de croissance et de changement qu'à une double condition. D'une part, il faut que les gens aient le moyen d'entretenir un dialogue à armes égales dans les structures de rencontre et de négociation. Cette homogénéité culturelle n'est pas indépendante de l'expérience de pouvoir que l'on fait dans les relations quotidiennes de travail, et il faut donc accepter de regarder en face la réalité des incertitudes qu'à tout moment une forme d'organisation engendre et reproduit.

D'autre part, il est évident que les solidarités de strates ont tout à perdre dans ce genre de structures de négociation permanente, car elles favorisent le renouvellement rapide des coalitions et donc la rotation des perdants et des gagnants dans le système social. Tant que suffisamment de gens peuvent gagner dans un tel système, il se maintient ; c'était le cas de la fabrique de peinture, où la croissance permettait d'entretenir la formation, la promotion et la liberté de travail à un niveau élevé. Mais si les récompenses diminuent, les strates réapparaissent pour entretenir leurs avantages en bloquant le processus même de la négociation. Le management par la reconnaissance des différences n'est pas simple à réaliser, car il faut considérer tout à la fois la scène politique des négociations, la dimension organisationnelle des sources de pouvoir et la logique évolutive ou résistante des acteurs au travail.

CONCLUSION : RELATIONS HUMAINES ET TRAVAIL OUVRIER

Le milieu quotidien du travail est un centre d'échanges humains où des habitudes de relations finissent par se prendre. Mais entrer en rapports de travail avec un chef, un collègue, ou un subordonné, c'est une séquence de rapports stratégiques plus vastes où chacun, de façon plus ou moins consciente, édifie et recompose en permanence la défense de ses intérêts dans un monde de coopération totale impossible. Les moyens de contrôle que chacun possède sur telle ou telle incertitude dans la situation deviendront alors d'utiles atouts dans les relations de pouvoir, qui vont ainsi former la trame des alliances au sein du système social des rapports humains de travail.

Ce schéma théorique, tiré de la théorie du fonctionnement humain des organisations, permet de comprendre comment les habitudes de relations humaines en atelier peuvent être fonction des moyens de pouvoir dont on dispose au sein de son rôle officiel d'ouvrier exécutant plus ou moins professionnel. Les normes de relations en atelier peuvent alors être considérées comme la conséquence des stratégies possibles dans un certain contexte de l'accès au pouvoir dans les structures de travail. Les styles de rapports humains dégagés vont donc être la conséquence soit du pouvoir offensif d'expert que confère l'exercice d'un véritable métier, soit du pouvoir de résistance que confère l'utilisation des règlements pour se protéger des chefs, ou le contrôle des circuits d'information parallèles.

Dans l'atelier de réparation de la SNCF, et dans plusieurs ateliers d'usinage et d'entretien de l'électrotechnique, nous avons trouvé un style de relations entre ouvriers fondées sur la maîtrise d'un fort pouvoir d'expert professionnel. La *solidarité démocratique* nous a semblé être le meilleur titre pour une collectivité d'ouvriers capables de s'expliquer, de s'entendre, et de tenir compte de leurs divergences internes, avec l'aide de meneurs informels pour aider à traiter les difficultés psychologiques dans le groupe. Quand les individus tirent de leur travail les multiples ressources de négociation, de perfectionnement et d'indépendance que confère l'exercice volontaire de leurs capacités professionnelles de métier, alors ils peuvent avoir des échanges humains denses et une collectivité souple et forte en face de l'autorité hiérarchique.

Dans les chaînes, les postes d'opérateurs sur machine et des travaux de séries standardisées, rencontrées dans nos enquêtes, l'ancienneté finit par avoir de lourdes conséquences sur les rapports humains. C'est dans ce contexte du travail d'OS que l'on parlerait le plus volontiers de conditionnement, car l'homme y est souvent réduit à n'y vivre que de façon réflexe à longueur de journées.

Nous avons alors parlé d'« unanimisme » dans les relations humaines, car une sorte de communauté fusionnelle et dépendante est la façon la plus probable de s'adapter à une telle situation contraignante. Sans aucun pouvoir d'expert, l'OS ne peut guère retrouver une marge de manœuvre que dans la fraude à la règle, grâce au soutien informel des collègues, aux réseaux d'alerte et au refus collectif. Le pouvoir d'exister seul, les sources de son indépendance, ne peuvent venir pour l'OS que de la présence des autres ; or, cette ressource humaine considérable est profondément grevée de l'impossibilité matérielle de communiquer facilement et de s'exprimer clairement. Une sorte de camaraderie fusionnelle devient ainsi le seul moyen de traiter les divergences entre collègues, en les niant. Un rapport très complexe à l'autorité qui protège le groupe informel pour le meneur et qui protège l'individu pour le chef officiel devient la conséquence d'une telle situation. Ne pouvant s'imposer que pour les voies lourdes et coûteuses de la fusion, l'individu reste profondément vulnérable à la personnalisation de tout rapport vertical avec un chef ou un meneur.

Par rapport à ces deux modèles de l'unanimisme et de la solidarité démocratique, dont les structures paraissent être centrales au groupe ouvrier contemporain, on a constaté plusieurs voies d'évolution. Un refus stratégique de s'engager dans les rapports humains avec les collègues de travail conduit à une position de *retrait* du groupe des pairs et de forte dépendance à l'égard de la personne des chefs officiels, qui polarisent alors un vaste contingent de relations affectives en compensation de tout ce qu'on s'interdit de vivre quotidiennement avec les collègues. Les raisons de cette faible implication dans les relations humaines de travail peuvent être diverses. La plus intéressante sur le plan théorique nous a paru être celle de la maîtrise d'importantes sources de pouvoirs dans un autre domaine de relations que le travail. Quand l'individu dispose de multiples ressources de pouvoir dans un univers donné où sa stratégie peut s'exprimer par une grande souplesse de tactique dans les rapports humains, alors il aura tendance à vivre au minimum ses engagements dans tous ses autres univers de relations. C'est le cas des femmes OS mariées et avec enfants, à l'entreprise électrotechnique, pour qui le travail n'est finalement qu'un lieu d'appoint pour mieux vivre la complexité de leurs rapports créatifs dans la famille, le quartier et les vacances. C'est également le cas des jeunes OS des chaînes de montage et des postes peu qualifiés rencontrés à l'entreprise d'électrotechnique et aussi un peu à la SNCF, pour qui la vie hors l'usine a plus d'attraits et de possibilités que celle du travail en miettes.

Un autre type de raisons de se désimpliquer du groupe des collègues est lié à la contrainte. Pour les ouvriers âgés, pour ceux qu'on a déqualifiés sans leur demander leur avis, comme à la SNCF, pour ceux qui restent à l'écart des possibilités d'évolution car ils n'ont plus les moyens de se former comme à l'entreprise de peinture, pour certaines femmes, cas sociaux, obligées de rester aux presses de l'entreprise électrotechnique..., le groupe humain de travail n'a plus guère d'attrait car il n'est même plus une source d'amélioration. Même le rapport aux collègues n'est plus source de pouvoir et, dans ce cas, le jeu personnalisé de soumission-séduction avec le chef, le favoritisme redeviennent la seule source de pression pouvant donner quelques résultats, encore que bien faibles, car elle ne s'exerce qu'à partir d'une acceptation de la dépendance officielle.

L'évolution des styles de rapports humains entre collègues n'est cependant pas limitée à ces perspectives de retrait. D'autres situations de pouvoir peuvent naître des péripéties du travail et modifier plus ou moins les anciens modèles en vigueur dans le système social d'atelier. La formation professionnelle ou générale des adultes est une des sources importantes de renouvellement des modèles de relations. Par rapport à une situation de retrait, elle entraîne une implication accélérée dans les rapports interpersonnels, comme c'est le cas des jeunes OS de l'entreprise de peinture. Pour des ouvriers déjà anciens et plutôt unanimistes, la formation produit une occasion de rencontre et aiderait le groupe à faire une sorte de mutation vers la solidarité démocratique, comme chez les ouvriers monteurs de l'EDF.

Quand les ouvriers sont déjà professionnels, la formation, si elle s'accompagne de réelles perspectives promotionnelles, donne un fort goût pour un projet personnel d'évolution, et la collectivité ouvrière se trouve en rupture de solidarité. L'exclusion du système social devient une sorte de nécessité et nous avons désigné par « séparatisme » cette situation transitoire où d'anciens ouvriers professionnels, comme à la SNCF ou à l'entreprise de peinture, sont en rupture de relations collectives car ils se sont découvert à la fois les moyens intellectuels et les possibilités de promotion, qui leur permettent de penser leurs stratégies évolutives de façon nouvelle et différente de celle du reste des ouvriers.

Le pouvoir de la formation est donc complexe en ce sens qu'il peut redonner les bases de nouvelles expertises, de nouvelles capacités d'expression, et de nouveaux réseaux de communication. Mais ces ressources stratégiques doivent être analysées en fonction de l'état antérieur du système social. Et, de toutes les façons, elles ne peuvent avoir d'effets autonomes que temporaires, dans la mesure où la redéfinition de nouvelles alliances dans les rapports de travail implique la mise en jeu d'autres atouts.

Une dernière occasion de modifier les modèles de relations humaines au travail en atelier parait bien être l'action directe et volontaire sur les conditions de travail que nous avons vue apparaître dans le cas de la reconversion à la SNCF et, dans l'entreprise électronique, aux ateliers de travaux d'équipement à l'unité. Dans ces diverses circonstances, les conditions de travail sont modifiées, aussi bien pour l'environnement matériel du poste que pour le contenu de la tâche et le degré d'initiative et de coopération entre collègues et avec les chefs. Les nouveaux professionnels que sont les câbleurs-barreurs d'électrotechnique, les diésélistes ou dépanneurs électriciens aux ateliers SNCF, et les monteurs de convertisseurs à l'électronique sont tous dans des conditions de travail enrichi, plus autonomes, plus agréables et relativement coopératives en équipe. On retrouve alors l'effet d'une sorte de transformation de la collectivité ouvrière qui devient davantage capable de dialogue et de contestation de l'autorité. Ou bien la solidarité fusionnelle ouvrière devient plus souple et démocratique s'il n'y a pas de possibilité d'aller ailleurs, comme c'est le cas, semble-t-il, des diésélistes ; ou bien ces rapports plus personnalisés sous-tendent en fait un projet de séparatisme comme on le verrait plutôt à l'électrotechnique, où les ouvriers assez jeunes et intellectualisés visent en fait une évolution vers les bureaux d'études.

Dans la figure n° 5, nous avons présenté de façon schématique la liaison possible entre les normes de relations interpersonnelles au travail, la structure d'organisation des ateliers d'une part, et certains effets de la position sociale extra-professionnelle d'autre part. Ces résultats issus de quelques enquêtes effectuées au cours des années soixante n'ont pas la prétention de couvrir tout le champ des formes de relations internes aux rapports de travail entre ouvriers, mais ils permettent quand même d'enrichir une problématique d'action volontaire sur les conditions de travail.

Nos recherches permettent en effet de penser que la liaison socio-technique n'est pas le résultat d'un simple conditionnement automatique des individus par la structure de leurs tâches et de leurs équipes. S'il y a bien un système entre la structure des rapports sociaux et la structure technique de la tâche et de l'organisation des ateliers, c'est parce que les individus en tirent du pouvoir et élaborent des stratégies d'alliances et de coalitions pour faire accepter leurs objectifs propres. Cette formule théorique, appliquée à la réalité des conditions de travail en usine, permet de comprendre que le système social des rapports d'ateliers est probablement dominé par une conjugaison des rapports unanimistes ou de solidarité démocratique selon l'importance de la rationalisation des tâches, alors que deux modèles minoritaires, le retrait et le séparatisme, coïncident avec des possibilités d'évolution individuelle au travail ou d'investissement hors travail.

Fig. 5. Normes de relations interpersonnelles au travail entre ouvriers et positions d'accès au pouvoir dans l'organisation

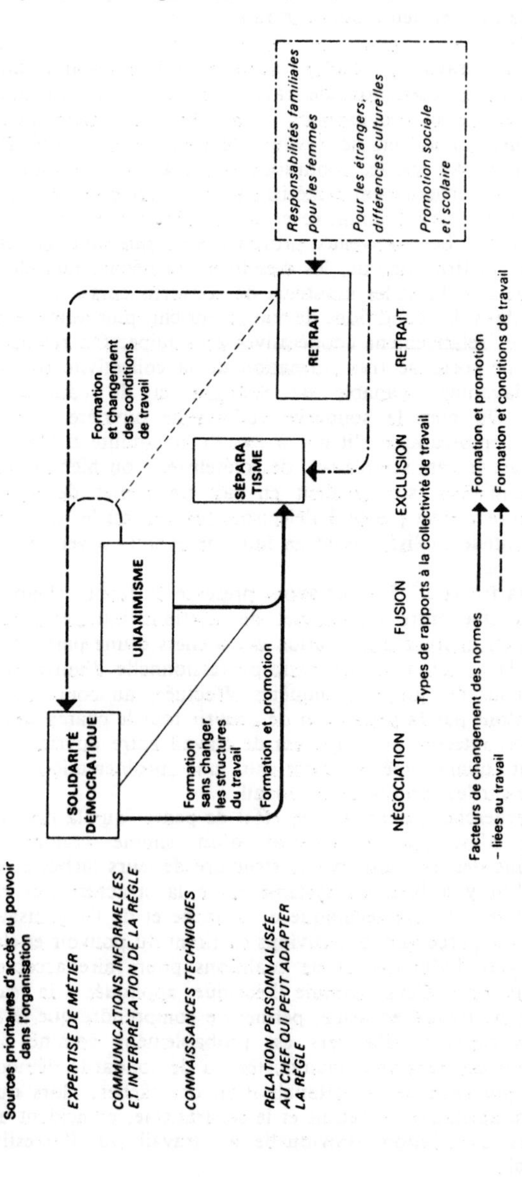

Les résultats à attendre d'une action délibérée de changement des conditions de travail sont ainsi probablement très influencés par l'état des normes de relations antérieurement développés dans l'atelier. On ne change pas les gens aussi vite que les structures, tout simplement parce que les normes qui les caractérisent après un certain temps de présence et d'accoutumance au travail traduisent l'invention de logiques d'acteurs en fonction du propre accès au pouvoir et des stratégies des autres membres. L'intervention sur les structures d'organisation des ateliers aura donc des effets variés et souvent inattendus selon l'état antérieur des normes de relations en milieu humain. Mais ce serait toute une sociologie de l'intervention et du changement volontaire, qu'il faudrait développer. Nous nous efforcerons d'y contribuer en évoquant plus loin dans cet ouvrage les mécanismes de l'apprentissage de normes et de valeurs. Pour le reste, nous pensons contribuer à une sociologie du changement en aidant les partenaires d'atelier à analyser ce qu'ils sont devenus et ce qu'ils veulent devenir dans les rapports de travail en organisation.

Chapitre 3

L'interpersonnel et le formel dans les bureaux

Le monde des administrations, des banques et des assurances, où s'est développée de multiples façons la fonction d'employé aux écritures, occupe de nos jours la troisième place après l'industrie et l'agriculture dans l'échelle des catégories socio-professionnelles [1]. Peut-on retrouver parmi ces employés plusieurs styles de relations en rapport avec le type de travail et la place dans les organisations, comme nous l'avons fait pour les ouvriers ? Une telle question n'est pas neuve. Etonnés de l'apparition de cette nouvelle catégorie d'acteurs sociaux dans le mouvement même de la croissance industrielle, nombre de romanciers et sociologues se sont depuis longtemps interrogés sur l'originalité de ce milieu des employés ; ils y ont sans cesse refait la même découverte, celle d'un respect des règlements pouvant aller jusqu'au ritualisme, et celle de l'importance des querelles et rivalités pouvant aller jusqu'à la mesquinerie. Ces deux phénomènes associés d'un formalisme excessif et de rapports interpersonnels difficiles se retrouvent dans toutes les réflexions sur les bureaux et continuent d'alimenter notre propre recherche sur les styles de relations entre employés.

Balzac [2] soulignait, il y a plus d'un siècle, l'importance des rivalités entre employés à propos de la carrière, et de la promotion sociale qu'entraînait le fait de travailler dans les bureaux. Flaubert [3] notait l'importance de la belle écriture dans le processus d'ascension sociale par le bureau, et il soulignait déjà l'atmosphère poussiéreuse et morne du travail bureaucratique. G. Courteline [4] accusait le ridicule des habitudes rituelles et tatillonnes des employés de bureau vieillissant dans l'attente d'une promotion à l'ancienneté. De cette préhistoire de l'âge des bureaux, il nous est resté deux idées. D'une part la carrière et la promotion sociale étaient possibles dans les bureaux, à condition d'être fidèle aux règlements. Mais, d'autre part, cette évolution socio-professionnelle engendrait curieusement un type d'hommes routiniers, ritualistes refusant les initiatives, dominés par la jalousie et les rivalités de prestige dans la course à l'avancement.

Du côté des sociologues, on s'interroge tout d'abord sur les principes de fonctionnement d'un ensemble humain bureaucratique où l'absence des contraintes industrielles permettait d'envisager une sorte de perfection idéale dans la rationalité des conduites. Mais une autre question émerge bientôt de la difficulté des employés et fonctionnaires à respecter cette consigne d'impersonnalité tout en restant dynamiques, efficaces et inventifs. Le modèle idéal de la bureaucratie pensé par Max Weber [5], qui vise à fonder au maximum les décisions sur la compétence des individus grâce à la spécialisation des attributions, la hiérarchie des contrôles et la formalisation des procédures, implique une extrême impersonnalité dans les rapports de travail. Pour que la rationalité de l'ensemble soit effective, il faut que le bureaucrate accorde un attachement presque sentimental aux règlements afin d'être méthodique, régulier et discipliné conformément aux attentes des autres fonctionnaires.

Alertés par les difficultés d'application du modèle idéal de la bureaucratie, les sociologues américains, et tout particulièrement R.K. Merton, ont montré que l'organisation la plus rationnelle peut secréter, au niveau des individus, des comportements quasi pathologiques de routine, de protection contre les chefs et de solidarité de castes. R.K. Merton va même jusqu'à évoquer l'hypothèse d'une personnalité bureaucratique se développant chez les employés et fonctionnaires de tous grades, entourés de règlements et de procédures formalisées. La tâche principale de l'employé n'est plus tant de répondre au client ou de faire son travail dans l'esprit de la règle, que de s'y reconnaître dans un dédale de textes et de consignes écrites. Le triomphe sera d'arriver à faire les choses « dans les formes », ce qui est déjà difficile, et non pas de rendre le service véritablement attendu par les clients. A force de chercher à respecter le texte des règlements, la personnalité de l'employé finit par devenir ritualiste, tatillonne, rigide et incapable d'adaptation rapide. « Une telle dévotion aux règles, entraîne leur transformation en absolus » [6]. Pour expliquer cette mutation profonde qui s'opère dans la mentalité de l'employé, Merton souligne que certains traits de la structure bureaucratique, comme l'avancement, les salaires, la promotion à l'ancienneté dans un système d'échelons entre les grades, engendrent une sorte de sentiment de vénération de la discipline. Le climat humain de bureau, les conflits avec les clients et autres services, la routine et le formalisme seraient les conséquences de cette pression des structures bureaucratiques sur les individus.

C'est ici que les travaux de Michel Crozier [7], reprenant et dépassant les analyses de l'école américaine, posent d'une façon radicalement nouvelle le problème de la mentalité de bureau. Pour lui, en effet, le paradoxe social de devoir conquérir l'efficacité bureaucratique au prix très élevé pour l'individu de l'oubli de sa personnalité repose sur une analyse trop simpliste des rapports sociaux. Il n'y a, en effet, pas d'impersonnalité absolue dans les bureaux, car les individus s'expriment, tout comme ailleurs, en s'aménageant de substantielles zones de liberté au cœur même de l'application des règlements. La première et la plus ancienne de ses remarques est la variété des types d'attachement à la structure bureaucratique en fonction de l'ancienneté, de l'origine sociale, de la position dans la bureaucratie et de l'engagement syndical. On rencontre des variétés de forme de participation à l'entreprise allant de l'apathie à la participation critique chez les plus syndicalisés ; de même que l'on rencontre des satisfactions au travail, relativement croissantes avec l'ancienneté et la promotion qui lui est associée. Par comparaison avec cet intérêt pour le travail, se développe progressivement une critique croissante envers la situation sociale qu'on en retire.

Bref, il n'y a pas qu'une seule personnalité bureaucratique, mais de nombreux types d'adaptations et de normes, car les éléments de position socio-professionnelle que l'on rencontre dans l'organisation offrent à la longue des avantages et contraintes fort différents entre tâches ou services.

La seconde remarque de Crozier est encore plus novatrice par rapport aux travaux de l'école américaine. Les réactions aux effets de la situation ne sont pas le produit d'un conditionnement absolu comme le laissait imaginer la pression des structures sur les personnalités, évoquée par Merton. Pour Crozier[8], il s'agit de réactions stratégiques aux contraintes de la situation. Les normes de groupes existent bel et bien, mais elles représentent le résultat d'un jeu collectif des acteurs, compte tenu des sources de pouvoir qu'ils peuvent tirer de leur situation face au jeu de leurs partenaires d'échanges. La routine est ainsi le résultat d'un jeu fort logique dans un contexte de tâches spécialisées peu intéressantes et d'avancement à l'ancienneté, où l'individu n'a rien à gagner à s'investir davantage dans la situation présente. Les conduites de strates d'individus, également bloqués face à l'avancement raréfié, doivent être comprises comme des conduits logiques et complexes de joueurs avertis face à d'autres joueurs. La règle formelle est plus le cadre délimitant le champ du jeu des acteurs que la réalité même de ce jeu.

Le troisième apport fondamental de Michel Crozier à la compréhension des rapports humains dans la bureaucratie rejoint plus directement notre propos sur l'originalité d'une mentalité de bureau. Il montre, en effet, que si la bureaucratie se perpétue sans arriver à éliminer ses dysfonctions de routine, d'apathie, de ritualisme, etc. c'est qu'elle est le théâtre de contre-stratégies émanant des échelons supérieurs en réponse à celles des exécutants. Pour contrer la routine, les rétentions d'information qui s'effectuent dans les strates, ou les multiples tactiques de protection contre les chefs, les sphères supérieures, édictent de nouvelles règles et procédures pour mieux rationaliser l'ensemble de l'organisation. Cette redéfinition des règlements engendre de nouvelles stratégies de protection et résistance ou détournement, qui, au bout d'un certain temps, redéclenchent d'autres interventions du sommet, etc. Ce fonctionnement en cercle vicieux a pour conséquence de développer, à la longue, des stratégies habituelles ayant valeur de normes de conduites collectives, entre employés, services et à l'égard des chefs. Le modèle de ces normes, qui résulte de répétition des cercles vicieux à l'intérieur des organisations bureaucratiques, est ainsi une forme très élaborée de la qualité des rapports humains dans les bureaux[9]. Cette logique de conduite collective associe le refus et la protection contre l'arbitraire des chefs, l'importance des aspects formels de l'organisation des services et des carrières dans les rapports collectifs, la faible communication entre strates de fonctions bureaucratisées et la difficulté à vivre les relations de face à face avec les chefs mais surtout avec les collègues.

Mais ces traits généraux des rapports interpersonnels chez les employés sont pour M. Crozier dépendants de deux ordres de facteurs : « Une dimension générale d'ordre culturel qui rend compte de la lourdeur bureaucratique, du climat général de centralisation, et une dimension d'ordre structurel spécifique à chaque entreprise, qui introduit les très sensibles différences que nous avons relevées dans le style de commandement et dans le climat »[10]. Et c'est dans la combinaison de ces facteurs que pourrait s'introduire la possibilité de comprendre davantage la variété des styles de relations entre employés et les processus complexes de leurs réactions stratégiques aux contraintes de l'organisation rationnelle.

Nous voudrions montrer comment peuvent s'agencer des rapports de compréhension et de groupe dans un ensemble fortement hiérarchisé, d'où chacun tire quelques moyens de faire valoir sa différence aux yeux des collègues et des chefs. La médiation humaine est, en effet, si forte dans la réalisation du produit de bureau, par comparaison avec la chaîne et la plupart des opérations sur machine, que l'organisation formelle ne cesse de se heurter à la complexité des individus. Si les rapports de bureau sont différents de ceux de l'atelier, c'est qu'en fin de compte chacun y trouve des libertés plus nombreuses pour se poser en tant qu'individu. Mais la condition fondamentale de cette valorisation tient alors dans le respect de l'organisation formelle dont l'existence est la source même de ce pouvoir relatif que l'on s'arroge dans le règlement. L'employé n'a que très rarement cette puissance d'action individuelle et collective que confère aux ouvriers de métier, par exemple, la maîtrise d'un pouvoir d'expert.

En revanche, l'ampleur même des règlements formels pour l'organisation des règlements, de la promotion, de la discipline et des communications crée de nouvelles possibilités de jeux par rapport à l'usine. Plus il y a de règles, plus il est possible de se définir une stratégie personnelle en jouant sur leurs imperfections ou sur la lettre même des textes. C'est ainsi que l'univers humain des bureaux sera profondément influencé du fait même du respect des règles par la multiplicité des stratégies dans les rapports interpersonnels. Et c'est autour des agencements variés de règles qu'offrent les diverses formes d'organisations rencontrées dans nos enquêtes que l'on pourra trouver les éléments d'une explicitation des variations de styles de relation dans les bureaux.

Les situations de bureau recouvrent, en outre, une réalité socio-professionnelle très différente de celle de l'usine : l'implication dans les rapports de travail est nettement contrebalancée par une implication au moins aussi forte dans les rapports humains extra-professionnels. Les milieux d'appartenances sont moins homogènes qu'entre ouvriers, il y a plus de mobilité sociale inter-génération, le travail est sans doute moins contraignant et laisse plus de disponibilités pour l'extérieur, et, surtout, les femmes et les jeunes disposent de plus d'occasions de vivre des relations intéressantes hors du travail qu'à l'intérieur. Pour toutes ces raisons que nous analyserons dans la troisième partie de ce chapitre, il apparaît que l'effet des structures d'organisation du travail sur les rapports humains, n'est sans doute pas aussi puissant que dans les ateliers.

Parallèlement aux études faites sur le groupe ouvriers, diverses enquêtes ont été menées en milieu employés par observation dans une banque, par entretiens approfondis auprès d'une trentaine d'employés d'assurance, et par un questionnaire comparable à celui des enquêtes en usine qui a été passé dans une compagnie d'assurances comprenant 713 employés de Paris et province ; dans une étude sur l'adaptation au travail du personnel d'un grand service public de 4 500 agents ; et auprès des 58 employés de bureau de l'entreprise de fabrication de peinture. Divers résultats comparables ont pu être recueillis auprès d'agents d'un service d'approvisionnement d'une entreprise nationalisée.

L'objet de ce chapitre est donc l'analyse des divers styles de relations qui, comparativement à ce que nous avons trouvé dans les ateliers d'usines, se développent sur la scène des rapports de travail de bureau. Comme nous l'avons fait dans le chapitre I, nous voudrions présenter les grandes lignes d'une mentalité de bureau telle qu'on peut la reconstituer par l'observation et l'entretien. Une étude plus systématique par questionnaires devrait ensuite relativiser les traits de ce modèle général en fonction des inconstances d'accès au pouvoir dans les organisations.

Une troisième modulation de ces résultats pourrait ensuite venir d'une prise en compte des facteurs d'implication externes au travail qui se révèlent considérables dans le contexte d'une féminisation croissante des emplois de bureau.

PEUT-ON PARLER D'UNE MENTALITÉ DE BUREAU ?

Une écoute attentive de nombreux employés[11] d'assurance et d'administrations ainsi que l'observation de comportements et conversations dans les banques nous permettent de constater de fortes différences entre les employés et les ouvriers autant sur les attitudes envers la tâche et l'ambiance de travail que sur les rapports avec les collègues, avec les chefs et avec le groupe. On a pu reconstituer ainsi une sorte de discours à plusieurs voix curieusement contrastées, dont les éléments se situent très loin des positions collectives ouvrières.

Notre analyse de ce discours se développera sur trois plans successifs. On notera tout d'abord des jugements contrastés, voire paradoxaux, sur la vie de bureau, c'est-à-dire le travail, les individus et la collectivité. On s'attachera ensuite à élucider ces opinions par une étude plus approfondie des mécanismes de la relation aux collègues, aux chefs et au groupe des pairs. Cette analyse nous conduira enfin à comprendre davantage l'univers des valeurs et des représentations idéales qui accompagnent le discours de la vie au bureau.

DES JUGEMENTS CONTRASTÉS SUR LA VIE DE BUREAU

Un travail léger mais déprécié

Venant de l'usine, on ne peut manquer de constater à quel point les conditions de travail sont plus légères à supporter au bureau.

Le témoignage de cette employée, ancienne ouvrière, se rappelant son arrivée aux assurances, est profondément illustratif de cette différence de contexte.

> « Oh ben oui, parce que on n'est pas sous pression comme dans les usines, c'est la chaîne dans les usines, (oui), et pas beaucoup payés... tandis qu'ici, mon Dieu, quand on fait son travail, qu'on ne manque pas, qu'on fasse bien c'qui faut faire, on n'est pas mal vu. Moi, je ne me plains pas ici. Moi, je me suis crue au paradis quand je suis rentrée là. Pourtant y'avait du travail, mais je dis c'est pas comparable. Quand on a travaillé trois mois dans une usine et puis qu'on vient dans un bureau, on se croit vraiment au paradis.
>
> « ?... En usine, c'est pas pareil que le bureau. D'abord c'est plus pénible, c'est plus difficile et puis ça doit forcément montrer une attention sur ce qu'on fait... Parce qu'au bureau, évidemment, on peut montrer une attention vraiment fixée sur ce qu'on fait, mais on peut toujours se rattraper, tandis qu'en usine c'est difficile de se rattraper, il faut que le travail soit fait. »

D'une façon générale, le travail lui-même est soit passé sous silence, ce qui est étonnant alors que les entretiens étaient faits sur les lieux de travail mêmes, soit critiqué et jugé peu intéressant et ne justifiant pas que l'on s'y dépense. Les entretiens se rapportent à l'enquête effectuée dans une compagnie d'assurances parisienne, mais l'impression générale qui s'en dégage rejoint celle de nombreuses enquêtes effectuées dans d'autres administrations, banques, et services publics : le travail est une occupation qui est loin de passionner.

> « Ça arrive à aigrir pas mal de gens l'assurance. Moi, ça m'aigrit moi ça me dégoûte ce travail. Franchement, pour celui qui a une ambition, disons... moyenne, même une petite ambition, ben

il reste pas dans une compagnie d'assurance... C'est par obligation qu'il y reste,... Moi, c'est par obligation. Etant donné que je ne peux pas trouver de place, alors je reste là ; je me barbe, je me barbe dans une boîte. Voilà, c'est tout. »

« Moi, je travaille ici depuis dix ans... dans un grand bureau... on s'occupe des gens qui ne peuvent pas payer les primes... alors on leur fait des lettres spéciales... alors ce n'est pas passionnant pour moi, c'est pas très passionnant, mais enfin... »

« Moi, je suis dans la caisse des retraites ; là, vous allez accueillir des clients qui ont des mines ! C'est des vieux, c'est des gars en retraite... alors ils vous parlent de leur vie, ils vous reprennent leur vie de A à Z... Oui, bien sûr, c'est vraiment intéressant comme travail, vraiment... *(rire).* C'est une vocation pour moi *(rire)...* »

Ce genre d'attitude envers le travail ne traduit pas forcément un mécontentement envers la place qu'on occupe. En effet, les enquêtes par questionnaire montrent que les réponses exprimant une satisfaction du travail et de la situation sont nombreuses, et qu'elles traduisent une relative adaptation à son milieu de travail. 79 % des 713 employés de la compagnie d'assurances se disent très intéressés et assez intéressés par leur travail, et 60 % d'entre eux jugent leur situation bonne et à leur convenance. 79 % font leur travail au moins consciencieusement, 69 % s'intéressent à la vie de leur entreprise, et 73 % pensent que leur compagnie fait un effort pour son personnel, enfin, plus de la moitié compte rester dans la compagnie jusqu'à la retraite.

Il reste, cependant, que les questions portant sur une description plus fine du travail, et l'analyse des réponses des employés en fonction de leur niveau de qualification font apparaître que la grande majorité de ces employés se satisfait d'une place ne faisant que très moyennement appel à des efforts intellectuels de leur part ; 67 % d'entre eux disent en effet n'avoir que très peu ou pas de responsabilités dans leur travail ; le pourcentage restant correspond surtout aux réponses des employés ayant un poste de technicité particulière ou impliquant une fonction de commandement. Les mécontents de leur place et de leur travail sont surtout des jeunes, et l'influence de l'ancienneté va dans le sens très marqué d'une adaptation croissante envers sa place. Les deux problèmes sur lesquels il y a une forte sensibilité critique sont le salaire et surtout l'avancement, qui est faible et laisse les gens très longtemps dans des postes sans grande difficulté technique.

Un sentiment d'originalité individuelle

Il est, dans ce contexte, particulièrement surprenant de constater à quel point l'individu employé affirme sa supériorité sur son monde de travail, comme nous l'avons déjà vu, et aussi comment il souligne l'importance de la complexité des individus et l'originalité du point de vue de chacun.

Tout au long des interviews, on rencontre un souci général de souligner que sa pensée est personnelle, et qu'on l'exprime sans connaître l'avis des autres. Un exemple type de précautions oratoires prises par la majorité des individus pourrait être celui-ci :

> « ... Oui, chacun a ses petites idées, pour ma part, remarquez, je sais pas si tous les jeunes pensent comme moi, mais... moi je vois comme ça, du point de vue — remarquez, c'est pas toujours facile à vous expliquez tout ça, mais — remarquez, finalement je pense que, je sais pas si mes camarades pensent comme moi... »

Il y a un véritable souci de retrait par rapport au groupe des collègues. Un souci de ne pas parler au nom du groupe. D'une façon générale, l'autre n'a pas les mêmes idées que soi et c'est normal.

> « On ne peut pas tous voir les mêmes choses de la même façon ». « Pour moi, toute réflexion est valable à condition que la personne y croie fermement. »

> « De toute façon, on exprime nos idées, mais... On est d'accord ou on ne l'est pas, hein, de toute façon, ça ne va pas plus loin. Des fois quelqu'un préférera, les goûts et les couleurs, ça ne se discute pas, on ne va pas plus loin. »

L'obstacle principal à la compréhension est la complexité des individus qui est fortement soulignée. Les apparences sont trompeuses et conduisent à des jugements hâtifs alors qu'il est difficile de connaître bien quelqu'un.

> « Il est très, très difficile de pouvoir juger profondément une personne, on ne peut la juger, a priori, que sur son aspect extérieur. On se dit, ah oui, elle est sympathique, ah elle n'est pas sympathique, ah une belle taille, il est intelligent, ah il est beau, ah il est laid, enfin voyez, ce sont des critères artificiels, des jugements. Or, dans le fond, cette personne que l'on voit repliée sur elle-même, renfrognée, qui reste à l'écart, c'est peut-être, après tout, un être très intelligent, très bien sous tous rapports, vous comprenez. Donc, dans un bureau, on est forcément amené immédiatement à s'en référer à l'aspect extérieur, bien sûr. »

L'individu est en définitive saisi comme complexe et original, irréductible au groupe et à son travail. Il faut du temps et des efforts pour le comprendre et le connaître, et encore le milieu de travail ne semble pas considéré comme l'endroit le plus commode pour percer le mystère de cette individualité précieuse.

Une mentalité collective dépréciée

Il est étonnant de constater que ce travail pas trop exigeant et cette importance accordée à l'individu coïncident avec des jugements extrêmement critiques sur la collectivité de bureau, c'est-à-dire en fin de compte sur soi-même.

> « La mentalité de bureau, je ne vous souhaite pas de la connaître un jour, parce qu'elle n'est pas du tout agréable. C'est une vie étriquée, très étriquée, ils sont enfermés en eux-mêmes. »
>
> « L'esprit de bureau, ce sont des racontars par derrière... dans le milieu employé, la franchise ne paie pas. »
>
> « L'esprit employé, on catalogue vite les gens, dès que quelqu'un est entré dans le bureau, on cherche à savoir qui il est avec une grande curiosité. Il y a une certaine étroitesse d'esprit qui doit être due au bureau. Cela tient peut-être à la minutie du travail. On cherche à montrer sa supériorité, à se faire valoir aux yeux des collègues. »
>
> « Vous voyez la mauvaise mentalité administration, alors quelquefois on est très fier de vous aider et de vous renseigner pour montrer une supériorité, car c'est la grosse affaire, et d'être bien habillé, de gagner beaucoup, hein, et d'avoir l'air d'un monsieur. Alors, on a l'air d'un monsieur en vous donnant le renseignement. On se donne aussi l'air d'un monsieur en ne vous le donnant pas pour vous obliger à faire une blague. »
>
> « Ici les gens veulent jouer aux faux intellectuels. C'est parce qu'un employé de bureau peut avoir, disons le minimum, le certificat d'études ; mais en principe, un employé de bureau, je parle des jeunes, ou même des moins jeunes, ont été jusqu'au brevet ou jusqu'en première. Ça a été mon cas par exemple. Je ne me prends absolument pas pour un intellectuel, mais certaines personnes se prennent pour des intellectuels, veulent jouer aux, aux... — vous savez, c'est, c'est... on se rend compte aux discussions et, et à leur mentalité à ces gens-là... »
>
> « C'est une sorte de mentalité, un besoin de montrer qu'on n'est pas un imbécile et vous, vous êtes vraiment en-dessous. »
>
> « Il y a un besoin d'écraser le voisin pour se montrer. »
>
> « Dans tous ces services, le niveau intellectuel est particulièrement bas, les gens ne sont pas en mesure de pouvoir discuter de problèmes graves, de problèmes complexes, de problèmes sérieux... »

Quelle est donc la logique d'un tel dénigrement de soi-même et de la collectivité des collègues ? Le sondage d'attitudes à l'égard de ces objets que sont le travail, les autres, le groupe et soi-même ne suffit plus à rendre compte de cette sorte d'auto-insatisfaction permanente. Il faut réintroduire la perspective sociologique de l'étude des relations en fonction des possibilités du contexte organisationnel. Une analyse du discours des employés aux écritures dans les assurances donne ici plusieurs pistes explicatives.

LES RELATIONS ENTRE COLLÈGUES DE BUREAU

Le phénomène, semble-t-il le plus marquant, constaté dans l'analyse approfondie des entretiens sur la vie de relations, est le sentiment profond d'être a priori différent des collègues. Autant l'appréhension projective et quasi identificatoire de l'autre était la marque dominante du travail à la chaîne, autant le refus d'une telle assimilation paraît être la caractéristique majeure des employés.

La difficulté à se comprendre

> « On est tellement différent qu'il est rare de trouver quelqu'un avec vraiment des points communs, avec qui on puisse entrer en relations hors du travail, et puis il y a les opinions politiques, religieuses... »

Ce sentiment d'un véritable fossé entre les individualités ne vient pas du manque de communications et de paroles. On parle beaucoup dans les bureaux, on travaille sur du mot, sur des dossiers qui sont transportés d'un employé à l'autre. Il est facile de converser, de se raconter des histoires, même d'entamer des conversations plus sérieuses à la cantine, dans les couloirs, entre voisins de table. Mais cette vaste somme de paroles ne paraît pas conduire à une compréhension de l'autre, comme on le voudrait par ailleurs fortement.

Tout se passe comme si la possibilité relative d'entrer en communication ouvrait sur la richesse ou la profondeur insondable de la personnalité des autres. Richesse dont, à la limite, on ne sait trop que faire et qui déborde de beaucoup les intimités du travail. Ce qu'on attend, en fait, des autres puisqu'on peut leur parler facilement, c'est d'être compris, d'être même simplement écouté et entendu, mais on découvre alors combien ils sont souvent réticents, incapables ou incertains dans la réponse qu'ils accordent à cette demande implicite.

> « Quand on change d'avis soi-même selon les jours et envers les gens, on comprend mieux le changement des autres, leurs contradictions, on est souvent plus indulgent. Il faut se mettre à la place des autres pour comprendre ».
>
> « Chacun a un caractère différent ! Eh bien, que voulez-vous, s'entendre avec tout ça, c'est dur ! »
>
> « Nous sommes tous d'éducation, de genre et de situation différents, n'est-ce pas ? »
>
> « Comme je vous le dis, on est tous différents, et bien si on n'y met pas du sien, la vie serait impossible. »

« On est choqué par la vulgarité de certains ; il y a beaucoup de différences d'éducation. »

« On juge bien souvent les gens sur l'extérieur. Si on les connaissait, on s'apercevrait que c'est tout le contraire — il ne faut pas se fier aux apparences... le comportement des autres est sinusoïdal, on s'y perd. »

« On croît connaître les gens, mais les gens changent et on se retrouve le bec dans l'eau. »

« Des fois, on dit des choses sans y faire attention, et on ne voit pas l'importance que ça peut avoir sur la personne. »

« Certaines personnes sont particulièrement compliquées, peut-être sa vie sentimentale a-t-elle influé sur son comportement... on ne comprend pas bien. »

« Les relations entre les gens sont bizarres, car on a tous nos problèmes. Même notre conduite est complexe. »

« Moi, je peux vous décrire le comportement des gens, mais pas vous en donner l'explication ! Je n'ai pas fait de hautes études. »

Il faut ainsi considérer sous un angle mouvementé, ou dialectique, l'aventure des relations interpersonnelles de bureau. Dans un contexte où les relations sont faciles, où les mots, les textes, font partie intégrante de la technologie du travail, chaque individu se sent comme emporté dans une grande attente d'échanges humains qui déborde très vite les caractéristiques même des tâches. « Il y a des élans de sympathie dans le bureau si un collègue a un malheur »... « On apprend à reconnaître la véritable gentillesse des sourires »... « Se connaître, c'est arriver à se découvrir, voir si on a des goûts communs »... Cette quête profonde de l'autre naît très certainement de la nécessité de travailler, mais, bien vite, cela devient une façon de vivre ensemble, de s'entendre, se comprendre pour savoir s'y prendre avec les autres et les apprécier.

Cette démarche progressive n'est pas exempte d'un mouvement inverse entraînant l'approfondissement de la relation. Car « savoir ce que les autres pensent, c'est aussi savoir ce qu'ils pensent de vous », comment il réagira, ce qu'il veut faire.

« La facilité de travail... ça fait partie de l'ambiance de savoir ce que pense le voisin, ce qu'il pense de vous. »

« Je me sens bien dans un groupe où l'on se connaît bien. Si on se connaît bien, on comprend mieux le caractère, les réactions de certains sujets. »

Il y a un désir profond d'être reconnu et accepté par les autres dans cette démarche relationnelle. Et c'est probablement dans le profond souci d'être admis et compris en échange de l'attention que l'on pourrait soi-même porter à l'autre, que s'introduit un second phénomène d'ordre sociologique.

Après l'ampleur objective de la « mise en relation » concrète, vient la découverte des divergences des points de vue et des jeux personnels. Pour des raisons sociologiques : éducation, âge, sexe, opinions religieuses ou politiques, préoccupations extérieures, on découvre que si l'on veut bien être compris, l'autre ne cherche pas forcément à vous comprendre. La grande aventure de la découverte de soi et des autres est apparemment offerte puisqu'on peut communiquer. Et on ne soulignera jamais assez que cette préoccupation de soi et des autres est immense dès lors que l'on est obligé de vivre ensemble. (Il faudrait la comparer à une autre préoccupation que l'on rencontre davantage à l'usine : celle de la protection de sa santé, de son énergie et de son physique, dont on mesure la valeur quand on arrive épuisé en fin de journée et de semaine.) Mais cette attente globale et fondamentale rencontre la dimension stratégique de l'autre ; et le travail, la carrière, les rémunérations offrent plus de raisons de se différencier que de coopérer. On découvre non seulement que le jeu de l'autre est complexe, imprévisible et qu'il déborde nécessairement les limites du travail, mais encore que l'on peut devenir un objet de ce jeu. Chercher à se connaître, c'est bien souvent « se livrer » comme élément à la stratégie de l'autre qui peut « s'en servir » « répéter » et « critiquer par derrière ». On découvre ainsi que, poussée loin, la relation n'est jamais confortable et qu'elle peut même être dangereuse. L'analyse sociologique de ce constat d'ethnopsychologie pourrait alors porter sur les raisons propres au milieu et à l'organisation du bureau qui ôtent aux individus les moyens de rétablir cette confiance autrement qu'en se désengageant ou même en tronquant la relation. Avant de procéder à cette analyse, il importe de repérer avec précision toutes les dimensions de cette ethnologie des relations interpersonnelles du bureau.

Parallèlement au souci de rapprochement, on trouve donc un souci de protection et même de méfiance qui s'alimente sans cesse au désir même de communiquer. Le second phénomène social des relations interpersonnelles de bureau peut ainsi être analysé comme un fort mouvement de repli et même de défense de chaque individu contre son propre désir d'engagement plus profond. La plupart des entretiens avec les employés soulignent l'importance de cette attitude « d'amoureux déçu ». Il faut être hypocrite dans le travail, ne pas dire ce qu'on pense...

> « En arrivant, je faisais confiance à tout le monde. J'ai été bien déçue ».

> « Sans parler de soi ouvertement, on se livre par des détails. »

> « Il ne faut pas parler de soi sinon de choses vagues, des vacances... sinon tout le monde se mêle d'un peu de tout — surtout

les vieux, car il n'y a pas concordance avec les idées, alors ils critiquent... et c'est répété. »

« Il vaut mieux parler de soi le moins possible, car ça peut être répété ou mal interprété. »

« Des fois on se trompe bien — on dit : cette personne est sincère, et des fois !... Il peut falloir beaucoup de temps pour s'apercevoir que quelqu'un cache son jeu. »

« On ne peut vraiment se connaître à moins d'être excellent psychologue ! »

« On croît connaître, mais en fait on a des surprises car les gens changent d'avis. »

« On ne peut connaître à fond les collègues parce qu'on les voit dans une situation donnée, donc il manque des éléments. »

« Il est préférable de ne pas se connaître à fond car les choses sont répetées. »

« Au bout de trois, quatre mois, on commence à voir la personne quand même, sauf si elle cache son jeu... »

« On se sert de soi pour juger les autres, et comme on change soi-même, on change d'avis, on se trompe. De plus, on n'est pas de la même humeur chaque jour et on juge différemment les gens. »

« Chacun cherche à donner une image de lui-même. »

« Les gens sont compliqués, on s'y perd. »

« Les gens interprètent ce que l'on dit et comprennent souvent de travers. »

« On ne connaît pas assez de choses sur la vie privée pour comprendre les conduites qui paraissent idiotes... »

« Les gens qu'on connaît bien n'influencent pas. »

Ce double mouvement d'appel et de repli, qui paraît caractériser d'autant plus le monde du bureau que la situation autorise plus facilement la communication qu'à l'usine, entraîne diverses conséquences au plan de la vie collective, du rapport au chef et des valeurs de l'entraide, l'amitié ou la coopération au travail.

Le compromis

La vie collective de bureau paraît dominée par ce processus d'attrait-répulsion-déception que nous venons d'évoquer, en ce sens que les gens ont fini par apprendre qu'il était dangereux de se laisser entraîner dans de profondes discussions. Plus on s'engage sur des sujets passionnés comme la politique, la religion, les goûts ou même le travail et les collègues, plus on risque d'être pris au mot. Il y a non seulement beaucoup de sujets tabous, mais encore un refus général d'aller loin dans les échanges, si bien que les conversations courantes sont faites de paroles, de plaisanteries et de racontars. L'important est, en somme, d'arriver à ne pas perturber gravement le climat général de coexistence.

> « ... Il y a bien de temps en temps... l'échange d'une opinion sur tel problème... enfin chacun émet sa petite idée et ça ne va pas plus loin, il n'y a pas de discussions approfondies. »

> « Les goûts et les couleurs, ça ne se discute pas. Quand il y a des désaccords sur des idées politiques, les disputes ne vont pas très loin, parce que les personnes ont quand même l'intelligence de se dire : on est lié au travail, si on veut se disputer, on va au café. »

> « Quand il y a une discussion violente, ensuite on n'aborde plus le problème. »

> « Quand quelqu'un commence à parler d'un sujet tabou, on lui répond par ni oui, ni non, et au bout d'une minute il laisse tomber... »

> « Quand quelqu'un se mêle dans une conversation et que ça ne me plaît pas, je me tais et reprends dix minutes plus tard quand l'autre est parti ; si je ne laisse pas faire, il y aura la panique dans le bureau. »

> « On exprime nos idées mais... de toutes les façons les idées ça s'exprime, on est d'accord ou on ne l'est pas, de toutes les façons ça ne va pas plus loin. »

> « Pour qu'il y ait de véritables désaccords, il faudrait que les discussions soient sérieuses et approfondies. Là, chacun se contente de donner sa petite opinion. »

> « On n'est pas toujours d'accord, mais enfin ça s'arrange... chacun reste sur ces positions. »

> « Quand il y a des désaccords, ça crie un peu et puis c'est fini. »

Cette position de désengagement relatif des échanges d'idées paraît bien être la tendance dominante se dégageant des observations et entretiens faits auprès d'employés des assurances et de la banque. Les heurts qui pourraient naître des désaccords d'idées ou de positions de travail sont donc assez mineurs. Mais il faut bien voir que ce refus de prendre parti et le climat neutre qui en résulte n'ont rien à voir avec le type d'accord unanimiste que l'on rencontrait dans le groupe ouvrier. Dans ce dernier cas, en effet, il s'agissait d'une sorte de perception fusionnelle du groupe à partir d'une situation imposant de lourds obstacles à la communication et à l'activité d'expression individuelle. Dans le monde du bureau, on part d'une situation d'échanges relativement faciles au travail pour tomber sur la difficulté à faire déboucher ces échanges sur des accords de fond, une espèce de compromis permanent et parfois même de désengagement, devinnnent les seules façons de vivre en collectivité.

> « On peut se supporter si on veut, si chacun y met du sien, cela va très bien. »
>
> « Je vous dirai : je cause pas beaucoup, moi. J'évite d'en dire le moins possible, comme ça on peut pas dire : elle a répété ça. S'il y avait que des gens comme moi, il n'y aurait jamais d'histoires. »
>
> « Il ne faut pas répondre à celui qui engage une discussion épineuse. »
>
> « Il faut faire des concessions. »
>
> « Il faut séparer les employés qui se détestent. »
>
> « Il y a des personnes, on peut leur dire n'importe quoi, elles laissent couler. »
>
> « Ne pas se tutoyer, ne pas être trop familier, car cela évite que les heurts dégènèrent en disputes... »
>
> « ... S'en tenir à des discussions banales et superficielles. »

Il y a évidemment des heurts dans ces longues journées de coexistence, mais les employés en parlent davantage comme une succession d'accrochages jamais résolus et toujours plus ou moins étouffés ou même oubliés. La notion même de groupe est mal représentée au travail et à l'extérieur. En fait, il y a peu d'objets de décision collective : les fenêtres, les sandwiches, les vacances, quelques cas de collectes. Mais, en fin de compte, l'individualisme analysé, joint au peu d'occasions de collaboration, conduit à ne voir que rarement vivre un groupe. Le mode de solution collective le plus répandu est celui des concessions personnelles. La vie de groupe se résume à une sorte de comptabilité temporelle des avantages réciproques obtenus dans les compromis.

> « En principe, il y a toujours moyen de s'arranger, on fait plaisir à l'un une fois et puis à l'autre une fois... »
>
> « Il faut qu'on mette de la bonne volonté chacun, sinon il n'y aurait pas moyen de s'entendre. »
>
> « On choisit... alors une fois par exemple, ce sera un tel qui aura... on fera ce qu'il veut, et puis l'autre fois, ce sera un autre. »

« C'est à chacune son tour de choisir. On s'arrange pour satisfaire tout le monde. »

« ... De toute façon être en groupe, cela suppose qu'on soit prêt à faire des concessions. »

« Chacun donne son avis et on se met d'accord. »

« Chacun à son tour prend la décision... »

En fin de compte, le groupe n'existe pratiquement pas dans les bureaux et ce n'est même pas une réalité placée au niveau de l'idéal comme dans les entretiens avec les ouvriers. La vie collective est ainsi davantage une juxtaposition d'individualités cherchant toutes à se protéger mutuellement d'une influence des autres qu'une entité unie, ayant un objectif commun. On ne peut pas dire ainsi qu'il y ait de véritables clans ou cliques informelles. Des clivages peuvent tout de même être perceptibles entre les positions individuelles, mais ils varieront assez fréquemment d'un service à l'autre. Il reste que l'on cite assez facilement les jeunes qui s'amusent, se moquent, critiquent et veulent même commander des plus âgés. Les employés âgés se sentent plus solidaires et méfiants aussi. Les jeunes les accusent même d'être mesquins, rancuniers et cérémonieux.

L'autre clivage important est celui qui distingue les hommes des femmes dans les rapports de travail. Nous en reparlerons plus loin dans ce chapitre. Mais il faut bien constater que l'opinion assez générale reconnaît aux employés féminins une tendance à la jalousie, la rancune et peut-être aussi plus d'attachement. En fait, la question est ouverte de cette « fameuse nature féminine » qu'on voudrait bien charger de toutes les difficultés de vie en commun. Cette tendance à perturber le climat est-elle le signe d'une nature indélébile, ou le résultat d'une réaction à diverses contraintes sociales ? Cette question restant posée, il faut bien constater qu'à aucun moment dans les entretiens, enquêtes et observations, nous n'avons rencontré de véritables conspirations organisées en clans ou groupes, des femmes contre les hommes, des jeunes contre les vieux ou inversement. Ces clivages ne sont pas constitutifs de solidarités très actives ; ils restent sous-tendus par l'extrême importance de la relation interindividuelle.

Le chef

L'une des conséquences majeures de ce que nous venons de voir sur les relations entre employés est très certainement le rôle que l'on attribue au chef de section ou de service. Le groupe informel solidement constitué n'apparaît pas dans les bureaux comme dans les ateliers, si bien qu'il y a plus d'échanges humains entre les employés et les chefs qu'entre les ouvriers et les agents de maîtrise [12]. Mais il faut bien voir que plus les rapports humains sont importants avec le chef officiel, plus ils débordent les limites des rapports de travail. Ce que nous avons trouvé dans les entretiens et observations, est une extrême prolifération des rôles annexes, informels, que le chef est obligé de jouer pour répondre aux demandes des employés. On peut même dire que si le groupe informel d'employés n'existe guère et que si les rapports entre collègues sont assez limités, alors toute la complexité des rapports humains affectifs et cognitifs, toute la densité du monde informel va envahir la relation hiérarchique. Telle est l'hypothèse que nous avons élaborée en analysant les résultats des enquêtes en milieu administratif.

Ce phénomène est absolument criant quand on pousse les employés à réfléchir sur leurs décisions de groupe. En général, ils constatent que le chef est obligé d'intervenir car, entre eux, ils n'arrivent pas à s'entendre.

> « Le problème des fenêtres ! C'est le chef qui a pris la décision d'ouvrir 5 minutes en arrêtant le travail. »
>
> « Pour les sandwiches, on aurait très bien pu s'entendre entre nous, mais comme tout le monde s'en fiche, on va voir le chef. »
>
> « Pour les vacances, le chef est obligé d'intervenir pour accommoder. »
>
> « On donne son avis, et si elle (le chef) n'est pas d'accord avec nous, ben à ce moment-là on se range à son idée. »
>
> « Ben, ils attendent l'avis du chef. Ils ont une décision à prendre (de travail); ils attendent... De toutes les façons, il y a toujours quelqu'un pour prendre les décisions. »

La majeure partie du discours sur les chefs porte, en effet, sur le vaste problème de la justice et des qualités humaines, alors que les questions de travail et de compétence technique sont peu évoquées. On lui demande d'être compréhensif, tolérant, cordial, généreux. On lui demande de parler aux employés, d'être poli, de les reconnaître comme des êtres humains. On ne refusera pas qu'il soit autoritaire et qu'il sache se faire respecter mais il y a la manière ; on peut être ferme, sérieux et distant tout en étant poli et humain...

La meilleure garantie de cette compréhension sera, en fait, d'être passé par la condition d'employé pour en connaître les difficultés. Chacun parle plus volontiers des défauts ; on soulignera notamment que le mauvais chef sur le plan psychologique laisse tous les gens « crispés ». Le chef de bureau ou de section, celui à qui l'on a affaire le plus souvent, est ainsi amené à développer une sorte de rôle thérapeuthique, remède contre les mesquineries.

Mais le principal défaut qu'on peut reprocher à ce chef est certainement l'injustice. Le fait de ne pas être « équitable » est un reproche constant. Si l'encadrement n'est pas ferme, s'il ne défend pas ses employés contre d'autres chefs, ou s'il favorise certains, alors tout le climat de compromis entre les subordonnés, toute l'ambiance est perturbée. « Si le chef est zigzagant, c'est la zizanie », telle est la formule qui résume l'extrême vulnérabilité des employés à l'égard du chef.

Arbitre, thérapeute, conseiller, ami, exemple technique, justicier, surveillant... la liste des rôles annexes du chef est presque illimitée. Il se développe à son égard une attente démesurée de considération d'autant plus pressante de la part de chaque employé que les relations entre collègues sont décevantes. Cette polarisation des attentes peut même aller jusqu'à produire un certain infantilisme. Le chef est presque sacralisé, on le craint, on peut être timide avec lui, on le défend et le suit les yeux fermés. Une sorte de langage écolier se développe envers un chef qui prend valeur d'instituteur pour adulte. Et quand le chef rentre de vacances, on trouve une pancarte dans un bureau : « Bienvenue à notre chef. »

Ce report massif de demandes individualisées sur le chef interdit presque les heurts avec lui. Un bon chef n'est pas libéral, autoritaire ou laissez-faire, selon la terminologie des psychologues sociaux, il est compréhensif et, le signe de sa réussite, c'est très certainement l'absence de heurts graves entre ses subordonnés.

Le thème du meneur, le chef du groupe informel, n'apparaît guère dans les entretiens, sauf pour évoquer une sorte d'influence diffuse pour des raisons de personnalité. En fait, le groupe informel dans le travail et en dehors, ne paraît pas faire partie du monde des employés. Il semble qu'on force les employés en leur parlant de groupe, car ils vivent surtout des situations institutionnalisées.

LES VALEURS DU BUREAU

Les différentes façons de vivre les relations de travail dans le bureau que nous venons d'évoquer pourraient avoir une véritable force de norme sociale si elles étaient effectivement généralisées. Ce sera l'objet des parties suivantes de ce chapitre que de s'appuyer sur des résultats d'enquêtes par questionnaires pour montrer dans quelles conditions matérielles d'organisation et de recrutement ces normes jouent leur rôle social. Mais l'écoute attentive des employés, jointe à l'observation de leur vie de travail, permet d'élargir encore un peu plus la moisson de ces analyses d'ethnopsychologie sur le monde du travail administratif. Nous voyons en effet que cette expérience des rapports humains de travail tend à valoriser la vie collective de façon différente de ce qui se passe à l'usine.

En se reportant au souvenir des entretiens d'enquêtes, on constatait en effet que le début donnait toujours une image « très chaude » des relations entre collègues, l'entente était parfaite, on avait beaucoup d'amis. Puis, la confiance aidant, les employés en venaient à parler des heurts et des accrochages dans les bureaux, des médisances ; et parallèlement, un travail d'approfondissement, soutenu par ce climat de confiance, les amenait à préciser les mots :

« Un ami... enfin... un ami de travail ». Peu à peu apparaissait une différence radicale entre une amitié que l'on pourrait presque dire au rabais entre collègues et le sentiment d'amitié, décrit avec lyrisme, qui portait toujours sur une personne extérieure au travail.

La vie extérieure est nettement valorisée par rapport au contenu des rapports de travail.

> « La vraie vie est ailleurs, en fait, il y a deux vies quoi... »
>
> « Ce qui se crée à la Compagnie, c'est la camaraderie, l'esprit de copain, mais pas l'amitié... »
>
> « On pourrait se faire de vrais amis sur le travail à condition de se voir hors du travail : si cette amitié n'a pas été consolidée au dehors des murs, elle meurt au moindre petit choc, au moindre petit vent, c'est fini, elle s'éteint... »
>
> « Je préfère avoir des amis au dehors, car le travail est une chose bien limitée dans la vie ; avoir des amis au travail, ce qui signifierait qu'il faudrait les voir au dehors, et ça rappellerait encore le travail. »
>
> « L'idéal, évidemment, ce serait de se voir un peu plus souvent en dehors du travail... avec les gens de son bureau, tous ensemble... »

Quel est le contenu de cette valeur hors travail ? C'est là une question qui renvoie à l'étude des situations extérieures des employés, que nous verrons dans la dernière partie de ce chapitre.

A aucun moment, les termes d'esprit de bureau, de mentalité administrative, d'esprit employé... n'ont été évoqués pour désigner une valeur. Quand les ouvriers parlent de « l'ouvrier », ils ne désignent jamais une personne individuelle, mais une force collective rude et parfois frustre, mais toujours considérable. Quand les employés parlent d'eux-mêmes en tant que collectivistes, c'est pour se dénigrer.

Dans un tel contexte, la façon dont est vécue l'entraide ne peut être valorisée, comme dans le groupe ouvrier. Il ne s'agit ni de coopération, ni de solidarité, mais seulement d'un service mutuel, où la notion de réciprocité est fondamentale.

> « Quand on a une affaire embêtante, par exemple, on ne peut pas la faire, quand on a peur que ça fasse trop de temps, ou on a peur de ne pas comprendre, on essaie de la refiler au voisin. Ben finalement, on arrive toujours à placer l'affaire à quelqu'un d'autre, mais sans forcer la personne, vous voyez, et c'est à charge de revanche bien souvent ».
>
> *Q.* - Est-ce que vous, vous en acceptez aussi ?
>
> *R.* - Ah oui, bien sûr, c'est tout à fait normal à ce moment-là. Il faut bien, autrement, quand on veut essayer de se faire remplacer, personne ne veut, hein, puis ça complique les choses. »

L'entraide doit être limitée : « Il ne faut pas non plus que la personne se dise : elle va m'aider et c'est tout le temps comme ça »... ça doit être « raisonnable ».

Quand les ouvriers interrogés dans les cafés ou chez eux sur le thème général des « relations au travail », abordaient le thème de l'idéal, soit spontanément, soit à la suite d'une relance du genre : « Et pour vous l'idéal, qu'est-ce que ce serait ? » ils parlaient longuement et avec émotion du groupe, de la camaraderie, de la solidarité, de l'entraide. On sentait que l'idéal était à portée de main, au cœur même des relations humaines de travail.

Le monde de la valeur était entrevu comme une production permanente des rapports même de travail. Bien sûr, il y aurait toujours des individus impossibles et le poids de l'injustice sociale pèserait peut-être encore longtemps sur les hommes au point de les aigrir et de les rendre jaloux, égoïstes et défaitistes. Mais c'était au plus profond de l'expérience du travail, de l'entente et de la lutte collective qu'on pourrait trouver ce que l'homme avait de mieux, d'idéal. En un mot la valeur naissait des rapports à l'usine.

Les entretiens avec des employés menés sur le même thème de l'idéal ont produit des réactions nettement différentes. L'idéal dans les relations paraît difficilement compatible avec le monde du travail ; on le situe dans un au-delà difficile à définir.

> « L'idéal n'existe pas... ça serait de fusion, qu'il n'y ait pas de divergences. »
>
> « Il n'y a pas de groupes d'amis où ce soit parfait, je ne connais pas d'accord parfait, ça ne peut pas exister. »
>
> « Il ne faut pas demander l'idéal, car ce serait demander l'impossible. »
>
> « L'idéal n'est pas à rechercher dans les relations de travail, mais dans la personne elle-même. »
>
> « Le groupe idéal est difficilement possible car on ne se voit pas à l'extérieur. »
>
> « L'idéal, ce serait de se voir hors du travail avec les collègues. »

Ce n'est pas tant que l'entente, le groupe harmonieux, la compréhension mutuelle, les intérêts réciproques, la joie ensemble, etc., la communication bienfaisante soient ignorés. L'idéal est effectivement situé à ce niveau du grand thème de l'harmonie interpersonnelle, mais on le situe hors du travail, comme si l'expérience quotidienne des divergences issues des « tempéraments », des « intelligences », des « âges », des « sexes », des « idées », des « intérêts »... ne permettait pas de concilier au travail l'harmonie collective et l'autonomie des individus. Par rapport aux entretiens ouvriers, on pourrait dire que, pour les employés, le travail ne permet pas de rejoindre le rêve d'harmonie et nous ajouterions, après analyse, que la raison en est double. Le travail de bureau permet l'expression verbale et du même coup exacerbe les différences interpersonnelles, sans pour autant donner suffisamment l'occasion de faire quelque chose en commun de ces différences.

Les ouvriers voient surtout dans les autres groupes sociaux la source des contraintes qui conditionnent lourdement leurs relations quotidiennes et, par là même, leur personnalité. Et c'est dans les rapports intenses avec les pairs que les ouvriers situent une valeur importante des relations de travail, car ils y voient l'une des principales sources d'accès au pouvoir.

Les employés partent des différences avec les collègues, exacerbées et rendues insurmontables tout à la fois par les caractéristiques même du travail de bureau, et situent la valeur dans un monde non professionnel où la personne peut à la fois s'exprimer, se faire entendre dans une collectivité plus accueillante et presque mythique.

Mais une seconde réaction au thème de l'idéal désigne l'ambiance concrète du travail comme une sorte de valeur minimale. La seule chose que l'on puisse réaliser de mieux dans les relations avec les collègues, c'est une bonne ambiance. Sans être une grande ambition, cet objectif n'en est pas moins apprécié à sa réelle valeur, car il suppose une volonté de chacun pour, sinon surmonter, du moins accepter les différences au point de coexister le mieux possible.

> « L'idéal, c'est ce que je vis au bureau, pour moi c'est l'idéal, je pourrais être plus mal, faut pas se plaindre. »

> « Ça c'est compliqué à avoir, parce qu'il y a toujours des points de heurts quand même, même dans le travail idéal... »

> « C'est ce que je vis, c'est la coopération... »

> « Que tout le monde se connaisse parfaitement et travaille en camaraderie. »

> « Une bonne camaraderie, une bonne entente, une certaine amitié, la franchise et pas de racontars, moi je vois ça simplement l'idéal. »

> « La perfection, c'est qu'il y ait beaucoup de bienveillance et que tout le monde fasse son travail à temps et le rende terminé à celui qui en a besoin. »

> « Que chacun accepte les idées du voisin, que l'on sache quoi faire pour ne pas heurter... »

> « Faire des concessions pour que l'entente du groupe soit valable... »

Une bonne ambiance apparaît comme le résultat d'un souci permanent de tous pour entretenir de bonnes relations. Il faut s'inquiéter en cas de pépins, chercher à se connaître, « ça fait partie de l'ambiance de savoir ce que pense le voisin, ce qu'il pense de vous. »

> « Savoir admettre les moqueries... »
>
> « Il faut connaître un petit peu les caractères pour bien s'entendre... »
>
> « Ca dépend des gens aussi, s'ils aiment se parler, s'ils aiment se connaître... »

Etant donné que chacun a son caractère, il faut ne pas trop parler, éviter les discussions qui peuvent entraîner des heurts.

> « Que chacun dise franchement tout ce qu'il pense. Il faut que chacun s'y mette, car l'ambiance apparaît comme une sorte de bien très précieux, car, quand on s'entend bien, à ce moment-là, l'atmosphère est vraiment détendue... tout le monde, tout le monde est gentil, tout le monde est sympathique » ; et « c'est bien important la gaieté puisque le travail n'est pas intéressant. »

Dans cet effort de création collective directement centré sur l'amélioration des relations humaines, le chef a un rôle important, on lui reconnaît une grande influence parfois positive, parfois négative. Il faut que le chef soit compréhensif, qu'il sache se faire respecter tout en étant gentil, qu'il laisse parler un peu les employés, qu'il n'écoute pas les racontars. Il doit même aller jusqu'à choisir avec soin ses employés pour que l'ambiance soit possible.

Inversement, si le chef est trop bon, c'est la « débandade ». S'il est froid et distant et qu'il empêche de parler, alors l'ambiance est mauvaise. S'il terrorise tout le monde, ou fait du particularisme, l'ambiance est crispée, morose, agressive. Et finalement, quand l'ambiance est mauvaise, on s'embête, on ne travaille pas, on dit du mal des gens, on « est tous sur les nerfs ». Il y a des préjugés et des a priori qui entretiennent les antipathies. Les « clans », les « maffias », les « chuchotages » rendent la vie insupportable.

Le chef est-il pour autant considéré comme une valeur dans le monde des rapports de travail ? Son rôle est certes essentiel à l'ambiance, mais il ne semble pas qu'il soit généralement valorisé par le discours des employés. Indispensables certes, les chefs ne sont jamais que les moyens de s'accommoder d'une situation de pis-aller, celle du travail de bureau. Par rapport au groupe ouvrier, ils recueillent un certain nombre des attributs charismatiques du leader si bien qu'on les apprécie davantage que le contremaître d'atelier. Mais les chefs de bureau restent tout de même le symbole d'un univers dévalorisé, et l'on ne peut conclure à la « sacralisation » de leur personnalité et de leur fonction, comme on a pu le faire à propos du militant ouvrier, leader de son groupe de camarades.

L'ambiance est, finalement, présentée comme la condition nécessaire du dépassement de l'individualisme et comme la conséquence de la personnalité des chefs et des employés. Mais, pour des raisons relativement mystérieuses, certains employés vivent une collectivité supportable dans laquelle on trouve des rapports humains souples, harmonieux, fondés sur l'entente et le compromis entre personnalités divergentes mais faisant des efforts pour s'accepter. D'autres employés vivent les rapports de travail dans une mauvaise ambiance dominée par les jalousies, les racontars et le favoritisme. Dans ce contexte, chacun se débrouille pour se défendre, s'impliquer au minimum dans les échanges humains de travail, de façon à protéger de façon individualiste contre l'emprise des collègues son insertion dans un monde de relations extérieures plus intéressantes que celles du travail.

Cette double attitude envers l'ambiance permet-elle de conclure à l'existence de deux styles de relations dans le groupe des employés de bureau ? L'individualisme des relations duelles semble coïncider logiquement avec une sorte de compromis permanent dans les relations collectives pour engendrer une bonne ambiance dans les rapports de travail. Cette construction d'un modèle employé reposant sur l'observation et l'analyse des entretiens achoppe en fait sur une référence trop vague à la réalité des contraintes du travail et de l'organisation des entreprises. Que des attitudes contradictoires puissent s'exprimer à l'égard de l'ambiance, traduit probablement le fait que les employés ne vivent pas forcément les mêmes conditions de travail et d'échanges humains extra-professionnels.

L'enquête par questionnaire vient donc là prendre utilement le relais de l'analyse du discours, car, en formulant des questions issues de ce discours, elle permet d'analyser les réponses en fonction de différentes situations de travail. C'est donc l'objectif des deux parties suivantes de ce chapitre que d'explorer les variations du style de relations entre employés, en fonction des conditions de travail d'une part, et des situations extra-professionnelles d'autre part.

ORGANISATION DU TRAVAIL ET RELATIONS HUMAINES DE BUREAU

L'exploitation de l'enquête sur les relations interpersonnelles dans les bureaux d'une compagnie d'assurances parisienne [13], et récemment décentralisée en province pour une part de ses activités, devrait aider à mieux situer les conditions de travail dans lesquelles apparaissent l'individualisme et le compromis entre collègues. Cette entreprise offre en effet la particularité d'avoir effectué de nombreuses réorganisations dans ses diverses branches. Pour des raisons de meilleure productivité, d'introduction de l'ordinateur, et de politique du personnel, la direction a pris l'initiative de favoriser une double restructuration des services et des tâches. A l'époque de l'enquête, en 1967, l'entreprise est une des premières en France à pratiquer explicitement une politique d'« élargissement du travail [14] » au niveau des gestionnaires de police d'assurance. Ces deux variables de la modification des tâches ou des services et de la proximité ou de la fréquence des changements vécus au travail ont permis de repérer plusieurs univers très différents en matière de conditions de travail.

DIVERSES FORMES D'ORGANISATION

Les bureaux traditionnels

Une part importante de services de la branche accidents, familiale et d'autres types de contrats particuliers, restent organisés selon les anciens principes de spécialisation des fonctions par un découpage analytique des opérations. Sur les 713 employés de la compagnie, 35 % du personnel sont encore logés dans des bureaux de 20 à 30 personnes, où chaque section traite une partie seulement des opérations de la vie d'un contrat d'assurance. Il y a des sections pour l'émission du contrat, d'autres spécialisées dans la gestion de sinistres, eux-mêmes classés par types (spéciaux, accidents, maladie, risques divers...). D'autres sections regroupent les archivistes qui alimentent les sections en dossiers. Enfin, les comptables et calculateurs sont logés dans d'autres bureaux, où ils vérifient les comptes des agents commerciaux et effectuent les calculs de primes et de remboursements.

Au niveau des individus, les tâches sont elles-mêmes spécialisées en attributions diverses. Certains employés lancent le contrat, d'autres gèrent les sinistres et d'autres encore ferment le contrat. Certaines tâches sont plus complexes à cause des risques couverts, l'établissement du contrat peut exiger davantage de connaissances et ces tâches, dites de gestion difficile dans une étude de *job evaluation*, sont confiées aux plus anciens et aux plus gradés. Mais, d'une façon générale, la qualification exigée est simple, il suffit de connaître les consignes et les imprimés. La formation est courte et se fait presque toujours sur le tas, et la régulation du tout est assurée par la formation de quelques employés spécialisés dans la polyvalence !

Les chefs de section interviennent surtout comme répartiteurs des tâches en fonction des mouvements du personnel : absence, retard, départ, et de la variation de la charge de travail. Le chef n'a guère de fonction technique car les tâches sont simples. Au niveau des chefs de service, il faut essentiellement coordonner l'avancement des opérations entre les diverses sections et se préocuper du remplacement des personnels.

Hormis l'avancement progressif à l'ancienneté, ces bureaux n'offrent guère de récompenses au plan du travail. Celui-ci ne donne jamais l'occasion de se perfectionner et d'acquérir une culture professionnelle permettant d'évoluer plus vite qu'en attendant le départ des anciens, vers les quelques postes de technicité et de polyvalence ou de commandement qui présentent un intérêt.

Un autre type de bureau très semblable à ce qui vient d'être décrit s'en distingue cependant par le caractère vétuste des locaux, des hommes et des tâches. Ce sont deux services regroupant 50 personnes en deux grands bureaux qui traitent les services communs et généraux (comptabilité, trésorerie et appointements) concernant le personnel du siège et non la production directe des assurances. La plupart des employés sont fort anciens dans la maison, beaucoup ont même atteint des grades de maîtrise sans responsabilités d'encadrement. Plus personne n'espère plus rien et, en dehors des coups de feu de charge de travail et des changements de postes au hasard des absences ou des départs, la vie de bureau se déroule de façon monotone et poussiéreuse, rappelant irrésistiblement les pages de Balzac ou de Courteline.

Les bureaux réorganisés

Dans la gamme des réorganisations, cette compagnie d'assurances offre, au moment de l'enquête, trois étapes différentes. Certains services de la branche familiale (vie, incendie) sont en situation de changements profonds et permanents depuis six ou sept années. Toute la branche des assurances de groupe (industries, pharmacies, associations, etc.) a subi une vaste réorganisation dix années auparavant, mais le temps et divers facteurs en ont progressivement amenuisé les effets. Enfin, le service des accidents de voiture est en cours de réorganisation au moment même de l'enquête.

Les principes communs à toutes ces réorganisations effectuées avec le conseil de divers cabinets d'études sont de viser un regroupement synthétique et non plus analytique des tâches. On va s'efforcer de réunir toutes les opérations concernant la vie d'un même contrat « depuis sa naissance jusqu'à sa mort », comme on dit dans le jargon, et de les confier à un même gestionnaire. Les employés peuvent alors être regroupés par petits bureaux traitant des affaires comparables ou géographiquement proches. Les dossiers sont installés à même la pièce et l'on se passe des archivistes. Les employés peuvent aussi se conseiller mutuellement, après avoir reçu une formation sur les nouveaux aspects de leurs tâches. Les chefs sont dans les petits bureaux, ils doivent eux-mêmes travailler et leur rôle s'oriente davantage vers le conseil technique. La direction a certainement eu l'intention de faire, à l'occasion d'une organisation visant à plus de productivité, une réforme de relations humaines pour animer la vie de travail, la rendre plus autonome et coopérative. Les gens ont pu davantage communiquer, se contrôler, se conseiller et l'on espère une forte amélioration du climat. Enfin, l'introduction de l'ordinateur, pour effectuer toute une série de tâches d'écritures simplifiées jusqu'à faire des relances automatiques aux clients pour payer leurs primes en retard, permet de confier aux nouveaux « gestionnaires synthétiques » des tâches plus complexes, exigeant réflexion et connaissances. Un certain courant de promotion a donc suivi la réorganisation, car tous les anciens gestionnaires analytiques vont s'aligner sur les polyvalents. Par ailleurs, comme il y a beaucoup de bureaux de 5 à 8 personnes, il faut davantage de chefs de section. Formation professionnelle, avancement et coopération sont les trois grands fruits que l'on attend de ce vaste effort pour motiver les employés à leur travail. Bien avant la vogue du changement des conditions de travail, la direction de cette compagnie pensait qu'il n'était possible d'obtenir un surcroît de dynamisme et d'efficacité des individus au travail qu'en touchant à la structure même des tâches, des services et des fonctions d'encadrement subalterne.

Mais ces intentions de changement sont diversement réalisées dans les faits. A la branche familiale, les cellules de gestion synthétique sont assez anciennes, elles ont dû récemment digérer le travail par ordinateurs et de multiples sessions de formation ont été proposées aux employés, agents de maîtrise et cadres pour se familiariser avec les nouvelles techniques. Une expérience de décentralisation de plusieurs services de gestion en province a, par ailleurs, modifié encore la physionomie des bureaux demeurés à Paris. En fin de compte, en plus du phénomène de gestion synthétique et de petit bureau, c'est le changement permanent qui caractérise plusieurs services de la branche familiale.

A la branche groupe, la structure synthétique par petits bureaux, réalisée six années avant l'enquête, a subi de multiples entorses sous l'effet de la diversification des tâches et de l'alourdissement du portefeuille. Les contrats d'assurance pour sociétés ont été regroupés dans un service spécialisé composé de techniciens pour faire des offres alléchantes aux sociétés dans un marché en pleine concurrence. La charge croissante de travail tend en outre à réintroduire une certaine spécialisation entre employés, les gens débordés s'entraident d'une table à l'autre, rompant ainsi l'autonomie d'équipe. Les retards à la production diminuent les temps de rencontre avec les clients, ce qui était théoriquement prévu dans la structure synthétique. Enfin, une réforme de la Sécurité sociale de 1960 imposant aux pharmacies de contracter une assurance obligatoire, il a fallu créer précipitamment un service spécialisé pour absorber un brusque afflux de contrats, au niveau de problèmes posés par l'émission des polices. Une structure spécialisée et analytique a ainsi eu tendance à se développer, en respectant tout de même le découpage en petits bureaux.

A l'accident, enfin, on est encore en pleine transformation à cause d'un certain retard de la mise en place du traitement par ordinateurs, si bien que les futurs gestionnaires « synthétiques » continuent de se voir confier des tâches peu intéressantes de codage mécanographique, tandis que les anciens polyvalents tentent de conserver leurs avantages.

Les services décentralisés

C'est la décentralisation géographique, effectuée à l'intérieur même de la branche familiale de Paris, par le regroupement des tâches synthétiques par territoires communs, qui a permis d'envoyer nombre de ces bureaux directement en province. La nécessité de rejoindre la clientèle et de stimuler les agents commerciaux a lourdement pesé dans la décision d'implanter les services de gestion hors de Paris. L'enquête a permis d'en étudier six et de retrouver partout la même organisation assez classique. Le chef de service local supervise et contrôle de près deux ou trois sections spécialisées de 5 à 10 personnes. L'une pour les assurances-vie, l'autre pour la maladie et une troisième de comptabilité. Les sinistres supérieurs à 1 000 F remontent à Paris, les agents commerciaux et le courrier sont directement reçus par le chef de service qui contrôle ainsi d'autant mieux le travail de ses employés.

Un modèle d'organisation très classique, sans autonomie des exécutants, se reconstitue ainsi dans toutes les cellules de province, au grand étonnement des sociologues et des responsables de la compagnie, qui avaient un peu rapidement pensé qu'une décentralisation, même relative, devait engendrer un vaste climat de responsabilité et d'autonomie dans le travail.

Le service d'experts

Un dernier service a, enfin, pu être isolé pour des conditions de travail très particulières. Il s'agit du bureau d'organisation chargé de la mise en place de l'ordinateur. Toutes ces réorganisations posent sans cesse de nouveaux problèmes à ce groupe d'experts d'une trentaine de personnes fortement qualifiées, et dont certaine sont même classées cadres alors qu'elles exercent des tâches d'analystes, de programmateurs ou de dessinateurs.

Le service est très isolé du reste de la maison, il regroupe un peu tout le monde dans les mêmes locaux ; des petits bureaux sont désirés, mais il n'y a pas assez de place. En revanche, le travail se fait en équipe, par projets, sur un rythme souple, avec un contrôle personnel sur ses propres résultats. Les chefs sont proches, mais ils exercent surtout un rôle de conseillers ayant eux-mêmes leurs responsabilités techniques. Le modèle de cette organisation pourrait osciller entre le bureau d'études et l'atelier artisanal, où beaucoup d'experts coexistent sur des projets séparés ou communs. La formation antérieure est largement technicienne, mais le travail de réflexion sur l'organisation des bureaux et sur la mise en place de procédures automatisées permet d'apprendre et d'évoluer en permanence Il ne s'agit plus, ici, de spécialisations rigides, même plus ou moins élargies, mais tout simplement de l'organisation du travail, du métier.

Notre objectif est alors de comparer les styles de relations humaines caractéristiques de ces différentes formes d'organisation du travail pour mieux saisir le lien entre les conditions objectives de travail, les relations de pouvoir qui s'y déploient et l'apparition des styles de relations en milieu employé.

LES DEUX TYPES D'AMBIANCE

Les chiffres de l'enquête rejoignent les conclusions des entretiens et de l'observation du monde de bureau ; il y a bien deux types d'ambiance dans les relations entre employés. En reprenant les réponses des 713 agents d'assurances du questionnaire sur les relations interpersonnelles, on constate que 79 % souhaitent avant tout créer une bonne ambiance collective entre collègues, alors que 60 % déplorent la mauvaise ambiance quotidienne dans les bureaux et les services. En croisant les indicateurs de relations duelles et collectives par ces jugements portés sur l'ambiance réelle, on constate que c'est là un problème central des rapports humains de bureau. Deux modèles apparaissent clairement : celui de la bonne ambiance, où les relations interpersonnelles sont également plus souples, riches et évolutives entre collègues, et celui de la mauvaise ambiance qui semble coïncider avec une profonde méfiance et un réel désengagement des rapports humains de bureau.

Les résultats présentés dans le tableau 20 sont significatifs de cette double polarisation des relations entre employés. Une forte minorité juge l'ambiance très bonne et arrive à entretenir des relations d'entente, d'amitié et de confiance avec les collègues, tandis que les discussions entre collègues sur des questions de travail ou de vie collective paraissent déboucher sur des solutions positives.

En revanche, un grouwe d'employés, plus nombreux que le précédent, n'arrive pas à créer une bonne ambiance dans ses rapports de travail, et ce phénomène coïncide avec un style de relations plutôt individualistes. Dans ce climat difficile, les employés ont peu d'amis et de confiance dans les collègues. Le groupe n'existe pratiquement pas, chacun se débrouille seul. Les rapports entre sections sont faibles et le chef joue un rôle central dans toute discussion collective.

Les deux modèles d'un individualisme mal vécu et d'une tendance au compromis dans un climat acceptable apparaissent dans cette compagnie d'assurances. Mais nous en avons retrouvé une trace bien précise dans plusieurs autres enquêtes où l'on a pu fouiller le domaine des relations interpersonnelles de bureau.

Dans le service administratif de l'entreprise de peinture [15], la réalisation d'une bonne ambiance est essentielle et recouvre un style général d'entente et compromis. L'enquête réalisée auprès de 4 500 agents d'un service social public [16] démontre, à l'inverse, que l'ampleur des insatisfactions envers l'ambiance est liée à des difficultés de relations interpersonnelles, une faible vie collective et une forte dépendance envers la personnalité du chef. Dans une étude plus récente [17], effectuée en 1972 auprès d'agents administratifs d'un service d'approvisionnement, on retrouve encore l'importance des phénomènes d'ambiance et le modèle Entente et Compromis dans les relations interpersonnelles comme soubassement aux jugements de bonne ambiance.

On peut aussi soutenir l'hypothèse que les problèmes d'ambiance sont essentiels aux rapports entre collègues de bureau et qu'ils les

Tableau 17. Ambiance de bureau et styles de relations entre employés d'assurances

	Jugements sur l'ambiance (N = 713)			
	L'ambiance de bureau est :			
	Très bonne N = 106	*Bonne N = 207*	*Moyenne N = 320*	*Mauvaise N = 80*
	%	%	%	%
Plus de 3 amis parmi les collègues	42	28	31	21
Sorties avec des collègues de travail	63	59	60	47
En général, il faut faire confiance aux autres dans les rapports humains	80	74	65	51
En cas de difficultés de travail :				
- on en discute avec les collègues	43	37	33	15
- chacun se débrouille seul	37	38	47	68
A la longue on forme un groupe sympathique d'anciens	41	48	27	17
Pour décider en groupe, on arrive à se mettre d'accord, c'est l'unanimité	64	54	49	27
Pour décider entre plusieurs sections :				
- on discute entre collègues	71	62	52	35
- le chef est obligé de désigner d'office ...	28	37	44	56
Pour discuter dans le bureau en l'absence du chef :				
- on arrive à s'entendre	84	73	63	39
- tout le monde s'en moque	11	19	23	39
Ce qui importe le plus au travail c'est d'arriver à avoir une très bonne ambiance collective	88	76	78	64

occupent peut-être davantage que ceux du travail lui-même. Quand cette ambiance est jugée bonne, elle correspond à une production particulière de vie collective — que nous avons appelée Entente et Compromis. Quand cette ambiance est un échec, les rapports humains entre employés traduisent un profil individualiste assez prononcé. Cette hypothèse de travail nous permet alors de partir à la recherche des facteurs sociologiques liés aux conditions de travail qui pourraient expliquer la genèse et l'entretien de ces deux modèles.

L'EFFET DE RÉORGANISATION SUR LES RELATIONS ENTRE EMPLOYÉS DE BUREAU

Reprenant la diversité des situations organisationnelles de cette compagnie d'assurance, on constate que les jugements portés sur l'ambiance de bureau varient considérablement d'un type de service à l'autre. Le phénomène de la réorganisapion et de l'aménagement des conditions de travail paraît être l'un des facteurs déterminant de la bonne ambiance.

Fig. 6. Ambiance de bureau par branche (compagnie d'assurances)

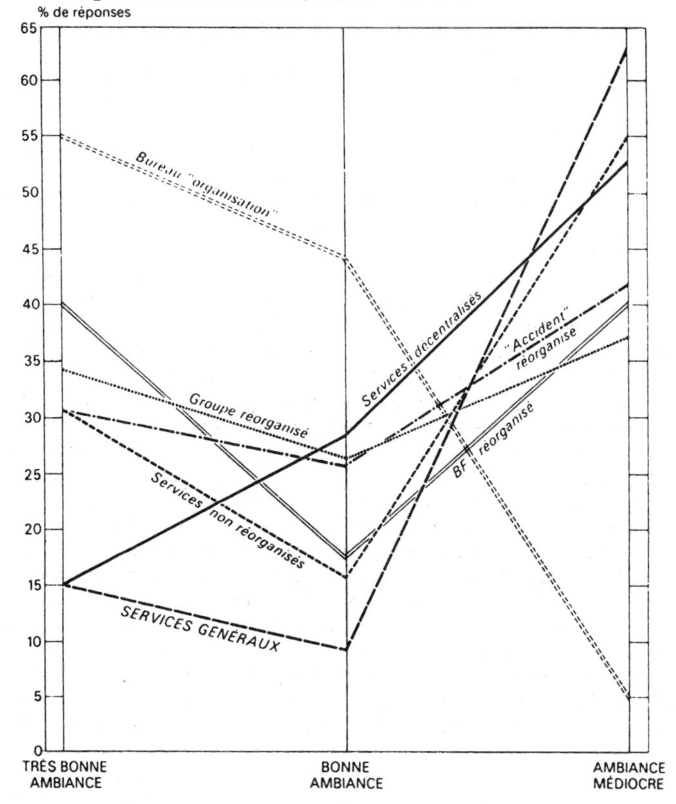

Dans le schéma ci-dessus, il apparaît en effet nettement que l'ambiance est jugée excellente dans tous les bureaux touchés de près ou de loin par la réorganisation. Dans les cas de structures plus traditionnelles, on constate que l'ambiance n'est pas bonne. Est-ce à dire que la réorganisation engendre un climat et des relations de travail plus coopératives entre collègues, alors que l'individualisme serait surtout caractéristique des structures plus traditionnelles ? Ce sont là des questions qu'il convient d'examiner de près.

L'enquête effectuée par questionnaires auprès de tous les employés de cette compagnie d'assurances sur la façon dont ils vivaient leurs relations interpersonnelles de travail permet d'affirmer que les rapports sont plus souples, confiants et collectifs dans les bureaux petits et regroupant des tâches « synthétiques ». Les indicateurs de l'ambiance par service coïncident effectivement avec des variations de styles de relations en accord avec la réorganisation. Divers processus incluant notamment l'étendue des responsabilités effectivement confiées aux exécutants, le temps d'adaptation aux nouvelles structures, ainsi que les détériorations relatives des projets initiaux d'élargissement des tâches, peuvent moduler cette importance de l'effet de réorganisation. Mais la lecture du tableau 21 [18] montre assez clairement l'apparition d'un nouveau style de relation dans les services réorganisés.

Ce style de rapports entre collègues repose sur plus d'échanges, moins de heurts et plus d'envies de développer des amitiés à partir du bureau. Le groupe est plus homogène, sa régulation paraît reposer sur la reconnaissance des différences d'idées et sur la discussion entre les points de vue.

Les rapports du chef restent imprégnés d'ambiguïté. On voudrait idéalement s'en passer, mais on lui demande non moins idéalement d'intervenir pour débrouiller les difficultés entre employés. Néanmoins, le climat des contacts avec les chefs paraît très amélioré et empreint de confiance dans les bureaux réorganisés.

Cette forme d'entente collective recouvre plusieurs états d'harmonie en fonction de l'ampleur des responsabilités exercées par les employés. Les rapports dans le bureau d'organisation sont certainement les plus coopératifs, alors que ceux des employés récemment réorganisés à l'accident restent encore empreints des multiples résistances dues à la perturbation des vieilles habitudes.

En comparant les réponses [19] des employés de la branche accident, réorganisés depuis plusieurs mois, à celles d'autres employés qui sont dans les grands bureaux spécialisés de la même branche n'ayant pas encore été réorganisés, on constate déjà une évolution sensible du climat lié à la polyvalence des tâches, à la proximité des chefs et à la diminution des bureaux. Les employés passés aux tâches enrichies et aux petites équipes indépendantes commencent à vivre de nouveaux rapports de compréhension. Il est cependant frappant de noter que les rapports de groupe n'ont pas encore évolué jusqu'à de nouvelles façons de prendre des décisions. Les réponses des employés d'autres branches ayant vécu des réorganisations depuis plus longtemps, marquent une certaine évolution en ce sens, mais le climat collectif restera toujours dominé par une grande difficulté à vivre des rapports de coopération et de décision collective comme dans les groupes d'ouvriers de métier.

La difficulté de constitution d'un groupe souple et autonome en milieu employé est clairement illustrée par les réponses des services où les conditions de travail sont les plus riches et les plus anciennement élaborées. Dans la branche groupe, aux services réorganisés de la branche familiale et dans le bureau des organisations, si l'on constate une forte impression d'entente collective, cette dernière paraît être réalisée par une sorte de compromis plus que par une élaboration souple de solutions fondée sur la confrontation entre majorité et minorité.

Le modèle d'Entente et Compromis recouvre donc une forme particulière de la vie de groupe. On pourrait parler d'une sorte de coexistence pacifique dans la bonne ambiance, beaucoup plus que d'un lieu de débats et d'échanges contradictoires. L'explication de cette relative sécheresse de la vie de groupe en milieu employé doit être recherchée dans l'ampleur et la vivacité des courants individualistes, qui semblent rester partiellement sous-jacents à toutes les expériences de réorganisation et d'amélioration des conditions de travail.

Les réponses aux questionnaires venant des services non réorganisés ou décentralisés traduisent en fait un climat de rapports hétérogènes avec peu de relations affectives, beaucoup de heurts et de disputes et une réelle demande d'intervention de la part des chefs, même si, dans l'idéal, on préférerait s'en passer. La mauvaise ambiance collective qui résulte de ces rapports quotidiens est particulièrement développée dans le cas des services les plus vétustes, regroupant un maximum d'agents âgés, aux opérations de services généraux. Or, les employés les plus anciens de la compagnie ont gravi tous les échelons de grade et de qualification. Si leurs réponses traduisent un certain souci des rapports formels dans un groupe d'amis, leur position globale est celle de l'individualisme. On doit donc s'interroger sur les mécanismes de la reproduction de cet individualisme tout au long d'une carrière, si l'on veut mieux comprendre les indices d'évolution des rapports humains de bureau liés à une transformation volontaire des conditions de travail.

L'INTÉGRATION À L'ANCIENNETÉ DANS LES BUREAUX

Si le problème de l'attachement progressif des individus à leur entreprise à mesure que leur ancienneté dans la maison augmente est un phénomène caractéristique des bureaux, c'est que les avantages de salaire, prestige, intérêt du travail, liberté de déplacement... évoluent effectivement avec le temps. Dans l'usine, il n'en va pas de même. L'horizon de l'ouvrier est vite bouché et le temps n'apporte plus rien d'autre qu'une lente dégradation. Dans les bureaux, les employés sont déjà sur une échelle hiérarchique des fonctions et des grades. Comme les postes ne sont pas définis par des métiers inaliénables mais par des attributions dont on peut facilement changer et que, par ailleurs, les politiques du personnel tendent souvent à favoriser une promotion interne, la perspective d'une lente évolution et d'un gain certain à l'ancienneté reste, au moins théoriquement, ouverte à tous. Notre objectif est, alors, de voir ici en quoi la stratégie des employés dans les relations de travail peut être influencée par des perspectives d'avenir, même ténues.

L'intégration des individus à leur entreprise peut être considérée comme le résultat d'une sorte de bilan que l'on peut dresser de temps en temps sur les contributions que l'on apporte au travail et les rétributions que l'on en retire. Il est intéressant de constater que de multiples enquêtes révèlent une certaine amélioration de ces jugemetts avec l'ancienneté croissante. Ce phénomène est suffisamment important pour qu'on s'arrête sur les données de ce constat avant d'en analyser les éléments explicatifs.

Le phénomène de l'intégration à l'ancienneté est, en effet, très généralement reconnu dans toutes les enquêtes ayant porté sur la compréhension des rapports humains de bureau[20]. En comptabilisant les satisfactions individuelles envers le travail et la situation, l'ambiance, le salaire, etc., en fonction de l'ancienneté d'appartenance à l'entreprise, on constate une forme de courbe très particulière. Après quelques années ou mois de contentement, les employés sont fortement déçus d'avoir à attendre très longtemps une promotion et un changement de spécialisation. La courbe des satisfactions chute donc très bas. Puis, le rythme de la croissance par la patience ayant pu être vérifié, les individus se résignent progressivement à leur sort qui évolue doucement, et la courbe des satisfactions remonte lentement à mesure que les années passent au travail. Aux alentours de vingt-cinq ans de présence, la courbe tend à se stabiliser ou à décroître.

Dans l'enquête sur la compagnie d'assurances, nous avons pu retrouver de fortes corrélations entre l'âge, l'ancienneté dans la maison et le niveau de qualification fondé sur une échelle de grades et sur une analyse descriptive de la difficulté comparée des opérations. On constate que les anciens, qui sont aussi les plus âgés, les plus qualifiés et les plus payés sont nettement plus satisfaits de leur travail et de leur position dans l'entreprise que les plus jeunes.

Tableau 18. Ancienneté et qualification dans les relations interprofessionnelles de bureau

	Tâches simples *N 143*	*Gestion moyenne* *N 310*	*Gestion difficile* *N 101*	*Petit encadrement* *N 67*
	%	%	%	%
Age 25 ans	78	65	59	19
25 à 45 ans	11	17	32	43
45 ans	10	15	20	46
Qualification échelle III	75	42	14	0
échelle IV	25	37	58	0
échelle AM	0	27	28	100
Ambiance très bonne	43	53	56	60
Plus de 3 amis au travail	28	33	23	47
Sympathie avec les collègues	40	49	61	62
Sortie avec au moins 1 collègue	49	60	67	82

Dans ce contexte de gratification croissante avec l'âge, se développent certainement plus de liens entre les individus. Mais il n'a pas été possible de trouver une modification évidente du climat et du rapport au chef. L'analyse des relations interpersonnelles de bureau, en fonction d'un coefficient individuel d'ancienneté, ne permet pas de rendre compte des styles de relations entre employés, sauf peut-être pour les petits chefs qui ont développé à la longue davantage de liens de solidarité de strate que les autres, et qui se retrouvent tous dans les niveaux élevés d'ancienneté. Les phénomènes de relations sont plus complexes que la simple addition de sondages auprès d'individus. Les anciens sont rarement tous ensemble et, par ailleurs, leur exigence de la vie de bureau peut évoluer considérablement avec les conditions de travail, même si l'on rencontre une tendance à ce que l'ancienneté produise réellement beaucoup d'avantages en qualification, salaire, grade et considération. A. Flavigny[21] démontre sur sa population de 4 500 employés que la taille des bureaux est un facteur déterminant de l'ambiance. Plus les bureaux sont petits, plus nombreux sont ceux qui trouvent l'ambiance bonne.

Mais cette influence de la taille du bureau sur les relations interpersonnelles ne peut elle-même être prise comme un absolu. Les échanges dépendent, certes, du rapprochement, mais aussi de la nature du travail et de la motivation des individus avec qui on est en relation dans le bureau.

Bref, notre enquête sur la compagnie d'assurances montre que l'intégration avec le temps dépend fortement de facteurs de situation liés au service où à la branche.

Nous touchons ainsi à des processus plus compliqués de fabrication de l'ambiance, car ils mettent en jeu la stratégie globale des partenaires de travail, c'est-à-dire le fonctionnement humain caractéristique de chaque entité organisée. Flavigny[22] montre que les jugements sur l'ambiance varient beaucoup d'un service à l'autre, en fonction de critères relativement difficiles à cerner, qui renvoient en fait à l'analyse des clivages et alliances à l'intérieur de chacun d'entre eux.

Michel Crozier[23] avait déjà souligné lui-même à quel point les styles de commandement des chefs influençaient l'humeur de leurs subordonnés. L'analyse par groupes de travail, sans faire explicitement état de l'ambiance, montraient d'une part que les employés étaient beaucoup plus mécontents d'un chef « laissez-faire » que d'un chef au style affirmé, libéral ou autoritaire. Par ailleurs, ces styles semblaient être en partie la conséquence d'un climat général d'entreprise.

J.P. Worms[24] constate, lui aussi, que le climat humain des employés d'une préfecture est très lié aux structures même de l'organisation. Dans un univers bureaucratisé, les règles d'avancement par concours et l'influence du recrutement initial des agents sur leurs chances de réussite à ces concours, ont des effets très importants sur les espoirs de carrière et sur l'intégration des individus à leur milieu de travail.

De toutes ces enquêtes, il ressort que les relations quotidiennes entre collègues ne peuvent être analysées comme la conséquence automatique d'une stratégie gagnante à l'ancienneté. Il faut aller voir plus finement dans la complexité des rapports humains de chaque service pour faire apparaître des processus concrets de production de l'ambiance et des relations entre collègues.

Nos travaux montrent que l'effet d'ancienneté ne joue de façon importante dans la qualité des relations entre collègues que si les conditions de travail restent dominées par un principe rigide d'organisation rationnelle. Dans le schéma n° 7, on constate, en effet, que les réponses des employés exprimant un attachement passé (« J'ai bien fait d'entrer à la compagnie ») et futur à l'entreprise (« Je pense rester encore longtemps à la compagnie ») et (« Je prends à cœur les intérêts de la compagnie car c'est elle qui me fait vivre ») varient considérablement d'un service à l'autre.

Des agents paraissent vivre une sorte d'attachement très fort à l'entreprise. Ce sont principalement ceux des services décentralisés, du bureau d'organisation et des services réorganisés depuis longtemps à la branche familiale. D'autres agents donnent surtout l'impression d'être déçus ou résignés à rester dans une situation à laquelle ils s'intéressent médiocrement, ce sont les agents non réorganisés des

Fig. 7. Attachement et critique envers la compagnie par branches et réorganisation

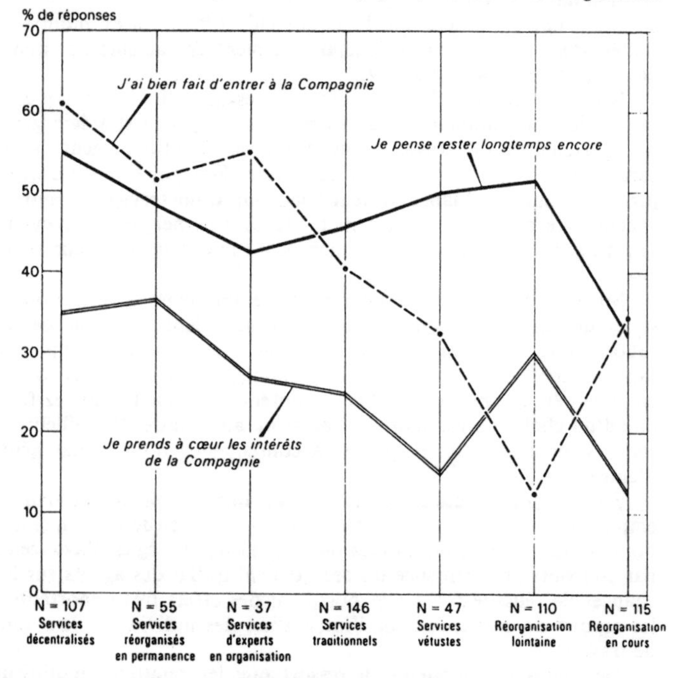

Ancienneté dans la maison, date d'entrée :

Avant 1962 :	50%	63%	45%	52%	79%	35%	34%
1963 à 1967 :	50%	37%	55%	48%	21%	65%	66%

services traditionnels et vétustes, et aussi les agents qui appartiennent à la branche autrefois réorganisée, mais qui a été progressivement re-spécialisée au fil des années. Enfin, une troisième attitude nettement critique envers l'entreprise traduit une volonté mitigée d'y rester longtemps tout en n'excluant pas un intérêt marqué pour la vie présente de l'entreprise. Ce sont les employés en cours de réorganisation qui adoptent une telle position.

Les indicateurs de l'ancienneté dans la maison, par service, présentés dans le même schéma révèlent que les services comprenant le plus d'anciens se partagent entre l'attachement fort pour les services décentralisés ou pour les réorganisés en permanence, et l'intégration résignée pour tous les services traditionnels et vétustes. Les services ayant une population récente majoritaire se partagent entre un attachement fort pour le groupe d'experts et un attachement critique pour les réorganisations lointaines et en cours. Ni l'effet d'ancienneté, ni l'effet de réorganisation ne paraissent donc avoir d'influence décisive sur les processus d'intégration.

Il importe donc de revenir à une analyse des possibilités de jeux avec le temps dans le contexte organisationnel de chaque service, si l'on veut comprendre le lien entre les relations entre collègues et l'adaptation progressive aux contraintes du travail.

Dans le contexte des bureaux non réorganisés, on découvre tout d'abord le fonctionnement d'un processus fort classique de résignation progressive. Les services les plus récents sont, en effet, les bureaux de province tout juste implantés et recrutant des employés jeunes. Or, ce sont eux qui manifestent les plus grands signes d'attachement à l'entreprise. Ils ne sont pourtant pas plus contents que les autres du travail, de l'avancement, des chefs et de l'organisation. Ils se plaignent même beaucoup de l'ambiance. En revanche, ils sont les seuls à se féliciter du salaire. Implantés dans des villes de province souvent petites, il est probable que les perspectives économiques locales leur commandent de se satisfaire d'une position peu agréable. Leur attitude générale à l'égard du travail est celle d'une sorte de retrait face à l'intervention toute-puissante et tatillonne des chefs de services chargés de fonder ces agences de province. La décentralisation leur a donné tous les pouvoirs sur leurs services où ils se conduisent en petits potentats. Face à une population de jeunes employés peu formés, et aux exigences d'une implantation difficile sur un marché concurrentiel, ils développent le contrôle, la discipline et la spécialisation des opérations. Face au vide des connaissances techniques et aux impératifs de croissance, ils font de l'organisation la plus rationnelle possible et reproduisent de ce fait les anciens schémas qu'ils ont eux-mêmes connus à Paris. Les employés n'ont, semble-t-il, pas d'autres moyens de supporter cette situation que de s'y adapter individuellement pour les raisons d'intérêts économiques déjà cités.

A la longue, ces stratégies évoluent, car des promotions et des avantages sont finalement gagnés à force d'attente. C'est ce que nous montre l'analyse des situations de grands bureaux traditionnels plus ou moins vétustes. Tous nos résultats d'enquête révèlent un effet certain de l'ancienneté sur le salaire, l'avancement, la qualification et l'intérêt du travail. Plus on est ancien, plus on bénéficie d'avantages sur tous ces points. Mais tout cela ne s'acquiert que très lentement et c'est encore l'avancement qui reste le point clé de ces services traditionnels. En effet, dans un contexte de tâches spécialisées, différentes et fragmentées, il est possible de bien faire son travail, d'être compétent dans ses attributions. Il est en revanche très difficile d'apprendre sur place des choses qui pourraient permettre de se perfectionner et d'évoluer [25]. Ces tâches découpées en attributions sont l'inverse d'un métier, les possibilités de promotion ne peuvent donc pas être greffées sur le mérite. Chacun est capable et depuis longtemps habitué à son travail. Dans ce contexte, chacun ne dispose guère que de moyens relationnels pour améliorer sa cote d'amour au détriment de celle des collègues. Le climat de la strate des égaux en capacité et ancienneté est donc troublé de rivalités entre collègues et par rapport au chef. Le travail n'offrant guère l'occasion de communiquer et de s'entraider, le bureau composé d'anciens est un univers de méfiances et de rancœurs réciproques, plus ou moins étouffées. Ce à quoi on reste finalement attaché, c'est au type de jeux, d'espoirs, de combinaisons antérieurement élaborées et qui risquent de donner des résultats, à condition de ne pas changer de partenaires ou de rivaux. Un style individualiste semble ainsi naître d'une situation où la rareté des récompenses coïncide avec la relativement grande source de pouvoir accessible à chacun.

Dans les services réorganisés, une donnée change fondamentalement les stratégies d'intégration. Le travail lui-même est, de par sa nouvelle complexité, source à la fois d'un pouvoir d'expert pour le gestionnaire et d'une possibilité d'évolution cumulative dans la technique. Le temps aura des effets nettement différents des cas précédents. Avec le choc de la découverte de cette nouvelle façon de fonctionner, les habitudes de relations antérieures tombent et de nouveaux ajustements doivent s'établir dans les perspectives nouvelles mais aussi les difficultés qui apparaissent. Les employés de l'accident vivent la réorganisation comme un fort traumatisme. Une sorte de lutte s'instaure pour le renouvellement des anciens polyvalents et, si le taux d'échanges et de confrontation augmente, ce n'est pas encore la collectivité soudée. Un esprit critique très développé naît ainsi de l'éclatement des anciennes relations de grands bureaux.

Quand la réorganisation se poursuit au-delà d'une première expérience, comme aux assurances familiales ou de groupe, on constate que le style d'Entente et Compromis se confirme. Un certain pouvoir d'expert est finalement passé entre les mains de chaque nouveau gestionnaire et, selon l'ampleur de ce pactole de compétence cumulative, les relations entre collègues se chargent d'entraide, de coopération et de découvertes mutuelles. Le cas du bureau d'organisation et de la branche familiale est assez typique de ce climat et du fort attachement pour la compagnie qui s'en dégage. Les gens sont en fait attachés au pouvoir de faire évoluer leur situation que leur confère la nouvelle dimension de leur tâche. L'entente et le compromis apparaissent ainsi comme des solutions au problème de l'ambiance collective pour des individus capables de se mesurer et de supporter la comparaison de leurs résultats mutuels. Seule l'idée d'un perfectionnement indéfini, c'est-à-dire la possibilité de revitaliser en permanence son capital d'expertise, peut, théoriquement au moins, rendre un tel service.

Quand les employés ont fait cette expérience d'enrichissement de leurs activités, de leurs capacités techniques, mais que le temps vient en diminuer les effets à la branche groupe, alors le climat, sans perdre ses normes, peut fort bien s'altérer. Les gens ont acquis de véritables habitudes collectives, mais leur déception est d'autant plus grande de ne plus trouver dans la structure de leurs activités l'aliment nécessaire à cette vie de groupe.

A l'extrême pointe de cette déception, on rencontre l'aventure quasi tragique des conséquences de la fusion survenue aux assurances. Une compagnie déjà nationalisée a dû absorber cette compagnie plus petite. Mais les formes d'organisation de la plus grande compagnie étaient encore très traditionnelles et conformes aux perspectives d'une politique du personnel centrée sur la promotion interne. Au moment de la fusion, toutes les nouvelles structures synthétiques sont abandonnées à l'accident. Les anciens gestionnaires redeviennent spécialisés et ils doivent réintégrer les grands bureaux. Six mois après la fusion, plus des deux tiers de ces gestionnaires, pourtant fort critiques envers l'entreprise au moment du lancement de l'expérience, ont quitté la compagnie. Et quand ils parlent de cette aventure passée, ils la citent comme l'un des meilleurs moments de leur vie professionnelle tout en soulignant le drame que cela avait représenté de quitter tout cela.

Toutes ces analyses ont été condensées dans une même figure (ci-dessous) pour faire ressortir un double effet de l'ancienneté dans les bureaux en fonction de la modification des conditions de travail.

Le premier effet de l'ancienneté est présenté dans la partie supérieure de la figure 8 ; il concerne les services où l'organisation du travail est restée traditionnellement centralisée, hiérarchique et extrêmement spécialisée au niveau des attributions des exécutants.

Dans ce contexte, l'ancienneté produit une transformation lente des stratégies d'intégration au milieu du travail. Quand les employés sont jeunes et majoritaires comme dans les agences provinciales nouvellement créées, c'est une position individualiste qui l'emporte avec une forte dépendance hiérarchique en contrepartie. Mais, avec le temps et une certaine évolution dans la hiérarchie des fonctions, une sorte d'attachement à la collectivité des pairs s'installe entre employés de même grade. Dans les services dits « vétustes », que nous avons rencontrés notamment en comptabilité, les employés sont presque tous au sommet de l'échelle des grades et ils ont développé une sorte d'esprit collectif, que nous avons appelé Entente et Compromis, à force de coexister dans l'attente de promotions lentes à venir. Cette forme de relations recouvre une situation comparable entre employés

Fig. 8. Effets de l'ancienneté dans les bureaux sur l'intégration et les styles de relations

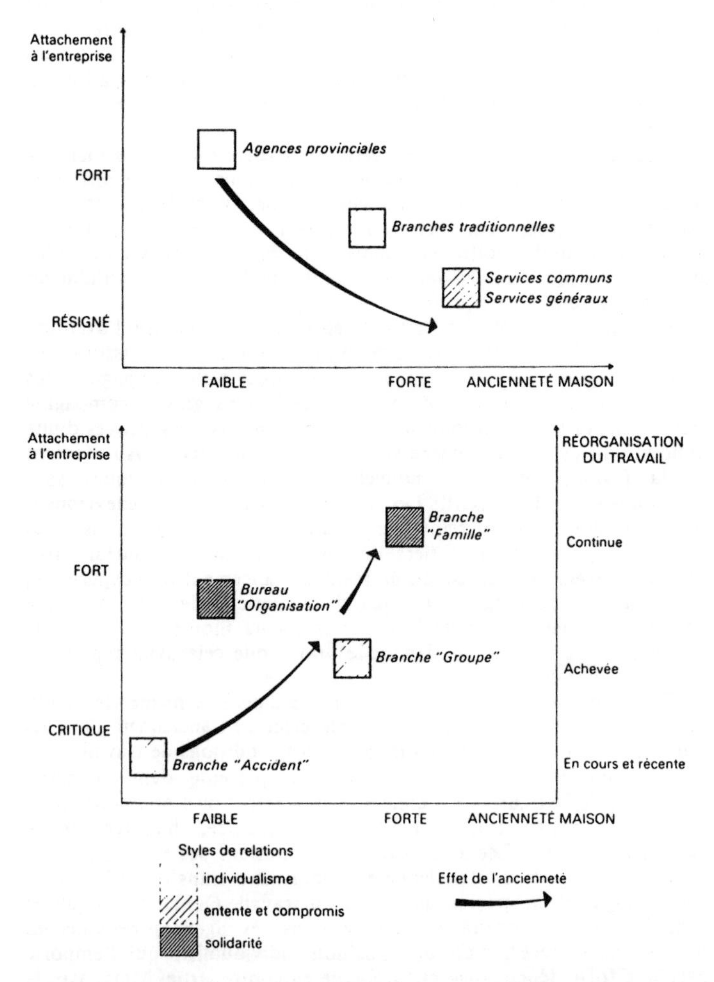

qui connaissent leur travail et tirent de leur collectivité de strate les moyens de contrôler une part importante d'informations. En terme de pouvoir, chacun est en mesure d'interpréter la règle et de contrôler une part importante d'informations dans les rapports avec le chef immédiat ; le compromis est ainsi la résultante de relations obligées avec des pairs ayant autant de pouvoir. L'intégration à l'entreprise est moins forte que chez les jeunes de province, car il y a moins à recevoir des chefs, on a appris qu'il suffisait d'attendre.

Le second effet de l'ancienneté est présenté dans la partie inférieure du schéma 8. L'adaptation lente à une collectivité de travail, que nous venons de présenter ci-dessus, est ici bouleversée par l'introduction de formes d'organisation très nouvelles. On constate tout d'abord que le style individualiste n'est plus représenté de façon majoritaire dans l'un ou l'autre de ces services réorganisés. Avec l'ancienneté, on observe surtout une confirmation de l'esprit collectif, associé à un attachement plus fort à l'entreprise. C'est ainsi que le service des employés à l'accident, où la réorganisation est en cours au moment de l'enquête, est déjà sorti du style individualiste mais traverse une phase d'intégration très critique à cause de tous les bouleversements de fonctions et de promotions. Cette période d'incertitude sur le rôle et l'avenir de chacun a créé un esprit de groupe dans les petits bureaux, tout en développant les critiques.

Dans la mesure où l'enquête portait sur des services réorganisés depuis plus longtemps, on pouvait tenter d'extrapoler l'évolution des effets de l'ancienneté dans un contexte de réorganisation plus ou moins entretenu. Si le service a traversé plusieurs périodes de changement, comme à la branche « familiale », on constate que l'attachement à l'entreprise augmente avec un renforcement du style collectif de relations. Notre hypothèse est ici que le renouvellement fréquent des phases de réorganisation a augmenté considérablement le pouvoir d'interprétation de la règle, au point de conférer à beaucoup un certain rôle d'expert ; tandis que les courants de promotion étaient accélérés à chaque nouveau changement, les employés ont eu l'occasion de nouer des relations privilégiées avec beaucoup de chefs et de collègues en évolution comme eux. Mais, dans cette vie de bureau où l'évolution fait partie du possible, le fait de changer de fonction ne conduit pas au « séparatisme » comme dans le groupe ouvriers, où la majorité est contrainte de stagner.

Quand la réorganisation n'a pas été entretenue comme à la branche « groupe » et qu'il s'est seulement écoulé du temps entre la période de changement en petits bureaux et la période de l'enquête, on constate simplement que le climat collectif s'est maintenu avec une diminution de l'esprit critique envers la maison. L'effet d'ancienneté est ici réduit à une sorte d'accoutumance à des rapports de travail un peu plus coopératifs que dans le modèle général d'Entente et Compromis, car la réorganisation a pour un temps réintroduit d'autres moyens de progresser et de s'évaluer que celui de l'attente indéfinie d'une promotion au choix entre anciens d'égale compétence.

Nous avons enfin situé le bureau d'organisation dans cette figure, pour montrer que, dans un contexte de coexistence entre experts, même récemment arrivés, les relations de travail dans les bureaux sont relativement proches d'une solidarité démocratique comme dans les ateliers de professionnels. L'ancienneté peut ici jouer un rôle dans la mesure où elle dégraderait le pouvoir d'expert, mais autrement on peut penser que les bureaux, tout comme la fabrique de peinture, seraient le théâtre de l'apparition d'un système social fondé sur la négociation.

Cette analyse des effets de l'ancienneté sur les styles de relations et l'intégration à l'entreprise montre en fin de compte que les rapports de travail entre employés ne sont pas plus homogènes que ceux des ouvriers et que, dans les bureaux comme dans les ateliers, l'état de l'organisation influence considérablement les rapports humains.

Mais, par comparaison avec le monde ouvrier, le monde des employés présente des particularités très intéressantes. Dans les bureaux organisés rationnellement, la loi est en effet celle d'une évolution à l'ancienneté des statuts, des fonctions et des habitudes de relations. Même lente, la norme est celle de l'évolution et non pas celle de la stagnation comme pour les ouvriers. Le séparatisme n'existe donc pas dans les bureaux, car, loin d'exclure les individus d'une solidarité collective, la mobilité parce qu'elle est lente introduit les individus dans une succession de strates d'égaux en attente de promotion. La mobilité promotionnelle joue donc chez les employés à l'inverse de chez les ouvriers, ici elle est un facteur d'exclusion de la solidarité des pairs et là elle est au contraire un facteur d'intégration à une collectivité.

Une autre différence avec le groupe ouvrier est celle de la qualité de la solidarité dominante entre employés. Influencés par ces processus d'évolution à l'ancienneté dans un contexte d'organisation très formalisée, les relations collectives entre employés ne sont pas fusionnelles et elles sont rarement démocratiques comme dans les groupes d'ouvriers de métier. L'importance du jeu personnel d'évolution, la relative légèreté des contraintes matérielles du travail et la multiplicité des jeux autour de la règle donnent plus de moyens d'action à chaque individualité que chez les ouvriers spécialisés, et la collectivité des employés oscillera entre une sorte de compromis obligatoire et une entente a priori pour maintenir la bonne ambiance entre pairs.

Les formes de collectivité plus solidaires et acceptant davantage la négociation entre majorité et minorité peuvent exister aussi dans les bureaux, mais elles sont rares, car elles supposent la maîtrise d'un fort pouvoir d'expert dans un contexte bureaucratique où les règles formelles ont été conçues pour gérer rationnellement tous les aléas du travail, où la technologie a peu d'importance.

Nous découvrons ainsi la spécificité des opérations de changement des conditions et de l'organisation du travail de bureau. En élargissant les tâches et en créant des équipes semi-autonomes, on introduit en effet dans le groupe ouvrier les moyens d'une sorte de retour au modèle connu des relations entre professionnels, puisque chaque travailleur devient, en partie au moins, expert d'une tâche plus complexe et de la gestion de l'équipe. Dans les bureaux, les mêmes intentions rencontrent une tout autre problématique. D'une part on crée les conditions d'une collectivité d'experts, d'autre part on fait sortir les individus d'une perspective d'avancement à l'ancienneté en leur donnant davantage de moyens pour investir leur capacité créative dans une tâche et un milieu de collaboration entre pairs.

La réorganisation des tâches de bureau dans une perspective d'enrichissement et d'autonomie porte ainsi atteinte à tout l'édifice socio-technique et culturel qui s'est développé dans le contexte de la bureaucratie classique ; et il n'est pas sûr que l'on ait clairement mesuré les conséquences de ces initiatives sur tout le système social des rapports de travail au bureau, car la tâche et le bureau ne sont pas les seuls à être concernés, c'est toute l'adaptation des employés à l'univers administratif qui est en cause.

POSITIONS DES EMPLOYÉS FÉMININS ENVERS LE TRAVAIL DE BUREAU

Il y a actuellement plus de femmes que d'hommes parmi les employés de bureau et il serait souhaitable de pouvoir isoler l'influence de ce recrutement sur les styles de relations que nous venons d'analyser. Très peu de recherches ont été systématiquement effectuées sur une spécificité éventuelle des relations de travail dans un milieu féminin. Et, sur ce point, la comparaison de nos résultats d'enquête sur les promotions entre employés masculins et féminins soulève, dans les bureaux comme à l'usine, la question centrale d'une inégalité des chances au détriment des femmes. C'est donc principalement à partir de cette différence massive de pouvoir que nous pourrons raisonner sur les stratégies féminines d'intégration au travail, et sur les styles de relations qui pourraient en provenir.

LA POSITION DÉFAVORISÉE DES FEMMES AU TRAVAIL

L'accroissement des emplois de bureau[26] entre 1954 et 1968 montre l'ampleur de la féminisation de ces postes. En quatorze ans, les emplois féminins ont augmenté de 598 984 unités, alors que les hommes n'en gagnaient que 124 464. Cette évolution se poursuit de façon comparable à l'intérieur des différentes branches d'activités tertiaires, puisque, dans le même laps de temps, les emplois féminins ont progressé de 33 % dans les banques et les assurances, de 31,6 % dans les services publics administratifs et de 21,06 % dans les services. Pendant la même période, les emplois féminins (OS et OQ) de l'industrie décroissaient légèrement en passant de 1 174 900 à 1 004 340 unités et le secteur agricole perdait 813 000 emplois. Parmi les secteurs professionnels féminins où les gains sont remarquables, il faut surtout citer les cadres administratifs moyens où les femmes gagnent 119 592 postes contre 73 700 seulement aux hommes. En revanche, dans les catégories de contremaîtres, techniciens, ingénieurs et cadres supérieurs, les gains féminins restent très faibles par rapport aux fortes progressions d'emplois masculins. Il est donc raisonnable de dire que, pendant la période des trois derniers recensements, la structure de l'emploi marque une entrée massive des femmes dans les emplois de bureau et une progression réelle au niveau des cadres moyens. Pendant ce temps, les hommes quittent l'agriculture pour les postes d'ouvriers spécialisés, restent stationnaires dans les postes qualifiés de l'industrie et dans la maîtrise, augmentent un peu leur nombre dans les bureaux, mais surtout occupent presque tous les postes de techniciens, de cadres administratifs supérieurs et d'ingénieurs.

Cette analyse rejoint les conclusions de F. Lantier [27] soulignant qu'à l'intérieur même des postes d'exécution, les femmes restent en bas de l'échelle des qualifications aussi bien à l'usine qu'au bureau ; tandis que, dans les postes de techniciens et de cadres, les femmes se voient affecter les fonctions sans réelle perspective d'évolution.

Ainsi marginalisées par rapport aux cheminements de carrière, les femmes le sont encore davantage par le fait que, dans l'industrie et dans les bureaux, on constate peu de liens entre les emplois occupés et la formation scolaire ou professionnelle de base, sauf pour le petit nombre de cadres moyens féminins. Une réelle discontinuité dans l'activité professionnelle des femmes, ainsi que dans les types d'emplois qu'elles occupent successivement, accentue encore leurs faibles perspectives d'évolution.

Même si les femmes travaillent plus jeunes qu'autrefois, la moitié des actives ne persistent pas après vingt-cinq ans. Beaucoup de femmes entrent donc jeunes au travail, mais pour une période de dix ans, et retournent ensuite auprès de la famille et des enfants. Avant vingt ans enfin, leur faible qualification rend les femmes très vulnérables aux mouvements de la conjoncture économique nationale et régionale. Seules les femmes de plus de quarante ans retrouvent une certaine stabilité de carrière. Il y a donc encore de fortes inégalités entre les emplois féminins et masculins, inégalités dont le résultat majeur, pour notre propos, est de tenir la plupart des femmes à l'écart d'une progression par le perfectionnement des compétences et des connaissances techniques vers les postes qualifiés et vers les hauts niveaux de responsabilité.

Cette inégalité des hommes et des femmes à l'égard du phénomène de la carrière est vérifiée par nos enquêtes dans les usines et les bureaux. Dans les départements étudiés de l'entreprise électrotechnique, nous avons rencontré 235 femmes OS pour 275 hommes OS, mais seulement 24 femmes pour 677 ouvriers qualifiés. Dans l'enquête effectuée à l'UNCAF, les femmes représentent 78 % du personnel ; elles peuvent bénéficier d'un avancement à l'ancienneté et au choix à l'intérieur de la hiérarchie des catégories d'emplois, mais elles sont proportionnellement bien moins nombreuses que les hommes à accéder aux premiers échelons de l'encadrement (22 % des femmes contre 34 % des hommes). Dans l'entreprise de peinture où nous avons étudié le service administratif de 50 personnes, tous les chefs de tables sont des hommes et tous les employés sont des femmes. Enfin, dans notre enquête en milieu d'assurances, les femmes représentent 75 % des employés et 52 % seulement des agents de maîtrise. Le long des catégories de l'échelle des postes, elles sont proportionnellement moins nombreuses aux échelons supérieurs que les hommes [28].

Les chiffres du tableau n° 19 sur la répartition des femmes le long d'une échelle des qualifications réelles de postes, effectuée au moment moment de l'enquête à partir d'une étude d'évaluation des postes, donnent une image plus fidèle que celle des simples catégories de salaires de la hiérarchie des fonctions et des perspectives réelles d'avancement. On peut y remarquer le désavantage croissant des femmes à mesure qu'on monte dans l'échelle des postes, avec l'exception de la catégorie des employés techniciens où les femmes restent proportionnellement privilégiées par comparaison avec les catégories professionnelles adjacentes.

Au moment de l'enquête, la différence de position entre les hommes et les femmes face aux perspectives d'avancement à l'ancienneté s'explique par une série de facteurs associés. D'une part, l'extension récente du personnel de l'entreprise s'est faite par un large recrutement de jeunes employés féminins, si bien que le plus grand nombre est encore cantonné dans les échelons de qualification et d'ancienneté faible. D'autre part, les femmes sont moins diplômées que les hommes, dont 60 % sont du niveau baccalauréat, contre 45 % chez les femmes. Par ailleurs, le temps d'ancienneté dans chaque catégorie de qualification est le même chez les hommes et chez les femmes (qui sont aussi nombreuses à avoir deux ans ou sept ans d'ancienneté dans leur catégorie). Il semble donc que les hommes soient plus facilement recrutés à des fonctions plus élevées que les femmes et qu'on leur fasse davantage sauter des échelons.

Tableau 19. Qualification des hommes et des femmes à la compagnie d'assurances

	Archivistes N = 15	*Calculs simples* N = 143	*Gestion moyenne* N = 310	*Gestion difficile* N = 101	*Techniciens* N = 206	*Maîtrise* N = 67
Catégorie de salaires médians.........	III 2	III 3	III 3, IV	IV, IV 2, AM	AM, AM2	AM 3
Femmes...........	27 %	87 %	72 %	56 %	66 %	52 %
Hommes..........	73 %	13 %	28 %	44 %	34 %	48 %

Mais cette différence entre les profils de carrière n'est pas la seule à devoir être soulignée entre les hommes et les femmes employés de bureau. Les chiffres de la structure de l'emploi au cours de ces quatorze dernières années révèlent que, si la catégorie des techniciens a eu l'occasion de vivre une mobilité sociale, c'est dans la catégorie des employés de bureau que ce même phénomène s'est produit pour les femmes, ainsi que dans le groupe des cadres moyens.

En regardant les résultats particuliers de nos enquêtes, on constate en effet qu'à la compagnie d'assurances (tableau 20) les femmes sont plus nombreuses à être d'origine ouvrière, tandis que les hommes viennent davantage du milieu employé. Et si l'on considère la profession du conjoint, il apparaît que les femmes employées d'assurances ont des maris qui viennent des milieux ouvriers et cadres alors que la grande majorité des épouses d'employés de bureau sont ou bien à la maison ou bien de même niveau professionnel qu'eux-mêmes. Les femmes ont donc une mobilité sociale plus grande par rapport à la profession du père et à la profession du conjoint. Elles sont à la fois plus nombreuses que les employés à venir du monde ouvrier et à s'y marier, et plus nombreuses à se marier dans des milieux sociaux plus élevés dans l'échelle sociale. Les hommes employés de bureau sont beaucoup plus stables et fixés dans les limites sociales et professionnelles des catégories moyennes de la population.

Tableau 20. Mobilité sociale des employés d'assurances

	Profession du père		*Profession du conjoint*	
	F	*H*	*F*	*H*
Ouvrier / Technicien / CM	48	35	30	16
Artisan, commerçant	33	44	5	3
Employés			30	60
Enseignant			10	9
Cadre moyen	19	20	14	3
Cadre supérieur			7	7
N = 713				33 % des conjoints sans profession.

Ces résultats sont relativement confirmés par les enquêtes de l'entreprise administrative du secteur public réalisées par A. Flavigny *op. cit.*, où les agents féminins sont originaires du milieu ouvrier (30 %) comme les hommes mais, alors que ces derniers ont surtout des épouses employées (62 %), une part des maris des agents féminins sont cadres (26 %) et d'autres sont des ouvriers, ce qui rend leur milieu social global beaucoup moins homogène que celui des agents masculins.

Les mobilités professionnelles par rapport à la carrière, et sociales par rapport au milieu des parents ou de la famille actuelle, différencient nettement les employés de bureau masculins et féminins. Dans les cas des hommes ayant un niveau d'études et de formation professionnelle plus élevé que les femmes et étant par ailleurs plus âgés, plus anciens dans la maison et plus modelés par les fonctions qu'ils ont eues, on peut souligner que la mobilité professionnelle par la carrière l'emporte sur la mobilité sociale. Le phénomène inverse caractérise les femmes, en général plus jeunes, moins instruites, moins anciennes et plus stables dans leurs postes de travail. Pour elles, c'est une mobilité sociale et une stabilité professionnelle dans les bas échelons de la carrière qui définit leur position. Très peu restent dans le milieu employé comme filles et épouses d'employés. En dépit d'un réel courant d'ascension, par une carrière lente vers les postes de cadres moyens, les femmes, dans leur très grande majorité, restent aux échelons inférieurs de la hiérarchie des fonctions, du prestige, de la formation professionnelle, des connaissances techniques et des salaires. A niveau d'instruction égal, les hommes passent devant elles. Et s'il y a des politiques du personnel explicitement orientées vers la promotion des femmes aux postes de maîtrise et de cadres moyens, comme dans la compagnie d'assurances de notre enquête, les hommes se retrouvent plus nombreux aux postes d'encadrement et de technicité supérieure tandis qu'à niveau égal de qualification et de hiérarchie, les femmes doivent être plus instruites que les hommes pour atteindre et conserver leur poste.

Ce net désavantage de la position des femmes dans les bureaux et leur mobilité sociale comparativement plus développée ont des effets certains sur les attitudes envers le milieu professionnel. La stratégie globale des ouvrières — un attachement au poste mais pas au milieu de travail — que nous avions désignée par le terme de retrait se retrouve ici confirmée. Mais les résultats des enquêtes[29] sur les jugements à l'égard de l'entreprise, des conditions de travail, de la nécessité de travailler pour les femmes, apportent quelques nuances. Ce relatif désengagement féminin à l'égard d'une situation professionnelle défavorisée par rapport aux hommes, n'a pas exactement la même signification à l'usine et au bureau. Dans l'atelier où les femmes n'ont pratiquement aucun espoir de sortir de la condition d'OS — tout au plus peuvent-elles obtenir des aménagements de la pénibilité du travail — l'ensemble des travailleurs tend à nier l'intérêt du travail féminin. L'injustice sociale et les salaires trop faibles des OS masculins obligent les femmes à travailler pour un salaire d'appoint, mais la véritable condition féminine est celle du foyer. Au bureau, en revanche, où les femmes sont presque aussi critiques que les hommes à l'égard de l'avancement, alors que leurs espoirs réels d'évolution sont plus minces, on voit apparaître une sorte de position défensive des hommes. Ce sont eux qui sont les plus nombreux à soutenir l'idée que le travail compte moins que la famille pour les femmes. Et si elles sont effectivement plus engagées dans la vie de famille, le travail et la culture personnelle ne sont pas pour autant rejetés par elles.

En comparant les points de vue des employés masculins et féminins sur le rôle social de la femme, on découvre que les hommes sont plus près du modèle traditionnel de la femme au foyer et de l'homme s'impliquant davantage dans le travail. Il y a là un phénomène très révélateur d'une certaine attitude masculine de domination. Dans le cas des assurances, cette position peut trouver une part d'explication dans le maintien du privilège masculin de la carrière rapide, qui ne peut se réaliser qu'en imposant une stagnation aux femmes. Si les employés pensent rester à la compagnie jusqu'à la retraite et s'ils paraissent plus attachés personnellement à la maison, c'est qu'ils en tirent davantage de bénéfices personnels.

Cette position masculine de domination est partiellement confirmée par le fait que les hommes sont plus nombreux à penser que les femmes souhaitent un chef masculin, tandis qu'ils sous-estiment leurs espoirs de promotion[30].

Il est d'ailleurs très frappant de constater que les raisons données par les chefs du personnel à l'égard des formes de recrutement et de carrières féminines s'inspirent directement de ce modèle traditionnel du rôle de la femme. Françoise Lantier[31] note que, d'après les employeurs de l'industrie, les femmes ne font pas d'efforts pour se former, elles ne comprennent pas l'ensemble du système de travail, elles ont d'autres centres d'intérêts, elles sont trop absentéistes et irrégulières, elles ne peuvent pas commander les hommes qui ne l'accepteraient pas. Pour toutes ces raisons, on maintient les femmes dans les postes les moins qualifiés, on ne les recrute pratiquement pas aux postes de techniciens, on leur coupe tout accès aux postes de cadres supérieurs.

Dans les bureaux, les mêmes enquêtes auprès des employeurs montrent qu'ils justifient la relative stagnation des femmes par des raisons très semblables. Les femmes ne cherchent pas à s'améliorer, elles ne veulent pas suivre des cours du soir ; elles craignent les responsabilités, elles ne veulent pas « se bagarrer » ; elles orientent leurs intérêts vers d'autres activités. Nous voyons ainsi que si les hommes soutiennent fermement une image traditionnelle de femmes ne pouvant jouer qu'un rôle professionnel d'appoint, c'est seulement dans le monde du bureau que cette image est contredite par des conduites et aspirations féminines vers la carrière.

LE RETRAIT DES RELATIONS PROFESSIONNELLES

Dans ce contexte global de suprématie masculine, comment les femmes organisent-elles leurs rapports humains de travail ? Par référence au modèle global de protection des rapports interpersonnels extérieurs au travail et de faiblesse de la cohésion de groupe remplacée par une forte dépendance à l'égard du chef officiel, il semble que les femmes accentuent encore le désengagement des relations collectives entre collègues. En termes de stratégie, il faut bien reconnaître que le désavantage qui caractérise la position féminine n'incite guère à s'engager à fond dans les relations de travail. La meilleure façon de se protéger est encore de prendre le moins de risques possibles en évitant les relations trop avancées, les discussions dangereuses, et le déséquilibre dans les échanges de service.

Les réponses d'employées d'assurance, comparées à celle des hommes de la même compagnie, qui sont présentées dans le tableau 29 traduisent une différence assez faible mais persistante dans les façons de vivre les relations interpersonnelles. Les femmes y apparaissent moins engagées dans les rapports affectifs et cognitifs entre collègues, plus soucieuses d'éviter les sujets de conversation dangereux, et moins enclines à prendre des responsabilités collectives.

Le problème posé par ces résultats est alors celui de savoir pourquoi les femmes continuent d'entretenir la relative suprématie des hommes par une conduite collective de désengagement des rapports de travail. Lors de la communication des résultats de l'enquête à la compagnie d'assurances, la question principale des délégués du personnel portait sur les femmes au travail. Avec une insistance étrange, les employés et cadres, masculins et féminins demandaient au sociologue de les éclairer sur ce problème général comme s'ils vivaient des échanges quotidiens sans pouvoir en tirer de conclusions. Quelque chose de plus profond et de plus caché que l'intérêt ou le sentiment semblait influencer les conduites réciproques, au point de brouiller en permanence les pistes de la raison consciente. Une sorte d'inquiétude diffuse perçait chez les femmes, celle de ne pas être assez considérées et, chez les hommes, celle d'avoir à reconsidérer les bases de leur suprématie confortable.

Nos résultats d'enquête restent en deçà de ces interrogations de responsables syndicalistes tout en justifiant leurs questions : pourquoi les employées sont-elles une forte majorité à admettre que les femmes sont jalouses, que cela détruit l'ambiance du travail, que les chefs doivent être des hommes ? Ce modèle de la soumission féminine pour des raisons qu'on voudrait attribuer au « naturel féminin » est d'ailleurs largement présent en usine où les ouvrières reconnaissent leur dépendance envers les chefs masculins. Pourquoi faut-il que les femmes se considèrent elles-mêmes incapables de maîtriser leurs passions et leurs jalousies entre collègues au point de demander le soutien et l'intervention de l'autorité des chefs masculins ?

A ce point de nos interrogations, il n'est plus guère possible d'imaginer des hypothèses de réponses en s'appuyant sur les observations faites ici et là sur le travail féminin. Dire que les hommes utilisent une définition des particularités « naturelles » de la femme pour conserver les moyens d'avancer dans l'entreprise, c'est effectivement rejoindre le point de vue de Serge Moscovici[32]. Il affirme : « On ventile sous la rubrique nature ce qu'on veut dominer et subordonner (les animaux, voire les femmes et les enfants) et l'on passe sous la rubrique culture ce qui est le monopole des mâles et souvent leur instrument de domination. »

En classant les femmes dans une catégorie « naturelle » de travailleurs sous-qualifiés, les hommes conserveraient le moyen d'entretenir leur supériorité sociale grâce à la domination qu'ils exercent dans l'univers professionnel. Et cette référence à la nature féminine serait d'autant plus explicite et idéologiquement formulée que le privilège technique des hommes est menacé par les capacités de travail des femmes. Mais cette réduction des femmes à leur « nature » ne rend pas compte des raisons pour lesquelles elles acceptent cette situation et se soumettent à l'autorité masculine. Françoise Lantier[33] constate, au terme de son analyse de la position défavorisée des femmes dans la structure de l'emploi, en France, que, si le maintien des structures hiérarchiques d'entreprise entretient fondamentalement la suprématie des hommes dans la société, c'est parce que l'équilibre des rôles de l'homme et de la femme à l'intérieur même de la famille est en question[34].

Les réactions féminines au travail, et tout particulièrement à celui

Tableau 21. Position de femmes employées de bureau à l'égard des relations interpersonnelles de travail

	Compagnie d'assurances	
	Femmes N 530	*Hommes N 183*
	%	%
Les amitiés entre collègues sont rarement rompues	47	57
L'amitié au travail est souhaitable	49	68
Difficile de savoir si l'on est sympathique aux autres	35	26
On ne peut jamais prévoir les réactions des autres	84	69
Il faut parler de soi le moins possible	84	74
On manque de mots pour s'exprimer	54	41
On se tait en politique car les opinions sont quelque chose de personnel	55	41
Les disputes politiques entraînent des tensions	44	31
En cas de désaccords, il faut arrondir les angles pour éviter les heurts entre collègues	73	64
Le vote à bulletin secret est préféré en général	69	52
En cas de décision urgente :		
— il faut attendre le retour des autres	70	56
— on peut décider et rendre compte après	12	28
En cas de difficultés entre collègues :		
— le chef est obligé d'intervenir	35	32
— on décide entre collègues	47	56
Quand on décide seul, on recherche d'abord :		
— le soutien et la compréhension d'un proche	40	29
— l'élargissement de ses informations	50	65

	Combien d'amis avez-vous au travail ?			
	Aucun ami	*1 ou 2*	*3 et plus*	*Total*
Hommes	19 %	38 %	43 %	100 %
Femmes	32 %	40 %	28 %	100 %

	Avec combien (d'amis) de collègues de bureau êtes-vous sortis ?			
	Avec aucun	*Avec 1 ou 2*	*Avec 3 et plus*	*Total*
Hommes	33 %	41 %	24 %	100 %
Femmes	44 %	41 %	15 %	100 %

du bureau, traduiraient en fait un attachement très profond à la valeur famille ; mais, de façon plus subtile, cet attachement cacherait une difficulté à inventer de nouvelles façons de vivre les rapports d'autorité et de domination à l'intérieur même de la famille. Le paradoxe constaté chez les employées entre la naissance d'un intérêt pour l'évolution professionnelle, et la soumission à l'autorité des chefs masculins, serait le signe de ce que les femmes continuent à reproduire dans le travail les rapports d'autorité qui se vivent à l'intérieur de la famille. Dans le bureau, les femmes échangent la stagnation professionnelle contre le maintien des structures familiales traditionnelles, en voyant dans le chef plus un père, un conseiller, que le représentant d'une autorité fondée sur des critères purement techniques et donc contestables. Accepter de nouvelles responsabilités dans le travail, dans la carrière, dans l'intérêt pour la technique et le perfectionnement, cela voudrait dire pour les femmes qu'elles envisageraient de vivre autrement l'autorité dans la famille et la répartition des rôles en fonction du sexe. Ce serait en somme la question cruciale du mode de rapport à l'autre qu'est le mari, et de la façon de vivre la sexualité dans les responsabilités familiales qui serait posée par l'évolution du travail féminin dans le bureau.

LES POSSIBILITÉS D'ENGAGEMENTS FÉMININS DANS LA VIE COLLECTIVE DE BUREAU

L'élément féminin du personnel de bureau est en quelque sorte exclu du processus général d'implication à l'ancienneté dans une vie collective de travail. Telle pourrait être l'une des conclusions logiques de notre analyse. Avec bien des nuances, cette remarque générale signifie tout de même que l'ampleur du phénomène d'individualisme chez les employés de bureau ne peut être comprise qu'en tenant compte de la situation particulière des femmes. C'est en effet parce que les femmes ont les moyens externes au travail de supporter une relative soumission et stagnation dans la profession que les courants d'ascension à l'ancienneté ont une réalité pour les hommes. Se réfugiant au bureau dans une sorte de retrait qui protège leurs activités extérieures, les femmes laissent aux hommes le champ libre pour se placer sur le terrain de l'avancement. C'est beaucoup plus entre eux que s'élaborent les relations d'Entente et Compromis dans la coexistence entre rivaux face à la promotion lente. Et cette position de relative compétitivité collective ne tient que parce qu'elle s'impose aux exclus de la compétition que sont les femmes et les jeunes.

Mais s'en tenir à une remarque si générale serait rester trop loin d'une réalité socio-professionnelle qui évolue avec les impératifs des organisations concrètes. Le nombre de femmes au travail augmente sans cesse et l'on rencontre aux assurances des services à 75 % féminins, et des bureaux entièrement féminisés. Or, c'est dans cette réalité précise d'une majorité d'employés féminins qu'ont été faites les diverses réorganisations qui ont toutes eu pour objet de bousculer la spécialisation des attributions, le contrôle hiérarchique et les courants de promotion.

La réorganisation des conditions de travail semble avoir entraîné une certaine évolution du style des rapports féminins de bureau. La courbe (figure n° 9) exprimant la satisfaction des femmes envers l'ambiance de bureau par services dans la compagnie d'assurances montre que c'est dans les services touchés par la réorganisation que les femmes sont le plus satisfaites de l'ambiance collective. Et ce phénomène est encore appuyé par la comparaison entre les bureaux d'une même branche, quand certains ont été réorganisés plus récemment que d'autres. A la branche familiale, les jugements moyens sur la bonne ambiance passent de 45 % à 58 % pour un personnel aux trois quarts féminins. Tandis qu'à l'accident, où l'on compte plus de 80 % de femmes, les jugements positifs sur l'ambiance de bureau augmentent de près de 10 % avec la réorganisation.

Dans les services traditionnels, les hommes sont nettement plus contents de l'ambiance que les femmes, cantonnées dans des positions subalternes. En revanche, la réorganisation paraît engendrer plus de satisfactions chez les femmes qui occupent dans les petits bureaux des postes de gestion « synthétiques », c'est-à-dire plus complexes et comparables à ceux des hommes. Au bout d'une période de plusieurs années de cette pratique, les hommes et les femmes ont appris à vivre sur un pied d'égalité, comme paraissent l'indiquer les résultats de la branche groupe où la réorganisation a eu le temps de prendre tous ses effets.

Les analyses faites sur les relations entre collègues dans les services presque uniquement féminins de l'accident font ressortir que l'intérêt pour l'ambiance des bureaux réorganisés correspond effectivement à une certaine transformation des rapports sociaux. Dans un contexte de tâches moins spécialisées, de rapprochement avec les collègues et avec le chef dans les petits bureaux, on peut faire l'hypothèse que deux phénomènes se produisent dans les relations de pouvoir. Les employés acquièrent un léger pouvoir d'expert sur les tâches de gestion complexe des dossiers qui leur sont confiés, tandis que les chefs perdent la protection de la distance et de leur supériorité technique fondée sur une plus grande polyvalence. Dans cette nouvelle expérience du pouvoir, les rapports entre collègues féminins deviennent plus techniques, on s'engage davantage dans les discussions, on a plus d'amis au travail et les heurts considérés comme inévitables peuvent « crisper » les gens. Le rapport au chef est, semble-t-il, vécu moins dans la soumission que dans l'acceptation du face à face. Les employés se protègent moins et exigent un contact personnel plus humain avec le chef qui doit chercher à défendre ses employés. Dans le groupe, un sentiment de vie plus harmonieuse et homogène repose sur une sorte de certitude de l'emporter « chacun son tour » dans les décisions collectives, et sur une plus grande facilité à accepter l'intervention directe d'un chef que l'on connaît et contrôle bien.

Ce modèle de vie interpersonnelle plus engagée dans la collectivité de travail chez des employés féminins apparaît également dans les styles de relation des cinquante-huit employés des services administratifs de l'entreprise de peinture. Dans les bureaux de ce service, où la plupart des employées sont récemment arrivées à l'entreprise, une réorganisation vient d'intervenir avant la période de l'enquête. Dans l'ancien système, une quinzaine d'employées, installées dans un même grand bureau, ont connu une époque d'extrême dépendance envers un chef arbitraire qui les maintenait en

Fig. 9. Satisfaction de l'ambiance de bureau à la compagnie d'assurances en fonction du sexe et de la réorganisation des services

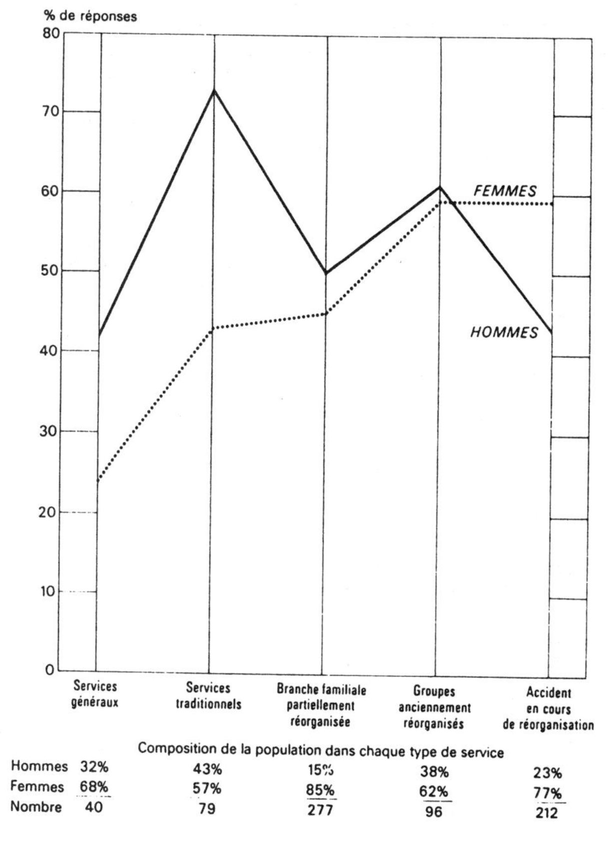

	Services généraux	Services traditionnels	Branche familiale partiellement réorganisée	Groupes anciennement réorganisés	Accident en cours de réorganisation
Hommes	32%	43%	15%	38%	23%
Femmes	68%	57%	85%	62%	77%
Nombre	40	79	277	96	212

concurrence individuelle pour la répartition des tâches, l'accès aux promotions de salaire et la discipline courante. Avec la croissance de l'activité économique de l'entreprise, il a fallu embaucher beaucoup d'employés. La direction en a profité pour réorganiser les attributions par « travées », c'est-à-dire que des groupes de sept ou huit personnes sont assis autour d'une même grande table avec un chef de table. Or, l'analyse sociologique a pu montrer que ces tables ont des situations inégales par rapport aux salaires, à l'intérêt du travail, à la proximité directe du chef et à la liberté d'organiser ses activités. Une hiérarchie croissante s'établit ainsi entre les tables de services généraux, facturation, service clients, comptabilité, ordinateur et statistiques. Dans ce contexte d'inégalités par noyaux, deux phénomènes d'ambiance apparaissent. Là où auparavant régnait l'individualisme et la jalousie interpersonnelle en réponse au jeu arbitraire du chef, on voit s'instaurer un réel climat d'entraide, d'entente et de sympathie à l'intérieur d'une même table. En revanche, des oppositions et rivalités entre tables et envers les chefs des autres tables paraissent établir une sorte de climat de lutte de clans. La comparaison des réponses du groupe des employés à celles des ouvriers et agents techniques de la même entreprise montre clairement l'existence de cette mentalité féminine plus collective.

Tableau 22. Relations collectives dans les bureaux, ateliers et laboratoires de l'entreprise de fabrication de peinture

	Ouvriers *N 87*	*Employées* *N 54*	*Techniciens* *N 25*
	%	%	%
Ne voudrait pas quitter son poste	68	96	82
En cas de difficultés dans le travail, il faut se tourner vers les collègues	25	55	29
A la longue, dans une équipe on forme un groupe sympathique	29	41	31
Dans un groupe idéal, il ne faut pas de chefs	18	53	59
La solidité d'une amitié tient au fait :			
— d'être ensemble	40	54	38
— d'avoir les mêmes opinions	22	25	56
— d'appartenir au même milieu	38	21	6
Pour vous, la solidarité qu'est-ce que c'est ?			
— un échange de services	14	26	47
— la sympathie	14	36	19
— appartenir au même groupe social	72	38	34
Pour vous, qu'est-ce qui compte le plus ?			
— la confiance du chef	22	5	24
— la camaraderie	27	16	12
— le travail bien fait	33	30	54
— la solidarité	18	40	12

Ces deux exemples montrent qu'à notre avis les rapports féminins de travail peuvent fort bien évoluer vers plus d'engagements collectifs, mais à la condition d'être débarrassés des phénomènes de tutelle masculine qui se développent à propos des processus d'avancement à l'ancienneté. Quand les conditions de travail redonnent un certain pouvoir d'expert aux employés, on découvre que les femmes évoluent vers un modèle de relations collectives où elles s'engagent dans les discussions et vont même jusqu'à changer d'attitudes envers les chefs masculins. Mais ce modèle de relations collectives dans des bureaux à majorité féminine est-il le même que celui des hommes ? Nos résultats ne nous ont pas permis de répondre à cette question fort intéressante de savoir si la collectivité féminine autonome et responsable fonctionne sur les mêmes normes d'échanges et d'affrontement que celle des hommes également autonomes. Il y a là probablement l'un des secteurs de recherche les plus utiles à développer dans le court terme si l'on veut comprendre les points de mentalité où l'évolution risque d'être la plus rapide dans une société contemporaine où les entreprises à personnel féminin majoritaire ne cessent d'augmenter. Il ne s'agit pas de chercher une capacité anthropologique à vivre les rapports de collectivité qui soit spécifique aux femmes. Mais on peut tout de même s'interroger sur la future configuration des rapports de travail, quand les femmes y investiraient davantage les capacités relationnelles qui leur viennent de terrains d'expériences sociales souvent différents de ceux des hommes.

CONCLUSION

Le monde des employés de bureau n'est pas plus simple à saisir que celui des ouvriers d'atelier. Mais, alors que ces derniers nous renseignaient tout particulièrement sur les conséquences du pouvoir des gens de métier et sur la fusion des OS, trop enserrés par la technique, le monde des employés nous informe sur la complexité des jeux interpersonnels qui se développent autour de l'existence d'une règle formelle.

L'importance sans cesse accordée dans les bureaux à l'impersonnalité des règles et à la subjectivité des relations peut trouver une explication dans la tendance à l'individualisme qui nous est apparue comme très représentative de beaucoup d'employés. L'individualisme, qu'il ne faut pas confondre avec le retrait des rapports humains de travail, n'est pas tant dans les personnalités que dans la nature des règles et des contraintes du milieu. Dans un univers technique relativement léger, les obstacles matériels à la communication sont moins nombreux que dans les ateliers. Les possibilités de s'affirmer personnellement sont ainsi physiquement plus élevées. Les relations avec les autres ne trouvent de contraintes que dans les règles organisant les fonctions et les circonstances de la vie de bureau. Toutes les stratégies personnelles d'affirmation de soi sont d'abord orientées vers un jeu très individuel de protection, de détournement et d'interprétation des règlements écrits qui définissent théoriquement la place de chacun.

La règle formelle est tout à la fois l'atout et l'enjeu de l'action individuelle, et l'on peut comprendre comment, dans un même élan vers la quête de soi et des autres, l'employé est conduit à critiquer et défendre l'existence du règlement. L'individualisme est ainsi le signe de la multiplicité des stratégies qui s'élaborent autour de la complexité des textes et des règlements, définissant pour chacun la zone de ses attributions spécialisées.

Les tâches intellectualisées et hiérarchisées offrent à chacun la possibilité théorique d'avancer vers des échelons supérieurs. Cette carrière possible, qui distingue si fortement le bureau de l'atelier, se trouve ne pouvoir se réaliser qu'à l'ancienneté dans le contexte des organisations bureaucratiques contemporaines plus riches en capacités d'évolution qu'en postes à pourvoir. L'individualisme du jeu par rapport à la règle de travail se double ainsi d'un jeu par rapport à l'avancement ouvert à tous mais concurrentiel dans une structure pyramidale. Et c'est autour de ce développement des projets individuels que le monde de bureau a paradoxalement inventé une nouvelle forme de collectivité par rapport aux phénomènes de fusion et de négociation largement développés dans les groupes ouvriers.

Alors que les perspectives de mobilité professionnelle séparaient brutalement l'ouvrier de son milieu, les perspectives de mobilité à l'ancienneté continuent à intégrer les employés au milieu de travail. Condamnés collectivement à stagner dans les strates de même grade, compétence et ancienneté, en attendant une promotion, les employés doivent faire coexister leurs individualismes. Les bureaux où se trouvent des employés ayant déjà une certaine ancienneté sont ainsi le théâtre de la création d'une collectivité de strate, où se développe un style d'Entente et Compromis tourné vers l'organisation d'une sorte de coexistence pacifique entre rivaux capables chacun de stratégies individuelles. Apparemment centré sur la réalisation des projets de chacun, ce type de collectivité vire facilement à la méfiance si les possibilités d'évolution réelles sont trop faibles. Cette mutation d'une sociabilité stratégique à une stagnation pathologique est fréquente dans les organisations administratives, où la recherche d'une rationalité unique et centralisée conduit à ne plus permettre de récompense au travail que par la promotion individuelle ou les augmentations catégorielles de salaires. Il y a là comme une sorte de syndrome pyramidal des grandes entreprises bureaucratiques, dont le signe majeur est finalement de plonger les individus dans un jeu de méfiances interpersonnelles exacerbées autour des scènes de notation et de promotion.

Le monde du bureau contemporain peut-il inventer une autre forme de sociabilité collective, alors que celle qu'il avait fait naître autour de la défense collective des mobilités individuelles s'est progressivement estompée avec l'encombrement des structures pyramidales ? Nous avons certes rencontré des groupes de travailleurs centrés sur la possession de pouvoirs d'experts relativement consistants, mais le style de collectivité ainsi développée n'a pas révélé de caractéristiques différentes des positions de solidarités démocratiques rencontrées dans les ateliers de métiers en usine. C'est plutôt du côté des effets de la féminisation des emplois de bureau qu'il faudrait chercher les éléments d'une possible discussion sur la sociabilité au travail. Encore largement enfermées dans des positions défavorisées à l'égard du travail et de l'avancement, les employées se définissent par une sorte de désengagement à l'égard des rapports de bureaux. Mais une telle inégalité des chances ne saurait durer encore bien longtemps, et l'on peut attendre des rapports de bureau qu'il s'y développe ou bien de nouvelles formes d'entente collective centrées sur la redistribution des chances et des filières d'évolution, ou bien l'invention de rapports de travail explicitement centrés sur la réalisation de stratégies évolutives dans d'autres univers de relations.

La critique envers l'esprit de bureau par ceux-là mêmes qui en sont imprégnés paraît en tous les cas annoncer la fin d'une époque, où les formes rationnelles et pyramidales de l'organisation trouvaient une justification solide dans le développement de stratégies individualisées et tournées vers le contrôle de la tâche et de son évolution professionnelle et donc sociale.

Chapitre 4

Agents techniques et nouveaux rapports de travail

L'apparition relativement récente dans l'histoire industrielle d'une nouvelle catégorie de travailleurs, celles des agents techniques, comptant déjà plus de 530 716 membres en 1968 avec des taux de progression rapide [1], pose la question de savoir si nous assistons à la naissance de nouvelles formes de relation dans les rapports de travail.

Autrefois cantonnés dans les bureaux des méthodes, les agents techniques sont à présents majoritaires dans les bureaux d'étude et de dessin industriel ou du bâtiment, dans les laboratoires de recherche et d'essai, tout particulièrement dans la chimie et l'électronique, et plus généralement encore dans les services d'informatique et les services d'organisation.

Cette question revêt donc une importance primordiale dans la société contemporaine, car, au moment où l'on a besoin de plus de technicité dans les entreprises et administrations, sous l'effet de la rapidité des changements technologiques et du développement de la recherche en entreprise, la société scolaire et universitaire produit beaucoup de capacités intellectuelles par l'allongement des études secondaires et la création des formations universitaires en technologie. La croissance de la population des techniciens est donc d'ores et déjà un phénomène marquant de la démographie industrielle et administrative, dont on n'a pas fini de mesurer les conséquences au plan des hiérarchies de fonction et de salaire. L'une des façons d'aider à anticiper consiste, selon nous, à clarifier la liaison pouvant exister entre les éléments marquants de la situation sociale et organisationnelle des agents techniques et la qualité des relations qu'ils peuvent élaborer dans leurs rapports de travail.

La maîtrise du savoir technique est l'une des données importantes de la position de technicien en entreprise, d'autant plus que la croissance des effectifs de cette catégorie étant encore récente, la population des bureaux d'études est souvent jeune et imprégnée d'un esprit nouveau à l'égard du travail et de l'autorité en entreprise. Son savoir technique tout neuf met souvent en difficulté celui de cadres et d'ingénieurs plus anciens, et l'on peut se demander où se situe véritablement le pouvoir officiel dans un contexte de renouvellement rapide des sources d'expertise.

Placés entre les ingénieurs, les cadres moyens et les ateliers, ou bureaux d'employés, les agents techniques se trouvent placés à une charnière culturelle et fonctionnelle de plusieurs univers. Ils doivent communiquer avec des gens n'ayant ni les mêmes idées ni les mêmes objectifs. La technicité propre et le contrôle d'informations entre la base et les ingénieurs confrontés à des problèmes difficiles de réalisations expérimentales, donne aux agents techniques une certaine marge de manœuvre et donc de négociation et de choix entre ces mondes opposés. Le problème des alliances est ainsi l'une des questions-clés que ce statut de technicien pose à l'équilibre du système social de l'entreprise, tandis que l'indécision en est le drame permanent. Car l'affiliation à l'un ou l'autre de leurs puissants voisins de frontière risque de faire perdre aux techniciens leur originalité.

Outre la maîtrise d'un savoir technique et la position de charnière entre plusieurs mondes, l'originalité des agents techniques est probablement due à leur mobilité sociale et professionnelle. Les résultats d'enquêtes montrent à quel point le groupe professionnel est originaire d'autres milieux sociaux et combien la trajectoire promotionnelle de la plupart de ses membres est plus évolutive que celle des ouvriers et plus rapide que celle des employés. Les rêves individuels de passage au monde des ingénieurs et cadres peuvent ainsi masquer la réalité des différences, tandis que le système social des rapports en organisation impose de se définir collectivement par rapport aux forces présentes.

Les agents techniques sont ainsi placés dans le dilemme d'avoir à se définir par identification avec d'autres, à qui ils ne ressemblent plus ou pas encore, ou par invention de nouveaux rapports collectifs qui puissent tenir compte des perspectives évolutives du plus grand nombre.

C'est pour analyser les circonstances de ce dilemme et ses répercussions dans les relations de travail que nous avons fait passer le questionnaire des ouvriers et employés aux agents techniques rencontrés dans nos diverses enquêtes en l'adaptant à leur situation. Bien que les échantillons ainsi rencontrés soient relativement faibles, il a tout de même été possible de faire apparaître quelques signes de modes de relations spécifiques chez les techniciens.

Pour élargir les dimensions de cette analyse au-delà des limites numériques de la population étudiée, on s'est efforcé de tenir compte des résultats des autres enquêtes des années soixante ayant porté sur le milieu des techniciens en France. Les concordances entre nos enquêtes et celles de Marc Maurice, Claude Durand et Nicole de Maupeou-Abboud [2] permettent, en effet, de penser que l'univers des techniciens interroge de façon très particulière le développement d'une société de technologie avancée.

LES RELATIONS INTERPERSONNELLES ENTRE AGENTS TECHNIQUES

Sans offrir les signes d'une vie collective très développée, les rapports humains de travail entre agents techniques semblent se distinguer nettement des normes ouvrières par la qualité et l'intensité de leurs engagements dans les rapports d'affinité entre collègues. Des cadres et des employés, ils se distinguent également par un moindre souci de l'ambiance et des rapports personnalisés avec les chefs. Mais ces traits de relations humaines de travail sont encore assez peu nets et ils révèlent davantage une réaction spontanée au caractère évolutif de leur situation que l'invention achevée d'une nouvelle forme de rapports sociaux.

Il est en effet difficile de ne pas recourir au paradoxe et à l'analogie pour parler des relations chez les techniciens. S'il s'agissait de décrire le paysage humain de leur aventure socio-professionnelle, on devrait avant tout signaler le flou de ses contours. L'agent technique est entre plusieurs modes, l'atelier, les bureaux, les étages d'ingénieurs ; sa trajectoire est plus vaste que celle des ouvriers et plus rapide que celle des employés.

Dans cette position évolutive, le technicien découvre progressivement que seules les relations d'affinité avec des partenaires de mouvement offrent une réelle stabilité, et la complexité de cet engagement interpersonnel paraît être l'univers spécifique de leur milieu humain de travail. Tout ce qui évoque les relations collectives paraît, en revanche, être plus difficilement vécu au travail que dans d'autres circonstances, car la position intermédiaire des techniciens est le plus souvent celle d'une minorité dominée par l'appareil hiérarchique, la masse ouvrière ou le monde des employés. Les avantages acquis dans le travail ne sont ainsi parfois comptabilisables que dans la vie extérieure, et les rapports humains hors de l'entreprise paraissent exercer une grande influence sur les habitudes de relations interpersonnelles en général.

Ces remarques s'appuient sur deux sources d'informations. Nous n'avons pas pu interroger en profondeur les agents techniques sur leurs façons d'envisager et de vivre les rapports humains comme cela a pu être fait avec les ouvriers et les employés, car l'enquête était initialement centrée sur ces deux catégories. En revanche, un test projectif sur les différents milieux sociaux de relations humaines permet de cerner davantage l'espace social des techniciens. L'autre source d'information reste celle du questionnaire comparable à celui des ouvriers et employés qui permet de creuser la logique des rapports interpersonnels de travail. La présentation successive de ces deux types de résultats devrait permettre d'isoler les traits caractéristiques du modèle de relations entre techniciens.

L'utilisation d'une sorte de test d'image, inspiré des techniques projectives employées en psychologie clinique [3], a permis d'impliquer les sujets dans différentes situations de rapports interpersonnels relevant du travail, des loisirs, de la vie publique et du logement. Les images et questions posées à propos de chaque planche de six images, l'une évoquant des groupes, l'autre des diades, sont présentées dans les tableaux 22 à 25[4]. Pourquoi recourir à l'image en plus des questionnaires ? Les tests projectifs sont généralement utilisés en psychologie clinique pour faire apparaître les éléments d'une structure psychologique, à travers des choix, des histoires racontées à propos d'une fable ou d'une photo. Il a semblé qu'en associant des images de situations habituelles de rencontre : travail, cantine, habitat, sport, etc., et des phrases évoquant des façons de vivre ces relations, on pourrait recomposer des styles de rapports humains, en fonction des conditions sociales d'échange entre individus. Il aurait été évidemment préférable de suivre les sujets dans les différents secteurs de vie familiale, loisirs, quartiers, etc., mais l'effort nécessaire en coût financier, en temps et aussi en hypothèses de départ, dépassait de loin les limites de ces travaux. Le recours à la technique du test s'offrait comme un moyen de remplacement pour analyser ce problème du poids relatif des milieux sociaux sur les styles de relations.

Quatre groupes professionnels seulement ont pu être testés. Les ouvriers d'un grand atelier de réparation de la SNCF, formant une population ouvrière très qualifiée, assez ancienne et homogène dans ses positions syndicales. Des ouvriers de l'entreprise privée de construction électrique, représentant un échantillon plus disparate sur le plan de la qualification, de l'ancienneté et des affiliations syndicales. Les employés interrogés viennent du siège parisien d'une compagnie d'assurances. Enfin, des techniciens qui travaillent dans les bureaux de dessinateurs, méthodes, organisation électrique ont pu être interrogés dans la même entreprise de construction électrique.

Les résultats de ces tests, plus exploratoires que véritablement démonstratifs, ont l'avantage de faire apparaître, d'une part, que les ouvriers, surtout ceux de l'atelier de réparation, ont un modèle de relation de travail et de loisir bien différent de celui des employés d'assurances ; d'autre part, que les techniciens semblent être partagés entre l'un et l'autre modèle tout en présentant des particularités de normes interpersonnelles assez nettes.

Dans les tableaux 23, 24 et 26, nous avons regroupé les photos évoquant l'univers du travail : la chaîne, le bureau d'employé, le bureau de dessin, une dispute dans ces mêmes milieux, les relations à la cantine et pendant la pause. Les phrases évoquant des comportements d'engagement dans les relations évoquées par la photo n'ont été citées que si elles ont recueilli un taux de réponses dépassant 30 % des sujets interrogés. Les situations évoquant tantôt des relations duelles, tantôt des relations plus collectives, seront analysées séparément avant d'en faire une synthèse.

Les réponses à ce test montrent combien les relations humaines ne sont pas vécues de la même façon dans les ateliers et dans les bureaux. Pour les ouvriers, le travail évoqué par la chaîne entraîne un fort rejet. L'amitié n'y paraît guère possible, les communications sont gênées par les difficultés de langage et, pour le reste, on évoque plutôt un univers vide de sentiments. En revanche, il en va tout autrement dans les bureaux d'assurances. Les employés vivent les rapports de travail de façon plus dense que les ouvriers de la chaîne. La confiance, la discorde et la méfiance paraissent s'y donner facilement rendez-vous comme dans une comédie antique, et le rejet de la vie de travail semble être moins fort qu'à la chaîne.

Les réponses des techniciens se rapprochent beaucoup de celles des employés d'assurances. Ils rejettent moins que les ouvriers les rapports quotidiens de travail. Mais ils se distinguent des employés comme des ouvriers par l'importance relativement forte qu'ils accordent aux querelles. Les ouvriers évoquent très peu la confiance entre collègues au moment du travail. Les employés l'évoquent beaucoup plus et ils semblent avoir peur des influences, comme nous le signalions à propos du phénomène de l'individualisme. En revanche, les techniciens ont un profil de réponses nettement plus marqué par les désaccords graves entre collègues.

Tableau 23. Les relations entre collègues au travail

	Ouvriers		*Employés*	*Techniciens*
	Atelier réparation	*Usine électro-technique*	*Assurances*	*Usine électro-technique*
	%	%	%	%
Attention à ne pas se laisser influencer................	7	9	47	28
Ça finira par des brouilles .	8	7	25	29
Je sais que je peux compter sur lui.................	3	7	29	9
On manque de mots pour exprimer sa pensée......	10	29	22	18
Ce n'est pas comme cela qu'on se lie d'amitié	44	40	30	31
J'aimerais mieux être ailleurs	63	60	47	46
Total N = ...	63	55	110	65

Tableau 24. Les relations entre collègues pendant la pause

	Ouvriers		Employés	Techniciens
	Atelier	*Usine électro-réparation*	*Assurances technique*	*Usine électro-technique*
	%	%	%	%
C'est comme cela qu'on se connaît bien	29	16	17	20
Je sais que je peux compter sur lui	27	18	22	8
C'est comme cela qu'on fait facilement connaissance	27	13	8	8
Attention à ne pas se laisser influencer	34	34	25	23
Ça finira par des brouilles	12	14	24	5
J'aimerais mieux être ailleurs	17	19	40	12
Total N =	63	55	110	65

Le moment de la pause (tableau 24) engendre des attitudes très différentes de celles des moments de travail à l'égard des relations entre collègues. Ce sont les ouvriers, et surtout ceux de l'atelier de réparation, qui y voient l'occasion de rapports humains denses et chargés d'affectivité et d'influences réciproques. Pour les employés, la pause ne fait pas de différence majeure d'avec les périodes normales de travail mais, par comparaison avec les ouvriers, cette situation est alors vécue beaucoup plus négativement. Les techniciens ne paraissent pas impliqués dans ce genre d'échanges à côté du travail. Ils n'y voient même plus l'occasion de brouilles, comme si le contenu du travail était en soi occasion d'échanges et de discordes, alors que, pour les ouvriers, la pause jouerait davantage cette fonction de rapprochement.

Le thème de la dispute sur les lieux de travail présenté dans le tableau 25, fait apparaître une réelle originalité chez ces agents techniques venant de trois usines séparées dans la même entreprise. Plus que les ouvriers de la même usine et de l'atelier de réparation situé dans une tout autre province, beaucoup plus que les employés d'assurances, les techniciens semblent vivre le conflit avec intensité et anxiété. Les ouvriers admettent l'importance des heurts mais ils pensent qu'une solution se situe surtout dans la discussion entre collègues. Les techniciens semblent encore plus engagés dans le conflit et la discussion, mais ils reconnaissent aussi en majorité qu'il faut recourir au chef pour trouver une solution qui soit viable. Par comparaison avec ces deux expériences conflictuelles du travail, l'une incluant davantage que l'autre le recours explicite au chef, il est frappant de constater la tonalité affective relativement neutre des conflits entre employés.

Le thème de la discorde dans les rapports interpersonnels de travail paraît ainsi se préciser comme étant la caractéristique majeure des relations entre collègues de bureaux d'études, alors que la solution collective marque davantage l'expérience ouvrière du conflit, et que le désengagement des heurts trop graves caractériserait surtout les milieux employés.

Une autre image sur les relations à la cantine [5] donne l'occasion de vérifier cette position spécifique des techniciens envers les rapports entre collègues. Près de 50 % des employés ouvriers et techniciens affirment que la cantine est une occasion de « faire facilement connaissance », la confiance étant surtout, pour les employés, évoquée par cette situation. Mais les techniciens manifestent un véritable rejet de cette situation. Ils sont les plus nombreux à dire : « J'aimerais mieux être ailleurs » (37 % contre 21 % chez les employés et 8 % chez les ouvriers) ; tandis qu'ils distinguent nettement entre connaissance et amitié. « Ce n'est pas comme cela qu'on se lie d'amitié » a été choisi par 37 % contre 20 % aux employés et 10 % aux ouvriers.

On peut ainsi conclure que, par comparaison avec les ouvriers et les employés, le milieu humain de travail paraît être, pour les techniciens surtout, un lieu d'épreuves, de difficultés interpersonnelles et de relations à vif. Qu'en est-il alors des relations extra-professionnelles ?

L'intérêt de notre test est en effet de pouvoir projeter l'interviewé dans d'autres situations habituelles en lui demandant de leur appliquer la même liste de phrases évocatrices de relations interpersonnelles.

Dans cette optique, nous avons présenté la plupart des images portant sur des relations de voisinage et de loisir. Le phénomène le plus marquant des réactions techniciennes à ces images paraît être une sorte de survalorisation relative de la rencontre entre deux amis. Comme pour les employés et les ouvriers, cette image provoque beaucoup d'émotion. Les techniciens y mettent encore plus l'accent sur la confiance, comme s'ils voyaient dans cette image de l'amitié en soi l'une des sources majeures de leur force et de leur bien-être. Cette image fascine les techniciens au point qu'ils semblent réagir moins ouvertement que les employés et les ouvriers à toutes les autres situations de rencontre. Le voisinage évoque la brouille alors que les employés y voient davantage l'occasion de connaissance et d'amitié.

Tableau 25. La dispute au travail

	Ouvriers		Employés	Techniciens
	Atelier réparation	*Usine électro-technique*	*Assurances*	*Usine électro-technique*
	%	%	%	%
Personne ne veut céder et on n'arrive à rien	49	31	44	57
Ce n'est pas ainsi qu'on arrive à quelque chose	79	73	38	68
Chacun donne son avis et on arrive à s'entendre ...	71	70	24	81
Il faut un chef sinon c'est la pagaille.............	34	58	34	51
Total N = ...	63	55	110	65

La sortie entre amis fascine les ouvriers de l'atelier de réparation situé dans une banlieue provinciale, alors que les techniciens y restent relativement indifférents et les employés conscients des disputes que peuvent engendrer de telles sorties. Le camping évoque la coopération et la bonne communication pour les employés, alors que les techniciens et ouvriers interrogés y paraissent assez étrangers. Seule la situation de discussion entre co-locataires à propos d'un équipement de jeux paraît évoquer la coopération et l'entente plus qu'ailleurs.

En définitive, le modèle des relations entre techniciens paraît être articulé autour d'une grande conscience des difficultés provenant des situations de coexistence prolongée. Pour des raisons qu'il s'agira d'élucider sur le plan sociologique, les techniciens ne semblent pas pouvoir se dégager des relations humaines de travail. Leur expérience n'est pas celle de la fusion, de la bonne ambiance, mais plutôt celle des affinités recherchées et difficiles à entretenir. Tandis que la coopération collective, si elle peut exister, serait envisagée comme résultat de discussion possibles mais complexes.

Mais cette intégration relativement difficile des individus techniciens à leur milieu de travail dépend fortement des pouvoirs réels dont ils disposent dans les situations concrètes de travail. Et les styles de relations entre techniciens ne peuvent être que la résultante

Tableau 26. Relations de loisir et de voisinage

	Ouvriers atelier de réparation	*Ouvriers électro-techniciens*	*Employés*	*Techniciens*
Deux amis	%	%	%	%
C'est là que je me sens le plus en confiance	59	49	69	65
Je sais que je peux compter sur lui	54	53	70	72
On se sent plein d'affection	87	49	61	65
On manque de mots pour exprimer sa pensée	30	29	44	35
Les voisins				
Ce n'est pas comme cela qu'on se lie d'amitié	27	11	35	12
Ça finira par des brouilles	40	45	28	40
On manque de mots	20	14	17	35
On fait facilement connaissance	19	13	36	26
Les co-locataires				
C'est ça la coopération	32	38	13	46
Ce sont toujours les mêmes qui l'emportent	85	2	6	10
Chacun donne son avis et on arrive à s'entendre	8	0	31	32
La sortie				
On se sent plein d'affection	83	13	24	18
On fait facilement connaissance	15	16	28	14
Attention à ne pas me laisser influencer ..	29	25	29	21
Ça finira par des brouilles	30	25	42	26
Le camping				
C'est ça la coopération	1	2	74	0
En fait, on est toujours d'accord	24	27	44	28
On peut dire tout ce qu'on veut	7	5	29	13
Chacun donne son avis et on arrive à s'entendre	1	18	39	15
Total	63	55	110	65

d'une série de positions oıganisationnelles diverses. En revenant au contenu concret de chacune de nos enquêtes, nous avons trouvé divers types de situations vécues par des agents techniques.

LES RESSOURCES D'UN POUVOIR INSTABLE

Les agents techniques, titulaires d'un brevet technique et travaillant dans les laboratoires, les bureaux d'études, d'organisation, de méthodes, sont situés dans la filière de fabrication entre les ouvriers et les cadres. Ils représentent le chaînon intermédiaire qui irait de l'OS à l'ingénieur, à ne pas confondre avec la carrière hiérarchique passant de l'ouvrier au chef d'équipe et au contremaître, pour déboucher sur le chef d'atelier. Peut-on néanmoins dégager des éléments caractéristiques communs à cette position intermédiaire des techniciens entre les ingénieurs et les ouvriers ?

Toute opération de production suppose une phase préparatoire, portant sur la technique même utilisée par les exécutants dans la fabrication de série et à l'unité. Au premier temps de l'industrie, les ouvriers professionnels étaient leurs propres techniciens sous le contrôle direct de « Monsieur l'ingénieur » de fabrication sorti des grandes écoles (Art et manufactures, Arts et métiers, Polytechnique, Ecole des mines, de la Marine, Ecole supérieure d'électricité, Ecoles de chimie...) progressivement spécialisées pour couvrir les domaines nouveaux de la fabrication industrialisée. A notre époque, les connaissances se sont accumulées en matière technique, même dans le secteur tertiaire, assurances ou banque. Les inventions technologiques et le souci d'adapter les produits aux besoins diversifiés des clientèles, ainsi que la recherche d'une meilleure productivité pour tenir une place sur un marché concurrentiel, augmentent la taille des bureaux d'organisation, d'études et de recherche, des laboratoires de recherche, de contrôle et de mise au point. Une catégorie nouvelle de travailleurs s'est ainsi développée, sous la dénomination générique d'agent technique, entre les ingénieurs et les ouvriers. Leur point commun est de se référer à des connaissances techniques apprises à l'école et sanctionnées par un brevet[6] pour la réalisation de plans, schémas, gammes opératoires, préparations chimiques, calculs comptables ou rédactions de contrats d'assurances. L'intellectualisation de la tâche, par référence à un bagage de connaissances théoriques de départ, doublé d'une accumulation d'expérience et d'une modification fréquente de la technique, sont les principaux traits distinctifs de la situation professionnelle vécue par ces agents techniques. L'ambiance matérielle du travail de bureau ou de laboratoire est également plus détendue et moins épuisante que celle de l'atelier. Les contacts entre techniciens sont possibles et même exigés par la tâche, tandis que les relations avec les ingénieurs et les cadres prennent un caractère plus fonctionnel que disciplinaire. Les horaires de journée et les salaires mensuels constituent enfin des avantages économiques et sociaux, qui viennent augmenter encore le décalage entre la position ouvrière et la position technicienne.

De cette brève description d'une position technicienne dans les organisations, il est possible de tirer quelques réflexions sur les sources du pouvoir qu'on y rencontre. Quand une entreprise se lance dans l'invention de nouvelles fabrications, elle doit accepter de faire face à une vaste incertitude technologique. On ne sait jamais si l'installation nouvelle ou le produit nouveau sera réalisable au point d'être standardisé et rentable. En d'autres termes, l'entreprise n'a plus de codification formelle de ses opérations. Et c'est précisément le rôle et le pouvoir des agents techniques que de produire cette règle de fabrication sous formes de schémas, gammes opératoires, notices, etc. Les agents techniques, dessinateurs de modèles encore réalisés à l'unité parce que mal connus, détiennent un pouvoir d'expert analogue à celui du chercheur, qui consiste à inventer la règle de production. Il s'agit d'un pouvoir individuel important, car l'étude de développement d'un projet est une phase indispensable du lancement de productions nouvelles. Ce pouvoir repose sur la maîtrise de connaissances techniques et théoriques ainsi que sur une capacité à se représenter le fonctionnement de matériels ou d'expériences chimiques ou autres, qui suppose également un savoir-faire professionnel. Mais si un tel pouvoir d'expert est réel, il est aussi temporaire. Le travail des bureaux d'études est, en effet, de conduire le plus vite possible à des productions de séries ou d'installations standardisées. La marge du pouvoir d'expert des techniciens s'amenuise donc au fur et à mesure de la formalisation des règles de travail.

Dans les situations courantes, les techniciens sont en fait redevenus des agents du bureau des méthodes chargés de réaliser des gammes opératoires sur des produits connus, et de transformer ces éléments en standard de fabrication par machines et postes en appliquant de simples barèmes de temps et de prix. Toute l'ampleur du pouvoir du technicien dépendra donc de la difficulté des études à effectuer et du maintien de l'entreprise dans un fort courant de changement technologique.

Mais la position de l'agent technique, à mi-chemin des ateliers et des bureaux d'ingénieurs, est-elle source d'un autre type de pouvoir que celui d'une expertise temporaire ? Il est certain que le travail d'étude suppose l'existence de contacts autant avec les ateliers de fabrication qu'avec l'encadrement et les ingénieurs responsables des projets. De par sa place dans le processus de travail et de par son histoire personnelle qui est bien souvent d'avoir commencé à l'atelier, l'agent technique dispose d'un certain pouvoir dans la connaissance des problèmes de l'entreprise. Mais sa position de charnière entre l'ingénieur et l'atelier lui permet de contrôler une part d'information nécessaire à la réalisation des études.

Ce rôle de relais et de synthèse dans l'ordre du savoir technique pose aux techniciens un problème fondamental d'intégration dans le système social d'entreprise. On pourrait, en effet, émettre l'hypothèse d'un double pouvoir à la charnière entre l'atelier et les ingénieurs. Dans certains cas, notamment à l'époque du lancement de produits très nouveaux, quand l'atelier ne sait comment fabriquer et les ingénieurs comment satisfaire les clients, les techniciens sont les maîtres du système. Nous avons rencontré ce type de situation au département de l'entreprise électrotechnique et à l'entreprise de peinture.

Dans la plupart des cas, en revanche, les ingénieurs, l'encadrement et les ateliers se défendent bien et les agents techniques restent purement marginaux dans le système social de l'entreprise. La formation professionnelle et le recyclage par cours du soir peuvent être alors un moyen de renouveler la source de pouvoir technique ; l'univers de la formation devenant même parfois une véritable seconde partie pour les agents techniques marginalisés.

On voit ainsi à quel point le projet de réussite professionnelle du technicien est instable et source de multiples régressions sur le plan du pouvoir réel dans la vie de l'organisation. Ce n'est pas parce que l'entreprise lance un changement technologique important que les techniciens auront automatiquement de belles perspectives d'évolution professionnelle. La mobilité ascensionnelle dans une carrière technicienne met donc souvent en difficulté les individus qui la tentent. Leurs ressources extérieures, scolaires, économiques et familiales, sont rapidement affectées par cette aventure interne du travail et l'on s'aperçoit de la grande fragilité de cette position évolutive de technicien. Si le drame des OS est de ne trouver du pouvoir que dans les imperfections du contrôle des tâches, et si celui des employés de bureau est dans la prolifération de règlements, celui des techniciens est de n'être experts qu'en sursis et mobiles dans l'incertitude des bases de leur évolution. Plusieurs situations de pouvoir, vécues par différents groupes d'agents techniques, peuvent éclairer la réalité des rapports humains de travail dans cette catégorie socio-professionnelle.

Une première situation est celle des agents techniques, et parfois des jeunes ouvriers, qui trouvent les moyens de réaliser leur projet d'ascension à l'intérieur de leur entreprise. Cette catégorie est au cœur de notre problème d'élaboration de normes sociales. Nous en avons rencontré divers exemples dans l'entreprise électronique, dans celle de fabrication de peinture et même dans la compagnie d'assurances. C'est dans ces groupes qu'on peut le mieux comprendre ce que recouvre le modèle de relations entre techniciens. Mais les cas où l'on peut rencontrer une organisation stable de nouveaux rapports collectifs semblent en réalité bien rares. Et la majorité des situations de techniciens paraît en fait relever de positions beaucoup moins inventives.

Une deuxième situation est celle des individus qui veulent monter par la technique et qui ont du mal à réaliser ce projet. Ces individus participent de l'esprit technicien, mais ils sont encore bien souvent des ouvriers. C'est pourquoi nous adjoindrons à cette catégorie technicienne le phénomène du séparatisme des jeunes ouvriers que nous avons repéré dans les groupes de nouveaux professionnels et que Nicole de Maupeou analyse d'une façon plus large au niveau des apprentis et jeunes ouvriers professionnels des entreprises modernes. Dans ce type de situation, il faut plutôt rechercher les conséquences de la rupture de normes par rapport à son milieu d'origine professionnelle et sociale que l'élaboration d'un véritable style de relations stables entre techniciens.

Une troisième solution est celle d'individus situés dans les franges supérieures du groupe technicien ou qui, pour une raison de politique d'entreprise, ont renoncé à leurs projets techniques. Déjà presque cadres ou résignés à stagner comme certains agents techniques des assurances et de l'entreprise électrotechnique, ces individus vivent beaucoup plus une intégration à l'entreprise qu'un projet individuel de progression sociale et technicienne. On voit alors réapparaître des styles de relations collectives où la défense d'intérêts acquis à la longue est le principal ciment du groupe.

C'est au terme de l'analyse de ces trois types de positions que nous pourrons conclure à l'autonomie relative d'un modèle de relations collectives entre techniciens et sur les variantes possibles de ses traits principaux.

LES ÉLÉMENTS D'UNE COLLECTIVITÉ TECHNICIENNE

Il y a des situations de travail en entreprise où les agents techniques paraissent relativement satisfaits de leur sort, et où ils arrivent à inventer une conception commune de l'action collective, tout en ayant le sentiment d'appartenir à un groupe différent de celui des ouvriers ou des cadres.

Sans être très nombreuses, les situations de ce type que nous avons rencontrées dans l'entreprise électrotechnique et à la fabrication de peinture, et que les enquêtes d'autres sociologues, Nicole de Maupeou, Marc Maurice, Claude Durand [7] ont également signalées, montrent que la condition fondamentale de la collectivité technicienne est la possibilité matérielle offerte à tous les individus de réaliser avec succès leur projet d'évolution personnelle. Quand les techniciens ont le sentiment et le pouvoir de réussir à progresser convenablement, alors ils sont capables de se reconnaître comme différents des ouvriers et des cadres. Ils peuvent ainsi élaborer une culture commune fondée sur la valorisation de l'effort individuel, du changement social et scientifique, sur l'instruction et la formation théorique. Leur représentation de la société est alors débarrassée des barrières et des plafonds qui enserrent les groupes sociaux moins mobiles, et ils accèdent à une conscience de l'action collective située à un niveau « extra-entreprise », sans être pour autant une pure action de défense catégorielle.

Dans l'ordre chronologique des enquêtes, ce sont les travaux de Nicole de Maupeou qui font d'abord apparaître cet horizon technicien dans le cas très délimité de jeunes ouvriers professionnels de l'industrie chimique qui veulent devenir chimistes. Dans cette entreprise, la voie de passage de l'atelier aux laboratoires est presque devenue institutionnelle, comme c'est le cas dans la grande industrie chimique. D'autre part, le travail se fait en équipe et il y a des contacts entre techniciens et ouvriers dans l'entreprise. Enfin, ces jeunes ouvriers font partie d'un milieu social distinct du groupe ouvrier, leurs parents sont issus de la classe moyenne. Ils ont rencontré leurs amis dans les premières années scolaires du lycée et ils ont eux-mêmes une solide formation professionnelle.

Ce tableau évoque un maximum d'atouts pour envisager avec confiance une voie montante dans l'entreprise. Le sentiment de différence par rapport au milieu ouvrier ne débouche pas sur une aventure isolée et trop incertaine. Les techniciens peuvent ainsi concilier un intérêt pour le développement de l'entreprise et du progrès technique, un intérêt pour leur groupe d'individus mobiles et une conscience collective d'appartenance au monde ouvrier, sans pour cela devoir oublier leurs projets personnels et renoncer à l'apport de cours du soir qui les mènera aux laboratoires. Le projet individuel peut être poursuivi avec des moyens de réussir, sans pour autant se couper d'un milieu quotidien de travail, et de rapports humains. Dans de telles conditions, une culture commune semble bien être en passe d'apparaître.

Marc Maurice[8], analysant quelques années après une population de techniciens supérieurs de l'aéronautique, constate un phénomène analogue à celui de ces jeunes professionnels de l'industrie chimique. Comparant leurs réponses au même questionnaire que celui des cadres, il découvre que les agents techniques sont nettement plus orientés vers la grève, l'action collective et le syndicalisme confédéral ouvrier (FO, CGT, CFDT) dont ils continuent de se sentir solidaires. Or, tous les agents techniques du niveau AT2 et AT3, qui sont les plus orientés vers cette conscience de l'action collective, ont un projet d'évolution vers des échelons supérieurs, et plus de 80 % d'entre eux sont certains d'y arriver. Un quart d'entre eux sont fils d'ouvriers et les autres viennent de milieux d'employés, d'artisans, de commerçants ou de cadres. La quasi totalité suit des cours de perfectionnement, surtout au CNAM où on leur laisse la totale initiative de leur formation dans l'entreprise ; leur espoir de promotion montre que leur réussite en formation sera sanctionnée d'effets tangibles. Ils sont enfin très attachés à cette entreprise et souhaitent fort peu s'embaucher ailleurs : leur haut niveau d'aspirations révèle assez que la carrière technique est possible dans une entreprise de technologie avancée. Or, chez ces agents techniques, pour qui une stratégie de carrière est possible, une culture commune se développe autour de plusieurs éléments : la claire conscience de ne pas s'apparenter au monde des cadres, une valorisation de la culture technique et de la formation théorique de base qu'appellent les rapides évolutions de leurs fonctions, l'action collective développée à un niveau extra-entreprise, et une sorte de participation conflictuelle implicite qui traduit leur attachement à l'entreprise. Lorsque des agents techniques ont en commun les moyens individuels de leurs projets de promotion sociale par la technique, ils sont capables de s'inventer une conscience collective qui les distingue des cadres et des ouvriers tout à la fois.

Dans notre enquête auprès de 250 agents techniques de l'entreprise de construction électrotechnique, nous avons pu montrer, en comparant les résultats des réponses au même questionnaire par catégorie socio-professionnelle, que les techniciens avaient une sorte de profil de relations différent à la fois des ouvriers OS ou de métier et des cadres ou des employés [9]. L'intérêt du modèle ressortant des chiffres de l'enquête [10] tient à la structure relativement nouvelle de rapports humains qu'elle fait apparaître. On y décèle en effet une forte tension entre des phénomènes de relations d'affinité par petits noyaux et la recherche d'une collectivité qui tienne compte de ces différences de sous-groupe.

Le rapport au collègue dans une relation interpersonnelle paraît en effet caractérisé par une forte sensibilité aux désaccords d'idées et d'opinions, la nécessité d'introduire la nuance dans les échanges souvent agressifs, et la possibilité de ne s'entendre affectivement qu'avec un nombre restreint de collègues. La vie de groupe est alors vécue sous l'angle d'une camaraderie, reposant, en fait, sur la constitution de noyaux affectifs ainsi que sur l'explicitation des objectifs et des services réciproques. C'est finalement la minorité qui paraît l'emporter sur la préoccupation d'une vie collective, car le fondement de la règle majoritaire repose, dans cette catégorie de travailleurs, sur la discussion ouverte à tous et le vote à main levée. L'explicitation des buts communs, le problème de l'expression entre noyaux, et à l'intérieur même de chacun d'entre eux, devient alors le centre de la vie collective. Par comparaison avec les groupes d'ouvriers où le consensus unanimiste est fréquent et l'accord de groupe soutenu par toute une tradition de solidarité, on pourrait dire que le groupe des agents techniques, encombré et enrichi tout à la fois de la multiplicité des positions et opinions de ses membres, ne cesse de s'étonner d'avoir à résoudre le problème de la constitution de sa collectivité. Par rapport aux employés, où les préoccupations de bonne ambiance l'emportent sur le contenu des échanges, les agents techniques paraissent bien davantage engagés par la teneur des discussions et la difficulté d'arriver à un accord de noyau ou de groupe.

L'autorité officielle du chef hiérarchique renvoie sans cesse au domaine de compétence sur lequel chacun fonde son travail, si bien qu'en matière technique le chef sera toujours contesté au nom, soit de son savoir théorique de base, soit de l'expérience accumulée par chacun. En revanche, la difficulté de cohésion en groupe et la fréquence des heurts entre collègues redonne à l'intervention d'un chef officiel, ou même d'un meneur, une fonction vaguement thérapeutique et protectrice.

Relativement éloignés des formes de cohésion de groupe entre ouvriers ou employés, et nettement étrangers à l'expérience du commandement chez les cadres, les agents techniques nous paraissent être finalement caractérisés par l'intensité de leurs relations interpersonnelles entre collègues. Le terme d'« affinités sélectives » semble ainsi caractériser le type d'expérience relationnelle qui distingue nettement les agents techniques des autres catégories socio-professionnelles.

Mais les résultats d'enquête à l'entreprise électrotechnique, dont beaucoup d'éléments ont d'ailleurs été retrouvés dans les autres enquêtes ayant porté sur des agents techniques, notamment à la compagnie d'assurances et à l'entreprise de fabrication de peinture, recouvrent en fait quatre sous-ensembles organisationnels où les agents techniques n'occupent pas les mêmes situations de pouvoir dans les rapports quotidiens.

L'intérêt de cette enquête est de permettre la comparaison entre plusieurs situations de bureaux d'études [11]. C'est effectivement dans les deux usines de technologie la plus avancée, où l'on fabrique des équipements complexes et peu standardisés exigeant une large part d'initiative, de capacités inventives et d'aptitude au dialogue avec les clients et les ingénieurs technico-commerciaux, que le modèle des relations entre techniciens paraît le plus stable. C'est-à-dire qu'il concilie une plus grande aptitude à l'expression interindividuelle avec un certain rejet du chef disciplinaire et une vie collective assez développée.

Dans le cas des équipements électrotechniques, les nombreux techniciens viennent d'être réorganisés en structure fonctionnelle par un cabinet extérieur à la firme. Pour mieux correspondre aux besoins de la clientèle, les dessinateurs et projeteurs sont regroupés autour de l'ingénieur technico-commercial responsable de quelques clients seulement. Les études portent sur la commande, sa préparation, sa mise au point et les révisions après vente. Cette réorganisation développe un climat d'échanges techniques à l'intérieur de l'équipe ou avec l'ingénieur et diminue l'ancien pouvoir hiérarchique du chef de service qui utilisait la distribution des tâches pour faire pression sur les individus. Cette réorganisation a développé l'esprit technicien, mais également accru le mécontentement individuel, car il y a des rivalités entre groupes et le courant de promotion est faible.

Dans le cas du département des équipements électroniques, les bureaux sont encore organisés par produits et non par clients, car les difficultés de réalisation sont trop fortes dans cette technologie très neuve pour autoriser un début de standardisation. Un certain conflit se développe ainsi entre les ingénieurs technico-commerciaux qui parlent électronique. Les techniciens issus de la base ouvrière sont encore attirés par un réel courant de promotion entretenu par la croissance récente du département et ils recherchent activement l'acquisition des connaissances électroniques de base qui leur font défaut.

Dans ces deux types de bureaux d'études, l'attachement au département est réel et supérieur à celui des ouvriers. Une sorte de conscience collective se constitue autour du souci de se former à la théorie, autour de l'espoir du dialogue technique avec les chefs. Le style des affinités sélectives semble ainsi correspondre à l'élaboration de valeurs collectives dans le contexte d'une situation d'entreprise où les individus trouvent les moyens de réaliser leur projet d'évolution technicienne.

Apprentissage promotion, et mobilité professionnelle tout à la fois pourraient être ici les ressorts de la vie collective. Rendues possibles par le développement technologique, ces perspectives aboutissent en fait à poser le problème des rapports hiérarchiques sous un angle très nouveau. Le cadre ou l'ingénieur technique peuvent être rapidement confrontés à l'existence de noyaux constituant de véritables équipes capables d'apprendre et de se contrôler. A terme, la consolidation d'une collectivité technicienne compétente et active devient incompatible avec les anciens critères de distinctions statutaires et hiérarchiques.

L'insertion dans l'univers social de l'entreprise de ces travailleurs techniciens, plus ou moins proches d'un modèle de relations dit des « affinités sélectives », pose à la société contemporaine la question de l'invention de normes de groupe fondées sur la défense des projets individuels très diversifiés de chacun de ses membres. Nous avions vu, jusqu'à présent, que dans le groupe ouvrier on vivait la solidarité sous forme grégaire, précisément parce que la plupart de ses membres étaient exclus de toute perspective de promotion et de perfectionnement. Dans la catégorie des employés de bureau, une possibilité de carrière existe certes, mais plus lente et régulée par l'ancienneté. Le monde des techniciens pose une question radicalement nouvelle à la société. La volonté aiguë de réaliser un projet d'ascension tout à la fois sociale et professionnelle, peut-elle être conciliable avec les séparations statutaires entre cadres et non-cadres, ingénieurs et agents techniques, travailleurs intellectuels et travailleurs manuels... issues des rapports de travail dans les entreprises industrielles, organisées selon des hiérarchies relativement simples de savoir ?

Une cohésion de techniciens reposant sur un apprentissage rapide des nouvelles techniques exigées par un renouvellement fréquent du savoir ne peut manquer de heurter les anciennes différences statutaires et hiérarchiques du monde industriel. Les rapports de travail entre agents techniques posent en fait la question d'une sociabilité de rapports humains de production fondée sur la reconnaissance d'une évolution rapide des savoirs et des privilèges de statuts socio-professionnels.

Dans l'entreprise de fabrication de peinture, l'enquête a fait ressortir des phénomènes analogues aux cas précédents, tout en permettant d'analyser davantage le versant des rapports entre agents techniques et ouvriers quand l'un et l'autre groupe sont également en mesure de renouveler leur savoir technique et pratique.

Le développement des activités de l'entreprise repose sur le difficile problème de l'industrialisation de la fabrication de peinture. On est en train d'automatiser les bacs et certains ouvriers deviennent des contrôleurs techniciens. Mais, surtout, il faut sans cesse définir une qualité de teinte qui soit fiable sur les murs extérieurs et intérieurs et, dans ce domaine, les agents techniques du laboratoire ont un rôle important de recherche, d'expérimentation et de contrôle des produits finis. La croissance de l'entreprise repose donc en partie sur un véritable pouvoir d'expert dévolu aux membres du laboratoire. Ces derniers, souvent venus de l'atelier grâce à de gros efforts de formation en cours du soir, continuent de s'inscrire à de nouveaux cours de perfectionnement professionnels et généraux dans le but d'être un jour ingénieurs chimistes. La réalisation de leur projet personnel dépend ainsi du renouvellement constant de leur expertise qui, par ailleurs, est indispensable au développement de toute l'entreprise. Les agents techniques sont ainsi placés dans cette position d'intégration objective analysée par Serge Mallet [12]. Ils ne peuvent progresser qu'en jouant le jeu de l'entreprise, mais, dans ce jeu, ils ont un pouvoir d'autant plus grand qu'ils s'y donnent à fond. L'intérêt de cette étude [13] est en effet d'avoir pu montrer que le modèle des affinités sélectives est en fait partagé par les ouvriers en cours de formation et par les agents techniques, tandis que leur coalition l'emporte au comité d'entreprise. Une majorité d'individus sont, grâce à la formation et à la croissance, en mesure de poursuivre un projet personnel d'évolution dans l'entreprise. Ce sont eux qui sont les plus engagés dans l'action du comité d'entreprise et qui commandent par ce biais une part importante de la gestion du personnel : promotion, formation, discipline... Nous trouvons ainsi dans cette petite entreprise un exemple d'une sorte de modèle de relations [14] relativement stable au plan des agents techniques. Ils concilient leur sensibilité aux différences interpersonnelles et même aux frictions, avec une certaine habitude à vivre des discussions collectives. Si bien que, la position d'expert se stabilisant, on sent que pourrait réapparaître le modèle de la solidarité démocratique des gens de métier.

Il semble ainsi qu'une des issues du modèle des affinités sélectives soit l'installation de véritables rapports de groupes, si la maîtrise du pouvoir d'expert des techniciens tend à se stabiliser. Mais, en fait, la situation est rarement évolutive en ce sens, et beaucoup de catégories de techniciens finissent par se figer dans une routine tandis que leurs relations, loin d'être validés par l'exercice d'un pouvoir d'expert, tendent à s'appauvrir dans une défense collective d'avantages catégoriels.

LES POSITIONS DE REPLI CHEZ LES AGENTS TECHNIQUES

La plupart des techniciens supérieurs de l'aéronautique décrits par Marc Maurice [15] sont en réalité déjà intégrés au groupe des cadres autodidactes qui terminent leur carrière aux échelons inférieurs de la hiérarchie. Comme eux, ces techniciens sont peu engagés dans l'action collective, la grève et l'engagement syndical, sauf à rentrer dans les syndicats de défense catégorielle ou autonomes. Comme eux, les ATP participent à la fois de l'idéologie méritocratique fondée sur la réussite individuelle à partir de la seule considération de la compétence, en oubliant les effets de la naissance. Ces agents techniques supérieurs ont des origines plus élevées dans l'échelle sociale que celles des autres techniciens. Percevant moins bien les inégalités sociales qui ont facilité leur évolution, ils mettent l'accent sur l'attachement à l'entreprise et sur la défense de position terminale dans leur évolution de carrière. Ce sont finalement les valeurs de l'intégration à la hiérarchie qui leur donnent les moyens d'abandonner l'inconfort de la mobilité technicienne.

A l'entreprise électrotechnique, une catégorie d'agents techniques vit un dénouement intégratif comparable mais de sens inverse, car ils finissent par se rapprocher du monde des ouvriers professionnels où ils ont débuté. Il s'agit des bureaux d'études d'outillage et des bureaux des méthodes qui coiffent les ateliers d'usinage et d'outillage. Les agents techniques sont originaires de l'atelier où certains ont commencé comme OS et d'autres comme professionnels. Leurs perspectives d'évolution étaient d'arriver jusqu'au niveau d'ingénieur-maison dont le chef d'atelier est un exemple remarquable d'homme compétent, fidèle à l'entreprise qui l'a « fait », et cependant très compréhensif pour les ouvriers, qui l'apprécient pour cela. Mais, dans ce secteur de métallurgie traditionnelle, les perspectives d'expansion sont faibles. Le travail est spécialisé et standardisé par les méthodes d'organisation scientifique du travail. A l'intérieur des bureaux d'études, la promotion est mince et l'accès aux cadres quasiment bloqué, alors que plus de la moitié ont au moins vingt ans d'ancienneté dans l'entreprise et le service. Dans ce contexte, on constate que le style des relations sur le mode des affinités sélectives coïncide avec un certain rapprochement du monde ouvrier, par l'engagement syndical et par le milieu d'appartenance. Plus que partout originaires de familles ouvrières, ces techniciens ont conservé des amis ouvriers, et ils restent plus méfiants que les autres à l'égard des études pour leurs enfants. Leur esprit est plus collectif et solidaire de l'ensemble du groupe des travailleurs. Ces agents techniques ont incontestablement fait un saut dans l'inconnu en choisissant la voie montante de l'atelier vers les bureaux, mais, à force d'y rester sans bouger, ils se retrouvent à la longue plus proches de leur groupe de départ que du groupe des cadres, initialement envisagé comme point d'arrivée.

Un dernier cas de récupération des techniciens hors de l'aventure de la mobilité est celui des employés d'assurances ayant une forte technicité dans leurs travaux. Ils sont chargés de régler des cas difficiles de gestion de contrats en se référant aux textes et aux situations analogiques pour inventer des formules de primes et de définition de risques en matière d'assurance-vie, incendie et accident. Leur style de relations est caractéristique des affinités sélectives ; plus sensibles aux différences interpersonnelles et aux relations de noyaux, ils vivent le groupe sous l'angle du séparatisme et le chef comme un conseiller plus que comme un supérieur. Ayant plus de relations amicales interservices que les autres employés, ils vivent le rapport à l'entreprise par le moyen d'une intégration à la strate des collègues. Ayant le sentiment net des difficultés de communication entre groupes humains, engendrées par une carrière ascensionnelle, ils se voient nettement séparés du groupe social des travailleurs ouvriers et même employés, et leurs amis et conjoints appartiennent à leur milieu.

En fait, ces indices assez clairs d'une mentalité technicienne ne débouchent pourtant pas sur un sentiment de malaise. Ces agents techniques déjà anciens, mais pas trop âgés, sont contents de leur travail et de leur avancement qui ne débouche pourtant pas sur une évolution vers les cadres. Il semble bien que le sens de leur intégration à l'entreprise dans la strate technicienne soit explicable à la fois par leur situation personnelle, car ce sont des femmes en majorité, et par le fait que, pour les femmes, le style de carrière vers la maîtrise n'offre que très peu d'accès au niveau cadre.

Intégrées dans un processus d'évolution à l'ancienneté vers les postes de qualification élevée d'une part et, d'autre part, limitées vers les postes de commandement par le recrutement de chefs masculins, ces employées techniciennes sont contentes du chemin parcouru et des avantages du salaire, du travail et de l'autonomie qu'elles tirent de leur position. Fort peu syndiquées, elles vivent une sorte de réussite collective par la technique dans l'univers de carrière à l'ancienneté qui caractérise le monde des assurances. Leur conscience commune des différences sociales liées à l'évolution professionnelle trouve ainsi une sorte d'heureux achèvement, dans une solidarité de strate centrée sur la supériorité du savoir technique qui permet de se protéger assez bien contre l'emprise du pouvoir hiérarchique.

En définitive, nombre de positions techniciennes sont en fait des situations de repli, car il n'est possible que d'y conserver les éléments d'un pouvoir d'expert affaibli. Dans de telles circonstances, le modèle des affinités sélectives tendrait à évoluer lentement vers des formes de compromis entre membre d'une même strate.

LES RÉACTIONS D'ANOMIE À LA MOBILITÉ

La promotion technicienne fondée sur l'effort individuel est possible, nous l'avons vu, mais dangereuse, car elle implique de tels changements de milieu social que l'on risque fort de perdre à la fois son avenir et sa culture. Les conditions de la réussite technicienne sont, en fait, rarement réunies. Ou bien l'individu ne possède pas les atouts personnels et familiaux suffisants pour le soutenir dans son perfectionnement par cours du soir, ou bien l'entreprise n'offre pas de garantie réelle de promotion et les efforts de formation débouchent sur une stagnation, ou bien encore le système syndical de représentation du personnel étouffe le petit groupe de privilégiés que sont les techniciens. Pour l'un ou l'autre de ces motifs d'échec, ou pour des combinaisons variées de leurs effets, le milieu des techniciens ou des ouvriers en quête de promotion technicienne éprouve plus souvent l'inquiétude et le malaise en face de l'avenir que le sentiment d'une continuité rassurante entre le présent et le futur.

La situation plus probable de l'aventure technicienne individuelle n'est pas l'harmonie culturelle entre l'expérience professionnelle individuelle, le milieu de travail et le milieu social, mais bien plutôt celle de la rupture permanente entre les souhaits et la réalité. Ecartelé entre son projet d'évolution et les faibles moyens de réalisation dont il dispose pour le réaliser, l'individu vit une expérience d'anomie [16] comme la conséquence d'un trop fort décalage entre les buts et les moyens. L'anomie conduit en fait à rechercher des moyens bâtards pour atteindre ses objectifs, puisque les moyens socialement préconisés ne sont pas accessibles. L'anomie serait ainsi la caractéristique d'une société dans laquelle il n'y a pas concordance totale entre les valeurs culturelles collectives et le système social [17]. Le problème que nous posons est alors celui de savoir quelles sont à la fois les racines culturelles de l'anomie pour le groupe des techniciens, et quelles en sont les conséquences sur l'éventail des systèmes de valeurs d'une société travaillée par la mobilité sociale et professionnelle dont ce groupe de techniciens est un des meilleurs exemples.

Le point de départ de notre réflexion sur cette expérience anomique, inhérente au phénomène de mobilité accentué, s'appuie sur la constatation du style de relations « séparatistes » dominant chez les jeunes ouvriers nouveaux professionnels dans les entreprises de technologie avancée, qui se définissent par un projet d'évolution vers les bureaux d'études. Le travail plus intellectualisé de ces ouvriers, affectés aux opérations de montage, câblage d'équipements, complexes en électrotechnique, ou encore les dépanneurs électriciens et diésélistes qui sortent des reconversions techniques de la SNCF leur confère le moyen de suivre des cours du soir pour acquérir un brevet de technicien. Leur jeunesse et la formation scolaire plus longue que celle de leurs anciens est en outre un atout personnel important dans cet effort de perfectionnement. Or le style de relations de ces professionnels se distingue de celui des ouvriers de métier, ou de celui des OS par le fait qu'ils sont plus conscients des différences interpersonnelles et moins capables d'action collective. Nous avons dit que la perspective d'une promotion personnelle était conciliable avec l'entretien de la solidarité ouvrière. Les courants de promotion vers les bureaux d'études ne sont en outre pas très développés, et la perspective de réussite aux cours du soir toujours aléatoire. Le séparatisme est ainsi le signe qu'une expérience de promotion vers le monde technicien n'arrive pas à déboucher sur des valeurs collectives tout en faisant perdre celles du milieu professionnel d'appartenance. L'instabilité professionnelle, la passivité et le carriérisme classique ou la révolte seraient alors des réactions de substitution, typiques à une situation d'anomie qui se développe autour de la filière technicienne avant même qu'on y ait accédé.

Ces analyses rejoignent les observations antérieures de Nicole de Maupeou [18] sur les apprentis et jeunes ouvriers professionnels des grandes entreprises modernes ; elle remarque en effet que : « La destruction de l'esprit de carrière (vers la maîtrise et l'encadrement) et l'orientation vers l'esprit technicien sont les deux courants de l'histoire des apprentis avancés des grandes entreprises modernes ».

Elle remarque à quel point ces jeunes sont sensibilisés aux différences socio-culturelles beaucoup plus qu'aux normes du monde ouvrier classique. S'opposant aux ouvriers de métier dont ils ne partagent pas la voie du perfectionnement professionnel, ils refusent la lente carrière hiérarchique vers le chef d'équipe et la maîtrise ; ils ne se voient, ni comme adultes, ni comme membres des nouvelles générations techniciennes qu'ils se représentent comme un clan dont ils ne font pas encore partie. Une telle situation de marginalité est source d'angoisse profonde, car l'avenir est incertain et le présent hostile de toute part. Les seules perspectives concrètes pour sortir de l'angoisse sont celles des études du soir, elles-mêmes incertaines en face d'agents techniques mieux armés sur le plan de l'instruction. Les adultes ouvriers ne les aident pas, car ils ne partagent pas les mêmes valeurs, ils les comprennent mal. Ils restent les « copains » de travail qui peuvent les soutenir et les comprendre car ils vivent, avec ces mêmes difficultés, les mêmes expériences. L'attitude autodidacte équilibre mal l'anxiété en face de ses propres moyens intellectuels et l'angoisse de devoir inexorablement abandonner la compréhension du milieu ouvrier pour un avenir incertain.

Une discordance aussi importante entre le projet et les moyens de réussite plonge facilement ces jeunes professionnels et apprentis dans un rêve d'indépendance et d'expérience anomique qui pourra prendre la forme d'un rapprochement affectif avec les étudiants, une volonté de s'affirmer par des vêtements et objets de consommation différents de ceux du monde ouvrier, par des changements fréquents d'usine et d'emploi.

Mais cette expérience anomique n'est pas limitée aux seuls ouvriers orientés vers un avenir technicien à l'intérieur même du monde des bureaux d'études, laboratoires et secteurs de recherche où les techniciens travaillent. L'inquiétude de l'avenir est bien souvent réintroduite par les avatars des politiques d'organisation ou du personnel des entreprises. C'est ainsi que dans notre enquête sur les techniciens, à l'entreprise de construction électrotechnique, l'un des bureaux d'études est « frappé de bureaucratisation » ; c'est-à-dire que l'organisation du travail est spécialisée par études sur des appareils différents.

Cet aménagement du grand bureau des dessinateurs et projeteurs correspond à une standardisation déjà avancée dans la fabrication des appareils de coupure de courant, montés en série dans le département. L'initiative dans le travail d'études n'est plus guère alimentée par les demandes particulières des clients, qui doivent se plier aux modules standardisés pour des raisons économiques, tandis que le choix des nouveaux appareils à créer dépend de la planification commerciale effectuée au sommet de l'entreprise. Les études sur un nouvel appareil ne seront plus forcément lancées ou retenues en fonction des critères techniques ; on se préocupera moins de faire « du solide et de l'astucieux » que de faire « du vendable et du neuf », en fonction de la concurrence sur le marché et de l'équilibre financier à moyen terme de toute l'entreprise. On pourra décider, en haut lieu, de refuser de bonnes études techniques parce que le plan d'investissement prévoit de ne développer que des recherches en électronique ou en fonderie qui peuvent être immédiatement, ou à terme, plus rentables pour la firme.

Dans ce contexte où une analyse de l'importance relative des fonctions de l'entreprise montre que les problèmes de la technique sont finalement très dépendants des choix et des impératifs en matière économique et commerciale, les techniciens ont peu d'intérêt au travail, ils ne coopèrent plus guère. Ils se jalousent en face d'une promotion très réduite. Cela renforce le pouvoir du chef de service qui peut déplacer les gens sans se préoccuper de la valeur technicienne des agents. Dans cette situation, les agents techniques vivent un grave malaise dont la mauvaise ambiance de travail est le signe le plus apparent.

Le syndicalisme se développe en réaction collective à cette frustation, mais, là encore, il se heurte au poids dominant de la représentation ouvrière des nombreux OS du montage. Les techniciens, très sensibilisés à ces difficultés de promotion individuelle, sont pessimistes aussi bien sur leurs chances d'évolution que sur la valeur d'une action collective. Ils vivent à l'extrême cette conscience déchirée dont parle Claude Durand [19] et qui résulte d'une vision réaliste des difficultés de promotion dans la voie technicienne associée à une perception contradictoire des antagonismes sociaux et de leurs intérêts à s'attacher au développement d'une entreprise qui fait une place aux techniciens. Dans le cas du montage, l'attachement à l'entreprise faiblit puisque les techniciens n'y trouvent plus les moyens d'une promotion ; le seul moyen de se récupérer reste la lutte sociale menée par les ouvriers contre les patrons, mais il n'y a alors plus de place pour l'autonomie technicienne.

Marc Maurice [20], de son côté, souligne à quel point les agents techniques ayant déjà accédé à des échelons élevés sont fortement concernés par les changements technologiques qui peuvent les déclasser et les mener au chômage. Les thèmes soutenus par l'action syndicale sont surtout, et de façon massive, la sécurité de l'emploi, puis la hiérarchie des salaires, les moyens de recyclage et la reconnaissance de la section d'entreprise à l'époque de l'enquête. En revanche, les problèmes de la promotion, de l'organisation du travail et du rôle des techniciens dans la décision des études, ne sont pas abordés dans un syndicalisme fort répandu dans les niveaux AT2, AT3 et qui se rapproche alors des revendications ouvrières classiques.

On voit ainsi que les aléas de l'entreprise et du système social de représentation du personnel rejettent les techniciens dans une situation d'anomie débouchant ou bien sur la fusion temporaire avec le monde ouvrier qui ne vit pas les mêmes problèmes, ou bien sur le repli dans les attitudes de défense et de routine bureaucratiques, fort étrangères à la poursuite d'un projet de promotion personnelle.

Si le changement du monde et de soi-même grâce au travail, à la technique et à l'instruction est une préoccupation dominante chez les individus qui sont en situation de mobilité sociale et professionnelle, il semble bien que la contrepartie immédiate en soit le risque d'anomie ainsi que le malaise et l'anxiété qui lui sont associés. Un changement social exige tant de conditions pour faire advenir un milieu humain où l'on se comprenne à nouveau, que l'aventure au-delà de son groupe social est le plus souvent celle de la perte de soi-même et des moyens de reconnaissance que l'on tirait de son milieu d'origine.

L'expérience centrale de la mobilité ne peut finalement être séparée du taux d'anomie qu'elle implique nécessairement dans la situation du sujet. Celui-ci est privé de références culturelles précises à des manières de se comporter, de s'exprimer ; il est privé des normes et valeurs qui permettent à une société de trouver une cohésion humaine ; il ne connaît pas les règles d'échanges qui permettent au comportement d'être stratégique et de produire des résultats à l'intérieur d'un univers social bien étiqueté. L'individu mobile est ainsi conduit à vivre la société sans règles précises dans les relations humaines. Mais les rapports sociaux ne sont pas faits que de règles, codifiées ou implicites. Il y a toute la dimension du contact entre deux individus qui se manifestera toujours au niveau de l'inter-subjectif et des affinités, et qui sera en quelque sorte le champ d'action de l'individu mobile. En se référant davantage que d'autres à cette sorte d'anthropologie permanente qui sous-tend les rapports humains sociologiquement appréhendés, l'individu mobile bousculera les références culturelles de ses interlocuteurs et les entraînera parfois vers une nouvelle découverte de soi, car ils devront réagir dans le secteur des affinités sans l'usage des garde-fous culturels habituels.

CONCLUSION : L'AVENTURE SOCIALE ET PROFESSIONNELLE DES AGENTS TECHNIQUES

Les agents techniques des bureaux d'études et laboratoires forment-ils une couche socio-professionnelle à part ? Ne sont-ils qu'une sorte de prolongement du groupe ouvrier ? Faut-il les assimiler à de futurs cadres et ingénieurs ? Ou bien sont-ils annonciateurs d'une transformation profonde des rapports hiérarchiques entre catégories socio-professionnelles de la société industrielle contemporaine ?

Ces questions s'inscrivent dans le grand débat sur l'évolution de la classe ouvrière face aux changements de la technique et des structures économiques et organisationnelles des entreprises. Serge Mallet[21] a ouvert une fructueuse voie d'analyse de ce problème en soulignant l'originalité des rapports de production dans les secteurs de technologie avancée. Un syndicalisme d'entreprise orienté vers le contrôle de la gestion et une certaine autonomie d'action à l'intérieur des directions confédérales apparaît comme la conséquence la plus probable de cette évolution des caractéristiques du travail industriel. Cette réflexion sociologique soulève bien des questions difficiles sur le plan d'une analyse marxiste de la plus-value dans le travail intellectualisé et des intérêts de classe qui en résultent.

Il reste que Serge Mallet a eu le grand mérite de montrer que des rapports de travail en milieu industriel contemporain pouvaient s'exercer très différemment de ceux de la chaîne, du métier et des bureaux. Son hypothèse d'un nouveau style de syndicalisme orienté vers la gestion des conditions même du travail suppose que s'élaborent de nouveaux types de rapports humains dans ce contexte de travail technicien. Et c'est précisément sur ce point que nos enquêtes peuvent introduire un surplus de clarté à ce débat. La question fondamentale posée par l'apparition d'une couche de techniciens est donc celle de savoir si elle correspond à l'exercice de nouveaux rapports de pouvoir dans le travail, au point d'engendrer de nouvelles habitudes relationnelles et collectives et par là-même de nouvelles structures d'organisation des rapports humains de travail.

Les diverses analyses faites sur les styles de relations qui se développent entre agents techniques dans différentes entreprises montrent que cette catégorie socio-professionnelle est très fluide et probablement mal nommée. La caractéristique majeure des relations humaines de ces groupes d'agents techniques est l'extrême sensibilité aux relations d'affinités et de concurrence entre collègues avec des positions relativement difficiles envers les chefs ou la collectivité des pairs. Nous voudrions alors soutenir l'hypothèse que cette difficulté à élaborer des rapports de groupes qui soient durables ne vient pas du fait que ces agents disposent d'une technicité, mais bien de ce que les bases de ce pouvoir d'expert ne sont pas encore stables. Le changement technique justifiant les bureaux d'études et les recherches de standardisation ne dure qu'un temps, de même que l'expertise qui en découle. Les ex-ouvriers ou jeunes agents issus des écoles techniques sont donc condamnés à une concurrence forte pour transformer ce pouvoir temporaire en gains de position appréciables, vers les échelons supérieurs. Après ces périodes fastes, il ne reste le plus souvent que l'intégration aux cadres, le retour à la masse ouvrière ou la stabilisation d'un nouveau pouvoir d'expert. C'est pourquoi le terme de « nouveaux professionnels » proposé par Serge Mallet rejoint bien nos hypothèses. Mais, il semble que celui de « futurs professionnels » souligne encore davantage le côté instable de la position technicienne.

Les conséquences principales de cette position évolutive sur les styles de relations au travail sont de faire perdre à ces agents techniques le sens de la collectivité ; séparés de leurs groupes sociaux et professionnels d'origine, ils vivent l'univers du mouvement social, où seuls les rapports d'affinités immédiates présentent une quelconque utilité, puisqu'on ne sait jamais très bien où et avec qui se fera l'avenir. L'autre, tout proche comme collègue ou même comme chef, sera le lien principal avec le milieu de travail. Mais cette position instable est temporaire et débouchera tôt ou tard sur une forme d'intégration lorsque la promotion sera ou bien élaborée ou bien réussie.

Quand le pouvoir d'expert peut être consolidé, comme au département électronique ou à la fabrique de peinture, les techniciens sont de futurs professionnels et leur mode de relations a toute chance d'évoluer vers la solidarité démocratique des agents de métier, ce qui, à terme, risque de bouleverser les équilibres de pouvoir antérieurement institués entre les catégories hiérarchiques, dont le statut repose sur une formation scolaire et universitaire préalable au travail.

Quand le pouvoir d'expert persiste faiblement et que les possibilités promotionnelles se tarissent après avoir permis une réelle évolution ascendante, les techniciens se transforment souvent en groupes de défense catégorielle. C'est le cas des employés techniciens des assurances, des agents des bureaux de méthodes et de divers bureaux d'études où se développe la standardisation des objectifs et procédures de travail. Quand, enfin, il n'y a que des rudiments d'expertise et que les chances d'évolution sont trop incertaines, on voit se dessiner des attitudes de retrait individuel envers le milieu humain de travail et cela peut être le cas de jeunes ouvriers en voie d'évolution.

On peut, ainsi, proposer l'idée que si l'univers mobile des techniciens est une réalité sociale, car il recouvre une large population socio-professionnelle, il n'est probablement pas encore l'occasion d'un achèvement socio-culturel, car il n'est pas le lieu de l'élaboration d'une forme de collectivité sociale. Les phénomènes relationnels vécus en son sein doivent, en revanche, être pris au sérieux, car ils dévoilent les circonstances de l'invention de nouvelles formes de solidarités professionnelles. A ne pas les considérer avec attention, et à ne pas soutenir la position socio-professionnelle des individus mobiles, on risque de développer de larges phénomènes de repli au niveau individuel dans l'ahomie et le retrait, et au niveau collectif dans la défense catégorielle de strates.

Cette revue de l'aventure de la mobilité sociale et professionnelle chez les techniciens conduit à réfléchir sur les effets culturels de la mobilité. Un groupe social en perte d'appartenance peut-il engendrer d'autres normes que celles des groupes sociaux plus stables entre lesquels il voyage ? Puisque le secteur central de l'expérience technicienne est celui du changement intégral, il faut introduire une nouvelle représentation de la culture afin de mieux évoquer le sens de cette expérience. Puisqu'il y a mouvement, pourquoi ne pas considérer que la mobilité puisse développer ses conséquences hors d'un espace à deux dimensions dont les processus d'évolution sont ceux du départ d'un milieu social pour atteindre la réintégration dans un autre milieu social, lui-même défini par référence au premier ? Pourquoi vouloir enfermer la mobilité dans la simple idée de passage d'un monde ouvrier vers un monde cadre plus ou moins bourgeois ? Le groupe technicien n'est pas qu'une simple plage en demi-teinte reliant par ses touches de couleurs dégradées deux teintes fortes et opposées d'une même mosaïque. Dans le temps de la mobilité, le passé et l'avenir deviennent incertains pour une série d'individus pris dans ce mouvement. Il leur faut inventer de nouvelles façons de se comprendre, de nouvelles normes pour communiquer puisqu'ils ne se reconnaissent plus dans aucun des univers adjacents. Deux conséquences me paraissent devoir ressortir de cette expérience.

Acculés aux difficultés de la réussite immédiate pour se maintenir dans le courant de leur mouvement, ces individus mobiles vont chercher dans leur environnement le plus proche, dans le cercle des affinités possibles, celles des amis de travail et celles du couple, les moyens d'une reconnaissance qui les rassure sur eux-mêmes. Ils poussent ainsi les autres au-delà de leurs propres références culturelles, ils les forcent à inventer dans l'immédiat une forme d'échange dégagée des schémas préétablis. Par l'accent mis sur les affinités, le monde de la mobilité est probablement aussi celui, non pas du changement de normes établies, mais bien celui de l'invention de cultures nouvelles.

La seconde conséquence de cette mobilité analysée à propos du cas des techniciens débouche alors sur la nécessaire exploration de nouveaux espaces où ces normes pourraient engendrer la cohésion de nouveaux rapports sociaux. Que les techniciens actuels ou futurs soient sensibles aux thèmes du progrès, de l'indépendance, de la science, comme le fait remarquer Nicole de Maupeou, qu'ils aient une représentation de la société qui ne coïncide plus avec les antagonismes entre classes solidement charpentées par leurs cultures spécifiques, que l'action collective ne puisse se définir pour eux qu'en dehors de l'entreprise et sur des problèmes comme l'instruction et la formation scientifique, ce sont autant d'indices dont la définition, même partiellement imaginaire, exige l'invention d'un monde nouveau. Soulignons la contradiction profonde qui existe entre le souci individuel de promotion dont ils sont tous pétris, au risque même de compromettre leur sécurité et leur cohérence immédiate, et l'étranglement nécessaire de ces efforts qu'entraînent toutes les formes pyramidales d'organisation industrielle connues jusqu'alors. On comprendra à quel point ce groupe social de la mobilité est, dans son mouvement même, plus initiateur d'autres espaces de rencontre que simple voie de passage aménagée entre les zones de la calme reproduction des catégories socio-culturelles antérieures.

Chapitre 5

L'expérience sociale d'encadrement

La position sociale de l'encadrement, le fait d'avoir à encadrer les autres pour qu'une œuvre collective voie le jour, est une probabilité croissante dans la vie des membres d'une société industrielle. Les activités économiques, sociales, culturelles et politiques doivent en effet passer par le monde de l'organisation pour être efficaces, et le nombre de postes de cadres à temps plein ou à temps partiel, dans le travail ou les loisirs, ne cesse de croître. Le seul recensement[1] de la catégorie socio-professionnelle des cadres moyens et supérieurs fait état d'un chiffre de 640 000 personnes comportant une progression de 24,3 % par rapport à 1962. Mais phénomène social de l'encadrement ne peut être limité à l'expression socio-professionnelle qu'en donnent pour l'instant les entreprises industrielles et administratives.

L'encadrement croît avec le développement du phénomène de l'organisation des activités collectives sur d'autres bases que celles du pouvoir patriarcal ou féodal. Issue des activités militaires et religieuses, la nécessité d'encadrer des groupes ou des masses envahit progressivement les entreprises et l'administration pour déborder le monde de la production industrielle et toucher l'enseignement, la santé et même le monde rural, avec les coopératives ou les grandes exploitations agricoles. Cette progression va même jusqu'à rejoindre le secret des engagements individuels puisque le militantisme social ou politique doit s'organiser et se donner des responsables permanents ou bénévoles qui seront, eux, des cadres du soir, des week-ends ou des vacances. Le socio-culturel, enfin, et les mouvements de jeunes ou d'usagers finissent par s'organiser et se donner des animateurs, des formateurs, des secrétaires généraux et des membres de bureau ou de conseils d'administration, définis par la loi de 1901 sur le statut des associations. Le fait d'être responsable d'un groupe d'individus, de devoir encadrer une collectivité, grande ou petite, devient ainsi une éventualité forte, même si elle ne recouvre pas toute la vie, dans l'avenir des membres d'une société développée.

L'expérience humaine de l'encadrement, avec tout ce que cela implique de phénomènes de groupes et de relations d'autorité et de subordination personnalisée, risque donc de devenir aussi importante que celle de l'artisanat, du travail manuel en usine, des rapports de bureau ou de la promotion technicienne. L'étude des cadres, d'entreprises industrielles et administratives, où l'encadrement est l'expression d'une organisation rationnelle, hiérarchique et pyramidale de l'autorité, ne peut donc recouvrir toute l'ampleur de ce phénomène. Nos études devraient tout de même aider à dégager les éléments spécifiques de l'expérience relationnelle d'encadrement par rapport à l'expression qui en est donnée par l'univers hiérarchique, issu des impératifs d'une croissance industrielle accélérée. Mais la réflexion sociale et politique sur la montée des cadres et leur apparition récente dans la vie publique a déjà donné lieu à de multiples analyses. Il importe d'en tirer quelques leçons et de situer ce phénomène par les interrogations qu'il entraîne sur sa signification sociale et politique avant d'entamer une analyse de ses conséquences culturelles.

LA COLLECTIVITÉ DES CADRES : UNE IMPASSE

Beaucoup de cadres s'organisent sur le plan professionnel et syndical ; cela veut-il dire qu'un groupe social nouveau, homogène sur le plan de ses intérêts comme de ses pratiques, est en train de naître ? Cette idée est naturellement apparue avec la constatation récente de l'augmentation du nombre des cadres dans l'industrie et de la progression spectaculaire de la ligne cadres moyens et supérieurs dans l'échelle des catégories socio-professionnelles des statistiques démographiques.

La première signification accordée à ce nouveau phénomène qui s'est imposé brusquement à la démographie socio-professionnelle a été mise au compte d'une prospective politique. Entre les patrons et les ouvriers, une nouvelle catégorie homogène s'étendrait au point de combler le fossé entre les classes sociales par l'univers de la compétence et du mérite, individuellement récompensé par une carrière accessible à tout le monde. Ce sera la fin des inégalités sociales qui résultera de la croissance illimitée du monde des cadres, elle-même dépendante du développement économique et technique. Le grand rêve de la méritocratie [2] — à chacun le droit à la pleine mise en valeur de ses capacités techniques et intellectuelles — paraît enfin proche de se réaliser grâce à l'action méritante des technocrates de la croissance qui va permettre à tous les travailleurs d'entrer dans le vaste amalgame des techniciens supérieurs et des cadres. Chacun trouvera à se réaliser dans le travail et dans la consommation, grâce aux niveaux élevés de revenus que la croissance dégage pour tous.

Mais des inquiétudes, émanant de préoccupations politiques très prosaïques, outre leur récent et brutal coup d'arrêt à la croissance, ont toujours perturbé cette futurologie sereine. Traditionnellement, les cadres étaient considérés comme de fidèles collaborateurs de la direction, et les syndicats ouvriers ont craint l'augmentation du poids de la classe bourgeoise qu'entraînait le développement des cadres. Inversement, la massification et la spécialisation de leurs activités ont engendré chez les cadres des réflexes de révolte et d'actions collectives orientés vers la défense de leurs intérêts catégoriels. Les patrons ont vu dans ce phénomène un malaise de la société industrielle et une contestation de leur autorité dans l'entreprise. Ils ont alors répondu à cette menace par le discours de la participation des cadres [3] aux décisions s'appuyant sur la possibilité effective de décentraliser certaines décisions d'entreprises, dans le même temps qu'on les fusionnait et les concentrait. Après les débats autour de l'appartenance de classe des employés, puis des nouveaux professionnels et des techniciens, on se demande à nouveau dans quel train vont monter les cadres : celui des patrons ou celui des ouvriers ?

Et, comme toujours dans ce débat bipolaire, une troisième voie se dessine, celle de l'autonomie du groupe des cadres, avec leurs syndicats indépendants et la volonté de défendre leurs propres intérêts de statut et de carrière organisée. Ce sont alors les questions de la protection et de la sécurité qui expriment le mieux les préoccupations de ce type de collectivité naissante.

Dans le droit fil de cette interrogation politique sur le malaise des cadres et son expression syndicale, les sociologues apportent leurs analyses à la compréhension du phénomène. Et c'est la prétendue homogénéité du groupe des cadres, perçue comme le rassemblement des « fidèles collaborateurs » ou des « intermédiaires privilégiés », qui vole en éclats sous la pression des facteurs de situation : formation scolaire d'ingénieurs, origine sociale et familiale, région d'appartenance, mobilité sociale par rapport aux parents, et place dans la profession ou dans l'organisation hiérarchique. Les comportements de carrière, d'intérêt au travail, d'attachement à l'entreprise et d'affiliation syndicale sont expliqués par le jeu des influences diversement pondérées de ces facteurs sociaux, culturels et professionnels.

Historiquement, on constate que, sous la poussée du progrès technique, l'image de l'ingénieur traditionnel conseiller de la direction et réalisateur de ses projets, en face des ouvriers commandés par le contremaître, cède la place à la masse des cadres bureaucratisés et sourdement révoltés contre la perte d'un pouvoir de décision qu'ils auraient eu dans les petites entreprises d'autrefois. Intégrés à l'organisation comme de vulgaires « chefs d'équipes encadreurs », ils perdent jusqu'à l'occasion d'exercer leurs compétences techniques et leurs facultés intellectuelles développées à l'école d'ingénieurs. Mais, parallèlement à ce large monde des nouveaux bureaucrates, se profile la constitution d'un groupe de professionnels dégagés des exigences du commandement. Ce sont les ingénieurs de recherche et de bureaux d'études techniques, technico-commerciales, d'organisation, de marketing et d'informatique, tous engendrés par les vagues successives du progrès technologique.

Cette évolution, dont le parallèle est frappant avec la transformation du travail ouvrier du métier en tâches parcellaires ou en nouvelles activités professionnelles, doit tenir compte du recrutement de cette masse de cadres à l'intérieur d'un éventail social beaucoup plus large que celui des ouvriers. C'est ici que l'origine sociale bourgeoise, moyenne ou modeste aide à réintroduire un peu de clarté dans la compréhension du phénomène cadre contemporain. Les travaux de MM. Maurice[4], Benguigui et Monjardet[5] sont ici précieux pour accuser les différences de positions vécues par les cadres le long de la chaîne hiérarchique. Il est clair que le monde de la carrière fondée sur la compétence professionnelle et débouchant sur les grandes responsabilités dans l'entreprise est celui des enfants de la bourgeoisie passés par les grandes écoles d'ingénieurs, auxquelles ils ont pu accéder grâce à l'aide culturelle et matérielle de leur milieu familial.

Il est ensuite évident que la grande masse des cadres spécialisés et limités dans leurs perspectives d'avancement provient, en fait, de catégories sociales moyennes et souvent modestes. Ceux qui ont pu accéder aux petites écoles d'ingénieurs ont de fortes chances de faire une carrière limitée à l'évolution technique dans une même fonction. Les autodidactes véritables, très nombreux dans le monde cadre[6], d'origine modeste, sauf pour un petit nombre d'enfants de la bourgeoisie qui monteront quand même grâce à leurs relations, ont achevé leur carrière quand ils deviennent cadres. Ils culmineront dans les positions de chef d'atelier et d'encadrement direct de la base, sans que leurs titres ne les séparent clairement de la maîtrise. Les chefs d'atelier sont d'ailleurs parfois classés dans la maîtrise supérieure[7], car leur responsabilité est finalement comparable à celle des contremaîtres.

On voit ainsi que, du point de vue sociologique, la catégorie des cadres est le théâtre de plusieurs phénomènes complexes qui se jouent à propos de la promotion sociale. Le passage dans la hiérarchie est d'abord le lieu du choix des élites industrielles sur des critères avoués de compétence et des critères relativement plus officieux d'origine sociale et universitaire privilégiée. Mais cette sélection des dirigeants ne recouvre pas toute la population des cadres, car bien peu en profitent alors que le nombre des individus classés cadres va croissant. Pour un certain nombre d'autodidactes, l'arrivée chez les cadres est le signe d'une vaste aventure de mobilité sociale et culturelle. Mais, pour une forte proportion de cadres moyens et d'ingénieurs issus des multiples écoles de formation technique supérieure, la carrière est très liée aux aléas de la vie industrielle. Un processus constant de destruction des compétences par l'organisation bureaucratique et de recomposition de nouveaux univers professionnels dans le sillage du progrès technologique brouille sans cesse les pistes d'accès aux voies triomphales de la carrière pleine, fondée sur la compétence.

Le monde des cadres ne peut pas, semble-t-il, être considéré comme le pur reflet d'une culture bourgeoise, car beaucoup n'en sont pas originaires, et certains cadres, effectivement d'origine bourgeoise, ne sont pas confrontés aux mêmes problèmes de compétence, de promotion et d'autonomie dans le travail. Mais comment alors analyser la spécificité de cette position socio-professionnelle ?

C'est précisément à ce point de l'interrogation des sciences humaines que nous voudrions articuler les résultats de nos études sur les conséquences du travail en matière d'aptitudes à vivre les relations humaines et à en dégager des valeurs. Y a-t-il une originalité culturelle du monde des cadres ? Peut-on dégager diverses positions de cadres dans leurs rapports de travail, une cohérence culturelle qui tienne compte à la fois de leurs différences d'atouts professionnels et sociaux dans les échanges humains en entreprise, mais aussi de leur commune originalité de normes par rapport à celles du monde ouvrier ?

Les enquêtes que nous avons effectuées en milieu cadre n'ont pas été aussi approfondies que chez les ouvriers et les employés ; initialement centrés sur les exécutants de la base, les questionnaires ont également été distribués avec quelques remaniements aux échelons hiérarchiques de l'unité de production étudiée : usine, département, service..., pour mieux reconstituer l'univers total des relations quotidiennes de travail. Mais nous n'avons effectué de longs entretiens avec les chefs que sur les problèmes d'organisation du travail. Les comportements de relations humaines n'ont pas été l'objet d'enquête spécifique et approfondie par entretiens ou tests projectifs. Une longue pratique de formation permanente en milieu cadre nous a toutefois apporté une certaine compréhension du conditionnement des individus cadres par leur univers professionnel. Les points forts de ce chapitre seront ainsi davantage le résultat d'une comparaison avec les ouvriers, employés et techniciens que le fait d'une enquête spécifique sur l'encadrement.

L'EXPÉRIENCE DE LA STRATÉGIE CHEZ LES CADRES

Le phénomène important qui ressort de toutes nos enquêtes sur les relations humaines de travail est que les individus en position d'encadrement ont une sensibilité très particulière aux divergences d'opinions et de sentiment dans les échanges à deux ou à plusieurs. Ces résultats apparaissent aussi bien chez les cadres autodidactes de la SNCF et d'origine sociale modeste (l'atelier de réparation), que chez les contremaîtres ou les ingénieurs issus des écoles moyennes et supérieures de l'entreprise électrotechnique, ou encore que chez les cadres masculins et féminins, d'origine modeste ou bourgeoise, de la compagnie d'assurances. Dans les tableaux du chapitre 2, nous avons déjà présenté les différences de styles de relations entre ouvriers et cadres de l'atelier de réparation SNCF, pour bien faire sentir que les relations de travail n'étaient pas vécues sur le même modèle selon les positions occupées à l'intérieur de la même entreprise. Et, dans ce chapitre, nous avions même désigné le modèle de relations chez les cadres par le terme de « stratégie individuelle », pour marquer leurs différences d'attitudes envers les groupes, les chefs et les collègues, par comparaison aux réponses ouvrières. Nous voudrions reprendre ici avec plus de détails la logique du modèle des stratégies individuelles entre cadres, en nous appuyant à présent sur les réponses des 150 cadres et agents de maîtrise appartenant à 6 usines séparées de l'entreprise électrotechnique.

LA CONFIANCE DANS LA DIFFÉRENCE

Cette formule, quelque peu condensée, d'une attitude générale à l'égard des partenaires de relations professionnelles paraît être le symptôme le plus marquant du style de relations dans l'encadrement, par comparaison à celui des échelons inférieurs de la hiérarchie. Les résultats de l'enquête présentés dans la figure 12 montrent que la confiance est une dimension importante des relations interpersonnelles entre cadres. Plus on descend les échelons hiérarchiques, plus il semble dangereux de faire confiance a priori aux autres, à moins de les sélectionner en fonction de la proximité d'opinion. Mais plus on se situe dans les niveaux d'encadrement, plus il semble possible d'accepter la complexité du jeu de l'autre, dès lors qu'on a eu le temps de se mettre clairement d'accord sur les objectifs réciproques. Nous retrouvons là une des constatations faites au début du chapitre II sur l'accès social à la facilité de parole. Pour les cadres, le langage ne se présentait pas comme un obstacle à la communication entre égaux, il était en revanche perçu comme un critère réel de sélection. Dans le cas des exécutants, en revanche, le langage était perçu comme un véritable obstacle à la communication même entre pairs et toute relation en était rendue a priori dangereuse, car les difficultés d'expression empêchaient de se faire une idée claire des intentions d'autrui.

Peut-on alors trouver d'autres indications sur les bases de cette confiance interpersonnelle ? Il semble que les cadres manifestent une disposition à s'engager davantage que les exécutants dans un type d'amitié entre collègues fondée sur plus de discrimination affective et cognitive de la personnalité des amis.

Sur le plan affectif, les résultats présentés dans le tableau 27 montrent que, sauf pour les OS, dont un bon nombre dans cette entreprise sont des femmes, « l'amitié est possible et souhaitable entre collègues » pour 80 % de chaque catégorie. Mais les cadres déclarent avoir un peu moins d'amis que les ouvriers professionnels ou les agents de maîtrise, aussi bien à l'intérieur qu'à l'extérieur de l'usine. En revanche, l'amitié est pour eux le résultat d'une longue proximité beaucoup plus que l'appartenance à un même milieu social. L'amitié est un choix, une élection conduisant à l'échange de sympathie et au partage de difficultés personnelles réelles.

Fig 10. Confiance dans les relations chez les cadres

Quand il s'agit de faire quelque chose de sérieux avec d'autres personnes, diriez-vous plutôt :

- si l'on veut arriver à un résultat, il faut savoir faire CONFIANCE
- il faut toujours être très prudent, car on ne peut jamais faire confiance aux gens

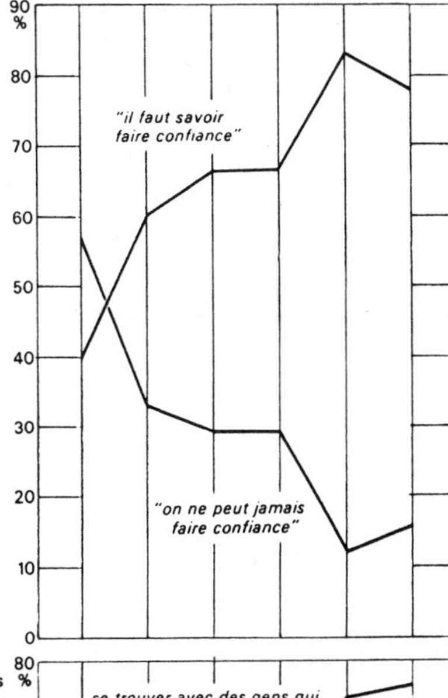

Dans quelles conditions vous sentiriez-vous le plus en CONFIANCE pour participer à un groupe :

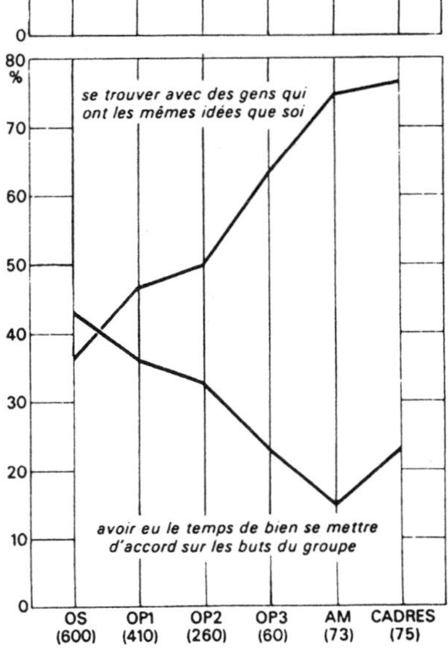

Sur le plan cognitif également, l'amitié entre cadres, ou la simple relation entre collègues paraissent être soumises à plus d'aléas que chez les ouvriers. Pour ces derniers, il semble que la coexistence entre pairs l'emporte sur les divergences d'opinions et d'idées. En repensant aux difficultés à l'égard du maniement du langage, on peut d'ailleurs se demander si, réelles ou supposées, les divergences d'opinions et d'intention entre exécutants ne sont pas a priori grevées d'une suspicion à l'égard de la langue qui les transmet. En d'autres termes, un désaccord entre individus ouvriers peut souvent être attribué aux difficultés d'expression et de communication verbales beaucoup plus qu'aux réelles divergences d'idées. Une sorte d'attitude de sagesse, issue de l'expérience, maintes fois refaite, de la difficulté à s'entendre parce qu'on parle avec gêne (comme à l'étranger quand on apprend

Tableau 27. Contenu affectif et cognitif de l'amitié entre collègues

	Entreprise électrotechnique					
	OS	*OP_1*	*OP_2*	*OP_3*	*AM*	*C*
	%	%	%	%	%	%
Nombre d'amis au travail						
entre 3 et 5	17	18	22	19	23	26
6 et plus	28	39	44	49	42	30
Nombre d'amis extérieurs						
entre 3 et 5	18	19	23	15	41	34
6 et plus	44	59	54	53	48	44
Parler de problèmes personnels avec plus de 3 collègues	12	26	25	28	31	52
L'impression d'être sympathique aux collègues	33	45	51	53	67	85
La solidité de l'amitié tient au fait :						
d'être longtemps ensemble	34	40	36	39	58	60
d'avoir les mêmes opinions	26	25	25	32	13	28
d'appartenir au même milieu social	40	35	39	29	29	22
En cas de désaccords entre vous et une autre personne : que faites-vous ?						
- vous ne laissez jamais passer quelque chose de désagréable sans réagir	29	39	44	42	65	55
- vous cédez pour avoir la paix	29	21	14	12	2	7
- vous vous dites que ce n'est rien et vous n'y attachez pas d'importance	42	42	42	46	33	38
Deux amis se connaissent de longue date. L'un d'eux s'engage dans l'action politique, l'autre s'y refuse catégoriquement. Que vont devenir leurs relations ?						
- il continueront à se voir mais il y aura des sujets tabous	31	37	41	38	52	57
- ils n'auront plus les mêmes intérêts et ils ne se verront plus	8	8	6	4	8	8
- leurs relations continueront comme par le passé	61	55	53	58	40	35
Total	600	410	260	60	73	75

la langue), peut ainsi se construire lentement à l'égard des opinions. Mieux vaut taire les désaccords entre camarades de travail plutôt que de s'affronter sur des divergences qui n'existent peut-être pas réellement. L'importance des demandes de formation générale dans le domaine de l'expression orale ou écrite, chez les ouvriers depuis la promulgation de la loi de 1971, tendrait d'ailleurs à renforcer cette hypothèse de la gêne à l'égard du langage, tout en soulignant que cela est vécu comme un manque et non comme une situation de fait.

Les cadres, en revanche, étant plus à l'aise dans leurs échanges entre pairs doivent nécessairement considérer le contenu cognitif de cette communication. Et l'on constate que non seulement les oppositions sont relevées mais encore qu'elles peuvent déboucher sinon sur des ruptures directes d'amitié, du moins sur une diminution sensible des engagements et intérêts communs.

Toutes ces remarques sur les différences entre les styles d'amitié chez les ouvriers et chez les cadres rejoignent les travaux de J. Maisonneuve[8]. Nous retrouvons, comme dans sa comparaison entre 100 employés, 100 ouvriers et 100 ingénieurs, que le style d'amitié chez ces derniers est nettement plus bipersonnel, égocentré et lié aux relations professionnelles que chez les ouvriers. Nous avons retrouvé aussi l'importance du milieu social comme facteur conditionnant l'amitié entre ouvriers et la plus grande sensibilité dans les amitiés entre cadres à l'égard des divergences de goûts et d'opinions.

Si l'amitié reste une préoccupation également importante dans les diverses catégories socio-professionnelles, des styles différents semblent cependant apparaître dans le contexte d'une recherche de psychologie sociale. Nos résultats, entreprise par entreprise, tendent à montrer la réalité de ces divers styles en ajoutant peut-être une plus grande attention aux problèmes du débat et de la discussion. Il est en effet important de voir que le style des relations interpersonnelles, dont l'amitié est un cas extrême, une sorte d'achèvement, ont une autre issue : la qualité des rapports de groupes entre pairs ; et, sur ce point aussi, l'attitude globale des cadres se distingue nettement des positions ouvrières.

LA SOLUTION DÉMOCRATIQUE

Il y a plusieurs formules possibles pour arriver à une position commune dans un débat de groupe. L'unanimité obtenue par persuasion et exclusion, le refus des débats, ou tout simplement le refus de choisir peuvent aboutir à des décisions collectives. L'unanimisme des OS masculins est une formule combinant le refus de choisir et la persuasion des leaders pouvant aller jusqu'à l'exclusion des opposants irréductibles. Dans le cas des agents techniques et ouvriers nouveaux professionnels, nous avons rencontré, en plus de ce mécanisme, une tendance au séparatisme, c'est-à-dire au soutien des positions minoritaires au point même de ne plus tenir compte du groupe. Dans le modèle Entente et Compromis qui se développe en milieu employé, nous avons rencontré l'acceptation des débats, certes, mais aussi une tendance à vider les choix de leur contenu réel dans la mesure où, l'ambiance et la coexistence étant ce qu'il y a de principal à réaliser, les divergences initiales conduisent toujours à des compromis.

Le tableau 28 recouvre très indirectement ces modèles puisqu'il regroupe sous une même rubrique de catégorie socio-professionnelle des situations fort diverseś. Par exemple, dans la catégorie OS, on trouve rassemblés des femmes retraitées, des immigrés, des Français de style unanimiste et des nouveaux professionnels encore très jeunes de style séparatiste... Il reste cependant que cette comparaison montre une nette originalité de la position des cadres, originalité que nous avons déjà analysée rapidement au début du chapitre II en comparant les réponses des ouvriers à celles des cadres de l'atelier de réparation SNCF ; originalité qui ressortira également de la comparaison des réponses des employés avec celles des cadres de bureau. Nous voyons en effet que, pour les cadres de l'entreprise électronique, la collectivité est probablement influencée par une expérience très riche de la vie de groupe. D'une part, si on demande aux cadres de se placer fictivement dans une position de minoritaires, ils sont plus nombreux que toutes les autres catégories socio-professionnelles analysées à reconnaître l'importance qu'il y a à se rallier à la majorité. D'autre part, si on leur demande de se mettre à la place de la majorité, ils sont plus nombreux, encore que les différences soient

Tableau 28. La loi du groupe

	OS	OP1	OP2	OP3	AM	C
Imaginez que vous êtes en vacances avec quelques amis et que vous voulez faire une promenade pour visiter la région. Deux itinéraires sont proposés : le circuit des grands vins et celui des châteaux historiques. Sur les 9 que vous êtes, 6 ont choisi le premier circuit et 3 le second. Vous êtes dans la majorité. Que faites-vous ?						
	%	%	%	%	%	%
Vous dites aux autres qu'ils doivent suivre le choix de la majorité	30	34	32	31	39	31
Vous laissez les 3 qui ne sont pas d'accord prendre leurs billets de leur côté	26	28	34	35	27	42
Vous renoncez au projet plutôt que de couper le groupe en deux	44	38	34	33	34	27
Imaginez qu'au lieu d'avoir choisi le premier circuit, vous préfériez le second. Vous êtes dans la minorité. Que faites-vous ?						
Vous abandonnez votre position pour adopter celle de la majorité	53	58	63	70	81	85
Vous ne manifestez pas votre opinion car les autres ne l'écouteront pas	17	16	15	12	4	7
Vous préférez quitter le groupe qui ne veut pas tenir compte de votre point de vue.	30	26	22	18	15	8
Total	600	410	260	60	73	75

moins affirmées ici, à admettre l'hypothèse d'une séparation de la minorité. Il est vrai que le cas proposé, une décision de promenade en vacances, ne paraît pas impliquer de conséquences dramatiques en cas de séparation temporaire. Mais, confrontées à la même question, les autres catégories socio-professionnelles préfèrent davantage renoncer au choix pour conserver le groupe uni, alors que, dans la minorité, ils acceptent davantage de se séparer de la collectivité. En fait, le groupe des ingénieurs et cadres semble avoir une grande expérience de la position minoritaire et moins d'anxiété à son égard. Au plan du pur modèle psychosociologique de relations, cette attitude coïncide parfaitement avec plus d'aisance dans la parole et de capacités de compréhension interpersonnelle sur le plan affectif et cognitif. Peut-on dire que les cadres soient nettement prédisposés à vivre les relations entre collègues de façon démocratique, alors que d'autres catégories professionnelles le seraient moins ? Il n'est certainement pas possible de généraliser des conclusions aussi importantes pour un ensemble socio-professionnel dont les disparités internes, liées à la place dans l'organisation, sont très nombreuses, comme nous le verrons dans la suite de ce chapitre. Mais nous devons tout de même constater à quel point la qualité d'un ensemble démocratique dépend de l'aptitude à changer les oppositions entre majorités d'une part et à supporter la position de minoritaire d'autre part.

LE COMMANDEMENT LIBÉRAL IRRÉALISTE

Il est indéniable que les réponses des cadres et agents de maîtrise de cette entreprise électronique révèlent une option claire en faveur d'un style de commandement libéral. Le bon chef est celui qui contrôle de loin le travail de ses subordonnés et obtient leur confiance, et qui refuse de s'imposer dans un groupe de collègues. Ce profil du chef participatif et compréhensif est largement répandu dans le monde industriel contemporain et nous l'avons trouvé présent chez les cadres de la compagnie d'assurances, à l'EDF, dans les administrations publiques, à l'atelier de réparation SNCF, ainsi qu'à la fabrique de peinture. La représentation actuelle du rôle du chef par les cadres eux-mêmes est certainement imprégnée d'une philosophie libérale qui n'est pas sans liaison avec les théories des relations humaines prônées il y a plus de vingt ans par nombre de sociologues et psychologues américains[9].

Mais cette attitude libérale à l'égard du commandement paraît contredite par les réalités de positions concrètes dans la hiérarchie. Nous voyons tout d'abord qu'à l'égard des subordonnés ayant des difficultés collectives, le chef se doit d'intervenir. C'est-à-dire que non seulement la position libérale dans le groupe des pairs n'est pas reproduite à l'égard des subordonnés, qui sont ainsi jugés incapables de s'entendre, mais l'intervention est de plus imposée à des subordonnés qui, de leur côté, la refuseraient, sauf pour une minorité importante d'autoritaristes. Il semble ainsi que la présence d'autoritarisme à la base, dont nous avons proposé quelques éléments de justification au chapitre II, serve en permanence à confronter les cadres dans une position interventionniste contraire à leurs idéaux et contraire aux attentes d'une majorité d'exécutants.

L'idéal du chef libéral est également contredit par l'expérience même des relations entre cadres. Quand c'est la situation du groupe des collègues qui est évoquée, on voit en effet les cadres considérer qu'un meneur est nécessaire entre amis. Ils constatent en outre

Tableau 29. Subordination et commandement chez les ouvriers et cadres de l'entreprise électrotechnique

	OS	*OP1*	*OP2*	*OP3*	*AM*	*C*
N =	*600*	*410*	*260*	*60*	*73*	*75*
	%	%	%	%	%	%
Qu'est-ce qui compte le plus pour vous ?						
- la confiance du chef	15	9	11	10	35	29
- le travail bien fait	36	27	30	45	38	40
- camaraderie et solidarité	49	66	59	45	27	31
Si un camarade devient difficile à vivre, et ne termine plus son travail, que faites-vous ?						
- vous en parlez directement au chef	13	10	10	23	32	24
- vous faites son travail pour que le chef ne s'en aperçoive pas	46	51	43	34	10	14
- vous proposez à votre collègue d'avertir le chef	41	39	47	43	58	62
Imaginez que le chef intervienne dans une discussion entre ouvriers ; dans l'idéal, que devrait-il faire ?						
- il doit intervenir pour aider les gens à se mettre d'accord	27	22	21	20	80	85
- il doit décider et trancher	28	26	24	30	20	10
- il ne doit pas intervenir et laisser les gens se débrouiller entre eux	45	52	55	50	0	5
A votre avis un bon chef doit-il...						
- voir les choses d'un peu haut, car un subordonné auquel on ne laisse pas assez de responsabilités travaille mal	41	66	70	84	95	97
- contrôler de très près le travail car on ne peut jamais se fier entièrement à des subordonnés	59	44	30	16	15	3
Pour vous, le groupe idéal de camarades ou d'amis, qu'est-ce que c'est ?						
- un groupe où il y a un seul chef qui décide pour tout le monde	36	19	15	15	9	3
- un groupe où chacun puisse être responsable pour les questions qu'il connaît bien	64	81	85	85	91	97
Un meneur est nécessaire dans un groupe de camarades et amis	28	37	38	24	53	66
Dans un groupe pourquoi certains ont-ils de l'influence ?						
- ils parlent mieux et en savent plus	50	47	57	50	34	19
- ils savent s'imposer	50	53	43	50	66	81

l'influence de ceux qui ont le pouvoir et l'ascendant personnel suffisant pour s'imposer, et ils revendiquent éventuellement l'intervention directe d'un chef dans leurs propres difficultés collectives de travail. Cette contradiction importante entre la réalité des relations entre collègues et la conception idéale du commandement n'est certainement pas étrangère à l'ampleur des désaccords vécus au niveau des relations interpersonnelles et à l'importance des phénomènes de minorités vécus dans les groupes.

LES MULTIPLES SOURCES D'ACCÈS AU POUVOIR DANS L'ENCADREMENT

Les réponses de cadres et agents de maîtrise aux questions portant sur les relations interpersonnelles montrent une incontestable différence avec celle des ouvriers dans la façon de vivre les rapports humains. Ni l'âge, ni le sexe, ni la région ne peuvent être invoqués pour expliquer de telles différences, pas plus d'ailleurs que l'ancienneté dans l'entreprise. L'origine sociale pourrait être considérée comme l'explication suprême de ces habitudes de relations, mais sans nier l'importance du milieu familial, urbain et scolaire qui médiatise le phénomène général de l'origine sociale, il faut souligner que la grande majorité des cadres est composée d'autodidactes[10], sortis du rang. Ce phénomène, largement existant dans la population cadre de l'atelier de réparation et d'une façon plus générale encore dans la population cadre de la SNCF, est également manifeste dans l'entreprise électrotechnique, où plus de 60 % des cadres ont des parents ouvriers, techniciens ou employés. La véritable différence d'appartenance sociale des cadres avec les techniciens ou avec une grande partie des ouvriers se lit dans la catégorie socio-professionnelle des amis, dont 55 % sont classés ingénieurs, cadres ou professions libérales, contre 5 % chez les ouvriers et 22 % chez les agents techniques. Le problème que nous cherchons à définir et analyser tout au long de ces pages est donc bien celui de l'influence spécifique de l'expérience récente et passée du travail sur les styles de relations. Et nous allons voir que l'appartenance à la hiérarchie d'encadrement représente un tout autre monde de contraintes et d'expériences de pouvoir que le fait d'être exécutant en atelier ou bureau.

L'INTERPRÉTATION DES RÈGLES

D'une façon générale, les relations de travail seront, pour le cadre, influencées par l'accès à deux sources spécifiques de pouvoir. La première tient au droit, que lui confère sa position, d'appliquer la règle, définie au-dessus de lui en principes généraux, à des situations spécifiques jamais complètement prévues par les autorités supérieures. L'une des expériences humaines les plus marquantes pour le cadre est donc celle du commandement et de l'interprétation des règlements.

La seconde source de pouvoir a trait aux dimensions des communications et de la maîtrise de l'information[11]. Reprenons l'analyse de ces deux positions de pouvoir pour en dégager les conséquences relationnelles.

L'appartenance à la hiérarchie d'une entreprise ou d'une administration introduit un nouvel élément dans le conditionnement des styles de relations par le travail. En plus de la complexité de la tâche et de son intellectualisation, la position d'encadrement suppose l'intervention nécessaire d'autres individus pour obtenir un résultat. Le phénomène du commandement dans le monde professionnel représente une sorte d'innovation structurelle dans les relations de travail. Pour atteindre un objectif, le chef de service et tous les chefs de la hiérarchie situés entre la masse des subordonnés et le groupe des dirigeants doivent commander à des adjoints et des inférieurs, et argumenter avec les supérieurs sur les résultats obtenus ; ce qui les entraîne bien souvent à discuter également de la valeur des directives qu'ils ont reçues. La place dans la hiérarchie de commandement est donc celle tout à la fois contraignante et résistante des relations humaines. Le chef n'a jamais affaire directement avec la matière, celle de la machine ou de la planche à dessin. Le matériau de son activité est « la pâte humaine » autrement plus complexe que celle du dossier, du schéma ou de la pièce à faire. Une telle position de négociation et de commandement n'a que très rarement été acquise par une formation spécifique ; c'est, au contraire, ou bien les connaissances supérieures d'ingénieur, ou bien l'expérience technique acquise à force de travail professionnel dans l'atelier ou les bureaux qui confèrent le droit au commandement.

Si le chef dispose d'une référence péremptoire à la rationalité économique et technique de l'organisation dont il est le représentant, il n'en est pas moins plongé dans un univers de relations humaines qui ne se limite pas à cette rationalité, et qui lui cause sans cesse des problèmes d'invention. C'est à ce décalage entre deux mondes, celui des choses et celui des hommes, que se situe le lieu du conditionnement propre à la hiérarchie.

Le pouvoir propre du chef est donc celui d'une interprétation constante de la règle en fonction de la connaissance qu'il a des données du problème qui échappent à son interlocuteur. A l'égard des subordonnés, le chef a les moyens de distribuer des passe-droits, c'est-à-dire qu'il peut adapter la règle comme il l'entend à la situation des exécutants. C'est là un moyen de pression considérable pour faire atteindre l'objectif qu'on lui demande. Le droit d'appliquer la sanction afférente à la règle n'est pas une source de pouvoir si le subordonné a les moyens de prévoir exactement l'ampleur, la portée et le moment de cette sanction. En revanche, si le chef a la possibilité de laisser la menace, ou la récompense, incertaine et liée à son libre arbitre, alors il a le véritable pouvoir de faire ce qu'il veut.

LE CONTRÔLE DES INFORMATIONS

L'autre pouvoir spécifique lié à la position d'encadrement hiérarchique est peut-être encore plus développé que le précédent car il agit dans toutes les directions de relations : ascendantes, descendantes, mais aussi latérales. Le simple fait d'être intermédiaire obligé dans une ligne de communication indispensable tant à la prise des décisions supérieures qu'à l'exécution des ordres, donne au cadre une vaste possibilité d'influence auprès de ceux qui ont besoin des informations qu'il est le seul à détenir, au moins pour un temps. L'organisation rationnelle du travail définit des spécialités, des lignes de subordination dans une même fonction et aussi des circuits formels de transmission des informations. Aux croisements de ces lignes, on rencontre les postes d'encadrement, où le chef est la seule personne à détenir telles attributions et telles sources d'informations. Les enquêtes de psychologie sociale, et plus près de nous les travaux de W. Ackermann et G. Barbichon [12] ont montré à quel point la transmission des informations est l'objet de multiples tactiques et de pressions, pour refuser d'y voir une importante source de pouvoir dans les rapports de travail.

Mais cette expérience interpersonnelle dans les structures hiérarchiques est doublée d'une autre scène où se trouvent d'autres formes d'accès au pouvoir du contrôle de l'information. Les cadres travaillent habituellement seuls. Ils ne sont pas, comme les ouvriers, ou employés, obligés d'être ensemble, de coexister ; ils ont le privilège de pouvoir se déplacer selon une conception relativement autonome de leurs actions. Toute cette mobilité spatiale est une source de contacts multiples qui leur permettent de développer leurs informations et le jeu qu'ils mènent autour des communications. De ces courses fréquentes naissent peu à peu les fils de réseaux durables entre membres de diverses filières hiérarchiques ayant de mutuels intérêts aux échanges d'information. L'univers des réseaux informels et personnalisés est le second moyen de contrôle sur les communications. Le cadre aura ainsi la possibilité de prendre de la distance par rapport à la définition formelle et hiérarchique de ses propres impératifs de transmission des informations.

La troisième scène des relations entre cadres est enfin celle de la réunion, du petit groupe d'études, de la commission de travail consultative ou préparatoire à une décision. Normalement, les cadres travaillent seuls ou avec quelques collaborateurs, mais très souvent leur univers familier est celui de la réunion qui les rassemble. Cette expérience même de rencontres en groupe de discussion est tout autant l'occasion d'acquérir et d'échanger des informations que de se faire une opinion sur les autres et sur leurs projets. C'est un lieu où le nombre des participants et l'objet spécifique de la rencontre imposent un certain formalisme aux échanges, même si l'atmosphère est permissive et cordiale. Dans ces réunions de travail, on acquiert des informations neuves sur les problèmes, et cela peut être utile pour affermir son pouvoir d'expert. Mais le plus important est souvent ailleurs. Les cadres apprennent à s'apprécier, se comprendre et s'évaluer dans leurs personnes, leurs intérêts et leurs stratégies. La prise de parole, les absences, les détours et précautions oratoires, la manière même de s'exprimer, etc., tout est significatif des acteurs et de leur position dans les rapports de force qui se développent quotidiennement dans l'entreprise. La réunion est bien souvent comme une sorte de maquette de la vie de l'entreprise où chacun vérifie la permanence ou le changement des autres. C'est un lieu d'observation et d'apprentissage de la stratégie.

De cette double position théorique d'accès au pouvoir dans le jeu des règles et des communications, le cadre tire une profonde expérience de la dimension stratégique des rapports de travail. Les traits de sensibilité au désaccord et à la différence cognitive dans les relations, tout autant que l'attachement fort et nuancé aux amitiés de travail, sont à notre avis largement influencés par cette expérience des pouvoirs dans l'encadrement. La reconnaissance de la minorité et de la valeur efficace des règles démocratiques en groupe provient peut-être de cette pratique des réunions d'études et de décision. On peut admettre que l'habitude d'échanger des idées, des arguments, des informations n'est pas pour rien dans la confiance en une conception « négociée » des relations humaines.

On voit ainsi comment cet univers de pouvoir confère aux relations humaines un aspect fréquent de résistance mutuelle et de stratégie consciente. Chacun doit peu ou prou anticiper la réaction des autres pour aménager sa propre action. C'est la raison pour laquelle nous avons choisi de parler de stratégie à propos des styles de relations chez les cadres, par comparaison avec les autres styles caractérisant les ouvriers, les techniciens et les employés. Cette étiquette n'enlève évidemment rien à la pertinence de la théorie des organisations fondée sur une appréhension stratégique des conduites de tous les acteurs. Mais on veut souligner que les relations de style stratégique chez les cadres ressortent d'une expérience fréquente de conflits et de luttes personnalisées dans un milieu où les ressources de pouvoir sont importantes pour chaque individu.

Mais les attitudes stratégiques dans les relations interpersonnelles ne sont pas vécues de la même façon selon que l'on se trouve en haut ou en bas de l'échelle hiérarchique. Les normes de comportement des cadres renvoient donc aux différents milieux de travail où les atouts des partenaires varient en fonction de leurs positions sociales et hiérarchiques. Le long de cette filière où la voie dominante est celle des quelques ingénieurs qui finiront au niveau de la direction, la position charnière de chefs de service ou de département restera le lot d'un grand nombre ; il y a enfin la position tampon entre la masse et la hiérarchie où bon nombre d'autodidactes en promotion sociale sont destinés à plafonner. C'est autour de ces trois positions de travail qui recouvrent en même temps différentes formes d'espérance de carrière qu'on peut tenter d'analyser et de recomposer la culture professionnelle des cadres.

L'INTÉGRATION DANS LA POSITION TAMPON

Dans les échelons inférieurs de la hiérarchie, chefs de bureau, chefs d'atelier et, d'une façon plus large, la maîtrise, on rencontre surtout des cadres, anciens dans la maison et âgés, dont l'origine sociale est beaucoup plus modeste que celle de leurs collègues. Or, ces cadres en situation de promotion sociale sont aussi des autodidactes, c'est-à-dire que leur niveau de formation scolaire est faible et de caractère surtout professionnel et technique. Le nombre de ces cadres autodidactes dans les entreprises industrielles et administratives est grand. Et l'ampleur d'un tel phénomène de promotion sociale à l'intérieur de la hiérarchie des entreprises donne à réfléchir sur les représentations habituelles du cadre issu des écoles d'ingénieurs.

Pourquoi parler de position tampon à propos de ces cadres autodidactes ? Les enquêtes et statistiques déjà citées montrent à l'évidence que les postes élevés dans la hiérarchie sont l'apanage des titulaires de diplômes des grandes écoles, alors que les postes intermédiaires reviennent aux anciens élèves de multiples écoles d'ingénieurs de qualité moyenne. Il ne reste donc comme perspective de carrière pour les autodidactes que le bas de l'échelle hiérarchique. Ce qui ne veut pourtant pas dire qu'ils y passent toute leur carrière. Sans diplômes, ils ont dû faire leurs classes, certains en commençant comme ouvriers à l'atelier, d'autres comme agents techniques, d'autres encore comme agents de maîtrise. De toutes les façons, la plupart de ces cadres autodidactes sont déjà passés par les échelons de la maîtrise. C'est la raison pour laquelle il est légitime de parler à la fois de ces cadres du bas de l'échelle et des agents de maîtrise qui vivent eux aussi une situation tampon. Il n'est donc pas exact de dire que les cadres autodidactes n'ont pas de carrière ; simplement il faut reconnaître qu'elle se trouve plus ou moins derrière eux au moment où ils accèdent aux postes d'encadrement.

La stratégie dans les rapports humains est, pour ces cadres, l'expérience dominante d'une vie de travail, mais elle s'exprime dans des conditions très particulières qui tiennent à la position de tampon entre les pressions descendant de la hiérarchie supérieure et les contre-pressions remontant de la résistance d'une masse d'exécutants.

En regardant de près la façon dont les agents de maîtrise considèrent leurs rapports avec leurs partenaires de travail, on constate qu'ils ne disposent pas des mêmes moyens d'action que les cadres. Le groupe des subordonnés est certainement perçu par eux comme constituant une entité homogène, unanime et soudée par une même origine de classe. Les cadres, qui sont moins en contact direct avec cette base, la perçoivent comme un groupe nettement moins soudé, plus dépendant de ses leaders et davantage capable de s'autoréguler. Ce phénomène, déjà enregistré à l'atelier de réparation SNCF, montre que le choc entre le système social informel des rapports entre ouvriers et la hiérarchie est plus violent avec la maîtrise qu'avec les cadres situés au-dessus. Et la réaction des agents de maîtrise transparaît au niveau des rapports qu'ils entretiennent avec leurs chefs d'abord et avec leurs collègues de la maîtrise ensuite. Ils semblent faire davantage appel que les cadres à l'autorité formelle, tout en s'appuyant davantage sur leurs collègues que les ouvriers, mais pas autant que les cadres, pour résoudre leurs difficultés de travail. Une sorte de modèles de stratégie plus rigide que dans les échelons supérieurs tendrait ainsi à caractériser la position tampon. Les agents de maîtrise font plus appel au chef et à la règle d'autorité formelle ; ils sont moins aptes à tirer de leurs groupes de collègues des solutions majoritaires acceptables ; ils sont moins engagés affectivement dans les relations bipersonnelles avec leurs partenaires de travail [13]. Dans le tableau 29, nous avons regroupé quelques indicateurs de cette position.

En termes de pouvoir accessible dans cette position de maîtrise, il semble que le jeu autour de l'application des règles et autour des transmissions d'information soit moins facile et moins individualisé que dans les échelons supérieurs de la hiérarchie. La position de

Tableau 30. Les contremaîtres en position tampon entre la base et la hiérarchie

	Entreprise électrotechnique					
	OS	*OP1*	*OP2*	*OP3*	*AM*	*C*
	%	%	%	%	%	%
La perception du groupe des subordonnés						
Dans votre service on forme plutôt						
- un bloc	25	26	27	31	43	47
- des noyaux	57	61	62	57	43	49
- des isolés	18	13	11	12	15	4
La solidarité qu'est-ce que c'est ?						
- un échange de service	14	16	20	25	16	33
- la sympathie entre collègues	22	20	15	9	13	11
- l'appartenance au même milieu	64	64	64	66	71	56
En général dans un groupe une décision se prend :						
- à l'unanimité	39	44	42	52	54	32
- celui qui sait parler l'emporte	19	18	20	24	21	37
- il y a des compromis	12	12	14	10	17	10
- la minorité refuse de s'incliner	29	27	24	14	8	22
Les relations autoritaires et collectives						
En cas de zizanie dans votre atelier, l'ordre entre les subordonnés revient surtout :						
- grâce aux collègues qui se débrouillent	62	76	79	78	16	56
- grâce à l'intervention du chef	38	24	21	22	84	44
En cas de difficultés dans votre travail						
- vous allez voir le chef	45	30	30	25	29	15
- vous allez voir les collègues	23	40	35	35	49	66
- vous vous débrouillez seul	31	30	35	40	12	20
Total N =	600	410	260	60	73	75

tampon est difficile à vivre, et la préoccupation essentielle de ces cadres subalternes sera de tenter de concilier des exigences contradictoires et bien souvent antagonistes pour conserver leur place et, du même coup, les avantages professionnels et sociaux de teur courbe d'évolution antérieure. Pour ce faire, ils doivent jouer entre deux adversaires : la base et le sommet. Face à la masse des exécutants plus ou moins organisés en hiérarchie informelle, nous avons vu que la tactique du contremaître était de se servir des pouvoirs que lui confère l'autorité officielle hiérarchique ou les règlements de travail pour pratiquer la contrainte ou le passe-droit et la séduction personnalisée et désagréger ainsi les capacités de résistance collective de la base.

Dans le registre de l'organisation, le cadre du bas de l'échelle hiérarchique ne peut guère contester directement les ordres qui lui arrivent. Car c'est aussi en s'appuyant sur le règlement, en étant régulier, juste et impartial, qu'il pourra faire passer les directives d'en haut. L'ordre hiérarchique, tout imparfait qu'il soit, est une véritable loi dont il ne s'écarte parfois que pour mieux faire respecter le principe. Avec ses propres chefs de service, ce ne sont donc pas les fondements rationnels de leur autorité, ni même leur compétence qu'il remettra en question, bien au contraire ! Les modalités d'application des consignes urgentes le mettront parfois dans une position délicate. Sans grands moyens de s'opposer à ces ordres, il peut quand même alléguer des difficultés de réalisation technique en s'appuyant sur sa connaissance concrète du travail et du milieu humain de l'atelier. Il peut aussi s'appuyer sur ses collègues de la maîtrise et d'autres ateliers pour opposer parfois une source de résistance collective à l'arbitraire d'en haut. Les associations horizontales de la maîtrise, les complicités réelles entre chefs d'ateliers pour qui la compétition de carrière est beaucoup moins forte que pour d'autres catégories de cadres offrent des refuges informels dont le fondement est beaucoup plus organisationnel que professionnel. Dans ces groupements, on parlera un peu statut et salaires, mais on parlera beaucoup plus d'un collègue en difficulté, ou du meilleur moyen de tourner un ordre inapplicable. L'action collective existe et peut facilement se renforcer par l'appartenance à des syndicats autonomes de type catégoriel. Une sorte de participation conflictuelle non contestataire vis-à-vis de la hiérarchie et de l'autorité peut ainsi naître de ces positions tampon où la préoccupation constante est finalement d'éviter ou d'atténuer les coups qui pleuvent de toute part.

Le monde des cadres de la base hiérarchique est par ailleurs le lieu de l'inversion brutale du poids des normes de la profession et de l'organisation. C'est à travers le métier, la technique, la formation sur le tas et par cours du soir que ces autodidactes ont progressé, mais, en arrivant aux postes de commandement, il leur faut adopter la suprématie de la règle et de l'autorité hiérarchique. Ce sont donc les normes de fidélité et d'attachement à l'entreprise qui sont au centre de leurs vies professionnelles. Mais il faut bien voir que cette intégration affective à l'entreprise et à la hiérarchie rejoint des ébranlements culturels beaucoup plus importants que ceux provoqués par le seul abandon du métier.

Les cadres autodidactes sont au bout de leur promotion sociale, c'est-à-dire que leur entrée dans la hiérarchie correspond à la sortie d'autres milieux d'appartenance. Ils sont bien souvent enviés par leurs anciens collègues d'atelier ou de bureau, parfois accusés d'être transfuges de la solidarité ouvrière. Mais ils vivent toujours une forte rupture culturelle dans le travail et même dans la famille qui, témoin d'un passé, ne fait que redoubler l'ampleur de cette coupure. Les enquêtes de Marc Maurice montrent que la représentation de la société chez ce type de cadres est fort peu hiérarchique, car ils sont encore des amis de tous les milieux qu'ils ont traversés. Leur problème fondamental est en quelque sorte celui de vivre une grande fragilité culturelle et de ne plus bien savoir qui ils sont parce qu'ils ne se sentent plus appartenir à aucune des catégories sociales qu'ils ont quittées. L'intégration à l'entreprise n'est donc pas seulement pour eux une affaire d'opportunisme tactique. Il s'agit en fait de se reconstituer une cohérence culturelle, une personnalité sociale, en s'intégrant à un milieu social qui les reconnaisse pour ce qu'ils sont devenus et qui les conserve pour ce qu'ils peuvent faire. A l'entreprise qui les a fait monter, ces autodidactes demandent bien plus que du prestige ou des salaires ; ils demandent en fait les moyens de recoller les morceaux de leur personnalité sociale cassée par trop d'aventures culturelles. Quittant leurs communautés d'origine, ces aventuriers ont fait de multiples escales sans jamais s'attacher vraiment aux groupes qu'ils rencontraient, car ils étaient toujours poussés plus avant sur le chemin sans retour. Et voici que la terre les accueille et les fixe sur ses côtes. Ce sont des marins qui ne savent pas grand-chose de la jungle, leur aventure est finie, ils n'iront pas plus loin. Avoir une terre, c'est déjà l'essentiel pour des gens meurtris par le plus dur des voyages, celui qui amène au-delà du réconfort que donne la certitude d'être compris de son milieu. L'important c'est la terre, l'entreprise, dans notre image, et peut être aussi la collectivité des aventuriers qui ont appris à se reconnaître et à se serrer les coudes. L'intégration à l'entreprise est ainsi d'abord le signe d'une intégration de soi-même recherchée dans ce milieu de l'entreprise à condition qu'il offre des perspectives honorables.

L'esprit maison n'est donc pas qu'une tentative patronale pour masquer les antagonismes et les inégalités de classe qui traversent la vie quotidienne du travail. L'un des fondements de l'esprit maison est certainement à mettre au crédit des phénomènes de promotion sociale qui se développent à l'intérieur d'une entreprise. Quand une société industrielle ou administrative suscite de forts courants de promotion sociale, elle engendre du même coup l'attachement d'une partie de ses membres à tout ce qui peut alimenter une culture commune et aux moyens de reconnaissance sociale qui en résultent.

La contre-preuve de cette importance de l'intégration à l'entreprise est d'ailleurs fournie par le sort malheureux des cadres autodidactes quand ils ne sont pas assez soutenus par le milieu humain de l'entreprise. Ce n'est pas seulement l'insécurité matérielle qui les guette mais l'effondrement psychologique. Si le chômage des cadres a ce caractère dramatique souvent dénoncé, c'est parce qu'il touche en priorité les cadres âgés, en plafond de carrière et de renouvellement technique. Ils ne font plus le poids en face de cadres plus jeunes, plus diplômés, moins chers et plus à jour techniquement. Et, quand ils sont licenciés, c'est plus qu'un emploi qu'ils perdent, c'est une forme d'intégration personnelle.

Les nombreuses expériences étrangères et française de changement des conditions de travail de la base, en redonnant aux ouvriers une part importante du pouvoir de définir leurs propres règles d'organisation dans la polyvalence et l'équipe autonome, ont certainement fait évoluer cette stratégie d'intégration des agents de maîtrise. Les observations faites sur les expériences en cours[14] montrent que les agents de maîtrise résistent violemment à la remise en cause des bases techniques de leur fonction car ils y perdent d'abord les moyens de leur stratégie d'intégration personnelle. Quand les ouvriers deviennent organisateurs de leur propre règle de travail et qu'ils autorégulent leurs disciplines et leurs courants de communication grâce au phénomène de polyvalence, ils enlèvent aux agents de maîtrise une large part de leur pouvoir. « Qui commande », « on nous coupe les bretelles », « rien ne va plus » sont les expressions souvent entendues de la part de la maîtrise, alors même que le travail est correctement réalisé. Des grèves peuvent même apparaître chez les ouvriers pour stopper les tactiques de freinage de la maîtrise à l'égard de ces expériences. Les conseils en organisation passent leur temps à soutenir ce maillon faible du système en cause que représente la maîtrise. Il faut les écouter, les réunir et les supporter pendant longtemps avant que cette réaction de blocage ne soit dépassée. Mais des observations ont pu être effectuées sur plusieurs années dans une entreprise textile et, après trois années de cette remise en cause, la maîtrise a fini par découvrir un nouveau rôle, celui de gestionnaire et d'organisateur à moyen terme de la vie de tout l'atelier, alors qu'auparavant chacun ne pensait qu'à son équipe postée. A force de réunions imposées par la mise en place de nouveaux groupes semi-autonomes, les agents de maîtrise ont découvert qu'ils pourraient continuer une collectivité non plus seulement défensive, mais une solidarité orientée vers la production en commun de règles pour tout l'atelier. Ils sont devenus une sorte de chef d'atelier collectif, en face de groupes ouvriers dont l'autonomie partielle enlève à la position de maîtrise son caractère de tampon face aux résistances systématiques de base. Dans ce genre d'expérience, il semble bien que la stratégie d'intégration évolue vers des normes de relations collectives proches de la solidarité démocratique ; le groupe humain est en effet détenteur de moyens de communication et d'invention suffisants pour exercer un pouvoir réel et donner un sens aux discussions collectives.

La stratégie d'intégration individuelle de la maîtrise n'est si largement répandue dans les entreprises que parce que la position de tampon entre une base sans pouvoir positif et une hiérarchie supérieure souvent très pesante est la seule qui soit accessible aux autodidactes du monde industriel. L'opinion, courante dans les milieux dirigeants, d'une intégration du personnel aux entreprises, en réponse aux politiques sociales et psychologiques des directions, a donc toutes les vertus et les défauts du mythe.

Du côté de la vertu, il faut bien reconnaître que l'intégration des individus et surtout de la maîtrise aux entreprises est une réalité sociale forte. L'esprit maison existe bel et bien, la volonté de rester longtemps dans une entreprise, d'y faire son chemin et de lutter pour son développement sont des sentiments réels. Et il est même probable qu'une bonne part des grèves centrées sur l'entreprise ont une forte connotation d'esprit maison. Il ne s'agit pas de « casser la baraque » mais bien plutôt de la faire survivre.

Du côté des défauts du mythe, il faut voir que les raisons de ces stratégies d'intégration du personnel ne sont pas la conséquence unique et directe des ouvertures sociales et « paternelles » de la direction. C'est parce que les gens n'ont pas d'autres moyens de vivre leurs objectifs personnels et collectifs qu'ils adoptent des stratégies d'intégration, apparemment inconditionnelle et dépendante vue de l'extérieur.

L'intégration n'est pas seulement un rêve de l'idéologie patronale ; mais il faut bien admettre que l'intégration à l'entreprise et l'attachement à l'esprit maison ne résolvent pas tous les problèmes de vie sociale. Quand les politiques du personnel prétendent faire le bonheur de leurs membres, quand elles se voient responsables de leur équilibre psychologique, familial, moral et même civique, ainsi que le met en évidence C. Verlhac [15], alors on est certainement dans le mythe. Même si des cadres s'attachent à leur entreprise, il faut bien comprendre que les racines de cette attitude sont beaucoup plus profondes que la seule volonté patronale de faire le bonheur des employés au travail. Si les individus, et tout spécialement les cadres autodidactes et subalternes, se sentent intégrés à leurs entreprises, c'est aussi parce que le statut qu'ils y trouvent est un moyen efficace de colmater les brèches que leur aventure professionnelle et sociale a faites dans leur cohérence culturelle.

LE MALAISE DES CADRES INTERMÉDIAIRES

La position charnière entre les dirigeants et les échelons proches de la base est le destin de carrière des cadres originaires de la grande majorité des écoles d'ingénieurs [16]. Cette position d'intermédiaire renvoie en fait au rôle traditionnel du cadre, collaborateur fidèle d'une direction à laquelle il servait de relais technique et fonctionnel avec les ouvriers ou employés. Une part de l'invention nécessaire à l'ajustement entre les objectifs des patrons et les problèmes posés par la pratique lui revenait au point de l'associer en fait aux décisions. Une vision globale des choses était même sa particularité et la source principale de son pouvoir, car il était le seul à connaître simultanément les points de vue de la base et du sommet. Son pouvoir résultait ainsi du constant arbitrage qu'il était le seul à effectuer entre les impératifs issus de la rationalité de toute l'organisation et les exigences d'une technique acquise à l'école et réapprise sur le tas. Au carrefour de bien des positions, il avait une conception forcément stratégique des rapports de travail.

Mais ce portrait n'est encore valable que dans les petites entreprises où le cadre reproduit le modèle d'autrefois. La croissance des firmes et le progrès technique ont amoindri la part de ces cadres opérationnels dans les décisions de l'entreprise. Banalisés par leur grand nombre, spécialisés par l'organisation rationnelle, et limités dans leur influence technique par le développement de la catégorie des techniciens, les cadres sont également touchés par la croissance des secteurs fonctionnels d'études et de recherches, chargés de prévoir les éléments de décisions globales que, par ailleurs, les services économiques de planification orchestrent dans le temps et l'espace. Les contrôles réglementaires et prévisionnels que permettent les applications de l'informatique ou de la direction par objectifs peuvent, selon l'orientation de la politique d'entreprise, enserrer les cadres dans une sorte de « chronométrage » ; les cadres en position charnière vivent bien souvent une sorte de parcellisation de leurs fonctions. Il leur reste un rôle d'encadrement et de transmission de directives vers le bas, tandis que la généralisation des négociations collectives, où les représentants du personnel d'exécution traitent directement avec les managers, leur ôte une part de leur ancien rôle de traducteurs des positions de l'exécution pour le sommet. Quelle peut être leur façon de vivre la stratégie dans ce contexte de contraintes et de limitations ?

Dans le travail, leur atout essentiel vient de cette position charnière dans les circuits officiels de communication. Les directions et la base leur reprochent avec ensemble de manipuler les informations qui passent nécessairement par eux. C'est en fait désigner le point central de leur tactique qui est de négocier en permanence avec la base et avec le sommet les éléments de pouvoir que peuvent leur fournir encore leurs positions de relais : mais cela suppose, pour avoir quelque chance d'être efficace, une sorte d'entente horizontale de strate, ce qui n'est pas facilement réalisable dans un contexte d'individus isolés par leurs fonctions hiérarchiques et par des perspectives de carrières jamais complètement oubliées. Ils vivent ainsi une contradiction assez forte entre l'individualisation de leurs fonctions et de leurs projets, qui ressort de leur place dans la hiérarchie, et le frein collectif qu'impose à leurs espoirs le système de promotion et d'organisation du travail dans un contexte bureaucratique. Ils vivent donc aussi mal la solidarité de strate que la concurrence personnelle.

Plus ou moins privés de l'exercice du pouvoir que pourrait leur conférer leur compétence technique par l'éloignement des échelons de décision, les cadres en position charnière peuvent envisager la formation permanente et le recyclage comme un moyen de renouveler leurs atouts de carrière. Mais il est clair que, dans ce domaine encore, la décision ne leur appartient pas. Les pratiques industrielles de l'envoi des cadres en formation sont au contraire une preuve supplémentaire de leur subordination par le système d'entreprise. Michèle Legendre[17] montre à quel point les cadres sont exclus du choix des programmes, des périodes et des organismes de formation. S'ils y sont envoyés, leur retour est pénible car ils s'affrontent alors au système d'entreprise qui n'a pas bougé et qui ne peut intégrer leur nouveau savoir. Leurs supérieurs — pas plus que leurs collègues — n'attendent grand-chose de leurs stages. Les intérêts qu'ils manifestent pour une nouvelle lecture sociologique, économique ou psychologique de leur situation, ainsi que pour de nouvelles techniques, révèlent seulement l'ampleur de leur sous-utilisation et de leur malaise professionnel. La culture nouvelle acquise sera alors mise au compte d'une culture générale que l'on utilisera dans la famille, la ville et la vie sociale en général, beaucoup plus que dans l'entreprise.

La position caractéristique de ces cadres est donc celle de la stagnation relative, après une période d'apprentissage sur le tas qui a suivi une formation universitaire moyenne. Dans ce contexte, le modèle de la stratégie continue d'être descriptif des rapports de travail, mais il tend peut-être à s'estomper du fait de la coexistence avec des partenaires de relations qui en arrivent à parfaitement prévoir les possibilités et les limites du jeu des autres. Plus que la stratégie ouverte, le domaine de la concession réciproque devient l'atmosphère caractéristique de cette attente collective.

L'enquête effectuée dans la compagnie d'assurances illustre assez bien cette position charnière. Les cadres interrogés représentent environ 10 % du personnel. Sur les 70 questionnaires reçus, 53 sont des hommes et 17 des femmes. Parmi ces dernières, une seule dépasse le niveau chef de groupe, alors que 38 % des hommes sont chefs de groupe, 38 % chefs de service ou adjoints et 22 % cadres supérieurs. Le modèle général de ces cadres masculins est effectivement celui de la stratégie alors que les femmes, toutes en position tampon de chef de groupe, sont à la fois plus autoritaires et plus dépendantes de leurs collègues que les hommes. Mais l'intérêt des résultats de l'enquête[18] est de montrer ce que deviennent des relations de stratégies conscientes dans un univers fortement bureaucratique où les courants de promotion se font rares, après une certaine effervescence liée aux périodes de réorganisation.

Sortant d'un milieu de bureau où les styles de relations dominants oscillent du « retrait » à l'Entente et Compromis pour les anciens, les cadres ne sont pas aussi différents de leurs subordonnés qu'à l'usine. Ils ont un peu plus de relations d'amitié, ce qui paraît bien être en rapport avec l'effet d'ancienneté. Les chefs femmes conservent cependant une position de retrait à l'égard des engagements réels dans les amitiés de travail. Mais les questions portant sur la sensibilité aux différences d'idées et d'opinions, sur les réactions aux désaccords interpersonnels ne présentent pas de décalages avec celles des employés. Ces derniers étaient, nous l'avons vu au chapitre III, pour le compromis, la nuance et la bonne ambiance à tout prix. Les cadres sont eux aussi pour la nuance et surtout pour la souplesse et la concession. En cas de désaccords, « il faut arrondir les angles » pour 80 % des employés de toutes catégories y compris les cadres.

Les relations collectives, en revanche, font apparaître plus de différences avec les employés pour qui les fidélités de strate dans les bureaux n'impliquent guère de décisions collectives. Les cadres doivent se réunir pour étudier les questions et prendre des décisions. Cette habitude coïncide avec une vision plus aiguë de la divergence des points de vue, et de la nécessité de discuter pour arriver à des accords majoritaires. Plus que la collectivité de la bonne ambiance, les réunions des cadres impliquent une vie démocratique contrastée.

Enfin, dans le domaine de l'exercice du commandement, nous retrouvons la position autoritaire des chefs. Mais, sur ce point, les femmes adoptent la position plus intransigeante et formaliste du contremaître affronté à une base qui résiste, alors que les cadres masculins ont l'attitude plus diplomate et souple du chef qui décide de plus loin.

En définitive, dans la position charnière et de rare promotion qui est la condition des cadres d'assurances, le modèle de la stratégie paraît être vécu avec un fort taux de concessions aux collègues qui, bien que concurrents, sont devenus en fait des compagnons de strate. Cette enquête révèle que, pour beaucoup de cadres, la mobilité est temporaire et que l'une de leurs difficultés majeures est d'avoir à aménager leurs rapports professionnels en abandonnant l'espoir de promotion après quelques degrés montés dans l'échelle des responsabilités techniques et humaines.

Les cadres en position charnière sont certes plus touchés par la compétition que les autodidactes cadres, mais ils découvrent assez rapidement qu'ils manquent d'atouts pour soutenir une tactique personnelle de promotion. Leur attitude globale est même celle d'une sorte de malaise collectif, car préparés à suivre le modèle de la compétition vers les sommets, ils mesurent progressivement les limites que leur impose l'organisation. Comme pour n'importe quel travailleur, leur vie professionnelle est organisée et régulée de l'extérieur par la sélection des cadres, l'évaluation de leurs résultats, la notation rationnelle, les plans de carrière prévus au sommet. Le licenciement et le chômage vers quarante-cinq ans, conséquence des opérations industrielles de réorganisation, reconversions, fusions et concentrations décidées au sommet, les touchent particulièrement.

C'est bien souvent dans le secteur extraprofessionnel que les cadres vont chercher à se définir, dans les occasions de consommer qu'offrent les vacances, les loisirs, l'habitat, ainsi que dans les activités de quartier, de co-propriété, de parents d'élèves ou d'action municipale en province. Dans tous ces domaines, leurs cultures, leurs moyens financiers et leurs habitudes des rapports stratégiques sont des atouts par rapport à ceux des membres de groupes sociaux plus modestes. C'est dans la vie, hors travail, que les cadres mesurent les avantages de leur position hiérarchique dans l'entreprise[19]. Marc Maurice note que ce type de cadres conçoit la société sous la forme d'une grille fortement hiérarchisée où la propre place de chacun est caractérisée par la présence de groupes sociaux inférieurs et supérieurs. Le statut social différentiel qu'ils retirent de leur vie professionnelle, pour eux et pour leur famille, est ainsi le principal résultat de longues années de déconvenues au travail. Quoi d'étonnant alors à ce que le chômage, qui leur est imposé par les mouvements de l'entreprise quand ils n'ont plus l'avantage d'offrir les atouts de la jeunesse, tout en réclamant un salaire gonflé par l'ancienneté, soit un véritable traumatisme ? Leur licenciement est en effet plus qu'une péripétie de carrière, c'est la remise en cause de leur statut social mais aussi de leur équilibre personnel.

Mais, face à toutes ces influences qui déterminent leur infortune, les cadres ont tendance à se défendre collectivement. Les associations d'anciens de leurs écoles peuvent jouer un certain rôle dans le recrutement des collègues. Mais c'est principalement la voie syndicale qui se présente comme une issue valable à la prise de conscience d'un destin commun. Les revendications présentées tendront à faire reconnaître, tant de la direction que des syndicats ouvriers, la spécificité de leur position professionnelle. L'aménagement de carrière, le contrôle de l'évolution des salaires, la définition d'un statut sont ainsi les thèmes principaux de cette participation conflictuelle des cadres.

Du côté syndical, l'action collective catégorielle intermédiaire entre les ouvriers et les patrons trouve difficilement à s'exprimer autrement que par la volonté d'aménager les statuts, les carrières et les hiérarchies de salaire, c'est-à-dire qu'une telle action contribue en fait à figer la rationalité bureaucratique et à renforcer du même coup la contradiction entre la profession et l'organisation, entre la compétence aménagée au sommet et la compétence revendiquée par chacun.

Dans le contexte des grandes confédérations syndicales à majorité ouvrière, la position des cadres n'est guère plus simple puisque, en dehors des aménagements salariaux et statutaires qui les séparent du reste des travailleurs moins favorisés, ils ne peuvent en fin de compte s'exprimer qu'en posant le problème du renouvellement de leur pouvoir dans cette entreprise qui, par ailleurs, maintient les ouvriers sous la pression de conditionnements écrasants. Cette revendication de pouvoir fondée sur la compétence effective de tous et non pas seulement sur le recrutement des dirigeants, selon la naissance, rejoint l'aspiration autogestionnaire de certaines catégories d'ouvriers. Et nous l'avons vu en fait temporairement réalisée dans les situations de changements brutaux ou de naissance de l'entreprise. A la reconversion technique des ateliers de réparation SNCF, les cadres s'entendent en fait avec l'élite ouvrière du métier et de la technique pour inventer les réponses aux nombreux problèmes de fonctionnement. Dans le cas de l'usine électronique[20], les cadres intermédiaires les plus nombreux à être syndiqués dans leur département sont aussi ceux qui président quotidiennement au choix imposé par le lancement d'une nouvelle usine, et à la mise au point d'appareils électroniques encore peu compétitifs et très loin de la standardisation. L'usine est dans ce cas une grande organisation de fabrication et de recherche tout à la fois, où les valeurs de la technicité et de la profession l'emportent presque sur celles de la hiérarchie. Les cadres syndicaux y expriment une volonté collective de participer à l'organisation des structures et projets de l'entreprise. Cette harmonie temporaire évoque fort le thème de l'autogestion pour les petits groupes de gens qui peuvent s'appuyer sur l'apport indispensable de leur technicité. Dans cette période heureuse, on sait oublier temporairement le poids de la hiérarchie de la firme qui laisse carte blanche à l'entreprise électronique, jusqu'à ce qu'elle ait réinventé les moyens de la compétitivité et de la standardisation de ses produits. Mais, après cela, que se passera-t-il ? Ce partage de pouvoirs, réel mais informe, entre la direction et le groupe des cadres se heurte parfois aux revendications analogues émanant du groupe des techniciens, tandis que l'influence des ouvriers est assez mince car les fabrications ne sont pas encore lancées en grandes séries et qu'une part des effectifs restreints déjà en place est du personnel féminin adoptant une attitude de retrait à l'égard du milieu de travail.

Nous pouvons finalement admettre que, hormis une série de cas de revalorisation du poids de leur rôle technique, l'entreprise moderne industrielle et administrative ne cesse de plonger ses cadres intermédiaires dans le malaise personnel et l'inquiétude sur leur place dans la société et l'entreprise. L'attachement à une vision très hiérarchisée des statuts sociaux et des modalités de consommation et de loisirs peut être une issue à ce malaise profond. Il n'en reste pas moins que les grandes entreprises rationalisées imposent à nombre de leurs cadres l'épreuve de la contradiction entre leurs formations scolaires et les contraintes des systèmes de promotion hiérarchique. Hésitant entre l'intégration personnelle résignée et la défense collective des avantages catégoriels, ce monde des cadres n'est plus guère un facteur dynamique de la vie industrielle.

De tels résultats ont été récemment trouvés dans deux enquêtes menées[21], en 1970 et 1973, à l'intérieur des services de la recherche dans deux grandes entreprises nationalisées. Avec une remarquable convergence, ces deux enquêtes montrent que les services de recherche se sont très récemment constitués pour exploiter une technique nouvelle : informatique, méthode de calcul économique, ou procédé mécanique très neuf jusqu'à le rendre utilisable facilement par les opérationnels. Mais, une fois cet effort achevé, et qui ne se renouvelle pas si facilement dans la vie industrielle, le service de recherche monté à grands frais pour entretenir plus de cent chercheurs dans chaque cas est en concurrence trop directe avec les applicateurs des services opérationnels. Pour les chercheurs, tous cadres, un tel profil ne favorise guère la possibilité d'une carrière ou d'un perfectionnement à l'intérieur même du service de la recherche. Il y aura donc des chercheurs heureux que l'on retrouvera, soit chez les cadres autodidactes issus de la base et chargés du travail d'exécution plus agréable et mieux payés que dans les services opérationnels, soit chez les cadres de grandes écoles qui pourront utiliser leurs positions dans la recherche pour se tailler ensuite une carrière dans les services opérationnels. Les chercheurs malheureux seront toujours les cadres intermédiaires, ayant de véritables responsabilités de travail, mais dont le grade et la formation générale sont jugés insuffisants pour qu'ils exploitent eux-mêmes et en leur nom, la valeur opérationnelle de leurs travaux.

D'autres voies de rattrapage des inégalités sociales entre cadres dans l'accès aux postes supérieurs de décision auraient pu se localiser dans la pratique syndicale ou dans celle de l'éducation permanente et de ses conséquences sur la communication entre cadres de différents niveaux hiérarchiques. Il semble que, pour l'instant encore, les conséquences de la sursélection soient les plus fortes.

LES CADRES DOMINANTS

LA SURSÉLECTION DES GRANDS CADRES

La catégorie des grands cadres occupant les postes de décision dans les échelons supérieurs de la hiérarchie, ne recouvre guère plus de 10 % de la population générale des cadres de l'entreprise et des administrations [22]. La caractéristique principale de ce groupe des grands cadres est d'avoir fait l'objet d'une sursélection sociale, professionnelle et scolaire tout à la fois. Passés, pour leur quasi totalité, par les grandes écoles et par les enseignements universitaires les plus longs, ces cadres sont déjà le produit d'une double sélection scolaire en fonction des examens et de l'origine sociale favorisée [23]. Mais ce phénomène de la sursélection préprofessionnelle se double d'autres mécanismes de sélection culturelle au cours de l'évolution des individus le long des échelles hiérarchiques d'entreprise. Le scénario de l'exclusion des cadres d'origine sociale modeste ou moyenne dans la course aux postes d'encadrement supérieur se joue sur plusieurs scènes successives.

C'est tout d'abord à l'intérieur même des grandes écoles que l'on voit jouer l'influence de l'origine sociale sur l'orientation des carrières d'avenir. Une étude faite [24] dans une des grandes écoles d'ingénieurs révèle que plus de la moitié des effectifs de la promotion de quatre-vingts élèves sont des enfants de cadres supérieurs, patrons et professions libérales. Or ce constat qui n'a rien d'étonnant en soi, étant donné les mécanismes de la sursélection scolaire, se double d'effets importants sur le choix des options de l'année terminale et par conséquent sur les orientations professionnelles. Les élèves d'origine sociale très favorisée ont tous choisi des options d'informatique, de recherche-développement, ou de recherche fondamentale permettant de bien se placer dans les secteurs de pointe de l'industrie. Tandis que les élèves d'origine plus modeste (cadres moyens, commerçants et enseignement primaire ou secondaire) choisissaient de s'orienter vers des filières régionales d'encadrement dans les mines ou l'industrie métallurgique ; filières qui étaient fort dépréciées aux yeux de la première catégorie d'élèves.

Ce phénomène de sélection interne aux grandes écoles se trouve accentué par une autre sélection qui joue au cours de la carrière en fonction d'une sorte de hiérarchie de qualités scientifiques et pédagogiques entre les écoles d'ingénieurs. Certaines carrières en administration ou entreprises nationalisées sont entièrement prédéterminées quant à l'éventail des possibilités d'évolution par le diplôme d'entrée. Des études plus récentes [25] ont même montré que, dans l'industrie mécanique, la filière de promotion vers les postes dominants repose en fait sur des critères de culture générale et s'adresse en réalité aux anciens élèves de grandes écoles. Une seconde filière de promotion limitée à l'évolution dans une même fonction repose davantage sur la considération des connaissances techniques et s'adresse surtout aux anciens élèves d'écoles moyennes qui culmineront dans les postes intermédiaires.

Une autre étude [26] effectuée sur les critères réels de sélection des agents de maîtrise vers les postes de cadres subalternes et moyens dans une grande entreprise nationalisée montre que les tests de culture générale, eux-mêmes en rapport avec l'origine sociale, sont de loin ceux qui corrèlent le mieux avec la promotion effective, comme si, même à ces niveaux inférieurs de la hiérarchie, « le général et le culturel » l'emportaient déjà sur le technique. Les chances de l'apparition d'une seconde voie royale de promotion des cadres par la technicité et la recherche-développement en entreprise paraissent bien faibles et bloquées par la permanence des mécanismes de sursélection sociale des cadres.

Dans la perspective de carrière individuelle, l'action syndicale est en effet rapidement incompatible avec la poursuite de rêves ascensionnels. Quant aux propositions de participer aux décisions, que l'entreprise fait à ses cadres pour donner une issue organisationnelle à leur volonté collective d'accès aux décisions, elles se heurtent bien vite aux contradictions de rationalité. Toutes les expériences de dynamique de groupe, mettant en présence les cadres charnières et les cadres dirigeants, font rapidement émerger la diversité des stratégies. L'aventure du cas Geigy [27] est sur ce point fort révélatrice, car au bout de la liberté de parole en table ronde et l'atmosphère permissive des rencontres psychosociologiques, les « réalités » hiérarchiques de l'entreprise demeurent. La révolution peut bien se faire en paroles, en commissions où l'on évoque ouvertement les conflits de valeurs et de rationalités, mais ensuite l'entreprise reprend le droit de choisir sa logique. Michèle Legendre [28] a également montré que la formation est source de prise de conscience du conflit de points de vue ; mais les dirigeants résistent fort à l'idée de diffuser dans la pratique des rapports hiérarchiques les expériences concrètes de participation que représentent les séances de dynamique de groupe, car les intentions opposées y apparaissent trop clairement et les conflits idéologiques s'y manifestent trop rapidement.

Tous ces éléments d'analyse et d'observation tendent à soutenir fermement l'hypothèse d'une sursélection des cadres dominants d'entreprise en fonction de l'origine sociale et de la réussite scolaire et universitaire qui lui est fortement associée. Cette sursélection n'ôte rien à la dureté des étapes scolaires et professionnelles où se joue une forte compétition entre individus dotés des mêmes chances. Mais ce phénomène influence tout de même considérablement la situation professionnelle de ces cadres dominants. On pourrait en effet soutenir ici l'idée que, s'ils vivent une mobilité professionnelle considérable avec tout ce que cela implique de dangers et de rivalités, ils conservent cependant une relative stabilité sociale et culturelle puisque, issus des milieux favorisés, ils sont en compétition avec des enfants de ces milieux pour des places de dirigeants principalement situées dans l'univers de la haute bourgeoisie. Dans les milieux scolaires de départ, au cours de l'aventure hiérarchique dans l'organisation, et jusqu'à l'arrivée dans les sphères dirigeantes, ces cadres dominants ne changent pas de références culturelles, alors qu'il n'en va pas de même pour les cadres autodidactes, les agents techniques, ou même les cadres moyens. Il y a là une différence sociale très importante qui doit être considérée avec attention si l'on veut réfléchir sur les processus culturels de l'engagement des grands cadres dans leurs rapports de travail.

Nous n'avons pas eu la possibilité d'étendre nos enquêtes à des quantités suffisantes de cadres supérieurs pour fonder le raisonnement sur des bases empiriques. L'hypothèse d'un modèle stratégique des relations peut néanmoins être envisagée sous l'angle des ressources que confère cette position évolutive.

LA CONCURRENCE INTERINDIVIDUELLE

Quelles que soient les origines sociales des jeunes cadres d'avenir, il faut bien reconnaître que la condition de leur accès aux postes de décisions supérieures est la réussite d'une carrière rapide au détriment d'autres prétendants et dans la rivalité constante avec d'autres personnalités. C'est donc une position d'extrême implication dans les relations interpersonnelles de travail qui est la caractéristique majeure de ce groupe des cadres.

La situation de ces individus est en effet caractérisée par de très forts risques courus dans tous leurs rapports de travail, étant donné les attentes contradictoires et multiples que déclenche leur position de « météore ». En face de leurs supérieurs qui ne les ont pas choisis au hasard, ils doivent faire rapidement les preuves de leur compétence et de leur sérieux. Il leur faut donc énormément travailler, surtout au début de chaque nouvelle fonction, pour trouver un moyen de réussir vite et de gagner la confiance des chefs. L'intelligence et les connaissances professionnelles sont ainsi toujours en première ligne. Mais les ressources personnelles ne suffisent pas, même si elles sont grandes, car le cadre doit compter avec ses collègues de grandes écoles, qui sont des rivaux directs ; tandis que d'autres, issus de plus petites écoles, ou autodidactes, sont plus âgés et condamnés à une mobilité beaucoup moins grande, ce qui développe plus de jalousie envers le météore que d'esprit d'entraide. En face des rivaux, de compétence a priori identique, le cadre ne peut se permettre de refuser aucune responsabilité nouvelle et, pour ce faire, il doit jouer à fond ses atouts : relations et capacité de travail. Plus il se rendra indispensable aux yeux des chefs, plus il accroît ses chances de promotion. La lutte autour des responsabilités, mais cette fois-ci à prendre et non pas à fuir comme dans l'univers bureaucratique, rappelle un peu celle des ouvriers autour du « bon boulot » au temps des rémunérations au rendement. Mais les cadres n'ont pas la collectivité d'atelier pour réglementer cette lutte à couteaux tirés. Ils se retourneront alors vers leurs relations sociales pour réussir. Les connaissances acquises dans la famille ou dans les grandes écoles peuvent toujours servir à prédisposer favorablement les chefs, ou à limiter les effets d'une erreur. Mais, surtout, les relations qu'on aura eu le temps de se créer un peu partout au cours de sa carrière seront très utiles pour donner le renseignement technique, le « tuyau » nécessaire pour réussir l'épreuve. Certaines grandes entreprises ont ainsi une politique systématique de rotation de leurs cadres pour qu'ils se constituent des réseaux de relations qui, s'ajoutant aux réseaux familiaux et d'anciens élèves des grandes écoles, fournissent un arsenal complet de conseils et de courts-circuits pour résoudre n'importe quelle question technique.

Avec les autres collègues du département ou du service et avec les subordonnés qui sont toujours d'autres cadres, puisque ces « météores », de par leur avenir et leur niveau de départ ne sont que très rarement en situation de commandement direct sur la base des ouvriers ou des employés, il faut trouver les moyens de se faire admettre dans un climat de jalousie et de scepticisme. C'est là aussi une épreuve d'envergure, où le cadre doit faire appel à toutes les ressources de sa personnalité et de son intuition psychologique. Etre diplomate ne suffit pas. Car c'est de l'attachement et de l'enthousiasme des subordonnés que dépend la réussite d'une réorganisation, d'une production technique nouvelle, d'un rendement élevé, d'un climat humain amélioré, etc. Le cadre doit alors payer de sa personne. Ce n'est qu'en sortant de son rôle hiérarchique par l'attention humaine, l'amitié, le passe-droit, la démonstration technique personnelle qu'il obtiendra le dévouement nécessaire à son projet. En ramenant le plus possible les rapports hiérarchiques de travail à des rapports d'homme à homme avec la somme d'échanges et d'implications réciproques indispensables qui en forment la trame, le cadre essaye d'obtenir la confiance des subordonnés et des collègues plus anciens.

Comment supporter un tel harcèlement de toute la personnalité par le travail qui se renouvelle à tout changement de fonctions, si bien que la lutte entre rivaux ne cesse de croître à mesure que l'on se rapproche des postes de direction ? Il n'est d'ailleurs pas étonnant que, soumise à un tel régime, la personnalité craque [29] sous la forme de dépressions nerveuses consécutives à un échec, ou par l'infarctus qui guette le jeune dirigeant, vers la cinquantaine. Il faut des moyens personnels exceptionnels pour tenir un tel régime. Notre hypothèse est que, précisément, une part importante de ces moyens vient de l'exceptionnel bagage de ressources stratégiques accessibles dans cette situation. Le cadre dynamique, sursélectionné, doué et formé, dispose des moyens psychologiques et intellectuels suffisants pour renouveler rapidement son pouvoir d'expert en face de chaque situation nouvelle. La quantité de relations ainsi nouées confère en outre un vaste pouvoir de maîtrise de l'information et de complicités vis-à-vis des règles et des passe-droits.

Cette nécessité de vivre des relations de pouvoir en tout sens conduit finalement les cadres à jouir rapidement d'une position de marginal sécant par rapport à chacun de leurs milieux d'appartenance. S'ils sont à l'administration ou à la recherche, ils conservent des attaches avec la production et vice versa. En position opérationnelle, ils ont en même temps des relations fonctionnelles dans et hors l'organisation. Dans leur ascension, ils ont conservé des liaisons personnelles avec d'anciens collègues des échelons inférieurs, etc.

Mais ce jeu de pouvoir extrêmement développé et dangereux ne serait sans doute pas supportable sans l'apport de soutiens exceptionnels. Et c'est dans la référence importante au milieu social d'origine que l'on pourrait situer une large part de telles ressources. La famille bourgeoise n'est plus obligatoirement source de capitaux financiers dans un monde où les affaires sont gigantesques ; mais elle ne cesse de diffuser un capital de moyens de culture et de communication qui sont de précieux atouts dans le jeu dangereux de la course au pouvoir.

LES RESSOURCES FAMILIALES DE LA STRATÉGIE

Pour choisir les premiers postes, qui sont importants si l'on ne veut pas stagner dans les entreprises ou les fonctions sans avenir, il est certain que les relations de famille peuvent être utiles de multiples façons. Mais, pour supporter l'implication totale dans le travail qu'exige cet univers de la stratégie forcenée, il est certain que la famille aide à répartir les risques. Un coup dur, un échec peuvent être matériellement surmontés ; un nouvel emploi peut être plus facilement trouvé. Le style de vie bourgeoise, avec ses activités de vacances, de loisir et tous les gens qu'on y rencontre, offre en outre de substantiels atouts pour minimiser les risques d'un seul échec stratégique.

D'une certaine façon, les associations d'anciens élèves de grandes écoles jouent également un rôle de famille élargie tout au long de la vie professionnelle du cadre. En aidant à s'orienter et à se recaser éventuellement, en entretenant un réseau d'échanges hors travail et, dans le cas des grands corps, en prenant en charge l'orientation des carrières de hauts fonctionnaires, même lorsqu'ils sont revenus dans le secteur privé, ces associations contribuent à diminuer chaque risque et, parfois même, à atténuer des rivalités.

Le cadre n'est donc pas dans cette situation d'insécurité ouvrière où tout changement d'emploi, tout affrontement sérieux avec un chef, toute faute grave professionnelle, se paient d'une régression brutale. Contrairement à l'individu ouvrier, l'individu cadre court moins de risques à mener une stratégie personnelle car il dispose de nombreux moyens pour en atténuer les dangers sur lui et ses proches.

Mais l'aide du milieu social qui accompagne le cadre n'est pas qu'un apport tactique bien venu à l'heure des difficultés. Le style de relation de « stratégie » que nous avons analysé chez les cadres en général est d'autant plus pur que les individus ont davantage de moyens personnels pour prendre des risques et affronter leurs conséquences malheureuses possibles. Entre une capacité relationnelle à la stratégie et les moyens professionnels et sociaux dont on dispose pour supporter les risques et l'incertitude, il y a un lien nécessaire. Pour les cadres dominants, cette conjonction semble réalisée non seulement par l'apport d'atouts qu'offre la situation familiale par rapport à celle du travail, mais aussi par un entraînement à la complexité des relations et à la prise de risques au cours de l'expérience enfantine.

Il faut, en effet, souligner l'importance du jeu dans l'enfance comme entraînement à une certaine façon de concevoir les affrontements. Par comparaison avec la famille de milieu modeste qui ne peut attendre que de l'école une réussite sociale de ses enfants, la famille bourgeoise accorde moins d'importance au temps scolaire de l'enfant, car les résultats sont plus certains et les possibilités de rattrapage plus nombreuses. La famille organise donc le temps de l'enfant autour du jeu, considéré en fait comme une activité importante et digne d'attentions et de moyens matériels. Une sociologie du jeu serait à faire en partant notamment de l'étude de l'influence qu'ont pu avoir sur la bourgeoisie, des écrivains comme la comtesse de Ségur, ou encore la pratique éducative des écoles de jésuites ou des mouvements de jeunesse fréquentés par les enfants de l'élite sociale. Les vacances bourgeoises sont beaucoup plus anciennes que les vacances ouvrières. Depuis le 18e siècle, l'élite sociale a pensé le temps du jeu. Il semble que l'intérêt du jeu comme forme de préparation des élites réside précisément dans le fait que ces dernières seront affrontées à une expérience professionnelle de stratégie forcenée. Or le jeu prépare doublement à l'univers stratégique. D'une part, il entraîne les gens à changer de rôle fréquemment tout en continuant de retrouver leur identité au-delà de chaque moment du jeu ou des vacances. Ce changement de rôle est en outre une aide précieuse pour découvrir la position stratégique de l'adversaire. Les psycho-sociologues ne s'y sont d'ailleurs pas trompés. L'un de leur succès auprès des cadres, et ils reçoivent dans leurs séminaires principalement des cadres d'avenir, est précisément la technique du jeu de rôle, du jeu d'entreprise et l'entraînement aux entretiens en plaçant les gens en situation alternées de cadres et de subalternes [30]. D'autre part, l'expérience du jeu entraîne à la prise de risques, parce que précisément l'on ne risque pas tout. Une fois le jeu fini, les morts se relèvent, les vaincus et les vainqueurs se serrent la main et on se retrouve bons amis comme avant. C'est-à-dire que le jeu donne l'expérience du risque, entraîne à le prendre parce qu'il ne débouche pas sur la mort véritable. Le jeu enfin initie les enfants au sens de la règle formelle pour ce qu'elle permet de se comprendre entre partenaires et d'orienter en conséquence ces énergies pour gagner. Sans expérience de la règle, on s'éparpille et on n'arrive à rien ; avec une bonne règle du jeu, on sait comment vaincre.

Mais la famille bourgeoise apporte aussi à l'enfant un capital de confiance en soi dans la mesure où le temps et l'attention qui lui sont consacrés permettent de ne pas porter de jugements définitifs sur son activité. Parce que son avenir ne dépend pas seulement d'un examen, parce qu'à la maison et en vacances on voit l'enfant s'exprimer dans d'autres registres, on lui accorde une attention multiforme qui lui permet de continuer d'exister et de retenir l'attention même au-delà de ses erreurs ou de ses échecs. Savoir qu'on profitera quand même de l'attention affectueuse, des moyens matériels pour les vacances, de l'argent de poche, ou de la décoration d'une chambre, c'est une source de réconfort et de confiance en soi qui ne peut que former puissamment les individus à supporter les risques et les échecs.

Le troisième viatique que l'on emporte de la famille bourgeoise est celui d'une forme particulière de rapport à l'autorité. Un pouvoir paternel qui dispense sécurité, confiance en soi, possibilités de jeux, etc. ne peut que jouir du prestige de ses effets. La forme d'exercice de l'autorité plus ou moins arbitraire ou brutale peut être contestée, mais rarement son principe, parce qu'on en tire la considération de soi et même le prestige à l'extérieur des murs de la maison familiale. Inversement au monde ouvrier, où l'autorité vécue comme une contrainte à l'usine se retrouve dans les rapports de famille [31], le monde bourgeois apprend à ne pas trop se méfier de l'autorité, car on a les moyens de fonder le rapport au chef plutôt sur l'épreuve de ses résultats que sur la réaction affective à sa domination. Le paternalisme d'entreprise, même s'il a repris le modèle artisanal et corporatif, a pu être suivi par les cadres, car il évoquait ce monde de l'autorité bienveillante de la famille bourgeoise.

De la famille, les cadres d'origine bourgeoise reçoivent enfin ce que nous appelons : l'habitude du « salon ». C'est-à-dire la connaissance et la pratique d'un lieu où l'on s'exprime, argumente, déduit dans une complicité générale avec le public. Les gens qui sont reçus et ceux qui reçoivent ont pour règle commune de refuser l'affrontement, tout en acceptant qu'on s'exprime et fasse preuve d'originalité. C'est un mélange subtil d'apprentissage de la nuance, du tact, du brio et de la nécessaire solidité de l'univers familial. On peut critiquer et s'opposer, mais on ne peut détruire ce qui donne à la fois le public et l'originalité pour chacun. L'expérience du « salon » est ainsi importante dans l'apprentissage de l'attention à la différence de l'autre et au comportement dans un monde de règles implicites.

Dans le manifeste différentialiste, Henri Lefebvre[32] note que l'originalité individuelle est une forme de différence vécue dans le contexte aristocratique de familles où l'on peut remonter à des origines, « aux qualités naturelles du sang, de la race, de la famille, de l'hérédité ». Sont ainsi originaux ceux qui peuvent dire d'où ils viennent. Il semble que si la famille bourgeoise fait de l'originalité une qualité précieuse et développe du même coup l'attention aux différences interpersonnelles, c'est qu'elle peut se permettre de la considérer comme le produit de l'attention prolongée qu'elle a accordée au développement de ses enfants. En appréciant l'originalité, la famille bourgeoise reconnaît le caractère créateur de son système d'éducation, tout en perpétuant les fondements de son univers, puisque l'être original est par définition individuel, isolé et dépendant du milieu qui l'a fait.

Ces hypothèses sur l'influence de la famille bourgeoise dans la stratégie du cadre d'avenir gagneraient à être confirmées par des enquêtes systématiques, elles auraient pour but de faire comprendre à quel point le monde extérieur envahit les rapports de travail alors que, dans la vie ouvrière, ce seraient plutôt les habitudes de travail qui s'imposeraient à la famille.

LA RIVALITÉ DÉMOCRATIQUE

Au terme de cette réflexion sur les modalités de rapports de travail que l'on pourrait rencontrer dans la catégorie des cadres dominants, on ne peut que soutenir, en l'aménageant, l'hypothèse de relations humaines très stratégiques. L'expérience des rivalités et concurrences de pouvoir entraîne une forte sensibilité aux différences cognitives ainsi qu'un réel engagement dans les amitiés de travail. La vie collective sous la forme de réunions fréquentes débouche probablement sur un grand attachement aux règles de la démocratie de groupe, car les ressources des uns et des autres sont suffisantes pour aider à supporter la position de minoritaire ; mais c'est principalement à l'égard de l'autorité que les différences apparaîtront par rapport aux positions des cadres intermédiaires dans la hiérarchie. L'ampleur même des ressources de pouvoir de ces cadres dominants, leurs positions multiples de marginaux sécants et la rapidité avec laquelle ils ont gravi les échelons inférieurs de la hiérarchie sont autant de facteurs qui conduisent à relativiser le caractère légaliste et rationnel du fondement de la hiérarchie. Ce qui fait autorité pour ces cadres est surtout le type de personnalité et de charisme ayant permis de dépasser toutes les épreuves de la stratégie de rivalité sans y perdre trop de solidité individuelle. L'autorité n'est pas, a priori, celle du supérieur parce qu'il est désigné par la loi d'organisation mais, a posteriori, celle d'une relation de dépendance mutuelle dans la reconnaissance des pouvoirs qui fonde l'autorité de chacun. On retrouve ainsi, dans ce modèle hypothétique, des éléments caractéristiques du modèle des ouvriers de métier, que nous avions appelé la solidarité démocratique, car il évoque les relations d'inter-compétences entre individus maintenus ensemble dans leur atelier. Dans le cas des cadres dominants, la même richesse de pouvoir d'expert et de marginal sécant (que les ouvriers professionnels vivent dans le contrôle exercé sur le milieu syndical) aboutit à minimiser le pouvoir de l'autorité hiérarchique formelle au bénéfice de l'activité démocratique du groupe des pairs. La rivalité démocratique des cadres traduit cependant le fait que les cadres ne sont pas réunis dans une coexistence d'atelier mais qu'ils gagnent leur position au travers d'un jeu de compétition inter-individuelle.

Cette analyse de la concurrence entre cadres, en fonction des atouts différents dont ils disposent dans l'échelle hiérarchique peut conduire à relativiser les conclusions trop schématiques de Peter [33] sur les rapports entre promotion et compétence dans une organisation pyramidale.

Rationnellement organisée selon le principe taylorien et weberien de l'organisation scientifique et bureaucratique des hommes et des techniques, l'entreprise aboutirait à ce paradoxe de faire monter les cadres supérieurs à de nouvelles fonctions aussitôt qu'ils ont pu démontrer leurs compétences à un échelon de la hiérarchie. Selon ce principe, ne restent en place quelque part que les médiocres, alors que les doués passent comme des météores de fonction en fonction le long de l'échelle hiérarchique pour se retrouver partout à la limite de l'incompétence.

Ce principe n'est valable que si la compétence a la même signification tout le long de l'échelle hiérarchique et que si les cadres se distinguent seulement par les dons et les caractères personnels. Mais cet amalgame des situations professionnelles et sociales et de leurs conséquences repose sur une vision trop simple des structures sociales et des mécanismes de constitution des systèmes de rapports humains dans l'entreprise française.

Les cadres dominants qui font la plus longue trajectoire dans la hiérarchie seraient les plus proches de l'hypothèse de Peter, c'est-à-dire des individus toujours à la limite de l'incompétence puisqu'ils abandonnent leur fonction dès qu'ils la maîtrisent pour en découvrir une nouvelle en montant dans la hiérarchie. Ce diagnostic serait peut-être valable si l'on ne considérait pas que ces individus sont, en fait, sursélectionnés par la famille et les grandes écoles, et qu'ils possèdent beaucoup plus d'atouts pour prendre les risques de cette carrière mouvementée que les autres cadres. Bien plus qu'à la limite constante de l'incompétence, ce genre de cadre est préparé à changer vite de compétence sans être inefficace, leur véritable capacité professionnelle est même dans cette aptitude à vivre le mouvement, c'est-à-dire, en fin de compte, les risques. Notre étude du conditionnement social et conditionnement social et professionnel de leurs relations montre que les moyens culturels de ce mouvement et du caractère âprement stratégique des rapports humains qu'il suppose leur viennent en fait surtout du monde extérieur au travail.

Les cadres en position intermédiaire sont loin d'encourir le reproche de Peter, puisqu'ils restent toujours dans les mêmes fonctions à cause de l'étranglement des voies de promotion. Mais nous avons montré que le malaise éprouvé dans cette stagnation forcée, contraire à leurs espoirs de carrière forgés à l'école et en début de métier, peut aller jusqu'à développer un esprit de routine, de défense catégorielle et de compétitivité de strate dont les effets peuvent être fort bien de la compétence et du travail attendus par l'entreprise.

Egalement bloquées dans leur avancement, mais aux niveaux subalternes de la hiérarchie, d'autres catégories de cadres ne vivent pourtant pas le même malaise. Le plus souvent autodidactes et d'origine sociale modeste, ces cadres s'intègrent à l'entreprise en y travaillant au mieux de leur compétence, car leur mobilité professionnelle et sociale antérieure ne leur laisse guère d'autre choix pour se définir un statut social et culturel.

On voit ainsi que la compétence n'est pas une simple fonction de l'organisation bureaucratique de la carrière comme pourrait le laisser croire le principe de Peter. Les différentes réactions des cadres à leurs positions sociales et professionnelles montrent que la hiérarchie est le théâtre de phénomènes culturels beaucoup plus complexes, car ils mettent en jeu la réalisation des projets individuels en fonction des atouts multiples qui viennent autant du travail que de l'extérieur. La hiérarchie, c'est aussi l'univers de l'encadrement, c'est-à-dire l'appel à tous les moyens sociaux dont le sujet peut disposer pour soutenir le choc d'avoir à faire dépendre ses résultats et ses projets d'une relation de pouvoir individualisée.

CONCLUSION

Même si notre étude est limitée aux rapports de travail en organisation, est-il possible d'en tirer des renseignements plus généraux sur la façon de vivre les rapports humains dans une position d'encadrement ?

Quand on pense au monde des cadres actuels, on évoque simultanément l'intégration et l'esprit maison, mais aussi le malaise des cadres et leur syndicalisation ou encore la carrière fondée sur le mérite, la compétence et la compétition, pour rajouter tout de suite l'esprit fonctionnaire, la peur des risques, le parapluie, la carrière et le statut. Les cadres seraient à la fois courageux et pantouflards, dangereux comme des loups et craintifs comme des brebis. On voudrait les louer pour leur loyauté, et on ne cesse de les accuser d'égocentrisme ; on espère leur esprit d'initiative et on redoute leur passivité. Certains les remercient de leur conscience collective, d'autres les veulent individualistes et ambitieux.

Cet imbroglio de souhaits toujours passionnels recouvre à notre avis la grande importance sociale de la position contemporaine de l'encadrement. Comme nous l'annoncions au début de ce chapitre, la probabilité pour un individu d'assumer une fonction d'encadrement à un moment ou l'autre de sa vie est finalement grande, si l'on tient compte de toutes les activités professionnelles et extra-professionnelles qui exigent un minimum d'organisation formelle d'ensembles humains. Cette perspective de partage probable de responsabilités humaines renseigne peut-être sur l'espèce de malaise assez général à l'égard des cadres d'entreprise et de leur rôle dans l'évolution des rapports sociaux. Il apparaît en effet dans nos enquêtes que les conséquences relationnelles des diverses positions de cadre en entreprise peuvent être à la fois désirées et rejetées.

Le cadre d'entreprise est certainement envié pour une raison qui se dégage des trois modèles analysés. Le cadre dispose de beaucoup de sources d'accès au pouvoir dans les relations de travail et il en tire les moyens suffisants pour être reconnu comme individu. Il n'est pas rare d'entendre, dans le langage courant, parler de « l'ouvrier » pour désigner la classe ouvrière et « des cadres » pour la catégorie des supérieurs hiérarchiques. Cette habitude de langage recouvre en fait une véritable différence d'accès au pouvoir pour les individus. Dans le cas des ouvriers, on parlera d'une entité globale, au singulier, car effectivement une grosse majorité des individus y est privée de sources suffisantes de pouvoir pour s'exprimer autrement que par la masse. Dans le cas des cadres, on reconnaîtra d'emblée par le pluriel que cette dénomination recouvre une pluralité d'individus trouvant dans leur position les moyens d'une affirmation personnalisée.

L'engagement dans les relations d'amitiés au travail, l'implication dans les différences cognitives et la possibilité d'être consciemment stratégique dans le temps et l'espace ne sont pas les moindres avantages de cette position d'encadrement. Le fait d'avoir une autorité formelle est certes apprécié pour le prestige social et les avantages matériels qui en découlent, mais l'attrait de la position renvoie probablement à ce désir profond de trouver les moyens d'une certaine indépendance dans les rapports de travail. Etre cadre, c'est peut-être avant tout être reconnu comme individu au travail, alors que cette qualité n'est généralement conférée aux travailleurs que dans la société civile, comme citoyen, consommateur ou chef de famille.

La position de cadre en entreprise est par ailleurs crainte et même rejetée, car elle oblige à commander et à négocier en permanence les éléments matériels et humains de sa stratégie. Face aux subordonnés, il faut exercer la contrainte pour forcer les résistances ; avec les collègues et ingénieurs, que l'on croise dans les couloirs, ou que l'on rencontre en réunions d'études et de décision, c'est la négociation permanente et la claire conscience de ne pouvoir fonder la confiance et la coopération que sur des engagements personnels. Le collègue ou le supérieur sont des stratèges avec qui il faut compter pour arriver à ses propres fins. L'univers des égaux n'est donc jamais stable, la confiance est toujours à reprendre.

Toutes ces difficultés inhérentes à la position de l'encadrement mettent gravement en cause les moyens d'être reconnu comme individu ; et la logique des différents styles de relations que nous avons analysés dans la hiérarchie est notamment celle d'une recherche de moyens supplémentaires de protection contre le danger permanent de perdre son capital de pouvoir en face du jeu des autres. La maîtrise s'intègre à l'entreprise et au groupe des pairs pour résister aux pressions multiples qui s'exercent sur elle. Les cadres intermédiaires finissent par se défendre en catégorie sectorielle pour conserver des avantages menacés par le blocage promotionnel. Les cadres dominants ne cessent de participer à des groupes d'allégeance familiaux, universitaires ou professionnels, pour soutenir la rivalité avec les collègues.

Le phénomène récent de la croissance du monde de cadres est donc loin de recouvrir une réalité sociale homogène, car nous avons vu, au cours de ce chapitre, à quel point la catégorie sociale des cadres recouvrait de positions d'encadrement fort différentes. Les niveaux hiérarchiques, la variation des atouts de pouvoirs, l'influence des ressources extérieures et familiales, et la multiplicité même des types d'organisation en entreprise contribuent à faire éclater le mythe d'une nouvelle classe sociale ayant un destin et des moyens d'action homogènes. Il y a des groupes de cadres, des inégalités importantes de pouvoir entre eux, et de fortes variations d'influence au cours d'une même carrière.

La position stratégique de l'encadrement paraît en revanche exercer une grande fascination sur le monde professionnel contemporain, car elle oblige à considérer l'association de deux réalités difficiles à concilier jusqu'à présent : le pouvoir d'être soi-même et la nécessité de s'organiser sur une grande échelle dans la vie économique mais aussi culturelle, politique, etc. L'encadrement est en effet désiré, car cette position recouvre l'accès aux moyens stratégiques d'une expression de projets personnels et de la lutte pour faire reconnaître son point de vue individuel. Cette faveur, anciennement réservée aux gens de métier, devient ainsi accessible du seul fait qu'on s'organise ! Mais, au revers de la médaille, il faut inscrire la dure exigence d'avoir à imposer des ordres à des subordonnés qui ne sont pas toujours moins compétents et moins expérimentés, comme pouvaient l'être les jeunes apprentis face aux maîtres du métier. L'idéalisation d'un commandement libéral qui résoudrait magiquement cette contradiction entre la hiérarchie et la position d'encadrement repousse en fait dans le domaine des qualités psychologiques la clé de l'impasse. Cette solution n'a pas fait ses preuves, et on a depuis longtemps retourné l'analyse psychologique en mettant en cause des facteurs d'organisation. L'encadrement est ainsi l'un des lieux sociaux où l'on vit avec le plus d'intensité l'espoir et la nécessité de l'invention de nouvelles formes d'organisation.

Chapitre 6

Hiérarchie, pouvoir, autorité

Les fondements théoriques de l'autorité dans les rapports de travail en organisation sont actuellement au nombre de trois : la définition rationnelle des tâches, le savoir professionnel et la capacité psychologique dans les rapports humains. Les organigrammes modernes condensent dans une définition parfois fort complexe de la hiérarchie ces trois sources de légitimation des ordres pour arriver à une loi cohérente et pyramidale de l'autorité. L'accès direct au pouvoir du capital comme fondement de l'autorité est devenu une situation d'exception dans les grandes entreprises privées ou publiques, industrielles et administratives, où le salariat est la condition absolument dominante. La société industrielle contemporaine est ainsi profondément marquée par une sorte d'équivalence entre l'accès aux compétences par l'école et le milieu social et familial, et la position occupée dans la hiérarchie des entreprises. L'analyse rationnelle des aptitudes techniques et même psychologiques offre à l'organisation scientifique du travail et des carrières le moyen de faire coïncider l'autorité dans le travail avec les compétences acquises antérieurement. C'est en ce sens que l'étude des catégories socio-professionnelles s'avère utile pour comprendre les comportements en entreprise.

Mais les analyses mettant l'accent sur l'importance du facteur organisationnel des comportements, et les styles de relations que nous venons de présenter dans les chapitres précédents, tendraient à prouver que, de nos jours, le « vécu en organisation » introduit un décalage important entre l'origine socio-professionnelle et la réalité des conduites collectives de travail. La façon dont est acceptée l'autorité dépendrait largement des moyens de pouvoir accessibles dans les situations de travail pour mener le jeu fondamental des négociations entre les objectifs collectifs et les objectifs particuliers des habitants humains de l'organisation. Autour et à propos des règles plus ou moins formelles qui les réunissent, les membres d'une entreprise se livrent à des luttes serrées pour faire reconnaître leurs points de vue et imposer la satisfaction de leurs objectifs. C'est de l'issue de cette lutte entre les occupants des diverses positions stratégiques apparaissant sur le champ hiérarchique que dépend en fin de compte la véritable puissance de l'autorité formelle.

Nous voudrions ici soutenir l'idée que l'organisation hiérarchique de l'autorité est aujourd'hui largement remise en cause par l'évolution des sociabilités réelles de travail que nous avons analysées dans les rapports de pouvoir en entreprise. Vouloir maintenir envers et contre tout l'idée d'une organisation formelle et hiérarchique des rapports d'autorité, c'est donc refuser de considérer la rationalité du jeu de beaucoup d'acteurs dans le système social de travail. La hiérarchisation formelle des rapports humains dans les organisations devient ainsi un outil de moins en moins efficace pour assurer la bonne marche des collectivités humaines. Au-delà des analyses de Taylor, de Max Weber et des psychologues sur les fondements de l'autorité dans les grands ensembles humains de travail, il faut donc poser clairement la question d'une nouvelle légitimité des rapports d'autorité dans la société contemporaine et des conséquences organisationnelles à prendre nécessairement en considération.

STRATIFICATIONS SOCIO-PROFESSIONNELLES ET COMPORTEMENTS ORGANISATIONNELS

La vision des rapports socio-professionnels fonde les distinctions entre catégories sur des différences de statuts définis par une sorte de conjonction entre la qualification, jugée par des examens obtenus hors de l'entreprise et le grade occupé dans une échelle de postes de responsabilité croissante. Les ouvriers sont ainsi classés en-dessous des employés, des techniciens, des agents de maîtrise et des cadres. Dans une même catégorie, on retrouvera des sous-distinctions de grades, fondées sur une combinaison de diplômes et de responsabilités effectives. Il y aura les cadres subalternes, moyens et supérieurs ; les techniciens clivés en BJ, BTS et ATP ; les employés classés en échelons et les ouvriers séparés en ouvriers spécialisés et ouvriers professionnels. Toutes ces catégories servent à analyser et interpréter des faits sociaux innombrables allant de la consommation aux opinions religieuses et politiques en passant par les attitudes envers le travail, la famille et l'école [1]. L'ampleur de toutes ces études de stratification sociale recouvre certainement une vérité fondamentale dans notre société, à savoir que l'accès aux postes de responsabilité et aux diplômes scolaires et professionnels a longtemps constitué un principe discriminatoire central dans la croissance et le développement de la société urbaine et industrielle.

Venant affiner l'analyse des différences de conduites sociales en fonction de l'inégalité des revenus et des processus d'accès à la plus-value, les études de stratification sociale ont certainement permis de prendre en compte les effets du vécu professionnel sur une compréhension des rapports sociaux en termes de classe. Mais des résultats du genre de ceux que nous présentons tendent à prouver que la stratification socio-professionnelle n'est plus suffisante pour rendre compte de la complexité des groupes sociaux, car les grades et les diplômes ne donnent pas des visions très sûres de la réalité des conduites collectives au travail.

Les études de sociologie de l'organisation bousculent quelque peu les analyses de stratification sociale, car la complexité des rapports de pouvoir de travail ne coïncide pas souvent avec les clivages par catégories socio-professionnelles. Toutes nos enquêtes tendent à montrer que les différences intra-catégories sont au moins aussi grandes que les clivages inter-catégories. Ainsi, le phénomène organisationnel a acquis une certaine autonomie par rapport aux processus d'accès aux savoirs professionnels et universitaires. Le problème est alors de découvrir les principes d'une nouvelle logique des rapports sociaux liés à l'exercice des relations de travail.

LA DIVERSITÉ DES MODÈLES DE RELATIONS EN ORGANISATION

En reprenant les divers styles de vie collective, dont les rapports au chef font nécessairement partie, en fonction des sources d'accès au pouvoir dans une dizaine de positions caractéristiques des entreprises et des administrations, nous voyons apparaître une grande variété d'attitudes envers l'autorité hiérarchique (schéma n° 11).

Les modes de relations ont tout d'abord été présentés par rapport à deux axes du pouvoir que l'on peut tirer de l'état même des structures d'organisation [2]. En abscisse sont regroupées les sources de pouvoir issues de contrôle d'incertitudes dans les communications internes et avec l'environnement de l'organisation. Les trois positions majeures de cet axe étant de n'avoir le contrôle d'aucune source de communication des informations, d'en avoir plus ou moins, mais seulement dans les relations internes, et enfin d'en avoir beaucoup dans les relations internes et avec l'environnement.

En ordonnée sont présentées les sources de pouvoirs par rapport à l'application même de la règle de travail dans sa tâche. Une première position est celle de l'exécution pure et simple du règlement très formalisé appliqué à des situations simples ; et, dans ce cas, la règle n'offre guère plus de pouvoir que la protection contre l'arbitraire des partenaires de travail, mais à la condition de se plier d'abord à la lettre même des textes officiels. Une seconde position conférant déjà plus de pouvoir est celle de l'interprétation nécessaire des règles aux conditions particulières de terrains où elles sont mises en œuvre. Une troisième source de pouvoir par rapport à la règle est celle qui naît du changement formel de son contenu. Pour les raisons globales du changement technique ou des décisions plus particulières, le fait de modifier les textes formels de façon substantielle (nouvelles procédures, divisions des fonctions, des services, des honoraires,

Fig. 11. Positions de pouvoir au travail et relations humaines dans l'organisation

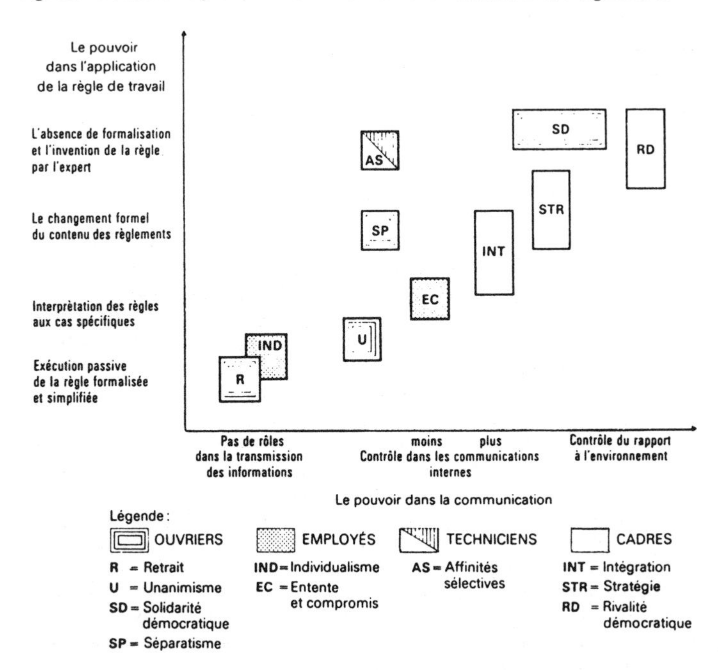

rémunération, etc.) introduit un large pouvoir pour celui qui décide ainsi de certains aspects du jeu des autres. Enfin, la dernière position du pouvoir est celle de l'absence de règles formalisées où c'est finalement le jeu libre de l'expert qui instaure progressivement sa propre règle et l'impose aux autres.

En rangeant les modèles de relation en fonction des sources relativement permanentes d'accès au pouvoir dégagées par la structure, on constate tout d'abord qu'aucune catégorie socio-professionnelle classique ne recouvre une seule et même situation de pouvoir, et que, du même coup, les modalités stables de relations au travail suivent fort peu la logique économique et hiérarchique à la base de ces distinctions socio-professionnelles. Quatre groupes apparaissent en fait dans les modalités d'accès au pouvoir, qui déterminent quatre modes de réaction à l'autorité dans les relations humaines de travail. Le groupe des désengagés, le groupe des fusionnés, le groupe des exclus, le groupe des solidaires.

Les désengagés des rapports collectifs de travail sont, nous l'avons vu, les travailleurs sans pouvoir à l'égard de la règle et des communications, et leur style de relation exprime une forte dépendance à l'égard de l'autorité dans le travail. Ce genre de modèle que nous avons retrouvé chez les OS femmes ou étrangers, ou jeunes de l'atelier, ainsi que chez les employés en majorité féminins et sans qualification dans leurs tâches, est en fait l'expression d'une stratégie sur deux tableaux. Ces travailleurs acceptent la dépendance à l'égard de l'autorité formelle et au besoin ils en jouent, car ils y voient le meilleur moyen d'exploiter leur position de travail au profit d'autres positions sociales externes : la famille, le retour au pays, la communauté des jeunes ou des nationaux, les loisirs, etc. Sans pouvoir à l'égard du travail, ils ne cherchent à utiliser la relation d'autorité que pour en tirer des avantages individuels.

Le groupe des fusionnés désigne une situation où la collectivité est centrale aux échanges humains, mais les contraintes de la situation, à savoir les sources d'accès à un pouvoir réel mais limité pour chacun des individus, sont telles que le groupe des collègues ne fonctionne qu'avec une relative indifférence entre ses membres. Cette formule spécifique de grégarité plus ou moins large entraîne une nécessaire dépendance à l'égard de leaders de groupe, et une structuration hiérarchique informelle par strates professionnelles ou grades qui permette d'harmoniser les clivages interpersonnels. Cette sorte de vie collective a également pour conséquence d'engendrer une dépendance revendicative à l'égard de l'autorité formelle des chefs immédiats.

Le phénomène de fusion recouvre, à un degré plus ou moins poussé, l'ensemble des « OS intégrés dans l'entreprise », c'est-à-dire ceux qui souffrent d'une perte constante de pouvoirs individuels, liés à l'état d'organisation hiérarchique et relationnelle des structures. Cela est le plus vrai pour les ouvriers spécialisés masculins et français ayant déjà une certaine ancienneté, qui n'ont de pouvoir que dans l'interprétation des règles et un faible courant de communications informelles entre ouvriers, et qui se rapprochent de ce modèle maximum de la fusion qu'est l'unanimisme. Mais cela est également vrai pour les employés anciens, bloqués dans des strates de grades équivalents en attente de promotion. Limitée à leur grade, la strate est en fait une sorte de coexistence obligée dans la bonne ambiance et la méfiance interpersonnelle à propos de différences d'idées dont on ne sait que faire.

Et, dans la catégorie des cadres, ce phénomène de la fusion relative réapparaît quand la possibilité de jouer la stratégie individuelle est effectivement bloquée. Si les agents de maîtrise et les cadres intermédiaires conservent dans les communications internes un pouvoir supérieur à celui des ouvriers et employés, ils peuvent fort bien être privés du pouvoir de changer la règle, ce qui est le cas le plus fréquent des agents de maîtrise et des cadres intermédiaires, quand ils n'ont pas l'occasion de s'initier à un changement technique ou organisationnel. Dans de telles situations, auxquelles il faut ajouter la stagnation à l'avancement imposée par les formes pyramidales de la structure hiérarchique et par le jeu des cadres dominants, la coexistence dans une collectivité de strate et la revendication collective à l'égard de l'autorité formelle deviennent les formes d'une fusion partielle rappelant étrangement la position des

OS. En d'autres termes, il semble bien que le modèle général d'une collectivité fusionnelle tende à réapparaître dans toutes les situations de coexistence prolongée où les individus ne disposent que de faibles pouvoirs tout en étant fortement impliqués dans cet univers humain. Le manque de moyens de pouvoir permettant de se différencier dans les échanges interpersonnels coïncide alors avec toute forme d'organisation rigide de la collectivité et de revendication à l'égard de l'autorité formelle pour qu'elle prenne ses responsabilités et protège les individus.

Le troisième groupe de modèles que l'on pourrait désigner par l'étiquette des « exclus » comprend principalement les ouvriers nouveaux professionnels et les agents techniques, c'est-à-dire les modèles voisins du séparatisme et des affinités sélectives. La caractéristique centrale de ces deux modèles est de ne plus présenter les signes d'une vie collective stable, alors que les échanges entre pairs se chargent d'un contenu différenciateur fort. Dès lors, l'attachement à l'autorité sera important mais plus personnalisé que dans le cas de la fusion. La caractéristique moyenne des positions où l'on rencontre ces modèles paraît être celle du flottement temporaire des règlements techniques redonnant aux individus un pouvoir d'expert partiel. Cette redistribution des données techniques s'accompagne d'une redéfinition des postes et d'une possibilité de promotion dans une filière technicienne, jusqu'à ce que la règle soit de nouveau refaite et que les pouvoirs ne soient plus que ceux de l'interprétation. Dans ce modèle, on voit donc apparaître les effets probables des changements volontaires des techniques ou des formes de l'organisation. Il correspond à une expérience de mobilité individuelle qui n'est jamais supportable par les anciens groupes d'appartenance, si bien que l'exclusion, le sentiment de rupture et la difficulté à définir un nouvel univers d'appartenance sociale et professionnelle sont les éléments les plus probables de la vie collective. Ce modèle est moins stable que celui de la fusion, mais il peut quand même durer plusieurs années et compter dans la vie des gens, comme dans celle du système social des rapports de travail.

Un dernier modèle de relation est beaucoup plus stable que tous les précédents. Il correspond à l'expérience majeure de pouvoir pour les individus au travail. Ils sont effectivement plongés dans la possibilité permanente de redéfinir la règle à partir d'un pouvoir d'expert qu'ils tirent d'un travail en perpétuelle évolution où seule leur compétence personnelle, leur métier, permet de réaliser un produit matériel ou intellectuel. Ils sont par ailleurs maîtres de circuits de communications internes et externes indispensables à la vie de l'organisation. Avec cette somme de pouvoirs, la vie collective est possible et pensée comme une source de solidarité active, car elle peut reposer sur de larges échanges et sur la loi démocratique de la majorité. Les riches en pouvoir peuvent effectivement supporter la position des minoritaires, car leur jeu et leurs ressources ne sont limités ni dans le temps, ni dans l'espace.

Par rapport à l'autorité formelle et hiérarchique, ce modèle est très net et pourrait se résumer théoriquement en une formule : « L'autorité est ce qui sort de la collectivité des pairs ou elle n'est pas ! » En effet, toute autorité hiérarchique antérieurement constituée ne peut tenir face à la source de pouvoirs accumulés dans le modèle de solidarité. Les situations caractéristiques de ce modèle sont, nous l'avons vu, celles du métier stable des anciens professionnels ou celles du métier en renouvellement perpétuel des cadres dominants ayant les moyens de changer plusieurs fois de fonctions au cours de leur carrière. Ce modèle représente une grande attirance idéologique dans la mesure où il fonde la collectivité sur l'échange, la discussion et la négociation entre individus capables de risquer l'affrontement fréquent dans les rapports humains. Mais la grande faiblesse de ce modèle est qu'il repose sur une extrême richesse de pouvoirs, distribuables à tous ses membres. Et, dans la société industrielle contemporaine, il est rare que le cumul de ces moyens de pouvoir soit ouvertement déclaré. Qu'il s'agisse de l'école, de la famille, des relations sociales, de la profession, du compagnonnage ou du syndicat, les ressources du pouvoir sont toujours plus ou moins inavouables ou camouflées sous une étiquette démocratique et méritocratique large ; les pratiques interpersonnelles sont effectivement démocratiques, mais les positions d'accès aux sources du pouvoir sont bien souvent aristocratiques. L'attirance qu'exerce un tel modèle de relations humaines est ainsi largement ambiguë, dans la mesure où chacun y voit les moyens de vivre une collectivité intéressante pour chaque individu mais aussi la possibilité sociale de faire partie de l'aristocratie des pouvoirs.

L'analyse que nous avons faite des formes de sociabilité du travail montre en définitive que les catégories socio-professionnelles classiques ne coïncident pour aucune d'entre elles avec des modèles de comportements homogènes. Des questions aussi importantes que la relation aux autres, les conduites d'autorité, les influences de groupe, les modes de décision collective, et jusqu'au rôle du meneur informel, divisent les membres d'une même catégorie socio-professionnelle. Notre hypothèse générale est donc bien celle d'une remise en cause de la représentation socio-professionnelle des rapports de travail par l'expérience des relations de pouvoir intra-organisationnel ; ce qui oriente alors la réflexion vers la recherche des principes d'élaboration de nouvelles sociabilités au travers de l'expérience du travail.

LE MODÈLE FRANÇAIS DES RELATIONS BUREAUCRATIQUES

Rendre compte de l'influence de l'organisation sur les conduites collectives et les stratifications sociales est probablement l'une des tâches les plus urgentes pour une meilleure compréhension des rapports sociaux dans la société contemporaine. L'une des caractéristiques centrales des entreprises françaises étant leur grand souci de rationalisation des rapports formels, il était logique de s'interroger sur les conséquences en profondeur de telles formes de structures du travail. C'est l'un des résultats majeurs des recherches de Michel Crozier que d'avoir dévoilé une certaine communauté de réactions entre les employés, les ouvriers et même les cadres à l'égard des rapports de travail dans un contexte bureaucratique.

Nos analyses de styles de relations interpersonnelles en fonction de la situation de travail ne peuvent en effet être isolées du modèle français de relations présenté par M. Crozier dans son ouvrage *Le phénomène bureaucratique*[3]. Il montre — et nos travaux se sont largement appuyés sur ces observations — que l'organisation bureaucratique ne perpétue ses dysfonctions qu'en reposant sur un ensemble de comportements probables chez les partenaires du système social. Ces conduites sont lisibles dans trois registres. En ce qui concerne les relations interpersonnelles d'amitié, l'auteur constate qu'elles sont assez faibles et fragiles, en ce sens qu'elles ne débordent pas les limites des catégories formelles des rangs et des statuts offficiels et que, à l'intérieur des rapports d'échanges quotidiens, l'individu est isolé et s'enferme dans une sorte de méfiance et de contrôle réciproque pour maintenir un formalisme qui le protège. Dans le domaine du groupe, l'auteur souligne un contrôle étroit de chaque strate sur ses membres, et l'isolement des catégories entre elles. Dans le domaine du rapport au chef immédiat, c'est la peur des relations de face à face et le souhait de ritualisme et de relations réglementées de la façon la plus impersonnelle possible qui l'emportent dans le quotidien.

L'ensemble de ces traits est la conséquence des structures hyperformalisées et centralisées, mais aussi le résultat d'un jeu logique des acteurs visant à se servir de ces structures pour se protéger contre l'arbitraire, le favoritisme, et les relations de pouvoir parallèles qui ne peuvent manquer de surgir d'une telle forme d'organisation. Peut-on alors admettre avec Crozier que ce modèle dépasse les catégories socio-professionnelles et résulte d'un effet de structure bureaucratique largement développé en France ?

Ce modèle fonde les relations interpersonnelles sur la méfiance et la faiblesse des amitiés, sur l'importance du groupe des pairs, et sur un rapport formel à l'autorité. Nos propres analyses retrouvent effectivement ces dimensions dans plusieurs catégories socio-professionnelles, ouvriers, employés et cadres, elles-mêmes saisies à l'intérieur des grandes organisations industrielles et administratives. Dans les échanges entre pairs, il est certain que chez les OS et chez les employés surtout anciens, l'amitié existe ; mais elle a du mal à intégrer la sensibilité aux différences cognitives, tout en restant surtout limitée aux relations de travail. En ce qui concerne la collectivité, nous avons également retrouvé une forte pression de groupe chez les OS et les employés anciens, mais aussi chez les agents de maîtrise. Dans tous ces cas, le groupe des pairs est important, mais il est vécu de façon plutôt rigide, soit sous la forme d'une sorte d'unanimisme a priori, soit sous la forme d'un compromis de coexistence et d'entraide obligatoire. Le meneur est reconnu comme un élément important de cette fonction de protection mutuelle que remplit ce type de groupe contre des pressions venues de l'extérieur.

Enfin, l'importance accordée au caractère formel des rapports d'autorité et l'impersonnalité des règlements se retrouvent dans l'autoritarisme des OS, dans le rôle de la règle hiérarchique chez les agents de maîtrise et dans la dépendance et la crainte du favoritisme des employés envers leurs chefs.

Nous pouvons ainsi dire que le fait d'occuper un poste dans une organisation bureaucratique où la dimension du travail prend la forme d'une extrême spécialisation des fonctions, d'une hiérarchie nouvelle, d'une centralisation des informations et décisions, et d'une réglementation formelle très développée, engendre des conséquences comparables sur les rapports humains entre ouvriers, employés et même chez les cadres. En ce sens, l'hypothèse d'un modèle général des relations humaines, conséquence d'une forme générale de l'organisation du travail, est, semble-t-il, revérifiée par nos études qui visaient précisément à développer davantage les descriptions des relations de travail en comparant les réponses de catégories professionnelles en fonction de leur appartenance à de nombreuses situations organisationnelles issues d'entreprises différentes.

Donner un seul nom au modèle de relations humaines issues des formes d'organisation rationnelles du travail est difficile étant donné qu'on retrouve dans ces positions aussi bien les OS masculins français que les employés déjà anciens et les agents de maîtrise. Un trait commun réunit cependant ces trois groupes humains : la difficulté à se différencier entre collègues. Dans les cas extrêmes, cela peut aller jusqu'à la fusion entre pairs, mais, le plus souvent, les rapports entre collègues sont dominés par des phénomènes d'indifférenciation relative. Dans ces trois positions organisationnelles, on constate comme un manque d'accès au pouvoir dans les échanges de travail, ce qui entraîne une difficulté à se différencier dans les relations duelles, principalement avec les pairs. La camaraderie, la coexistence affective et la bonne ambiance liée au travail seront alors les formes que peuvent prendre des amitiés limitées dans leurs possibilités concrètes de s'exprimer. La vie de groupe, relativement rare dans les postes de travail dominés par une définition des postes par spécialisation et simplification, devra alors s'accommoder de cette faiblesse des moyens de différenciation dans les relations duelles. L'unanimisme ou le compromis permanent sont des formes de collectivité effectivement rigide en ce qu'elles n'arrivent pas à intégrer facilement la différence exprimée par des minoritaires. Dans un tel contexte, la collectivité ne peut survivre que si elle trouve une façon simple de résoudre les divergences d'intérêts et d'opinions qui ne manquent pas d'émerger couramment dans les rapports de travail.

L'organisation informelle de rapports hiérarchiques en vue d'équilibrer les clivages dans le groupe des OS sous la domination charismatique de quelques leaders trouve, chez les employés déjà anciens, une correspondance dans l'isolement des strates entre elles et, chez les agents de maîtrise, dans la protection rigide de la strate contre les pressions supérieures et inférieures. En d'autres termes, l'indifférenciation dans les échanges interpersonnels suppose une collectivité formellement aménagée, le plus souvent de façon quasi hiérarchique pour supporter les divergences internes. L'appel à l'autoritarisme du chef et au formalisme des règlements est un moyen complémentaire d'éviter de répondre de ses initiatives face à des pairs avec qui les échanges en profondeur ne sont pas commodes.

Le modèle humain de reproduction des structures d'organisation bureaucratique est donc celui de la fusion des différences interpersonnelles associées à une rigidité formelle de traitement des rapports collectifs ainsi qu'à une grande dépendance à l'égard de toute forme d'autorité charismatique ou légale, car les individus ne trouvent pas les moyens au travail de faire valoir facilement leurs désirs et leurs points de vue personnels dans les échanges professionnels. « Nous sommes tous des OS », pourraient en fait affirmer les occupants de ces positions dans la mesure où ils sont tous, ouvriers, employés et cadres subalternes, affrontés à une constante restriction de leurs moyens d'expression personnels.

Mais nous avons également dit que le modèle français des rapports humains bureaucratiques décrit par M. Crozier n'était pas le seul rencontré dans les rapports de travail. Il apparaît en effet que les situations d'organisation formalisées ne recouvrent pas la totalité des positions accessibles dans les entreprises moyennes ou grandes. Nous avons tout d'abord signalé que, pour beaucoup de gens, l'intégration dans les relations interpersonnelles de travail est minime car ils disposent d'autres lieux et formes d'engagements parallèles où ils gagnent davantage de pouvoirs d'expression. Les femmes au travail, les étrangers récemment arrivés, les jeunes employés, les jeunes ouvriers absentéistes et peut-être les personnes proches de la retraite sont tous désimpliqués à l'égard des échanges duels et collectifs dans l'univers de travail. Le modèle du retrait n'est certes pas une contestation du modèle bureaucratique dans la mesure où il fonde ses liens sur l'attachement individuel aux autorités officielles ; il suppose néanmoins davantage d'attention personnalisée de la part du chef à l'égard des subordonnés. Ayant besoin d'eux, car ils disposent de rapports sociaux importants hors travail, le chef doit sans cesse les réimpliquer dans le monde du travail, pour les faire sortir d'une pure tactique de protection par l'observance stricte de la lettre des règlements. Ce modèle du retrait implique en fait davantage de face-à-face et de libéralisme dans les rapports supérieurs-subordonnés que dans le modèle bureaucratique, dans la mesure où les chefs voudraient développer non pas l'attachement passif par élimination des principales sources d'insatisfaction au travail, mais bien plutôt un engagement spontané, une motivation plus forte dans les rapports humains de travail.

Le modèle de l'exclusion est, lui, nettement différent et temporairement contestataire des rapports humains d'une bureaucratie solidement instituée. Fondé sur le changement des règles et de la technique, il confère aux individus un pouvoir d'expert relativement nouveau. Capables d'individualiser leurs projets et leurs échanges avec les pairs et les chefs, les agents techniques ou les ouvriers nouveaux professionnels ne supportent plus une pression de groupe rigide et le maintien de catégories formelles limitant leurs possibilités d'évolution. Cette mobilité personnelle aboutit pour eux à une démobilisation progressive du groupe, et à une augmentation des rapports personnalisés de face-à-face avec les chefs. Cette filière dans l'ordre de la promotion technicienne coïncide donc avec une perturbation constante des conséquences humaines et sociales de l'organisation bureaucratique. Quand l'entreprise ou les administrations ne peuvent éviter de changer leur technicité et de croître, alors elles sortent pour un temps plus ou moins long du modèle humain de la fusion et du cercle vicieux bureaucratique qui en résulte.

Le dernier modèle qui n'entre pas dans le jeu classique de l'organisation formelle est certainement celui de la solidarité de groupe fondée sur de larges échanges interpersonnels et sur une aptitude réelle à la décision collective par la démocratie. Ce modèle, nous l'avons déjà amplement souligné, est celui des aristocrates du pouvoir, c'est-à-dire ceux qui peuvent cumuler un pouvoir d'expert, de marginal et de contrôle des circuits de communications. Dans cette situation, on rencontre les ouvriers grands professionnels également responsables syndicaux, et les cadres intermédiaires ou supérieurs en cours d'évolution de fonction. Dans ce contexte socio-technique et organisationnel, les échanges humains peuvent être souples, complexes, orageux et confiants, car les individus ont beaucoup de moyens pour étaler leurs jeux dans le temps et dans l'espace.

Ce modèle est probablement très ancien, car il repose sur l'organisation de rapports entre gens de métiers. Des anciennes sociétés de compagnonnage aux syndicats de métier, du rôle des professionnels dans les centrales syndicales actuelles jusqu'aux associations d'anciens élèves de nos grandes écoles d'ingénieurs, on retrouve sans doute les mêmes traits. Un formalisme démocratique permettant aux individus de s'exprimer ; des meneurs dont le charisme repose sur leur aptitude à faire vivre les collectivités sur le plan des échanges démocratiques ; des amitiés intenses évolutives bipersonnelles et débordant le cadre du travail ; un large contenu des échanges cognitifs fondé sur une culture de métier ; une profonde allergie aux formes de l'autorité imposée de l'extérieur ; et peut-être aussi l'acceptation de rapports de dépendance interpersonnelle, voire de concurrence, fondés sur les supériorités professionnelles et la nécessité d'apprendre le métier... tous ces traits caractérisent à notre avis le modèle de la solidarité de métier qui est profondément différent du modèle issu de la bureaucratie.

Nous voyons ainsi que les modèles de comportements présentés dans l'univers organisationnel remettent d'une part en cause la majorité des clivages socio-professionnels, et d'autre part ne coïncident pas non plus avec l'influence unique d'un modèle français de réactions collectives aux contraintes bureaucratiques. La nature du jeu des divers groupes dans l'entreprise semble en fait montrer que l'organisation est une scène de rencontre entre partenaires plus ou moins impliqués dans d'autres univers et que la clé de l'interprétation des modèles de comportements organisationnels peut être recherchée dans la diversité même des jeux des acteurs qu'on y observe.

AUTORITÉ ET FORME D'ORGANISATION

Nous avons appris de Max Weber[4] que les fondements de la légitimité d'un ordre et d'une autorité pouvaient se trouver dans la tradition, le charisme ou dans la légalité des procédures rationnelles coïncidant avec la croissance économique et avec la complexité des sociétés modernes et qu'une forme d'organisation bureaucratique fondée sur la rationalité légale des décisions tend à se généraliser comme l'une des conditions principales de ce développement.

Les sociologues de l'entreprise[5] et de l'administration ont ensuite démontré que, dans les faits, on observait surtout des dysfonctions, cercles vicieux et rationalités limitées de multiples acteurs sociaux fort loin de viser la réussite optimum du modèle bureaucratique.

Si nous sommes d'accord avec tous ces travaux tendant à démontrer d'une part qu'un type idéal ne se retrouve pas dans les faits et, d'autre part, qu'il n'y a pas une seule rationalité dans l'organisation mais plusieurs rationalités limitées, il semble tout de même que les théories de Weber continuent d'avoir une valeur d'explication relative mais réelle dans nos enquêtes. En effet, dans toutes les entreprises observées, nous avons rencontré, à des degrés d'intensité divers, des traces de chacune des formes de légitimité de l'autorité analysée par Max Weber.

Sans être uniques, le modèle d'organisation bureaucratique et son fondement rationnel légal sont incontestablement présents dans toutes les entreprises grandes ou moyennes. Si l'autorité hiérarchique formelle y est acceptée pour des raisons de protection, comme nous l'avons dit plus haut, elle n'entraîne pas moins un cortège de mesures règlementaires, reconnaissables d'une entreprise à l'autre. Examens, diplômes, procédures écrites, évaluation scientifique des critères de sélection, de promotion et de rémunération, circulation entre des informations, règlements d'ateliers, sanctions et primes, etc. sont les méthodes qui permettent de ramener les relations humaines de travail aux rapports les plus impersonnels et les plus formels.

Mais, à côté de ce monde de la règle, on voit surgir un autre univers, celui de l'attention envers les individus, leurs problèmes personnels, leurs désirs d'évolution et de perfectionnement. Pour un grand nombre d'individus, l'autorité personnelle du chef est acceptée et même souhaitée. Cette relation implique la reconnaissance d'une sorte de don, de charisme psychologique chez le chef, sans laquelle une élection affective mutuelle ne peut se réaliser. L'école dite des « relations humaines » a probablement théorisé les formes d'organisation nécessaires à la prise en compte des motivations individuelles par une relation hiérarchique très personnalisée.

Un autre cortège de mesures vient ainsi compliquer la réglementation des rapports de travail, la sélection et la formation psychologique des chefs, les multitudes de commandements libéraux et de décisions en groupe. Le développement des informations sur l'entreprise et sur la communauté humaine de l'entreprise, les rémunérations diversifiées et les filières de promotion internes sont autant de procédés qui permettent à l'autorité de trouver son fondement dans le charisme psychologique. Les individus sont si complexes et il est si difficile de les intégrer dans un ensemble cohérent, qu'une large part de la rationalité de l'entreprise va consister à aménager les rapports de travail de telle façon que des compréhensions mutuelles s'y développent. Les structures d'entreprises vont ainsi se gonfler de services de personnel et de relations humaines dont la mission fondamentale sera d'allumer et d'entretenir précautionneusement la mystérieuse flamme des relations charismatiques. Outre que de telles attentes envers les chefs peuvent ressortir de toutes les difficultés personnelles qui viennent envahir parfois le cours de l'activité professionnelle, il semble que les situations de mobilité sociale et professionnelle ainsi que les investissements forts dans la vie extérieure au travail ramènent la relation d'autorité à un fondement charismatique d'ordre psychologique. De telles situations placent en effet n'importe quel travailleur manuel ou cadre dans une position de demande d'écoute et d'attention qui n'a plus grand-chose à voir avec une protection contre l'arbitraire d'un supérieur.

Un troisième type de rapports humains de travail est présent dans l'entreprise, en même temps que les deux précédents, mais l'autorité repose cette fois-ci sur le respect de la tradition. Sans remonter à l'image de la tribu ou à celle de la société féodale, il faut bien voir que l'univers du métier n'existe que par le respect de fortes traditions. Quand les méthodes et connaissances ne sont pas standardisées au point que la technique ne peut se passer du pouvoir de l'expert, alors les traditions se reconstituent pour réglementer le problème central de l'apprentissage et de la reconnaissance des nouveaux experts. La maîtrise de la technique confère dans ce cas la puissance et la capacité d'être indépendant ; on comprendra ainsi que les rapports sociaux entre apprentis et maîtres soient l'objet de minutieuses traditions, car c'est toute la survie du groupe des experts qui est en jeu. Entre gens de métiers, les relations sont celles de la courtoisie démocratique des rapports entre maîtres, mais ils reposent aussi sur l'esclavage des apprentis, sur la lutte avec les autres clans d'experts, et avec les autres pouvoirs dans l'entreprise, car, nous l'avons dit plus haut, la logique du pouvoir des experts est de capter l'organisation et d'en penser la standardisation à leur profit. L'autorité fondée sur la tradition n'est en fait jamais loin de la violence, car les règles de la tradition qui instaurent de vastes différences et inégalités ne tiennent en fin de compte que par la force et l'organisation sociale répressive de ceux qui l'appliquent à leur profit. De cette texture de clans, de castes, et d'aristocraties tout aussi présente chez les ingénieurs que chez les employés anciens ou les ouvriers professionnels, se dégage en permanence une lutte pour la conquête ou le maintien de privilèges. D'autres structures s'ajoutent ainsi aux formes d'organisation des rapports de travail. C'est surtout à propos de la formation professionnelle, de la promotion et de l'orientation des individus que s'organisent les rapports entre gens de métier sous la forme de réseaux informels au niveau de l'entreprise.

Mais ces regroupements influents de professionnels débouchent assez vite sur des luttes de clans dont les organes de concertation et négociation ainsi que les modes de représentation du personnel sont bien souvent envahis. Les relations industrielles et sociales d'entreprise ne peuvent être facilement isolées de ces luttes sourdes qui, à tous les échelons de la hiérarchie, expriment les rapports de force entre experts.

Les enquêtes effectuées dans de nombreuses entreprises et administrations contemporaines, qui ont d'ailleurs été confirmées par de multiples communications de résultats, tendent ainsi à prouver que différentes légitimations de l'autorité coexistent à l'intérieur d'une même organisation avec le cortège de structures logiquement appropriées à chacun de ces fondements. On rencontrera certainement des organisations plus marquées par une forme de légitimation que par les deux autres. Et chaque entreprise peut traverser différentes phases au cours de son existence. C'est ainsi que l'on parlera d'entreprises effectivement plus bureaucratiques que d'autres, ou plus artisanales, ou plus centrées sur les problèmes humains. Mais jamais l'on ne pourra trouver ni un type pur, ni surtout l'absence totale de l'une ou l'autre des légitimités de l'autorité ; l'analyse des sources de pouvoir que nous avons pu faire montre clairement en effet que le système social d'une entreprise traduit toujours une interdépendance quelconque entre les trois sources de pouvoir : la règle, l'expertise et la communication interne ou externe. De cette complexité des formes d'accès au pouvoir ressortiront toujours des jeux de stratégies axées sur la règle, d'autres fondées sur le pouvoir d'expert et d'autres encore issues de jeux personnalisés dans les communications.

Cette réalité complexe a-t-elle toujours existé ? Il est difficile de conclure sur ce point, car nous ne disposons pas d'études fines sur les organisations du siècle passé. La coexistence de plusieurs fondements de l'autorité dans une même organisation nous paraît cependant caractériser les entreprises contemporaines de taille importante. Leurs efforts de rationalisation des fonctions des procédures et des produits pour se développer et survivre économiquement rencontrent en effet sans cesse le problème du renouvellement des technologies, affectant aussi bien les procédures que les matériaux ou les services à rendre. La destruction des standards et le recours aux expertises temporaires sont ainsi des réalités industrielles aussi effectives que celles de la rationalisation des procédures. Dans cette relation d'interdépendance entre l'effort d'organisation scientifique et l'effort de développement et d'invention technologique, on peut trouver le ressort d'un mouvement perpétuel des conditions de travail, de carrière et de formation offertes aux individus ; ce qui ne peut manquer d'ouvrir de larges secteurs de mobilité ou de fragilité pour les acteurs du système social de travail, qui deviendront ainsi demandeurs de relations plus personnalisées.

Qu'y a-t-il donc de commun entre les diverses positions à l'égard de l'autorité ? Il semble bien que la vérité contemporaine du rapport à l'autorité en organisation soit, avec l'idée d'une variété et d'une certaine mobilité des fonctions de l'autorité, la reconnaissance d'une grande liberté de jeu des acteurs collectifs et individuels. L'idée de tradition fonde l'autorité sur la connaissance qui sous-tend le pouvoir ; le charisme fonde l'autorité sur un rapport de dépendance personnel ; la rationalité légale situe l'autorité dans le processus formel et scientifique de l'élaboration des règles. Dans la réalité contemporaine des multirationalités en organisation, l'autorité renvoie à la reconnaissance d'une part du jeu évolutif des individus et d'autre part à la compréhension des phénomènes de groupes au travail où s'élaborent des fonctions individuelles.

Poser le problème d'une nouvelle sociabilité dans le travail, où les rapports entre partenaires soient explicitement reconnus comme stratégiques et où la rationalité de l'ensemble humain soit reconnue comme l'expression du jeu de tous les acteurs du système social, c'est obligatoirement s'interroger sur les processus sociaux de la rationalité de chacun des acteurs. Si le système social des rapports de travail peut se comprendre en termes d'équilibres momentanés entre coalitions de forces internes où l'autorité est en fin de compte l'expression des coalitions dominantes, il faut analyser tout autant les raisons de se soumettre chez les dominés que les raisons de se coaliser chez les dominants. Pour comprendre la nature et les raisons d'un nouveau fondement de l'autorité et de la sociabilité au travail, il faut explorer davantage les processus de la constitution de la rationalité de chacun des acteurs.

Le travail organisé est certainement le théâtre d'une rencontre de plusieurs logiques d'action individuelles et collectives ; mais y a-t-il une influence particulière des formes contemporaines de l'organisation des entreprises d'une part sur l'élaboration des logiques de l'action individuelles et, d'autre part, sur les processus de la rencontre entre ces rationalités pour constituer des groupes, des alliances et des coalitions ? Telles sont les questions centrales qui devraient mener à une réflexion rénovée sur les fondements actuels de la sociabilité au travail.

Les résultats de nos observations sur les conduites relationnelles de travail tendent à soutenir l'hypothèse générale que l'organisation hiérarchique des rapports d'autorité prend des significations très différentes selon les types de ressources stratégiques accessibles aux acteurs du système social. On découvre en fait que certains travailleurs n'ont que des possibilités très restreintes de jeu dans le temps et dans l'espace ; l'entreprise et même seulement l'atelier ou le bureau délimitent le champ de leur capacité stratégique. D'autres secteurs disposent toujours dans l'entreprise d'une marge de manœuvre plus grande, car ils peuvent se déplacer, renouveler leur savoir et envisager des promotions réelles. D'autres encore disposent de zones d'intérêts et de pouvoir importants hors de l'entreprise, qui n'est plus alors pour eux qu'un simple appoint pour une stratégie d'évolution qui comptabilise ses résultats ailleurs. Une dernière catégorie, enfin, cumule les champs d'investissement simultanés dans et hors le travail, et les multiples ressources de pouvoir dont ils disposent ici et là leur confèrent une formidable liberté de manœuvre par rapport aux règles internes de toute unité de travail.

Le monde de l'organisation est certes une réalité autonome, mais la loi interne de la hiérarchie formelle des postes et des fonctions ne recouvre absolument pas la même puissance de contraintes pour toutes ces catégories d'acteurs aux possibilités stratégiques fort variées. Nous admettons volontiers avec Michel Crozier que la hiérarchie offre en définitive une protection importante pour tous ceux qui ont des capacités stratégiques limitées par l'organisation. « Le système bureaucratique semble constituer la meilleure solution possible pour faire participer le plus grand nombre de citoyens à cette valeur et à ce style d'action que constitue le bon plaisir... puisque l'existence de règles impersonnelles et la centralisation permettent à la fois de conserver une conception absolutiste de l'autorité et d'éliminer toutes les relations directes de dépendance. En d'autres termes, le système bureaucratique français d'organisation constitue la meilleure solution possible des contradictions dont souffrent les Français en matière d'autorité. S'ils ne peuvent pas supporter le montant d'autorité universelle et absolue qu'ils jugent par ailleurs indispensable au succès de toute action coopérative, il leur faut bien s'en remettre à un système d'organisation impersonnel et centralisé »... [6].

Nous sommes d'accord avec cette conception d'une autorité formelle acceptée parce qu'elle protège les individus de relations de favoritisme et d'arbitraire trop dangereuses pour les groupes de l'entreprise qui ne tirent pas suffisamment de pouvoirs de leur position. La règle et l'autorité formelle sont effectivement des protections pour les « OS de tous grades » qui ne tirent pas de leurs rapports de travail le moyen de s'exprimer en tant qu'individus.

Mais l'organisation des entreprises et administrations n'est jamais rationalisée au point de réduire tous ses membres à la condition d'OS et, par ailleurs, les individus ne sont pas toujours entièrement dépendants de leurs tâches. Il semble ainsi que d'autres circonstances fassent autorité dans les rapports de travail, mais cette fois-ci en contradiction plus ou moins forte avec le principe d'une autorité hiérarchique et formelle.

Le rapport personnel au chef peut être en fait un véritable instrument d'évolution pour toute une série d'individus qui peuvent comptabiliser sur d'autres plans sociaux leur évolution professionnelle. C'est ainsi que pour les jeunes, les femmes, les étrangers, mais aussi pour les ouvriers et techniciens en promotion rapide et pour les agents de maîtrise en évolution sociale, l'autorité libérale, le face-à-face compréhensif, l'attention aux individus en promotion sont des réalités supportables, car la relation de dépendance qui en résulte se traduit par des avantages à un autre niveau. Le commandement libéral existe, ainsi que les relations de disciple à maître, mais il faut bien voir que s'ils sont acceptés et supportés dans bien des cas, c'est que le subordonné y trouve un atout de sa stratégie d'évolution globale. Ce qui est tout différent d'une vision simpliste des rapports humains de travail qui prétendrait intégrer totalement les travailleurs à l'entreprise grâce à des manipulations plus ou moins psychologiques. Les individus peuvent parfois accepter l'autorité personnalisée au travail, mais pour ce qu'ils en tirent de surplus de rationalité individuelle dans une optique de promotion, de retour au pays, de développement familial ou de soutien personnel en cas de difficultés d'insertion sociale. Le travail peut fort bien être le support de réalités sociales adjacentes, et c'est dans ce cas que l'autorité personnalisée est sans doute supportable. Nous pourrions admettre l'hypothèse que ce qui fait autorité dans ce cas, c'est la stabilité et l'utilité des relations de travail comme atout sérieux dans un échiquier où le jeu de l'individu est plus risqué, sur le plan de l'insertion sociale, familiale, urbaine ou nationale.

La hiérarchie n'est donc plus acceptée par l'individu pour s'adapter le mieux possible à une situation de travail quasiment imposée, mais elle devient le théâtre de relations d'interdépendance beaucoup plus complexes, où le sujet trouve dans son travail les moyens d'une stratégie plus affirmée. L'organisation industrielle ou administrative devient ainsi le moyen de vastes zones de développements individuels dont elle ne contrôle que bien peu de données.

En ce qui concerne la situation des experts, c'est leur groupe et leur caste qui fait autorité dans un univers de règles où leur liberté de manœuvre peut sans cesse bousculer la rationalité de l'ensemble auquel ils appartiennent. On assiste ici à un renversement complet des perspectives. Il semble bien que la règle d'organisation hiérarchique et la pyramide des rapports formels qui en résulte soient en fait l'enjeu de luttes entre les détenteurs de fortes expertises. Cela est visible dans les luttes de clans qui s'affrontent pour coloniser les hautes sphères de la décision par des réseaux d'experts issus de diverses grandes écoles. Cela est également visible dans la lutte permanente qui oppose les responsables syndicaux, le plus souvent issus du groupe des experts professionnels dont l'entreprise ne peut se passer, aux autres grands experts que sont les clans d'ingénieurs ayant bénéficié des mêmes formations scolaires.

Ce n'est plus ici la protection par la règle ou l'aide personnalisée aux stratégies d'évolution qui font autorité, mais bien davantage la lutte entre les clans d'experts, qui se disputent le contrôle de toute l'organisation du travail des autres, un peu comme les sociétés de compagnonnage se battaient à mort pour le contrôle du placement de leurs apprentis et membres chez les maîtres artisans d'une même ville. L'organisation trouve ainsi l'un des fondements de sa rationalité dans le grand combat des métiers et des techniques qui, de façon constante, se déroule dans le champ clos de l'entreprise.

Tour à tour enjeu de luttes, moyen de protection ou atout de développement personnel, la hiérarchie ne paraît plus remplir un rôle clair dans l'aménagement des organisations humaines. Ce sont en fait les fondements d'une autorité fondée sur l'étude rationnelle des fonctions et l'organisation hiérarchique des postes qui paraissent ne plus coïncider avec la réalité humaine des groupes stratégiques d'entreprise. Pendant longtemps, la hiérarchie au travail a pu influencer la structure des rapports sociaux et celle des rapports professionnels. Pas plus dans l'entreprise que dans la société, la hiérarchie ne paraît à présent remplir de fonction aussi précise et motivante. Tout au plus peut-on y voir le moyen d'entretenir une illusion sur la parfaite rationalité des décideurs à tous les échelons ; mais le masque ne dure qu'un temps et, de toutes parts, les interrogations se précisent à l'égard des nouveaux fondements d'une autorité, qui rejoignent davantage les stratégies individuelles et collectives des acteurs sociaux de notre époque.

Chapitre 7

L'apprentissage des normes de relation dans l'organisation

Des habitudes de relations avec les autres peuvent être issues de l'expérience même des rapports de travail, et ne pas être la pure transposition des habitudes prises antérieurement dans le milieu scolaire ou familial. Cette influence nouvelle de l'entreprise et, d'une façon plus générale, de toute organisation dès lors qu'on y passe du temps, traduit l'importance croissante de la sociabilité de travail dans un monde industriel et urbain où la famille et le quartier ne sont plus les principales matrices de la vie relationnelle. Il importe alors de s'interroger sur les modalités de l'apprentissage de ces habitudes que l'on a pu repérer sous la forme de normes suffisamment intériorisées pour être devenues largement inconscientes.

Si l'entreprise est un lieu d'apprentissage de normes de relation, c'est parce qu'elle offre des possibilités d'expérimentation stratégique. Telle est l'idée principale qui ressort d'une longue pratique d'observation et d'enquête dans les usines et les bureaux. En regardant la vie des organisations, nous avons constaté, en effet, que le pouvoir était distribué de façon plus complexe que ne l'indiquent l'organigramme et la hiérarchie qui en résulte. Les occasions de disposer d'une marge de manœuvre dans les rapports de travail, et de se constituer une définition stratégique de la conduite sont ainsi beaucoup plus fréquentes qu'il n'y paraît. Si l'entreprise produit des normes de relations, au lieu de reproduire uniquement celles de l'origine sociale, c'est à notre avis parce qu'il est possible d'y acquérir du pouvoir, d'en changer et d'en jouer dans les rapports de travail. C'est ainsi la capacité stratégique de vivre en relation qui fait l'objet principal de cet apprentissage dont on retrouvera plus tard la trace sous formes d'habitudes acquises et de normes actives dans tel ou tel milieu.

Les relations sont ainsi la matière même de l'apprentissage, car on peut y déployer plus ou moins d'aptitudes stratégiques en fonction des moyens de pouvoir dont on dispose dans la situation. L'apprentissage de normes relationnelles portera donc sur la capacité stratégique de l'acteur en situation ; et c'est autour de cette élaboration d'un jeu individuel face aux jeux des autres que l'on pourrait analyser les processus d'essai et d'erreur, de récompense et de transfert qui caractérisent l'acquisition d'une habitude ou d'une connaissance.

Mais cette application des lois de l'apprentissage à des champs d'expérience sociale moins circonscrits que le laboratoire expérimental ou la classe scolaire, suppose que l'on se libère d'une approche trop exclusivement « behavioriste » du comportement où l'individu évolue en réponse à quelques stimuli émanant d'une situation très contrôlée. Pour parler d'apprentissage en matière de capacités stratégiques, il importe que l'on réintroduise tout l'univers de la relation dans le processus même de la conduite humaine. Une tendance relativement constante des théories de l'apprentissage à évoluer dans ce sens, au fur et à mesure qu'elles rendaient compte de situations moins exceptionnelles que celles des expériences de conditionnement en laboratoire, peut, nous semble-t-il, confirmer l'hypothèse d'un apprentissage au niveau même des rapports normaux de travail.

Le modèle classique[1] de l'apprentissage issu des théories du conditionnement de Pavlov et de la science du comportement, tel que Thorndike a pu le systématiser, recouvre en effet une série d'opérations très précises et réglementées en fonction de l'acquisition d'une aptitude ou d'un comportement nouveau. Pour ces deux auteurs, l'apprentissage implique une activité précise du sujet, progressant par essai et erreur, avec plus ou moins de stimulation orientant le sens des essais. L'efficacité de l'apprentissage est soumise aux lois du renforcement, de la mise en condition préalable dans une situation la plus contrôlée possible, ainsi qu'aux lois de l'effet de récompense ou de sanction venant interférer sur ces processus de renforcement.

Les réflexions sur l'apprentissage ont cependant évolué avec les théories de la personnalité fondées sur l'idée de *Gestalt*. Avec cette conception compréhensive intuitive et anti-associationniste du développement des capacités individuelles, on voit apparaître le concept d'*insight*, ou éclair de compréhension qui restructure les relations logiques entre les éléments du champ de perception. Après un certain nombre de tâtonnements plus ou moins apparemment adaptés, les singes de Koheller comprennent qu'ils peuvent prendre le bâton pour attirer la banane à portée de main de la cage. Sous un effet de tension, il y a comme une sorte de condensation de l'activité perceptive qui engendre une brusque prise de conscience de la relation entre les objets. Dewey, le psychologue théoricien de la pédagogie, reprend cette approche compréhensive pour décrire l'apprentissage comme une expérience où l'on doit résoudre des problèmes. Il montre qu'apprendre c'est s'engager dans un processus rationnel où l'*insight* peut jouer un rôle, certes, mais comme élément d'un ensemble quasi expérimental avec hypothèse, application et vérification des résultats de l'action.

Ces conceptions déjà plus complexes de l'apprentissage rejoignent beaucoup plus clairement les situations de rapport de travail, car elles réintroduisent le concept d'expérience en mettant l'accent, par le biais de l' *insight*, sur l'intériorisation individuelle de tout apprentissage. Cette approche gestaltiste met aussi en évidence le fait que toute acquisition de conduite nouvelle met en jeu la rationalité du sujet qui doit bouleverser son ancienne logique de résolution de problème pour en acquérir une autre.

Avec l'approche psychosociologique de l'apprentissage, on réintègre enfin toute l'importance des phénomènes affectifs de rapports avec l'enseignant et les collègues dans le processus d'acquisition des nouvelles connaissances ou aptitudes. C'est C. Rogers [2] qui, allant jusqu'au bout de ses propres observations en thérapie et pédagogie, constate clairement qu'enseigner ce n'est pas apprendre. « J'ai finalement l'impression que le seul apprentissage qui influence réellement le comportement d'un individu est celui qu'il découvre lui-même et s'approprie... et cette vérité qu'il a assimilée au cours d'une expérience vécue ne peut être communiquée directement à autrui ».

Cette ouverture à sa propre expérience, cette sorte de « descente en soi-même dans l'immédiateté » [3] caractérise pour l'auteur le processus d'évaluation chez la personne même. Confrontée à de nombreux choix, soumise à de multiples influences, devant effectuer de nombreux jugements, la personne adulte et qui n'est pas en cure de psychothérapie a constamment affaire aux normes sociales, mais elle réussit à s'ouvrir aux éléments de l'expérience immédiate sans trop dépendre des autres. Comme l'enfant dont le comportement paraît spontanément orienté vers des choix qui maintiennent l'équilibre de son organisme réagissant aux pressions du monde extérieur, de même l'adulte tend à fonder ses jugements de valeurs sur une sorte d'expérience profonde de la survie dans les conditions immédiates de la situation. L'un des adjuvants les plus puissants de ce processus personnel d'apprentissage est à situer dans le contexte du rapport au maître, dont la conduite ouverte et empathique peut aider considérablement l'apprenti à exprimer des sentiments et défendre ses propres jugements.

Nous voyons ainsi que la théorie de l'apprentissage, en sortant progressivement des recherches de laboratoire sur l'acquisition des réflexes, aptitudes et connaissances séquentielles, s'est chargée d'un contexte relationnel évaluatif et rationnel tout à la fois. Les lois de l'essai et erreur, du renforcement, de l'effet des récompenses et du transfert peuvent donc être conservées comme cadre d'analyse d'une acquisition de phénomènes relationnels complexes. Pour l'apprentissage dans les relations de travail, le problème revient donc à étudier les contraintes spécifiques qui, du contexte même de l'organisation, viennent peser sur le libre jeu des rapports de pouvoir entre les acteurs du système et différencier par là leurs capacités stratégiques.

C'est ainsi que l'analyse organisationnelle des rapports de travail présente une grande utilité, car elle permet de comptabiliser les ressources multiples que le travailleur tire de sa situation pour définir des actions stratégiques. Nous voudrions ici faire l'hypothèee, en nous appuyant tant sur nos propres observations et enquêtes en entreprise que sur les travaux d'autres sociologues et psychologues contemporains, que l'organisation agit de quatre façons différentes sur la capacité stratégique. C'est tout d'abord dans les relations quotidiennes de travail, en atelier ou bureau, que l'organisation offre des chances inégales de prendre des risques et de se permettre de faire des essais et des erreurs, de se conduire expérimentalement dans les échanges avec les pairs et les chefs. C'est ensuite au niveau d'un renforcement des expériences stratégiques individuelles par l'action collective syndicale que l'entreprise offre la possibilité d'apprendre à vivre des relations.

D'une façon générale, c'est dans la possibilité même de conforter ses actions stratégiques par un développement d'alliances et de coalitions avec tous les partenaires possibles du système des rapports de travail que l'organisation contribue à l'apprentissage des relations.

Les structures de l'entreprise, enfin, peuvent faire l'objet de réformes et de changement. Les réorganisations, la modification des conditions de travail et les stages de formation permanente offrent ainsi l'occasion de vivre d'autres formes de relations et de procéder à des transferts de normes d'une situation à l'autre.

LA CAPACITÉ STRATÉGIQUE

Face à la présence des partenaires de la situation, ayant chacun leurs jeux spécifiques, l'acteur stratégique tente de définir sa logique propre. Le sujet va tenter de faire pression sur le jeu de ses adversaires et sur toute la situation qui l'enserre. Mais cette tentative n'est pas libre, elle passe par les sentiers étroits des moyens d'actions sur son environnement humain. L'acteur social va donc apprendre à utiliser sa situation pour résister à la pression des autres, mais il devra aménager son jeu de liberté en fonction des moyens d'action accessibles pour lui.

Au travers de l'expérience mouvementée de la stratégie, c'est tout simplement la possibilité même de faire des essais et des erreurs qui est inégalement répartie. De par leur place dans la structure sociale et l'organisation, certains peuvent faire plus d'erreurs que d'autres, car ils peuvent en mesurer et en supporter davantage les conséquences. La stratégie est ainsi l'occasion d'un fréquent renouvellement, d'une science personnelle de l'attaque et de la défense car, à bien mesurer les erreurs, on peut prendre le risque de plus nombreux essais. L'univers des échanges devient un lieu d'expérimentation sur soi et sur les autres.

L'apprentissage des conséquences à terme d'une hypothèse d'action est l'une des opérations déterminantes de la capacité stratégique. L'adversaire, en effet, peut fort bien aménager sa tactique à court terme pour rechercher des avantages à plus long terme. Le jeu des acteurs est rarement achevé dans le premier affrontement, du moins il ne l'est pas dans les rapports de travail, et la stratégie suppose que l'on puisse s'engager en ayant mesuré un certain nombre de conséquences [4]. Nous voudrions montrer que, si le calcul du risque est un élément central du comportement relationnel, il n'est pas à l'abri de phénomènes de conditionnements sociaux qui s'exerceraient tant par le biais des ressources culturelles et de pouvoir dont on dispose, que par celui des procédés de clarification des choix. La séquence même de l'essai et erreur dans l'apprentissage de capacité stratégique peut être profondément oblitérée par les possibilités sociales de mesures des risques ; ce qui, évidemment, laisse entendre qu'en agissant sur les ressources de pouvoir, on pourrait modifier cette capacité stratégique.

Cette hypothèse rejoint les conclusions des travaux expérimentaux de psychologues sociaux sur les comportements de prise de risques. Ils ont en effet démontré que les conduites individuelles à l'égard du risque, de l'incertitude sur les conséquences de ses choix, pouvaient être différentes selon l'origine sociale et le milieu culturel des gens ; et qu'elles pouvaient être amplifiées ou diminuées par les facilités d'échanges et de discussions collectives qui précèdent la formulation des choix individuels. Une rapide revue de ces travaux devrait permettre de mieux comprendre comment des individus édifient leurs capacités stratégiques dans le contexte des rapports de travail réels et non plus seulement expérimentaux.

Pour Kogan et Wallach [5], la prise de risque peut être définie par « l'étude des comportements d'individus placés dans une situation contenant un objectif qu'ils souhaitent et une certitude quant à la possibilité de les atteindre ». Ces comportements déjà analysés par McClelland et ensuite par Atkinson [6] semblent être la conséquence d'un besoin général d'accomplissement personnel qu'il faut scinder en une double motivation complémentaire, mais non superposable vers l'évitement de l'échec, et vers la réussite. Or, selon Atkinson, les individus animés par le souci de se protéger contre l'échec tendent ou bien à éviter tout risque ou bien à affronter des risques extrêmes, alors que les gens orientés vers le succès évitent les grands risques, les situations périlleuses. Reprenant leur travaux, Kogan et Wallach s'intéressent aux facteurs sociaux et culturels qui expliqueraient l'apparition de l'une ou l'autre de ces motivations. Ils notent, par exemple, qu'en situation relaxée, où la tâche offre les moyens de satisfaire la motivation, les sujets adoptent le modèle d'Atkinson. Le problème essentiel est donc l'évaluation que le sujet peut faire de ses chances de succès à partir des éléments propres à la situation. Si les chances sont grandes, il jouerait beaucoup, mais sans prendre de trop grands risques. Ces analyses sont confirmées par l'étude de sondages sur la pratique du jeu en fonction de l'origine sociale aux Etats-Unis. Les individus d'origine supérieure jouent beaucoup, mais avec des risques modérés, les gens de statut socio-économique inférieur s'engagent moins facilement dans le jeu, mais s'ils y vont, c'est en jouant quitte ou double.

A.M. Grozelier [7] continue ces travaux par une expérience auprès de 262 élèves d'une école secondaire américaine, sur les habitudes de réponses réflexives ou au hasard des étudiants en face des interrogations sous la forme de petites questions de connaissances.

Les classes populaires auraient une façon de réagir de type tout ou rien en face d'une notation probabiliste qu'ils détestent, alors que les autres apprécieraient cette façon de noter et se comporteraient de façon moins risquée. Cette différence de stratégies individuelles est interprétée par l'auteur comme la conséquence des aptitudes à manier le langage pour exprimer ses connaissances. Si les élèves d'origine sociale supérieure sont enthousiastes envers le système de notation probabiliste, et si leurs stratégies de risques sont plus complexes, c'est qu'ils disposent d'un héritage culturel qui leur confère l'aisance linguistique en face de l'expression de leurs connaissances et qui leur assure en quelque sorte la certitude de la réussite par un comportement de risque permettant d'éviter les graves échecs. Les élèves d'origine sociale plus modeste, a priori gênés par leurs difficultés d'expression, n'aiment donc pas ce genre d'interrogations écrites rapides car ils n'ont pas les moyens purement linguistiques d'éviter les erreurs trop grossières ; leur attitude psychologique envers ce genre d'examen est ainsi celle du quitte ou double et de la crainte de grands risques face à une trop forte incertitude sur les résultats de de leurs actes.

William Doise [8] note tout d'abord, en s'appuyant sur les travaux de Allport (1924), Sherif (1935), de Montmollin (1966) et Kogan et Wallach (1966) que la loi de la normalisation des opinions individuelles par le groupe est largement confirmée. La coprésence et l'échange d'informations modèrent les jugements individuels pour les faire converger vers le compromis. Mais il s'appuie ensuite sur les expériences de Kogan et Wallach, Moscovici et Zavalloni et sur les siennes propres [9], pour montrer que cette tendance à la convergence en groupe est contrebattue par une tendance contraire à l'extrémisation et à la polarisation des options en groupe lorsqu'il y a une prise de risque. On constate en effet que les prises de risque individuelles sont plus importantes après que le groupe ait eu le temps de discuter sur le problème. Pour Moscovici et Zavalloni, ce phénomène de polarisation est encore plus général, car il semble intervenir aussi bien dans les cas de risques et de dangers que dans toutes sortes de jugements, opinions et attitudes, dès lors qu'ils ont été débattus en groupe. Plusieurs explications sont proposées de ce phénomène : dilution du sentiment de responsabilité des échecs par les échanges affectifs en groupe ; leadership naturel des individus plus risqués dont la persuasion convainc les autres plus timorés ;

valorisation du risque sur la prudence dans nos sociétés occidentales ; effet de toute majorité qui, statistiquement, est plus risquée que la moyenne des membres du groupe.

A toutes ces explications, W. Doise en ajoute une supplémentaire qui est liée au phénomène de catégorisation des jugements. Des expériences nombreuses montrent que le fait de pouvoir attribuer des catégories claires à la perception d'un phénomène, contribue à surévaluer les différences entre ses multiples aspects. Or, dans le phénomène de polarisation, nous avons vu que c'est la discussion qui provoque la montée aux extrêmes. William Doise propose donc d'interpréter ce phénomène par le fait que la discussion clarifie la position, entraîne une catégorisation possible et pousse les gens à faire des choix. Doise note en effet que si la discussion est entravée, ou interdite, ou inutile, alors il n'y a pas de polarisation et l'on retrouve la loi de normalisation.

Ces remarques tendraient, selon nous, à soutenir l'hypothèse que si le groupe conduit les individus à polariser leurs jugements aux extrêmes, par le biais d'une catégorisation des points de vue en présence, c'est qu'il a pour effet profond d'acculer les individus aux risques d'un choix qu'il n'est plus possible d'éluder. Avoir la possibilité et l'habitude de participer à des groupes où les discussions présentent des controverses serait en soi un entraînement sérieux à l'analyse des conséquences claires de ses choix et donc de ses risques. Inversement, être le plus souvent empêché soit de participer à des groupes et de s'y exprimer, soit de connaître des groupes à controverses déboucherait sur un processus d'occultation permanente des risques associés à des choix et provoquerait a contrario une anxiété décuplée face à toute incertitude.

Cette occultation du processus de catégorisation pourrait, selon nous, être au centre de l'influence de l'origine sociale sur les attitudes de prise de risque. On pourrait, en effet, émettre l'hypothèse que, si les individus d'origine modeste ont une tendance générale à prendre des risques extrêmes, mais rares, alors que les individus favorisés ont une tendance inverse à prendre beaucoup de risques mais modérés, c'est qu'ils n'ont pas les mêmes moyens sociaux d'accès à la catégorisation, c'est-à-dire à la structuration du champ cognitif.

Différents processus sociaux pourraient intervenir pour empêcher le maniement souple de l'incertitude impliquant la prise de nombreux risques et le calcul de leurs effets pour éviter les catastrophes. Tous ces processus jouent autour de ce qui se passe dans les échanges interpersonnels et collectifs. On pourrait envisager que des groupes sociaux soient, pour des raisons sociales et professionnelles, empêchés de s'exprimer collectivement au point de ne jamais voir clairement les alternatives des choix et d'être contraints de réagir face à l'incertitude totale de succès. La difficulté concrète de s'exprimer en groupe, de se rencontrer à plusieurs, de lancer des thèmes d'intérêt collectif (comme nous l'avons clairement souligné dans le cas des ouvriers OS) et de style unanimiste, pourrait assez bien rendre compte de la difficulté d'accès aux différences interpersonnelles par manque de perception des choix. De tels processus d'entrave à la catégorisation dans le champ cognitif, souvent renforcés par l'emprise du travail sur la vie des gens, auraient pour conséquence d'orienter leurs capacités stratégiques vers des formules simples et extrêmes de tout ou rien, dans le contexte de masse où les individus vivent comme fusionnés dans la collectivité. Sans possibilités réelles d'échanges, ce serait toujours la loi de la normalisation par le groupe qui orienterait la masse sous le coup de l'influence affective extrême des leaders. Individuellement, ce serait le manque d'entraînement à l'analyse cognitive des éléments du risque contenu dans le choix qui conduirait ainsi certains types d'OS à refuser les positions minoritaires et les choix trop personnels face aux groupes de pairs, tout en restant toujours attiré par les positions extrêmes qui peuvent entraîner l'unanimité.

D'autres comportements plus ou moins fusïonnels comme celui de la strate des employés de bureau ou celui de l'intégration des cadres à l'esprit maison pourraient également s'interpréter par le fait que les échanges ne peuvent comporter de véritables choix impliquant un engagement et des risques. Socialement pris dans l'égalitarisme de strate, les employés vident de leur contenu cognitif tous les échanges, qu'ils ont pourtant le temps d'avoir, pour préserver l'impératif du compromis sur la coexistence dans la meilleure ambiance possible. Ainsi, privés de catégorisation possible dans les échanges, ces employés vivraient en groupe la loi de la normalisation et, individuellement, des prises de risques plus limitées que ceux des ouvriers mais toujours peu nombreuses, car leur champ cognitif est très clairement défini par les règles d'avancement et d'organisation bureaucratique de leur travail. Les cadres autodidactes intégrés à l'entreprise vivent de façon analogue une difficulté d'accès au processus de catégorisation, parce qu'ils ne peuvent s'opposer à la bureaucratie qui est leur principal atout stratégique. Le conservatisme de groupe serait pour eux associé au souci de préserver les avantages acquis en minimisant les risques graves d'échec. Une situation de fusion individuelle à l'entreprise serait la résultante de ce genre de position stratégique.

Inversement, la situation d'offensive stratégique décelée chez les ouvriers de métier et chez les cadres en position dominante peut être analysée comme la conséquence d'échanges variés et habituels. Dans l'atelier d'outillage ou dans la hiérarchie, les gens ont l'habitude de se confronter dans les échanges sur les divers plans où ils ont une compétence : technique, syndicale, culture, famille, etc. Collectivement, ils vivent à fond le processus de polarisation et de catégorisation car, ayant de quoi échanger, ils acquièrent une capacité à situer des choix, à structurer leur champ cognitif et à mesurer des risques. Leur conduite de groupe est en fait caractérisée par l'acceptation du jeu démocratique.

Il faut bien voir, à la lumière de ces résultats de psychologues sociaux, que la règle de majorité implique une capacité à se représenter des positions divergentes, et à les catégoriser, pour pouvoir provoquer le vote et couper les groupes entre majorité et minorité. Or, cette capacité est la conséquence directe des possibilités d'échanges et de compréhension dans le dialogue, dont ces groupes professionnels sont particulièrement pourvus par leur position avantageuse dans l'ordre de la compétence et des milieux sociaux d'appartenance. Au plan individuel, les comportements de risques issus de ces positions vont alors, conformément aux résultats des psychologues sociaux, être orientés vers la défense de leur succès par l'évitement des risques extrêmes et la capacité à prendre de nombreux risques limités, c'est-à-dire à passer souvent à l'offensive en ayant l'assurance de ne pas trop y perdre. Vue sous un tel jour, la démocratie devient une institution de luxe car elle est réservée aux gens qui sont capables de se comprendre dans la communication, de clarifier des positions et de prendre de nombreux risques limités puisqu'ils peuvent envisager sérieusement les dangers d'échecs qui en résultent.

Exclus des collectivités de travailleurs, pour des raisons principalement culturelles concernant la représentation collective du rôle social de la femme au foyer, et la permanence d'une représentation de ses intérêts à l'étranger pour les immigrants, les femmes en usine, au bureau et les ouvriers étrangers n'ont pas les moyens de faire l'expérience de la fusion ou du compromis dans les groupes de travail. Leur capacité stratégique sera alors de ne prendre aucun risque, de rester dépendants de la situation, sauf à prendre parfois des risques forcés quand la mesure est comble. Leurs alternatives de longues périodes de passivité, suivies de révoltes, seraient ainsi la preuve que l'effet de normalisation ne jouerait que très difficilement chez eux pour édifier la base d'une résistance collective.

Les techniciens et nouveaux professionnels se font exclure des groupes institués, par leurs projets de promotion qui n'étaient plus supportables pour leurs anciens collègues ouvriers ; ils se trouvent néanmoins détenteurs de fortes capacités cognitives pour analyser les risques d'échecs de leurs opérations. Il leur manque, en somme, de pouvoir échanger des points de vues, car ils sont relativement exclus des phénomènes de normalisation ou de polarisation qui s'expriment dans les groupes. Leur capacité stratégique sera donc celle de risques calculés pour défendre une position ascensionnelle, mais exprimée de façon individuelle, c'est-à-dire sans le contrepoids des éléments de clarification, de simplification qu'offre la vie de groupe.

L'aptitude à prendre des risques dans les relations interpersonnelles et collectives, qui est l'un des éléments importants d'une capacité stratégique, fait ainsi l'objet d'un apprentissage réel dans les rapports de travail. Les nombreuses occasions d'oppositions et d'affrontements qu'on trouve dans le travail obligent à prendre des risques, mais deux phénomènes de structure sociale conditionnent inégalement cette expérience. D'une part les ressources d'accès au pouvoir conduisent certains à ne prendre que des risques externes mais rares, tandis que d'autres peuvent expérimenter des positions plus souples et moins dangereuses. D'autre part, l'habitude des groupes favorise ceux qui, y trouvant l'occasion de catégoriser les positions des partenaires, réussissent ainsi à mieux calculer leurs risques ; le manque d'occasions et d'habitude de travail en groupe oblige en revanche un grand nombre à rester très dépendant des solutions extrémistes de masse. En termes d'apprentissage par essai et erreur, nous pouvons ainsi accepter l'idée d'une influence inégale des structures de travail sur la capacité stratégique, car certains peuvent y expérimenter un jeu subtil et personnalisé, alors que d'autres subissent trop gravement les conséquences de toute erreur de tactique.

LA FORCE DE L'AFFECTIF

Il y a une autre façon d'être mis en situation d'apprentissage : il se peut que dans le quotidien même des rapports de travail, l'individu dispose de relations d'une qualité exceptionnelle. On pourrait parler d'amitié, d'attention sympathique, de confiance, qui lui permettent d'obtenir reconnaissance et identité sans avoir à envisager de conquête ni de lutte. Cette part des relations humaines qui entrent dans le registre de l'entente ou de l'amour intervient puissamment dans les jeux stratégiques. En sociologie, nous voulons souligner que des situations peuvent engendrer ou freiner ces processus d'entente ; l'apprentissage peut être revenir à bénéficier, parallèlement à de fortes zones conflictuelles, de l'appui que donne la reconnaissance où l'autre accepte délibérément de mesurer en quoi la poursuite de son propre désir est une aide et non pas un obstacle à celui de son partenaire de relation. D'une façon très générale, c'est ici la question du rapport affectif au leader qui est abordée, dans la mesure où il peut constituer un atout stratégique dans certaines circonstances.

Cette proposition rejoint l'intuition fondamentale du traitement psychothérapique d'individus dont l'identité est trop faible pour affronter normalement les relations humaines en société. Le rôle du psychothérapeute, tel qu'il est décrit par Rogers [10] en effet, suppose une attitude permissive inconditionnellement positive envers le patient ; quelles que soient les attaques de ce dernier, le médecin refuse d'entrer dans le jeu et renvoie le patient à son discours et à ses fantasmes, et c'est grâce à une telle manipulation artificielle, et difficile à entretenir par la maîtrise de soi que l'autre, le faible, le patient, peut évoluer et réaccéder à l'analyse de son passé conflictuel par une série d'identifications fantasmatiques sur la personne de l'analyste qui accepte complaisamment et le plus consciemment possible les divers rôles identificatoires qu'on lui demande d'endosser.

Dans les groupes d'évolution, comme ceux qui sont décrits par Pagès [11], la prise de conscience difficile des affects vécus par le groupe est rendue possible par la présence permissive d'un meneur de groupe, dont le rôle est, là encore, de renvoyer les individus à leurs inter-relations tout en acceptant patiemment et consciemment les agressions et exclusions qu'on manifeste à son égard. Mais l'auteur souligne que, dans les conditions d'une tâche collective purement centrée sur l'analyse et le développement des relations immédiates du groupe, où chacun lutte contre l'angoisse de séparation provoquée par son désir d'imposer sa différence aux autres tout en acceptant le prix à payer qui est de subir la leur, le groupe traverse des périodes de défense qui peuvent prendre la forme de fusions affectives internes ou d'exclusions collectives d'un bouc émissaire. Ce phénomène de la fusion où chacun se sent proche des autres, identifié aux autres, au point de poursuivre consciemment la réalisation de leur confirmation, paraît être le signe d'une profonde difficulté à assumer son propre désir et sa propre différence. Ces moments d'identifications affectives ou de haines collectives sont présentés comme des tactiques de défense contre une même et sombre réalité de l'affrontement des désirs entre individus lancés à la quête de leur propre sens. Quand la rationalité de l'individu est perturbée par une très forte pression de la situation immédiate sur la possibilité de confronter son désir avec la capacité cognitive de tirer des conclusions de son action, la présence d'un autre, d'un meneur, peut devenir l'élément le plus signifiant de la relation.

En d'autres termes, l'atout stratégique important que constituent la présence d'un leader et la possibilité de s'identifier à sa force exceptionnelle dépend largement de la qualité même des relations de groupes, qui s'élaborent dans le contexte des contraintes du travail. Et si les processus de catégorisation et de prise de risque dans les décisions sont importants dans la vie des groupes, ils doivent également jouer un rôle par rapport à l'influence des leaders.

Quand le groupe est conduit à ne pas vivre facilement les échanges intellectuels permettant une catégorisation, il peut être entièrement dépendant du pouvoir de celui qui opère ce travail d'élucidation des points de vue. Enclin aux positions extrêmes par défaut de catégorisation, le groupe sera de plus porté à demander des positions extrêmes au leader qui analyse les situations pour lui. Dans l'univers de l'atelier, le charisme de nombreux leaders est ainsi à rapprocher des difficultés concrètement imposées par le travail à la possibilité de se réunir et de discuter en groupe. C'est en fait le leader qui, à cause du manque d'habitude de discussion collective, opère à lui tout seul ce travail de catégorisation des individus et des positions. Mais, en fait, il y a peu d'individus qui jouissent des aptitudes exceptionnelles pour exprimer l'opinion de leurs camarades. On constate souvent que les leaders ouvriers changent peu et restent longtemps incontestés, comme si leurs idées traduisaient toujours celles de la base. Dans un milieu où l'intellectualisation est freinée par les circonstances du travail, les possibilités de catégorisation finissent pas se cristalliser sur la personne de quelques leaders. La contestation de leurs interprétations ne peut alors exister qu'en s'appuyant sur d'autres positions également extrêmes. Une part de la difficulté des rapports inter-syndicaux dans les ateliers, entre les leaders, sous le regard des masses, peut ainsi trouver une explication dans cette fonction de catégorisation qu'ils sont chacun obligés d'exercer pour leur collègues.

Pour la plupart des individus vivant cette situation, la possibilité d'affirmation stratégique passe par l'identification à l'un ou l'autre de ces leaders et une portion importante des relations de groupe sera accaparée par les problèmes de défense ou de remplacement des leaders.

Du côté des catégories de travailleurs empêchés de vivre des relations collectives stables, soit pour des raisons d'investissements personnels dans d'autres univers de relations parallèles comme les OS féminins ou étrangers, soit pour des raisons de promotion interne et de mobilité culturelle et sociale, comme pour les agents techniques, les ouvriers nouveaux professionnels et, dans une moindre mesure, pour les employés déjà avancés, il paraît assez évident que le refus du leader est une protection contre l'engagement dans plus de rapports collectifs. Accepter un leader, c'est en effet déjà accepter peu ou prou le début d'un processus de catégorisation et donc l'engagement, dans une polarisation des opinions. Eloignés des phénomènes de solidarité collective au travail, pour les multiples raisons antérieurement analysées, ces individus se méfient tout naturellement du rôle de leader pour se protéger en fait du groupe.

Quand il y a beaucoup de capacités intellectuelles accessibles et beaucoup d'occasions de se rencontrer en groupe, comme ce serait le cas chez les cadres ou chez les ouvriers de métier, où l'on a signalé l'acceptation d'un leader de type expert en relation humaines, la rotation des leaders deviendrait alors plutôt la norme. En effet, face à toute nouvelle difficulté, le groupe peut accepter un expert jouant le rôle d'élucidation qui permette l'émergence de la catégorisation jusqu'à ce qu'une nouvelle difficulté fasse émerger une autre demande de leader. Le groupe risque alors d'être envahi par des phénomènes de crises passionnelles associées aux identifications affectives qui se développent autour de chaque nouveau meneur. Fréquemment constaté en dynamique de groupe, le phénomène de rotation des leaders peut intervenir lourdement sur la reconnaissance de l'autorité dans les hautes sphères de la hiérarchie et des états-majors car la pratique des réunions de décision ou de groupes d'études de problème y est fort développée.

L'apprentissage de la capacité stratégique peut ainsi être profondément influencé par les phénomènes de leadership. Les situations de travail peuvent placer les individus dans des positions de difficultés d'accès au sens telles que la fusion affective et l'identification aux leaders deviennent les seules possibilités stratégiques. La fréquence et la durée de semblables situations constituent en soi une variable indépendante de l'élaboration de rapports stratégiques.

Les rapports de travail, dans la mesure où ils entraînent des oppositions et des conflits, sont ainsi fortement tributaires des formes d'organisation. La prise de risque, la catégorisation des points de vue et les formes d'identification aux meneurs sont en effet autant d'éléments des relations stratégiques pouvant être dépendants des formes d'accès au pouvoir dans les structures. Le renforcement des stimuli, qui est une des lois fondamentales de l'apprentissage, prend ici la forme de la reconduction des ressources de pouvoir et de leurs conséquences stratégiques. Tant que les possibilités concrètes de vivre en groupe, de s'y affirmer, ou de s'imposer aux autres par le métier ou le contrôle d'une source de pouvoir dans l'organisation ne sont pas modifiées, il y a tout lieu de penser que les capacités stratégiques resteront les mêmes. On peut comprendre ainsi pourquoi le changement des comportements individuels au travail met directement en cause l'état des structures d'organisation, car c'est dans les ressources de pouvoir qu'elles dégagent que la capacité stratégique est apprise.

LE RENFORCEMENT DE L'APPRENTISSAGE DE NORMES RELATIONNELLES PAR L'ACTION COLLECTIVE

Dans les entreprises grandes et moyennes, la possibilité de porter les relations stratégiques sur le terrain de la lutte syndicale constitue une occasion importante de vivre des relations de pouvoir et de faire ainsi une expérience supplémentaire de l'apprentissage de normes de relations dans le contexte de rapports de travail.

L'action syndicale ne se limite certes pas aux dimensions de l'entreprise, et une large part de son efficacité dépend de l'organisation même des militants au niveau du département, de la branche industrielle et de la centrale syndicale. Notre objet n'est pas ici l'analyse des caractéristiques propres à cette institution de l'action militante. Mais, pour le travailleur, l'acte syndical se présente avant tout comme une double expérience de relations collectives et de relations avec quelques responsables qui rempliront le rôle de meneur de l'action. Pour beaucoup de travailleurs de tous grades, l'acte syndical est même la seule réelle expérience du groupe et de la discussion collective qu'ils rencontrent dans un monde cloisonné et hiérarchisé par la division rationnelle des tâches.

Le problème est alors de savoir quel va être le sens de l'influence exercée par ces nouvelles occasions d'apprendre à vivre des relations collectives. Or la réalité, pour la très grande majorité des travailleurs, est celle d'un décalage manifeste entre le temps passé dans les rapports de production et la rareté des moments passés dans l'action syndicale, même si ces instants peuvent avoir une intensité qui déborde de loin les longues heures passées au travail. Notre hypothèse est alors plutôt celle d'une influence des normes de relation au travail sur celle de l'action syndicale [12].

Les observations et enquêtes effectuées auprès des travailleurs de multiples entreprises et catégories professionnelles ont en effet montré qu'il y avait une liaison étroite entre les types de relations interpersonnelles et la façon de vivre et de se représenter les normes de la vie en groupe ou celles du rôle de meneur. Il semble ainsi que, dans un état donné des modalités d'accès au pouvoir dans les structures de l'organisation et du travail, l'expérience des rapports syndicaux soit davantage, pour la plus grande masse des travailleurs, celle d'un redoublement et d'un renforcement de l'apprentissage des capacités stratégiques quotidiennes que l'occasion d'une véritable transformation des normes de relations.

L'idée qu'il pourrait exister un rapport d'interdépendance entre les modalités de l'action collective, le plus souvent syndicale, et les capacités stratégiques apprises dans les relations interpersonnelles de travail n'est pas une nouveauté. Il faudrait citer ici les travaux extrêmement importants du sociologue américain L. Sayles[13] qui, bien que déjà anciens, posent très clairement ce problème du rapport entre l'expérience du travail et les formes de conduites collectives dans les luttes syndicales. S'appuyant sur de nombreuses enquêtes et observations de groupes d'ouvriers en atelier, Sayles découvre quatre formes de lutte collective. *L'apathie,* caractérisée par une faible vie de groupe, des révoltes faibles et discontinues et peu de leadership organisé. *L'action erratique,* impliquant une forte dépendance envers un leader autoritaire, beaucoup de révoltes, mais irrégulières, une capacité de mobilisation massive et une certaine disproportion entre l'intensité de la lutte et l'objectif poursuivi. *L'action stratégique,* marquée par une pression continue et planifiée, une forte capacité à négocier sans trop dépendre d'un leader, et beaucoup d'engagements syndicaux et militants. *La position conservatrice,* enfin, correspond à des groupes à forte cohésion, mais orientés vers des pressions très spécialisées et n'impliquant pas forcément le syndicat.

Leonard Sayles découvre ensuite que ces quatre styles d'action collective peuvent être rapprochés de facteurs technologiques et organisationnels. Un axe apathie-erratique recouvre des situations de fortes frustrations en matière de salaires et de pénibilité du travail, tandis que les incertitudes de la charge de travail et l'interdépendance entre les postes créent souvent de fortes frictions. Mais la différence entre les deux vient des possibilités de relations offertes par la position dans l'atelier. Les apathiques sont des groupes de tâches individualistes en équipe et à la chaîne où les gens font des travaux différents, alors que les « erratiques » correspondent à des situations de travail où les ouvriers ont des tâches identiques, ou bien sont sur des très petites chaînes ; ils ont en outre un contrôle réel sur telles ou telles parties importantes du processus de production.

Un autre axe stratégique-conservateur correspond à des opérations surtout individuelles et fort qualifiées où les équipes sont homogènes, bien que parfois itinérantes comme dans le cas de l'entretien. Le contrôle sur le processus de production est également important, ainsi que le prestige des fonctions et salaires pour les groupes plus conservateurs.

Les travaux de L. Sayles permettent ainsi de constater que des formes d'action collective et de rapport aux leaders ne sont pas indépendants des moyens de contrôle sur la situation que chaque travailleur peut trouver dans son atelier. En termes plus stratégiques, nous dirions que les ressources de pouvoir accessibles pour les individus dans les structures mêmes de l'organisation conditionnent les formes de l'action collective et, d'une façon générale, le système social des rapports de forces en entreprise. Mais ce conditionnement peut être davantage explicite en termes d'apprentissage de capacités stratégiques. Nos travaux pourraient ainsi compléter ceux de Sayles en montrant davantage comment des styles de relations interpersonnelles coïncident avec des formes de lutte syndicale.

L'axe apathique-erratique correspondant aux situations de faible pouvoir personnel dans le travail ouvrier devrait, dans nos enquêtes, recouvrir les styles de relations de retrait et d'unanimisme. Tandis que l'axe stratégique-conservateur représenterait surtout les styles de relations impliquant une forte capacité d'échanges et de négociations dans les rapports de groupe. Sans pouvoir aller aussi loin que cela dans la comparaison de travaux de recherche effectués à des époques et dans des pays différents, on peut toutefois retrouver, dans plusieurs de nos enquêtes, une liaison entre la structure des tâches, les styles de relations interpersonnelles et l'activité syndicale. Le test projectif déjà présenté au chapitre IV portait également sur diverses représentations de l'action syndicale et politique. Les réponses données par des ouvriers, techniciens et employés de différentes entreprises, où l'on a pu repérer la qualité des styles de relations en fonction de l'accès au pouvoir dans les structures, montrent une certaine interdépendance entre les représentations de la lutte collective et l'expression interpersonnelle du travail.

Les réponses au test projectif montrent que le modèle d'un syndicalisme ouvrier triomphant est d'autant plus fort qu'il est entretenu par un système social homogène, alors qu'il est relativement différent dans le cas d'une entreprise où d'autres conditionnements sont vécus par les nouveaux professionnels et les agents techniques. A l'autre extrême, représenté ici par les employés de bureau, c'est une autre conception de l'action syndicale plus proche d'une participation critique et négociée qui apparaît en contrepoint du modèle ouvrier.

Dans l'atelier de réparation SNCF, on voit que les réactions aux images traduisent assez bien l'idée d'une solidarité fondée sur l'expérience quotidienne de rapports homogènes à l'intérieur du groupe ouvrier et antagoniste avec l'extérieur. La réunion syndicale déclenche de très nombreuses réponses, car il s'agit d'une expérience importante dans le groupe ouvrier. Le syndicalisme est le lieu de l'entente, de l'expression confiante et de la compréhension mutuelle, tandis que les situations de minorité ou de division ne sont pas tellement rejetées car elles sont rares. Entre individus identiques, on s'entend, telle pourrait en être la conclusion. Inversement, la manifestation dans la rue évoque l'efficacité, la lutte, mais aussi la division sociale et le sentiment de devoir s'opposer au reste de la société pour être entendu. L'image de l'Assemblée nationale confirme assez bien ce type de représentation dichotomique de la société où les instances politiques excluent les ouvriers, qui n'ont pas grand espoir en ce jeu démocratique.

Fig. 12. Test projectif - Images de l'action collective dans trois entreprises

Or, l'atelier, d'où sortent ces attitudes confirmées par les réponses au questionnaire sur l'ensemble de la population ouvrière (n = 400) [14] est caractérisé par une expérience triomphante de cette forme de lutte syndicale homogène, depuis 1936 jusqu'à nos jours. La pratique syndicale est restée à peu près inchangée sur cette longue période de temps ; elle est capable de provoquer des grèves totales et longues ; elle exerce une influence déterminante sur les discussions de salaire à l'échelle de la région ; elle assure enfin un contrôle réel sur la vie quotidienne de l'entreprise, dont les directeurs passent une bonne partie de leur temps à prévoir les réactions des représentants syndicaux, ainsi qu'à les écouter et tenter de les persuader. Enfin, ne pouvant prendre le pouvoir officiel dans l'atelier, la section syndicale CGT l'a pris dans la commune où la municipalité est communiste et le maire un ouvrier des ateliers.

Tableau 31.

	Ouvriers SNCF *n = 60*	*Ouvriers entreprises électrotech.* *n = 55*	*Techniciens électrotech.* *N = 65*	*Employés d'assurance* *n = 100*
	%	%	%	%
La réunion syndicale				
Chacun donne son avis et on arrive à s'entendre	76	54	43	36
On peut dire tout ce qu'on pense...	61	40	35	47
Ce sont toujours les mêmes qui l'emportent	43	18	12	22
C'est là qu'on est solidaire	34	14	15	19
C'est ça la coopération	39	27	28	32
Je ne voudrais pas être dans la minorité	22	29	18	42
Personne ne veut céder et on n'arrive à rien	10	18	18	33
La manifestation				
Personne ne veut céder et on n'arrive à rien	7	18	9	23
Ce n'est pas comme ça qu'on arrive à quelque chose	5	20	5	19
Ce sont toujours les mêmes qui l'emportent	1	5	2	20
C'est ça la coopération	20	18	10	49
C'est là qu'on est solidaire	38	58	20	65
L'Assemblée nationale				
C'est ça la coopération	3	5	9	11
On peut dire tout ce qu'on pense...	27	38	31	46
Je ne voudrais pas être dans la minorité	52	29	45	46
Ce sont toujours les mêmes qui l'emportent	59	56	61	36
Personne ne veut céder et on n'arrive à rien	34	10	15	26

Si le climat reste ainsi dominé par cette forme de syndicalisme, c'est bien que les conditions matérielles des échanges entre travailleurs restent profondément inchangées. L'univers du métier, progressivement standardisé jusqu'à ce que de nouveaux changements techniques réinstaurent le pouvoir des compagnons, ne cesse de s'opposer à l'organisation hiérarchique rationnelle caractéristique de la SNCF. Sans cesse reconfirmé dans son mode d'échange de type unanimiste et solidaire, toujours animé et orienté par le même groupe de compagnons de métier, l'ensemble ouvrier refait constamment l'expérience du caractère salvateur de la lutte collective et de masse.

Dans le cas de l'entreprise électrotechnique, les réponses des ouvriers aux trois images de l'action collective donnent un modèle beaucoup moins clair du syndicalisme de masse, alors que, depuis la guerre, la direction ne cesse de s'interroger sur les moyens de résorber un antagonisme syndical puissant, largement orchestré par les militants ouvriers de la CGT. Toutes les ressources de la psychotechnique et de la psychologie sociale appliquée à la formation et à l'information des chefs, et même des exécutants, ont été mises en œuvre pour engendrer un climat interne plus coopératif au plan des rapports sociaux. Mais si l'entreprise marche bien, si elle croît, se renouvelle et investit même dans les techniques de pointe, elle le fait sur la base d'un climat social nettement antagoniste.

Les résultats de l'enquête par observation et questionnaire, auxquels on a pu adjoindre un sous-échantillon de test projectif, ont fait apparaître l'existence de plusieurs modèles d'action syndicale dans un personnel syndicalisé en moyenne à 40 %[15]. Un modèle de défense des intérêts individuels impliquant un fort taux de syndicalisation, beaucoup de militants, et la confiance dans l'action syndicale, est fortement majoritaire chez les ouvriers français OS et OP, dont le style de relation au travail est unanimiste ou de solidarité démocratique.

Un second modèle d'action syndicale plaçant davantage la lutte au niveau des institutions globales de la société correspond à un taux de syndicalisation moyenne avec peu de militants et un réel pessimisme quant aux vertus de l'action collective. Surtout caractéristique des agents techniques et des ouvriers nouveaux professionnels en technique de pointe où les travaux sont encore peu standardisés, ce modèle d'action repose principalement sur l'apprentissage des affinités sélectives.

Le troisième modèle syndical est orienté vers l'action sur le fonctionnement interne de l'entreprise. Plus gestionnaire que les autres, ce type de syndicalisme est surtout développé chez les cadres, avec une syndicalisation faible, mais avec beaucoup de militants et une forte confiance dans ce style d'action.

Une dernière attitude envers le syndicalisme est celle du rejet de l'action collective syndicale dont nous avons parlé plus haut à propos des étrangers, des jeunes ouvriers et des ouvrières qui sont nombreux dans l'entreprise. Pour reprendre les catégories de Sayles issues d'observations beaucoup plus développées que les nôtres sur l'action collective, il semble que l'apathie syndicale coïncide avec tous les types de relations retraitistes alors que l'unanimisme ouvrier rejoindrait davantage une lutte collective de type erratique, c'est-à-dire forte mais soumise à des variations d'intensité importantes en rapport avec la nécessité d'impliquer la masse pour définir une action. L'axe stratégique et conservateur dont les voies de passages réciproques sont conditionnées, semble-t-il, par les avantages acquis, un groupe pouvant passer de la stratégie offensive à l'action défensive pour conserver des privilèges gagnés, correspondrait surtout aux positions syndicales d'agents techniques, de cadres ou même d'ouvriers professionnels quand ils luttent pour leurs intérêts de catégorie professionnelle.

Dans la compagnie d'assurances [16], cette logique de défense catégorielle se retrouvait fort bien illustrée par la syndicalisation des employés les plus anciens et donc les plus avancés dans l'échelle des fonctions. On a parlé à leur propos de participation critique [17], ce terme évoquerait davantage, selon nous, une défense catégorielle de strate qu'un souci à l'égard du pouvoir de gestion dans l'entreprise. Ce phénomène, surtout catégoriel, de défense de ses intérêts paraît assez bien rejoindre les indices de réponses des employés aux images du conflit syndical, de la vie politique, et de la manifestation. Si l'image du parlement semble, dans le test projectif cité plus haut, être un plus fort symbole de discussion que pour les ouvriers, et si la manifestation de rue est le signe de la solidarité, mais aussi d'une moindre efficacité que chez les ouvriers, il est frappant de constater que la réunion syndicale est vécue comme le lieu du désaccord et de l'inefficacité.

Une distinction fondamentale, source de multiples mésententes, pourrait bien être, en milieu employé, la forte stagnation que la minorité des hommes impose à la majorité féminine : les strates les plus élevées, les moins nombreuses, les plus masculines et aussi les plus syndiquées se chargent de défendre les intérêts du plus grand nombre et par conséquent des leurs. Il y a là une ambiguïté profonde dans l'action collective des employés. Et si des évolutions se produisent dans le sens d'une action moins conservatrice, il est probable qu'il faudra d'abord briser ces positions catégorielles qui s'appuient sur de fortes inégalités entre les hommes et les femmes dans les bureaux.

Notre hypothèse sur le renforcement de l'apprentissage des normes de relation de travail par les périodes d'actions collectives vécues sur le plan syndical trouve en fin de compte une justification théorique dans le processus même de l'apprentissage stratégique. Si les relations et les habitudes que l'on prend sont dépendantes de l'expérience même du pouvoir que l'on exerce dans un univers quelconque de relations, alors c'est le milieu social où l'on dispose du plus grand nombre d'occasions d'échanges et d'affrontements éventuels qui sera déterminant pour l'apprentissage de normes. Or, pour la plus grande partie des travailleurs, l'action collective syndicale est épisodique et rare ; elle jouera donc tout au plus le rôle d'un renforcement particulier à l'apprentissage qui s'opère dans les relations quotidiennes de travail.

Ces remarques rejoignent les observations d'Alain Touraine [18] sur la conscience ouvrière des militants, où il souligne à quel point la conscience de l'action et l'expérience même d'une solidarité collective peuvent être influencées par l'état du système technique de travail. A ces recherches portant sur une sorte de facteur organisationnel et technique de l'action collective, nous pensons ajouter l'idée que cette contrainte de la situation peut être analysée comme le résultat d'un apprentissage de capacité stratégique dans l'univers des relations réelles de pouvoir dans le travail.

Mais d'autres recherches pourraient certainement être développées à propos des militants et de l'expérience spécifique de leurs relations syndicales pour comprendre en quoi le militantisme prolongé peut lui-même être occasion d'apprentissage de normes dans un contexte social où l'expérience individuelle du pouvoir est très forte. De même, le temps de la grève et celui de la lutte ouverte peuvent offrir l'occasion d'autres formes d'apprentissage qu'il serait fort important de mieux connaître, car il s'agit là de véritable voies d'accès au pouvoir et à la stratégie [19].

Notre objectif, limité à l'étude de l'apprentissage de normes de relations pendant le travail, a seulement été de souligner un phénomène trop souvent méconnu : à savoir que, pour beaucoup de travailleurs, les rapports sociaux internes à l'action collective syndicale sont plus influencés par les normes de comportement acquises dans le travail qu'ils n'en sont un élément transformateur. Tout au plus peut-on parler de renforcement collectif de l'apprentissage des normes de relations habituelles de travail.

LOI DE L'EFFET ET SYSTÈME D'ALLIANCES

Puisque notre propos est de réfléchir sur les conditions organisationnelles de l'apprentissage de la stratégie comme fondement de l'acquisition des normes de relation au travail, il convient de s'interroger sur les modalités de la récompense dans ce processus de l'apprentissage. Les théoriciens de l'apprentissage individuel ont en effet souligné l'importance de la sanction positive ou négative dans la prise d'habitude. Au-delà du simple renforcement des stimulations, les conduites seront d'autant mieux retenues que le sujet leur aura associé une représentation de récompense. Et ce sera par anticipation de l'effet de la conduite que l'on reproduira la conduite conforme au schéma initial. Dans ce contexte de la stratégie, quelle peut donc bien être la récompense ?

Comprenons bien que la conduite stratégique s'inscrit dans un double contexte aléatoire. Dès lors qu'il s'agit forcément d'une relation antagoniste, la première incertitude est celle du jeu de l'autre et le second aléa est la maîtrise de pouvoirs dans la situation. Nous avons déjà observé au début de ce chapitre que le comportement de prise de risque pouvait être influencé par la quantité d'accès au pouvoir, c'est-à-dire que la tactique d'engagement acceptée, la fréquence et la gravité des affrontements que l'on se permet constituent d'une certaine façon la réponse logique à l'inégalité des sources d'accès au pouvoir. Et c'est même à ce niveau premier de l'évitement ou de l'affrontement que l'on commence à « apprendre la vie » et à découvrir le caractère dangereux des relations.

Mais il reste une seconde façon d'agir sur les aléas de la vie relationnelle. On peut essayer de dominer le jeu de l'autre en se constituant des alliances solides qui lui interdisent l'utilisation de ses propres armes. Dans un contexte conflictuel, il semble ainsi que l'un des résultats espérés de toute vie sociale soit la constitution d'alliances solides. C'est donc au niveau même de cette certitude, que l'on acquiert sur le jeu des autres par une alliance, que l'on peut situer l'une des récompenses les plus importantes dans l'apprentissage de capacité stratégique, car on y acquiert ainsi une maîtrise affirmée sur le système social des rapports de travail et sur les sources de pouvoir dans la structure de l'organisation.

Mais, à nouveau, nous voudrions montrer à quel point la place occupée dans les organisations contemporaines peut influencer cet aspect de récompense du processus d'apprentissage de la capacité stratégique.

Il existe en effet deux moyens théoriques pour se constituer des alliances : ou bien l'on négocie des coalitions avec tels ou tels partenaires accessibles ; ou bien on bénéficie du renoncement gratuit à ses armes de la part d'un adversaire. Dans un cas on gagne et on paye l'alliance des autres ; dans l'autre cas on reçoit l'attention affective et le soutien de quelqu'un. Or il semble bien que la position dans la structure même de l'organisation puisse influer sur ces deux processus de constitution des alliances.

FACTEUR ORGANISATIONNEL DE LA COALITION

C'est parce que les relations conflictuelles sont rarement limitées à l'antagonisme simple entre deux forces pures dans la société et tout particulièrement dans l'entreprise, que la structure même de l'organisation formelle et informelle va jouer un rôle dans le type d'alliances, que l'on peut établir en pesant tant sur les communications que sur le contenu des négociations. Nous nous appuierons pour cette analyse sur les recherches du psychologue social Théodore Caplow [20], qui ont porté sur les possibilités de coalitions dans un rapport triadique en fonction des pouvoirs relatifs d'acteurs et de la structure formelle de leurs relations.

Théodore Caplow note en effet que l'un des phénomènes les plus courants de l'expérience humaine est d'être placé en relations triangulaires entre individus ou groupes de puissance inégale. L'affrontement direct entre forces ne peut donc se réaliser qu'au prix de coalitions. Le caractère essentiel de la triade est donc sa tendance à se diviser pour former une coalition de deux de ses membres contre la troisième ; et la configuration de chaque coalition devrait pouvoir s'inférer avec précision de l'analyse des forces relatives des trois éléments en présence. Le processus fondamental de la triade est ainsi, grâce au jeu des coalitions, de transformer la force en faiblesse et la faiblesse en force. Des coalitions peuvent être conservatrices dans l'organisation, c'est-à-dire qu'elles ne dérangent pas l'ordre hiérarchique ; elles peuvent être révolutionnaires quand elles l'emportent sur l'élément supérieur ; ou encore illégitimes quand, sans être conservatrices ni révolutionnaires, elles opèrent néanmoins une modification de l'ordre en place, dans les cas, par exemple, de court-circuit ou de passe-droit.

Cette grille d'analyse des coalitions conservatrices, révolutionnaires et illégitimes peut aider à décrypter les jeux d'alliances dans les rapports concrets de travail, en tenant également compte du processus des triades en série organisées tel que Caplow nous l'expose. Quand des séries de triades sont reliées ensemble, dans la hiérarchie par exemple, deux éléments ne peuvent être partenaires dans une triade et adversaires dans l'autre, car on ne peut être à la fois adversaires et alliés ; une telle formule de coalition ne pourrait être que le résultat d'une mauvaise analyse des rapports de forces et des occasions d'affrontements. Si l'alchimie triadique est celle de la transformation des rapports de force par le jeu des coalitions, il est évident que les relations du travail en organisation offrent diverses possibilités d'évolution et donc d'apprentissage en la matière.

Coalitions illégitimes chez les cadres dominants

Les cadres dominants profitent d'une triple position établie dans la hiérarchie des fonctions et celle de la décision. Toutes leurs actions doivent tendre à perpétuer une telle organisation, avantageuse pour eux, des voies de cheminement le long de la pyramide. Leurs partenaires de relations forment donc un agencement de deux triades ; l'une avec des égaux, leurs concurrents, et les chefs supérieurs, l'autre avec les égaux et leurs inférieurs. Comme leur intérêt est d'entretenir l'ordre établi tout en le rompant à leur profit seulement, ils seront conduits à vivre deux types de coalitions, avec les supérieurs ils auront toujours tendance à former des coalitions conservatrices pour se protéger contre les difficultés émanant de la base. Mais avec les inférieurs, ou même avec des supérieurs, ils peuvent être sans cesse conduits à vivre des coalitions illégitimes mouvantes et successives pour l'emporter sur leurs concurrents directs qui jouent le même jeu en s'appuyant également soit sur les supérieurs, soit sur les subordonnés.

Le schéma ci-dessus, emprunté à la théorisation graphique de Caplow, montre que le cadre peut jouer alternativement de ses trois relations avec le supérieur, ses pairs et les subordonnés, selon la tactique adoptée par le concurrent. Dans cette guérilla permanente, on retrouve l'importance des associations informelles et des réseaux

Fig. 13. Coalitions illégitimes chez les cadres dominants

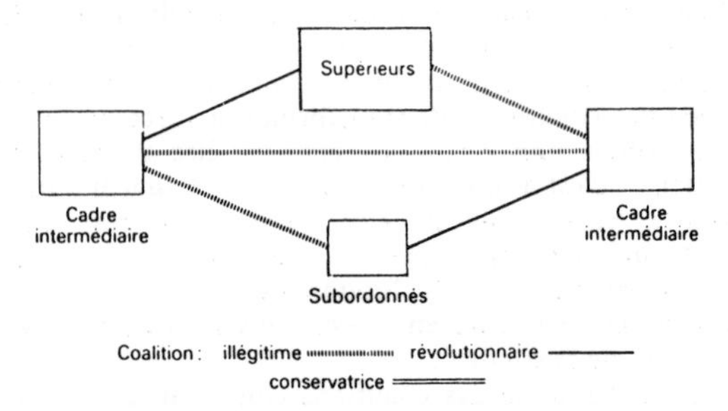

d'attachements personnels qui jouent un grand rôle, car ils peuvent aider à imposer des alliances illégitimes.

Mais l'on voit que, pour qu'un système social puisse fonctionner sur de telles bases informelles et mouvantes, les individus doivent être capables de vivre dans l'incertitude permanente des risques pris en face d'adversaires également capables de modifier leurs alliances. On retrouve ainsi l'univers de la stratégie pure où l'autre, tout autre, est dans le temps ou dans l'espace un adversaire ou un allié, mais jamais un neutre. Les capacités stratégiques des cadres dominants sont ici la condition nécessaire de la transformation permanente de la force en faiblesse et de la faiblesse en force. Plus on descend dans la hiérarchie et dans l'éventail des atouts relationnels chez les cadres intermédiaires et chez les cadres subalternes autodidactes, moins on rencontrera de coalitions épisodiques, et plus on rencontrera de coalitions conservatrices ou illégitimes mais solidement établies au plan de la défense syndicale d'avantages sectoriels ou de la confrérie des agents de maîtrise. Les capacités relationnelles de ces cadres ne peuvent supporter les risques d'une incessante redéfinition des alliances que supposerait la stratégie pure. Le système social à ce niveau tend à re-cristalliser les rapports informels.

Coalitions illégitimes chez les ouvriers de métier

Les possibilités de relations souples interpersonnelles et collectives, et l'aptitude à se passer de chefs hiérarchiques, qui transparaissent dans le style de relations de solidarité démocratique, permettent aux ouvriers de métier de réaliser de façon relativement stable des coalitions illégitimes contre l'ordre hiérarchique en place dont ils ont les moyens de contester en permanence une part de l'influence officielle.

A l'intérieur de l'atelier de métier, les ouvriers ont de larges possibilités de se différencier par le travail, mais ils ne peuvent en attendre que peu d'effets sur leur avancement, leur prestige ou leurs salaires car, trop peu nombreux bien qu'indispensables techniquement, ils doivent jouer avec les forces en place pour modifier l'ordre établi. Leur ressource essentielle est de contrôler la masse des ouvriers spécialisés pour asseoir leur influence dans l'entreprise en face de la hiérarchie. Ou bien ils s'appuient sur les militants, ou ils le sont eux-mêmes, ce qui est le cas le plus fréquent, pour s'opposer au contremaître et à la hiérarchie, mais alors ils n'auront pas assez d'influence pour faire autre chose que d'équilibrer la pression du sommet. Ou bien ils bénéficient par hasard d'une alliance avec les ingénieurs et services de la technique ou de l'entretien, et ils exercent alors un poids important sur l'ensemble du fonctionnement hiérarchique. Quand ils exercent eux-mêmes les fonctions de techniciens et d'ingénieurs, comme cela est souvent arrivé dans le secteur des imprimeries, les gens de métier, en l'occurrence les « typos », exercent un pouvoir très important dans toute l'entreprise. Le fameux cas des Manufactures de tabac présenté par Michel Crozier[21] reste cependant l'exemple typique de cette possibilité de coalition illégitime et conservatrice qu'une situation technique peut conférer aux ouvriers de métier. De toutes les façons, les ouvriers de métier sont collectivement placés dans un univers de coalitions complexes et centrales dans le système social de toute entreprise.

Fig. 14. Coalitions illégitimes chez les ouvriers de métier

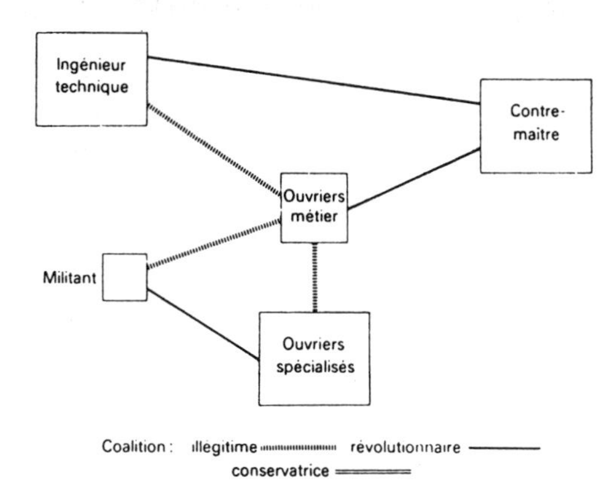

Coalitions conservatrices ou révolutionnaires des OS

La difficulté des ouvriers spécialisés est de ne pouvoir comptabiliser leurs forces au plan collectif que sous la forme de coalitions établies et conservatrices, ou terminales et révolutionnaires. Les individus OS mesurent, en effet, quotidiennement la faiblesse de leur position dans toute relation interpersonnelle, au point qu'ils se retrouvent sans cesse plongés dans les identifications projectives avec les pairs, ou imitatives avec des leaders ou supérieurs. En face des deux partenaires principaux que sont les ouvriers de métier et la maîtrise dans l'atelier, ils ne peuvent recourir qu'à deux formes extrêmes de coalition pour faire entendre leurs voix dans les rapports de forces. Ou bien ils s'identifient à l'autorité officielle de la hiérarchie en recherchant des avantages et des protections en face du groupe relativement puissant des ouvriers de métier, mais ils perdent alors jusqu'à l'existence même de leur groupe ; ou bien ils basculent dans l'identification aux militants et ouvriers de métier, mais un tel phénomène, de nature révolutionnaire puisqu'il conteste radicalement le pouvoir officiel, implique la dépendance envers des leaders. Les styles de relations unanimistes sont ainsi toujours un empêchement majeur à se définir comme groupe autonome. Du point de vue de la coalition, on peut affirmer que le groupe social composé d'unanimistes ne dispose que de faibles moyens pour manœuvrer stratégiquement. Mais, par comparaison avec la situation des ouvriers de métier, c'est eux qui peuvent conférer son caractère révolutionnaire à l'action ouvrière en condensant brutalement tous les rapports intra-ouvriers dans une fusion puissante, dont le déclenchement balaye les pouvoirs officiels de l'entreprise sous la forme de la grève de masse.

Fig. 15. Coalitions conservatrices ou révolutionnaires chez les ouvriers spécialisés

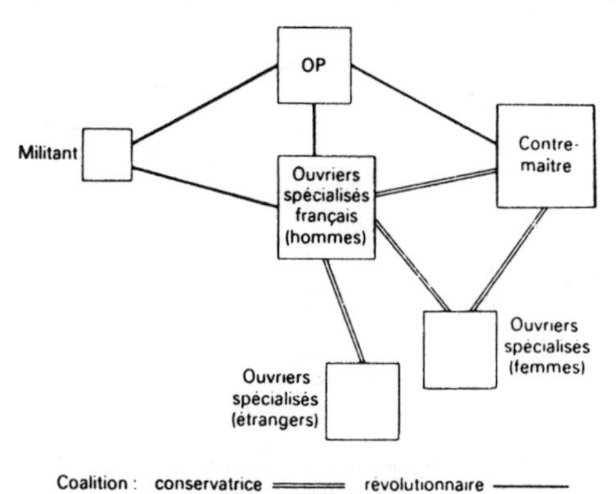

Coalitions conservatrices des ouvrières et des étrangers

Une situation de faiblesse stratégique est celle des ouvriers féminins ou étrangers. Dans les divers cas que nous avons observés, les styles de relations interpersonnelles de ces catégories de travailleurs traduisent un net désengagement des rapports collectifs de travail et une forte soumission individuelle aux chefs officiels.

Par rapport aux ouvriers spécialisés français masculins et déjà anciens, les étrangers et les femmes en usine qui ont fort peu de possibilités d'ententes collectives, ne peuvent finalement que rester en dehors de l'univers des coalitions, ou s'intégrer comme force d'appoint aux coalitions révolutionnaires des OS français masculins. Il se peut évidemment que de nouvelles circonstances influent sur l'engagement dans les relations de travail, et provoquent une responsabilité collective des ouvriers et des immigrés dans les rapports de force au travail. Mais, dans nombre de cas, le retrait féminin ou étranger des relations interpersonnelles de travail a pour conséquence de réduire leur marge de manœuvre stratégique à une dépendance individuelle et conservatrice envers toutes formes de pouvoirs établis, qù'ils soient officiels ou révolutionnaires.

Coalitions conservatrices le long de l'échelle hiérarchique

La définition hiérarchique des fonctions d'exécution et d'encadrement dans l'univers des bureaux développe une réelle possibilité de différenciation dans les rapports interpersonnels qui ne sont plus soumis aux lourdes contraintes de l'atelier. Mais la hiérarchie est aussi le lieu de la carrière possible, et donc de la concurrence entre individus condamnés à coexister entre rivaux en fonction des rythmes de l'avancement. Cette situation tend à minimiser l'engagement dans la relation collective en développant un excessif contrôle affectif autour du contenu des échanges humains au travail. Les identifications avec les collègues sont moins fortes que dans l'atelier, et elles seraient plutôt remplacées par des identifications aux supérieurs. C'est ainsi que les capacités stratégiques collectives le long de l'échelle hiérarchique seront caractérisées par une faiblesse de rapports entre pairs et une tendance à jouer l'alliance avec les strates supérieures. On comprend que, dans

Fig. 16. Le conservatisme des coalitions dans la hiérarchie

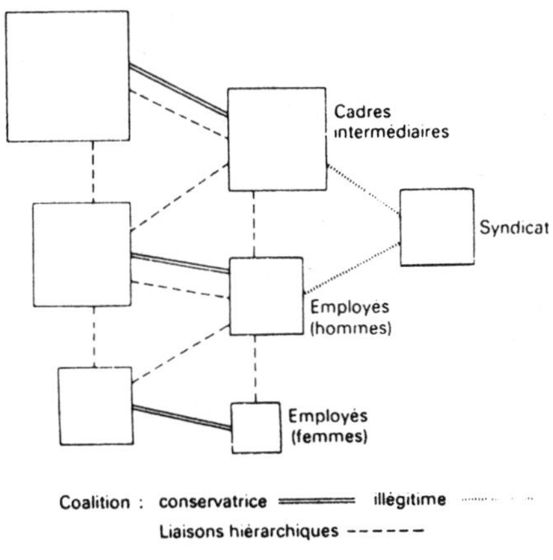

la situation d'évolution hiérarchique, valable aussi bien pour les employés masculins déjà anciens que pour les cadres subalternes et intermédiaires, aux différences près que les perspectives de mobilité ascendante ne sont pas les mêmes pour ces trois groupes professionnels, les coalitions suivent le modèle inexorable de conservatisme que décrit Caplow [22] dans son ouvrage.

Toute coalition intermédiaire y est dominée par le partenaire de la triade supérieure qui peut toujours choisir de faire alliance avec le troisième, toujours plus puissant par définition. L'expérience des coalitions le long d'une échelle hiérarchique est ainsi toujours celle d'une domination sur les strates inférieures. Il n'y aura dans ces conditions que des alliances épisodiques, entre bureaux ou entre cadres, à l'occasion, par exemple, des promotions, mais l'effet latent de ces coalitions sera finalement de renforcer le système hiérarchique lui-même. Dans cette pyramide, on voit que les femmes employées de bureau et encore récentes dans leurs entreprises ne peuvent guère faire le constat que de leur faible poids. En revanche, l'action syndicale des cadres et parfois celle des employés avancés peut introduire une perturbation dans le processus des alliances de strates en rétablissant des communications illégitimes par rapport au système pyramidal qui reste tout de même la principale définition socio-professionnelle des partenaires de relations.

Les agents techniques dans la plupart des entreprises forment un groupe minoritaire dont la taille et l'influence dépendent du degré d'achèvement des techniques nouvelles. Plus l'entreprise de pointe cherche à développer des processus techniques neufs, plus elle a besoin de bureaux d'études ou de laboratoires, et moins elle peut faire reposer sa production sur une standardisation des processus de fabrication. Dans ce contexte, les agents techniques souvent issus de l'atelier, et les ouvriers nouveaux professionnels sont emportés dans l'aventure de la mobilité professionnelle et sociale qui les sépare du monde ouvrier sans les intégrer pour autant à celui des cadres. Obligés de se heurter partout à la différence des autres groupes socio-professionnels de l'entreprise, et affrontés sur le plan interpersonnel aux différences d'évolution des collègues dans la carrière technique, les techniciens ne voient de confirmation de leur identité par un jeu de relations complexes et internes sur le plan affectif et cognitif qu'avec quelques compagnons de mobilité. Les capacités stratégiques de leur groupe social sont alors fort réduites. Ils sont pris entre les coalitions conservatrices de strates à l'intérieur de leurs propres échelons de technicité dans les bureaux d'études, ou bien ils peuvent jouer un rôle d'appoint, de coalition illégitime par rapport aux positions révolutionnaires ouvrières, qui ne visent pas à modifier directement leur sort mais celui de la base.

L'expérience des rapports collectifs de force n'est finalement guère profitable aux groupes de techniciens qui refont sans cesse le constat du décalage entre leurs possibilités individuelles d'évolution et leurs moyens collectifs de transformation de l'entreprise. Il faut en fait des circonstances très exceptionnelles pour qu'ils deviennent les leaders du groupe ouvrier. Cette éventualité a pu se réaliser dans quelques conflits sociaux à l'intérieur d'entreprises à haute technicité où le nombre d'agents techniques et d'ouvriers nouveaux professionnels l'emporte sur celui des OS et des ouvriers de métier. Il reste que, dans la situation la plus couramment observée, d'un groupe de techniciens minoritaires, leurs coalitions conservatrices ou illégitimes ont un caractère surtout épisodique.

Fig. 17. Coalitions conservatrices et illégitimes des agents techniques

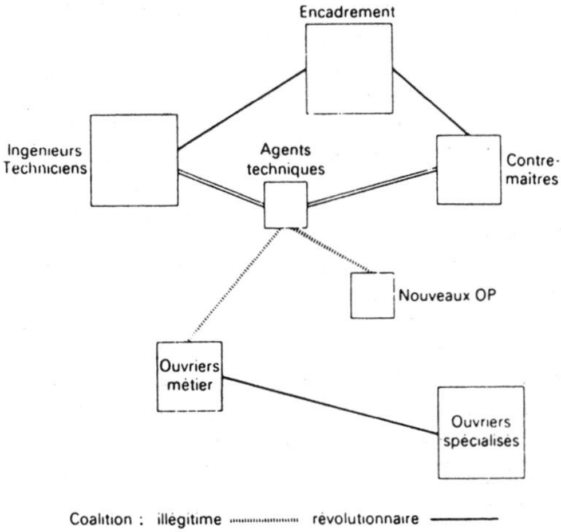

Encadrement
Ingénieurs Techniciens
Agents techniques
Contre-maitres
Nouveaux OP
Ouvriers métier
Ouvriers spécialisés
Coalition : illégitime .... révolutionnaire ————

Coalitions et prise de risque

Outre la nature des coalitions conservatrices illégitimes ou révolutionnaires, T. Caplow[23] souligne que les coalitions dans la triade varient avec trois types de situations fondamentales. Dans les situations « établies », les éléments de triade sont liés de façon permanente par un système social plus vaste qui les contraint à agir les unes sur les autres. Une coalition, certes, peut l'emporter, mais on peut s'attendre à ce que les deux autres coalitions possibles l'emportent. L'histoire de la triade se présente ainsi comme une longue suite de choix toujours révocables. Dans les situations « épisodiques », la triade est également insérée dans une institution, mais l'objet de la coalition est, comme dans les votes, de s'assurer un avantage dans un conflit régi par des lois. Dans les situations « terminales » en revanche, c'est la fin de l'institution qui est en cause, en ce sens que chaque élément de la triade cherche à se débarrasser des autres. Les coalitions de grandes puissances, par exemple, se forment dans des buts agressifs ou défensifs pour gagner, se protéger, ou détruire l'adversaire. On vise en fait au remodelage total des institutions par une nouvelle répartition des forces.

Il semble que, pour les rapports de travail en entreprise, le caractère établi, épisodique ou terminal de ces mouvements internes au système social puisse être influencé par des aptitudes à prendre des risques dont nous avons antérieurement analysé la distribution en fonction de la position en organisation. On constate en effet que les groupes capables de mener une tactique permanente de renversement des alliances à l'intérieur d'un même ensemble de partenaires, c'est-à-dire d'entretenir des coalitions de groupes dans une situation de rapports de forces « établies » selon la terminologie de Caplow, sont en réalité affrontés à un renouvellement permanent de leurs risques. Or, nos enquêtes n'ont fait apparaître que deux types de situation permettant de supporter une telle dose de risques : celui des ouvriers de métier et celui des cadres supérieurs. Les moyens de pouvoir dont chacun des membres de ces groupes disposent pour vivre ces relations interpersonnelles leur permettent, en effet, de sortir de phénomènes de protection obligatoire pour imposer la reconnaissance de leurs points de vue à leur entourage. Au plan du groupe, une telle richesse de pouvoir autorise à fonder sa participation au système social de travail sur un nombre fréquent de coalitions illégitimes, ce qui traduit assez bien l'extrême liberté d'action dont jouissent ces groupes socio-professionnels par rapport à tout univers de règles établies.

Le tableau ci-après illustre de façon schématique la correspondance que nous voudrions faire apparaître entre la portée des coalitions de groupe, l'aptitude à prendre des risques d'une part et les styles de relations interpersonnelles déjà observées d'autre part.

Tableau 31. Relations au travail et coalitions

Aptitudes à prendre des risques

Beaucoup de prises de risques moyens

Peu de prises de risques

Aucun risque ou risques extrêmes et rares

Ouvriers métiers

Cadres supérieurs

Cadres intermédiaires

Agents de maitrise
Employés de bureau

OS femmes
OS étrangers

Agents techniques

OS hommes (français)

Révolutionnaires et terminales

Conservatrices et épisodiques

Illégitimes et établies

Styles de relations interpersonnelles au travail

Solidarité démocratique

Stratégie

Intégration-Soumission

Entente et compromis

Affinités sélectives

Retrait

Unanimisme

On voit ainsi émerger le rôle central des titulaires de la compétence et du métier que sont les ouvriers professionnels et les cadres dominants dont les pressions illégitimes paraissent réguler, en quelque sorte à leur gré, le fonctionnement du squelette. Ils ont un statut de système nerveux dans un ensemble d'ossature et de muscles. Formés par des écoles professionnelles ou d'ingénieurs à l'idée d'une production réalisée par des ensembles organisés au service de leur technicité, ils continueraient en quelque sorte d'actionner le squelette.

Les coalitions de type épisodiques qui se déroulent de façon limitée et temporaire, sans remettre en question le contexte des relations triadiques internes à l'institution, paraissent être la conséquence des positions internes à la hiérarchie des fonctions techniques et d'encadrement. Nous avons, en effet, vu que, pour les cadres intermédiaires, les agents de maîtrise, les employés de bureau déjà anciens et même pour les agents techniques d'études et de laboratoires, ce sont les normes d'acceptation de l'autorité qui l'emportent dans les relations interpersonnelles. Seules les périodes de notation et de promotion bouleversent les rapports de dépendance et placent les individus face à des risques dans leurs relations de travail. La position conservatrice d'un groupe ne paraît pas être le résultat d'une complète soumission des individus à leurs supérieurs officiels ; elles semblent plutôt être la conséquence de prises de risques trop faibles au niveau des individus pour que leurs groupes, toujours assez proches du modèle de la strate, ne puissent se définir autrement que par des coalitions purement épisodiques.

Les phénomènes d'opposition révolutionnaire ne trouvent finalement à se manifester qu'au travers de rigidités dans la perception des différences et dans la prise de risques. Engagés dans le processus de fortes relations unanimistes, les ouvriers spécialisés ne trouvent paradoxalement la force de s'opposer aux contraintes hiérarchiques que dans leurs faiblesses individuelles qui provoquent de loin en loin des coalitions révolutionnaires autour de leur masse.

La portée « terminale » des coalitions, visant à changer l'institution et non à l'utiliser de l'intérieur, ne semble apparaître que chez les individus longuement conditionnés à une prise de risques nulle ou extrême. Ce phénomène n'est sûrement pas l'apanage des seuls groupes d'ouvriers spécialisés encadrés par des ouvriers de métier. Des coalitions révolutionnaires et terminales peuvent également éclore chez des agents techniques, des ouvriers féminins, ou même des cadres, mais il est fort probable qu'elles n'apparaîtront que si ces individus subissent un fort écrasement de leurs capacités à se différencier et à prendre des risques moyens mais nombreux.

Toutes ces réflexions sur le facteur organisationnel du processus de coalition dans l'entreprise montrent qu'en réalité le phénomène de l'apprentissage se joue à plusieurs niveaux des rapports de travail. A un premier niveau, celui des échanges quotidiens entre pairs et avec quelques chefs, échanges rendus nécessaires par la production et l'organigramme, les individus font l'expérience du risque du pouvoir et de la domination réciproque dans les relations humaines. A la longue et à force d'essais et erreurs, d'échecs et de victoires, on découvre la stratégie la plus efficace à son niveau organisationnel. Des normes de relations tendent ainsi à se cristalliser par milieu de travail.

A un second niveau de relations plus larges, dans le contexte, cette fois-ci, de tout l'établissement, on voit apparaître une autre séquence d'apprentissage. Dans l'éventualité d'une présence syndicale, nous avons fait l'hypothèse d'un renforcement par l'action collective des modalités d'apprentissage de relations effectuées dans les rapports quotidiens de travail. Mais, d'une façon plus générale, c'est toutes les possibilités d'alliances inter-services, inter-catégories professionnelles, inter-clans informels et même inter-syndicales qui peuvent être influencées par les processus organisationnels de la coalition. L'état de la structure de toute l'organisation peut ici venir moduler les processus d'apprentissage effectués à la base, dans la mesure où la portée et la nature des jeux triadiques, internes au processus même de la coalition, peuvent être dépendants du nombre et de l'influence respective des partenaires comptabilisés sur cette « autre scène » des rapports de pouvoir. Notre idée reste quand même celle d'une suprématie de l'expérience des rapports quotidiens de travail, car les possibilités matérielles entre catégories professionnelles, services ou clans variés sont en fin de compte incomparablement plus rares que celles des échanges de travail à l'intérieur du bureau ou de l'atelier.

Il faudrait tout de même signaler ici que l'une des différences fondamentales entre les cadres supérieurs et les ouvriers professionnels, chez qui nous avons trouvé beaucoup de ressemblances au niveau des normes de relations, vient probablement du fait que les cadres ayant fonctionnellement plus de libertés de communication, opèrent un apprentissage stratégique plus fort au niveau du grand système d'échange que les ouvriers, profondément tributaires des rapports intra-atelier, ce qui les rapproche des coalitions révolutionnaires et terminales plus caractéristiques des OS.

LE TRANSFERT DES NORMES DE RELATION DANS LE TRAVAIL

L'organisation recouvre en fait de nombreux changements de structures, qui, pour les individus, se traduisent par une modification de leurs champs stratégiques. Les innovations technologiques, les réorganisations, les fusions, les déménagements de locaux, les politiques de rotations et de mutations du personnel, les occasions de stages de formation, etc., sont autant d'événements qui déplacent les partenaires de travail et modifient en profondeur l'univers des relations. Qu'il s'agisse de réformes volontaires ou de changements imprévus comme la crise économique ou les résultats d'une croissance rapide, de toutes les façons le problème du transfert des normes d'une situation à l'autre se pose fréquemment.

Dans la théorie classique de l'apprentissage, on désigne en général par transfert l'étude des lois et processus de l'apprentissage dans une perspective expérimentaliste et centrée sur l'acquisition de comportements ou de connaissances. On s'est interrogé sur la possibilité de facilitation d'un apprentissage *y* par un apprentissage antérieur différent *x*. Le fait d'apprendre à résoudre le problème des bâtons et de la banane aide-t-il le singe de Koheler à résoudre le problème de la banane avec une ficelle lestée d'un poids ? Ou bien encore, est-ce que l'apprentissage du latin aide à acquérir le français, etc. ? A propos du travail en organisation, est-il possible de considérer qu'une expérience d'accès aux normes de relations dans une situation *x* se transmette à une situation *y* ? Cette question est très importante, car elle concerne tout aussi bien le problème de la transmission culturelle que celui du changement social. Dans ces deux cas d'espèce, le sujet peut, en effet, être placé face à une contradiction de normes de relations, ou bien il doit retrouver dans une situation contemporaine l'efficacité des comportements qu'on lui a inculqués, ou bien il doit oublier son passé pour vivre une situation nouvellement changée.

Le transfert d'une situation d'apprentissage à l'autre suppose que les individus retrouvent dans leurs nouvelles expériences des moyens stratégiques comparables à ceux de leurs expériences antérieures, et c'est bien souvent là qu'un changement profond est exigé des nouveaux partenaires de relations. La résistance au changement, si souvent constatée, n'est bien souvent que le signe de l'attachement des individus aux moyens de défense qu'ils tiraient de la stabilité des rapports de force dans l'ancien système social. Les possibilités de transfert en matière d'apprentissage de capacités stratégiques renvoient ainsi à deux types de situation de changement. Nous aborderons tout d'abord les cas de réformes volontaires des structures d'organisation du travail, où les mêmes individus sont placés successivement dans deux situations différentes d'accès au pouvoir, ce qui perturbe leurs anciens rapports collectifs et exige une adaptation des capacités stratégiques antérieures. Nous verrons ensuite les cas d'expériences de relations parallèles où certains individus peuvent être placés dans une position de décalage entre les styles de relations et modalités d'apprentissage caractéristiques de chacun de ces milieux.

LE TRANSFERT DE NORMES DANS LE CHANGEMENT DE STRUCTURES

Une façon de parler du transfert dans le travail consiste à poser le problème du changement volontaire de structures dans le travail. Quand un réformateur quelconque envisage de modifier les organisations, il doit savoir qu'il entraîne une certaine redistribution des sources de pouvoir et par conséquent des jeux stratégiques. Les individus ainsi placés dans un contexte nouveau doivent ou bien s'y aménager les conditions de capacité stratégique permettant le fonctionnement de leurs anciennes normes de relations, ou bien se saisir de nouvelles occasions d'accès au pouvoir pour y inventer de nouvelles normes. De toutes façons, qu'il y ait reconduction des anciennes normes de relation dans un contexte de structure nouvelle, ou bien qu'il y ait invention de nouvelles normes, le changement social implique une séquence d'apprentissage de capacités stratégiques. L'importance de cette phase « relationnelle » du changement social, qui, pour n'être pas clairement reconnue et analysée, engendre de multiples échecs dans les actions de changement des structures sociales, justifie pleinement que l'on s'interroge sur le processus de transfert au niveau même des capacités stratégiques.

Le déchirement culturel assez profond vécu par ceux qui ont poussé loin toute expérience d'observation participante, ou de changement de milieu d'appartenance comme les ouvriers et techniciens en position de mobilité professionnelle, est, me semble-t-il, un exemple de ces blocages à l'apprentissage. L'anomie, l'incapacité de reconstituer un univers de normes nouvelles, est en effet souvent la conséquence d'un changement brutal dans les conditions d'accès au pouvoir dans les relations immédiates. Quand des ouvriers passent de l'atelier aux bureaux d'études ou bien aux postes de maîtrise, ils abandonnent la solidarité liée au pouvoir de la masse et se retrouvent dans un univers stratégique beaucoup plus individualisé ; et la difficulté personnelle à se définir un nouvel univers de relations est d'autant plus forte qu'on était actif et attaché au groupe ouvrier.

Les cadres intermédiaires initialement formés par l'école et leurs débuts industriels à l'idée que l'effort individuel conduit à la reconnaissance du mérite et à l'ascension concurrentielle, vivent également une brutale rupture de capacité stratégique quand la promotion stagne ou quand les licenciements collectifs les atteignent ; confrontés à des situations collectives inhabituelles pour eux, il leur faut apprendre une action de solidarité et de masse. Les profondes difficultés qu'ils éprouvent à inventer autre chose que de la défense catégorielle prouvent là encore que le transfert négatif joue dans le domaine de l'apprentissage de normes, quand les moyens de répondre aux menaces de la situation sont trop différents.

Toujours dans le même sens des difficultés de transfert de normes, nous pouvons citer l'une des remarques les plus fréquentes des chefs de petites entreprises en croissance rapide. Passant brutalement de la « boule artisanale » à la pyramide des rapports hiérarchiques, l'entreprise a besoin de cadres et les prend tout naturellement parmi ses compagnons les plus anciens et les plus compétents. Les fondateurs de l'entreprise deviennent ainsi des responsables hiérarchiques avec obligation de commander en abandonnant la pratique directe du travail manuel. Or, d'après les patrons, ces cadres « n'arrivent pas à commander », ni à prendre leurs responsabilités d'hommes. En fait, la rupture de normes est très forte, et ce seront des clients tout désignés pour les formations aux relations humaines et aux méthodes de commandement.

Ces possibilités de transfert négatif de normes sont encore perceptibles dans la plupart des grandes réorganisations d'entreprises visant à une certaine libéralisation des conditions de travail. Un premier effet de méfiance et de résistance critique est en général la première conséquence du changement. A la compagnie d'assurances, dont nous avons exposé en détail les changements novateurs en matière de restructuration des tâches et des services de production, la réaction des employés au service accident passant de tâches parcellaires à des postes de gestion plus complexe exprimait, dans un premier temps et à la stupeur des organisateurs psychologues, une réelle méfiance. Cette attitude critique pourrait se comprendre comme une sorte de réaction de crainte face à la nécessité de changer de relations, et par là de modes d'adaptation individuelle au travail, car les rapports aux chefs et aux collègues sont différents dans le grand bureau d'employés très spécialisés et dans le petit bureau de tâches plus complexes et coopératives.

Pour que le transfert d'un apprentissage de capacité stratégique à un autre puisse se faire au point de faciliter la reconstitution d'un ensemble de normes dans une situation nouvelle, il faut que les individus y disposent de ressources et d'occasions de rencontres leur permettant de reconstituer des alliances menant à des coalitions victorieuses, car, dans le cas inverse, on tiendra surtout à perpétuer les alliances antérieures dans n'importe quelle situation neuve.

Une illustration de ces idées peut être trouvée dans l'histoire de la reconversion technologique à la SNCF, où les travailleurs de métier n'ont en fait jamais perdu leur système d'alliances dans un atelier d'entretien, si bien qu'ils ont accepté de nombreux changements de technique et d'organisation, car ils savaient que leur grande capacité technique serait toujours indispensable.

Nous l'avons clairement compris quand les ouvriers et ingénieurs de l'atelier de réparation SNCF, où s'effectuait le passage de la vapeur au diesel et à l'électricité, ont eux-mêmes reconnu « que les meilleurs chaudronniers faisaient, après formation professionnelle, les meilleurs diésélistes ou les meilleurs dépanneurs ». Des individus largement formés aux métiers par la réparation des locomotives à vapeur, après un temps d'enseignement de quelques mois, refaisaient d'excellents apprentissages sur le tas de la technique et de toute la culture d'un nouveau métier. Nous avons même montré, au chapitre II, que l'histoire de cette reconversion industrielle dans un milieu très professionnel était en quelque sorte celle du triomphe du métier sur l'organisation rationnelle, en ce sens que les individus avaient accepté et supporté de grands changements de technologie, de tâches et d'équipes à cause de leur longue expérience du métier, et dans le ferme espoir de retrouver plus ou moins vite une autre situation professionnelle dans l'atelier.

Dans le cas de changements de conditions de travail, en revanche, nous avons constaté que, si les expériences de lancement d'équipe semi-autonome étaient poussées assez loin, elles pouvaient remettre en cause profondément les divers jeux des partenaires du système social d'atelier. Dans une fonderie, M. Carraud[24] analyse la nouvelle organisation des tâches selon un principe de polyvalence rotative dans l'équipe d'un même four, là où, auparavant, les équipes étaient aménagées par spécialités interfour. Dans ce contexte, les ouvriers les plus qualifiés ont le sentiment de perdre la source de leur pouvoir puisqu'ils doivent céder leur place aux anciens manœuvres ; ces derniers sont favorables à l'expérience, ils y gagnent du métier et ils demandent beaucoup de formation pour confirmer cette promotion technique. Un jeu stratégique plus offensif se développe ainsi chez les anciens OS face à une sourde résistance des anciens OP. Dans ce changement technique et stratégique, les contremaîtres ont du mal à trouver leur nouvelle place, et ils tendent à resserrer les liens de leur groupe de maîtrise pour se défendre contre les nouvelles pressions émanant de la base.

De nombreuses autres expériences[25] confirment cette même idée que les changements de conditions de travail sont acceptés par ceux qui y voient la possibilité d'élargir leurs capacités stratégiques, certains y gagnent un certain pouvoir d'expert, ainsi que des connaissances et des relations nouvelles grâce à la formation. Beaucoup y gagnent des occasions nombreuses de discussion à propos de l'organisation à mettre sur pied, ce qui ne va pas sans gêner l'action antérieure de la maîtrise et des ingénieurs qui voient ainsi le pouvoir d'organiser qui leur échappe en partie. Mais si les individus les plus défavorisés s'intéressent aux expériences ainsi montées par les directions pour tenter de répondre à la désaffection des fonctions d'OS, le problème majeur de ces expériences est celui de l'insertion de nouvelles alliances au sein même des ateliers et usines qui « récompensent » et « renforcent » ces nouvelles capacités stratégiques. Or, dans ce domaine, la résistance des anciens privilégiés par le métier, la position hiérarchique et la formation scolaire et la responsabilité du personnel est toujours fort active, si bien que les transformations de normes ne sont que partielles.

De telles expériences pilotes rejoignent de façon inattendue le fameux effet Hawthorne diagnostiqué par Elton Mayo sur l'atelier expérimental de la Western Electric Company[26]. Après plusieurs années en atelier-laboratoire, on constate qu'au-delà de toutes les modifications de décor et de conditions de travail, les ouvrières sont toujours satisfaites de leur situation et qu'elles désirent prolonger l'expérience. Elton Mayo découvre alors que le facteur humain peut intervenir dans l'adaptation au travail ; c'est parce qu'elles ont été considérées comme des acteurs essentiels dans une expérience de longue durée que ces femmes se sont attachées à leur position, où les rapports entre collègues, avec les chefs et les observateurs assuraient infiniment plus de reconnaissance personnalisée que dans les grandes chaînes de montage.

De nombreuses expériences pilotes portant plus spécifiquement sur les conditions de travail et sur la structure des équipes ont cet effet de permettre aux individus d'obtenir de nouveaux moyens stratégiques. Les relations de groupes, les positions de l'encadrement face à des nouveautés qu'ils ne maîtrisent pas bien, la présence de conseils pouvant servir d'intermédiaires entre l'atelier et la direction sans passer par la hiérarchie, la nécessité même d'apprendre une nouvelle pratique pour que la nouvelle organisation fonctionne, confèrent aux participants à l'expérience infiniment plus de pouvoir par rapport aux communications et à la règle que dans les anciennes positions d'OS.

Pour ces multiples raisons, l'attachement de la plupart des membres de l'expérience aux nouvelles conditions de travail est en général très important. C'est la découverte de nouvelles façons de se définir dans les rapports de travail qui provoque l'intérêt et parfois même l'enthousiasme. Mais les limites de l'opération pilote sont comprises dans les germes de son succès, car elle aboutit en fait à contester les anciens pouvoirs d'experts dans le milieu des collègues, et les pouvoirs de changement et d'interprétation de la règle dans la hiérarchie. De fortes résistances se développent un peu partout dans le système social pour contenir l'expérience dans ses limites d'opération pilote. Et le changement ne peut être étendu à l'ensemble du système social car, en enfermant l'expérimentation dans ses limites initiales, le reste du corps social de l'organisation empêche l'apparition de processus de transfert d'apprentissage de la zone pilote à l'ensemble des membres de l'entreprise. La généralisation du changement liée à ces expériences pilotes ne peut se faire que si un nombre suffisant de gens est en mesure d'apprendre de nouvelles capacités stratégiques pour être capable ensuite de modifier les rapports de force du système social antérieur.

En définitive, le transfert de normes de relations d'une situation à l'autre ne peut s'opérer que si les individus retrouvent dans leur nouveau milieu de travail des moyens réels pour mettre en œuvre leurs anciennes capacités stratégiques. En d'autres termes, un changement de structure d'organisation s'opérera sans grandes résistances ni anomie si les acteurs sociaux retrouvent dans leur position nouvelle autant de contrôle de sources de pouvoir, autant de possibilités d'action collective, autant de partenaires d'alliances qu'ils avaient dans leur position antérieure. Dans tous les autres cas, où il y aura un décalage négatif ou positif entre les deux positions de départ et d'arrivée, le changement posera un problème important et difficile d'apprentissage de normes nouvelles.

LE TRANSFERT DANS LES APPRENTISSAGES PARALLÈLES

Le problème qui est ici posé n'est plus celui d'une transformation volontaire des structures d'organisation du travail, au point de contraindre les membres du système social à confronter leurs anciennes modalités d'apprentissage de capacités stratégiques à de nouvelles modalités d'accès au pouvoir. Nous voulons étudier les possibilités de transfert quand les mêmes individus sont simultanément impliqués dans plusieurs univers de relations où ils expérimentent des rapports de pouvoir différents, car ce type de position est fréquente en organisation.

Les nombreux stages de formation permanente jouent certainement un rôle majeur dans cette perspective d'apprentissage parallèle, quand on peut véritablement faire l'expérience de nouveaux rapports sociaux dans le cadre des séances et stages de formation. Cette autre scène des rapports humains entre collègues de travail que représente la formation peut en effet constituer une sorte d'institution parallèle, avoir des conséquences profondes sur les normes présentes dans la première institution. D'autres situations parallèles, comme le syndicalisme, les rapports plus informels de « cliques » ou de corporation professionnelle, peuvent exercer des influences analogues sur le travail, dans la mesure où, elles aussi, impliquent de véritables rapports sociaux.

Au fur et à mesure que se développait en France une sociologie de l'organisation fondée sur l'étude des rapports de pouvoir, on découvrait en effet l'importance stratégique des situations de double appartenance dans les processus de coalition à l'intérieur du système social. Pour rendre compte des processus de mobilisation ouvrière dans une grève, Danièle Kergoat [27] montre qu'il y a interdépendance entre le milieu humain de travail et celui du syndicat dans l'entreprise, la possibilité de s'engager dans l'action collective étant largement influencée par le type de stratégies développées dans les rapports de travail quotidien. Dans un autre contexte, celui de la haute administration, Catherine Grémion [28] démontre que les conduites d'innovation peuvent naître chez les fonctionnaires proches de la politique, d'une carrière mouvementée, toute traversée de périodes d'apprentissage dans les colonies, les missions ad hoc ou les détachements à l'étranger. De leur côté, Jean-Claude Thoenig [29] et Erhard Friedberg [30], analysant les processus de régulation des systèmes sociaux de ministères dans leurs rapports à l'environnement local et national, montrent l'importance de la double appartenance des fonctionnaires à leur catégorie hiérarchique ou fonctionnelle d'une part et au système de corps d'autre part, où se développent d'autres principes d'allégeance que dans les règles bureaucratiques de l'administration. Nos propres études, davantage centrées sur les relations habituelles de travail dans les ateliers et bureaux, peuvent aider à comprendre ces processus de transfert dans le cas particulier de la formation permanente où, tant sur le plan des connaissances que sur celui de la vie affective des groupes, les individus expérimentent parallèlement au travail de nouvelles normes de relations.

L'impact des connaissances sur la capacité stratégique

Des rapports humains centrés sur le développement des connaissances présentent au moins deux spécificités qui peuvent avoir des conséquences sur les normes de relation au travail. Le changement des critères habituels d'évaluation, et l'augmentation des aptitudes stratégiques interpersonnelles sont les deux types de conséquences relationnelles de la formation cognitive que nous avons pu observer dans diverses situations.

L'affrontement collectif à de nouveaux savoirs place en effet chaque stagiaire dans une position entièrement neuve : celle d'une incertitude à l'égard de ce que chacun va devenir et de la façon dont il va intégrer ces connaissances nouvelles. Une fois sorti de l'école, on n'a plus l'occasion de vivre ainsi formellement des périodes d'insuffisance intellectuelle. Chaque travailleur a l'habitude d'en côtoyer d'autres et de s'apprécier selon des inégalités de connaissances et d'expériences largement reconnues. Le stage de formation qui dure un certain temps va en revanche placer collectivement les stagiaires devant une absence de critères évidents d'évaluation de soi-même et des autres. Des phénomènes de dépendance vont alors être vécus à l'égard des intervenants, des animateurs, et aussi des stagiaires plus rapides à intégrer les messages cognitifs. Des relations de clientèle extrêmement fortes se font et se défont en fonction des difficultés intellectuelles ; certains plus lents ou plus fortement mis en question par les enseignements nouveaux demandent à d'autres, plus rapides et plus initiés, de les soutenir ou de les protéger du danger de perdre la face. L'observation de très nombreux stages de formation pour adultes, notamment dans les sciences sociales[31], nous a largement confirmé dans l'idée que les rapports humains dans les stages d'enseignement sont loin d'être des jeux gratuits. Même si les stagiaires se représentent d'abord leur temps de formation comme une sorte de temps de camaraderie et de retour en soi-même, ils découvrent bien vite qu'ils sont engagés dans des rapports de pouvoir intenses, précisément à propos de cette difficulté nouvelle et inattendue à s'évaluer selon ses critères anciens de performance. Le groupe devient alors le théâtre de relations stratégiques fortes et fréquentes autour d'une production de critères d'évaluation mutuelle où chacun joue en fait son propre jeu de reconstitution de capital de connaissances utiles et d'appréciation de soi par rapport au travail et à la famille, qu'il est le seul à connaître.

Les animateurs et les intervenants sont eux-mêmes engagés dans un tel enjeu collectif car, de la reconstitution pour chaque sujet d'un nouveau système de connaissances, relativement intégrées et applicables, dépend le succès de leurs propres rôles.

Le second aspect de l'effet spécifique de l'apprentissage de connaissances en groupe de formation sur des normes de relations nous paraît être un développement de l'aptitude stratégique. Le fait d'être mis en cause par l'effort intellectuel commun et par l'inégalité des moyens personnels d'intégration du nouveau savoir, crée les éléments d'interdépendance suffisants pour constituer des relations de pouvoir et un système social, même limité à la durée du stage. Mais la qualité même de la situation des échanges (table ronde, discipline permissive, obstacles matériels faibles, production au seul niveau de l'activité mentale), instaure une grande différenciation et une grande rapidité aux processus stratégiques. Les signes des oppositions et des attitudes conflictuelles sont plus rapidement décelables que dans une vie de travail ordinaire. Dans un groupe qui se connaît, autour d'une même table, dans un contexte de prise de parole facile et même souhaité, tout devient signifiant : un silence, un geste, une parole, des rythmes d'intervention, des montées au tableau de papier... Ce sont en fin de compte les processus de coalition qui sont en quelque sorte accélérés parce que la perception du jeu des autres et de soi-même est plus rapide et plus évidente que dans une situation de production.

Mais cet entraînement à l'aptitude stratégique peut aussi provenir d'une comparaison entre les expériences de travail entre stagiaires appartenant à la même entreprise ou aux mêmes types de fonction. L'évocation de ce qui se passe chez des collègues, sur la façon dont ils s'y prennent entre eux et avec leurs supérieurs ou subordonnés, peut entraîner une réflexion critique sur sa propre façon d'agir. Il y a là une source d'évolution de la capacité stratégique qui est liée plus particulièrement aux temps libres de la formation.

Tous ces processus de l'apprentissage stratégique devraient certes être observés et analysés avec plus de rigueur et d'enquêtes systématiques. Il reste que, dans de nombreuses situations d'entreprise [32] où des travailleurs ont suivi des stages de longue durée, l'apprentissage stratégique a effectivement posé des problèmes réels de transfert de normes dans le milieu de travail de retour.

Une expérience de formation à la sécurité faite à l'EDF dans un groupe local de perfectionnement a montré que le fait d'acquérir des connaissances nouvelles en technique de montage et en relations humaines pouvait, à terme, modifier les rapports de pouvoir entre chefs de districts, agents de maîtrise et monteurs électriciens. Reposant antérieurement sur une base largement unanimiste, où les normes de chef charismatique, de l'unité idéologique, de la camaraderie entre collègues fondaient le système social de rapports avec l'autorité, la vie du district a été transformée à la suite des stages de formation des chefs et des monteurs. Il semble que des semaines d'apprentissage apparemment techniques aient été l'occasion de multiples dialogues, et de retour sur soi-même à la suite d'enseignements nouveaux pédagogiquement bien présentés. Revenus dans leurs districts, les monteurs et les chefs avaient une vision plus nuancée et critique tout à la fois des rôles et des personnes. La formation a ainsi fait évoluer la base unanimiste vers une orientation plus séparatiste ou plus démocratique. Mais ce transfert n'a pu réellement se passer que dans les districts où suffisamment d'ouvriers avaient été formés en plus des agents de maîtrise et chefs de districts, si bien que de nouvelles coalitions entre ouvriers et avec les chefs avaient pu se développer autour des problèmes de contrôle et de distribution du travail. Le signe le plus évident de la perturbation du système social étant celui de la gêne des agents de maîtrise en face de ces nouvelles aptitudes relationnelles des exécutants.

Cet effet de formation, impliquant la découverte de nouveaux moyens personnels d'action stratégique et entraînant un « autre regard » sur les rapports de travail et le rôle qu'on y jouait, est également apparu dans d'autres situations, comme à la SNCF [33] dans les ateliers de réparation qui sont soumis à une large formation de reconversion.

A la fabrique de peinture [34] également, la politique du personnel orientée vers la formation des ouvriers techniciens et cadres débouche finalement sur une autre perception du pouvoir de chacun et sur l'institutionnalisation progressive d'un véritable pouvoir de décision négocié au sein du comité d'entreprise. Une sorte de climat maison, caractérisé par un esprit de dialogue, de critique et d'action collective tout à la fois, se lit très concrètement dans les styles de relation des travailleurs. Les cadres et techniciens semblent avoir appris une sorte de culture collective, les employées sont également plus impliquées dans l'avenir des rapports de travail, tandis que, parmi les ouvriers, une majorité d'entre eux, ceux qui précisément sont proches de l'expérience de formation, sans être ouvriers de métier, ont un style de relations à mi-chemin entre une solidarité collective et des rapports d'affinités plus développés et critiques comme chez les agents techniques.

La dimension affective des relations de formation

On voudrait souvent réduire les stages d'enseignement pour adultes à de simples périodes de renouvellement de connaissances, quasiment comparables à des heures de conférences ou de lecture solitaire en bibliothèque. Nos observations de nombreux cycles d'enseignement montrent que l'acquisition de nouvelles connaissances ne s'opère qu'au prix de complexes et intenses phénomènes affectifs liés à l'existence de véritables relations de pouvoir entre les stagiaires, les animateurs et les conférenciers. Initialement cantonnés dans des rôles extérieurs, les membres des groupes sont progressivement impliqués dans des rapports d'interdépendance qui se nouent précisément à propos des apports scientifiques et de l'apprentissage cognitif. Le stage de formation pour adultes devient ainsi un lieu où, parallèlement à l'expérience accélérée du jeu stratégique d'opposition, on fait aussi l'expérience de ce que les rapprochements affectifs peuvent constituer des soutiens dans les rapports sociaux. Plus les rôles d'apprentis, d'enseignants et d'animateurs s'articulent dans une structure de rapports de pouvoir, plus on découvre le prix des ententes affectives, des identifications mutuelles ou des imitations, dont l'avantage principal est de retirer le conflit de la relation. Présents dans toutes formes de rapports de travail ou d'action collective impliquant une certaine durée, ces phénomènes affectifs présents dans la capacité stratégique sont particulièrement développés dans la formation à cause de l'intensité des échanges humains et de leur relatif désengagement des contraintes économiques et techniques. L'analyse d'un cycle d'enseignement prolongé va nous servir d'exemple pour illustrer les phases et les processus de la constitution d'une nouvelle microsociété dans la vie de stage. Il s'agit d'un cycle de formation de formateurs [35] pour une quinzaine de stagiaires adultes de toutes origines désireux d'apprendre, en trois mois de stage résidentiel, les éléments de base de leur futur métier. Dans les cycles de ce type, comme dans de nombreux autres stages de formation à une pratique de sociologie dans les organisations, également fondés sur le principe d'une longue durée, nous avons dégagé trois particularités dans l'ordre de la dynamique des relations de groupe : des crises individuelles assez fortes, des rapports d'affrontements entre stagiaires ne s'étant jamais opposés ou même connus avant le stage, des relations d'affection ou de rejet extrêmes à l'égard du ou des animateurs principaux.

Cette expérience paraît avoir été vécue sur un mode affectif intense et très coupé du monde extérieur. Aucun des participants n'a pu parler de sa famille au groupe ou du stage à son conjoint, alors que les deux situations cumulaient les difficultés, celles de la perte d'emplois et d'une profonde remise en question de soi-même. Chaque stagiaire évoque son aventure psychologique de ces trois mois, comme marquée d'un temps d'espoir et d'intérêt pour le nouveau métier, suivi d'un temps de déconvenue et de crise personnelle très forte se manifestant dans le groupe par des émotions, des difficultés et agressions interpersonnelles et dans la famille par d'autres crises et difficultés affectives.

L'un des cas les plus frappants de ce groupe est celui d'une jeune femme contestant les éléments de sa formation psychologique antérieure, troublée par une grave maladie de son fils unique, incapable de communiquer à son mari l'ampleur de sa remise en question comme psychologue et comme mère, refusant consciemment de jouer la séduction sexuelle dans le groupe en s'habillant de la façon la plus neutre possible, qui traverse une crise de doute très forte sur elle-même dès la troisième semaine, au point de perdre la mémoire et la possibilité même de s'exprimer et de juger quoi que ce soit et qui que ce soit. Suspendue dans une confusion temporaire, elle évoquera à la fin du stage cette expérience du « trou », de « nuits et brouillards » qu'elle a traversée comme une sorte de régression jusqu'à des façons de penser et de sentir qu'elle éprouvait autrefois comme adolescente. Agressée par des autres stagiaires qui lui reprochent explicitement à la fois son silence et son inefficacité quand elle cherche à s'exprimer, elle amorce enfin un virage après la rencontre avec un stagiaire qui l'écoute et lui redonne ainsi l'envie de se battre pour défendre à nouveau son point de vue.

C'est aussi le cas d'un ancien militaire, ex-cadre du personnel dans une entreprise africaine, qui, lui aussi, éprouve au bout de trois semaines un doute extrême sur ses aptitudes personnelles et professionnelles. Une maladie malencontreuse l'envoie alors à l'hôpital pendant huit jours, où il rumine sa vie comme une succession d'échecs. Et voilà que plusieurs membres du stage viennent le visiter pour lui témoigner qu'on ne l'oublie pas. Cette rencontre gratuite, alors qu'il est malade, sans métier, sans espoir et sans armes aucune, lui apparaît avec une intensité incroyable comme le signe d'une reconnaissance presque indue. Ce moment provoque un retournement de sa crise de doute et un désir profond de revenir au stage pour tenter d'y regagner l'estime de soi par l'estime des autres.

De telles aventures intenses apparemment peu visibles et pourtant relatées en fin de stage avec une émotion extrême, se répètent d'un individu à l'autre, elles finissent par envahir la vie du groupe qui a surtout été le moyen pour chacun de faire une constatation surprenante. Une expérience de formation, par les relations intimes et exceptionnelles qu'elle développe, peut entraîner chez tout individu une sorte de crise d'identité, car elle donne l'occasion, d'une part, de prendre conscience du poids de ses armes dans une relation interpersonnelle pour obtenir la reconnaissance et, d'autre part, de sentir toute l'importance des moments de soutien affectif que l'on trouve au gré des alliances multiples qui s'élaborent tout au long de l'expérience du groupe.

L'intensité des relations affectives au cours du stage de formation prend en tout cas une signification nouvelle par rapport à leurs motivations de départ. Ce dont les gens ont été contents au travers de cette expérience de groupe autogérée, c'est précisément d'avoir eu l'occasion de vivre intensément de nouvelles façons d'accéder aux autres et à soi-même par le biais de conflits dans les relations. A aucun moment et dans aucun stage, les individus n'ont reconnu avoir appris quelque chose d'important sur la technique des groupes. Déjà alertés par la psychologie, leurs travaux antérieurs et d'autres stages portant sur la dynamique des groupes, sur la complexité des phénomènes de relations en collectivité, ils n'ont guère réagi à cet aspect de leur stage ; ils ont même été à tout moment conscients des clivages, oppositions, identifications au responsable du stage, investissements sexuels, phénomènes de boucs émissaires, rejets des tentatives bureaucratiques et rationnelles de prise de pouvoir, etc., qui sont habituellement déclenchés par un groupe de base prolongé.

En revanche, ils ont tous été profondément surpris d'être à ce point impliqués dans une crise personnelle d'identité, alors qu'ils étaient précisément déjà prévenus sur la complexité affective des phénomènes de groupe. Ils ont été profondément étonnés, puis contents au bout du compte d'avoir été gravement mis en question à l'égard d'eux-mêmes et des autres par ces crises violentes. Ils ont pris conscience de leurs moyens personnels d'exister hors des carapaces institutionnelles. Ils ont vécu l'affrontement des désirs et la prise de conscience de leurs armes sans le blindage des structures sociales habituelles. On trouve dans l'œuvre de Sartre une obsession constante à l'égard des crustacés alors même qu'il s'interrogeait profondément sur le phénomène de l'existence individuelle[36]. Les stagiaires ont refait cette expérience d'avoir à se conduire non plus comme des crabes sociaux définis par les cuirasses que confère l'existence sociale, mais comme des existants, enfin confrontés à vif. Et c'est alors qu'au plus chaud de cette bataille à visage découvert, les stagiaires ont fait l'expérience de ce que l'orientation consciente de l'affectif pouvait être structurante pour chacun. Une analyse a posteriori des motivations de départ à l'égard du stage et du métier de formateur montre précisément que tous ces individus sont venus avant tout chercher, dans un monde parallèle à leurs activités économiques et familiales, l'occasion de faire l'expérience de nouvelles façons de vivre les relations. Cadres d'entreprises, anciens prêtres, militaires, syndicalistes, psychologues, animateurs culturels, etc., tous sont venus pour mieux comprendre et rejoindre les personnes dans les relations. Ils rejettent en commun les galons, les discours officiels, l'attitude d'écoute emphatique, le savoir psychologique encombrant, la « groupite » et l'animation des autres. Et, par ces rejets, ils accusent les structures sociales de produire des normes de relations humaines insatisfaisantes.

La dynamique des rapports de groupe est alors directement structurée autour de ces cheminements intellectuels et affectifs de chacun, comme si les stagiaires avaient progressivement compris la richesse exceptionnelle de ces relations humaines.

Les heurts et accusations souvent violents et toujours blessants n'ont jamais débouché sur des départs, des exclusions réelles ou des coupures, et ils ont toujours coïncidé avec de fortes identifications affectives à l'intérieur même du groupe. Les stagiaires de ces divers cycles ont en quelque sorte consciemment régulé leurs oppositions, de telle sorte qu'à tout moment chacun trouve dans l'affection et le soutien de plusieurs le moyen de supporter l'intense interrogation sur soi-même qu'engendrait l'affrontement aigu avec un membre du groupe. Le dernier paradoxe de ces stages semble aussi avoir été la grande conscience stratégique de tous ces acteurs à l'égard de leurs engagements affectifs difficiles dans leurs divers milieux d'appartenance simultanée : le groupe, la famille et d'autres relations professionnelles ou syndicales plus ou moins conservées. Si les crises personnelles ont été intensément vécues jusqu'à des haines, de grandes amours et le sentiment profond de ne plus savoir ce qu'on voulait, ce qu'on valait et où l'on allait, les explosions ont cependant été très contrôlées par chacun, comme si l'on utilisait les dernières réserves de conscience pour continuer une expérience très impliquante.

Inversement, pour d'autres positions en organisation, la formation permanente est un atout stratégique primordial dans un projet global d'évolution. Il n'est pas étonnant que, pour ceux qui tirent beaucoup de pouvoir de leur place au travail, la formation soit principalement vue sous l'angle d'un surcroît d'expertise professionnelle, car ils disposent déjà, dans leurs échanges, de moyens relationnels importants pour définir des stratégies complexes. Les ouvriers professionnels, des techniciens établis et surtout des cadres peuvent attendre, chacun dans leur domaine, un surplus d'atouts stratégiques de la formation.

Les individus en cours de mobilité sociale et professionnelle sont encore plus que d'autres intéressés par les perspectives de formation permanente car ils en tirent doublement de ressources. Les apports de connaissances techniques sont les moyens essentiels de leur promotion, mais la perte d'intégration à leur ancien milieu d'appartenance qu'ils en retirent confère au champ même des relations de groupe en formation d'adultes le statut d'une société de refuge ou de transit, permettant peut être de soutenir l'anomie qu'ils vivent dans la position de mobilité.

L'organisation est donc occasion de transfert de normes car, sous une apparente stabilité des murs, des fonctions, du capital et des services rendus, l'entreprise est en réalité un lieu de changement des structures et des individus. La réorganisation, le changement technique et la formation permanente sont trois exemples de ces mouvements structurels ; nous les avons analysés car ils correspondent aux deux types possibles de transfert de normes de relations associées au changement d'organisation. Dans un cas, ce sont les données techniques organisationnelles et humaines de la situation de travail qui changent, si bien que les travailleurs se voient conduits à transférer les normes qu'ils avaient apprises dans la situation A, antérieure à la nouvelle situation B. Dans le cas de la formation permanente, le travailleur ne change pas d'atelier ou de bureau, mais, en revanche, il fait l'expérience simultanée d'un apprentissage de normes dans deux situations parallèles : celle du travail et celle du stage.

Les conditions générales d'un transfert de normes d'une situation à l'autre, que nous avons analysées comme étant une égalité de moyens de pouvoir et d'alliance entre les deux situations considérées de telle façon que le sujet ne change pas d'expérience stratégique, entraînent des conséquences importantes sur les processus d'apprentissage de normes en entreprise.

Puisqu'il y a occasions multiples de transfert de normes à l'intérieur même de l'organisation, l'apprentissage que l'on peut y faire de capacités stratégiques en reçoit une dimension sociale complémentaire. Plus les travailleurs vivraient des occasions de transfert réunies d'un atelier à l'autre ou d'un service à l'autre, plus ils découvriraient l'efficacité relationnelle de leurs normes et la valeur universalisable des conduites apprises au travail. Le transfert des normes n'est jamais simple même s'il est réussi ; il suppose toujours un temps de réadaptation de soi aux situations nouvelles, et la fréquence des changements emporte donc avec soi un renforcement profond de la valeur des normes de relations qui permettent de surmonter les aléas du travail. C'est probablement en ce sens que l'on doit pouvoir parler de diffusion sociale des normes de travail en conséquence même de la qualité des transferts réussis à l'intérieur de l'organisation.

Mais les occasions d'apprentissage parallèles, comme dans la formation, peuvent être à l'origine d'une évolution des normes dans le travail. Sans être de nos jours très fréquentes, ces occasions de transfert de nouvelles normes, acquises en formation par exemple, ou, en période de lutte syndicale, dans la situation initiale ne peuvent évidemment se réaliser qu'en provoquant un changement de structures suffisantes pour accéder à l'expérience de rapports stratégiques conformes à ceux de l'expérience de stage. Un peu abstraite, cette proposition souligne pourtant le fait que des transformations de normes sont parfois en œuvre dans la vie même de travail.

L'évolution et la diffusion des normes de relation acquises dans le travail ne peuvent donc être envisagées ou observées sans faire référence aux processus complexes du transfert en apprentissage. Il y a là une façon définitive de renoncer à toute velléité organisatrice de façonnement des structures de travail pour adopter une attitude plus scientifique et attentive à l'égard du changement des hommes.

CONCLUSION

Ce chapitre avait pour objet de tirer des conclusions opératoires du large constat de la variation de normes de relations en fonction de l'expérience d'accès au pouvoir dans le travail en organisation, que nous avons dressé dans les six premiers chapitres de cet ouvrage.

Nous avons voulu montrer comment les rapports de travail pouvaient être l'occasion d'apprentissage de normes supplémentaires à celles de l'école ou de la famille. Cette démonstration a reposé sur l'analyse des divers processus d'expérimentation stratégique dont l'organisation offre en fin de compte un échantillon varié d'occasions de mise en œuvre. S'il y a apprentissage de normes de relations au travail, c'est que les individus peuvent y faire des expériences intenses et diversifiées de risques et de stratégies dans les échanges liés aux nécessités de la production ; c'est parce que l'organisation est le théâtre fréquent du renforcement de ces apprentissages par l'action collective, notamment syndicale, et par l'instauration de systèmes d'alliances tributaires des coalitions, rendues possibles par l'état même des structures de l'entreprise et de la production.

Si des normes de relations nouvelles sont apprises à la longue dans le travail, c'est probablement parce que l'organisation réglemente en profondeur et de multiples façons les possibilités de jeu et la capacité stratégique des acteurs du système social de travail. Telle est la proposition principale que nous avons développée dans ce chapitre. Mais la vie interne de l'entreprise peut être mouvementée et les changements de technique, d'organisation, ou de positions commerciales sont suffisamment fréquents pour que ces processus d'apprentissage de capacités stratégiques puissent se rejouer plusieurs fois au cours d'une vie de travail. Les phénomènes de transfert de normes qu'on peut observer ouvrent alors la question de savoir à quelles conditions l'entreprise pourrait être l'occasion d'une évolution des conduites et d'une transformation des normes de l'action. Les enquêtes sur lesquelles portent ces réflexions ont finalement été réalisées dans des entreprises assez classiques et contraignantes en matière d'organisation du travail, si bien que les processus d'apprentissage observés avaient surtout un caractère reproductif où l'on acquiert certainement des normes dans le travail, mais sans avoir beaucoup de chances de les faire évoluer par la suite. Peut-être sommes-nous à l'aube d'une civilisation plus expérimentale où les conditions d'évolution des individus et de leurs normes de conduite seraient explicitement réintroduites dans les finalités des rapports de production. Pour l'instant, notre constat est plutôt celui d'un apprentissage de normes fort pesant et figé pour la plus grande majorité des personnels d'entreprise.

Chapitre 8

Identités collectives et reconnaissance de soi dans le travail

La liaison possible entre des normes de relations et la structure des rapports de pouvoir en organisation oblige à s'interroger à nouveau sur les rapports entre l'homme et son milieu, entre l'individuel et le collectif. Les conduites collectives dont nous avons trouvé les traces pour observation et contrôle statistique ont en effet ceci de particulier qu'elles désignent une façon d'être relativement globale dans les relations humaines. La force de ces normes de relation aux autres, au groupe et aux chefs, est telle et leurs différences sont si grandes d'une situation à l'autre que l'on peut y voir comme des matrices communes de personnalité, des identités collectives permettant de prévoir des comportements pratiques dans les rapports de travail et dans les affrontement sociaux. Or, l'apprentissage de ces normes dans les positions d'accès au pouvoir en organisation nous parait renvoyer à d'autres processus que ceux d'un simple conditionnement direct de la situation sur les conduites individuelles ou même sur leurs interactions. Il semble bien qu'il faille analyser cet apprentissage de norme comme le résultat d'une expérience interpersonnelle où les caractéristiques de l'organisation du travail permettent aux individus d'exercer ou de laisser s'atrophier leurs capacités stratégiques et leurs aptitudes à développer des conduites rationnelles et autonomes.

Le problème que nous devons alors aborder pour élucider davantage les processus complexes du façonnement social des identités collectives est celui de la mise en cause d'une dimension individuelle de l'acteur social par l'expérience du pouvoir qu'il rencontre dans les aléas de ses relations de travail. Notre but n'est certes pas la recherche d'une théorie sociale de la personnalité mais, plus modestement, la compréhension des interdépendances possibles entre le monde des identités collectives observables dans les rapports sociaux et celui des identités individuelles qui affleurent dans l'univers des relations interpersonnelles. Nous pourrions ainsi déboucher sur une interprétation plus complexe du concept d'acteur social, en référant la dimension d'identité collective qu'il recouvre à une explication plus concrète du jeu entre les individus, qui sont trop rapidement appréhendés par leur position sociale commune. S'il y a des identités collectives, c'est que les individus ont en commun une même logique d'acteur dans les positions sociales qu'ils occupent. Elucider les processus « socio-psychologiques » de constitution de ces logiques d'acteurs s'inscrit d'ailleurs dans une problématique constante de la recherche en sciences humaines.

D'un côté, il s'agit de la reconnaissance des besoins, aspirations et motivations des individus au travers de l'expérience des rapports collectifs de travail. Cette problématique de psychologie industrielle à ses débuts, et reformulée par la théorie des relations humaines américaines, a trouvé une seconde reformulation dans le développement plus récent des recherches en psychologie et sociologie des organisations. De ces renouvellements théoriques [1], nous retirons l'idée fondamentale que la satisfaction des motivations individuelles est profondément affectée et transformée par l'expérience des conflits et tensions psychologiques se développant autour des ambiguïtés de rôles et des rapports de pouvoir qui en découlent. L'entreprise en général est ainsi désignée comme un lieu privilégié d'accès à soi-même par les tensions et investissements psychologiques, dont on fait l'expérience quasi obligée dans les relations avec les collègues et les chefs.

D'un autre côté, il s'agit de nombreux travaux de psychiatres et psychologues montrant que les individus peuvent être atteints dans leur identité par l'expérience même des rapports de travail. Ces recherches proviennent de problématiques centrées d'abord sur la santé mentale de l'individu. Mais les études par enquêtes, observations et cas cliniques tendent à soutenir l'idée d'une interférence entre les structures sociales notamment de travail et les structures psychiques individuelles.

L'objet de ce chapitre est donc d'explorer les processus de la constitution des logiques d'acteurs au travail en nous appuyant d'une part sur une problématique sociale des moyens d'accès à la reconnaissance de soi dans les rapports de travail et d'autre part sur une problématique plus psychologique de mise en cause des identités individuelles par les contraintes sociales.

IDENTIFICATION ET PERCEPTION DES DIFFÉRENCES

Percevoir l'autre, le partenaire de relations, dans toute la complexité de sa personnalité n'est pas un phénomène simple, car cela suppose que l'on soit capable de reconnaître et d'accepter sa différence. Or, c'est à ce point clé de l'activité perceptive d'un sujet que s'interpose tout l'écran des relations sociales. Dans le monde des rapports de l'organisation, l'autre n'est pas un partenaire neutre ou indifférent, il développe sa propre stratégie et les échanges humains sont ainsi le plus souvent occasions d'influences. C'est précisément ce que nous avons découvert dans les modèles de relations interpersonnelles au travail ; l'analyse semble montrer que s'y développent constamment des phénomènes d'identification projective ou imitative, en fonction des moyens que l'on a de prendre de la distance avec les chefs, ou de collaborer avec les collègues.

LA PERCEPTION DES DIFFÉRENCES INTERPERSONNELLES AU TRAVAIL

L'élaboration empirique des modèles de sociabilité au travail, en fonction de l'accès au pouvoir dans l'organisation, nous a permis de comprendre à quel point les rapports interpersonnels avec les collègues et les chefs étaient vécus différemment. La figure n° 18 illustre clairement les diverses formes de rapprochement possible à l'égard de partenaires de travail.

Deux positions extrêmes sont tout d'abord visibles : celles des gens en retrait à l'égard du groupe et des collègues qui vivent un rapprochement obligé avec la personne des chefs, car ils constituent leur seul lien avec le milieu de travail ; celle des gens capables tout à la fois de négociation et de fortes perceptions des différences objectives et cognitives car ils sont en mesure d'opposer une forte résistance à toute autorité imposée.

Entre ces positions extrêmes, on constate que plusieurs types de déviations peuvent être analysés dans l'accès à la différence de l'autre. La première position correspond à une appréhension surtout affective de l'autre sans qu'il y ait possibilité de percevoir sa différence sur le plan cognitif. Cette forme de reconnaissance des autres correspond à une vie de groupe grégaire très soudée, mais aussi à l'acceptation d'une autorité officielle sur l'ensemble du groupe, comme si la différence cognitive ne pouvait être perçue qu'à travers de fortes différences institutionnelles.

La seconde déviation dans la perception des différences est celle de la grande sensibilité envers les divergences intellectuelles dans les échanges entre pairs. Cette sensibilité cognitive entraîne l'affaiblissement des rapports affectifs. Une difficulté à l'égard de la cohésion du groupe caractérise ici la décision collective qui se perd en quelque sorte dans la reconstitution permanente de noyaux hétérogènes, tandis que l'autorité officielle est subie comme une nécessité et un support face à une collectivité trop faiblement constituée.

Une troisième déviation dans l'accès à la différence des autres est celle où la sensibilité aux relations interpersonnelles est constamment estompée par un processus de méfiance et de compromis permanent entre positions divergentes. Le groupe existe, mais il est faible, car il est davantage centré sur des problèmes d'ambiance et de coexistence

Fig. 18. Styles de relations au travail en fonction de la perception des différences, des sociabilités collectives et des attitudes envers l'autorité

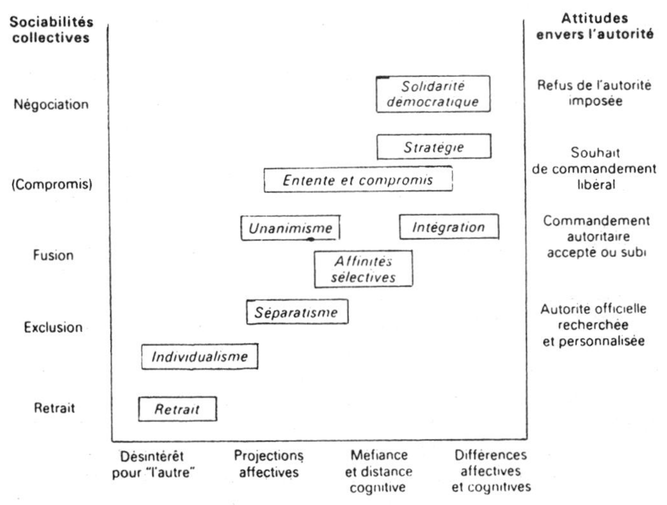

forcée que de négociation. L'autorité est alors crainte et demandée pour résoudre les difficultés de rapports humains dépassant les capacités de gestion du groupe par lui-même.

Dans la mesure où ces styles de relations ont été analysés à partir de situations socio-professionnelles bien typées, on voit ainsi apparaître de grandes facilitations ou limitations institutionnelles dans la perception des différences entre les individus. Peut-on dire alors que le fait d'avoir des moyens d'influence dans les échanges de travail peut avoir des conséquences sur l'importance et la qualité des phénomènes d'identification ? Les psychologues sociaux ont, depuis longtemps, fait porter leurs efforts sur l'étude de ces phénomènes d'identification où la structure sociale rejoint celle du groupe, où se vivent les échanges interpersonnels. C'est en s'appuyant sur leurs travaux récents que nous voudrions réfléchir aux conséquences psychologiques de la place que l'individu occupe dans les rapports de pouvoir en organisation.

L'IDENTIFICATION AUX ÉGAUX ET AUX PUISSANTS

Etudiant le processus d'identification dans les relations sociales, J.P. Leyens[2] part d'une définition de l'identification donnée par Symonds[3] : « Le modelage en pensée, sentiment ou action de quelqu'un sur une autre personne ». Et il tire comme conclusions d'une revue critique des travaux de nombreux psychologues sociaux[4] que les trois conditions affectant ce processus d'identification rejoignent assez bien les travaux des psychanalystes. Pour ces derniers, l'identification est l'introjection d'un modèle gratifiant et sécurisant. L'objet d'identification doit être non dangereux et il doit réduire l'anxiété. Or, les expériences des psychologues sociaux découvrent trois conditions pouvant affecter l'identification. Une condition affective : on s'identifie d'autant plus au modèle qu'il est sympathique. Une condition de similitude : l'identification est facilitée par la présence d'éléments communs entre le sujet et le modèle. Une condition de puissance : l'identification est plus importante si le modèle a du prestige. Ainsi, la puissance, le prestige, la compétence sont des biens enviables et gratifiants, alors que la sympathie et l'absence de différences culturelles, ethniques ou socio-économiques, peuvent être rangées, selon les psychanalystes, sous la rubrique de la sécurité. Mais toutes ces recherches ont posé le problème de la liaison à établir entre ces deux éléments de gratification et de sécurité. Les expériences ont démontré qu'ils étaient chacun non nécessaires, non suffisants et dans un rapport de non-additivité trop simple, pour provoquer l'identification. Or, le problème qui nous intéresse est précisément de savoir quelles conditions sociales et relationnelles peuvent faciliter l'identification.

C'est ici que Leyens propose un concept neuf : la distance psychologique, « perception subjective par le sujet d'un écart objectif entre lui et le modèle », pour rendre compte de l'apparition du processus d'identification. Il constate que cette perception de la différence avec le modèle diminue si la sécurité augmente mais, par ailleurs, cette perception croît si la gratification augmente. Le maximum d'identification se ferait pour une distance psychologique optimale, c'est-à-dire pour un écart pas trop élevé entre la sécurité et la gratification. S'il y a trop de rapprochement entre le sujet et le modèle, la gratification diminue et l'identification ne se fait pas. Inversement, s'il y a trop de distance, il y aura trop de danger à s'identifier. Les expérimentations faites sur des étudiants vérifient ces hypothèses de recherche, mais ces travaux, s'ils montrent que l'identification est le résultat d'une évaluation des gratifications et des dangers à en attendre, ne disent pas grand-chose sur la façon dont on apprécie ces optima.

Dans le prolongement de ses recherches empiriques sur les conditions sociales de l'amicalité, Maisonneuve[5] propose un schéma d'analyse de la relation interpersonnelle en fonction de sa double dimension affective et cognitive. Au début de l'amitié, on traverse une période stable, mais précaire et aveugle, où chacun voit l'autre à travers ses affects. Plus on aime l'autre, plus on veut qu'il soit d'accord, qu'il pense comme nous. Mais cette phase rapidement dépassée fait place à une période d'incidents critiques entre les partenaires quand ils découvrent les divergences par rapport aux attentes et qu'ils prennent conscience de la différence d'attitudes et de conduite. La réaction de l'amitié à ces divergences mettrait alors en jeu des caractéristiques psychologiques. Les individus rigides auraient tendance à sacrifier leurs liens au nom de leurs systèmes de valeurs, alors que des personnalités plus souples seraient capables de modifier leurs idées pour conserver l'ami.

En ce qui concerne les sentiments et non plus les opinions, l'amitié reposerait sur une présomption de similitude, c'est-à-dire de concordance entre les attitudes affectives des deux sujets. La perception clairvoyante des sentiments de l'autre n'est pas forcément associée à l'amitié. L'hypothèse fondamentale de Maisonneuve est même celle d'une sorte de connivence toujours implicite entre des amis, qui supposerait une forte similitude au plan des valeurs et une part importante d'homophilie dans l'entretien de cette similitude. L'intérêt de cette machinerie fantasmatique de l'amitié serait d'entretenir un certain frein à une trop grande clairvoyance affective ou idéologique dans les relations de petits groupes. Si les styles d'amitiés et de rencontres interpersonnelles diffèrent entre les groupes socio-professionnels, c'est qu'ils n'ont pas les mêmes moyens concrets de faire l'expérience de leurs divergences d'idées et de sentiments, et ce serait en degrés plus ou moins forts ou durables d'homophilie que l'on pourrait classer les styles d'amitié.

Un autre phénomène, largement démontré par de multiples psychologues sociaux, est celui de la tendance des individus à se différencier de leurs inférieurs et à s'identifier à leurs supérieurs. Mulder[6] est un des premiers à montrer que des sujets tendent à réduire la distance sociale, et non pas l'écart affectif, d'avec leurs supérieurs. Les sujets devaient accomplir diverses tâches de communication dans la situation expérimentale de Bavelas ; après chaque épreuve ils devaient porter des jugements sur leur satisfaction et celle des autres, sur leur compétence dans la tâche et sur celle des autres, et ils devaient passer un test de choix sociométriques. Les différences de pouvoir résultaient de la place dans le circuit de communication, où certains ont un rôle de transmission centrale, d'autres contrôlant des verrous et d'autres encore n'étant que des simples récepteurs périphériques. Les résultats montrent que les sujets tendent à diminuer la distance entre leurs qualités et celles du supérieur et à imaginer un écart encore plus grand que la réalité entre leurs performances et celles des ingénieurs.

J.-P. Poitou[7] constate lui aussi que le fait d'être en situation hiérarchique institue une sorte de mentalité collective, car les ingénieurs ont une tendance significative à sous-estimer les erreurs de ceux qui sont leurs supérieurs. L'expérience portait sur une tâche collective de trois postes hiérarchisés, après quoi les sujets devaient évaluer les gains et les pertes collectives ainsi que le nombre d'erreurs individuelles pour chaque équipier. Les résultats démontrent qu'en plus du fait bien connu de la surestimation générale des gains et de la sous-estimation des erreurs, ces dernières sont d'autant plus sous-estimées qu'on les attribue aux titulaires des postes plus élevés.

G. Lemaine, Desporte et Louarn[8] relatent une expérience plus complexe où l'on demande à 102 sujets, élèves d'une classe normale d'instituteurs, de faire des estimations individuelles d'un nombre de points lumineux présentés sur un écran. Les sujets ont au préalable été rangés par choix sociométriques en couples de cohésion d'influence forte dans la classe alors que d'autres n'ont pas été choisis par leurs collègues dans le test sociométrique. Il est ainsi possible d'étudier l'effet d'une différence de hiérarchie d'influence sur les performances de couples d'individus plus ou moins liés affectivement. La tâche qui consiste à définir une norme perceptive semble nettement influencée par le phénomène hiérarchique. On trouve que les sujets de couples avec cohésion forte convergent plus dans leurs estimations que ceux de couples sans cohésion ; et ce rapprochement des points de vues est d'autant plus fort qu'il y a une différence hiérarchique dans le couple. On constate en outre que les sujets de statut inférieur varient davantage dans leurs estimations que les sujets à statut supérieur dans la classe, si bien que l'incertitude créée par la réponse d'autrui est plus forte chez les supérieurs. En d'autres termes, s'il existe un lien affectif entre des sujets de position sociale inégale, les inférieurs ont plus tendance à s'identifier aux supérieurs que l'inverse.

J.R.P. French et B. Raven [9] notaient déjà que le sentiment d'amitié de l'inférieur envers le supérieur ou le désir de cette identification pouvaient constituer un fondement possible du pouvoir. Et Mulder [10], dans ses résultats expérimentaux, constate que, dans les tâches de résolution de problèmes en situation hiérarchique, la satisfaction des individus dépend beaucoup moins du taux d'activité de communication par postes, ou de l'accomplissement personnel par la découverte de la bonne solution, que de l'exercice même du pouvoir dont on dispose dans les réseaux de communication pour influencer le comportement des partenaires. Il montre ensuite que cette satisfaction due à l'exercice du pouvoir n'est pas absolue, mais qu'elle est le fruit d'une évaluation des coûts du rapprochement d'avec les partenaires. Avec les inférieurs, on sera d'autant plus satisfait d'exercer son pouvoir et donc de se différencier d'avec eux qu'ils sont loin, tandis qu'avec les supérieurs, on s'identifiera d'autant plus à leur pouvoir qu'ils ne sont pas trop loin. La satisfaction liée à l'exercice du pouvoir est d'autant plus forte que l'on ne bouscule pas l'ordre hiérarchique établi.

Il semble ainsi que le processus d'identification aux puissants dans les rapports de travail renseigne sur un phénomène beaucoup plus général dans les relations humaines qui est celui des difficultés d'accès à la différence, parce que les rapports humains recouvrent des répartitions d'influence inégales avec lesquelles il faudra compter pour imposer sa différence. Les identifications aux autres, sur le modèle de l'identification aux puissants, pourraient être interprétées comme le produit d'une évaluation permanente des moyens dont on dispose pour engager le combat contre l'ordre établi. S'identifier à l'autre est le résultat d'un constat de sa faiblesse dans les échanges que l'on peut avoir avec lui, parce qu'on n'a pas les moyens de soutenir sa différence dans le système social des échanges humains où l'on est placé.

Trois catégories de personne dans nos enquêtes manifestent, à travers leurs styles de relations, une grande faiblesse dans les relations d'identification horizontales entre pairs et une forte identification au chef. Chez elles, la relation d'autorité est non seulement acceptée mais revendiquée. Or, ces trois groupes : les ouvriers étrangers, les femmes en usine et les femmes au bureau, font précisément l'expérience quotidienne d'une absence de moyens de pression individuels et collectifs sur le monde du travail. La présomption de similitude et de congruence, dont parle J. Maisonneuve[11], qui sous-tend le processus des relations amicales, serait dans ce type de situation plus développée avec les chefs qu'avec les pairs. Chargée de forts sentiments, la relation au supérieur peut même prendre la place des ententes entre collègues. Dans les cas de ce genre, l'identification aux puissants peut être le seul moyen de revendiquer l'affirmation de sa différence face à des collègues ayant d'autres moyens et d'autres raisons de développer une solidarité entre pairs.

A l'autre extrême de l'échelle des pouvoirs dans l'organisation, nous avons en effet trouvé deux groupes sociaux qui refusent nettement les identifications verticales et qui ont trouvé diverses façons de vivre les solidarités entre pairs. Ce sont les ouvriers de métier et les cadres dominants. Dans ces deux cas, on voit que les individus relativement satisfaits de leur contrôle sur la hiérarchie ouvrière ou sur la hiérarchie d'entreprise sont capables de vivre des relations interpersonnelles différenciées sur le plan affectif et cognitif, c'est-à-dire qu'ils se libèrent des identifications horizontales, et sont capables de refuser l'autorité qui s'exercerait sur eux. Or, ces individus ont une place exceptionnelle dans l'échelle des ressources et moyens d'action qu'ils tirent à la fois du métier, de la place dans l'organisation, dans le perfectionnement professionnel, et de leur position dans les organisations collectives extérieures au travail comme le syndicat, la famille bourgeoise et les réseaux de relations sociales.

Etant eux-mêmes chacun des puissants, ces individus peuvent vivre les relations d'affinité entre collègues sous la forme d'identification plus souple et réciproque, car l'épreuve des oppositions dans le groupe, dont on peut sortir par la négociation, clarifie les différences ou vérifie les similitudes à chaque événement. C'est ainsi que les relations d'affinité peuvent se charger d'un contenu cognitif, et que l'amitié n'exclut pas la clairvoyance sur les différences d'idées. Mais il faut bien voir que cette façon de vivre les identifications sans aliénation forcée n'est possible que si chaque partenaire a l'occasion et le pouvoir de vivre librement ses échanges ; ce qui, au travail, n'est pas le cas de tout le monde.

Entre ces deux situations extrêmes, nous rencontrons des expériences d'identification ayant des effets variés sur la perception de l'autre.

Les ouvriers spécialisés, qui ne tirent individuellement aucune influence de leur position dans la technique et dans l'organisation, et qui doivent toutes leurs ressources à l'action collective de masse, vivent une double expérience professionnelle d'identification horizontale aux pairs et verticale aux leaders du système social ouvrier pour trouver les moyens d'affirmer leur différence, globale et syncrétique en face du pouvoir de la hiérarchie. Ils vivent en quelque sorte une expérience d'indifférenciation maximum, de solidarité soudée dans l'univers du travail, dont le style de relations unanimiste est le signe évident.

C'est ainsi qu'une forte solidarité dans un groupe social ne peut subsister sans de fortes distorsions autistiques dans la perception de l'autre et sans de graves scissions ou ruptures dans la vie collective.

La rigidité psychologique, dont parle Maisonneuve pour expliquer les ruptures au nom du maintien de son système axiologique, peut à notre avis trouver une part de son fondement dans le vécu collectif des situations concrètes de faible puissance individuelle dans les relations de travail. En ce qui concerne les employés ayant déjà une certaine ancienneté, il leur faut sans cesse reconnaître l'impossibilité où ils sont d'exercer une influence individuelle sur leur promotion. Une telle situation entraîne les gens à éviter de s'engager dans des conflits trop forts avec les collègues, où personne n'aurait les moyens de gagner, et où le seul résultat serait une très mauvaise ambiance. Les processus d'identification aux puissants, aux chefs, sont ici entravés par la concurrence face à l'avancement et l'égalitarisme jaloux qui se développe entre pairs face à la tentation permanente du favoritisme.

Les individus en situation de forte mobilité sociale et professionnelle, comme les agents techniques, voient leur identification aux chefs sans cesse remise en cause par leur promotion. Le chef immédiat ou le collègue d'un niveau de fonction hiérarchique supérieur, s'il représente un modèle possible, est rapidement détrôné de cette situation d'identification dès qu'on la rejoint.

LA PERTE ET LA RECONQUÊTE SOCIALE DE L'IDENTITÉ

L'influence du social sur la personnalité de l'individu adulte a depuis longtemps été repérée par les cliniciens confrontés au symptôme de la perte d'identité consécutive à des perturbations graves de leur univers social. Nos propres recherches sur les conduites de relations humaines dans la société de travail n'ont pas porté sur l'étude statistique de symptômes psychiatriques en fonction des contraintes de situations professionnelles et organisationnelles. Il reste que le champ de variation des aptitudes relationnelles constatées entre les divers modèles de comportement montrent que les conditions d'accès et de défense de sa propre identité sont très inégales selon les situations de travail.

Les travaux de R. Bastide sur la sociologie des maladies mentales ont depuis longtemps fait apparaître une évidente inégalité sociale face à la santé mentale, en ce sens que les ouvriers les moins qualifiés enregistrent les plus forts taux de maladies psychiatriques « et cela à tous les égards, que l'on considère la première entrée ou la rechute, les crises aiguës ou les troubles chroniques »[12]. Le travail parcellaire et la fatigue nerveuse perturbent la personnalité, mais également le surmenage intellectuel et émotionnel de nombreux postes d'encadrement ; le chômage enfin est source de troubles mentaux très violents quand le sujet ne peut plus attribuer à la société les causes de son échec. Toutes ces données à caractère statistique posent évidemment la question de la responsabilité du vécu organisationnel sur les troubles de la personnalité.

Cette constatation nous a incité à rechercher dans les travaux des cliniciens sur les symptômes de perte d'identité des processus de mise en cause de la personnalité par l'expérience des relations sociales. Il ne suffit pas, en effet, de constater que les rapports de travail peuvent atteindre des mécanismes profonds de la personnalité comme l'identification ou la capacité à se différencier. Encore faut-il tenter de dégager des processus explicatifs de ces rapports entre les relations sociales de travail et la qualité de la personne. Les constatations et théories des cliniciens sur le problème de l'identité ont ouvert de multiples voies de recherches dont il importe de saisir la portée avant de revenir au domaine spécifique des rapports humains de travail.

L'IMPUISSANCE SOCIALE MENANT À LA PERTE D'IDENTITÉ

En relisant les travaux des cliniciens sur les phénomènes de perte d'identité, on constate qu'un élément commun est présent dans les relations sociales des sujets traumatisés, ils ont tous été mis dans des situations de contraintes telles qu'ils n'avaient plus le pouvoir de s'opposer à l'agression des autres.

Les travaux de Bruno Bettelheim[13] sur la perte d'identité dans les camps de concentration, travaux qui ont d'ailleurs été largement à l'origine de sa réflexion sur le rôle des institutions sociales dans le façonnement des personnalités ou dans leur traitement, soulignent l'importance de la coercition sur l'état mental des prisonniers. Dans les camps où il a réussi à survivre en 1939, à Dachau et Buchenwald, le régime n'était ni celui du travail forcé, ni celui de l'extermination ; or il constate que la plupart des prisonniers sont morts d'eux-mêmes selon un processus de dégradation psychique inexorable. Les individus qui se laissaient ainsi mourir étaient appelés « musulmans » par les autres car ils se laissaient aller à une sorte de fatalité consciente progressive. Or, l'analyse de Bettelheim porte sur les processus largement sociaux de cette dégradation psychique et ensuite physique : « Ce qui s'est passé dans les camps de concentration donne à penser que dans des conditions de privation extrême, l'influence de l'environnement sur l'individu peut devenir totale »[14].

Pour l'auteur, l'environnement, ce n'est pas un ensemble indéfini de contraintes mais une volonté délibérée et consciente des gardiens SS de priver les prisonniers de tout moyen d'existence et de réactions personnelles. « C'étaient des tâches absurdes, l'absence de loisirs, l'impossibilité de faire des prévisions en raison des changements subits de politique à l'intérieur du camp qui étaient destructeurs. En détruisant la capacité de l'homme d'agir par lui-même, ou de prévoir la conséquence de ses actes, les SS ôtaient tout sens à l'action, si bien que beaucoup de prisonniers cessaient d'agir. Mais, à ce stade, ils ne tardaient pas à mourir »[15].

La moindre des relations humaines était ainsi vidée de son contenu affectif et cognitif par une coercition de tous les instants sur la possibilité d'action et de prévision des conséquences de ses actes. Dans l'impuissance à l'égard de toute conduite rationnelle en société, un grand nombre de prisonniers tombaient dans une sorte de délire permanent, de confusion mentale et de perte d'identité avant même de mourir, le suicide était même interdit et sévèrement puni en cas d'échec. On peut ainsi affirmer que la perte d'identité était un phénomène collectivement provoqué par une absence totale de contrôle sur les éléments quotidiens de la vie de relation.

Le psychanalyste E.H. Erikson[16] pose le problème de rapports entre l'individu et l'environnement autrement qu'en termes dualistes d'intérieur et d'extérieur, de sujet et d'objet ou de processus de défense contre une agression externe. Le sentiment d'identité « est un sentiment subjectif et tonique d'une unité personnelle et d'une continuité temporelle ». « Envisagée sous un aspect subjectif, l'identité du moi est la perception du fait qu'il y a une similitude avec soi-même et une continuité jusque dans les procédés de synthèse du moi, ce qui constitue le style d'individualité d'une personne ». L'identité implique deux dimensions : celle de l'ipséité (*sameness*) où le moi demeure fondamentalement le même à travers tous les changements de l'existence historique, et la dimension d'une expérience dynamique entre l'individu et les autres qui font partie de son environnement. Entre le processus social et le processus biologique, la tâche du moi est précisément d'assurer une fonction de synthèse, un principe d'organisation par lequel l'individu se maintient en tant que personnalité cohérente avec une ipséité et une continuité à la fois dans son expérience et dans sa réalité pour autrui.

Erikson constate à quel point les événements historiques peuvent apparaître dans les processus de transfert et de résistance dans une cure psychanalytique et comment, dans certaines circonstances de sanctions sociales très fortes, contre les minorités juives par exemple, ou dans le régime nazi, les sujets sont amenés à définir leur personnalité en réaction contre de telles contraintes sociales. Au cours de la guerre 1939-1945, l'une des manifestations pathologiques les plus fréquentes était une perte plus ou moins forte de la synthèse de soi. Les trois processus sociaux, biologique, social et de l'identité sont autonomes, chacun ayant son système d'avertissement particulier, la peur, l'angoisse, etc., mais ils sont interdépendants car chacun représente aussi une menace pour les autres.

S'appuyant sur les constatations extraites de son expérience de psychanalyste, Erikson propose une approche génétique de l'identité. La fonction de synthèse du moi entre les forces biologiques et les forces sociales prend différentes formes et court différents dangers en fonction des milieux sociaux et des étapes de l'évolution traversées par l'enfant puis par l'adulte. L'accès à l'identité ne se fait qu'au moment de l'adolescence, quand le sujet a pu se libérer de formes de synthèses fondées sur l'introjection primitive de l'image d'un autre, sa mère pour le bébé, puis sur l'identification de l'enfance aux membres de la famille et aux rôles scolaires. Avec la crise d'adolescence, on ne se définit plus par tel ou tel aspect de l'autre, les identifications cessent d'être dominantes car la société identifie l'individu, elle le reconnaît. Mais, au cours de la vie adulte, « il reste toujours à revivre des crises d'identité dans la suite des crises qui jalonnent la vie ultérieure »[17]. Erikson situe alors ces crises autour de la difficulté d'établir des rapports d'intimité avec d'autres, puis autour du problème des rapports avec la génération montante, et enfin, pendant la vieillesse, c'est le problème de l'intégrité, de l'ordre et de la signification qui fonde la sagesse ou le désespoir.

L'une des raisons les plus fréquentes de la consultation en psychanalyse chez les jeunes est un état de confusion d'identité accompagné d'une régression vers une sorte de paralysie. Or, les jeunes éprouvent ce type de symptômes quand ils doivent s'engager simultanément dans plusieurs expériences d'intimité, de choix professionnel et de définition psychosociale de soi. Une poussée régressive et un état de confusion ont alors pour objet de maintenir un état de choix et d'engagement minimum pour un sujet qui ne peut y faire face, Erikson nous montre ainsi que la perte d'identité peut être une sorte de réponse logique d'un individu qui n'a pas les moyens de répondre aux pressions et attentes de son milieu de relations sociales.

R.D. Laing, lui aussi, part des sentiments associés à la reconnaissance et à la confirmation de soi que l'on reçoit des autres, « c'est à peine si l'on commence d'étudier l'ontogénèse de la confirmation et de l'information »[18]. Ce que l'on pense de ses propres capacités d'agir, de percevoir, de ses mobiles et de ses intentions, dépend largement de ce que les autres attendent de vous. Trop d'attentes ou de pressions de ceux qui vous sont liés, et tout spécialement des membres de la famille, peuvent mettre gravement en question le sentiment de sa permanence. Pour Laing, la thérapie a pour fonction principale de fournir un cadre « où la capacité que chacun possède de découvrir son propre moi rencontre le moins d'obstacles possibles ».

Constater que les parents, frères et sœurs peuvent être à l'origine de graves perturbations de l'équilibre du sujet n'est pas nouveau, mais Laing s'efforce de démontrer les processus de l'influence des relations sur l'identité du sujet. La complémentarité des rôles sociaux, mère-enfant, père-enfant, mari-femme, c'est un des éléments constitutifs de la personnalité et le processus de la confirmation ne se développe pas sans difficultés dans ce réseau de relations. Les possibilités d'illusion sur soi et sur l'autre, de désillusion, d'erreur sur l'autre, et de collusion où chacun se dupe soi-même et joue à se duper mutuellement manifestent que la rencontre avec tout autre peut être source de difficultés dans la confirmation de soi et la reconnaissance des complémentarités.

Certaines « situations intenables et fausses » peuvent engendrer des identités de nature projective : on ne se découvre qu'en se remplissant de l'autre ; ou de nature introjective et imitative : on copie l'autre en vivant de sa vie. Provoquer la folie ne serait pas impossible par la seule manipulation de la tonalité affective et cognitive de la relation à l'autre. On observe souvent qu'une situation de double lien [19] où deux personnes, dont une victime désignée, vivent des expériences répétées d'injonctions contradictoires dangereuses et sans possibilité de fuir la rencontre, peut entraîner des perturbations psychiques qui pourraient être à l'origine de la schizophrénie.

Constatons seulement, dans la ligne de notre réflexion théorique, combien les cliniciens sont conduits à réfléchir sur la vulnérabilité de l'identité individuelle aux manipulations que l'on exerce sur l'environnement social du sujet. La perte d'identité, qui se manifeste par la confusion et le délire, serait comme une sorte de réponse logique du sujet à une situation d'impuissance sociale. Ne pouvant se défendre contre des pressions trop fortes, le sujet choisirait de s'évader de lui-même, de sortir de son identité pour fuir une situation intenable.

L'ACCÈS À L'IDENTITÉ PAR LE CONFLIT

L'expérience des psychothérapeutes et psychosociologues, quoique différente de celle des psychanalystes, est tout aussi importante à l'égard des processus sociaux de l'identité. Chargés de provoquer et de soutenir le cheminement d'un individu psychiquement fragile vers un renforcement de sa personnalité, Carl Rogers, Max Pagès, P. Maucorps mettent au point des expériences et des théories où nous retrouvons un point commun d'une importance capitale pour notre compréhension des conséquences humaines du travail. On découvre, en effet, dans une relecture attentive de ces trois auteurs, le rôle essentiel du conflit relationnel dans l'évolution du sujet, comme si l'accès à l'identité ne pouvait être que le résultat d'une conquête sociale, d'une victoire dans les relations quotidiennes.

L'extraordinaire expérience de P. Maucorps [20] sur le traitement d'une psychose-éclair par le conflit est fort révélatrice de cette nouvelle approche.

Cet auteur constate que, dans un hôpital de la région parisienne, de nombreux malades arrivent dans un état de confusion et d'abattement psychotique. Au bout de deux ou trois jours, ils se remettent sans cure précise. Cette psychose-éclair ne reçoit pas de diagnostic défini de la part des psychiatres qui rangent ces malades dans la vaste catégorie des alcooliques. En rapport avec les médecins et psychologues, Maucorps décide d'étudier les causes de cette maladie. Il découvre que l'inhibition corticale est le fond du syndrome, et surtout il comprend que la cause de cette inhibition réside dans le véritable vide social où se déroule la vie de ces ouvriers agricoles et industriels, d'une région de grande culture, et d'usines isolées, où les villages ne sont plus des centres d'animation. Le milieu social disperse les ouvriers, interdit une réalisation personnelle par le travail, empêche pratiquement les échanges affectifs entre individus souvent immigrés qui vivent comme des parias dans un monde riche et bien portant. Cet isolement social, redoublé par des biographies très marginales, entretient chez l'individu une sorte « d'inanimation » caractérisée par l'absence de toute aspiration vers un mieux, dont l'origine n'est pas tant une carence affective ou intellectuelle qu'un manque total d'incitations venues d'autrui.

En face de ces individus, psychopathiques par défaut de relations sociales, Maucorps et les médecins imaginent un traitement par le réapprentissage du conflit et de l'opposition en groupe. Ce traitement désigné par le terme grec « d'apétothérapie »[21] consiste à placer les malades en situation de groupe pendant trente jours, avec un animateur permissif, pour formuler des griefs sur la nourriture, le confort, les soins, les loisirs et la liberté dans l'hôpital. Le choix des revendications donnait naissance au groupe et à tous les processus conflictuels. Il fallait ensuite mener le combat contre la direction et l'administration de l'hôpital pour obtenir satisfaction. L'élaboration difficile et forcément conflictuelle d'une opinion collective et sa défense en face d'une autorité officielle entraînaient des effets très nets de retour à la vie sociale chez les participants les plus actifs. Le groupe dans son ensemble évoluait vers plus de quête de relation à autrui, vers une différenciation plus grande des rôles, vers plus de clairvoyance ou de transparence dans les relations et plus de sensibilité ou de réalisme dans les perceptions.

Une telle expérience pose la question du rôle du conflit relationnel dans la découverte de soi en société. Elle montre clairement que l'absence totale de contact humains peut entraîner jusqu'à la perte de soi dans l'épisode psychotique. Au cours de leurs séances de groupes et des actions de lutte contre l'administration, les malades sur qui le traitement a eu le plus d'effet sont redevenus plus congruents, c'est-à-dire plus conscients d'eux-mêmes, de leurs projets et de leurs moyens d'action pour se réinsérer dans la vie sociale. Ces conflits ont été menés avec la présence d'un animateur permissif qui jouait un rôle de réconfort et de confirmation inconditionnelle accordée aux malades pour qu'ils osent s'aventurer à parler dans le groupe. Mais l'animateur restait le plus neutre possible à l'égard des tensions et oppositions qui se sont manifestées au bout d'un certain temps à propos d'une tactique d'action. L'expérience du conflit avec les autres membres du groupe et avec l'autorité des dirigeants de l'hôpital est donc source de plus de sensibilité relationnelle et de réalisme perceptif. La reconnaissance de soi, et des autres, est ainsi tributaire des occasions sociales fournissant aux sujets les moyens de vivre et de supporter des conflits dans les relations immédiates.

Une autre observation clinique, celle que Max Pagès[22] expose dans son livre, *La vie affective des groupes*, porte sur le déroulement des relations observées dans une série de groupes de thérapie.

Le conflit qui éclôt dans les relations interpersonnelles de tout groupe d'évolution, vient, selon M. Pagès, d'une contradiction plus profondément ancrée en chacun et qui est liée à la dimension affective de toute relation. Etre en groupe, c'est être en relation et, du même coup, faire l'expérience d'un double sentiment, combinant deux pôles opposés : vouloir être relié à l'autre par l'amour, et vouloir être séparé de l'autre, ce qui engendre l'angoisse de séparation. La vie du groupe traduit sous forme de fusion et d'hostilité cette recherche collective de l'équilibre sentimental envers les autres. Il constate en effet que les groupes de thérapie évoluent selon un même schéma. Après une phase de rapports formels centrés sur les rôles sociaux officiels et le caractère cognitif des échanges, les groupes abordent un stade beaucoup plus affectif. Les sentiments de fusion et de haine alternent violemment et se polarisent sur des phénomènes de boucs émissaires. Il s'agit là pour l'auteur de voies de passages obligées vers une étape ultérieure « d'amour authentique » où chacun est capable d'accepter l'altérité de l'autre. Mais cette reconnaissance de la différence inévitable d'autrui emporte avec soi une forte angoisse de séparation. Et Max Pagès fait clairement apparaître que les conflits internes à l'histoire des groupes de thérapie recouvrent une résistance très profonde de chaque membre de la collectivité à vivre la séparation d'avec les autres. Il discerne de la sorte dans tout conflit social une protection fusionnelle contre les différences interpersonnelles. Une large proportion des événements sociaux et de groupes peut alors être comprise comme le moyen que les individus saisissent, chacun dans leur position, pour ne pas vivre un conflit jusqu'à son résultat final qui serait une comptabilité des gains et des pertes engendrant nécessairement une séparation entre les individus. L'accès à une relation intersubjective affective et cognitive, acceptant l'autre dans son originalité, dépend des processus affectifs de résolution de conflits par fusion ou exclusion à l'intérieur du groupe.

On voit ainsi que le conflit dans la vie de groupe est en quelque sorte la porte d'accès à la différence de soi par rapport aux autres, quand chaque membre du groupe est pris dans le courant des échanges affectifs déclenchés par l'expérience du groupe sans tâche précise. Replacés dans la réalité des hiérarchies d'entreprise, ces résultats soulignent l'énorme enjeu affectif du rapport au chef qui met trop en cause les mécanismes de défense contre la menace de la différenciation. Les sentiments qui se développent autour de l'autorité du pouvoir et des règlements sont intenses car ils traduisent le fait que les structures sociales influencent les groupes humains qui s'en servent pour bâtir leurs mécanismes de défense affective. Toucher aux structures d'autorité ou de répartition du travail, c'est donc mettre en jeu la vie affective des groupes et entraîner ensuite des relations de défense, inattendues pour l'organisation du travail définie selon des critères de rationalité purement technique et économique.

Dans le registre des relations psychothérapiques, l'un des apports fondamentaux de C. Rogers[23] est de souligner que ses patients viennent précisément le voir parce qu'ils ne peuvent affronter le jugement des autres en société. Il les soigne par une relation empathique, c'est-à-dire qu'il adopte une attitude inconditionnellement positive envers le patient, lui permettant par là même de réaccéder à la vie sociale et à son cortège de jugements sur les autres et sur soi-même. On découvre ainsi que, dans la relation humaine non thérapique, la possibilité de vivre un conflit est au cœur de la congruence de chacun et donc de la communication. La possibilité de vivre la rencontre avec un autre sur le plan affectif et cognitif dépend de la façon dont on peut trouver les moyens de supporter le jugement de l'autre.

Cette importance fondamentale de l'opposition dans la vie relationnelle et son effet sur la névrose sociale toujours possible de la personnalité ne sont ici abordés que dans une seule dimension très particulière de société, celle d'une relation de psychothérapie. Les règles du tout dire pour le client, de l'attitude inconditionnellement positive du thérapeute, le cabinet du médecin, la périodicité des rencontres et leur prix, confèrent à ce morceau de société une valeur de laboratoire, parce que l'on y contrôle avec soin l'expression des passions dans la relation entre le psychothérapeute et le client. Le conflit peut s'exprimer, mais il est étroitement canalisé vers l'analyse des affects.

Rogers, expliquant l'évolution de ses patients, montre que son attitude empathique, où toute velléité de conflit a été retirée de la relation thérapique du point de vue du médecin qui se présente comme inconditionnellement positif, provoque la remontée à la conscience du patient d'une foule d'épisodes conflictuels où le jugement des autres lui a été imposé, à son corps défendant. Avec le temps et la confirmation de son moi, qu'il retire de la relation thérapique par l'attitude attentive du thérapeute, le client découvre à quel point ses jugements anciens l'ont blessé ; mais aussi qu'ils pouvaient ne pas être forcément justes et, qu'au bout du compte, il peut lui-même réaccéder à l'univers du jugement sur les autres. Le retrait artificiel par le psychothérapeute du conflit hors de la relation immédiate aide le sujet à être plus congruent avec lui-même, c'est-à-dire plus capable de faire remonter à la conscience le caractère traumatique de ses expériences passées. Reformulée en termes d'accès à l'identité, on pourrait dire qu'une telle expérience de traitement psychothérapique révèle qu'une très forte pression sur un sujet faible, à une certaine époque de sa vie, a pu casser la congruence, la possibilité d'être rationnel, alors qu'une autre expérience nouvelle de reconnaissance de soi, sans qu'il ait besoin de se battre pour l'obtenir, a redonné au sujet le moyen de soutenir son identité dans les relations sociales. Le conflit est donc ici structurant dans la mesure où, consciemment, l'un des partenaires de la relation refuse d'utiliser ses armes, et consciemment l'autre découvre dans une relation ancienne le poids relatif des armes de ceux qui ont pesé lourd dans son passé.

Dans cette même veine de réflexion sur le conflit, Laing cite en outre des expériences de Searles sur la manière de rendre les gens fous et qui toutes ont pour fondement d'empêcher par une manipulation de la dimension affective et cognitive des relations immédiates, que le sujet ne puisse discerner qui est lui et qui est l'autre. Or, ces expériences ne peuvent être réalisées que dans un contexte de disproportion énorme entre les puissances des partenaires de relations ; il ne faut pas confondre, selon lui, « le conflit susceptible de renforcer l'être d'une personne, avec ce qui peut saboter, détruire le moi, à moins que celui-ci ne dispose de moyens exceptionnels de faire face »[24]. L'accès à soi-même est lié à la possibilité de soutenir sa position dans les conflits, alors que l'extrême conditionnement imposé par la domination écrasante d'un autre conduit, sinon obligatoirement à la folie, du moins à l'impossibilité de prendre conscience des différences.

Toute vie de groupe a finalement pour les individus cet effet paradoxal d'être tout à la fois le lieu de la découverte de sa différence mais aussi celui de la protection contre celle des autres. Le point commun de tous ces travaux évoqués semble, en effet, être la suppression d'une source de conflits dans la situation pour amener les individus à vivre à fond toute l'évolution d'un autre conflit présent ou passé. Comme si c'était précisément cette expérience de la possibilité de sortir d'un conflit sans être complètement détruit qui leur avait manqué.

Les travaux de recherche en clinique ont ainsi le résultat paradoxal de mettre en évidence l'extrême importance de la relation conflictuelle dans l'histoire personnelle d'un individu, alors que le traitement consiste précisément à diminuer l'emprise du conflit dans la relation immédiate. Le retour à l'identité par le conflit régulé de façon thérapique dans une relation interpersonnelle ou de groupe est une perspective qui confirme largement les analyses faites sur la perte de l'identité. Le message des psychothérapeutes et cliniciens est donc celui d'une mise en cause de la structure psychique d'un individu par les tensions qu'il éprouve dans ses relations sociales. L'impossibilité de faire face au conflit peut aller jusqu'à engendrer la perte d'identité ; tandis que l'aider à vivre les conflits peut restaurer une capacité d'autonomie.

RECONNAISSANCE SOCIALE ET CONSTITUTION DES IDENTITÉS INDIVIDUELLES

Le concept d'identité est utilisé par les cliniciens pour rendre compte du sentiment de permanence et de continuité que l'individu éprouve dans ses rapports sociaux, et perd dans les cas de contraintes extrêmes. Mais, pour les situations plus courantes de relations, le concept d'identité recouvre ce champ des rapports humains où le sujet s'efforce d'opérer une synthèse entre les forces internes et les forces externes de son action, entre ce qu'il est pour lui et ce qu'il est pour les autres. S'il y a identité personnelle, c'est qu'il y a reconnaissance par les autres, mais celle-ci n'est pas obligatoirement accordée, elle s'inscrit elle-même dans un jeu de forces sociales. L'articulation entre les processus sociaux de la reconnaissance est donc le problème sur lequel débouchent nombre de travaux en sciences humaines.

Nos propres réflexions sur la structure interne des modèles de relations interpersonnelles et de leur conséquence sur le plan des identifications et des choix relationnels des individus nous ont amené à situer l'une des clés de cette articulation dans le rapport à établir entre le pouvoir, le conflit et la reconnaissance du sujet car, entre ces trois dimensions, l'élément commun est celui des relations interpersonnelles. C'est autour de ce qui se passe dans les relations du triple point de vue de la structure sociale des pouvoirs, de l'affrontement dans les rencontres et de la possibilité d'être reconnu, que l'on peut situer la recherche d'un modèle socio-psychologique de la constitution des identités individuelles. Mais où trouver un modèle théorique qui permette d'associer l'identité de l'individu aux processus sociaux de sa reconnaissance, qui permette de rapprocher la structure individuelle du désir et l'organisation collective des affrontements entre sujets dans les relations de groupe ; qui contribue enfin à éclaircir le lien entre l'expérience affective des relations et l'expérience cognitive des échanges au point de donner une vision cohérente des processus d'accès à la rationalité individuelle ?

L'interrogation persistante des sciences sociales et cliniques à l'égard de l'œuvre de Hegel et de ce monument que représente *La phénoménologie de l'esprit*[25] nous a conduit à revenir à cette source et tout particulièrement à cette première partie de son œuvre où il est d'une part question du cheminement de l'esprit, dialectiquement conduit de la sensation à l'entendement au travers de l'activité perceptive du sujet ; et, d'autre part, où l'accès à la conscience de soi s'opère dans la dialectique du maître et de l'esclave. Ce double mouvement de la constitution du sujet dans son rapport aux objets et aux individus nous paraît offrir des perspectives extrêmement riches pour élaborer une solution à notre problème de modèle interdisciplinaire dans les sciences humaines.

UNE RELECTURE DU SCHÉMA HÉGÉLIEN DE LA RECONNAISSANCE DE SOI

L'intérêt que représente pour nous la pensée de Hegel vient du fait que nous y trouvons un schéma de la constitution du sujet sur le double plan cognitif et affectif qui situe avec précision le rôle moteur du conflit dans les relations en société. Refusant la réduction cartésienne du sujet au seul univers de la raison, Hegel analyse la constitution du sujet selon une double dialectique vers la rationalité et la reconnaissance de soi. L'entendement, état de l'esprit capable de raison et de pensée symbolique, n'est atteint qu'au terme d'un mouvement dialectique où l'esprit est d'abord occupé par lui-même et par les sensations qu'il reçoit du monde « ici et maintenant » ; puis, absorbé dans les objets qui finissent par imposer à l'esprit la permanence des qualités perçues « aussi et encore » dans la multiplicité des formes du monde sensible ; pour enfin faire le passage du monde perçu à l'activité pensante de l'esprit qui arrive de ce fait à l'entendement de l'unicité de l'objet par différence avec les autres ; c'est-à-dire à la compréhension du monde des forces qui unissent les qualités de l'objet tout en expliquant ses limites. L'activité de l'esprit est ainsi fondée sur la possibilité de se représenter le monde à partir des lois et des connaissances sans rester entièrement absorbé dans la découverte de sa pure sensibilité ou de la pure existence des objets.

Mais parallèlement à cette étude de l'accès à la rationalité, à l'appréhension du monde par le raisonnement, dans les trois premiers chapitres de l'ouvrage *Sensibilité, perception, force et entendement*, Hegel pose, comme on le sait, le problème de la reconnaissance du sujet qui ne peut se résoudre à la pure intelligence des choses (objets ou personnes) ressenties et perçues sous peine d'y rester confondu. C'est le désir de l'objet qui fonde le début de la dialectique menant à la reconnaissance de soi. Non que la saturation, la consommation matérielle ou imaginaire de l'objet suffisent à distinguer le percevant du perçu. Mais, au cours même de ce mouvement de désir vers la chose, le sujet rencontre inévitablement, puisqu'il vit en société, le désir concurrent d'un autre sujet. Et ce sera la confrontation de ces désirs dans la dialectique du maître et de l'esclave qui conférera au sujet la reconnaissance de soi par la reconnaissance des autres. En effet, une lutte à mort s'instaure nécessairement entre deux désirs de possession qui, dans la recherche d'une reconnaissance par l'autre de la réalité de leurs besoins, visent à imposer fondamentalement l'omnipotence de leur désir d'être. La rencontre de deux désirs d'être reconnu comme ayant le droit de désirer, ne peut déboucher sur l'entente et l'arrangement, car ce sont deux absolus qui se choquent et ne peuvent que s'exclure tout en ayant besoin de l'autre pour cette reconnaissance de son propre désir. Pour être reconnu, il faut arriver à ce que l'un oublie son propre désir de reconnaissance pour accepter de reconnaître celui de l'autre.

Dans cette lutte, l'esclave sera celui qui, refusant le risque de la mort, le risque de la non-saturation, se trouve prisonnier des activités de réalisation du désir sur l'objet, alors que le maître risquant la non-saturation immédiate sera capable d'orienter son action vers l'activité même de l'autre au point de lui infliger la reconnaissance de son propre désir. Dans cette lutte entre les désirs, l'un gagne peut-être la satisfaction immédiate mais perd l'autonomie de l'orientation de ses activités. L'autre risque la mort en acceptant la lutte mais gagne ensuite le travail du premier au service de la reconnaissance de son désir. Cette lutte départage ainsi le monde entre ceux qui ne sont que les esclaves de la satisfaction du désir d'être reconnus des autres, et ceux qui sont reconnus par les autres comme détenteurs d'un désir autonome. Au terme de cette double dialectique vers l'entendement et vers la reconnaissance de soi, le sujet est finalement reconnu, par la violence du conflit dans les relations, comme auteur d'une rationalité propre.

En plus de cette analyse dialectique de la constitution du sujet dans l'ordre du rapport aux objets et aux sujets, la démarche hegélienne montre que la réaction de l'esclave en face de sa situation contrainte peut engendrer différentes formes de rationalités. L'attitude stoïque consiste en effet à supporter sa situation en niant son caractère spécifiquement déterminant. Au prix d'une négation de la souffrance et des contingences matérielles, l'esclave peut retrouver mythiquement une sorte d'existence autonome. Inversement, le sceptique, retrouvant en toutes situations les germes d'une contrainte particulière, niera toute universalité et situera sa rationalité dans la redécouverte de l'infinie diversité des déterminations. La conscience malheureuse acceptera cette tension perpétuelle vers l'absolu et l'universalité, mais dans une lucidité douloureuse de l'éternelle redécouverte des spécifités et des contraintes.

L'intérêt de cette relecture du schéma hégélien est de permettre une représentation dynamique complexe de la constitution du sujet au travers de ses relations. La double et parallèle évolution du sujet-esprit de Hegel vers la conscience de soi et du monde offre en effet d'infinies possibilités d'agencement dialectique entre les mouvements internes et externes de la vie du sujet. Dans la figure 19 présentée par nous pour mieux illustrer la richesse de ce modèle, on voit clairement l'interdépendance entre le cognitif (l'entendement et la compréhension du monde) et l'affectif, c'est-à-dire le jeu de la relation entre les désirs. Le sujet n'est en effet capable d'accéder au stade du raisonnement complet que s'il peut être reconnu comme détenteur d'un désir dans l'ordre des relations affectives. Une double dialectique parallèle dans l'ordre du désir et dans l'ordre de la raison constitue le sujet complet.

Un second intérêt de ce modèle doit être recherché dans le fait que cette évolution du sujet individuel est profondément inscrite dans l'aventure humaine des relations sociales. Le cœur de la dialectique des désirs est en effet la lutte à mort, c'est-à-dire une relation sociale dont l'objet est la reconnaissance de soi par les autres. C'est en sortant vainqueur du conflit que le sujet peut être reconnu. La plénitude du sujet est ainsi directement associée à l'expérience conflictuelle de ses relations ; ce qui situe l'individualité non pas comme une entité de départ sur laquelle se construit ensuite le monde social, mais bien comme le résultat du jeu des relations, socialement inscrites dans l'expérience de la lutte et du conflit.

Le troisième intérêt de ce schéma est de laisser entendre que l'issue de la lutte a des conséquences importantes sur la culture même de l'individu. En effet, les positions philosophiques du stoïque, du sceptique et de la conscience malheureuse sont des façons particulières de l'esclave de raisonner sur son expérience. C'est en sortant vainqueur du conflit que l'on est pleinement libre de raisonner, si le sujet reste dépendant d'un autre, il ne pourra éviter que l'activité de son esprit ne soit en fait concentrée sur les conséquences de cette domination.

Le conflit est ainsi au cœur même des processus de la reconnaissance de soi, car c'est dans les perspectives de la lutte que le sujet trouve à affirmer sa différence, tant sur le plan des idées que sur celui des identifications affectives.

L'exceptionnelle richesse de ce schéma provient selon nous du fait qu'il permet d'articuler un lien dialectique entre l'individuel et le social au travers de l'expérience même du conflit. Mais la formulation très abstraite du rapport entre le sujet de désir et les circonstances sociales du conflit entre les sujets alimente depuis longtemps les voies de la recherche et de l'élaboration théorique sur la nature même du sujet. Poser le problème de la mise en cause de l'identité du sujet par les moyens sociaux d'accès à la reconnaissance de soi suppose que l'on s'interroge doublement sur la nature de ces moyens sociaux pour définir le sujet et l'identité dont on parle.

On peut questionner le sens même de la pensée de Hegel, quand il associe force et entendement dans son interprétation dialectique du cheminement de l'esprit. Dans le contexte d'une société développée comme la nôtre, on peut en effet renouveler l'hypothèse des rapports entre maîtres et esclaves en analysant concrètement les sources de pouvoir disponibles. Le contexte même du travail en organisation peut offrir un champ relativement neuf d'analyse des moyens sociaux

Fig. 19. Illustration du mouvement de la conscience dans la phénoménologie de Hegel

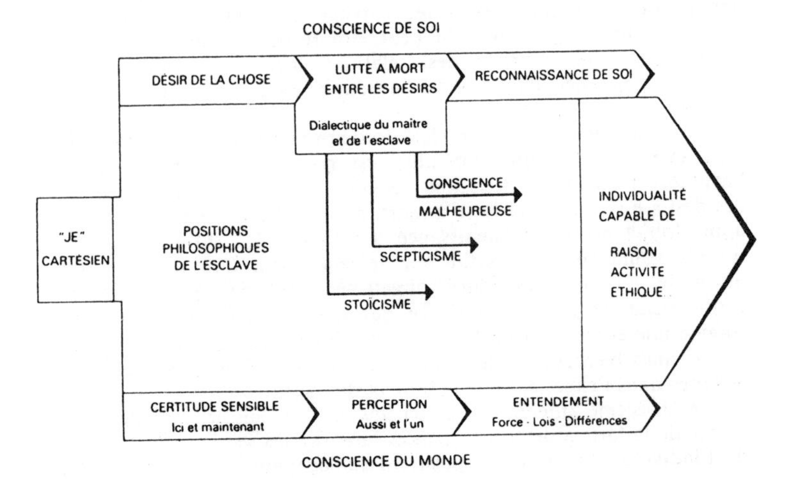

dont on dispose pour arriver à l'entendement, c'est-à-dire à une capacité de rationalisation.

Mais il ne suffit pas de maîtriser des sources de pouvoir pour faire reconnaître son identité, encore faut-il les utiliser dans les affrontements pour qu'elles deviennent de véritables forces. Entre le pouvoir et la force, s'interpose en effet toute l'opération relationnelle d'une transformation des atouts et potentialités d'influence en modes d'action, réellement exercés sur d'autres. Le processus d'opposition dans la rencontre des désirs est-il toujours celui du conflit ? Ne doit-on pas également admettre que de multiples phénomènes d'identification viennent profondément modifier l'hypothèse un peu abstraite d'une opposition totale entre les désirs ? C'est en nous interrogeant sur ces deux types de prolongement du schéma hégélien que nous pouvons espérer poser une problématique nouvelle des rapports entre l'expérience du travail et celle de l'identité.

LE POUVOIR ET LA FORCE

La pertinence du modèle hégélien est très certainement affectée d'une grave difficulté autour du problème de la force qui anime le sujet et le conduit à cheminer de la certitude sensible à l'entendement. Quel est donc le moteur de ce mouvement du sujet ? D'où lui vient donc la force de risquer la mort dans l'affrontement des désirs ? Comment expliquer que l'esprit du sujet s'arrache à la contemplation béate de la certitude sensible pour affecter son esprit au travail des perceptions et s'infliger la dure discipline d'une recherche de lois et d'explications ? Comment faut-il donc comprendre cette tension du sujet vers la double aventure difficile de la reconnaissance et de l'entendement ? Il n'y a pas là un simple débat philosophique mais bien l'une des questions clés des sciences humaines contemporaines confrontées au problème de l'explication de l'action de l'acteur social et stratégique. Les critiques de Karl Marx [26] adressées à Hegel ont précisément porté sur l'étude des conditions sociales de la lutte entre le maître et l'esclave, en posant effectivement le problème de la source du pouvoir dans les rapports sociaux. Il est indispensable de présenter l'essentiel de ces thèses si l'on veut progresser dans la compréhension du rapport entre force et pouvoir.

Marx reprend de Hegel cette idée fondamentale que l'homme objectif, celui qu'on appréhende dans ses actes réels, est le résultat de son propre travail. Hegel saisit en effet la production de l'homme par lui-même comme le résultat d'un processus dialectique d'objectivation et de désobjectivation, ou encore d'aliénation et de suppression de cette aliénation. Ce dernier concept est essentiel car il pose la dialectique, le mouvement de la négativité, comme principe moteur et créateur de l'humanité.

Si le moment de l'étrangéité, selon Hegel, est indispensable au devenir de l'esprit qui se fait par phases contradictoires, si le contraire du sujet, son extériorité pour l'autre et pour lui-même fait pourtant partie intégrante de son devenir dialectique, c'est que le sujet ne peut s'appréhender lui-même qu'en posant dans les limites étroites de son esprit, en dehors de lui, l'objet de son activité mentale, — pour ne la retrouver ensuite qu'au terme d'une compréhension de ses qualités et relations avec les autres objets. Le terme de cette dialectique de Hegel est effectivement la compréhension par le sujet de lui-même ainsi objectivé, quand la conscience de soi rejoint celle du monde, quand l'objet de la conscience (le mur, la table, le monde...) est dépassé, car l'homme y est en dehors de la conscience de soi, aliéné. La suppression de ce moment nécessaire à l'activité de l'esprit est pour Hegel l'objet même de la conscience, c'est-à-dire la conscience de soi en tant qu'objet, ce qu'il nomme l'esprit absolu. Cette construction dialectique du sujet, qui active son esprit de la conscience de soi à celle du monde, passe donc par le moment indispensable de la négativité, ou aliénation, qui est une façon de poser la « choséité » pour la distinguer du soi, mais dans laquelle la conscience est nécessairement aliénée. Marx a repris cette appréhension dialectique du sujet en s'appuyant au départ sur cette phénoménologie du processus de la conscience que propose Hegel, mais sa critique porte bientôt sur le caractère abstrait de ce processus que l'on ne peut rattacher à aucune réalité sociale et matérielle. Il critique également le terme du processus dialectique, l'esprit absolu, où les contraires s'évanouissent, le mouvement s'arrête, le soi et le monde se réconcilient dans une sorte de vision absolue, vertigineuse, que l'on ne peut situer dans le temps et l'espace, et que l'on a donc pu appeler mystique, car on y voit comme un signe ou même un appel de l'infini.

Marx analyse cette création dialectique de l'homme par lui-même, en s'appuyant sur la situation concrète du prolétariat dont il voit partout la montée en rapport avec l'expansion du capitalisme industriel. Hegel avait lui-même été profondément impressionné par l'éclosion de la Révolution française et des possibilités nouvelles offertes à l'homme, libéré de l'arbitraire féodal, pour penser le monde et l'Etat sur des bases enfin rationnelles. Marx, trente années plus tard, ne cesse de constater les conséquences médiocres pour le prolétariat de cette libération qui n'est en fait que celle de la classe bourgeoise. C'est donc en s'appuyant sur cette nouvelle réalité sociale qu'il critique l'abstraction de la dialectique hégélienne et qu'il va être amené à développer une autre analyse de l'aliénation et des rapports que le sujet entretient avec ses objets et les autres dans la société matérielle concrète de son époque.

Marx réinsère en fait cette problématique du rapport du sujet à ses objets et à d'autres sujets, dans le contexte du travail aliéné, et plus tard de l'exploitation capitaliste ; ce qui le conduit à poser différemment la question de l'aliénation et de la dialectique. La vie générique de l'homme, sa dimension universelle, que Hegel plaçait dans un contexte de pure activité mentale, ne peuvent se passer du contact avec la nature, à savoir son corps et le monde. Les rapports de l'homme avec lui-même ne s'actualisent et ne s'expriment que dans le rapport où l'homme se trouve avec d'autres hommes. L'homme fait ses preuves d'être générique dans cette élaboration du monde objectif où la nature apparaît comme son œuvre et sa réalité[27].

A ce point du raisonnement de la qualité « naturelle » de l'homme et non pas abstraite et idéaliste, Marx constate que, pour le travailleur salarié du prolétariat industriel, les forces du capitalisme, fondé sur la propriété privée des moyens de production, interviennent durement dans son rapport à l'objet, et donc aux autres, et finalement à lui-même. Le type de travail qu'on impose au prolétaire pour assurer sa survie est tellement contraignant qu'il est dépossédé, rendu étranger, aliéné de la plus grande part du produit de son travail par le système de l'extraction de la plus-value absolue et même relative de son effort. Le travailleur est en outre rendu étranger à lui-même dans l'acte même de produire, car il doit obéir à d'autres et s'asservir à des tâches entièrement imposées, ainsi d'ailleurs qu'à la machine. Le travail industriel produit certes des richesses matérielles, mais aussi une condition ouvrière aliénée. L'homme est obligé, dans une telle situation, de ne faire de son activité vitale consciente qu'un moyen de son existence physique, la pure reproduction de ses forces, au lieu de l'orienter vers sa dimension générique profonde de créateur de lui-même et du monde. Dans le travail aliéné, chaque homme considère autrui comme le signe et la source de l'impossibilité dans laquelle il se trouve de réaliser sa dimension spécifique. A cause du travail, dans le capitalisme industriel, l'homme est rendu étranger à l'homme, à lui-même et aux autres, car il est dépossédé de ses objets et de son activité créatrice.

Pour que l'homme prolétaire retrouve cette pleine nature de lui-même, il faut entamer la lutte entre prolétaires et capitalistes pour l'élimination historique de cette force matérielle que représente la propriété privée des moyens de production. A cette condition historique des rapports sociaux, l'aliénation pourra disparaître et l'homme retrouvera dans le monde sa personnalité entière et la libération de ses aspirations et de ses forces. Cet état de société, au sens plein du terme, permettra à chacun de jouir pleinement de ses objets, car ce qu'on produira ne sera plus la propriété des autres et les hommes seront en position de réconciliation entre eux. Marx évoque lui-même ces conditions d'épanouissement à propos de ses notes sur John Stuart Mill[28] :

« Admettons que nous ayons produit en tant qu'hommes : dans sa production, chacun de nous serait doublement affirmé lui-même et aurait affirmé l'autre. J'aurais :

1. Objectivé dans ma production mon individualité, sa particularité et j'aurais donc aussi bien joui pendant mon activité d'une manifestation vitale individuelle que connu, en contemplant l'objet, la joie individuelle de savoir que ma personnalité est une puissance objective, perceptible par les sens et en conséquence au-dessus de tout doute ;

2. Dans ta jouissance ou ton usage de mon produit, je jouirais directement de la conscience à la fois d'avoir satisfait dans mon

travail un besoin humain et d'avoir objectivé l'essence de l'homme, donc d'avoir procuré l'objet qui lui convenait aux besoins d'un autre être humain ;

3. D'avoir été pour toi le moyen terme entre toi-même et le genre, d'être donc connu et ressenti par toi comme un complément de ton propre être et une partie nécessaire de toi-même, donc de me savoir confirmé aussi bien dans ta pensée que dans ton amour ;

4. D'avoir créé dans la manifestation individuelle de ma vie la manifestation de ta vie, d'avoir donc confirmé et réalisé directement, dans mon activité individuelle, mon essence vraie, mon essence sociale. »

En plus de la dialectique entre les forces sociales du prolétariat et de la bourgeoisie des sociétés industrielles de son époque, Marx envisage donc bien une autre dimension de la réalité sociale qu'il situe au plan du rapport à soi-même et aux autres par le biais des rapports de chacun à son objet.

Nous voyons ainsi que du point de vue de la critique marxiste de Hegel, c'est finalement le problème du pouvoir social qui est directement réintroduit dans la dialectique. La force individuelle est bien celle de la classe sociale et non pas celle d'un esprit idéalisé en chaque être individuel. Et A. Kojeve[29], commentateur contemporain de l'œuvre de Hegel, reprend la critique marxiste pour soutenir que le moteur de la dialectique du maître et de l'esclave, c'est bien la force sociale des esclaves qui travaillent et luttent pour se libérer de la domination. Il va même plus loin dans l'analyse : pour lui, la position du maître n'est qu'une sorte d'impasse, car, pour être reconnu, le maître a profondément besoin de l'existence de l'esclave ainsi que de son travail. A l'extrême, il n'y a pas de pouvoir de maître et la force est toujours la réalité sociale collective d'une lutte des dominés.

Et c'est à ce point du débat sur la réalité d'une force individuelle qu'il nous faut critiquer l'approche marxiste à notre tour, sans pour autant endosser la perspective idéaliste abstraite que l'on peut trouver dans Hegel. Il est en effet frappant de constater que, pour Marx, la question du pouvoir ne se pose plus au terme de la lutte des classes. Dans le texte des manuscrits de 1844, que nous venons de citer plus haut, Karl Marx parle explicitement d'harmonie entre les hommes, car chacun se trouve réconcilié avec son rapport à la nature et à ses produits. A ce niveau de l'analyse, il n'introduit plus de mouvement dialectique, si bien que, la lutte des classes étant achevée, il retombe lui aussi sur un état, social cette fois-ci, de rapports sociaux stables et tout aussi vertigineux que la retombée de Hegel sur l'esprit absolu. Poussant la réflexion dans le même sens, A. Kojeve finit par contester toute existence de l'oppression des maîtres. Or, il y a là deux positions qui semblent tout à fait contredites par l'observation des rapports sociaux. Sans reprendre tout le débat sur les conflits de tendances qui se sont développées à l'intérieur même des appareils bureaucratiques d'Etat, nous devons constater, avec les psychologues sociaux et les sociologues de l'organisation, que la réalité quotidienne des rapports humains est au moins autant celle du conflit et du pouvoir que celle de l'harmonie. Après une victoire de classe, on peut faire l'hypothèse que la vie des organisations n'en sera pas pour autant constamment harmonieuse, même si d'autres procédures de résolution de conflits et de redistribution des pouvoirs peuvent être envisagées.

Le schéma hégélien peut donc être parfaitement repris à la condition d'inscrire la lutte entre les acteurs sociaux détenteurs de désir dans le contexte très concret des rapports de pouvoir. Nos réflexions sur l'inégalité des sources de pouvoir accessibles dans l'expérience des relations de travail montrent qu'une situation sociale comme celle de l'entreprise est en fait un lieu de luttes de pouvoir fréquentes. Il y a des véritables maîtres, individuels et collectifs, parce que la lutte des désirs s'inscrit dans un monde de ressources inégales. Nous avons vu par ailleurs que tout le monde ne s'investit pas de la même façon dans les rapports de travail, car certains disposent d'autres univers d'investissement en famille, dans les communautés ethniques, etc.

Reprenant la critique marxiste, mais la poussant davantage et en l'adaptant peut-être à la complexité contemporaine des processus de domination, il nous semble que la force du schéma hégélien coïncide en fait avec tous les pouvoirs accessibles dans les structures sociales. A condition de voir la dialectique de la lutte entre le maître et l'esclave comme le résultat d'affrontements très concrets où chacun tire de sa situation notamment organisationnelle des moyens de lutter, le schéma hégélien permet une appréhension sociologique de ce thème de la force individuelle fondée sur les ressources stratégiques accessibles en diverses positions de relations occupées par le sujet. Si l'idée d'un lien entre une force individuelle d'évolution psychique et le mouvement des forces sociales peut être soutenue, c'est que chaque individu s'inscrit dans un univers social de relations passées et présentes qui lui est spécifique. C'est-à-dire que l'équation des pouvoirs qu'il peut tirer de cet ensemble de relations confère à chacun les sources sociales d'une force unique et spécifique. Si l'origine de la force est bien sociale, comme le montre Marx, puisqu'elle provient de l'inscription dans les rapports de pouvoir vécus en toute structure, son application n'est pas limitée à l'affrontement collectif de classes, elle se réalise en toute occasion de rencontres. Nos travaux ont porté sur les pouvoirs que libère inégalement la structure d'organisation du travail dans les entreprises industrielles et administratives ; si bien que l'on peut démontrer en quoi les positions organisationnelles favorisent ou non l'accès au pouvoir. Mais d'autres recherches pourraient, devraient être résolument centrées sur le sujet, pour reconstituer dans son histoire et son présent de quelles ressources de pouvoir il a effectivement disposé, et dans combien d'univers de relations simultanés. Toute une sociologie du pouvoir d'être soi-même pourrait ainsi être développée pour mieux comprendre les circonstances sociales du façonnement des identités.

L'IDENTIFICATION ET LA DIFFÉRENCE DES DÉSIRS

Acceptant dans le schéma hégélien l'idée fondamentale que le désir et la rationalité peuvent être associés par l'expérience même d'une relation dialectique de maître à esclave, nous sommes néanmoins conduit à nous interroger sur la qualité de ce porteur de désir. Il semble que, sur ce point, la réponse provienne précisément du type d'analyse que l'on fait de ce qui se passe dans cette relation dialectique de domination entre porteurs de désirs. Pour Marx, il s'agit de rapports sociaux entre classes définies par leurs positions dans l'appareil de production et, le sujet, c'est la classe. Mais cette approche ne tient pas suffisamment compte de la complexité des rapports de pouvoir, avons-nous dit. Il faut tenir compte d'une autre complexité, celle des phénomènes d'identification qui, de l'enfance à la vie adulte, paraissent occuper une place très grande dans le déroulement des relations, même antagonistes. Si nous posons une problématique du rapport entre l'identité et les structures sociales par le biais des processus relationnels de la reconnaissance, nous ne pouvons éluder cette question de savoir comment articuler les phénomènes d'identification et ceux d'opposition dans le rapport entre les désirs. Porté par la sociologie des relations de pouvoir jusqu'à une compréhension extrêmement différenciée du jeu des acteurs, c'est dans l'étude théorique des identifications entre partenaires de relation que l'on trouvera la délimitation de notre sujet de désir.

Reprenant la dialectique du maître et de l'esclave, René Girard [30] montre à quel point la violence est au cœur de toutes les activités des sociétés primitives qui ne savent quels nouveaux rites sacrificiels inventer pour se protéger de la violence qui, une fois lâchée, se développe sans contrainte comme une contagion réciproque. La violence est réductrice de la différence, par le mécanisme de l'unanimité autour de la victime émissaire. Et René Girard souligne le lien profond et intime qui unit le désir à la violence — « une fois ses besoins primordiaux satisfaits et parfois même avant, l'homme désire intensément, mais il ne sait pas exactement quoi, car c'est l'être qu'il désire, un être dont il se sent privé et dont quelqu'un d'autre lui paraît pourvu » [31]. En définitive, le désir se révèle profondément mimétique « ce n'est pas par des paroles, c'est par son propre désir que le modèle désigne au sujet l'objet suprêmement désirable » [32]. La position du disciple est ainsi fondamentale tout en débouchant sur des impératifs contradictoires sans autre issue que la violence : « ...Chaque fois que le disciple croit trouver l'être devant lui, il s'efforce de l'atteindre en désirant ce que l'autre lui désigne ; et il rencontre chaque fois la violence du désir adverse. Par un raccourci à la fois logique et dément, il doit vite se convaincre que la violence elle-même est le signe le plus sûr de l'être qui toujours l'élude. La violence et le désir sont désormais liés l'un à l'autre » [33]. Si le désir suit la violence comme son ombre, c'est bien parce que « la violence signifie l'être et la divinité... » [34].

Ce retour anthropologique à une conception violente du désir dans la position de disciple, plus caractéristique de nos sociétés modernes que celle de l'esclave évoquée par Hegel, ouvre à notre avis la voie à l'étude de la rationalité du sujet individuel. C'est parce qu'il y a effectivement risque de mort et de violence dans toute mise en relation de désirs que le sujet peut sortir vainqueur de cette lutte et du même coup faire reconnaître la pleine autonomie de son sens.

Sociologiquement, nous pouvons dire que le support social du désir, c'est la possibilité concrète de vaincre dans les relations de pouvoir. Chaque sujet trouve dans les ressources toujours spécifiques de son univers personnel de relations des moyens de soutenir son désir en affrontant le désir des autres. Une sorte de lien social indissoluble associe le désir, la violence et la raison. Chacun ne pourra être rationnel, capable de pensée symbolique et de jugement sur son expérience, que dans la mesure où il trouvera dans ses ressources sociales un moyen, si petit soit-il, d'obtenir la reconnaissance de son désir en vainquant l'autre dans une relation quelconque. Cette expérience de la puissance ou de la maîtrise est profondément celle de la sortie des identifications pour déboucher sur le champ de sa différence.

Mais cette conception conflictuelle de l'accès au désir au moyen des phénomènes de violence vécus dans toutes les occasions de relation se heurte à l'importance des phénomènes d'identification inconsciente que les psychanalystes constatent dans la structuration du sujet.

Jacques Lacan propose, en effet, une théorie de la constitution du sujet dont les moments resteront profondément gravés dans la mémoire inconsciente du sujet adulte. Le désir d'exister, d'être reconnu et identifié comme auteur de demande d'amour et de besoins d'objets est mis en rapport avec l'existence des autres individus par le processus des identifications, qui s'élabore au cours des deux étapes de l'enfance : le stade du miroir de 6 à 18 mois, et la résolution du complexe d'Œdipe jusque vers 5 ou 6 ans... Au cours de ces deux moments cruciaux que Lacan analyse comme des dialectiques, le sujet apprend à s'identifier, c'est-à-dire qu'il reconnaît en l'autre une part de lui-même, ce qui l'aide en quelque sorte à se repérer lui-même.

Au cours du stade du miroir [35], l'enfant apprend à se distinguer du monde alentour par la rencontre qu'il fait avec sa propre image dans le miroir, où il découvre une dimension neuve : la reconnaissance de la totalité de son corps. Après cet âge de la découverte de son intégrité physique, l'enfant remplacera le miroir par les parents, les autres et plus tard la culture... qui seront les miroirs où il trouvera les images de lui-même qui lui restitueront sa personnalité. C'est donc par une dialectique non conflictuelle de la reconnaissance par le biais d'une image que le sujet accède à lui-même.

Au cours du stade de l'Œdipe mis en évidence par Freud, l'enfant traverse un peu plus tard une nouvelle dialectique de différenciation mais cette fois-ci par rapport à ses parents. Le mécanisme de cette découverte de soi est à présent celui de l'identification à l'objet du désir de la mère, pour rester dans une relation duelle intense avec elle. Mais la présence du père prive l'enfant de l'objet de son désir premier pour engendrer une seconde identification, cette fois-ci au père.

Nous voyons alors que, de nouveau, l'enfant n'accède à la reconnaissance de son désir que par des identifications successives. En d'autres termes, seule la présence sociale d'autres permet d'accéder à la reconnaissance de son propre désir. Et toute une réflexion sur le rôle de la société dans la structuration du sujet doit alors s'ouvrir sur les éléments déterminant à la présence et la qualité de cet autre, qui nous donne la possibilité de nous reconnaître, ainsi que sur les circonstances et moyens de la transmission de ces images, parmi lesquelles il faut situer en première place le discours et la langue.

Dans une théorie de la transubjectivité, Lacan [36] et Glucksmann [37], qui s'en inspire pour développer le concept de la lutte à mort dans la constitution du sujet, soutiennent que l'accès à soi-même par le canal du désir de l'autre ne peut se faire qu'en empruntant les voies concrètes du discours de la langue et de la culture. Or, tous ces éléments de communication sont déjà donnés par la société et son histoire, dans lesquels les sujets ne peuvent faire autrement que de s'inscrire pour parler et se faire entendre. En d'autres termes, l'expression du sujet et les péripéties d'une rencontre intersubjective sont largement prédéterminées par une double forme d'inconscient culturel et individuel. Au plan culturel, ce sont les équilibres socio-politiques et économiques qui fondent la logique impérative des discours et des échanges humains ; au plan individuel, un autre inconscient, celui de l'histoire personnelle des identifications passées du sujet, vient moduler l'expression des désirs dans les rencontres interpersonnelles.

Cette analyse de la constitution relationnelle du sujet doit beaucoup à l'analyse hégélienne du maître et de l'esclave, qui posait déjà l'idée fondamentale de l'évolution de l'esprit en fonction de la relation à l'autre. Et il est certain que l'expérience clinique de la psychanalyse confirme sans cesse l'intuition freudienne de l'importance de la présence des parents dans la constitution du sujet au travers du jeu de l'identification parentale dans ce qu'il a appelé le complexe d'Œdipe. Mais la théorie de Lacan se heurte, à notre avis, à l'hypothèse du conflit que Hegel situe dans la lutte à mort entre le maître et l'esclave autour de la quête de la reconnaissance de son désir plein. Le problème est en effet de savoir si la réintégration du conflit dans les relations interpersonnelles est compatible avec une approche purement transubjective du sujet où le soi ne peut venir que de l'autre. Admettre l'hypothèse d'une lutte véritable, c'est accepter l'idée que la domination de l'autre par soi peut conduire le sujet à la découverte de lui-même au travers de l'expérience de sa puissance et pas seulement de son aliénation au désir de l'autre.

Et c'est précisément sur le caractère réel du risque couru dans les conflits que nos travaux orientent à nouveau la relecture du schéma hégélien. Si le processus des identifications est indéniable et par là même l'inscription de chaque sujet dans de grandes chaînes de significations inconscientes, il semble que le processus de la sortie des identifications par la lutte entre détenteurs de désir soit également un processus central de la constitution du sujet.

Les inégalités d'accès au pouvoir dans les relations adultes et particulièrement dans celles du travail conduisent effectivement des individus à ne pas pouvoir imposer aux autres leurs différences, tandis que certains privilégiés, sur le plan des ressources stratégiques, ont les moyens concrets de faire reconnaître leurs idées et d'imposer leurs sens. La mort symbolique, l'impossibilité d'arriver au sens pour soi dans les relations quotidiennes, ne sont pas une mince affaire, et la perte d'identité n'est jamais loin. Quant aux pressions physiques et économiques, elles sont directes dans le monde du travail, et les accidents, la dégradation physique, les pressions matérielles de tous ordres ne sont pas rares. Même dans une société réglementée et policée, le langage du travail est celui de la jungle, beaucoup plus que celui de l'inscription froide et automatique dans un grand discours inconscient collectif.

Cet ancrage sociologique du schéma hégélien nous conduit loin d'une vision purement identificatoire de la constitution du sujet. Si l'expérience du pouvoir et du risque violent, contenue dans toute relation de désir, est source d'accès à la rationalité individuelle de l'adulte, ne peut-on penser que, dès l'enfance, on devrait rencontrer les traces de cette découverte de soi par la maîtrise violente des autres ? Une sociologie de la constitution du sujet devrait faire ressortir l'évolution progressive des ressources sociales dont dispose l'enfant pour sortir des identifications et construire progressivement les éléments de sa rationalité.

C'est ainsi que l'on pourrait revenir au stade du miroir pour y déceler autre chose que la pure image de soi conférée par un autre. Cette fascination qu'exerce le miroir sur l'enfant n'est-elle pas aussi en rapport avec la découverte que l'image est totalement obéissante ? Le premier jeu de l'enfant avec ce personnage, qu'il ne reconnaît tout d'abord ni comme une image, ni comme lui-même, n'est-il pas précisément celui d'une expérience de la soumission de l'image au désir de l'enfant ? Il fait un geste, l'image suit ; il rit, l'image répond ; il s'en va, l'image part. Voilà sans doute une expérience extrêmement satisfaisante par rapport à son histoire sociale antérieure où ses cris et ses pleurs manifestaient si souvent que les humains qui l'entourent ne répondent pas comme il l'attend à sa demande d'affection et de soins. Il n'y aurait pas que le corps à être morcelé pour le sujet avant le stade du miroir, il y aurait aussi le désir, par indifférenciation forcée avec la mère affective. L'expérience du stade du miroir serait donc, parallèlement à celle du corps propre, celle de la reconnaissance que le désir autonome est possible, puisqu'il peut plier un autre à une soumission totale.

Parallèlement à la découverte de soi par identification à l'autre, il y a le mouvement inverse de différenciation par l'affrontement des désirs en fonction des pouvoirs de résistance que confère la place dans la société, même celle qui entoure le berceau ! L'accès à l'identité serait ainsi le résultat d'un processus conjoint d'identification et de différenciation qui se joue dans les relations sur deux registres associés, celui du rapprochement affectif et celui du pouvoir social de se détacher en imposant une différence.

Notre analyse de la mise en cause de l'identité du sujet individuel par les circonstances conflictuelles des relations sociales ne met finalement pas en opposition les phénomènes d'identification inconscients et ceux de la reconnaissance des différences. Il est évident que l'individu adulte est largement constitué par un grand nombre d'identifications présentes et passées dont il n'est pas conscient, et qui vont orienter fortement le destin de ses relations. Mais il est également important d'admettre que sa position sociale présente, et probablement aussi celle de son enfance, offrent des occasions non seulement de conflits, mais aussi de ressources de pouvoir donnant le moyen de vaincre dans la relation et d'imposer sa différence. Probablement croissantes avec l'adolescence et la vie adulte, ces opportunités de choix, d'alliances, de conflits et de pouvoir marqueront davantage les relations de l'adulte que celles de l'enfant. Et l'on voudrait soutenir l'hypothèse que, si l'identité de l'enfant et son désir sont fortement liés à l'histoire d'identifications successives, l'identité de l'adulte est sans doute beaucoup plus dépendante des moyens sociaux dont il dispose pour soutenir sa différence dans les conflits et, par là même, sortir des identifications.

ELÉMENTS D'UN MODÈLE SOCIO-PSYCHOLOGIQUE D'ACCÈS À L'IDENTITÉ

Ces débats théoriques sur la pertinence du schéma hégélien nous conduisent finalement à penser qu'une socio-psychologie est possible et nécessaire à la compréhension des effets en profondeur des structures sociales.

A condition de l'insérer dans une vision plus moderne des rapports de pouvoir et à condition de ne pas oublier que les processus d'identification entre les désirs forment une large trame de la constitution des individus, le schéma hegélien de la dialectique du maître et de l'esclave fournit un modèle relationnel et conflictuel de l'accès à l'identité fort précieux pour articuler certaines des interdépendances entre le monde de l'individu et celui des rapports sociaux.

Du schéma hégélien, nous retenons l'idée fondamentale que la personnalité de l'individu peut être analysée comme un système de rapport entre le désir et le rationnel. Il y a un lien entre l'expérience affective des relations et l'expérience cognitive de la découverte d'un sens au monde et aux choses.

Nous pouvons dire que l'un des moteurs de la personnalité est à situer précisément dans ce développement parallèle et associé du désir et de la capacité rationnelle. Etre capable de raisonner sur son monde présent et passé, pouvoir tirer une leçon de son expérience, interpréter les signes du réel, et sortir du pur fantasme ne sont pas des opérations indépendantes de l'aventure du désir. Tel est le sens profond du schéma hégélien et de cette vision dialectique et systématique de la personnalité individuelle.

Mais l'aventure du désir de la reconnaissance passe par les perspectives sociales d'une lutte entre partenaires de relations. Nous pouvons admettre que l'un des moteurs du système de la personnalité est certainement situé dans l'expérience conflictuelle et sociale des relations humaines. C'est à ce point précis que le système social rencontre le système de la personnalité. Nous avons, en effet, admis et montré que le système social entraîne nécessairement une mise en relation des individus, et leur donne alors plus ou moins d'occasions d'exercer un pouvoir de coercition sur les partenaires de relations. Etre placé dans une structure sociale stable, quelle qu'elle soit, y exercer un rôle, c'est obligatoirement être situé dans un univers de relations où s'échange et se distribue inégalement du pouvoir.

Dans la mesure où il y a affrontement entre pouvoirs inégaux, le sujet risque toujours de ne pas sortir vainqueur des luttes pour la reconnaissance, et c'est ainsi que le système de la personnalité est mis en jeu par l'univers du social. Pour des raisons de manque de ressources stratégiques, le sujet peut être en quelque sorte condamné à faire l'expérience de l'échec de son désir face à la victoire de l'autre. Le sujet risque dans ce combat des désirs l'équilibre de sa raison et de sa capacité à conférer un sens à son expérience. On peut ainsi admettre que le système de la personnalité est nettement dépendant de l'expérience sociale des relations dans la mesure où le sujet y trouve cette force de soutenir son désir et de confronter son expérience sensible à sa raison.

Le concept d'identité est alors très précieux pour désigner cette part du système du sujet qui réagit en permanence à la structure du système social. L'identité exprime cette quête de force que l'on trouve dans les ressources sociales du pouvoir pour arriver à la possibilité de se faire reconnaître comme détenteur d'un désir propre. Et ce sont les perspectives sociales de cette quête de force qui ouvrent au sujet le moyen d'être rationnel par rapport à son expérience. Le concept d'identité désigne donc à la fois la permanence des moyens sociaux de la reconnaissance et la capacité pour le sujet à conférer un sens durable à son expérience. Désireux d'être, le sujet ne trouve cette plénitude que dans les moyens sociaux de codifier son expérience.

La lutte pour le pouvoir n'est donc pas une fin en soi, mais bien le signe social d'un jeu plus profond de la personnalité, qui s'insère au cœur de toute relation prolongée.

Ce schéma théorique ne prétend pas aborder le problème de la personnalité dans toute sa complexité. Il permet seulement d'ouvrir à la sociologie un champ fructueux de recherches sur la mise en cause des identités par l'expérience sociale des relations humaines. En l'appliquant à nos propres travaux sur les relations interpersonnelles dans les organisations industrielles et administratives, on s'aperçoit que tout un processus complexe de façonnement des individualités s'opère sous le couvert de l'aménagement des postes et des fonctions. Les modèles de relations précédemment analysés recouvrent en fait des modalités communes d'accès à l'identité. Sans vouloir aucunement cerner toute la complexité du sujet, nous voulons seulement montrer que l'organisation sociale du travail n'a pas que des produits économiques et techniques, elle engendre aussi des conséquences au plan des individus et de leur système de personnalité.

IDENTITÉS ET LOGIQUES D'ACTEURS AU TRAVAIL

A regarder l'univers des relations dans le travail, on ne peut pas occulter le fait qu'il y a effectivement des gagnants et des perdants au fil des échanges quotidiens. Les maîtres existent, car ils ont davantage de moyens de perdre et de risquer, mais leur domination n'est pas absolue car les dominés peuvent effectivement trouver des moyens de s'opposer brutalement, de résister continuellement, ou même de supporter leur état pour ce qu'ils y gagnent de ressources pour des combats extérieurs. Si le monde du travail est tragique, c'est qu'on y perd effectivement une part de son identité parce qu'on y est dominé réellement de multiples façons. Quand l'étude des rapports de travail révèle l'inégalité des moyens d'échanges et de compréhension, l'inégalité des gains et des ressources présentes et futures, elle montre que les gens n'ont effectivement pas les mêmes moyens de vivre les différences et les identifications.

L'étude des rapports de travail, pour ne parler que de cette institution sociale, conduit ainsi à l'idée que, dans l'expérience des relations humaines conflictuelles, il se passe bien le phénomène fondamental d'un accès inégal à l'identité du sujet, car les moyens d'y obtenir la reconnaissance chez les autres n'y sont pas répartis de la même façon. Le travail constitue ainsi un lieu d'entraînement à la rationalité, car il met en œuvre divers types de processus d'accès à l'identité en fonction des moyens dont on dispose pour supporter l'épreuve du conflit. Les types de rationalité peuvent être classés selon la façon dont l'individu surmonte l'épreuve du feu que représente, au travail, la lutte stratégique. Dans les circonstances de totale dépendance et d'incapacité à s'opposer aux autres, collègues ou chefs, les individus ne peuvent plus interpréter leur expérience au travail que de façon imaginaire, hallucinatoire et fantasmatique. Dans les conditions d'extrême contrainte organisationnelle et technique, on peut voir des travailleurs prêter des caractères humains à leurs machines ; des étrangers croire que leurs souffrances à l'usine et en France sont justifiées par le bonheur matériel présent et futur qu'ils engendrent au pays ; des femmes ne pouvoir supporter les rapports d'autorité au travail qu'en les vivant sous le prisme déformant des relations maritales, familiales et sexuelles.

Dans d'autres circonstances de travail, les gens peuvent supporter des affrontements, mais en s'intégrant à une masse, à une solidarité compacte. L'identité des individus peut atteindre une certaine forme de rationalité, mais à la condition d'en appréhender le réel, de ne se retourner sur son expérience qu'au travers des catégories d'analyse qui rendent davantage compte de la position de la collectivité que de celle de l'individu. Les logiques ou rationalités que permettent de telles identités collectives sont sorties de l'imaginaire et du simple fantasme, mais elles sont fortement imprégnées de la masse, de la hiérarchie, selon qu'on est en bas de l'échelle ou plus haut dans la hiérarchie.

La possibilité de comptabiliser individuellement les atouts de sa puissance dans une négociation ou un conflit permet à d'autres individus de mesurer les effets de leur propre expérience en se reportant à un savoir déjà répertorié au lieu de s'en masquer les conséquences en se plongeant dans l'imaginaire. La rationalité est ici toute faite de capacité d'affronter le réel et de rapprocher la pensée des actes en n'occultant pas trop les racines de son propre désir. Entre le désir qui exprime l'équation individuelle inaliénable et la rationalité de l'esprit qui pourrait être définie comme la possibilité d'accorder l'action et la réflexion dans l'expérience concrète des relations humaines, il faut interposer les multiples médiations des moyens dont on dispose pour contempler dans l'expérience son produit, sa marque, le résultat qui vous désigne et vous fait reconnaître.

Dans le travail, différentes formes d'identité s'échelonnent ainsi selon les modalités concrètes de traitement de l'expérience. Quand il n'y a aucun moyen de mesurer son résultat dans les relations, alors le désir fuit de son côté dans l'imaginaire pur, et la rationalité est avant tout celle des autres, ceux qui détiennent le pouvoir d'imposer leur puissance dans toute rencontre. Quand les moyens d'être reconnu comme auteur de résultat ne sont accessibles qu'à un niveau collectif, parce que chacun est trop faible pour soutenir seul une relation d'affrontement et en retirer la considération de son pouvoir, la rationalité n'est finalement accessible qu'au prix d'un certain degré de fusion entre les désirs, réalisés par des processus d'identification projective réciproque entre pairs. Quand, enfin, chacun dispose de moyens suffisants pour obtenir tout seul la reconnaissance de ses actions par les autres, il peut concilier pour lui-même le désir, la réflexion et l'action, au point d'en édifier une logique personnelle et particulière.

L'inscription sociologique de l'individu dans une série d'espaces relationnels, plus ou moins séparés, permet en outre de comprendre que l'individu peut sérier les tableaux sur lesquels il cherche la reconnaissance et qu'il peut avoir aussi les moyens de ne pas faire usage de ses armes. C'est en ce sens que l'univers des relations de travail peut être un lieu de constitution différentielle des identités individuelles, car il diffuse à ses divers membres des moyens effectivement inégaux de lutte, et des champs plus ou moins diversifiés d'affrontement pour mesurer ses victoires, ses échecs ou ses risques.

Dans les quatre modèles généraux de relations interpersonnelles :

la fusion, le retrait, la négociation et l'exclusion, rencontrés dans les enquêtes en situation de travail, il est possible de retrouver différentes logiques d'acteurs. Il ne s'agit pas de personnalité collective, mais seulement de processus d'accès à l'identité communs à des individus occupant le même type de position au travail. De même que les langues nationales différencient les humains dans leur modalité de communication, leur façon de sentir et de raisonner, de même les contraintes du travail impriment des voies particulières d'accès à l'identité. Il reste évidemment que la psychologie de chaque personne est constituée de toute son histoire antérieure, mais elle doit compter avec les pressions que le travail exerce sur les relations.

Dans la position des employés de bureau déjà anciens, le style de relation d'Entente et Compromis associe l'importance de la bonne ambiance, une certaine méfiance interpersonnelle et des rapports ambigus avec le chef. Comment interpréter ce style en termes d'identité ? Il faut rester en bons termes avec les partenaires d'un univers relativement figé et immobile, où seuls la patience et le temps peuvent produire un avancement qu'il s'agit d'attendre passivement. Les gens sont ainsi placés dans une situation où il faut se définir par opposition avec d'autres que l'on ne connaît pas, car ils sont dans des strates différentes, tout en s'attachant aux collègues avec qui on a peu de rapports d'engagement interpersonnel puisqu'il faut entretenir la bonne ambiance en évitant des conflits. Il semble qu'en associant les processus de complémentarité et de collusion dans les rapports interpersonnels, décrits par Laing[38], au mécanisme des conflits, on puisse comprendre ce type d'identité acquise dans le monde bureaucratique et ses conséquences sur le plan de l'action. La situation bureaucratique de réglementation et de spécialisation des attributions adjointes au système de promotion et d'avancement à l'ancienneté qui caractérise ces phénomènes de strates produirait une sorte d'identité collusoire généralisée. Manquant de moyens de s'affirmer, chacun obtient de l'autre, du collègue et même des chefs, qu'il le confirme dans un faux soi que l'on voudrait rendre véridique pour masquer une réalité trop stagnante. La situation de travail est en fait celle d'une rigoureuse impossibilité de se sentir complémentaire avec les autres car la spécialisation des tâches, la réglementation écrite des consignes et la concurrence à l'égard d'un avancement à l'intérieur de structures pyramidales entretient l'isolement entre les individus.

Cette absence de complémentarité entre partenaires de relations empêche que, dans le système social, on puisse établir des alliances à l'intérieur de la strate. Les conflits sont largement éliminés par le fait que les coalitions ne peuvent se former par défaut de complémentarité entre les partenaires de relations. Chacun est donc amené à se définir par des faux-semblants auxquels on demande aux autres de croire, pour y croire soi-même. Le souci de la bonne ambiance et du compromis recouvre le fait que les affrontements ne déboucheraient sur rien d'autre que sur la constatation de cette vérité des isolements et du manque de moyens pour s'opposer. La fuite des rapports de face à face, dans la mesure où ils peuvent signifier des affrontements, traduit alors un processus de définition de soi par de faibles identifications entre collègues où l'on demande à chacun de se prêter au jeu, de faire comme si on vivait réellement dans une situation où rien ne se gagne qu'à attendre en évitant de s'affirmer par le conflit.

Un tel processus d'affaiblissement des individualités par élimination « rationnelle » des occasions de conflit ne cesse de renforcer la structure pyramidale d'une entreprise et son processus de pseudo-changement par convulsions périodiques. Indéfiniment, l'entreprise pourra éviter de regarder son produit et la qualité du service rendu, car chacun a trouvé le moyen de se soustraire aux véritables accomplissements en se créant des formes de reconnaissance collusoire.

La redéfinition de son identité par l'intermédiaire de l'esprit maison et de l'intégration à l'entreprise est un autre curieux produit psychologique de l'univers social. Il suppose en effet que l'individu trouve son identité par assimilation à un ensemble complexe où les relations interpersonnelles se dissolvent dans un grand enchaînement pyramidal de responsables. Dans cette collectivité anonyme, « la maison » ne permet plus, à la limite, de distinguer entre les divers individus et types de groupes qui la constituent. L'intégration à l'esprit maison représente en quelque sorte une identité par négation de soi-même et de son rôle particulier. Or, il semble bien que la catégorie professionnelle la plus proche de cet esprit maison soit précisément celle des cadres subalternes autodidactes et en position de tampon entre la masse de base et la filière hiérarchique. Cette situation rejoint assez bien l'une des « situations fausses et intenables » dont parle Laing[39] en évoquant « la situation de double lien », comme étant définie par une double injonction contradictoire, accompagnée d'une menace sur la survie et d'une interdiction de fuir. Dans une telle situation, la victime ne sait plus comment se conduire et sa rationalité peut en être fortement ébranlée.

Sans être aussi aiguë, la position de tampon est cependant difficile à vivre, car les sujets ne peuvent éviter le double conflit simultané, avec le bas et avec le haut à propos de la transmission de n'importe quel ordre. La base résiste toujours avec plus ou moins de succès aux ordres qui la concernent. Incapables de se soustraire aux conflits d'une telle position, les cadres subalternes et la maîtrise ne peuvent subsister qu'en s'appuyant sur des entités. Le thème de l'esprit maison et la définition de son identité par l'identification aux structures d'autorité et aux masses humaines que cela recouvre sont la conséquence logique d'une perpétuelle défaite dans une situation contraignante et paradoxale de double lien.

Le style de relations unanimistes, que nous avons trouvé dans le groupe des ouvriers spécialisés français comme une sorte de réponse aux contraintes excessives que le travail pouvait exercer sur les individus, pose un problème d'identité collective où la fusion l'emporte sur la reconnaissance des différences interpersonnelles.

Pour reprendre les remarques d'Erikson[40] sur la confusion d'identité qui apparaît chez les jeunes quand ils sont contraints de faire une série de choix sans en avoir la force, on pourrait émettre l'hypothèse que les OS vivent au travail l'expérience d'une faiblesse individuelle trop grande en face de tous les conflits qu'ils auraient à affronter s'ils voulaient s'affirmer face aux chefs, aux collègues et à l'entreprise en général. L'organisation du travail « émiettée », la chaîne quand elle existe encore, le manque de temps et de réserves physiques pour se former, l'absence de promotion et de perfectionnement, et les difficultés économiques sont autant de contraintes qui freinent la possibilité pour l'individu de gagner quoi que ce soit dans les conflits qui jalonnent l'expérience des relations interpersonnelles. Dans ces contraintes disciplinaires, techniques et physiques, l'ouvrier OS mesure la faiblesse de ses ressources individuelles pour imposer son point de vue. Une sorte de tableau de comportements réactionnels à cette situation d'échecs individuels répétés rejoindrait assez bien le diagnostic de confusion d'identité que Erikson a décrit à propos des symptômes pouvant accompagner la crise d'adolescence. Si l'identité ouvrière peut être vécue sous une forme fusionnelle collective et solidaire, c'est que les possibilités d'obtenir une reconnaissance sociale individuelle sont trop limitées. Plutôt que de refaire sans cesse l'expérience de la difficulté à se comprendre dans les relations, chacun adoptera une certaine méfiance à l'égard des différences cognitives dans les relations intimes. Le monde extérieur est globalement vécu comme étranger et imposé, car on ne peut rien maîtriser dans les relations interpersonnelles au travail. Le monde arrive comme une sorte de gigantesque *happening* en face duquel les positions individuelles oscillent entre la dépression, le renoncement, la passivité et le sentiment d'échec personnel, ou bien le choix d'une identité réactionnelle et totale en face du monde oppresseur. Erikson montre que, dans une situation de contrainte analogue, les adolescents choisissent de s'exprimer par cette identité négative fondée sur l'identification aux modèles de comportements antérieurs et jugés mauvais par les parents. Il pourrait y avoir dans le monde ouvrier des OS une définition de soi en pure négativité par rapport à l'ordre et aux modèles culturels de ceux qui imposent cette société et ce travail qui les écrasent. Cette identité négative peut s'exprimer, à l'inverse de la réaction de passivité, par une sorte de totalisme. Erikson[41] désigne par totalisme une restructuration du monde de façon totalitaire, exclusive et inclusive tout à la fois, mais sans souplesse ni ouverture. Quand l'accès à la différence et à la réciprocité n'est plus possible, alors ce totalisme n'est ni un infantilisme, ni une régression, mais une sorte de façon primitive de traiter l'expérience en face de situations critiques. Or, pour les OS, la situation est tout le temps critique et menaçante. On ne vit pas impunément l'expérience de la défaite individuelle dans les relations où l'on ne gagne ni richesse, ni avancement, ni prestige, ni santé, ni estime. Cette perte de la différence et de la réciprocité est encore accentuée par le décalage entre le statut individuel que chacun tire d'une combinaison de la multiplicité des rôles vécus dans la vie civile et la réduction écrasante de la variété des rôles vécus dans l'atelier. Les ouvriers OS sont ainsi obligés d'édifier leur personnalité sur une perte d'identité individuelle par rapport au monde extérieur et sur l'impossibilité d'arriver à se définir une identité personnelle au travers des échanges de travail. La seule façon d'exister est alors celle de l'identification maximum aux proches ainsi qu'aux chefs et aux leaders des syndicats et partis qui orientent la masse.

Les individus en situation de forte mobilité, comme les jeunes ouvriers nouveaux professionnels ou les agents techniques de bureaux d'études, ou les cadres en situation hiérarchique intermédiaire doivent faire face à un renouvellement fréquent de leurs identités individuelles, car leur trajectoire les fait changer de milieu de références sociales et professionnelles et les oblige à reconstituer leur capital de reconnaissance de soi au travers de leurs relations neuves. Cette expérience d'une identité instable et toujours rebâtie est aussi celle d'un décalage permanent entre les moyens individuels d'affirmation de soi et les possibilités d'obtenir une reconnaissance collective. S'ils tablent sur leurs capacités d'études théoriques et d'apprentissage, ils constatent leurs différences avec les collègues, et la possibilité d'arriver à des relations réciproques. Ils sont capables de penser et d'imposer leurs solutions techniques et leurs projets d'évolutions personnelles. On les reconnaît individuellement comme détenteurs d'une identité technique et capables d'évolution. Mais, s'ils considèrent leurs positions de groupe par rapport aux groupes ouvriers ou aux cadres dominants, ils ne peuvent que constater leur défaut de pouvoir en face du poids de la hiérarchie ou des ouvriers. Très fréquemment, les initiatives individuelles sont brimées par les règlements et rapports de forces qui les dépassent et imposent de brutaux démentis à leur certitude d'être reconnus. Mais cette instabilité de l'identité acquise est encore augmentée par la nécessité d'abandonner les identifications antérieurement constituées à chaque étape du mouvement. Le fameux malaise des cadres et l'anxiété des « mutants » peuvent ainsi être décrits en termes de crises permanentes d'identité, où la nécessité de briser avec les anciennes relations peut introduire un fort coefficient de culpabilité collective que l'on retrouve souvent chez les ouvriers nouveaux professionnels comme chez les techniciens qui éprouvent fréquemment une sorte de remords d'avoir quitté le monde ouvrier.

Un type de logique d'acteur, capable de soutenir sa différence dans le contexte des rapports de travail, se retrouve, d'après nos résultats, principalement dans les groupes d'individus appartenant aux ouvriers professionnels de métier et aux cadres ayant des carrières rapides. Bien que ces deux types de positions soient très différents par le milieu social d'origine et la place dans l'organisation, ils réunissent cependant des avantages comparables en matière d'accès à l'identité individuelle. Nous avons effectivement démontré que les ressources de pouvoir dans l'ordre de la technique et du contrôle des communications étaient les plus développées dans ces deux types de groupes humains. D'autant que leurs rapports à l'environnement de l'organisation offrent à chacun de ces groupes des avantages complémentaires ; les individus occupant ces positions de travailleurs de métier ou de cadres évolutifs ont donc plus de chances qu'ailleurs de risquer davantage de conflits dans leurs relations et par là même de gagner davantage d'occasions d'être reconnus. Les dangers corrélatifs de ces plus grands investissements individuels dans les rapports de force et de négociation sont surmontés plus facilement qu'ailleurs, grâce à la pluralité de leurs engagements dans le travail et en dehors.

L'importance décisive de l'atout de la naissance, pour les cadres bourgeois, les conduit à se définir dans les conflits du travail en fonction d'une position dans la famille où ils ont acquis un autre type d'identité fortement articulée sur la non-remise en question de la hiérarchie des rôles expérimentés dans l'enfance avec les parents et les frères et sœurs. Bien qu'apte au conflit et à la stratégie permanente dans les rapports de travail, le cadre dominant doit compter avec son identité familiale qui lui a, depuis longtemps, appris une sorte de stabilité hiérarchique. L'importance du paternalisme dans le monde industriel pourrait trouver une part de justification dans le fait qu'il permet aux cadres d'origine sociale favorisée, qui sont destinés aux futurs postes de direction, de concilier leur identité familiale et professionnelle en vivant la hiérarchie comme naturelle et compatible avec l'autorité du père comme directeur de l'entreprise. Le modèle du paternalisme inclut directement la hiérarchie des rôles et la fonde sur la réalité familiale où elle est vécue comme naturelle. La lutte des frères pour remplacer le père offre une assez bonne justification également « naturelle » à la lutte à couteaux tirés qui, bien souvent, envahit les filières de promotion rapide dans la hiérarchie.

Pour les ouvriers de métier, l'identité s'appuie sur les moyens de lutte acquis dans la position sociale et professionnelle : la compétence et la maîtrise d'un métier. Or, l'apprentissage du métier est fondamentalement une affaire d'expérience, de temps et aussi de capacités, si bien que la découverte de soi par la reconnaissance que l'on obtient de l'autre n'est pas exempte des forts sentiments d'infériorité ou de supériorité. Les processus mêmes de l'apprentissage ne sont pas neutres, car la transmission des coups de main et des informations pertinentes peut durer fort longtemps, s'il y a peu de postes professionnels intéressants à se partager. Là aussi, l'accès à la différence n'est pas exempt d'une représentation hiérarchique de soi et des autres, qui peut entrer en contradiction violente avec la revendication d'autonomie et d'indépendance que l'on peut tirer en général de la maîtrise d'un métier.

Il reste enfin les deux groupes importants de travailleurs qui n'ont aucun ou peu de moyens de se faire reconnaître dans le travail. Dans le cas des travailleurs immigrés, employés dans les postes les plus simples et les moins valorisés, en bas de la hiérarchie ouvrière française, tant qu'ils n'ont pas manifesté de signes tangibles de leur intégration par la langue et le choix de rester en France, il semble que les rapports de travail ne soient l'occasion d'aucune constitution d'identité. Il est en effet très rare que leur différence soit reconnue comme utile par les collègues ou les chefs. Leur « étrangéité » ne sert finalement aux yeux des autres qu'à justifier le fait qu'on leur attribue les tâches les plus ingrates et les moins payées. Leur type d'identité au travail ne peut donc être que fortement illusoire et imaginaire. Pour se sentir exister, ces travailleurs étrangers doivent se représenter à l'étranger chez eux, en évoquant le rôle qu'ils y jouent et joueront plus tard à partir de leur période d'émigration, sauf à réclamer parfois la modeste condition d'être humain pour obtenir un peu de considération pour leur santé ; ces travailleurs doivent accepter l'esclavage au sens hégélien du terme, c'est-à-dire considérer en face le fait qu'ils n'ont aucun moyen d'accéder à la maîtrise dans les rapports de travail en France. Il n'y a en général pour eux d'identité en France, qu'imaginaire ou fondée sur la réalité précaire de la solidarité des bidonvilles ou des hôtels meublés ; ou encore, et cela peut arriver dans les centres industriels ayant depuis fort longtemps importé de la main-d'œuvre étrangère, comme dans les mines et la métallurgie, on voit de véritables colonisations d'ateliers ou de professions par pays. Une entrée progressive dans le monde du travail français se fait ainsi par blocs nationaux collectivement identifiés à des tâches dont les Français ne veulent plus.

Les femmes à l'usine et surtout au bureau semblent vivre leur identité de travailleurs sur le modèle d'une collusion typique avec leurs chefs. Objectivement maintenues à l'écart de la promotion, du perfectionnement et des salaires élevés par les hommes sous le prétexte qu'elles doivent se réaliser à la maison et ne chercher dans ce travail qu'un salaire d'appoint, les femmes acceptent, semble-t-il, une telle position de domination parce qu'elle entretient l'équilibre traditionnel des rapports hommes-femmes dans le foyer familial. Or, il semble bien que la situation actuelle des rapports hommes-femmes au travail continue d'être fondée sur une sorte d'infériorité féminine à se réaliser dans la technique, le travail et le commandement. Chaque sexe voit l'autre au travail sur un mode d'identité parfaitement collusoire, en ce sens qu'on joue réciproquement au jeu de ne voir en l'autre que les attributs socialement reconnus du sexe pour lui demander de ne pas remettre en question les rapports de domination qui se sont instaurés dans l'ordre de la production. Une telle attitude remplace l'identité qu'on pourrait se reconnaître à partir de l'expérience de travail, par celle plus ou moins mythique des rapports sexuels. La collusion sert ici à renforcer l'identité dans les rapports familiaux et les rapports de couples. Il est certain que c'est là une parade sociale à l'augmentation du nombre de femmes au travail, mais que la série de malentendus et de faux-semblants qu'elle engendre peut entraîner une situation de rupture d'identité quand l'un ou l'autre des partenaires trouve les moyens de ne plus jouer le jeu.

CONCLUSION

Au terme de ce chapitre nous voyons peut-être mieux pourquoi l'expérience du pouvoir est dangereuse et fascinante tout à la fois. Thucydide affirmait déjà que « tout être exerce tout le pouvoir dont il peut disposer » ; tandis que Hobbes constatait « qu'il existe en l'homme un désir insatiable de pouvoir ». Cette vision de la jungle ou de la guerre perpétuelle entre les humains est certes gênante, et pourtant elle a toujours clarifié la réalité sociale, envisagée tout aussi bien sous l'angle de la lutte des classes, que dans la perspective des rapports de pouvoirs dans les organisations. Les réflexions présentées dans ce chapitre, étayées sur les recherches de psycho-sociologues, psychanalystes et sociologues permettent de considérer sous un jour nouveau le rôle du conflit dans les relations. Si le pouvoir social est profondément recherché, c'est que l'individu risque dans toute relation la perte de la reconnaissance de soi ; l'identité individuelle est intimement liée au pouvoir, car elle dépend des moyens de lutte que l'individu trouve dans son expérience sociale pour imposer et faire respecter sa différence. Les recherches de psycho-sociologues et psychanalystes mettent largement en évidence cet ancrage de l'identité et des processus d'identification dans l'expérience relationnelle et sociale du pouvoir. Et l'exposé de ces multiples études et observations sur la mise en cause de l'identité individuelle par le social avait pour objet de rappeler que si les rapports de travail sont importants pour comprendre la personnalité des individus, c'est qu'ils y font l'expérience de l'affrontement des désirs de reconnaissance dans un contexte d'accès inégal, mouvant et complexe au pouvoir.

Les styles de relations antérieurement analysés, en fonction des ressources de pouvoir libérées par l'état même de l'organisation, sont ainsi la traduction, au niveau des comportements, de l'expérience profonde de la façon dont on obtient la reconnaissance. Toute l'identité de chaque sujet n'est certes pas incluse dans la dynamique des rapports de pouvoir dans l'entreprise, mais les individus sont certainement vulnérables aux conflits nombreux qui s'y déroulent, car ils y mesurent les limites et la puissance de leur propre jugement. Obtenir la reconnaissance devient ainsi une sorte de fardeau social indispensable pour construire sa rationalité individuelle, et le travail dans une organisation n'est pas un des moindres champs de cette activité permanente de l'individu.

L'aspect individuel de cette logique d'acteur dont nous parlions en introduction de ce chapitre est ainsi à mettre en rapport avec cette importance des relations dans le cheminement du sujet vers sa propre rationalité. Est-ce à dire pour autant que nous irions jusqu'à reprendre l'hypothèse d'une sorte de personnalité de base en l'adaptant aux situations de travail, comme Kardiner et Dufrenne l'ont fait pour rendre compte de phénomènes culturels au niveau des sociétés ?

Nous sommes d'accord avec l'idée qu'il y a un lien entre les pratiques sociales et la personnalité, nous sommes d'accord et nous avons même proposé d'articuler cette liaison autour des concepts de pouvoir social libérés par les structures de l'organisation, conflit dans les relations interpersonnelles et identité du sujet où sa capacité de raisonnement est mise en cause et en jeu par le processus conflictuel d'accès à la reconnaissance sociale ; avec M. Dufrenne[42], nous dirions volontiers que : « La personnalité de base évoque une certaine configuration psychologique particulière, propre aux membres d'une société donnée et qui se manifeste par un certain style de vie sur lequel les individus brodent leurs variantes particulières ». Nous avons en effet mis en évidence des corrélations entre la façon de se comporter avec les pairs, les chefs ou les subordonnés et les caractéristiques économiques, technologiques et organisationnelles de diverses situations de travail. Mais il importait d'ajouter un processus analytique à ce constat ; et l'objet de ce chapitre était précisément d'édifier les propositions théoriques d'une interdépendance partielle mais réelle entre l'expérience intime du sujet au niveau de son identité, l'univers « groupal » des rapports interpersonnels et la structure sociale des pouvoirs.

Cette démonstration théorique a été tentée à propos des rapports de travail dans les grandes et moyennes organisations, non pour des raisons a priori de rejet de phénomènes de pouvoir qui seraient saisis à des niveaux plus larges de la réalité sociale, comme celui de la classe ; ou plus profonds de l'histoire du sujet, comme celui de la famille et des relations parentales ; mais parce que la croissance et la variété du phénomène d'organisation dans les sociétés urbaines et industrielles de notre époque, en créant de complexes rapports de pouvoir autour de règlements très vite dépassés, poussent les individus à une recherche permanente des supports de leur rationalité dans un contexte qui les dépasse. Il ne s'agit pas de prolonger la pensée de Kardiner en ajoutant à sa liste des institutions primaires constitutives de la personnalité de base comme la famille, l'école et la religion, une quatrième institution qui serait « l'organisation ». Dufrenne montre en effet qu'en toute institution il y a un aspect primaire de normes, de règles et de contraintes et un aspect secondaire de réaction individuelle plus psychologique face à la culture imposée ; et cette façon de voir nous permettrait alors de dire que le travail en organisation est certainement de nos jours une institution de forte mise en cause des personnalités, car les individus y sont confrontés de façon souvent blessante au problème d'une rationalité individuelle souvent mise en cause et toujours à refaire ou à défendre.

Chapitre 9

L'action culturelle du travail organisé

La pratique et la pensée organisatrice se sont, depuis longtemps, appliquées à la résolution de difficultés majeures d'une époque ; la communauté religieuse, la corporation des artisans, l'Etat moderne et son appareil administratif centralisé, l'armée permanente sont autant de grands efforts organisationnels. Avec chacune de ces périodes de réflexion sur le problème des hommes en collectivité, la société de l'époque s'est trouvée enrichie de bénéfices culturels inattendus. Des types humains sont apparus (le moine, le militaire, le fonctionnaire, l'artisan) comme des modèles normatifs, tandis que des systèmes de valeurs étaient généralisés aux rapports sociaux au prix de conflits idéologiques interminables ; l'Etat centralisé a dû abattre l'esprit féodal ; l'esprit civil et l'esprit militaire n'ont cessé de se remplacer au pinacle des valeurs de la société nationale, tandis que l'artisanat n'a jamais cessé d'être animé par des affrontements ouverts ou sournois entre différentes conceptions de la corporation puis de la profession.

En d'autres termes, il paraît essentiel de remarquer à quel point l'activité organisatrice de la société est au moins aussi culturelle qu'instrumentale et, pour cette raison même, objet de conflits idéologiques fondamentaux.

Qu'en est-il alors de cette nouvelle préoccupation organisatrice qui, depuis la fin du siècle dernier, s'est appliquée au problème de la croissance économique et sociale ? Peut-on dire que notre société ait été marquée dans sa culture par ce grand effort d'organisation des entreprises industrielles et de service ? Y a-t-il actuellement encore des conflits idéologiques importants et qui soient l'expression même de cet effort organisationnel ?

Face aux difficultés de l'analyse du changement par « une pensée sociologique prise entre un incrémentalisme technocratique et un volontarisme prophétique », comme le souligne F. Bourricaud[1], c'est par l'étude de « l'apprentissage de nouvelles manières d'agir, de sentir et de penser que nous pouvons essayer de dépasser cette alternative ».

Poser en toute clarté le problème de l'influence de l'organisation sur les échelles de valeurs issues de l'éducation, de la morale et de la religion, c'est en fait s'interroger sans détour sur le rôle du conflit dans le façonnement des structures mentales, pour voir en quoi l'expérience même du travail peut impressionner le sujet au point de lui faire éventuellement modifier ses priorités et sa rationalité. C'est ici que nos travaux sur l'apprentissage de normes dans l'organisation, et les conséquences pour l'identité individuelle du sujet social peuvent avoir une réelle utilité, car ils vont nous permettre d'explorer davantage le domaine des liens entre la culture [2], les rapports sociaux et les institutions à propos de l'exemple de l'entreprise.

Pour mieux comprendre en quoi l'expérience du travail peut être créatrice de culture, en plus des produits et des services, il est en effet indispensable de considérer plus attentivement le contenu même de l'action du sujet en société. Entre l'univers des représentations et celui des actes posés en fin de compte par le sujet, il faut introduire l'univers des relations. Etant en société, l'acteur social est obligatoirement en relation et son acte n'est jamais une sorte de création orgueilleuse et unique, au-delà de laquelle le reste du monde doit s'adapter. L'action du sujet s'inscrit dans la relation, aussi bien avant d'être posée, au moment même de sa conception, quand les partenaires ne cessent d'exercer de multiples pressions, qu'après avoir été décidée et exécutée, quand déjà les autres tentent d'y réagir. Tout l'intérêt de l'approche des conduites humaines en termes stratégiques, dans le cadre des organisations, tient précisément au fait qu'on peut y comprendre comment chacun se sert du pouvoir qu'il tire de sa position dans les structures pour exercer une pression sur ses partenaires d'échange. Or, nous avons souligné que cet exercice ne laissait pas le sujet indifférent et intact. Le sujet joue en partie la cohérence de sa rationalité et la reconnaissance de son désir dans cette situation spécifique de risque courue dans les relations, dès lors que l'on y échange du pouvoir.

Cette problématique de l'apprentissage de capacités stratégiques pose en fait la question de la culture d'une double façon. Entre les normes apprises dans les relations interpersonnelles de travail et des valeurs exprimant des orientations et des choix plus généraux, on peut situer une des charnières importantes de l'action. Dans le grand réservoir de valeurs transmises par l'éducation et par les diverses institutions d'enseignement ou d'information, auxquelles se réfèrent les individus, quelle peut être l'influence de cette expérience spécifique de relations de travail ? Mais, entre les valeurs orientant les choix individuels ou collectifs et idéologiques, exprimant une sorte de code de l'application de ces valeurs en fonction des antagonismes sociaux internes à une même culture, il faut situer une autre charnière de l'action. Les processus d'apprentissage de normes précédemment évoqués peuvent-ils avoir également une influence sur ce passage des normes à l'idéologie ?

Nous voudrions alors proposer l'hypothèse générale que le travail organisé, étant l'occasion de mises en relations complexes, durables, dangereuses et évolutives, peut avoir un effet profond sur ces trois aspects de la culture que sont les normes, les valeurs et les idéologies. Plus que simple lieu d'apprentissage de normes, le travail peut être à l'origine d'un véritable cycle d'apprentissage culturel, que nous présentons dans la première partie de ce chapitre.

Mais les normes, valeurs et idéologies ainsi découvertes comme le produit des relations en organisation ne sont ni égales ni homogènes. Pour beaucoup, le travail a des effets culturels pénibles et oppressifs si on veut bien les analyser en termes d'accès à l'identité. Une sorte d'exploitation culturelle est vécue au travail, en plus de l'exploitation économique. C'est même une découverte essentielle des « pays avancés » que de constater une sorte de malaise dans des catégories professionnelles ou des fonctions qui ne sont pas si mal payées. Nous voudrions ainsi terminer ce chapitre par une analyse de ces effets profonds, du travail sur des inégalités sociales et culturelles qui deviennent cruciales à notre époque.

UN CYCLE D'APPRENTISSAGE CULTUREL

En cherchant à interpréter l'origine des différences de normes constatées à un niveau très profond des relations humaines dans l'expérience du travail, nous avons été conduit à réfléchir sur la façon dont les structures d'organisation pouvaient agir sur la capacité stratégique des acteurs au travail et, plus directement encore, sur une capacité d'être rationnel et identique à soi-même. Les logiques d'acteurs qui résultent de cette expérience des structures de travail, et dont nous avons vu la trace dans la variété des styles de relations rencontrées dans les entreprises, ne recouvrent-elles que des automatismes de comportements normatifs et largement devenus inconscients ? Ne peut-on y voir aussi un façonnement plus complet de la personnalité dans ses choix, ses jugements et ses représentations du monde ? Sans être trop exclusif, et en acceptant évidemment tout l'acquis culturel auquel chacun à droit de par sa nationalité, sa langue, sa famille, son éducation, etc., nous pensons que l'expérience contemporaine du travail organisé est, de nos jours, l'occasion d'un façonnement supplémentaire de la culture de chacun.

DES NORMES AUX VALEURS

Le passage théorique des normes de relations quotidiennes dans un champ social limité, aux valeurs plus générales de l'action, s'articule, à notre avis, autour du fait que l'apprentissage de capacité stratégique dans les rapports de travail implique une expérience très profonde du risque dans la défense des identités.

Ce dont on prend conscience dans ces relations antagonistes, c'est précisément du pouvoir de l'autre sur soi et de soi sur les autres. La constitution de l'identité, la sortie du fantasme, et l'organisation rationnelle des structures de l'esprit se font au travers des expériences conflictuelles qui renvoient chacun à la mesure de sa dépendance envers les autres, pour accorder son désir aux réalités concrètes des situations sociales où l'on vit ses relations. L'épreuve de réalité par laquelle il faut passer pour acquérir l'identité, la possibilité d'être rationnel, est donc celle du conflit dans les relations.

Si le problème des valeurs est posé dans la compréhension des rapports sociaux, c'est que, dans sa référence à la culture de son univers d'appartenance, l'individu est conduit à opérer en même temps un jugement de valeur dans le contexte des risques que court son identité au contact d'autres acteurs sociaux. Plongé dans un monde complexe d'agressions multiples, l'acteur social ne peut se définir par une simple adhésion plus ou moins formelle aux idées et valeurs de son groupe. Le principe même de cette adhésion résulte d'un mécanisme complexe d'édification permanente de la personnalité, où le déchirement entre ses divers univers d'appartenance et les contradictions qui en ressortent projettent l'acteur social dans un choix conscient entre les moyens de défense de son identité. C'est parce que la personnalité adulte est sans cesse affrontée à ce choix que le problème des valeurs se pose, non pas seulement comme une simple référence automatique, mais plus profondément comme un jugement conscient sur des moyens de lutte.

Le jugement de valeur est un acte conscient qui introduit le sens dans la relation immédiate. Cette autre personne, cette chose dont nous parlons, que nous faisons ensemble, vaut la peine qu'on s'y intéresse, vaut plus ou moins que d'autres choses, etc. Cette introduction du sens dans la relation exprime en fait pour le sujet une sorte de transformation de son activité psychique, passant du désir brut à la compréhension, à la rationalité plus ou moins symbolique ou imaginaire. Le jugement de valeur utilise certes les catégories de pensée, les connaissances et les valeurs antérieurement acquises par le sujet ; et cette référence à sa culture est le plus souvent inconsciente pour le sujet qui ne connaît ni les limites de ses catégories initiales, ni les bornes de son savoir, ni la complexité de son système de valeurs. Mais ce jugement porté sur le monde des personnes ou des choses que chacun rencontre dans la réalité, et qu'il peut faire à tout moment en son for intérieur, implique une sorte de volonté de plier le monde à son désir, d'organiser les choses en fonction de sa rationalité déjà constituée, celle de la réalisation de soi.

Tôt ou tard, le jugement de valeur rencontre dans une relation quelconque le désir de l'autre d'organiser pour lui aussi le monde en fonction de son désir. Et nous avons vu que l'identité du sujet au travail est profondément influencée par les moyens qu'il trouve dans sa situation socio-professionnelle pour imposer la logique de son désir. Face au risque de perdre la reconnaissance de soi et la possibilité d'édifier une rationalité personnelle, le sujet accède dans le conflit à la conscience de ses forces et de celles de l'adversaire.

L'analyse du développement de l'activité psychique du sujet sur le double plan de la relation à l'autre et de la relation au monde nous permet de situer le jugement de valeur au cœur même de l'affrontement des désirs. Ce que le sujet juge consciemment de valable face au risque de la mort, ce sont les moyens de soutenir son identité et son existence sociale. La valeur est la force qui, dans les relations humaines, permet d'accéder à la rationalité. Ce qui, dans le jugement de valeur, conduit au choix conscient entre les gens et les choses, c'est le cheminement constant du sujet entre son désir et le monde qu'il sent, perçoit et essaye d'organiser pour y retrouver la trace de son désir. La valeur ne peut être confondue ni avec la pulsion du désir, ni avec la rationalité antérieure du sujet, ni même avec les sensations que lui apporte le monde environnant. Dans les relations humaines, ce qu'on choisit consciemment, c'est la possibilité d'exister en face des autres, ce qu'on valorise, c'est la force d'accès à soi-même au milieu des autres ; et l'identité du sujet ou la qualité de ses structures mentales sont un enjeu fondamental des rapports sociaux.

C'est à cette articulation de la conscience et du risque que nous pouvons alors poser l'hypothèse d'un apprentissage par le sujet de quelque chose de supplémentaire à l'acquis antérieur, au travers des relations immédiates et conscientes. Le sujet dispose d'un passé culturel, d'habitudes acquises en matière d'identification et de perception, mais l'univers social où il risque, maintenant et ici la reconnaissance de soi, peut fort bien ne pas être le même que dans le passé. Le danger du présent oblige donc à confronter les aptitudes à percevoir, classer, juger ainsi que les habitudes d'identification avec une réalité sociale et des moyens de pouvoir différents. Les valeurs antérieures peuvent ainsi ne plus assurer la victoire dans les relations présentes, et l'apprentissage de nouvelles capacités stratégiques dans les rapports de travail peut engendrer la prise de conscience de nouvelles forces de l'action en société. Les normes de relation sont bien souvent l'expression directe de valeurs générales antérieurement acquises, il ne s'agit pas de contester ici cette influence omniprésente de la culture sur les actes individuels ; mais nous avons voulu souligner comment la culture reçue peut être mise en défaut par l'expérience immédiate de rapports conflictuels. Et c'est dans la prise de conscience d'un tel décalage fréquemment rencontré dans la vie de travail que l'on peut situer un processus important du renouvellement des valeurs culturelles.

DES VALEURS À L'IDÉOLOGIE

L'expérience de travail fait sans cesse découvrir et redécouvrir la force d'accès à l'identité et désigne par là au sujet les valeurs qu'il tire de son action dans les rapports de pouvoir. Sans être fréquemment conscient au moment de l'action, le système de valeurs du sujet est en quelque sorte constamment réactivé par les rapports de travail. Plus le risque de se voir imposer le désir de l'autre est fort, plus la quête de pouvoir dans les structures et dans les coalitions va être forte et consciente. En d'autres termes, plus la reconnaissance de son désir est mise en question par le pouvoir des autres, plus le sujet est conduit à revoir sa rationalité, l'accord qu'il peut établir entre sa connaissance compréhensive du monde et la sensation et perception qu'il en éprouve. Et c'est à cette jonction du social et de structures mentales où la conscience de la valeur est réactivée que le discours idéologique prend toute son efficacité, car il peut proposer une représentation a priori de la façon dont il faut vivre les rapports de travail.

En entretenant par un discours logique une certaine représentation de la valeur, l'idéologie contribue à cimenter les alliances et à verrouiller les rapports de pouvoir du système social. Ce mode d'action est très puissant et tire son efficacité de la difficulté intellectuelle que chacun éprouve à comprendre l'univers de rapports de forces dans lequel il est placé. Les idéologues et militants de chaque groupe en présence, syndicats, patronat, partis, groupes de pressions corporatistes ont un travail difficile de décodage et de persuasion ; mais ils le reprennent sans cesse, car sa puissance est de façonner directement les structures mentales en proposant des représentations toutes faites. Un travail idéologique est loin d'être neutre, car chaque groupe social constitué s'efforcera de le faire pour son propre compte en proposant aux autres la pertinence de ses propres valeurs. Ce travail de cohérence est donc du même coup celui d'une occultation de la réalité des valeurs des autres, c'est-à-dire du repérage des forces qu'ils pourraient trouver dans leur position organisationnelle pour obtenir la reconnaissance sociale.

L'idéologie se définit d'abord et avant tout par une manipulation du sens. Pour le sujet lui-même, comme pour son adversaire, l'idéologie masque la réalité des rapports de force. Il s'agit d'un discours dont la cohérence tient précisément dans la fonction suivante : cacher sa propre faiblesse tout en masquant la force de l'adversaire. L'idéologie n'est donc pas autre chose qu'une tentative pour un groupe social de figer les rapports de force dans l'état qui favorise et entretient sa position dominante, en diffusant ses propres valeurs chez l'autre. Si l'accès aux valeurs est de l'ordre de l'irruption de la conscience dans les rapports humains, la diffusion des idéologies est de l'ordre d'une fausse conscience de la répartition des forces sociales, et par conséquent d'une fausse identité pour un grand nombre de sujets.

L'idée que nous voudrions soutenir ici est que ces phénomènes de production idéologique sont nombreux dans la vie de travail car, étant donné l'inégalité de la distribution des pouvoirs et des capacités stratégiques, beaucoup de gens y font l'expérience d'une position dominante dans les rapports de forces. Non seulement certains acquièrent de réels moyens pour imposer la reconnaissance de leurs désirs, mais ils s'efforcent encore de redoubler ce pouvoir au plan même de la représentation idéologique des rapports de travail. En agissant par la théorie, la persuasion et l'information, c'est-à-dire par tous les moyens de l'action directe sur la pensée, les dominants tentent d'affirmer leur pouvoir sur les dominés tandis que ces derniers essaient de renverser la balance des forces en leur faveur. Dans ce jeu complexe, où tout groupe constitué est en fait porteur d'une idéologie à l'intention des autres, il est possible de repérer plusieurs modalités d'exercice de cette action idéologique caractéristique du travail organisé. Si le système social peut être influencé par l'idéologie, c'est qu'en masquant ou simplifiant à l'extrême les sources d'accès au pouvoir, cette dernière tend à renforcer les alliances et coalitions antérieurement établies. Du point de vue des dominés, il est certain qu'une action portée au plan de leurs représentations s'appuie sur la crainte des risques à courir quand on cherche à sortir de sa condition d'esclave. La difficile condition sociale et personnelle des marginaux et mutants toujours plus ou moins proches de l'anomie et du déchirement culturel entre leurs multiples univers d'appartenance fait toujours craindre la perturbation des systèmes d'alliances.

UN CYCLE D'APPRENTISSAGE CULTUREL AU TRAVAIL

Ces propositions théoriques d'articulation entre les normes de relations, les valeurs de l'action et les orientations idéologiques en fonction des processus d'apprentissage de capacité stratégiques en organisation, conduisent à envisager la culture comme pouvant faire l'objet d'un autre apprentissage que celui de la transmission par les voies de l'enseignement et de l'éducation familiale. Une sorte de cycle d'apprentissage culturel pourrait être ainsi figuré pour représenter les processus interpersonnels et collectifs de l'intériorisation des données de la culture au cours de l'expérience des rapports adultes de travail.

Nous partons d'un schéma (fig. 20) d'analyse dans les structures d'organisation où les normes de comportement sont l'expression des rapports de pouvoir qui s'actualisent à deux niveaux de relations : celui des échanges quotidiens de travail en atelier ou bureau, et celui des rapports de forces plus collectifs dans l'ensemble du système social de l'entreprise. Ce modèle d'analyse stratégique implique la liaison essentielle entre les structures de l'organisation du travail et les relations de pouvoir. Ces ressources de pouvoir engendrent un double effet stratégique : d'une part dans les échanges de travail quotidiens, où des normes de comportement sont finalement acquises au point de renforcer directement l'état des structures de travail, chacun cherchant à y préserver les sources de contrôle d'incertitude qui lui confèrent du pouvoir sur les autres ; d'autre part les stratégies peuvent se développer à un niveau plus large et plus épisodique d'alliances qui concernent d'autres acteurs que les partenaires de travail immédiat. On parlerait à ce niveau de luttes syndicales, d'influences de clans informels, de réseaux privilégiés de communication, etc. C'est notamment dans ce grand système social

Fig. 20. Cycle d'apprentissage culturel

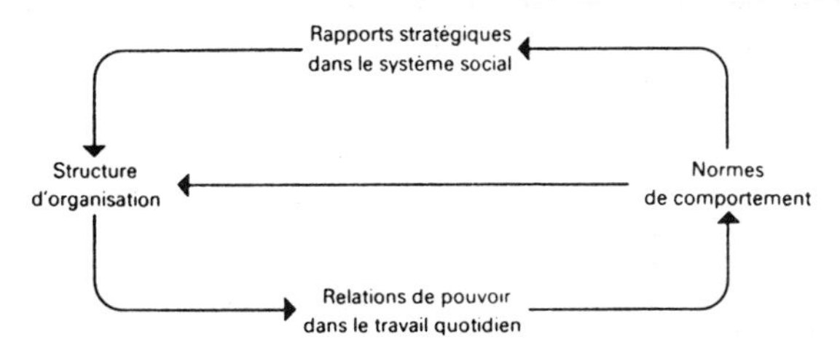

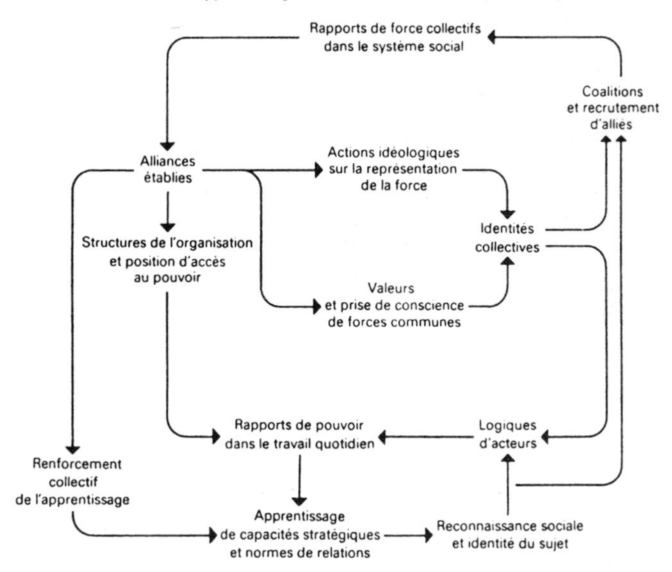

de travail que l'environnement peut le plus faire sentir son poids sur les décisions de gestion, d'investissement ou de réformes.

Dans les rapports quotidiens de travail qui exercent une influence dominante sur la culture, étant donné la durée et l'intensité des relations qui s'y développent par rapport à toute l'économie des échanges humains dans la vie d'un travailleur contemporain, il faut situer les processus organisationnels, c'est-à-dire liés à l'accès au pouvoir dans les structures de l'apprentissage, de capacité stratégique et de logique d'acteur.

Un second processus s'inscrit au niveau de relations plus larges et sans doute moins fréquentes dans l'ensemble du système social d'établissement. Par établissement, nous désignons le lieu de l'ensemble des relations obligées par l'organigramme, ce qui ne définit évidemment pas l'ensemble des rapports réels qui se nouent autour et à propos de cette définition des fonctions. Mais l'organisation formelle des rapports de travail reste néanmoins une réalité suffisamment importante pour justifier qu'on limite à ses contours formels l'objet de l'analyse sociologique. Dans cet ensemble, ce sont des alliances qui se constituent pour entretenir les sources de pouvoir dans les structures. Les processus de coalition font alors le lien entre l'expérience des rapports quotidiens de travail et les rapports de force plus collectifs.

Le troisième processus du cycle d'apprentissage culturel est celui que nous venons d'évoquer en le situant directement au niveau de la représentation des forces de l'action et de la reconnaissance des identités collectives. Ce processus que nous avons seulement présenté sur le plan théorique de l'articulation entre les normes, les valeurs et les idéologies se décompose en opérations de masquage et mécanisme de prise de conscience. Ce sera l'objet de la dernière partie de ce chapitre que d'évoquer les dimensions conflictuelles de cette constitution des représentations communes d'identités collectives dans le contexte même des rapports de travail. Il suffira de souligner pour l'instant que cette lutte pour la reconnaissance de soi dans les relations peut être revécue au niveau même des représentations collectives, au point d'influencer durablement les processus de coalition et d'alliance dans le grand système social, tout autant que les logiques d'acteur dans le petit système des rapports de travail quotidiens.

THÉORIES SOCIOLOGIQUES DE L'APPRENTISSAGE

Bien que n'excluant pas l'hypothèse d'autres influences extérieures au travail sur la définition des identités collectives, ce schéma centré sur l'apprentissage culturel dans les rapports de travail modifie considérablement d'autres interprétations systématiques, et notamment celles de Talcott Parsons sur la liaison entre la culture et l'intégration des phénomènes sociaux.

Parsons constate lui-même que l'apprentissage ne peut être analysé à partir des seules lois de la psychologie du *learning*, car il faut combiner des processus classiques de conditionnement instrumentaux en termes de récompenses et de renforcement, mais aussi, et en plus, des éléments de discrimination et de généralisation par lesquels ce qui est appris est intégré à la personnalité. Mais, pour sortir ainsi de l'approche behavioriste de l'apprentissage de comportement, il faut disposer d'une autre approche de la personnalité et c'est précisément dans cette voie que Parsons[3] est conduit à reprendre son théorème des quatre fonctions (LIGA) pour les appliquer à l'étude de la personnalité envisagée comme un des sous-systèmes de tout système d'action.

Pour Parsons[4], la personnalité est un système de courants motivationnels différenciés, organisé autour de la structure du système d'un objet intériorisé. La personnalité est ainsi un système de systèmes. C'est encore une organisation apprise du comportement individuel dont les processus de socialisation s'articulent autour du problème central de l'intériorisation de systèmes d'objets sociaux. La structure de la personnalité est ainsi le résultat d'un vaste processus d'apprentissage social puis culturel, qui ne se développe pas a priori par une simple modification d'instincts primaires, mais par un processus de différenciation de systèmes simples d'objets intériorisés en systèmes progressivement plus complexes par le biais de la fission binaire.

L'étape de différenciation de l'objet ancien est suivie par une généralisation des catégories nouvellement séparées qui permet l'intégration de tous les objets anciens et nouveaux dans un nouveau système. Ce moment de la perception des différences est donc central aux opérations du sujet dans l'apprentissage de nouvelles significations d'objet.

La description du processus de l'apprentissage de la différenciation chez le jeune enfant au travers de sa relation à la mère, dans une phase pré-œdipienne, est sur ce point fort révélatrice. Parsons constate en effet que la possibilité pour le tout jeune enfant, encore au stade oral, de discriminer de nouveaux éléments dans la situation, dépend de la relation à sa mère. Ce personnage central au monde de l'enfant peut disparaître de son environnement ou lui imposer d'autres formes de privation. Parce que ce personnage est la source toute-puissante des gratifications, son absence ou son refus, ou encore sa réponse à la demande enfantine, seront les supports affectifs de la discrimination entre les objets, et la médiation nécessaire à l'extension des investissements sur de nouveaux objets. Ainsi la fonction du processus d'apprentissage que Parsons définit[5] par l'établissement de nouvelles spécificités de but et l'intériorisation de nouvelles formes de modèles, de normes et de règles, est médiatisé par une relation à l'environnement social, où la présence d'autres acteurs intervient dans la possibilité de percevoir de nouveaux objets. Ainsi, le paradigme premier de l'apprentissage met en rapport les opérations du sujet : discrimination et généralisation, avec le double sens cognitif et expressif de l'objet : mais cette interdépendance n'est rendue possible que par une immersion dans l'analyse des rapports interpersonnels du sujet, car les objets à percevoir peuvent être des personnes ou des éléments matériels qui sont eux-mêmes en rapport avec d'autres personnes.

Partant des premières étapes de la socialisation de l'enfant où l'interaction avec le système social environnant est dominée par la présence de la mère, Parsons[6] va même jusqu'à évoquer clairement le problème du pouvoir de cette mère, et plus tard d'autres agents, comme le médecin dans la relation au patient, qui contrôle les sources de gratification et de frustrations hors de la portée de l'ego.

Pour l'apprentissage de valeurs dans la période adulte, il faut bien voir que Parsons adopte le même processus d'apprentissage que celui évoqué à propos de l'intériorisation des premiers objets extérieurs de l'enfant. Les valeurs sociales communes que l'individu porte en lui sont, en gros, celles qui sont distinguées par l'enfant dans sa période post-œdipienne, quand la famille n'est plus toute la société de l'enfant. La société est composée d'une série de relations entre sous-systèmes, entreprise, école, armée, etc., et chaque individu doit apprendre les rôles, conduites attendues par ses partenaires d'interaction, ce qui suppose l'intériorisation de systèmes de valeurs, lesquels renvoient à l'intégration à l'intérieur de systèmes sociaux de plus en plus englobants, jusqu'à celui du grand système social, ce qui entraîne une certaine orientation des fins de l'action, et l'adaptation à un certain état des conditions dans laquelle se déroule l'action. L'intériorisation des systèmes de valeurs sociales est ainsi le mécanisme de base par lequel la personnalité s'organise comme système, et l'action se régule dans une perspective de contrôle cybernétique dans le sens LICA.

Les valeurs, successivement intériorisées au travers de l'appartenance à divers milieux sociaux, où il faut répondre aux attentes de rôles des partenaires d'interactions sociales, sont donc l'une des quatre composantes structurelles d'une société, avec les normes, les collectivités et les rôles. Les valeurs sont peut-être des objets culturels, mais elles ont surtout pour existence systémique la fonction de réguler les systèmes sociaux en maintenant la cohérence de leurs modèles et en établissant un lien fondamental entre le système culturel et système social. Ces valeurs peuvent d'ailleurs influencer divers sous-systèmes spécifiques : la famille et l'école par exemple.

Les normes plus limitées quant à leur champ d'application ont la mission de réguler les processus d'interaction entre acteurs d'une même organisation sociale. Plus ou moins formalisées ou légales, les normes ont ainsi une fonction d'intégration en contribuant à la mise en œuvre d'engagements individuels conformes aux valeurs.

Les collectivités ainsi intégrées et régulées par l'intériorisation de valeurs communes dans la personnalité de chacun de leurs membres ont pour fonction systémique de réaliser les objectifs des systèmes sociaux, grâce à une définition précise de leurs normes internes.

Les rôles, enfin, réalisent l'adaptation des sous-systèmes entre eux, en définissant les statuts et les tâches d'encadrement, de subordination et de spécialisation, qui doivent être exercées par les membres de la collectivité, compte tenu de l'existence d'autres collectivités.

Cette présentation des apports de T. Parsons à la théorie de l'apprentissage rejoint notre façon d'aborder l'apprentissage de valeurs sur le problème central du lien entre l'évolution cognitive d'un sujet et la place qu'il occupe dans un système social d'interactions. Comme lui, et par des voies empiriques et théoriques différentes, nous constatons la double nature psychologique et sociale de tout objet culturel, ce qui permet d'articuler la dimension cognitive et affective, expressive ou motivationnelle, chez Parsons, de tout apprentissage. Comme lui, également, nous avons constaté l'extrême importance de la phase de différenciation perceptive dans le processus d'acquisition et d'extension du champ des investissements sociaux ou des relations d'objets, tout en acceptant l'idée que la possibilité de discrimination dépend d'une répartition des pouvoirs par le contrôle des sources d'incertitudes dans la structure de l'organisation.

Mais, en acceptant l'originalité de toute cette approche, plusieurs points semblent faire question dans la théorie de Parsons sur l'apprentissage de valeurs.

Le phénomène d'identification analysé par T. Parsons[7] comme le résultat de l'intériorisation de n'importe quelle catégorie de « nous » après que l'on aura pu distinguer entre le je et lui/elle, s'il s'agit de la mère, n'est pas selon nous un processus neutre, mais plutôt le résultat d'une sorte de constat d'échec dans la quête de moyens sociaux pour imposer la reconnaissance de son désir exclusif au partenaire d'interaction. Avec l'école, les vacances, les amis, etc., le nombre des relations augmente et la multiplicité des identifications qui en résulte accroît le caractère relatif de la dépendance vécue à l'intérieur de chacune d'elle. Progressivement, l'intériorisation des objets externes se pose en des termes de plus en plus consciemment stratégiques, en ce sens que la dépendance inhérente à toute identification, elle-même porteuse d'une nouvelle catégorie de sens plus générale que les précédentes, perd de son poids dans les multiples interactions sociales vécues simultanément. Le sujet est, nous le disions au chapitre précédent, comme projeté à rechercher consciemment dans son environnement social les moyens de pouvoir qui lui permettront de soutenir sa différence pour obtenir la reconnaissance sociale de son désir. C'est alors que la signification de la valeur peut être réintroduite clairement non pas comme le résultat d'une simple dépendance identificatoire mais comme l'affirmation croissante des moyens sociaux d'accession à l'identité par la sortie victorieuse des identifications. Il n'y a de valeurs sociales que parce que le sujet est acculé à la prise de conscience de ses moyens d'activité dans les relations de pouvoir où le plongent ses appartenances sociales, pour faire reconnaître la part originale de son désir et constituer par là même son identité[8].

Cette nouvelle façon d'analyser les processus sociaux de l'identification, et par là même les mécanismes de l'intériorisation des normes et des valeurs, conduit à s'interroger sur un second problème, associé au précédent, et qui a trait à la période de socialisation où il faut situer l'intériorisation du système de valeurs et de normes. Parsons semble admettre l'antériorité du premier sur le second, en ce sens que le moment essentiel de cet apprentissage de valeurs paraît être l'enfance post-œdipienne, alors que l'acquisition de normes pourrait se poursuivre tout au long de l'histoire du sujet au fur et à mesure de sa participation à de nouveaux univers d'interaction. Il résulte de cette antériorité du système culturel sur tout système social que l'intériorisation des normes est toujours régulée par l'antériorité des valeurs, ce qui permet d'envisager le fonctionnement de tout système d'action dans un sens cybernétique, où l'adaptation aux contraintes de la réalisation des objectifs est elle-même subordonnée à l'intégration de l'univers collectif par ses normes intériorisées, sous le contrôle des modèles de valeurs.

Cette conception cybernétique du contrôle de l'action par un culturel très tôt formé dans l'histoire de l'individu est nettement contredite par une approche croziérienne de l'apprentissage institutionnel. Par cette formule, l'auteur entend évoquer « les processus par lesquels les membres d'ensembles complexes parviennent à passer d'un système de jeux à régulation fruste à un système de jeux à régulation plus élaborée permettant une coopération plus grande »[9]. L'élément essentiel de ce processus est la prise de conscience réelle par les acteurs des données de leurs jeux. Il s'agit d'une sorte de « découverte institutionnelle » permettant aux groupes humains d'élaborer et de maintenir des systèmes sociaux plus souples et plus efficaces ; et l'étude des séquences décisionnelles et de leur évolution offre un terrain particulièrement intéressant pour analyser ces processus de changement.

Pour Michel Crozier, la découverte de nouvelles règles du jeu entraîne un changement corrélatif des valeurs, modèles de comportement et conceptions de l'action. Mais « l'interdépendance entre ces divers éléments toutefois est extrêmement lâche et le niveau le plus profond, celui des valeurs, ne commande pas les autres. Le changement peut se produire d'abord au niveau institutionnel des règles du jeu et se répercuter ensuite seulement sur les modèles de comportement ».

En analysant le processus de l'apprentissage chez l'enfant, Parsons notait que la possibilité de discrimination, de fission binaire dans la perception, est liée à une frustration qui engendre une demande de récompense envers la mère, ou du patient vers le client s'il s'agit de la relation thérapique. Cette demande engendre une phase de dépendance d'attachement et de soumission à l'égard du pouvoir de l'agent socialisateur. Mais l'analyse du rôle du pouvoir dans la relation entre les partenaires d'interaction paraît bien s'arrêter à cette vision déséquilibrée de la dépendance.

L'intérêt des études de système social faites par Michel Crozier à propos d'univers, où l'interaction entre membres d'une collectivité est organisée, est en fait de montrer que le pouvoir est partout sécrété en tout point de la structure ; qu'il jaillit sans cesse des sources d'incertitude de fonctionnement, toujours plus ou moins mal réglé au plan de l'organisation formelle des rôles. Toute interaction dans un système social porte en soi des germes de pouvoirs réciproques, dégageant des marges de liberté suffisantes à chacun des acteurs pour qu'ils poursuivent la réalisation de leurs propres objectifs.

Le phénomène de l'adaptation n'est pas limité à l'adhésion des membres d'une collectivité aux objectifs globaux du système et aux contraintes qui pèsent sur ce dernier. L'adaptation est aussi celle des objectifs globaux du système aux contraintes qui émanent des stratégies internes de ses membres. Normes et valeurs semblent ainsi, pour Michel Crozier, la même résultante de rapports sociaux dès lors qu'on y insère l'analyse stratégique des interactions.

Pour rester dans le schéma d'analyse d'un système d'action proposé par Talcott Parsons, nous voyons que l'ordre de contrôle culturel des normes peut être cybernétique et dans le sens LIGA, mais à la condition d'avoir pu démontrer les raisons spécifiques de cette influence dominante des valeurs sur les relations dans la pratique. Dans le schéma (fig. 21) nous montrons en effet que l'analyse de système proposé par Michel Crozier établit les bases d'une interdépendance entre les interactions (I) et les orientations collectives (G) en fonction des moyens d'accès au pouvoir dans les éléments de structure donnés en (A). Des perturbations à l'intérieur de ce système d'interactions peuvent aller jusqu'à provoquer l'apprentissage de nouvelles valeurs, ce qui peut inverser partiellement le schéma parsonien. Notre propre analyse des processus d'apprentissage de la capacité stratégique mettant en cause aussi bien l'univers des relations interpersonnelles que celui des rapports de force collectifs montre que cet accès des normes aux valeurs peut effectivement se faire par la mise en jeu des identités dans les rapports de pouvoir.

Mais cette action suppose alors un double circuit d'apprentissage. L'individu et le groupe font tout d'abord l'expérience d'une certaine logique de leur conduite d'acteur dans la reconnaissance répétée de la réalité des rapports de pouvoir, interne à leur situation d'échanges quotidiens. Cette « épreuve de réalité » peut entraîner un certain équilibre immédiat dans le système social ; en ce sens que le changement des structures, des sources de pouvoir et des voies d'accès à la reconnaissance n'est pas facile ; des logiques complexes d'acteurs finissent par s'établir sur le constat mille fois reproduit des inégalités réelles d'accès au pouvoir dans le travail et dans les situations d'investissements parallèles.

Nous avons ensuite inscrit dans le même schéma de la figure 21 un autre circuit qui rend compte à un niveau plus culturel du jeu des forces au niveau des représentations. C'est en agissant au plan directement social des coalitions par une action volontaire sur les valeurs et les idéologies, en intervenant sur la perception des sources de force dans les rapports, de travail, que l'on modifie — ou renforce — le jeu antérieur ; soit directement par une modification des coalitions sur les rapports de pouvoir, soit indirectement par une action lente de transformation des logiques d'acteurs et de tout le circuit d'apprentissage de normes.

Nous voyons ainsi combien le jeu des actions et des différences culturelles peut être développé et subtil dans une société disposant au départ d'une certaine homogénéité linguistique et éducative. On peut en effet admettre que le schéma parsonien recouvre assez exactement

Fig. 21. La culture dans le système d'action (schéma parsonien)

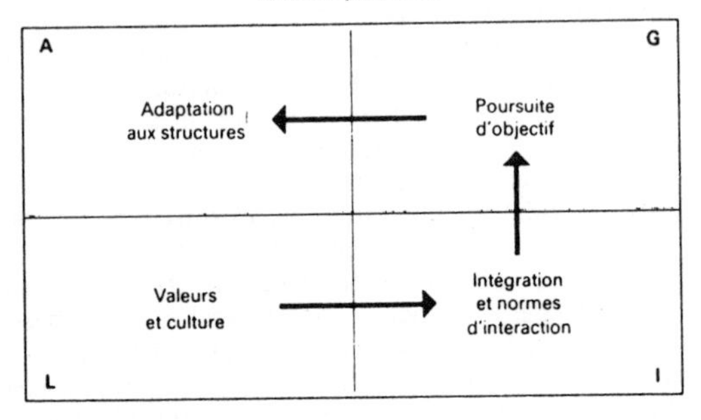

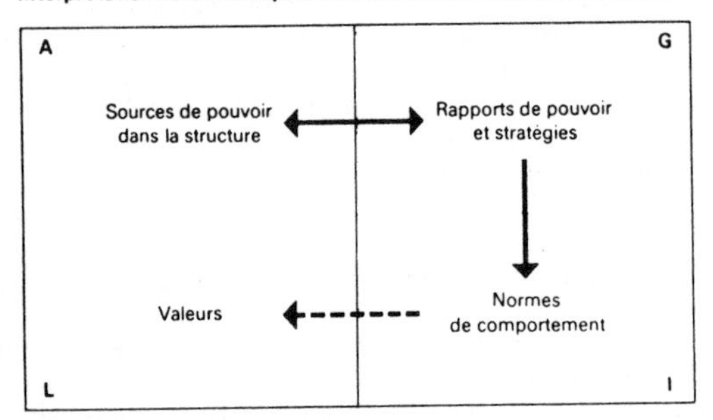

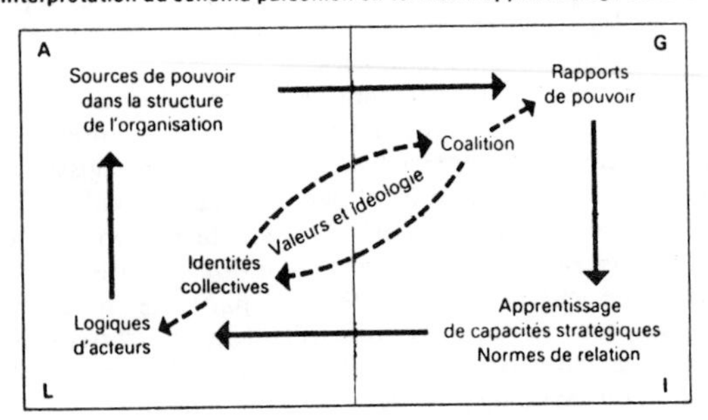

les problèmes d'intégration, par le travail, l'école ou le quartier, de populations, récemment immigrées, disposant de bagages culturels hétérogènes. Le problème central de ce type de société serait alors de réaliser un apprentissage de normes suffisamment communes pour arriver à un produit quelconque et à des objectifs communs. Les valeurs et la culture forment alors un point de départ hétérogène qui fonctionne comme une donnée première du système social.

Dans les situations que nous avons observées en France, cette hétérogénéité culturelle n'est pas aussi forte entre les membres du système social de travail. Le problème qui apparaît alors est davantage celui d'une prise de conscience des différences complexes et cachées en matière de connaissance et de capacités relationnelles qui conditionnent profondément de fortes inégalités d'accès au pouvoir dans le système économique et technique du travail. Notre schéma d'apprentissage culturel traduit probablement cette nouvelle réalité des rapports de travail, où le problème n'est plus tant celui de l'intégration d'origines socio-culturelles fort diverses, mais plutôt celui de la reconnaissance des différences et des inégalités socio-culturelles.

VALEURS ET IDENTITÉS COLLECTIVES DU TRAVAIL EN ACTION DANS LES ORGANISATIONS

Les identités collectives et les représentations conscientes de l'action dans l'entreprise ont longtemps été influencées par des inégalités économiques extrêmes et par l'importance du métier. Avec la croissance des entreprises et des administrations, l'organisation est venue ajouter ses effets à cette vision doublement dichotomique des rapports de travail, où les prolétaires s'opposent aux capitalistes et les manœuvres aux professionnels. Les entreprises que nous avons observées dans les années soixante et début soixante-dix continuaient de vivre ces clivages, tout en étant traversées par de nouvelles coupures dans le tissu social, qui venaient d'une expérience nouvelle des rapports sociaux dans les positions de travail définies par l'ensemble complexe du système d'organisation. Notre objectif est ici de tenter un bilan des conséquences de cette intrusion de l'« organisé » par certains aux dépens ou au profit des autres, dans les anciennes structures d'identités collectives. Le schéma (figure 20) d'apprentissage culturel, précédemment analysé, devrait nous aider à démontrer en quoi l'expérience même des rapports de pouvoir est à la racine d'un redécoupage des identités collectives autour de nouvelles forces d'accès à la reconnaissance, et comment les structures mêmes de l'organisation peuvent être ainsi responsables de l'évolution des valeurs et identités collectives de travail.

Bien que le travail n'apporte guère de satisfactions économiques et qu'il soit pénible, fatigant et souvent salissant, pourquoi est-il considéré comme une valeur ? A cette question centrale au monde ouvrier, on peut répondre par l'analyse des comportements vécus dans le système social d'ouvriers très qualifiés dont la norme collective est celle de la solidarité démocratique. On a vu que, dans cette situation professionnelle, les relations interpersonnelles sont chargées d'une considération de la différence de l'autre sur les plans affectifs et cognitifs. Dans le métier, les échanges de travail conduisent à la possibilité pour chacun d'être reconnu comme différent des autres sans pour autant en être rejeté. Le travail de métier est une valeur parce qu'il permet d'accéder à la conscience de soi et de bâtir un monde social sur la reconnaissance de l'originalité des individus. Parler de travail bien fait, c'est évoquer, bien plus qu'une œuvre réussie, tout un ensemble de rapports humains fondés sur la compréhension mutuelle, la discussion démocratique et le refus de l'autorité arbitraire imposée de l'extérieur.

Le style de comportement de solidarité démocratique, que nous avons retrouvé chez les ouvriers de métier, correspond à une situation de travail où les moyens sont largement donnés aux individus pour faire reconnaître leur désir dans les relations interpersonnelles et imposer leur point de vue de groupe, tant auprès du reste des ouvriers que dans le système social d'entreprise. L'accès aux valeurs et la constitution d'idéologies triomphantes est fortement développé dans ce milieu de travail professionnel au point qu'on parle, à juste titre, d'une véritable culture.

Les ouvriers de métier sont en fait des maîtres professionnels qui, à ce titre, ne supportent pas qu'on nie leur pouvoir au nom d'une hiérarchie quelconque. Ils s'inspirent d'une vision du monde anarchisante où l'autorité n'est que celle que l'on reçoit de sa compétence et de la reconnaissance de ses compagnons. Toute remise en question de ce pouvoir déclenche la lutte. Cette dernière devient ainsi une habitude, un honneur, une garantie de sa dignité de maître professionnel. Articulée sur le grand dessein de supprimer l'injustice économique et sociale du monde ouvrier, cette valeur de la lutte ouvrière ouvre sur de grandes perspectives de révolution fraternelle.

René Kaes[10] dans son étude sur les activités culturelles des ouvriers ainsi que sur leurs représentations des buts, modèles, et sens de la culture, constate qu'effectivement le travail est source d'activités culturelles dans le cas des ouvriers les plus qualifiés et disposant de l'éducation et de la formation professionnelle la plus forte. Pour ces ouvriers qualifiés, la culture renvoie aux métiers, aux connaissances techniques ainsi qu'aux relations sociales. Les individus que l'on prend comme modèle sont ceux qui possèdent de fortes qualification et spécialisation et qui ont la capacité de résoudre des cas difficiles. Mais cette culture se referme sur l'univers relativement clos et exclusif du petit nombre d'individus à fortes capacités professionnelles.

Partagée par une minorité d'à peine un quart de son échantillon, cette culture spécifiquement ouvrière et professionnelle paraît bien reproduire cet univers refermé sur une élite qui était déjà le monde des compagnons dans le travail artisanal.

Comme dans l'ancien monde de l'artisanat, on continue de s'appeler compagnons, car le seul fait de posséder un ou plusieurs métiers manuels confère plus qu'une pratique, une façon d'être ensemble comme des « accompagnateurs réciproques ».

E. Cornaert [11] analyse les éléments principaux de cette culture artisanale des compagnons. Le métier y est le lieu de la réalisation de la justice entre frères. Il y a ainsi des sociétés ou fraternités qui ont pour avantage d'empêcher que l'homme soit jamais isolé. Mais il s'agit d'un monde à part, réservé aux seuls initiés, avec sa religion, sa morale, sa littérature. Pour se comprendre entre compagnons, membres de ces sociétés secrètes, il faut avoir un métier et une forte compétence acquise au cours du Tour de France où l'on a découvert les traditions du métier. Ensuite, on peut se comprendre entre frères qui forment les élites du monde du travail et qui affrontent les multiples problèmes de la fraternité en cercle étroit. La fraternité est une valeur difficile à vivre, car elle engendre d'incessantes querelles entre sociétés secrètes et à l'intérieur de chacune d'entre elles.

Le métier recouvre ainsi un système culturel articulé autour de la valeur centrale du travail, car celui-ci ne cesse de redonner aux individus le pouvoir de se faire entendre par l'exercice même des expertises professionnelles.

Historiquement, cette culture de métier a pris le relais de la culture artisanale, où le pouvoir des compagnons, se heurtant aux structures corporatives et aux privilèges des maîtres dans l'Ancien Régime, n'avait trouvé à s'exprimer que sous la forme de sociétés secrètes contrôlant l'embauche, la formation et la rémunération dans les diverses corporations, dans le respect de cadres moraux et professionnels très rigides. Dans l'industrie, les compagnons de métier ont choisi la solidarité ouvrière et son expression syndicale, mais les regroupements d'élite professionnelle restent toujours la conséquence d'une forte inégalité d'accès au pouvoir dans les rapports de travail entre qualifiés, apprentis et simples spécialisés. On voit ainsi que, s'il y a une identité collective centrée sur la qualification et le métier, elle ne concerne pas directement les individus qui ne bénéficient pas des mêmes sources de pouvoir d'expert. Avec le temps, il est devenu possible de se constituer d'autres forces d'accès à l'identité dans les rapports de travail en organisation.

LE TEMPS ET LA RÈGLE

La règle d'organisation du travail peut-elle être en soi une valeur, c'est-à-dire une source d'accès à l'identité ? Il est évident que la position hiérarchique confère un certain pouvoir effectif de changement de la règle qui est largement valorisé comme source de statut et de prestige social. Mais ce pouvoir de la règle n'est pas automatique ni absolu, car il s'insère dans une réalité de contre-pression stratégique. Il semble en fait que la règle ne puisse être considérée comme une valeur qu'en fonction d'un autre atout qui est celui du temps dont on dispose pour comptabiliser les résultats de ses actions.

Or, la signification du temps pour les divers groupes professionnels semble être relative aux ressources dont ils disposent dans leurs positions de travail pour contrôler les conséquences immédiates et à venir de leurs actions.

La grande différence qui peut s'introduire dans la représentation du temps provient, semble-t-il, de la possibilité d'en mesurer les effets. Pour que le temps ait une valeur d'usage, il faut que l'on puisse s'en faire un allié, c'est-à-dire qu'on puisse mesurer sur soi-même et sur les autres les conséquences futures de ce qu'on entreprend. Les cadres dominants et les ouvriers de métier ont cette possibilité d'échange et d'autonomie suffisante pour comprendre assez vite les risques réels qu'ils courent à entreprendre telle tâche dans l'atelier ou à lancer telle opération dans leur fonction d'encadrement. Pour eux, le temps n'est qu'une ressource parmi d'autres, et l'on peut dire qu'ils jouent effectivement avec le temps quand ils prennent une décision en connaissant les risques ainsi que leur possibilité de se reprendre sur un autre terrain ou plus tard sur le même ; ce qui, en fin de compte, leur permet de jouer avec la règle.

Pour les ouvriers spécialisés, français, étrangers, et pour les femmes au travail, le temps passé au travail n'a d'autre sens que celui d'une usure au service des autres, avec de faibles progressions de salaires à l'ancienneté et des promotions quasi inexistantes. Réfléchir à l'avance à ce qu'on fait et fera aujourd'hui, demain, l'année prochaine est presque impossible car ce sera la même chose, et le temps n'aura apporté qu'un peu plus de fatigue et de vieillissement. Le temps ainsi vidé de son contenu créatif prend une dimension insupportable et même hostile. Comment tuer ce temps, impossible à contempler, parce qu'il ne renvoie à chacun que l'image de sa vigueur rétrécissante ?

Dans ce contexte de faiblesse individuelle par manque de moyens de pouvoir, il semble que l'existence d'une règle soit perçue comme une défense contre l'arbitraire de ceux qui tirent davantage de forces de leur position dans l'organisation. Si la règle peut être de droit changée par le chef hiérarchique, elle peut en fait offrir une double protection aux subordonnés.

Pour les individus ne disposant d'aucune marge de liberté par rapport à leurs tâches, et l'on en rencontre aussi bien à la chaîne que dans les bureaux, la référence au contenu de la règle devient la protection ultime. Et l'on peut ainsi comprendre qu'un certain juridisme des syndicats soit en réalité très loin d'une sorte d'esprit bureaucratique. Le droit et les règlements officiels sont des richesses pour les plus pauvres et les plus dépendants. Pour ceux qui, dans l'ordre des communications ou de l'imperfection des techniques, trouvent de faibles moyens pour interpréter le contenu des processus de travail et d'organisation du personnel, la lettre même de la règle devient un précieux instrument de pression. La grève du zèle est en effet la démonstration même que la référence au texte d'une règle en fait dépassée peut être un moyen d'influence important sur l'ensemble du système social. Cette valeur de la règle et du formalisme trouve néanmoins ses limites dans l'acceptation des bases juridiques d'une situation de dominé. Bien que partiellement protégée, l'identité reste avant tout celle d'un subordonné éternel, et cette impossibilité de modifier les effets du temps appelle des solutions ultimes de révolte, où la règle deviendrait enfin la sienne et non celle des autres.

En montant dans l'échelle hiérarchique, on voit que la carrière s'élargit progressivement au point de conférer une valeur nouvelle au temps. A la longue, on avance dans les bureaux, et le temps a seulement la valeur productive de la patience. A qui peut attendre, des échelons seront donnés. Il ne faut pas avoir beaucoup d'atouts pour accepter ainsi que l'usure soit productive ! Mais le temps représente quand même une première richesse, car il permet à la règle d'avancement de produire ses effets. La tactique de ces groupes de gens est donc celle de risques limités pour conserver le capital que représente le règlement et non pas pour l'augmenter par des projets aventureux. Le statut devient ainsi une sorte de valeur suprême, car il permet de concilier évolution et protection.

Nous pouvons reprendre ici l'analyse hégélienne des positions de l'esclave face à la réalité de la lutte entre les désirs aux trois attitudes stoïque, sceptique et de conscience malheureuse, dont la conscience chrétienne de celui qui accepte la mort pour rejoindre l'universel est une variante. J. Lacan[12] ajoute une nouvelle position qui est celle de l'obsessionnel qui sait que le maître, tout comme l'esclave, est mortel. La résolution des contradictions entre l'universel et le particulier qui jaillissent de l'affrontement des désirs peut alors trouver une issue, pour l'esclave, dans l'attente de la mort du maître.

Il semble précisément que l'organisation rationnelle, formaliste et centralisée du travail de bureau, ainsi que l'aménagement hiérarchique, et finalement à l'ancienneté, des récompenses par l'avancement, dont la strate est l'image, conduisent progressivement les employés à adopter une attitude obsessionnelle se rapprochant de la position décrite par Lacan. En effet, ce monde est dominé par l'attente. Le métier et les perspectives de se réaliser et de s'évaluer au travail par son produit sont médiatisés par la carrière lente, le formalisme des procédures et les répétitions du cercle bureaucratique. Le temps n'a de valeur qu'à la condition d'être formaliste, et l'attente dans le respect des règles est finalement le moyen principal à la disposition du sujet pour protéger son identité. Le maître est ici présenté par de multiples procédures bureaucratiques et la victoire de l'esclave n'est possible qu'à la longue. L'employé peut effectivement espérer monter dans la hiérarchie, mais il paiera le prix du temps. Un certain ritualisme, l'importance accordée au statut, à l'aspect formel des choses et des rapports humains, et une grande fragilité personnelle face aux difficultés psychologiques dans les relations humaines, pourraient ainsi être les aspects d'une sorte de syndrome obsessionnel du travail de bureau, où la règle devient progressivement une valeur.

Pour les travailleurs qui sont en mobilité forte, comme les techniciens et les cadres subalternes, le temps se dissocie de la règle et il devient une richesse qui peut rapporter si l'on sait prendre des risques sur le moyen terme, en passant des soirées à se former pour apprendre de nouvelles techniques et obtenir ainsi une promotion. La façon dont on travaille tous les jours, les notes obtenues, servent également d'indicateurs pour l'avancement. Ces catégories de travailleurs, habitués à se définir par leurs projets personnels d'évolution, sont très sensibles aux perspectives réelles d'avancement, de formation et de mutation. Pour eux, le présent est déjà mouvement, et le temps porteur de ce mouvement se rétrécit aux limites incertaines de chaque nouvel effort de l'individu. On se définit par rapport à un examen, une période de cours, une perspective de mutation ou de promotion au choix. Le temps a donc une valeur très précieuse, jusqu'aux bornes du projet qu'on s'est fixé. Mais, après cela, l'incertitude commence et menace car, à chaque réussite, on changera de statut, de collègues, de chefs, de salaires et peut-être même d'amis ou de résidence. Et le temps se charge d'angoisse puisqu'il remet en cause les équilibres sociaux et réglementaires qui sous-tendaient l'identité sociale antérieurement acquise. Les paris ne sont pas de type quitte ou double, car on contrôle davantage de paramètres de son avenir qu'en milieu ouvrier, mais ils comportent une part importante de risques, d'autant plus menaçants qu'ils sont difficiles à mesurer.

Le règlement n'est donc pas toujours une valeur mais, principalement associé à la destruction du pouvoir d'expert issu du métier et aux longues perspectives d'évolution, il peut devenir un atout précieux dans les grandes organisations. On comprend ainsi que la bureaucratie, bien que routinière et paperassière, soit souvent respectée car les situations sont nombreuses où, par manque de métier ou de capacité évolutives, il ne reste plus que le formalisme et le statut pour bâtir sa sécurité.

L'ESPRIT MAISON ET L'INTÉGRATION

Beaucoup de membres des organisations industrielles et administratives finissent par reconnaître que l'esprit maison est une réalité importante dans leur échelle de valeurs. Constitué d'une combinaison évolutive d'attachement aux collègues, de relations d'identification aux chefs et de respect des règlements, cet esprit maison fréquemment rencontré au travail a servi de base à de multiples théories sur l'intégration des travailleurs à leur entreprise, où fidélité et loyauté étaient en quelque sorte échangées contre des politiques de relations humaines [13].

Notre propos est ici de montrer que cette intégration n'est pas illusoire, qu'il y a effectivement de réels attachements individuels aux entreprises et que l'esprit maison est une valeur pour certains. Mais il faut introduire une grande différence avec une théorie des relations humaines visant à obtenir des réactions automatiques de fidélité, en admettant d'ailleurs que cela puisse être long, douteux et jamais parfait, comme tout ce qui touche à l'humain, en échange d'avantages psychologiques et sociaux, globalement diffusés par une politique du personnel centrée sur la satisfaction individuelle des travailleurs.

Deux formes d'intégration à l'entreprise ont été rencontrées dans nos enquêtes ; celle des autodidactes arrivés en position d'encadrement subalterne et pour qui ce niveau hiérarchique restera le plafond ; celle d'agents techniques et, dans une moindre mesure, d'ouvriers nouveaux professionnels, en position ascensionnelle. Dans ces deux cas, l'expérience des relations interpersonnelles est celle d'une relative dépendance à l'égard de la hiérarchie officielle et de la règle formelle de discipline et de travail. L'attachement au groupe des pairs trouve, en revanche, difficilement à se muer en action collective, mais il est compensé par une forte valorisation des échanges interindividuels. Et dans ces deux situations, on assiste à de faibles syndicalisations soulignées par les déceptions avouées des militants ouvriers à l'égard de ces catégories d'ouvriers et de techniciens en promotion, tandis que les agents de maîtrise et nombre de cadres subalternes font l'objet de toute la confiance des dirigeants d'entreprise.

Les agents de maîtrise, cadres autodidactes et agents techniques supérieurs en fin d'évolution professionnelle sont aussi en fin d'évolution sociale. Ce sont des personnages mobiles qui ont subi plusieurs déracinements dans leurs existences sociales comme conséquence de leur promotion professionnelle, et quand, de plus, ils sont en position d'encadrement « en tampon » entre la hiérarchie et la masse à commander, ils ont tout intérêt à privilégier la règle d'autorité formelle qui les a fait et qui leur offre leur plus solide soutien. L'intégration à l'entreprise est, pour ces mutants arrivés en fin de parcours, la réponse la plus logique à leur déracinement socio-culturel et aux pressions qu'ils doivent supporter dans le quotidien du travail. Ils « sont » l'entreprise, car c'est elle qui les fait vivre, mais à la condition qu'elle les fasse bien vivre, qu'elle les honore et les protège dans et hors le travail. Telle est leur forme collective de réponse à la situation. Issus de la promotion interne, formés par les cours de relations humaines et avantagés par les politiques du personnel, ces autodidactes sont bien les produits de la politique d'intégration, mais leur fidélité n'a rien d'automatique. Elle est encore, plus que pour d'autres, fidélité aux attentions particulières de l'entreprise qui les aide à supporter une situation socio-culturelle fragile.

Dans le cas des jeunes ouvriers et agents techniques en début de promotion, l'intégration individuelle à l'entreprise peut être également reliée à la politique du personnel de formation et de promotion interne quand elle est rendue possible par une croissance des bureaux d'études lié au progrès technique, mais la faiblesse de l'engagement syndical n'en est pas une conséquence automatique. Nous avons noté que, face aux possibilités d'apprentissage technique, de perfectionnement et de promotion, les ouvriers nouveaux professionnels et les agents techniques débutants sont pris entre la réalisation de leur projet individuel et l'abandon de la solidarité ouvrière qui résulte précisément du confinement dans les tâches sans avenir et sans perfectionnement. La relative dépendance à l'égard de la hiérarchie provient ainsi autant du soutien que les chefs apportent aux jeunes voulant monter que de la difficulté pour la collectivité ouvrière à défendre les ambitions individuelles de quelques uns.

Et si l'action syndicale trouve difficilement à se constituer dans ce type de situation, c'est qu'elle se heurte aux formes traditionnelles de la représentation collective ouvrière fondée sur l'impossibilité d'évoluer au cours d'une vie de travail en atelier. Le sentiment d'anomie, de ne plus savoir à quel groupe social se rattacher pour faire reconnaître son désir d'apprentissage technique, conduit souvent ces ouvriers et techniciens, nous l'avons déjà signalé, à se vivre comme transfuges du monde ouvrier et à perdre confiance dans la force de l'action syndicale classique. Le phénomène de promotion est ainsi à l'origine d'un attachement individuel à l'organisation quand les conditions d'un apprentissage technique réel sont réunies.

Un exemple très net de cet attachement à l'entreprise comme moyen de promotion personnelle est fourni par l'expérience des jeunes ouvriers en formation dans l'entreprise de fabrication de peinture. Dans le contexte technologique peu classique d'une fabrication de peinture, l'entreprise a décidé de fonder son potentiel professionnel sur une formation sérieuse poussée qui débouche à chaque examen sur une promotion réelle. L'enquête sociologique [14] a fait ressortir un très fort attachement individuel des ouvriers et agents techniques du laboratoire à cette politique du personnel. Est-ce l'intégration rêvée par les patrons ? A y regarder de plus près, on constate qu'effectivement les plus enthousiastes sont les ouvriers en voie de formation et de promotion permanente. Il est évident que, si les possibilités d'évolution se tarissaient, l'attachement serait compromis. Il reste que le nombre de ces « intégrés » étant dominant à l'intérieur de l'atelier et que, par ailleurs, les raisons classiques de revendication étant atténuées par la politique libérale des dirigeants, les quelques anciens qui ont connu la maison avec un syndicat ouvrier n'arrivent plus à se faire entendre.

Ce phénomène d'intégration pour motif d'évolution personnelle peut d'ailleurs, en effet second, colorer tout le climat d'une entreprise qui aurait « diffusé » cette espérance de mouvement à beaucoup de ses membres et pendant suffisamment longtemps. L'exemple de l'esprit cheminot de la SNCF est ici révélateur, car il semble bien trouver l'une de ses racines les plus solides dans la certitude de promotion sociale qu'offraient les compagnies de chemin de fer, sur plusieurs générations, puisque nombre de cadres actuels sont fils et petits-fils de cheminots.

D'autres motifs d'attachement pour raisons de sécurité économique et d'avantages matériels en région de mono-industrie comme en Lorraine, dans la mine et la métallurgie, peuvent certes avoir coloré l'esprit maison à d'autres époques. Les politiques d'importation massive de personnel étranger : Italiens, Polonais, Nord-Africains, Espagnols... ont abouti à des processus d'intégration collective sur plusieurs générations, car l'entreprise est effectivement le seul moyen d'aboutir à une entrée réussie dans la société française [15].

L'entreprise peut donc être en soi une valeur avec les caractéristiques de sécurité, soutien et même refuge que l'on accorde souvent à la « maison ». Mais cette valeur plus ou moins partagée par la plupart des membres d'une entreprise peut être très importante dans les situations de mobilité socio-professionnelle et de changement de statuts sociaux en liaisons avec des promotions internes à l'organisation. Il serait dangereux de sous-estimer l'efficacité de cette valeur d'intégration à l'entreprise dans l'analyse des identités collectives issues du travail, à une époque où la croissance des organisations et la multiplicité des changements techniques bouleverse les solidarités habituelles en ouvrant de nombreuses perspectives d'évolution aux individus, et donc d'attachement à l'esprit maison.

L'IDENTIFICATION AUX PERSONNES ET LES RAPPORTS AFFECTIFS

Les identités collectives en entreprise peuvent-elles naître d'une expérience commune de la valeur centrée sur l'attachement à une ou quelques personnes ? En d'autres termes, le monde des relations humaines peut-il prendre une importance telle qu'il devienne, par le jeu des identifications aux chefs, aux leaders, ou à de petits noyaux de collègues, un centre de distribution des forces important dans l'ensemble du système social ? Cette question rejoint les propositions de Max Weber [16] sur le fondement charismatique de l'autorité dans certaines situations de changement, où c'est l'attachement à un personnage et à ses qualités exceptionnelles qui constitue la principale légitimité du pouvoir. Quelles que soient les capacités techniques de ce personnage, Max Weber souligne que le principe même de son autorité réside dans une sorte de qualité spécifique de la relation, où les uns accordent à d'autres une force et une vertu tellement grande qu'ils sont prêts à les suivre. Il y a là un pouvoir mystérieux qu'en terme d'accès à l'identité nous pourrions désigner comme une source importante d'accès à la reconnaissance. Or, nos enquêtes ont fait apparaître plusieurs types de situations où le rapport au chef est chargé d'une forte dépendance interpersonnelle, comme si le charisme de l'autorité pouvait trouver ses racines dans la qualité même des rapports de pouvoir. Nous avons en effet constaté que c'est dans la catégorie des travailleurs les plus mobiles que la relation au chef l'emporte sur la relation collective. Pour les ouvriers nouveaux professionnels, pour les agents techniques en voie d'évolution, l'individu est comme projeté hors de ses appartenances collectives antérieures et le chef devient un atout essentiel de son projet. La situation de mobilité, c'est-à-dire de renouvellement des alliances et des sources de pouvoir tendrait ainsi à provoquer des processus d'identification aux puissants tels que de véritables relations de clientèle ou des réseaux de fidélité peuvent s'édifier autour de la personne de quelques chefs.

Une autre situation qui tend à désigner le chef comme valeur est celle des ouvriers spécialisés qui développent à l'égard du chef informel, le leader, une sorte de dépendance charismatique. Ne disposant pas dans leurs communications entre pairs des possibilités de négociation que confère l'exercice du pouvoir, ils sont conduits à remettre leur collectivité fusionnelle entre les mains d'un ou plusieurs meneurs capables de défendre et d'orienter l'action commune.

Les possibilités de reconnaissance sociale dans l'action collective sont ainsi fortement modulées par les qualités et la présence d'un leader. Ce phénomène est fréquent dans l'action politique, où la faiblesse des liens organisationnels entre militants exige cette médiation affective dans la constitution des groupes. Dans le travail, où la co-présence imposée pourrait développer d'autres modes de regroupement, on retrouve tout de même fréquemment ces formes de personnalisation d'une collectivité, principalement quand les circonstances lui interdisent de dépasser le stade grégaire des solidarités.

Nous avons rencontré dans d'autres situations de commandement des phénomènes de forte identification aux chefs officiels, notamment dans le cas de travailleurs féminins d'usine et de bureau, vivant dans le rapport d'autorité au chef masculin une sorte de projection des rapports familiaux ou de couple. Le chef peut ainsi être considéré comme une sorte de pôle d'identification, dans le cadre d'une logique complexe débordant largement les limites de l'entreprise, et cela peut également valoir pour des travailleurs très jeunes ou même pour des étrangers plaquant des schémas culturels de référence à l'autorité provenant de leur société d'origine.

Toutes les situations d'apprentissage de métier, de techniques ou de rôles compliqués entraînent de fortes relations de disciples à maîtres, où les identifications interviennent dans le processus même de l'acquisition des connaissances. Cette situation que nous avons largement décrite au chapitre précédent peut engendrer, au cœur même des relations de travail, de multiples zones d'identifications à l'égard de collègues, d'anciens ou de chefs. Pour les individus en position de promotion technique, ces identifications se développent principalement avec des collègues également évolutifs, et c'est dans cette position que nous avons rencontré le style de relations, où les affinités sélectives paraissent être la dimension la plus valorisée dans les rapports de travail. A l'égard des anciens, dans le milieu ouvrier ou ingénieur, d'autres phénomènes d'identification se développent chez les apprentis. Quels que soient les diplômes acquis antérieurement, un métier s'apprend toujours sur le « tas », dans une relation de conseil et de contrôle avec quelques experts déjà confirmés. A l'égard des chefs officiels, cette relation d'identification se développe surtout dans la hiérarchie d'encadrement, où le métier même de commandement trouve ses modèles dans l'art de se faire écouter et respecter de tel ou tel chef de l'entourage.

Sans que la relation interpersonnelle avec les collègues ou avec le chef soit une source directe de valeurs collectives dans notre schéma d'apprentissage culturel, il semble néanmoins que nombre de situations de travail fassent apparaître des phénomènes d'identification collective. On peut ainsi admettre l'idée que la personne de l'autre, celle qui est indispensable dans la poursuite de son projet, représente pour beaucoup une valeur, au point de fournir parfois la base d'une identité collective.

LA VALEUR-TRAVAIL

Avec une approche socio-psychologique de la valeur, il devient possible d'aborder ce concept de façon opératoire, en y voyant le moyen de pouvoir se bâtir une zone d'indépendance dans un lieu quelconque de socialisation. Le travail a donc été et reste toujours une valeur économique, car pour la plupart des salariés il constitue le moyen principal d'indépendance dans une économie de marché. Ce n'était pas forcément le cas dans une société féodale, ou même bourgeoise pour les capitalistes rentiers, et cela pourrait ne pas être une valeur aussi importante dans une société de planification davantage socialiste. Mais, pour notre époque, il est indéniable que le travail ne cesse d'étendre sa valeur économique à des couches toujours plus importantes de population, dans la mesure où les travailleurs féminins et jeunes sont de plus en plus salariés et où l'élévation moyenne des niveaux de vie accroît, même relativement, les occasions de choix et d'utilisation de l'argent gagné par le travail.

Pendant longtemps, cette valeur économique du travail a été plus ou moins associée, selon les professions, à une dimension de créativité et de réalisation de soi. Le métier était valeur, car il permettait une double indépendance : il amenait la sécurité économique, et il donnait les moyens d'une activité, spécialisée certes, mais libre dans la façon de concevoir et d'arriver à un résultat ; avoir un métier c'était devenir maître-d'œuvre de son produit, et donc indépendant. Il est probable que cette valeur créative du travail se développe avec les spécialisations et les technologies nouvelles. De nouveaux métiers apparaissent constamment dans l'informatique, l'électronique, la chimie, l'organisation, la formation ; et, d'une façon plus large dans le travail social, l'animation socio-culturelle, la planification urbaine, la psychothérapie, etc. ; ce sont autant de secteurs où les nécessités d'invention offrent des occasions de créer et de faire surgir des métiers nouveaux. Peut être faudrait-il cependant nuancer ce diagnostic de multiplication des métiers par le constat de ceux qui disparaissent dans l'artisanat ou le petit commerce, par exemple, et par le renouvellement rapide des techniques et donc des expertises. Si la valeur-travail reste très profondément tributaire du métier, celui-ci risque d'assurer de façon moins durable l'indépendance économique et opératoire visée.

A ces deux grandes sources de la valeur-travail, il faut alors ajouter une troisième dimension d'accès à l'indépendance qui est le fait même d'être dans une organisation. Cela est si vrai que des activités comme la recherche, le conseil, le culturel, l'aide sociale, le loisir, le militantisme sont insérées dans des organisations, des clubs, des cabinets de groupe, des secteurs administratifs, des maisons de la culture, etc. Etre en organisation, c'est donc être « en structure de mise en relation » et, par la-même, dans un processus de socialisation, où l'on peut se définir les moyens d'une indépendance. Mais nos travaux de recherche permettent de soutenir l'idée que l'organisation n'est pas pour autant une valeur en soi, car les moyens d'y conquérir une zone d'indépendance varient fortement avec les entreprises et les positions d'accès au pouvoir à l'intérieur des structures de l'organigramme formel et informel. Pour un grand nombre, le travail offre par le statut et la règle une valeur de sécurité importante. Pour d'autres, qui disposent de pouvoir plus importants, c'est en fait l'intégration soumise ou critique au jeu formel du pouvoir hiérarchique qui est le principal moyen de l'indépendance. Pour d'autres enfin, c'est l'attachement aux personnes de l'entreprise qui confère protection et perspectives d'évolution.

Cette nouvelle source de valeur qu'est l'organisation elle-même ne doit évidemment pas être confondue avec une sorte d'attachement sentimental et pathologique tout à la fois de l'esclave à l'égard de son maître ; et c'est bien souvent parce qu'on a confondu cette vision paternaliste de l'esprit maison avec ces phénomènes complexes de l'intégration que la valeur du travail est restée seulement accrochée à ses résultats économiques et créatifs. En fait, l'appartenance à l'organisation est source de valeurs, variées certes, mais réelles, parce qu'on y trouve les moyens conjugués d'une socialisation et d'une indépendance.

Mais cette période d'intérêt pour les divers aspects de la valeur intégrative de l'organisation du travail est peut-être elle-même en passe de s'estomper devant d'autres sources de valeurs. L'importance des attitudes de retrait relativement passives à l'égard de l'entreprise, que l'on peut observer presque à tous les étages des grades et des fonctions, laisse supposer que pour certains travailleurs, l'organisation n'est plus une valeur ; et que, pour eux, les activités porteuses de créativité, d'indépendance et même de résultats économiques situent l'accès à la valeur dans d'autres occupations. Faut-il encore parler de travail pour les activités annexes où l'on se réalise davantage que dans l'entreprise ? Peut-on dire que les activités secondaires pendant les loisirs, les vacances, les rapports éducatifs et familiaux, les associations militantes, constituent de nouvelles occasions d'accès à la valeur ? J'avancerai volontiers l'opinion suivante : dès lors qu'il y a activité à résultat économique et créatif, on rencontre en fait du travail, mais sa valorisation dépend de l'effet de relation que l'on peut tirer de cette activité : pouvoir, indépendance et reconnaissance de soi.

LES DISCOURS IDÉOLOGIQUES SUR « L'ORGANISÉ »

L'action idéologique sur les rapports de pouvoir dans le travail peut se définir, avons nous dit plus haut, comme une intervention de masquage sur la prise de conscience de ce qui peut constituer une force d'accès à l'identité collective. L'entreprise est une forme sociale qui offre cette spécificité de devoir organiser la répartition du travail entre ses membres pour arriver à un résultat économique. La façon même dont on conçoit cette organisation va ainsi faire l'objet de débats politiques importants. Des formes organisées concrètes qui proviendront de la conception globale adoptée, dépendra, en effet, une part importante des moyens de lutte de chacun des membres du système social de travail. L'enjeu de ce débat théorique est donc plus que l'efficience de l'entreprise, c'est aussi la possibilité de se définir une identité dans les relations de travail et c'est, plus largement, l'accès à la valeur, à la rationalité pour soi, dans le travail. Chaque détenteur d'une force importante va donc chercher à remporter la bataille idéologique de l'organisé en proposant des modèles, des réformes, des théories qui augmenteront en fait le poids de son pouvoir dans le système social des rapports de travail.

C'est ainsi que de nombreux discours s'efforcent de proposer des solutions aux opérations concrètes de recrutement, apprentissage, évolution, récompense, contrôle, décision, information et relations extérieures, qui constituent en fin de compte les principaux problèmes de la gestion du personnel. Il semble possible de reconstituer divers discours également présents dans la société industrielle contemporaine et qui, tous, ont ceci de particulier que leur ressort idéologique renvoie à la maîtrise d'une force spécifique dans les rapports de travail. Elaborés à divers moments de l'histoire industrielle, mais continuant d'être tous actifs, la logique de ces discours sur la meilleure façon de s'organiser peut être recherchée dans la diversité des sources de forces à l'intérieur d'un même système social économique et technique.

LE DISCOURS DE LA PROFESSION

Le discours de la profession paraît avoir été la première conception originale de l'organisation à but économique. Dans un temps où les machines sont encore frustes, il faut des gens de métier pour les inventer, les contrôler et les faire fonctionner. Ces gens de métier détiennent de la sorte un fort pouvoir d'expert et organisent les rapports de travail dans le sens qui leur convient face au pouvoir du capital qui abrite les machines et rémunère les gens. Probablement influencés par les sociétés de compagnons exerçant leur pouvoir sur l'embauche, la formation, le placement et l'orientation des apprentis et compagnons, les gens de métier dans l'industrie ont développé une conception des rapports humains structurée autour de l'accès au pouvoir du métier. Sans être aussi formalisé que la pensée organisatrice de Taylor ou les recherches plus philosophiques de Max Weber sur la bureaucratie, ce discours de la profession que l'on pourrait sans doute reconstituer à partir de textes d'inspiration anarcho-syndicaliste, de règlements et traditions propres aux corps de métier classiques de l'industrie, de l'imprimerie et du bâtiment, nous est apparu comme très vivant dans les entretiens avec de nombreux ouvriers professionnels et ingénieurs [17] ainsi que l'observation du fonctionnement et des discours dans les petites organisations encore proches de l'artisanat [18].

Dans ce contexte, deux points sont essentiels : l'organisation de l'apprentissage, et l'exercice même du métier. La formation professionnelle est assurée d'abord sur le tas par des anciens qui sont les seuls juges de l'évolution des apprentis. Des écoles professionnelles sont ensuite nées de l'ampleur de la demande, mais, là encore, l'enseignement est dispensé par des anciens du métier et repris ensuite sur le tas dans l'atelier. La rémunération et l'avancement sont contrôlés par ceux du métier qui imposent de fortes différences entre les apprentis et les compagnons. La liberté dans l'exercice même du métier, dans un contexte d'usine où il y a ausssi des chefs et des patrons, est le résultat d'une sorte d'épreuve de force permanente entre le pouvoir professionnel qui s'organise en syndicat de métier, et le pouvoir de l'argent qui fonde l'autorité patronale. La lutte collective des professionnels contre la hiérarchie et le capital devient une réalité permanente de l'organisation à propos même du contrôle de son travail, rythme, quantité et qualité de production, et il n'est pas rare que l'atelier de professionnels finisse par imposer sa loi, comme dans l'imprimerie, par exemple, où les ouvriers du Livre contrôlent souvent une grande partie de l'organisation des journaux.

Cette conception de l'organisation soumise aux impératifs de la profession n'est pas limitée à l'époque des premiers métiers de l'industrie. Issu de la force du métier et des syndicats et partis politiques en particulier, ce discours de la profession sur l'organisation se retrouve en fait à chaque fois que la technologie repose sur un large pouvoir d'expert ; les syndicats de métier ont même été jusqu'à développer toute une conception anarcho-syndicaliste de la société en général. L'histoire du travail est souvent celle de l'élargissement de la culture professionnelle à d'autres catégories socio-professionnelles présentes dans les entreprises. De nouvelles professions dans l'électricité, la chimie, l'électronique sont apparues et ont repris le modèle des anciens métiers. Nous l'avons, pour notre part, constaté avec étonnement dans les ateliers SNCF soumis aux reconversions technologiques en voyant comment, dix ans après le passage de la vapeur à l'électricité, ce sont des dépanneurs électriques qui ont remplacé les anciens chaudronniers et soudeurs dans la hiérarchie informelle des rapports de travail en atelier.

Mais, avec la prolifération des écoles d'ingénieurs successivement créées pour répondre à l'évolution économique et technique, on découvre des relations d'anciens élèves qui, au plan des cadres, reproduisent assez bien le contrôle de l'organisation, déjà observé au niveau des ateliers. Les combats d'experts pour la maîtrise des postes supérieurs traduisent clairement l'importance de ces affiliations dans le contexte même de l'organisation. Et, quand cette dernière repose entièrement sur une technologie incertaine comme dans la recherche scientifique, les bureaux d'études, les professions libérales, les institutions médico-psychologiques, voire même hospitalières ou culturelles, il est illusoire de chercher à comprendre la rationalité de l'organisation sans faire appel à toute cette logique professionnelle qui réglemente ouvertement l'attribution des postes, les modalités de recrutement, de formation et d'avancement, et qui introduit dans le processus même de la décision un fort coefficient de conflits entre experts de divers métiers. Dans notre schéma d'apprentissage, il faut distinguer en effet le renouvellement possible du pouvoir d'expert pouvant conduire à établir des identités collectives de métier, et la possibilité de redoubler cette force culturelle du métier par un discours idéologique d'un groupe professionnel orienté vers les partenaires du système social pour influencer leurs représentations de l'organisé.

Loin de s'estomper en face d'une sorte de courant de rationalisation croissante du travail, les discours de la profession ne cessent de reprendre vie à chaque bouleversement technologique, dont le premier effet est de faire sortir la production industrielle de ses standards antérieurs pour la remettre entre les mains et le savoir de nouveaux experts. Chaque nouvelle vague d'experts revendique ainsi pour elle le droit d'organiser les choses et les gens pour maintenir et entretenir les sources de son pouvoir. Les règles de la profession ont pour but d'assurer le renouvellement et l'évolution interne dans les rangs des experts entre eux. Notre hypothèse est alors que la force de ce discours professionnel, quel que soit son caractère contraignant et même sauvage, est d'offrir aux individus un très fort moyen d'accès à la reconnaissance dans le contexte même de l'organisation. Mais il ne faut pas se cacher le caractère élitiste d'un tel discours, faisant payer aux apprentis et aux non-professionnels le prix d'une véritable subordination, parfois perpétuelle.

LE DISCOURS DE LA RATIONALITÉ

Les tenants de la rationalité la plus formelle possible de l'organisation des rapports de travail se recrutent chez les acteurs du système social de l'entreprise qui voient dans la règle écrite une source de pouvoir. Or, ces catégories d'acteurs ont tous une difficulté majeure dans le contrôle des effets du temps sur leur vie de travail : ou bien ils n'ont aucun moyen d'avancement comme diverses catégories de manœuvres et d'OS, ou bien ils ne peuvent maîtriser un processus de cheminement à l'ancienneté comme beaucoup d'employés de bureau, ou bien encore ils sont interrompus dans une évolution déjà entamée comme nombre de cadres subalternes. Pour toutes ces catégories d'acteurs, la définition formelle des rapports de travail est essentiellement vue comme une protection contre des forces étrangères qui ont davantage de pouvoir.

Historiquement, il semble bien que la rationalité économique et technique dans l'organisation ait été une double revanche contre l'arbitraire des privilèges de l'argent et du métier. Exiger de la rationalisation dans l'économique et dans la technique en demandant que l'on définisse et respecte les règles du fonctionnement de tous les acteurs de l'entreprise, c'est évidemment une limite au pouvoir discrétionnaire des experts, des tenants du capital et des influences extérieures familiales, politiques ou religieuses faisant pression sur les rapports de travail.

Il est tout à fait frappant de constater que les deux discours sur l'organisation rationnelle du travail dans les usines et dans les bureaux qui ont été formulés au début du siècle par Taylor et Max Weber à propos de l'organisation scientifique du travail et de la bureaucratie étaient définis à partir d'un constat d'échec de divers aspects de la tradition professionnelle et administrative. Dans le premier chapitre de son ouvrage, *La direction scientifique du travail*[19], Taylor, encore jeune apprenti en usine, constate la puissance des ouvriers de métier et subit leur loi de domination par le contrôle qu'ils ont sur les tactiques et procédés de travail. Devenu contremaître dans une société d'immigrants où l'évolution individuelle est favorisée, Taylor s'empresse d'analyser les tâches, temps, gestes... de façon à définir des règles précises et rationnelles d'apprentissage du métier et ensuite de décomposition des fonctions en opérations simplifiées et spécialisées. C'est pour lutter contre l'arbitraire du pouvoir issu de la maîtrise du métier et contre l'incurie des détenteurs du capital que l'organisation rationnelle est lancée. A peu près à la même époque, Max Weber[20] élabore un discours plus philosophique sur la rationalisation de la tradition bureaucratique pour envisager les conditions théoriques de son application au monde moderne, en éliminant les restes de privilèges multiples qui envahissaient, différemment selon les pays, les fonctions de recrutement, d'évolution et de contrôle de la plupart des administrations d'Etat.

Ces textes ont été complétés par ceux d'autres théoriciens de l'organisation rationnelle du travail comme Henri Fayol[21] pour la France, et par le discours de nombreux ingénieurs en organisation qui tentent de formaliser leurs pratiques à des fins de perfectionnement et d'enseignement.

Un modèle d'organisation de l'entreprise fondé sur l'analyse scientifique et contrôlable des exigences des tâches, structures des communications et des fonctions de décision et de contrôle, a ainsi progressivement mis en valeur les points suivants : la formation est assurée par les écoles extérieures à l'entreprise, l'avancement est garanti par des examens ou concours dans le cadre de procédures scientifiques de notation des postes et des gens. Grâce à l'évaluation scientifique des tâches à tous les échelons de la hiérarchie, la rémunération peut être au moins clarifiée et jugée par rapport aux efforts et connaissances exigées comparativement entre postes. La sélection et l'orientation des gens à l'entrée de l'entreprise et en cas de promotion ou mutation sont prises en charge par les méthodes scientifiques de tests développées par la psychotechnique. La décision, enfin, est mise à l'abri des conflits permanents entre experts par l'ampleur de la réglementation technique des procédures de travail et de communication, il est même possible d'améliorer les procédures d'analyse de la situation et des choix offerts, préalablement à l'acte de décider. L'information est écrite et réglementée par les voies officielles d'une communication hiérarchique et verticale.

Nous avons alors été frappés de constater que certaines normes de comportements déductibles de ce modèle : suprématie des rapports formels et hiérarchiques sur les échanges informels, l'impersonnalité dans les rapports humains, une réelle difficulté à admettre que les relations de groupe puissent reposer sur les différences individuelles, aient pu rejoindre tel ou tel aspect de nos styles de relations empiriquement observés. Et l'idée nous est ainsi venue que, pour certains acteurs du système social d'entreprise, le discours de la rationalité pouvait constituer une arme supplémentaire dans la défense de leur identité collective.

Dans le cas du retrait, il est en effet évident que les exécutants ne disposant guère d'atouts dans les rapports de pouvoirs internes sont conduits à attendre une protection par la règle. Les travailleurs étrangers, qui n'ont pas encore décidé de rester dans le pays d'accueil et qui sont préoccupés par les problèmes de retour au pays, ne peuvent guère espérer de l'entreprise que des satisfactions économiques. Quand ils s'intègrent un peu plus au pays, il leur faut surmonter les difficultés d'adaptation à la vie civile, où la langue, le logement, l'état civil, la scolarité, tout est source de difficulté. Dans ce contexte, le fait d'avoir un travail est une réussite et tout ce que l'on demande, c'est une définition claire de ses droits et devoirs pour pouvoir respecter la règle et par là conserver sa place. Il semble ainsi que la condition de simple élément humain d'une grande machine, que l'OST accorde au travailleur de base, rejoigne en fait les attentes de sécurité économique du travailleur immigré. Mais Taylor habitait précisément les Etats-Unis où des millions de manœuvres sans qualification arrivaient sans cesse d'Europe en quête d'un travail bien payé pour fonder leur intégration à la société civile. Et l'argumentation qu'il développe pour soutenir son système de direction scientifique, en face des attaques de multiples groupements professionnels d'ingénieurs, vise précisemment à démontrer qu'il assure à l'individu isolé le moyen de s'adapter au mieux à son travail pour obtenir ainsi la sécurité économique personnelle par la croissance globale de l'entreprise. Si le discours de Taylor et de l'organisation scientifique du travail abolit la dimension du pouvoir et des rapports interpersonnels, n'est-ce pas précisément parce qu'il vise à détruire d'abord l'arbitraire des professions qui cherchait à s'imposer par un autre discours sur l'organisation ?

En France, il faut considérer que la croissance industrielle et administrative s'est opérée en soixante-dix ans par l'émigration des ruraux vers les villes. La population des campagnes a en effet perdu plus de 75 % de ses effectifs depuis le début du siècle. Autrement dit, la grande majorité des travailleurs venus occuper les postes d'OS, offerts par la croissance des entreprises selon des principes d'organisation scientifique du travail, étaient dans la position d'émigrants, ayant tout à apprendre dans les villes pour s'intégrer à la société urbaine et industrielle. Le travail devenait ainsi un bien précieux permettant d'obtenir le salaire pour réaliser la pénible insertion dans la vie civile, où logement, nourriture, vêtements, scolarité, etc., devaient être achetés. La revendication était donc principalement orientée vers la sécurité du travail et la justice économique. Et, dans ce contexte, si l'espoir de réalisation de soi-même pouvait être tourné vers le pouvoir que confère le métier, la demande explicite était avant tout celle d'une justice distributive et réglementaire immédiate que confère le discours rationalisateur.

D'autres catégories de travailleurs généralement cantonnés dans les postes d'exécution et de subordination sont également conduites à soutenir au moins partiellement le discours de la rationalité. La plupart des travailleurs féminins sont de nos jours dans une telle situation pour au moins deux motifs. La définition contemporaine des règlements d'avancement et de rémunération continue de privilégier les hommes en leur assurant très souvent des avantages exorbitants relativement à leur formation par comparaison avec celle des femmes. Les revendications des travailleuses exigeant plus de rationalité dans une analyse des fonctions et des rémunérations par rapport aux capacités et connaissances sans distinction de sexe est ainsi en fait une position juridique de combat. Par ailleurs, la double responsabilité féminine du travail et de la maison les conduirait, comme pour les immigrants, à exiger une définition toujours plus claire de leurs droits et devoirs pour mieux adapter leurs stratégies d'investissements relationnels à la complexité de leur situation.

Mais, en montant dans l'échelle des fonctions, d'autres catégories de travailleurs sont soucieuses de formalisme dans l'organisation. Michel Crozier [22] a clairement démontré le rapport entre l'expérience de la strate dans les bureaux et la demande extrême de formalisme dans les rapports humains pour se protéger des multiples pressions informelles dans un contexte de travail où le métier n'existe plus guère et où le mot de compétence ne désigne plus que des domaines d'attributions et non pas des capacités d'expert. Pour ces employés, la principale ressource est l'attente et la méfiance à l'égard de collègues parfois exaspérés par cette absence de contrôle sur une stratégie d'évolution personnelle. Ce phénomène de la bureaucratie envahie par le formalisme des rapports humains et le ritualisme des procédures ouvre tout de même une large interrogation sur les raisons profondes de cette adhésion à une règle somme toute éprouvante. La catégorie des employés de bureau est depuis toujours en position de mobilité sociale inter-génération[23]. Très peu d'employés sont fils d'employés et très peu de leurs enfants le seront. Le voyage social n'est plus ici de la campagne à la ville mais d'une catégorie sociale à l'autre. Dans ce contexte de renouvellement permanent des relations et cultures d'appartenance, la progression lente mais sûre dans un univers de règle bureaucratique peut constituer un fort soutien vers la conquête progressive du pouvoir des bureaucrates et des mœurs de la bourgeoisie. Le respect du statut et de la rationalisation des rapports de travail est donc dans les bureaux une façon logique de jouer la promotion dans une situation où l'on contrôle très mal les données de la concurrence entre collègues.

L'influence de la mobilité socio-professionnelle sur l'attachement aux réglementations formelles est également à noter dans la position de cadres subalternes de formation autodidacte où la fonction hiérarchique traduit le plus souvent la fin d'une longue promotion interne. L'attachement à l'entreprise et à ses règlements formels est, pour les individus placés dans cette position, une source importante de confirmation de soi et de défense contre les multiples pressions qui s'exercent sur leur position de tampon entre la hiérarchie et la base. Mais, inversement au cas des employés de bureau, ce n'est pas tant une demande de statut social qu'une recherche de moyens de défense dans les rapports hiérarchiques quotidiens qui sous-tend ici une certaine forme de discours centré sur l'organisation rationnelle du travail.

Il apparaît en fin de compte que le discours de la rationalité organisationnelle n'est pas le résultat d'une sorte de tendance inexorable des sociétés modernes à dominer par la science tous leurs problèmes. Nous avons pour notre part surtout constaté que l'appel à plus de rationalité correspond en fait à des situations de faiblesse stratégique, de subordination ou de déséquilibre. Si les entreprises et administrations se sont si bien servies des règles d'organisation scientifique du travail, c'est que beaucoup de leurs membres s'accommodaient de ces pratiques pour des raisons stratégiques très précises. La mobilité rurale puis ethnique vers l'industrie, la fonction dominée des travailleurs féminins, les promotions liées à la croissance des entreprises et les nécessités mêmes d'une conception très hiérarchique de l'autorité ont certainement contribué à faire passer dans les faits des principes d'organisation fondés sur une appréhension économique et technique de la rationalité.

LE DISCOURS DE LA PARTICIPATION

Pendant longtemps, le modèle familial a été responsable de la production économique, dans la mesure où la famille servait de référence pour la distribution des rôles dans les ensembles humains à but économique. La participation de chacun à l'œuvre commune allait de soi ; comme la participation de chacun des membres de la famille à la vie de cette dernière, dans une société d'Ancien Régime où la famille élargie constituait la cellule de base de toute la vie sociale. Mais l'organisation du travail fondée sur la famille, que l'on retrouve si fréquemment dans les professions libérales, artisanales, commerciales et agricoles, juxtapose des différences de statut personnalisées et rigides tout à la fois à des fortes incertitudes dans les mécanismes de relations, car l'interdépendance affective entre parents empêche d'appliquer clairement les règlements. Il est néanmoins évident que le modèle familial a été appliqué à l'industrie et qu'il continue de l'être dans la mesure où des secteurs d'activité très importants dans la société contemporaine restent très proches de la cellule familiale, par exemple dans le commerce, l'agriculture, et divers services. Dans le contexte de la grande industrie naissante, il a fallu adapter ce modèle de la famille pour qu'il conserve sa vertu idéologique d'entraînement à la participation. Et c'est ainsi que le paternalisme a été théorisé à la fin du siècle passé dans le contexte des industries textiles de l'Est [24].

Le paternalisme, s'appuyant sur les valeurs de la famille chrétienne, propose aux chefs de se conduire en bons pères et aux dirigés de se comporter en bons fils, moyennant quoi les problèmes de sécurité économique, de résultats matériels devraient être tout naturellement réglés dans le travail comme dans la famille. L'avancement et la rémunération devraient suivre une sorte de pente naturelle de récompenses justes et également distribuées. Tandis que l'obéissance au chef et l'attachement à l'entreprise devraient être l'expression d'une sorte de devoir et d'amour filial envers la personne du patron. Ce modèle bute évidemment sur les aptitudes, moyens et projets économiques de ce dernier et sur la taille de l'entreprise qui ne permet plus guère qu'une fiction de rapports affectifs. Mais il serait hâtif de dire que les rapports familiaux n'existent pas dans nombre d'entreprises, de la même façon qu'ils sont présents dans beaucoup de petites exploitations agricoles ou familiales. L'un des drames les plus importants vécus dans la croissance d'une petite entreprise est justement cette perte de rapports familiaux, quand le patron ou les chefs ne peuvent plus connaître le personnel et communiquer directement avec chacun. Il est probable que l'un des attraits de ce modèle réside dans le taux d'interdépendance affective qu'il recouvre, en sorte que chacun y trouve une part importante de reconnaissance au cœur même des échanges de travail ; mais cette possibilité d'établir la relation sur un mode de confiance réciproque et de soutien affectif se heurte aux autres représentations idéologiques issues du métier et de l'organisation scientifique du travail, et la participation doit alors être pensée différemment.

Cantonnés par le discours professionnel dans les limites de la relation de maître à disciple, la dimension humaine des rapports de travail disparaît du discours rationnel, car on y voit trop d'arbitraire et d'occasion de dépendance. Avec le développement des entreprises, la croissance de leurs personnels, le développement parallèle de la psychologie des relations et l'intégration progressive des travailleurs immigrants à leur nouvelle société, la société industrielle rencontre « le facteur humain ». Il ne suffit plus d'adapter les individus à leur poste, encore faut-il considérer que leur façon de travailler met en jeu de larges couches de leur personnalité, et qu'à ne pas en prendre conscience, l'organisation risque de perdre toute rationalité globale. L'individu ne satisfait pas au travail que des besoins économiques ; son moral est fonction de beaucoup d'autres facteurs affectifs. Ce qui se passe dans les relations et tout particulièrement dans celle établie avec les chefs conditionne l'individu jusque dans son aptitude à produire. Il faut donc développer des politiques du personnel qui satisfassent profondément la motivation des individus pour leur permettre de s'intégrer harmonieusement à l'ensemble humain que forme l'entreprise. La participation est ainsi un discours de tous les dirigeants préoccupés par la complexité des motivations individuelles et des relations informelles qui se développent dans les ensembles humains des grandes entreprises.

Mais une seconde vague de préoccupations plus récentes est venue alimenter à nouveau ce discours de la participation. Avec la croissance des entreprises à l'échelon des groupes parfois multinationaux, recouvrant de nombreux établissements partiellement autonomes des centres d'études et de services fonctionnels rattachés aux états-majors, les dirigeants ont rencontré des difficultés d'intégration au niveau même d'un effectif toujours croissant de cadres. Obligés de penser la décision comme un vaste système de relations entre cadres de multiples pays et établissements, les managers ont été contraints de poser le problème des relations entre décideurs comme un des points clés du développement des organisations. La décentralisation des décisions étant une sorte de fait géographique redoublé d'une volonté organisatrice d'abandonner les structures uniquement pyramidales et spécialisées par branches pour établir les responsabilités de décideurs par marché et produit, on a inventé tout un arsenal de moyens pour améliorer la décision dans le cadre de la direction par objectifs, assistée de l'informatique et de l'élaboration collective de programmes prévisionnels à une, deux ou plusieurs années. La participation des cadres est recherchée en s'appuyant sur les découvertes plus récentes de la psychologie des organisations [25] mettant clairement en évidence la responsabilité des structures mêmes de la communication et de l'organisation des fonctions dans la qualité des conduites humaines du travail. La participation est en fait surtout analysée au niveau des décisions que doivent prendre les entreprises ; en recherchant non pas tant l'intégration satisfaite des exécutants à leur situation de travail, mais plutôt la contribution active des cadres dans le contexte des tâches qui leur sont demandées, sans accorder trop d'importance au sentiment de satisfaction qu'ils en éprouvent.

Ce double discours de la participation essentiellement fondé sur la découverte des problèmes psychologiques vécus dans les organisations s'est largement développé au cours des trente dernières années dans les entreprises des pays industriels avancés, sans être la réponse globale, que l'idéologie voudrait bien faire admettre aux problèmes de la vie de travail. Il faut certainement s'interroger sur la vérité relative de ce discours et, dans notre perspective d'apprentissage culturel, cela revient à se demander à quelles identités collectives ce discours risque de correspondre le mieux. Venant de dirigeants, ce discours n'a pu se constituer et renaître sous diverses formes que parce qu'il a été complaisamment entendu par des catégories de travailleurs y décelant une force partielle d'accès à l'identité.

En comparant les styles de relations du travail avec les pratiques réglementaires préconisées par ces discours de participation, nous pouvons faire l'hypothèse que les travailleurs en position de trouver une valeur dans la personnification des rapports de travail y ont été plus ou moins sensibles. Cette idéologie de la participation préconise en effet une série de pratiques visant à contrôler la satisfaction individuelle du travailleur. Les cadres devront être formés à commander en comprenant leurs subordonnés, ceux-ci devront être considérés dans leur attente d'évolution, de travail enrichissant, de connaissance sur la vie même de l'entreprise. On ajoutera donc à l'arsenal de règles déjà prévues pour organiser le travail, des pratiques visant à la sélection psychologique des cadres, la formation permanente pendant le temps de travail, la promotion interne, les journaux d'entreprises et autres modalités d'information, les rémunérations et récompenses personnalisées au maximum. Toutes ces pratiques dites de « relations humaines » visent effectivement à intégrer l'individu par le biais des relations qu'il entretient avec le milieu humain du travail.

Du côté du management, ce discours a mis l'accent non plus sur l'individu, mais sur l'équipe et le groupe de décideurs capables de fonctionner inter-établissements, services ou spécialisations. On a formé ces cadres supérieurs à la gestion et à la complexité de l'élaboration rationnelle des choix budgétaires, ainsi qu'à la dynamique de groupe et aux méthodes d'arbitrage et de créativité en petite collectivité. Il a fallu également orienter la sélection et la formation permanente dans le sens d'une recherche d'individus capables de supporter un extrême investissement de toute leur personnalité dans le travail. Les rémunérations ont dû tenir compte de l'intensité des risques pris dans le contexte de décisions prévisionnelles et décentralisées.

Or, toutes ces mesures, réintroduisant un certain degré de personnalisation dans les rapports de travail, ont souvent été entendues par les groupes de travailleurs voyant dans la hiérarchie un atout important de leurs projets. La position de mobilité sociale et professionnelle, ainsi que celle de l'encadrement à quelque niveau que ce soit, situent les individus face à des concurrences et des résistances multiples sans pouvoir s'abriter formellement derrière la protection d'un groupe. L'attention personnalisée d'un chef ou de collègues, l'aménagement des communications horizontales et verticales, qui sont à la base de l'idée de participation et des politiques du personnel qui s'en inspirent, ont ainsi toute chance de rencontrer un écho dans les groupes humains vivant de telles positions évolutives. Le coefficient d'apprentissage technique, inclus dans toute position de mobilité, tendrait en outre à renforcer cette adhésion à l'idée de participation, car l'apprenti s'intègre à son milieu de travail en échange des attentions, conseils et encouragements qu'il attend des collègues plus avancés et des chefs.

Il nous semble ainsi que, du côté des subordonnés à qui il est adressé par les dirigeants, le discours de la participation est souvent écouté et entendu quand il correspond à des situations où les individus font l'expérience que, dans leurs stratégies, la personnification des relations est une force d'accès à la reconnaissance et à l'identité.

Mais ce discours, comme tous les précédents, fait l'hypothèse que le problème du pouvoir autre que celui des chefs ne se pose pas, dès lors qu'on a bien pensé à satisfaire les motivations des exécutants. Psychotechnique, psychologie des relations humaines, psychologie des facteurs organisationnels de la conduite sont autant de moyens adoptés pour connaître, mais aussi pour tenter de juguler, l'expression spontanée de points de vues individuels et collectifs à l'égard du travail, de son organisation et de ses objectifs. La question reste alors posée de l'existence d'un discours spécifique sur le pouvoir. Alors que l'entreprise naissait et croissait, au point de soulever la question d'un nouveau lieu social de rationalité des activités humaines en collectivité, que devenait le problème du pouvoir, si longtemps centré sur l'Etat, les rapports entre le sacré et le laïque, sur la sécurité et les rapports entre nations ?

MYTHES ET DISCOURS SUR LE POUVOIR

Le problème du pouvoir est évidemment au centre des préoccupations de tout penseur de l'organisation des rapports humains en collectivité, et tout particulièrement lorsque des productions économiques en sont le résultat. Dès qu'il y a un bénéfice à se répartir, dès que des tâches ou des fonctions de nature et pénibilité variées sont à distribuer, ou que des avenirs sont en jeu, se dresse inévitablement le mur de la puissance dans les rapports humains. Définir des relations d'autorité, délimiter des zones d'influence, établir des protections contre l'arbitraire des forts constituent des préoccupations au moins aussi importantes que celles des moyens techniques et économiques de la production. Les moyens de faire accepter des rapports de subordination et sur quoi fonder le pouvoir suprême ont donc été des questions de tout temps abordées par les penseurs du travail en collectivité. Mais il semble que cette question du pouvoir ait été en fait débordée de façon à la fois mythique et dichotomique. En effet, ce sont des solutions en même temps totales et partielles qui ont été présentées, toujours comme définitives, à l'égard du pouvoir. Comme si quelque part en un lieu fondamental gisait la vérité absolue de l'harmonie sociale et du pouvoir supportable.

Parmi les solutions mythiques aux rapports de force dans le travail, certaines ont surtout trait au pouvoir suprême tandis que d'autres concernent les rapports de subordination. On peut en effet montrer dans ce dernier cas que trois « formules magiques » ont été très tôt imaginées pour résoudre les conflits relationnels issus des rapports de production. On s'est appuyé sur « la nature humaine » vue comme centre de générosité et de cordialité pour établir les bases d'une harmonie : le paternalisme était une solution au problème du pouvoir, car il exigeait des chefs et subordonnés qu'ils se conduisent en bons pères et bons fils ; chacun ayant à cœur de prendre en charge la personne de l'autre avec ses difficultés mais aussi ses projets. La communauté est une autre utopie, dont la valeur de solution universelle, mythique, aux rapports de pouvoir tient dans le fait que, des phalanstères aux nouvelles communautés du retour à la terre, en passant par l'esprit coopératif, on s'appuie également sur une vision généreuse et idéaliste de la nature humaine pour fonder des relations raisonnables et non conflictuelles. Mais le modèle n'est plus ici celui de la famille : on recherche vainement dans l'histoire des expériences conciliant la liberté, l'égalité et la fraternité suffisantes entre les gens pour jeter les bases d'une véritable communauté. Il faut ajouter aux dimensions spontanées du cœur celles de l'esprit philosophique et idéaliste pour fonder une collectivité passionnée mais sans drames.

La troisième solution mythique aux rapports de subordination a été cherchée directement dans la science, en excluant toute référence à la nature humaine. L'organisation rationnelle du travail dans les usines et les bureaux est certes une technique de gestion du personnel en fonction des exigences de la technologie et de l'économie et des aptitudes du potentiel humain ; mais cette organisation ne peut atteindre son but de solution aux problèmes de travail que si elle repose sur la science appliquée à tous les paramètres de la production ; la psychotechnique répond à l'analyse des tâches et à la science des organisations, moyennant quoi chacun est adapté à sa place et les rapports de travail sont comparables à ceux d'un mécanisme bien huilé.

En ce qui concerne le pouvoir suprême, celui du sommet de l'organisation, le fondement du pouvoir est vu de façon également totalitaire comme émanant alternativement de la maîtrise du capital ou de la maîtrise de la technique. Le monde professionnel invente l'organisation sociale du travail sur le mode anarcho-syndicaliste, où le pouvoir est en fait partagé entre les gens du métier. Mais une vision technocratique de la société accorde le pouvoir, tout le pouvoir social, aux détenteurs de la connaissance technologique. Dans ces deux hypothèses, le pouvoir est détenu par des minorités importantes, celle de métiers divers, et l'exercice du pouvoir est naturellement régulé par les capacités individuelles d'apprentissage où les mérites sont évidemment inégaux et l'accès au pouvoir inévitablement raréfié.

Le contrôle du capital est à l'origine de deux autres conceptions universelles du problème de pouvoir à l'intérieur de l'organisation. La possession individuelle ou familiale du capital a longtemps été considérée comme la seule source du pouvoir suprême sur l'entreprise dans une société de marché et de libre concurrence où les économes et les entreprenants avaient théoriquement toute latitude pour accumuler du capital en faisant travailler des salariés. Le contrat de salaire et la liberté du marché servaient alors de justification au problème du pouvoir. La découverte des mécanismes sociaux de l'exploitation des prolétaires dans ce contexte juridico-économique a fait naître une autre solution totale au problème du pouvoir : l'appropriation collective des moyens privés de production, et la victoire de classe des prolétaires conduisant à une nouvelle théorie de l'harmonie entre frères de classe dirigés par leurs représentants de classe.

Le caractère commun de tous ces discours sur le pouvoir, qui ont orienté et continuent d'orienter effectivement les conduites en matière de traitement des rapports de travail, est de viser la disparition des problèmes de pouvoir par une politique unique. On voudrait alors s'interroger sur les significations possibles de ces phénomènes d'approche mythique des relations de pouvoir, au moment où l'histoire de l'entreprise a démenti les uns après les autres les effets harmonieux escomptés de chacun des mythes proposés.

L'univers de l'organisation n'est jamais le théâtre de combats absolument décisifs distinguant des vainqueurs absolus et vaincus définitifs. Chaque membre de groupes humains fait l'expérience plus ou moins grave de sa relative impuissance à réaliser intégralement son désir. L'expérience des relations humaines, et tout particulièrement celles qui sont vécues au travail, est tout autant celle de la perte que de l'accès à l'identité. En diffusant le mythe, le groupe humain s'efforce de masquer aux autres les sources de sa faiblesse, tout en lui faisant partager son propre système de valeurs. L'idéologie exerce ainsi une sorte d'action directe sur les représentations de l'autre dans la relation, en lui faisant partager des valeurs étrangères à sa position d'apprentissage culturel, que dans la mesure où elle s'appuie sur la difficile quête de rationalité et de cohérence pour chaque sujet. C'est la complexité particulière à l'histoire mentale de chaque individu, faite d'une succession d'identifications et de dépendances plus ou moins contradictoires, au critère des luttes sociales d'une même époque ou d'un même système social, qui fonde l'efficacité du travail idéologique de masquage et de déformation des représentations du monde.

René Girard situe la genèse des mythes et des rites qui les accompagnent dans un rapport de l'expérience à la violence fondamentale dans les sociétés. Le mythe est une façon de masquer la violence absolue[26]. Partant du rôle de la sexualité dans l'édification des mythes, il y voit une dernière étape dans l'analyse du fondement caché des mythes : « La sexualité fait partie du fondement (des mythes) en tant qu'elle a maille à partir avec la violence et qu'elle lui fournit mille occasions de se déchaîner... C'est elle qui vient au premier plan, dans le parricide et dans l'inceste, associée à une violence purement individuelle pour fournir un dernier écran à la réciprocité interminable de la violence à la menace absolue qui détruirait l'humanité si l'homme n'en était pas protégé par la victime émissaire, c'est-à-dire la méconnaissance »[27].

S'il y a production de mythes dans l'expérience des rapports de travail, et si ces mythes portent sur la disparition du pouvoir et la recherche de l'harmonie, c'est précisément parce que l'organisation entraîne pour beaucoup l'obligation de supporter des pressions très fortes sans moyens de les éviter. On peut alors se demander comment les gens réagissent à la longue dans de telles positions de faiblesse imposée. Tout autant que la conquête d'une force, la défense de sa propre faiblesse devient un problème majeur des rapports de travail, et c'est ici que peut naître le mythe à l'égard du pouvoir.

L'un des moyens employés pour définir sa conduite et préserver son identité, dans une situation de contrainte impossible et inévitable tout à la fois, consiste probablement à transformer de façon imaginaire le jeu des forces sociales et les possibilités d'accès au pouvoir dans lesquelles on peut être placé. Cette action fantasmatique sur la représentation du pouvoir, qui consiste à imaginer des solutions mythiques où les rapports de forces cèdent la place à l'harmonie, fait ainsi partie des formules variées d'apprentissage culturel au travail. Une production de discours mythiques à l'égard du pouvoir rejoint à notre avis un processus mental important que Léon Festinger a constaté dans les conduites individuelles en société, et qu'il a désigné par le terme de dissonance cognitive[28].

Cet auteur soutient en effet qu'un décalage entre les comportements et la représentation qu'on s'en donne est un principe moteur actif de la conduite humaine. Les individus s'efforcent en effet de modifier leurs actes pour rejoindre de nouvelles représentations, ce qui serait le processus même du changement. Mais, très souvent, les actes ne sont pas modifiables car la situation est trop contraignante ; ce sont alors les représentations qui vont être atteintes. Ces représentations peuvent ou bien évoluer pour mieux coïncider avec les comportements, quand les possibilités culturelles et le contexte idéologique le permettent ; ou bien on constate l'apparition de solutions purement mythiques pour que, au moins dans l'imaginaire, il n'y ait plus de décalage insupportable entre la connaissance et l'action. Léon Festinger élabore sa théorie de la dissonance cognitive à propos de comportements adultes et complexes. Son approche gestaltiste de la personnalité, où le tout précède et domine les parties, repose sur l'idée que l'évolution du sujet au cours de ses rapports humains d'adultes peut entraîner des changements profonds dans toute une harmonie préétablie entre les actes et la pensée.

Cette théorie a fait l'objet de nombreuses vérifications expérimentales de la part de psychologues sociaux, dont J.-P. Poitou donne un compte rendu détaillé, et diverses critiques ont pu être portées sur le caractère fondamental d'un besoin psychologique de cohérence qui serait pour L. Festinger le fondement de l'effet de dissonance cognitive. J.-P. Poitou note que : « Les effets produits dans les expériences de soumission forcée reposent tout entier sur l'efficacité de l'appareil scolaire sur la représentation que le sujet a de son autonomie, et sur les normes de responsabilités que commande cette représentation »[29]. Mais si le besoin de cohérence est difficilement repérable dans ces expériences de vérification expérimentale, la contradiction vécue entre les convictions et la conduite est réelle, même s'il faut supposer la médiation d'une norme sociale antérieurement apprise. Et, dans les situations de travail, les contradictions entre les normes antérieurement apprises et les conduites présentes sont fréquentes et peuvent fort bien s'analyser en termes d'accès au pouvoir.

Le processus d'accès à l'identité se nourrit ainsi de l'existence de rapports sociaux en ce sens que chaque individu ne peut constamment remettre en cause toutes ses relations et tous ses rapports aux objets. L'individu a trop besoin de stabilité dans ses identités pour ne pas courir le risque permanent de la perte de reconnaissance sociale. Croire aux valeurs et aux propositions d'action sécrétées par un groupe, c'est peut être risquer de ne pas y retrouver ses véritables préoccupations, mais c'est en revanche obtenir l'assurance d'une identité et d'une protection. Le pouvoir des mythes tient ainsi dans le fait qu'ils permettent les identités collectives, les appartenances de groupe en ayant pour fonction principale de masquer les contradictions entre les divers composantes du groupe. Plus les idéologies sont solides et se cristallisent en mythes, plus elles remplissent cette fonction d'apports de cohérence au sujet. Il y a décalage entre ce qu'on propose au sujet de faire dans ses relations, en lui désignant des alliés et des adversaires qui ne sont pas toujours en rapport avec la reconnaissance de son désir ; mais c'est exactement de ce type de contradiction, de béance dans sa logique, que le sujet ne peut avoir conscience à tout instant.

S'il y a production de mythes dans les processus d'apprentissage culturel interne à l'expérience du travail en organisation, ce serait donc parce que les conditions d'accès au pouvoir n'étant ni stables ni totales pour personne, il importe pour chacun des partenaires du jeu social de renforcer sa domination idéologique par un artifice supplémentaire qui est celui de l'évacuation même des rapports de pouvoir. Le mythe de base étant en fin de compte l'harmonie, c'est-à-dire la sortie définitive des oppositions en collectivité ; et l'histoire industrielle apportant les conditions particulières de la détention d'un pouvoir réel dans ou sur l'organisation que l'on voudrait faire oublier par une définition scientifique ou généreuse des rapports sociaux.

Il est en effet étonnant de constater à quel point les discours mythiques sur la suppression du pouvoir dans les rapports de travail ont chacun été formulés à partir de la détention d'un type particulier de pouvoir. Dans les situations d'extrême concentration de la puissance, c'est aux dominés par le capital, la science organisatrice ou la recherche technologique que l'on demande d'intérioriser leur impuissance, au nom du mythe de la nature humaine, riche en inégalités et en influences du modèle familial de la dépendance. Méritocratie scolaire et paternalisme sont ici les deux mythes souverains de la négation du pouvoir dans l'organisation. Dans les situations où les sources de pouvoir sont plus nombreuses et partagées à l'intérieur de groupes humains, comme dans les communautés artisanales, les groupes de professionnels et les associations de militants, le mythe de l'abolition des rapports de pouvoir passe par la généralisation d'une solution partielle sans poser le problème de ceux qui ne sont pas dans les conditions initiales du partage de pouvoir. C'est ainsi que le communautarisme ou l'anarcho-syndicalisme font bon marché des non-artisans, et de tous ceux qui sont hors métier ; tandis que la victoire totale de classe évite le problème des inégalités à l'intérieur même de la catégorie des prolétaires.

Mais cette production de mythes paraît constituer l'une des caractéristiques constantes de l'apprentissage culturel dans le travail. De nos jours, un mythe est en train de réapparaître avec une force nouvelle, car il concerne tout à la fois la question du pouvoir interne et externe à l'organisation. Il s'agit de l'importance récente accordée à l'autogestion dans la mesure où cette solution d'organisation des rapports de travail concerne tout à la fois les rapports de subordination dans l'entreprise et ceux de domination sur l'appareil de production. Cette solution de pouvoir pour chacun et pour tous, que la société urbaine et antique avait déjà inventée sous le nom de démocratie, réapparaît dans le monde industriel et urbanisé au moment où les retombées économiques scolaires, sociales de la croissance et le développement des institutions de sécurité et de défense collective offrent à la plupart des acteurs sociaux le moyen de faire entendre et si possible reconnaître leurs points de vue. Mais si la la solution autogestionnaire a de nouveau quelque chose de mythique, c'est qu'elle nie les rapports de force qui naissent de la distribution même du pouvoir de décision. La démocratie civile était depuis longtemps un mythe rêvé par tout le monde, que l'on n'avait pas encore découvert les affrontements entre partis politiques à propos du gouvernement de l'Etat et de la gestion du futur !

A l'heure où le discours explicite s'appuie sur la structure du politique, les affrontements de classe et le pouvoir en organisation, nous abordons probablement une autre période mythique à l'égard du pouvoir. Le problème n'est plus pour les dominants de nier la source de leur domination, les sciences sociales ont vite fait d'en démasquer les fondements, mais, devant la multiplicité des pouvoirs, la question dangereuse pour chacun est plutôt celle des limites et de la durée de son propre pouvoir. Les nouveaux mythes tendront ainsi à prendre la forme du « pouvoir pour tous » afin de nier de nouvelles inégalités, qui cette fois seraient liées à des différences d'ordre culturel. S'il y a naissance d'une nouvelle solution mythique à l'égard du pouvoir dans et sur les rapports de travail, c'est qu'un nouveau système de domination est en train de s'instaurer dans le contexte même des organisations.

Le discours théorique sur l'organisation est ainsi loin d'être neutre et immanent. Il faut y voir au contraire un moyen très puissant d'action sur la distribution des moyens réels d'une domination dans et sur l'organisation.

Les conceptions professionnalistes, rationalistes ou participatives de l'organisation des rapports de travail n'assignent en effet pas les mêmes moyens d'action aux divers acteurs du système social de l'entreprise. Ces discours ne sont pas indépendants de l'état des rapports de force dans la structure de l'organisation, dans la mesure où ils tendent à proroger et à développer le pouvoir spécifique que chacun y acquiert en généralisant le système d'organisation à son profit. Les gens du métier tiennent le discours professionnel au détriment de ceux de la spécialisation qui soutiendraient davantage le discours de la rationalité ; tandis que ceux de la hiérarchie et de la mobilité parleraient surtout de participation. L'organisation devient ainsi l'enjeu et non le but commun entre des forces sociales qui se définissent par leur diversité d'appartenance à la structure de travail. L'entreprise peut, certes, comme toute institution considérable, être le lieu d'affrontements entre des forces sociales extérieures et antérieures à l'expérience du travail. On peut se battre dans le travail à propos de positions politiques, de rivalités internationales ou d'appartenances régionales et villageoises ; mais on peut aussi y vivre des affrontements qui relèvent de l'expérience même d'accès au pouvoir dans les structures. L'organisation n'est pas ainsi une fonction neutre et inexorable, mais les formes organisées les plus apparentes découlent d'un rapport entre forces instituantes internes. Si le terme d'organisation traduit une nécessité inhérente à toute activité collective de quelque importance, il ne correspond dans chaque réalité qu'à un « organisé » par certains aux détriments des autres membres du système social.

L'EXPLOITATION CULTURELLE DANS LE TRAVAIL ORGANISÉ

Si les rapports de production en entreprise constituent un lieu social important d'apprentissage, de normes de comportement, de valeurs de l'action et de conceptions idéologiques différentes et souvent opposées à l'égard des modalités de l'organisation du travail, alors il faut tirer la conclusion logique d'une exploitation culturelle inévitable ; chaque groupe de travailleurs peut en effet être la victime ou l'acteur d'un façonnement de structures mentales par le contrôle exercé sur les structures matérielles, les rapports de travail. Il y a là une forme supplémentaire d'exploitation dans les sociétés fortement bureaucratiques et industrielles, qui est venue s'ajouter ou se substituer à des formes économiques d'exploitation incontestablement dominantes dans des sociétés à développement capitaliste initial.

Cette idée d'un nouvelle forme d'exploitation, vécue à l'intérieur même des relations de travail, que nous voudrions préciser au terme de cette analyse des effets culturels de l'organisation, ne nous est pas spécifique ; d'autres penseurs et théoriciens de l'action collective ont récemment mis en évidence l'importance de cette dimension spécifique « du culturel » dans les rapports sociaux et dans la lutte collective pour l'émancipation d'une exploitation.

C'est tout d'abord Cornelius Castoriadis[30] : « L'emprise la plus profonde de la société capitaliste se manifeste le plus sur des plans auxquels on pense généralement le moins : ce sont les habitudes séculaires, les évidences du sens commun bourgeois que personne ne met en question, l'inhibition, l'inertie, le manque de créativité systématiquement organisé par toute la société. » « Il y a un obstacle formidable à l'action révolutionnaire : même lorsqu'on leur en donne les moyens matériels, les travailleurs ne s'expriment pas. A la racine de cette attitude on trouve l'idée... que ce qu'ils ont à dire n'est pas important. »

Cet auteur révèle très tôt combien la force collective d'une classe ou d'un groupe social peut être tributaire d'une dimension culturelle inconsciente. Mais la difficulté fondamentale à s'exprimer et par conséquent à agir et à prendre la parole, pour certaines catégories de travailleurs, n'est pas rattachée avec précision à une expérience sociale particulière. On peut évoquer la position ouvrière défavorisée face à l'école, et l'existence d'une sous-culture ouvrière, résultat d'une action de persuasion idéologique et de sélection effectuée par la classe dominante sur les mass media et l'appareil scolaire. Mais un tel type d'analyse renvoie toujours la solution de cette exploitation aux générations futures ou à la prise de pouvoir sur l'appareil d'Etat, alors que, précisément, le frein culturel empêche de passer à l'action. Une sorte d'impasse théorique apparaît ainsi, car on souligne l'importance de phénomènes culturels sans en tenir compte pour autant dans les modalités de l'action.

Depuis une vingtaine d'années, en France, la préoccupation à l'égard de la culture se développe autour et à propos des activités de loisir, des maisons des jeunes et de la culture ou des mouvements d'éducation populaire comme Peuple et culture, les CLAJ (centres d'action de loisir de la jeunesse); le Centre de culture ouvrière ou Culture et liberté, les préoccupations culturelles des syndicats et comités d'entreprise, tout récemment stimulés par la loi sur la formation permanente, etc. Sans chercher ici à entamer une sociologie de cet ensemble de pratiques sociales centrées sur le loisir et la culture, nous voudrions seulement en dégager deux leçons sur les perspectives d'apprentissage culturel.

Un premier constat largement vérifié est tout d'abord celui des différences culturelles qui sont présentes à l'intérieur d'une même société française. Pour les praticiens et les politiques, c'est le débat sans cesse repris autour de la culture générale et la culture populaire ; déjà intense à propos de l'utilisation des mass media qui renseignent sur les différences d'écoute, de lecture et d'intérêt pour la culture offerte pendant le temps du loisir, cette perception sélective que nous avons nous-mêmes observée dans une enquête [31] auprès de catégories d'ouvriers et paysans et de leurs pratiques télévisuelles, a conduit naturellement les sociologues à s'interroger sur les systèmes de valeurs et cultures de la classe ouvrière. René Kaes [32], en France, et Hoggart [33], en Angleterre, ont présenté des bilans d'observation et d'enquêtes sur les pratiques communes et variées du groupe social ouvrier, tandis que M. Crozier élaborait, à propos des employés, une échelle de pratiques culturelles [34]. Toutes ces différences ont ensuite fait l'objet de vérifications répétées sur les pratiques à l'égard des vacances, de la photo, des musées, de la musique, du cinéma, en fonction de l'origine sociale et de la classe d'appartenance [35]. On en vient ainsi à parler d'une exploitation économique et culturelle, mais le lieu du combat est à situer dans l'appareil scolaire, et la solution reste celle d'une prise de pouvoir de l'appareil d'Etat pour changer l'école au bénéfice des générations futures. Rien d'anormal ni d'étonnant à ces conclusions de penseurs affrontés à la sélectivité sociale et collective de l'appareil scolaire, comme reproductrice de société. Mais pourquoi la vie adulte, qui n'est plus scolaire, ne demeurerait-elle pas source d'apprentissage culturel ?

C'est là tout l'intérêt des multiples réflexions engendrées par le développement récent de l'éducation des adultes [36] car en institutionnalisant une pratique de formation permanente déjà ancienne, mais officieuse et indépendante du temps de travail, le législateur instaurait, bon gré mal gré, une réflexion sur les inégalités culturelles dans le travail, au moment même ou le constat sociologique des inégalités à l'égard de la culture scolaire était largement établi. Que fallait-il faire de ces heures de travail payé consacrées à l'étude pour les adultes ? Quelles catégories favoriser après que la tendance à privilégier les cadres a été rejetée et dénoncée ? Que proposer aux ouvriers français : de la culture professionnelle, du rattrapage scolaire, de la culture-évasion... ? Que faire avec les ouvriers étrangers : seulement de l'alphabétisation, alors qu'ils vivent précisément un fort choc issu du mélange entre leurs cultures de départ et celle de la France ?

C'est ainsi que l'on en vient à s'interroger sur les désirs, besoins ou attentes formulés des diverses catégories d'acteurs au travail. Des professionnels de la formation peuvent penser la question, mais également des syndicalistes et membres des commissions formation des comités d'entreprise. Une réalité nouvelle apparaît alors progressivement : l'importance énorme des difficultés d'expression dans les milieux ouvriers, employés, agents de maîtrise, et même cadres. Apprendre, c'est vouloir s'exprimer ; or cela n'est possible que si l'on a les moyens linguistiques, l'occasion d'échanger, l'attention de l'interlocuteur, c'est-à-dire en fin de compte un coefficient d'utilité sociale à ce que l'on dit. Si toutes ces conditions sont absentes de l'apprentissage alors on ne va même pas chercher à entrer en formation car la certitude de l'échec est trop clairement anticipée. Un phénomène social d'importance apparaît ainsi : ni le travail en organisation, ni l'école de base, ayant façonné les adultes de notre époque, ne sont culturellement stimulants. Par manque de connaissances générales de base et par insuffisance globale de l'expérience relationnelle du temps de travail, on trouve chez un très grand nombre de travailleurs une profonde incapacité à s'exprimer et un fort sentiment d'infériorité sociale. Si le temps scolaire est en partie responsable à l'origine de cet état de fait, le temps de travail en organisation ne corrige pas les inégalités culturelles de départ et, bien souvent, il provoque de lourdes régresssions menant à une sorte d'état de manque général en matière d'expression.

L'animation culturelle devient alors, pour beaucoup de militants, un objectif bien réel d'une action de lutte contre cette nouvelle inégalité sociale qu'engendre les différences culturelles. Pierre Belleville[37] montre, en s'appuyant sur une longue expérience de l'animation en milieu populaire, que l'action culturelle peut faire partie intégrante d'une vision militante de la société, et qu'une aliénation culturelle peut marquer profondément les rapports sociaux contemporains.

Le problème que nous posons est alors celui des processus sociaux de cette nouvelle forme d'exploitation. Faut-il n'y voir que le résultat d'une lutte politique autour des institutions de transmission de la culture : école, université, et mass media ? L'étude du corps enseignant, des programmes, des mécanismes de sélection scolaire, du milieu des créateurs et de l'organisation des appareils de production d'enseignement et de biens culturels deviennent alors les objets privilégiés de l'analyse sociologique des inégalités culturelles. Mais, pour parler d'exploitation, il faut montrer que ces inégalités culturelles interviennent dans la solution des rapports de force en société. C'est, en fait, d'une dialectique entre les capacités d'expression et l'exercice de l'autorité qu'il s'agit, en ce sens que certains tirent un surplus de pouvoir du manque à s'exprimer des autres et de leurs propres privilèges en matière culturelle. Les rapports de travail en organisation ont alors quelque chose à voir avec cette exploitation culturelle, car nous avons vu qu'ils associent des capacités relationnelles à des positions d'accès au pouvoir et à l'expérience stratégique. Nous voudrions montrer en définitive que, si l'organisation révèle et utilise des différences culturelles, elle est en même temps productrice de nouvelles formes d'exploitation par rapport à des capacités d'expression des systèmes de représentations ou de valeurs et plus largement à la possibilité même de constituer des forces collectives en société.

LES PRODUITS CULTURELS DU TRAVAIL ORGANISÉ

Les processus d'apprentissage culturel, que nous avons résumés dans le schéma de relations vécues à un double niveau dans le système social du travail, celui des échanges quotidiens et celui des alliances plus collectives, permettent d'établir plusieurs lignes de produits culturels du travail en fonction des positions de pouvoir vécu par l'adulte dans l'ensemble de ses systèmes de relations. Ces produits culturels sont de divers ordres, mais ils ont en commun de constituer un matériau de représentations, le plus souvent inconscientes, ayant toutes un rôle de médiation entre la perception immédiate du monde et le choix de l'action verbale ou gestuelle. Nous avons en effet montré que l'expérience stratégique des rapports en organisation pouvait faire apprendre des normes de comportements dans les relations humaines de travail, mais cet apprentissage de normes peut lui-même agir sur les échelles de valeur du jugement, tandis que des discours sur les modèles d'organisation et sur la légitimation du pouvoir procèdent du jeu des alliances dans un état donné du système social interne à l'organisation.

Cet ensemble de produits culturels du travail, qui peuvent être appris ou réappris par chacun au cours de son insertion dans les rapports de pouvoir en organisation, offrent une image de ce que peuvent être les diverses logiques d'acteurs issues de l'expérience du travail organisé. Chaque ligne du tableau n° 32 reproduit en effet les éléments d'un cycle d'apprentissage culturel complet au travail, à partir de positions réellement observées dans les entreprises des années soixante et début soixante-dix en France [38].

A un premier niveau relativement immédiat et quotidien des échanges, dans un contexte délimité d'accès au pouvoir en atelier, bureau, laboratoire, etc., les travailleurs vivent profondément l'apprentissage de normes de relations comme conséquence directe des possibilités stratégiques dans les rapports de travail. A un second niveau de relations plus collectives et plus épisodiques, les acteurs du système social d'établissement profondément atteints jusque dans leur identité par l'expérience du pouvoir, s'efforcent de constituer des alliances offensives ou défensives, en jouant sur l'univers mental de la valeur comme force sociale d'accès à l'identité, et de la représentation des modèles de l'organisation ou d'une solution au problème du pouvoir. Cet ensemble d'expériences d'apprentissage mène, plus ou moins rapidement, à la cristallisation d'une logique d'acteur au travail. Sans prétendre à l'exhaustivité, nous en avons dénombré

Tableau 32. Les produits culturels du travail organisé

Positions en organisation	*Accès au pouvoir*		*Normes de comportement en relations*	*Valeurs issues du travail*	*Discours sur l'organisation*	*Discours sur le pouvoir en organisation*
	dans travail	*hors travail*				
OS, femmes immigrés employés jeunes	—	+	retrait — individualisme	économique la personne des chefs	néant	néant
OS, hommes anciens employés anciens	— — +	— —	unanimisme entente et compromis	la masse, la règle le statut	la rationalité industrielle et bureaucratique du travail	victoire de classe et science de l'organisation
ouvriers professionnels	+	+	solidarité démocratique	le métier, l'expertise	discours professionnel	anarcho-syndicalisme
cadres moyens cadres supérieurs	+	+ +	stratégie rivalité démocratique	la création	management	technocratie et méritocratie
ouvriers nouveaux professionnels, agents techniques personnel mobile	— + — +	— + — +	séparatisme affinités sélectives	la personne du chef et des collègues	la participation aux relations humaines du travail	paternalisme, promotion collective, et progrès techniques
agents de maîtrise et cadres subalternes	+	—	intégration soumission	la règle et la personne des chefs	rationalité et relations humaines	paternalisme et esprit maison

plusieurs. Tout d'abord, la logique du retrait des rapports de travail, que nous avons surtout observé chez les sans-pouvoir en organisation, alors qu'ils bénéficient de moyens sociaux extérieurs pour vivre des relations de création ; les jeunes, les immigrés, les femmes sont souvent dans cette situation aussi bien à l'usine que dans les bureaux. Une autre logique d'acteurs est celle des sans-métier, sans-carrière rapide et sans-investissements sociaux à l'extérieur. Les OS et les employés de bureau sont dans ce cas, quand ils commencent à prendre de l'ancienneté. Il est alors intéressant de voir qu'une expérience de faible pouvoir conduit à un double résultat culturel : des normes de relations plus ou moins fusionnelles, où l'individu éprouve autant de difficultés à vivre le groupe que les relations interpersonnelles, et des discours centrés sur la rationalité scientifique de l'organisation comme principal moyen de se défendre contre l'arbitraire et le pouvoir des autres. La logique d'acteur des tenants de pouvoirs étendus dans les relations internes et externes au travail prend le contrepied de la précédente. L'important c'est le métier, l'expertise ou le chef-d'œuvre qui en témoigne, car cette source de pouvoir confirme suffisamment d'autorité formelle et informelle dans l'organisation pour permettre un apprentissage de normes très stratégiques dans l'interpersonnel comme dans le groupe. Les discours sont alors ceux de l'organisation de la profession ou de la décision selon la place occupée dans l'entreprise, tandis que le partage égalitaire du pouvoir n'est reconnu qu'entre détenteurs d'expertises comparables dans le métier ou la méconnaissance technique. Cette logique d'acteur de la domination des professionnels sur l'organisation du travail est constamment attirante dans la vie industrielle car c'est encore par elle que le sujet acquiert l'identité la plus forte dans le travail.

La dernière logique d'acteur est celle de la mobilité en cours ou achevée dans l'organisation. Quand les travailleurs sont en cours d'évolution rapide, comme les ouvriers nouveaux professionnels, les agents techniques d'usine ou de bureaux, le résultat culturel dominant est une perte d'appartenance de groupe et une forte implication dans les relations interpersonnelles avec les collègues et les chefs. Le discours d'une participation aux relations humaines correspond à la valorisation générale du rapport aux personnes dans cette mouvance générale des positions de travail.

La solution aux problèmes du pouvoir par le paternalisme et la promotion collective associée aux progrès ininterrrompus de la technologie, ainsi que l'attachement à une « maison » qui soutient l'évolution individuelle, sont autant de résultats culturels communs aux mobiles. Les agents de maîtrise et cadres subalternes se distinguent des précédents par la fin de l'expérience de mobilité, qui les laisse coupés de leurs anciens milieux sociaux d'origine et plus dépendants du pouvoir statutaire qu'il tirent de leur place de commandement en organisation. Leurs valeurs et leurs discours sont partagés entre la rationalité industrielle ou bureaucratique du travail, qui leur assurent protection et pouvoir, et l'importance des relations humaines qu'ils se sont constituées tout au long de leur périple antérieur.

Ces quatre types de logique d'acteur, résultats d'apprentissages culturels au travail dans les organisations contemporaines, coexistent avec des fortunes diverses selon les circonstances, qui ont trait à l'histoire du développement industriel comme à l'histoire de l'évolution particulière de chaque système social d'entreprise. Pour avoir les moyens de reconstituer les étapes régionales et nationales de l'histoire des organisations en France, on peut toutefois se faire une idée de l'évolution de ces produits culturels en situant les conditions d'apparition des principaux discours sur l'organisation ; la production ou la diffusion des théories de la gestion des hommes en organisation n'étant probablement pas indépendante des conditions concrètes d'apprentissage culturel dans les échanges réels de travail.

Le tableau n° 33 ci-après présente les éléments de discours sur la façon d'organiser la gestion du personnel en fonction de leur ordre d'apparition. Chaque modèle idéal ainsi décrit correspond en fait aux préoccupations de types d'acteurs, dominants à une époque en fonction des circonstances économiques techniques et organisationnelles de la production.

Le discours professionnel, surtout axé sur la réglementation de l'apprentissage et des conditions d'exercice du métier, constitue la première théorie qui s'est imposée à l'entreprise naissante et ce sont les ouvriers de métier, souvent issus de l'artisanat, qui ont imposé leurs règles à des chefs ayant besoin de leur pouvoir d'experts pour que les machines encore frustes puissent fonctionner régulièrement. Avec le discours de la rationalité industrielle, qui apparaît au début du siècle, on se préoccupe de méthodes simplifiées, sélection des individus, réglementation du travail et de la rémunération stimulante. Un tel discours correspond à l'extension de la production mécanisée et au perfectionnement des procédés techniques permettant la série. L'encadrement moyen devient une population considérable, tandis que les manœuvres passent à la position d'OS : ce discours de la réglementation scientifique du travail peut être regardé comme une double victoire des chefs sur les gens de métier mais aussi des exécutants sur les chefs tout puissants anciens gardes-chiourme des masses de manœuvres.

Dans le domaine des administrations qui se développent, après les premières grandes vagues d'industrialisation, le discours bureaucratique définit une gestion hiérarchisée fondée sur la réglementation des rôles des carrières et des voies de passage d'une fonction à l'autre. Un tel discours, principalement centré sur la possibilité de défendre un statut acquis et de suivre une carrière, correspond aux attentes d'employés déjà avancés et de petits cadres soucieux d'assurer les avantages acquis contre d'éventuels recrutements de jeunes plus scolarisés ou de multiples privilèges familiaux, politiques ou affectifs.

Avec le discours des relations humaines apparaissent les effets de la croissance industrielle et administrative, car le nombre du

Tableau 33. Les discours sur l'organisation du personnel

Fonctions de gestion du personnel : *Discours*	*Recrutement*	*Apprentissage*	*Evolution*	*Récompenses*	*Information*	*Décision*
discours professionnel	embauches par annonces et relations	sur le tas, par école de métiers, recyclages techniques	dans le métier	rémunérations horaires, honoraires	accumulation par l'expert et entre experts	conflits permanents entre experts et chefs formels
rationalité industrielle	sélection scientifique par tests d'aptitudes et de connaissances	formation d'embauche, éventuellement form. complémentaire hors temps de travail, entraînement des AM	changement de catégories dans la qualification	salaire au rendement + job evaluation	formalisée verticale ascendante + passerelles	hiérarchie, et règlements écrits
rationalité bureaucratique	examens concours titres	entièrement scolaire, form. complémentaire par cours du soir	examens ou concours, grades accordés au poste et non à l'individu	statuts et carrière	notes de services et communications réglementaires ascendantes	hiérarchies et règlements écrits
participation aux relations humaines	sélection psychologique	formation des adultes aux relations humaines et au commandement	promotion interne avec formation maison	avantages personnalisés, primes d'ancienneté, aides sociales diverses	information descendante, attention à la communication, connaissance de l'entreprise	style de commandement libéral, attention aux motivations des subordonnés
participation au management	profils de qualités requises par structures d'entreprise, sélection complexe des cadres	dynamique de groupe, formation politico-sociale et culturels des gds cadres, conséquences humaines de l'organisation	promotion ou mobilité après réussite	plans de carrière et rémunérations contractuelles des cadres	stockage des informations, accès rapide aux informations, développement des communications informelles	décision en groupe décentralisé DPO planification
discours sur le pouvoir en institution	importance attribuée aux capacités d'expression, compréhension des logiques d'acteur en fonction de l'environnement	formation permanente pendant le travail, négociation sur les programmes professionnels ou culturels	mobilité y compris hors entreprise, évaluation rapide des résultats économiques et sociaux d'une action	contractuelles et négociées	par commissions, par formation permanente, par clans et régions	décisions négociées à chaud, à froid, reconnaissance du rôle des syndicats

personnel d'encadrement et celui des travailleurs ayant bénéficié d'une promotion interne et rapide augmente. Le commandement devient un problème face à la complexité des motivations et des relations qui se développent dans le milieu de travail. L'encadrement, les bureaux d'études et administratifs sont principalement occupés par des individus en promotion sociale grâce au travail. Leur problème est celui de l'adaptation à de nouveaux univers de relations, et c'est principalement leur logique d'acteur évolutif qui sous-tend et parfois même appelle l'organisation des relations humaines et l'attention aux problèmes de personne dans les entreprises, alors que les discours bureaucratiques et rationnels niaient cette dimension.

Le discours sur le management et la participation aux décisions coïncide avec l'augmentation de la taille des entreprises et du coût de leurs investissements techniques. La décision est difficile à prendre, car elle implique de nombreux acteurs parfois lointains et différents et parce qu'elle doit être envisagée dans ses conséquences économiques et sociales à long terme. Ce sont alors les grands cadres fonctionnels et opérationnels qui adhèrent à un discours centré sur la défense de la complexité technique des choix et de leur mise en œuvre. Ce faisant, ils s'opposent à la double pression politique du capital et des exécutants sur leurs possibilités de décision.

La question est alors de savoir si la situation contemporaine de nombreuses entreprises ne fait pas apparaître un nouveau discours. Si l'on s'en tient aux théoriciens analystes des rapports de travail en institution, il est incontestable que la grande découverte est celle de l'importance des phénomènes de pouvoir qui se jouent autour et à propos de la hiérarchie formelle de l'organigramme. Cette théorie du pouvoir a certainement mis à jour l'importance de multiples castes, strates, et groupes d'experts anciens et nouveaux dans la vie quotidienne du travail, tandis que la reconnaissance progressive des syndicats accroissait l'influence des représentants du personnel. Toute décision en vient ainsi à être analysable comme un processus complexe où cherche à s'affirmer la rationalité des différents acteurs et où il faut prendre en compte jusqu'aux capacités de résistance des exécutants de base. La négociation, la communication et l'évolution des résultats deviennent alors les points centraux d'une nouvelle réglementation des rapports de travail ; tandis que les conditions d'une réelle mobilité et d'un apprentissage permanent de nouvelles techniques et aptitudes offrent la garantie d'évolution suffisante pour assurer un jeu efficace dans la vie des groupes. Ce modèle nouveau est en cours d'élaboration dans les conflits sociaux comme peut-être depuis un certain temps dans l'aménagement des structures d'organisation du travail d'atelier ou de bureaux, ainsi que dans le traitement par commission de questions de formation, hygiène et sécurité, conditions de travail et œuvres sociales. La logique d'acteur permettant de supporter une position plus responsable, évolutive et risquée tout à la fois, que celles des protection par le statut ou le métier, pourrait être celle de travailleurs fondant leur jeu de pouvoir sur davantage de ressources extérieures à l'organisation qu'auparavant. Le développement des conditions économiques et sociales de la vie quotidienne et des loisirs n'a sans doute pas fini de peser sur les modalités de la gestion du personnel en entreprise.

Un autre principe d'évolution entre ces discours peut ne pas être lié aux conditions générales de l'apparition de logiques d'acteur dans la société industrielle, mais dépendre beaucoup plus directement des conditions particulières de la vie de chaque entreprise, qui vont provoquer l'apparition d'acteurs dominants, différents selon les problèmes rencontrés et par là valoriser davantage tel ou tel discours de l'organisation. Dans la figure n° 22, nous avons tenté de résumer cette émergence des discours sur l'organisation en fonction des étapes possibles de la vie économique, technique et organisationnelle d'une entreprise quelconque[39].

A sa naissance, une entreprise peut être lancée par un petit groupe de professionnels organisés selon le modèle artisanal. Mais, très bientôt, le problème central sera celui d'une définition de fonctions pour établir une communication entre tous les acteurs du système social. Le discours dominant cessera vite d'être professionnel pour passer à une analyse rationnelle et bureaucratique de l'entreprise ; le jeu central du système social étant, en fin de compte, localisé sur un éclatement et une délimitation de l'ancien pouvoir des professionnels ou des fondateurs.

Avec la croissance de l'entreprise, c'est le nombre des cadres et des travailleurs en voie de promotion qui augmente, tandis que l'entreprise, en permanence à l'étroit dans ses structures, est obligée de procéder à des réorganisations fréquentes. Le discours rationnel continue ainsi d'être porté par les cadres soucieux d'efficacité dans la production, mais il doit être corrigé par un discours des relations humaines orienté vers la population des individus mobiles. Avec le plein développement d'une entreprise, parfois jusqu'à l'échelle du groupe industriel multinational, le discours des cadres s'oriente vers le management pour tenter de résoudre les problèmes de décision, tandis que s'élève progressivement le discours du pouvoir, car chacun a eu le temps de consolider les sources de pouvoir qu'il maîtrise dans le jeu stratégique des rapports de production. Cette reconnaissance du pouvoir des autres peut redonner de l'importance aux phénomènes bureaucratiques ou professionnels, mais à titre de constitution de forces de pression fondées sur la strate ou la caste des experts et non plus à titre de discours dominant sur l'organisation.

Dans les cas de fusion, de réorganisations majeures ou de changements technologiques, on risque d'assister à un affrontement direct entre deux types de discours : le professionnel et le rationnel. L'ancienne organisation des fonctions et la distribution des pouvoirs qui en résultait sont en effet perturbées par l'introduction de nouvelles techniques et l'absence de standards et de formations adéquates. Ce sont d'abord les professionnels de la nouvelle technique qui vont imposer leurs modèles avant que les défenseurs d'une rationalité plus globale de l'ensemble organisé ne viennent chercher à contrecarrer cette résurgence du discours professionnel.

Quand il s'agit de fusion, on observe plutôt des affrontements entre professionnels ou entre défenseurs de la rationalité de chaque organisation. Le pouvoir est temporairement en question, car les modifications de structure entraînent des résistances importantes de nombreux groupes d'acteurs qui ne veulent pas perdre les sources de pouvoir qu'ils tiraient de l'ancienne organisation. L'introduction du changement peut ainsi faire l'objet de fortes luttes de pouvoir. Mais si l'entreprise ne se désintègre pas à cette occasion, le problème commun devient celui de l'élaboration d'une nouvelle rationalité des fonctions.

Fig. 22. Discours sur la gestion du personnel en fonction du développement de l'organisation

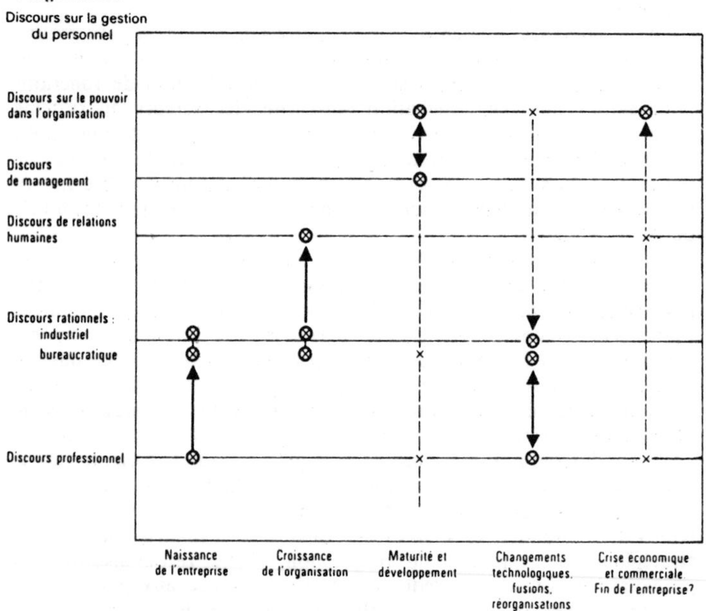

• *Le sens de la flèche indique le discours théoriquement dominant à chaque étape*
• *Les flèches en pointillé montrent que l'influence du discours est partielle ou temporaire*

Avec une crise économique majeure liée à des difficultés de commercialisation des produits, c'est brutalement la fin des jeux de pouvoir et des systèmes de récompenses liés à la croissance et au développement. La mobilité s'arrête, la rationalité de l'organisation industrielle ou bureaucratique perd son fondement économique, les standards et les organigrammes ainsi d'ailleurs que les grands principes de management perdent toute crédibilité. Face à l'insécurité de l'avenir, l'entreprise est à la recherche d'un sauveur charismatique, ce qui peut tendre à renforcer des relations de dépendance personnalisée, mais on est loin d'un discours participatif. Les jeux de pouvoir se tendent en fait autour de la maîtrise de l'information et des réseaux de communication informelle permettant de retrouver une place ailleurs et de fuir le bateau qui coule. La solidarité professionnelle peut retrouver là une certaine crédibilité, mais on est également loin d'un discours professionnel centré sur la vie de l'organisation. En fin de compte, l'entreprise face à la crise est brutalement plongée dans les rapports informels de pouvoir, car les principes de rationalité formelle ont fait la preuve de leur inefficacité.

Cette présentation évidemment théorique du remplacement des discours sur la gestion du personnel en fonction des étapes de développement d'une entreprise repose tout de même sur un grand nombre d'observations de systèmes sociaux d'entreprises où les préoccupations des divers groupes d'acteurs changent avec les incertitudes nouvelles qu'apportent les péripéties du développement économique technique et organisationnel. Le discours rationnel est loin d'être tout le temps essentiel ; l'influence des professionnels dépend du type de technologie et de l'incertitude qu'elle représente pour l'entreprise ; les attachements personnalisés et le discours des relations humaines sont plus influents qu'on ne le pense souvent ; le management n'est pas la préoccupation constante des dirigeants, car il suppose un état de développement avancé de l'entreprise ; la distribution du pouvoir n'est ouvertement en question que dans les périodes de crise de la rationalité ; soit que la croissance ne suffise plus à répondre aux attentes de chacun par une vision globalement définie d'en haut, soit que des changements importants aient fini de justifier de nouvelles périodes de quête de rationalité globale.

Les produits culturels du travail organisé sont donc à la fois nombreux, divers et d'influence variable. De même que, sous un discours universel de l'Etat, les nations sont le plus souvent dominées par des classes ou des ethnies particulières, de même les entreprises sont le théâtre de luttes entre logiques d'acteur multiples ou chacune s'efforce d'imposer à l'ensemble du personnel les principes de gestion et d'organisation qui le favorise au détriment des autres. Ces phénomènes n'ont sans doute pas été aussi bien analysés qu'il l'aurait fallu, car notre société française, par exemple, sort tout juste d'une croissance des industries et des services plusieurs fois relancée par les guerres et les changements techniques ; et l'on a pu prendre pour universel un discours sur le progrès rationalisateur teinté de préoccupations psychologiques désignant en réalité les impératifs d'une croissance encore accélérée. Nous entrons dans une période où l'état d'organisé recouvre, pour une entreprise, la coexistence de plusieurs logiques d'acteur, en conflit culturel profond à propos de leurs rapports de travail. Le problème est alors de comprendre en quoi l'entreprise est occasion d'exploitation dans cette évolution même des dominations culturelles.

LA DIMENSION CULTURELLE DE L'EXPLOITATION DANS LES RAPPORTS DE TRAVAIL

L'importance de la référence inconsciente à la culture dans la vie sociale est sans doute une constante de la réflexion sur l'humanité quand, au-delà des guerres et des problèmes de survie économique, on s'interroge sur la production artistique et plus largement sur les mœurs et les usages collectifs. Les ethnologues observant des tribus sans vestiges archéologiques nous ont fait découvrir ces autres monuments que sont les cultures porteuses de significations sociales. Mais, depuis longtemps, les grands réformateurs de l'humanité cherchant plus à perfectionner les rapports sociaux qu'à étendre les empires et à exploiter les miséreux, ont rencontré cette résistance des cœurs et des esprits, le plus souvent cristallisés dans un système de représentations communes et difficile à changer. La Bible est remplie de prophètes et de guides venant parler de loi nouvelle, de conversion et de repentir, tandis qu'ils se heurtaient à la résistance des rituels et des codes de conduite.

L'histoire romaine nous livre également le message d'empereurs éclairés et de philosophes constatant qu'il est plus difficile de changer les hommes que de vaincre les barbares aux frontières. L'empereur Marc-Aurèle, soucieux d'améliorer les hommes en gouvernant par la sagesse et la raison, « véritable miracle historique, ce qu'on peut appeler le règne des philosophes » note E. Renan[40], se heurte lui aussi aux mentalités collectives, il observe dans ses *Pensées*[41] : « Homme que veux-tu ? Fais ce que réclame présentement la nature... N'espère pas qu'il y ait jamais une république de Platon ; qu'il te suffise d'améliorer quelque peu les choses, et ne regarde pas le résultat comme un succès de médiocre importance. Comment en effet, changer les dispositions intérieures des hommes ? Et, sans le changement dans leurs pensées, qu'aurais-tu d'autre que des esclaves attelés au joug, des gens affectant une persuasion hypocrite ?... »

A partir du moment où les rapports sociaux deviennent plus préoccupants que les rapports entre nations ou peuples armés, l'interrogation sur la culture devient centrale, car on y voit un moyen d'agir sur la qualité des rapports humains. Même la guerre économique entre classes sociales débouche sur des préoccupations d'ordre culturel au fur et à mesure qu'une exploitation extrême ne réduit plus les masses à des conditions proches de l'esclavage.

Wilhem Reich, qui s'interrogeait sur la reconstruction du mouvement ouvrier en 1933, à la suite de l'arrivée au pouvoir de Hitler et de la fascination qu'il exerçait sur les masses, avait déjà souligné que la conscience historique et politique des militants ne suffisait pas à elle seule pour déclencher une réaction collective d'opposition des masses au fascisme. Un tel échec du socialisme international conduit Reich à réfléchir sur la complexité du facteur subjectif dans l'élaboration des forces objectives de la révolution. Le contenu de la conscience des masses est fait du « quotidien du petit, du banal... de l'intérêt pour le vêtement, la nourriture, les modes, les relations avec les proches, les satisfactions sexuelles, les jeux et les plaisirs, le cinéma, le théâtre, les festivités et la danse, les difficultés d'éducation des enfants, l'aménagement de la maison, etc. »[42]. Et une étude de ces motivations par catégories sociales distinctes : les jeunes, les femmes, les hommes adultes, les enfants, devrait permettre de reconstituer pour chacune une combinaison des facteurs inhibiteurs et progressistes du passage à l'action collective.

Plus proche de nous, la révolution culturelle chinoise contribue évidemment à poser la question de l'importance et de la signification d'une catégorie « culturelle » dans la lutte de classes interne d'une société communiste. En plus de possibles luttes de fractions bureaucratiques au sein de l'appareil d'Etat chinois[43], on peut reconnaître à Mao Tsé-toung, et à ceux qui l'ont appuyé, le souci de faire contrôler l'appareil de direction économique par les masses à qui l'on s'est efforcé de donner l'occasion de s'exprimer. En 1957 et 1958, la politique du Grand bond en avant a été largement appuyée sur le choix de rendre les paysans directement producteurs de l'industrie ; et pendant la révolution culturelle en 1966-1967, c'est surtout aux masses populaires des exécutants de la grosse industrie et des nombreuses administrations que les gardes rouges ont apporté le soutien moral et les moyens d'expression contre une sorte de techno-bureaucratie préoccupée de productivité et de résultats purement économiques. Mais les deux tentatives de bouleversement des canaux d'expression, classiquement structurés par les bureaucraties scolaires et industrielles ou administratives, ont, semble-t-il, buté sur des difficultés profondes liées probablement aux structures mentales collectives d'abord des paysans et ensuite des exécutants de base dans l'industrie. Donner moralement et concrètement la parole aux silencieux de l'Histoire ne suffit probablement pas à leur faire prendre cette parole pour en faire un usage collectif massif, et les moyens de contraintes internes aux appareils de production et de services sont probablement trop puissants pour être renversés par un simple courant idéologique.

Notre recherche sur les effets culturels du travail organisé montre précisément à quel point sont lents et complexes les processus d'apprentissage culturel. Si le travail en organisation peut avoir un effet sur les mentalités collectives, c'est qu'il place les individus en situation de risquer leur identité dans les relations de pouvoir qui s'étayent et se redoublent dans les échanges quotidiens, nécessités par la production, et dans les alliances collectives mettant en cause des groupes au niveau de l'ensemble de l'établissement. L'apprentissage culturel de normes, de valeurs et d'idées est ainsi le résultat d'une action qui se joue sur une scène à deux niveaux selon des modalités dramatiques variant avec les situations.

Nous avons en fait constaté qu'en plus d'inégalités économiques et statutaires, les institutions du travail sont productrices de différences et d'inégalités culturelles. Sans dire que des logiques d'acteurs sont supérieures à d'autres, sur une échelle d'expression et de vie relationnelle dont tous les degrés seraient parfaitement étalonnés, nous avons rencontré des façons d'être qui dépendent des conditions de vie au travail. Pour certains, le travail est finalement un lieu d'inexpression et de retrait. Quelles que soient les possibilités d'expression de compensation, il y a là un fait massif qui prend valeur de phénomène social. Pour d'autres, la collectivité des collègues est envahissante et indispensable tout à la fois. D'autres encore font l'expérience de la différenciation forcée par l'aventure promotionnelle et la solitude sociale qui en résulte. Certains enfin rencontrent au travail les richesses et les dangers de relations collectives possibles mais aussi mouvantes et fortement stratégiques.

Si le travail engendre des catégories mentales différentes, il ne peut manquer d'être une source d'exploitation culturelle, car l'accès au pouvoir n'est pas entièrement défini par les acquis familiaux ou par les activités du temps de loisir et parce que les relations en organisation impliquent de nos jours une forte mise en cause des individus et de leur identité. On ne peut éviter d'être influencé par l'expérience de la vie de travail en organisation dans une société industrielle administrative et urbaine, de même que la mentalité paysanne a quelque chose à voir avec les rapports sociaux dans le village et la famille. L'exploitation naît alors de deux situations au moins, en rapport avec les deux niveaux théoriques de l'apprentissage culturel que nous avons décelé, l'un dans les échanges quotidiens du travail, l'autre dans les rapports collectifs d'établissement. Dans les conditions habituelles du travail en atelier ou bureau, on ne peut en effet modifier facilement les éléments de la tâche et de la promotion, si bien que l'on ne peut éviter d'apprendre plus ou moins consciemment les comportements, idées et valeurs qu'il sera logique d'adopter dans la situation pour conserver une identité quelconque. Ma propre expérience d'observation participante, présentée au début de cet ouvrage, m'a précisément fait découvrir qu'on ne pouvait pas éviter ce genre d'apprentissage, au point de vivre de profonds déchirements internes. Mais ce modeste exemple rejoint probablement le traumatisme général de nombreux jeunes scolaires rencontrant brutalement les nécessités de l'industrie ou des administrations. Il y a donc exploitation parce que des masses d'individus doivent subir au travail des façonnements culturels qu'ils n'ont pas choisis. La fameuse mentalité de bureau avec ses routines, ses jalousies et ses lenteurs n'est pas non plus délibérément adoptée ; les jeunes qui arrivent dans les bureaux se moquent des anciens et de ce qu'ils sont devenus, mais cette insouciance ironique cache mal l'angoisse d'un lendemain trop probable. L'impasse du commandement hiérarchique où les chefs doivent contraindre parce qu'ils sont contraints, au mépris parfois de toute fidélité ou de toute compréhension, n'a pas non plus été clairement acceptée ; le malaise psychologique d'être un chef sans pouvoir être un meneur est aussi une expérience d'apprentissage forcé : les ruptures d'appartenance sociale et l'anomie qui résulte de la mobilité promotionnelle ne sont pas non plus des situations enviables sur le plan culturel.

Il y a donc exploitation culturelle parce qu'une structure

institutionnelle de travail, celle de l'organisation pyramidale, impose divers types de façonnement de mentalité collective dont aucune n'est véritablement souhaitée quand elle est reconnue. Mais l'exploitation ne s'arrête pas à ces diverses séquences d'apprentissage forcé ; elle résulte du rapport de forces interne au système social d'établissement. En effet, une large part de la force réelle des positions sociales dans le travail en organisation vient des substrats culturels inconsciemment appris. C'est ainsi que la position hiérarchique de base, celle de la maîtrise ou des cadres subalternes, tire une large part de sa force des conséquences culturelles du travail de leurs subordonnés. Face à des OS retraitistes ou unanimistes, ils n'ont pas de mal à établir un pouvoir de chef sur des gens mutilés dans leurs capacités relationnelles et « groupales ». Et, quand les agents de maîtrise ont à faire à des professionnels, l'exploitation disparaît car le groupe dispose cette fois des moyens culturels pour s'informer, se comprendre et développer une stratégie offensive. Mais les grands cadres s'appuient eux-mêmes sur la soumission et l'esprit d'intégration forcée des cadres subalternes, que nous avons analysée comme la conséquence de promotion sociale achevée et d'une position de tampon entre la base et le sommet, pour faire passer leurs ordres et leurs intentions. D'une façon plus générale, on peut affirmer que, dans la situation encore contemporaine des entreprises, les hommes de tout grade s'accommodent assez bien d'une mentalité retraitiste chez les femmes, tandis que les nationaux font de même avec les immigrés, et que les professionnels manuels ou intellectuels fondent une part importante de leur suprématie sur le temps de stagnation imposé aux apprentis de tout grade. On peut de même faire l'hypothèse qu'entretenir une promotion interne importante, c'est en fin de compte développer beaucoup de déculturation et d'isolement chez les mobiles et par conséquent un plus fort investissement dans les relations et une soumission à l'esprit maison. Chaque équilibre des forces d'un système social devrait donc être analysé en isolant cette composante essentielle dans les rapports collectifs que sont les mentalités de groupe doublement essentielles aux réseaux de domination : au premier degré dans l'utilisation des différences culturelles inconscientes pour l'emporter dans les relations, au second degré en maintenant les conditions organisationnelles dans lesquelles s'opère l'apprentissage de ces mentalités collectives.

L'ALIÉNATION ET LA FORCE COLLECTIVE

Cette réflexion sur les différences culturelles, acquises en organisation et réintroduites dans les rapports sociaux de domination en entreprise, au point de soutenir l'hypothèse d'une dimension culturelle de l'exploitation dans les rapports de travail, conduit alors à s'interroger sur l'aliénation des travailleurs. Y-a-t-il une dimension spécifiquement culturelle de l'aliénation dans les sociétés industrielles et organisées ? Faut-il en déduire un nouveau principe de lutte de classes ? Ou faut-il ne voir dans ces réflexions qu'un raffinement conceptuel des processus de l'aliénation par le travail ? Nos recherches s'insèrent très certainement dans la lignée d'une interrogation déjà ancienne dans les sciences sociales à propos de l'aliénation, en apportant quelques précisions sur la dynamique de cette séquence culturelle de l'action que les fonctionnalistes à la suite des ethnologues ont depuis longtemps reconnue. Il nous semble en outre que cet apport à la théorie de l'aliénation devrait aider à mieux situer le lien entre la culture et l'action, entre l'apprentissage culturel de valeurs, de normes ou d'idées et la constitution de forces collectives. Mais faut-il alors parler d'enjeu culturel dans les luttes de classes économiques ? C'est là une hypothèse que nous pensons devoir formuler après l'observation d'un échantillon encore modeste de travailleurs et d'entreprise. Peut-être faudrait-il tout de même admettre l'idée que, dans une société avancée sur le chemin de l'industrie et de l'organisation des services, la culture, c'est-à-dire les forces mentales de l'individu, puisse devenir un enjeu social supplémentaire à la reconstitution des forces physiques mais tout aussi important.

La recherche sur l'aliénation collective de travailleurs depuis les analyses, d'une part, économique de l'exploitation et, d'autre part, philosophique de la nature sociale de l'individu que nous ont données les principaux penseurs du socialisme révolutionnaire, s'est développée dans les sciences sociales autour de deux axes : la description des multiples facteurs organisationnels d'une aliénation dans les rapports de travail, l'analyse des processus relationnels de la prise de conscience d'une aliénation. Il est important de rappeler brièvement les grandes lignes de cet effort constant de réflexion avant d'y relier nos propres analyses sur les effets culturels du travail.

« LES SITUATIONS ALIÉNANTES »

Postérieurement aux études sur les motivations en entreprise, de nombreuses recherches ont été développées aux Etats-Unis, en Angleterre et en France sur les transformations de la conscience ouvrière dans le contexte du rapport des ouvriers aux divers aspects de leurs tâches et situation globale dans l'organisation. Nous sommes nous-même parti des travaux de R. Blauner[44], Melvin Seeman[45], et Alain Touraine[46] mettant tous en évidence la complexité des facteurs intervenant autant dans la conscience de l'aliénation que dans la mise en œuvre des actions collectives. Seeman montre que l'aliénation, concept trop général pour analyser la position du travail ouvrier, recouvre en fait plusieurs aspects de la dépossession de soi-même : absence de pouvoir, de sens, de normes, isolement et perte d'identité. Ces catégories reprises par Blauner lui permettent de montrer que la structure de l'aliénation des travailleurs n'est pas la même dans les chaînes d'automobile, le textile, la chimie, l'imprimerie et l'alimentation. Dans une perspective assez comparable, A. Touraine, étudiant l'action des militants au sein du monde ouvrier, a été amené à définir plusieurs situations techniques où la conscience de la lutte n'a pas la même signification pour les ouvriers. On rencontre une conscience prolétarienne faite d'apathie ou de révolte chez les marginaux de la grande industrie naissante, une conscience de classe chez les ouvriers qualifiés de l'industrie de série, et une conscience professionnelle chez les ouvriers très qualifiés ou chez les techniciens des industries de technologie avancée.

A la même époque, observant les formes de la lutte ouvrière dans les secteurs de technologie avancée, Serge Mallet[47] découvrait lui aussi que l'aliénation économique des ouvriers et techniciens se traduisait par une conscience de classe différente de celle des ouvriers spécialisés et professionnels de l'industrie classique. Il montrait que ces travailleurs plus intégrés à leur organisation y vivaient une forme de lutte davantage centrée sur les mécanismes du pouvoir dans l'entreprise et plus ouverte à la collaboration dans la lutte avec d'autres catégories professionnelles. Lockwood et Goldthorpe élargissent le contexte situationnel du travailleur et montrent[48] que des variables socio-culturelles extérieures au travail peuvent influencer les attitudes ouvrières. La résidence, l'âge, la mobilité, l'appartenance aux classes moyennes, la centralité de la famille peuvent orienter la réaction du travailleur à son exploitation. Melvin Seeman[49] enfin souligne, dans ses travaux plus récents, que les conséquences de l'aliénation, analysée comme une insatisfaction profonde à l'égard de son travail, peuvent être de l'ordre de la frustration-agression dégénérant en hostilité raciale, ou qu'elles peuvent engendrer des recherches de substitutions dans d'autres secteurs, ou peuvent encore déclencher des sentiments d'impuissance débordant la sphère du travail pour atteindre la famille et les affaires socio-politiques.

Dans la perspective de ces diverses recherches sur les situations aliénantes, nos travaux peuvent apporter trois analyses complémentaires. En partant directement de l'étude de la situation de travail en termes de relations de pouvoir et de stratégies, nous pouvons soutenir l'hypothèse que l'une des sources contemporaines de l'aliénation peut être située dans l'inégalité des modes d'accès au pouvoir dans la structure même des organisations. C'est ainsi que l'analyse des rapports sociaux à l'intérieur de l'entreprise en fonction des classiques catégories socio-professionnelles est le plus souvent insuffisante, car elle ne tient pas compte de structures d'accès au pouvoir qui peuvent varier à l'intérieur même de chaque catégorie et d'une entreprise à l'autre. Ces observations pourraient aider à établir un diagnostic spécifique à chaque type d'entreprise sur la configuration des aliénations issues de l'organisé. Mais il faudrait pour cela ajouter deux correctifs à ces diagnostics sur le contrôle du pouvoir. Nous avons en effet constaté que l'utilisation du pouvoir et sa transposition en coalitions menant à des actions collectives pouvaient dépendre de l'ensemble des ressources de pouvoir, dont les acteurs sociaux disposent dans tout leur univers d'appartenance. Une sorte de bilan individuel, pour reprendre l'expression de Lucien Karpik[50], oriente le choix des stratégies d'action ; et l'univers du travail quotidien peut fort bien n'être qu'un lieu de retrait stratégique pour des gens ayant d'autres terrains d'action comme il peut être un centre d'actualisation de ressources stratégiques venant d'ailleurs. L'acteur stratégique ne peut être compris qu'en possédant des informations sur la totalité de ses situations. L'exploitation objective de la position du travailleur peut ainsi ne pas être vécue comme une aliénation menant à l'action collective.

Un second correctif à cette étude de l'aliénation par le travail porte sur la prise en considération de la dynamique propre du système social des rapports de forces dans toute l'organisation. Dans certaines entreprises où ils sont peu nombreux, les agents techniques ou les ouvriers nouveaux professionnels peuvent être exclus de l'action collective, alors que, s'ils sont en majorité dans des établissements de technologie avancée, ils sont en position d'élaborer de nouvelles formes de lutte[51]. Tandis que la fermeté des alliances établies peut, dans d'autres circonstances de changements techniques et organisationnels (SNCF), entretenir les mêmes styles d'action collective, alors que les positions d'accès au pouvoir sont objectivement changées ainsi que le poids numérique respectif des divers groupes professionnels.

L'étude de l'aliénation au travail nous paraît en fin de compte devoir s'orienter vers un diagnostic global d'accès au pouvoir en réinsérant, quand c'est possible, les formes de l'action collective dans une double vision en perspective du système social : par rapport aux alliances antérieurement établies et à l'histoire des coalitions d'une part, et en fonction des diverses situations contrôlées par des membres de l'entreprise, dans un environnement local régional ou national d'autre part.

LA PRISE DE CONSCIENCE DANS LES RELATIONS

L'étude de l'aliénation entre l'exploitation et la constitution de classes en lutte débouche en fait, et c'est tout le sens d'une autre orientation progressive de recherches, sur la prise en considération d'une logique plus complexe du sujet que celle sur laquelle raisonnaient Hegel et Marx, où le rapport à l'objet extérieur est en fait médiatisé par un processus relationnel et psychique.

Réagissant aux difficultés des militants à transformer des situations révolutionnaires en actions collectives dans les pays d'Europe centrale après la révolution soviétique, Wilhelm Reich critique une méthode seulement centrée sur l'analyse politique des rapports de forces en présence et sur l'organisation et la formation théorique des militants. « Comprendre les classes laborieuses ne peut se faire sans étudier ce qui se passe dans les têtes, c'est-à-dire dans la structure mentale des hommes qui sont soumis à des processus objectifs et qui les accomplissent selon la variété de leurs pays, quartiers, catégories professionnelles, âges, sexe, etc. » Il souligne encore que « l'existence et les conditions d'existence des hommes se reflètent, s'incrustent et se reproduisent dans leur structure mentale, à laquelle elles donnent forme. Ce n'est qu'à travers cette structure mentale que le processus objectif nous est accessible, que nous pouvons l'entraver, ou bien le favoriser et le dominer. Ce n'est que par l'intermédiaire de la tête de l'homme, de sa volonté de travail et de sa quête de joie de vivre, bref de son existence psychique que nous créons, consommons et transformons le monde »[52]. La jonction entre le processus sociologique objectif du mouvement social et la conscience subjective des hommes est pour lui un problème théorique indispensable à la maîtrise des phénomènes d'évolution sociale.

Dans la *Critique de la raison dialectique*, Sartre aborde lui aussi à ce problème du rapport entre l'individu et la société. Il cherche à résoudre cette question en renversant l'approche marxiste qui allait de la dialectique des rapports sociaux au produit final de l'épanouissement des individus dans une société harmonieuse. Pour Sartre, c'est l'existence individuelle qui devient la véritable base, le moteur de ce qu'il appelle les ensembles pratico-inertes pour désigner les institutions sociales et l'Etat. Le titre du livre I est même « De la praxis individuelle au pratico-inerte ». Comment tirer les cadres sociaux de la praxis individuelle ? Telle pourrait être la façon dont il interroge la réalité sociale. « Si nous ne voulons pas que la dialectique redevienne une loi divine, une fatalité métaphysique, il faut qu'elle vienne des individus et non de je ne sais quel ensemble supra-individuel ». « La vraie réalité c'est l'homme singulier dans le champ social »[53]. Il est préoccupé par la lutte, la haine et la violence et, d'autre part, Sartre reconnaît l'importance des phénomènes de différenciation dans la reconnaissance sociale : « Dans la reconnaissance, chacun dévoile ... le projet de l'autre comme inexistant... hors de son propre projet »[54]. Il évoque ainsi une dialecte entre le subjectif et l'objectif, mais en introduisant une réalité transsubjective et transobjective dont on ne voit guère comment elle s'articule. Car il ne semble pas analyser de processus mettant en jeu ce qui se passe dans les relations entre individus socialement institués.

Georges Gurvitch[55] a précisément voulu resituer au cœur de l'analyse sociologique ce qu'il appelle le rapport entre la méthode d'analyse dialectique et le mouvement dialectique réel. Il accuse la méthode de se laisser aller « au fétichisme et à l'inflation des antinomies »[56] pour en tirer ensuite de faciles synthèses. Il veut réhabiliter « l'expérience directe, identique à la réalité sociale, elle-même identique au mouvement dialectique, c'est l'effort des hommes, de nous, des groupes, des classes, des sociétés globales pour s'orienter dans le monde... c'est la praxis à la fois collective et individuelle, incluant la production matérielle, la production des œuvres de civilisation, enfin la production des hommes...[57].

Les rapports entre le Moi, l'Autrui et le Nous, qu'il resitue ainsi au centre des préoccupations des sciences de l'homme, doivent être constamment questionnés pour comprendre la nature relative des phénomènes de statut, de culture, de classe et de groupes. Mais les moyens concrets d'analyse dialectique qu'il propose dans ce but, à savoir la complémentarité, l'implication, l'ambiguïté, la polarisation et la réciprocité, ne constituent finalement que des catégories utiles mais abstraites, et ne permettent que de renforcer le constat de l'interdépendance entre les aspects de la réalité sociale. C'est ici qu'à notre avis les apports du schéma hégélien restent utiles, avec tous les correctifs que nous lui avons ajoutés, car il offre le moyen d'articuler des liaisons entre le social et l'individuel en faisant porter l'analyse sur le caractère conflictuel des relations interpersonnelles.

La recherche en psychosociologie prend ici tout son sens, car elle porte très directement sur cette dimension de la psychologie du sujet dans ses rapports aux autres et au monde et sur les processus de constitution des collectivités à partir de l'expérience des relations sociales [58]. Plus particulièrement centrés sur le concept d'aliénation et de classe, les travaux de Robert Sevigny proposent de s'appuyer sur la théorie rogerienne [59] de l'actualisation de soi pour parler de l'homme moderne en situation. L'homme vit de multiples appartenances et conflits de rôles dans la société moderne, c'est pourquoi une étude de l'aliénation comme obstacle à la cohérence du soi, des différentes images de soi qu'il retire de ses multiples univers d'appartenance, comme obstacle à la congruence, à la symbolisation de l'expérience dans la conscience, à l'autonomie et à l'ouverture au changement, peut être une approche de la façon dont l'individu tient compte du milieu extérieur dans ses attitudes et ses perceptions. Initialement développée par Rogers à propos de la relation interpersonnelle en psychothérapie, cette théorie de l'actualisation de soi pourrait être étendue à l'étude de la personne en situation sociale, comme le propose Robert Sevigny [60] dans la vie publique aussi bien que dans les secteurs de la vie privée. L'intérêt de cette recherche est de proposer comme hypothèse que les contradictions vécues entre le pouvoir et l'appartenance, entre les équilibres de système et les tendances au dépassement, peuvent être à l'origine d'aliénations profondes de la personnalité.

Au-delà de ses premiers travaux sur l'aliénation et la conscience ouvrière, l'œuvre d'Alain Touraine est traversée par une interrogation permanente sur la constitution de nouvelles forces sociales, dont la reconnaissance du rôle de classe ne traduit bien souvent que la phase de cristallisation d'un mouvement entamé depuis longtemps. Il souligne alors très tôt dans son œuvre « qu'il est nécessaire de rechercher comment une société parvient à intérioriser dans ses membres ses normes ; comment la perception, la mémoire, ou les formes de la personnalité sont déterminées par la société. Il est indispensable de rechercher dans la personne, le sujet, la raison d'être de sa capacité d'action normativement orientée » [61]. Les mouvements sociaux ne peuvent être compris si l'on ne saisit pas en permanence dans les conduites et les attitudes sociales, non pas des besoins individuels ou des attentes sociales, mais des exigences définies directement par l'engagement du sujet dans une relation avec lui-même. Car le Je est soumis à un déchirement, à une contradiction entre sa capacité de production et le monde des œuvres détachées de leur auteur, entre la possession d'autrui et sa reconnaissance comme personne. Cette contradiction peut à tout moment se décrire en une conscience de soi, une conscience de l'autre comme adversaire et une conscience du tout, de l'ensemble social où se joue le conflit. S'il s'agit de l'étude du mouvement social, A. Touraine propose de situer cet objet à l'intérieur d'un système de domination historique que l'on peut analyser en termes d'identité d'opposition et de totalité. C'est alors le conflit lui-même, comme en mai 1968, qui désigne l'acteur, nomme l'adversaire et définit comme enjeu historique le renversement d'un système de domination ? Une telle théorie permet évidemment d'analyser avec attention le dynamisme de toute crise apparente, en repérant jusqu'aux acteurs a priori invisibles et en donnant même des indices utiles sur la croissance et l'évolution de ces mouvements. Mais peut-on admettre que le principe d'apparition d'un acteur soit la seule force d'opposition aux dominations préexistantes ? Si, à un moment donné, le mouvement d'un groupe humain peut être analysé en ces termes parce que l'action est déjà engagée, il nous semble que la compréhension du mouvement social et de l'action collective ne peut se réduire à une équation de mécanique des forces. La complexité des rapports humains enjoint de ne pas oublier la vieille intuition de l'aliénation du sujet social pour tenter de comprendre d'où pourraient provenir les forces tout en conservant à l'idée d'une part qu'elles ne peuvent manquer de s'affirmer dans un système de rapports de domination, et d'autre part qu'elles n'ont certainement pas pour origine la motivation ou la pulsion du besoin qu'engendre une privation imposée, ce qui réduirait l'acteur social à une structure psychologique fort primaire. L'intérêt du concept d'aliénation est en effet de jeter un pont théorique entre les données matérielles et principalement économiques d'une société et les rapports humains qui s'y déploient sur la scène sociale et collective. Dans le contexte d'une société marchande et capitaliste, les hommes privés de la plus-value de leur produit et qu'on appellerait des prolétaires seraient conduits à s'unir pour agir ensemble contre les capitalistes qui les exploitent. Etudier l'aliénation, c'est obtenir davantage de précisions sur les chances d'apparition de ce sursaut collectif qui enclenchera ensuite le processus historique des rapports sociaux.

Ce qui se passe de nos jours dans les relations humaines en institution est certainement important, car beaucoup leur consacrent une grande part de leurs activités et énergies. Gérard Mendel[62] reprend cette problématique de l'interdépendance entre le sujet et l'institution en proposant l'idée que de véritables classes institutionnelles peuvent se former dans l'expérience des rapports de travail où la plus-value ne doit plus être analysée en seuls termes économiques, mais où le pouvoir peut faire directement l'objet d'une exploitation. Ce pouvoir qui permettrait à chacun de s'exprimer selon son désir et son plaisir est en fait accaparé par certains grâce aux structures d'organisations hiérarchiques dont l'effet est de concentrer indûment le pouvoir entre les mains d'un tout petit nombre.

Une lutte des classes institutionnelles, définies par une même place dans l'organisation, par une même condition de prise du pouvoir, d'aliéné, peut ainsi s'instaurer dans le contexte même du vécu humain de chaque type d'institution. Mais Gérard Mendel ajoute à ce descriptif d'une parcellisation des luttes de classes, un processus psychanalytique de subversion du sujet social. Les structures de subordination dans le travail seraient pour lui souvent le lien d'une régression psycho-familiale, où chacun rejouerait dans le fantasme les premières expériences de dépendance qu'enfant il vivait avec ses parents. En échange de la soumission au père, on demandait l'affection et l'amour. Dans un monde adulte d'isolement et de contraintes rationnelles, pourquoi ne pas rejouer cette relation avec les chefs en leur demandant le sentiment et l'attention affective en échange de la renonciation à revendiquer le pouvoir de s'exprimer et d'être soi-même comme adulte ? Dans une société où la plupart des modèles antérieurs de la distribution des rôles sociaux étaient il n'y a pas encore longtemps ceux de la famille artisanale, agricole, bourgeoise ou commerciale, cette invasion psycho-familiale des rapports de travail en organisation est fort plausible et les mécanismes de l'aliénation peuvent avoir quelque chose à voir avec de telles répressions psychologiques permettant d'expliquer davantage ce qui se joue dans les rapports hiérarchiques.

Pour nous, de tels processus régressifs inconscients peuvent exister. Nous ne les avons pas contrôlés par l'observation empirique, mais il est certain que les relations au chef sont fréquemment vécues d'une façon intense qui ne s'explique guère par les données rationnelles du travail. Le charisme des chefs et des meneurs est une dimension importante des relations en organisation, et une analyse individuelle poussée devrait y déceler les résonances fortes des scènes antérieures et de modèles de rapports familiaux. Mais peut-on voir dans le dévoilement collectif de ce processus répressif le moteur d'une lutte des classes qui se jouerait dans les institutions ?

Que l'accès au pouvoir soit devenu un enjeu de plus en plus conscient dans les rapports de travail, dans la mesure où il ne dépend pas seulement du capital, c'est là un constat de société caractéristique de notre époque. Mais si les rapports interpersonnels au chef et aux collègues sont profondément influencés par l'expérience du pouvoir en organisation, au point de mettre, selon nous, en question la constitution d'un sens et d'une identité, la compréhension des aliénations modernes du travail ne peut s'arrêter à ce substrat du social qu'est la relation duelle d'amour et de haine, d'identification imitative ou projective, d'opposition ou d'intégration soumise. L'aliénation reste un concept social même si l'on ne peut plus faire l'économie d'une compréhension relationnelle des acteurs sociaux. L'aliénation dans les rapports de travail doit être, à notre avis, située à ce passage de l'interpersonnel au collectif, car c'est là que s'opère la reconnaissance de soi et le fondement d'une identité collective. Il fut un temps, et pour beaucoup ce temps est toujours actuel, où l'exploitation économique était si considérable qu'elle interdisait à tout prolétaire de se constituer une identité sociale, même collective. Le prolétaire condamné à travailler sans arrêt pour presque rien n'avait aucun moyen économique pour se créer une sécurité, un avenir, une présence en société. Force aveugle et vite déclinante le prolétaire était condamné à la condition d'esclave sans personnalité sociale. De nombreuses sécurités sociales, légales, salariales et institutionnelles ont été gagnées à force de lutte, et si l'exploitation économique demeure toujours source d'inégalités sociales, elle ne conduit plus forcément au non-être, à l'impossibilité d'obtenir un minimum de reconnaissance par les autres et donc d'identité de soi. Les possibilités d'accès à une identité complexe et toujours capable de surmonter les crises de sens et d'aliénation ne sont pas pour autant fluides et facilement réparties. On risque toujours d'être aliéné de nos jours par le travail mais aussi par les modalités même d'accès à la reconnaissance. Nous risquons l'aliénation collective plus par des identités obligées que par l'absence d'identité. Le travail en organisation, en diffusant des systèmes de relations figées, entraîne des contraintes fortes sur la constitution de son personnage, de sa façon d'être en société. L'exploitation culturelle consiste donc à diffuser des formes d'aliénation relatives en forçant les gens à se couler dans le moule de personnages collectifs sans pouvoir s'en défaire. L'organisation est ainsi porteuse d'identités collectives centrées sur le métier, le statut, la masse, la mobilité, l'intégration ou le retrait. Etre chef ou exécutant, ancien ou jeune, homme ou femme, étranger ou Français ne sont finalement que des catégories apparentes qui recouvrent des façonnements culturels plus profonds. Chacun est exploité dans l'organisation parce qu'il est affronté aux limites d'accès à la reconnaissance inhérente à sa position dans le travail.

Une volonté collective de changement se heurte alors à des oppositions internes aux salariés, membres d'une organisation ; car, d'une certaine façon, la culture du métier s'oppose à celle du statut, celle de la masse supporte mal la culture des mobiles, le retraitisme est incompréhensible aux intégrés. La constitution de forces collectives repose donc, à notre époque, sur la reconnaissance des logiques d'acteurs différents parce qu'il y en a beaucoup plus qu'autrefois dans le travail. Il ne suffit pas de dévoiler une exploitation économique féroce pour faire prendre conscience d'objectifs et de valeurs communes au point de constituer une force collective. Nous parlons d'exploitations culturelles variées, c'est-à-dire de logiques d'acteurs contraignantes mais déjà constituées. L'action collective ne peut alors jaillir que d'un compromis entre des valeurs et des idées où chaque type d'acteur social trouvera les moyens de desserrer le carcan culturel dans lequel il étouffe. Une force collective est, de nos jours, le résultat obligatoire de négociations entre forces partielles qui ont déjà, même biaisée, une forme d'accès à la reconnaissance et une identité sociale.

Cette analyse du commun dénominateur culturel de l'action collective ne peut se faire qu'en serrant de très près la réalité de chaque système social de travail, car c'est dans les conditions concrètes de relation que s'inscrivent les processus de l'exploitation culturelle.

Il ne nous reste plus alors qu'à imaginer les modalités d'un nouveau jeu de rapports sociaux en organisation, dont l'objectif premier serait précisément la rencontre entre logiques culturelles d'acteurs différents mais associées par les réalités économiques.

LA SÉQUENCE CULTURELLE DE L'ACTION COLLECTIVE SYNDICALE

Dans l'entreprise, les syndicats ont été l'instrument principal de la lutte contre l'exploitation économique, sauf à des périodes de conjoncture politique particulière, comme celle des années 1936 à 1945 en France, où la lutte sociale s'est plus particulièrement rapprochée de mouvements politiques et de résistances militaires, les syndicats ont toujours été en première ligne pour protéger et exprimer les travailleurs salariés. Or, cette lutte collective de salariés, exploités dans leurs conditions de travail et de rémunération par des directions capitalistes et managériales, publiques et privées, n'a jamais entraîné d'unité institutionnelle syndicale. Des circonstances religieuses, régionales, technologiques ou même historiques ont été évoquées pour rendre compte de la diversité des syndicats et de leurs orientations politiques et tactiques [63] mais, à l'intérieur même des grandes centrales syndicales ouvrières CGT, CFDT, CGT-FO, il est clair que des tendances fort diverses s'affrontent et se succèdent au pouvoir [64]. Il y a là un phénomène social important à considérer puisqu'il se perpétue depuis la naissance du mouvement syndical [65] et qu'il ne cesse de s'affirmer comme l'un des moteurs essentiels de la réalité sociale et même politique de la société française contemporaine.

Il semble que nos recherches peuvent ici apporter des éléments de compréhension supplémentaire à cette diversité des formes de l'action collective à l'intérieur du monde des travailleurs d'entreprise et de bureau, en permettant de montrer qu'il existe un lien entre l'action collective et l'expérience d'apprentissage culturelle constamment refaite dans le travail quotidien. Cette proposition va certes à l'encontre d'une compréhension habituelle des phénomènes de l'action, où les formes et objectifs concrets de la lutte syndicale seraient préalablement modelés par l'influence des idéologies apprises à l'école, en famille et dans les circonstances de la vie politique adulte ; ainsi que par le jeu des forces sociales et politiques sur un échiquier débordant de beaucoup les seules limites des rapports de travail en entreprise. Mais ce type d'explication, fort utile pour interpréter le développement et le destin des conflits sociaux, s'appuie en fait sur une appréhension souvent trop schématique des forces en présence. L'évolution des conflits sociaux est fréquemment influencée par des conceptions inconscientes de l'action et de la solidarité dont on ne trouvera jamais les sources dans les tactiques d'état-major, les circonstances économiques de la grève ou les idéologies explicitement dominantes chez les travailleurs. C'est précisément à ce niveau des habitudes de sociabilité, sous-jacentes au développement des forces collectives dans la lutte sociale, qu'il faut, à notre avis, situer un effet réel de l'apprentissage culturel dans le travail. L'action collective n'est pas en effet une création intentionnelle *ex nihilo* ; il s'agira toujours d'une perturbation des coalitions antérieures et des rapports de force entre systèmes d'alliances, vécus par les mêmes acteurs sociaux. Pour passer à l'action collective, dans une entreprise quelconque, on ne fait pas appel à des populations extérieures, comme au temps des guerres féodales où, pour modifier le rapport de forces en sa faveur, on recrutait des mercenaires extérieurs ou des troupes de ses lointains vassaux ; on demande aux mêmes travailleurs de modifier leurs propres systèmes de relations. Il est alors fort peu probable que des habitudes de sociabilité acquises à la longue puissent être complètement oubliées dans la constitution de forces collectives nouvelles. Ce qui constituera le ciment entre militants anciens et nouveaux, ce seront précisément les normes communes acquises à la longue, les valeurs sûres maintes et maintes fois réapprises dans l'expérience des rapports de force de travail, les discours communs à l'égard de l'organisation et du pouvoir. Toute cette expérimentation continuelle des rapports sociaux dans le travail, et qui a fini par se commuer en représentations collectives, est précisément la base culturelle à partir de laquelle de nouveaux systèmes de relations peuvent être édifiés par des modifications partielles dans les alliances et les prises de conscience de la réalité économique et idéologique. La diversité des institutions syndicales, dont on aperçoit la force dans les styles et les modalités de l'action collective en entreprise, est à notre avis fortement influencée par cette réalité culturelle des logiques d'acteurs, en général inconsciemment apprises dans l'expérience même des rapports de pouvoir au travail. Ne pas considérer avec attention cette séquence culturelle de l'action collective c'est être souvent confronté à des impasses dans l'analyse purement idéologique, politique et économique des rapports sociaux d'entreprise. Comprendre les principes d'apprentissage culturel en œuvre dans un système social d'entreprise, c'est, en revanche, se donner des informations précieuses sur la genèse et la solidité des forces collectives réelles dans les formes organisées du travail.

Nos recherches sur les styles d'action collective[66], qui ont retrouvé les nombreuses observations de L. Sayles[67] sur les modalités de l'action collective ouvrière en rapport avec les conditions même de l'exercice du travail, montrent que l'action collective des travailleurs paraît être confrontée à quatre modèles : la masse triomphante, la critique pessimiste, la lutte sporadique, la lutte catégorielle, dont la portée et les caractéristiques peuvent être, en partie au moins, explicitées par l'apprentissage culturel dans les relations au travail.

Le modèle triomphant de masse se caractérise, pour beaucoup de syndiqués et de militants, par des actions principalement orientées sur des objectifs économiques à court terme pour chaque individu (la distinction entre quantitatif et qualitatif ne semble pas avoir un sens très précis, car tous les objets de revendication, salaires, primes, conditions de travail, retraite, formation, etc., ont ici une signification commune qui est l'amélioration à court terme de la position matérielle de chaque individu) ; et enfin l'importance de l'unité, de la camaraderie, et des personnalités de leaders pour le passage à l'action. Ce modèle est triomphant car ceux qui l'adoptent croient en l'efficacité de l'action syndicale ; d'après nos enquêtes, ce modèle d'action est surtout répandu parmi les OS et OP2, c'est-à-dire qu'il recouvre en fait trois types de normes de relations : la solidarité démocratique, l'unanimisme et le retrait. En termes d'expériences stratégiques, ce modèle apparaît ainsi dans les cas de distribution fort inégale de l'accès au pouvoir dans les structures de l'organisation.

Il s'agit en fait de l'acceptation par une masse d'OS, profondément marqués par l'expérience quotidienne de l'impuissance à se faire entendre dans les relations interpersonnelles de travail, de l'autorité des ouvriers professionnels qui orientent et organisent l'action collective, en échange de quoi ils protègent les OS contre toute menace d'avoir à se définir individuellement. L'implantation syndicale sera ainsi réglementée par le principe des fiefs et des relations de vassalité des syndicats mineurs avec le syndicat majoritaire dans un même établissement. L'autre groupe d'OS qui, pour des raisons extérieures au travail, ne s'intègre que très en retrait dans le milieu humain d'entreprise, ne contestera pas cette relation OS-OP, et bénéficiera au besoin du prix de sa passivité sous la forme d'avantages sociaux gagnés par les autres. Mais ces modalités d'alliance entre groupes humains ne vivant pas les mêmes relations, du fait de leurs positions professionnelles, organisationnelles et extra-entreprise, doivent surmonter le handicap de valeurs et discours différents envers l'organisation des rapports de travail. C'est probablement autour du pouvoir lui-même que s'opère la jonction culturelle en ce sens que, si la structure des groupes est celle d'une grande quantité d'OS et d'une faible minorité d'ouvriers de métier, l'expérience commune est celle de la faiblesse de pouvoir pour chacun, dès lors qu'il quitte les limites de rapports quotidiens de travail. Seule une coalition de ces faiblesses pourra créer une masse suffisante pour renverser les structures de pouvoir dans l'entreprise. Le thème de la masse et de l'unité des exclus ou des faibles devient ainsi une valeur car elle peut conduire à la victoire totale. Le renversement du pouvoir, dont la grève sur le tas est une figure temporaire mais réelle, prend une signification mythique, car penser aux suites de la victoire obligerait à poser la question des différences de logiques d'acteurs entre OS retraitistes, OS unanimistes, et ouvriers professionnels plus stratégiques, et à considérer les décalages importants entre les discours professionnels, rationnels et extra-organisationnels que chaque groupe risquera de tenir à l'égard des rapports de travail lorsqu'il aura le pouvoir de s'exprimer. Malgré ces difficultés à terme, le modèle de l'action de masse est toujours dominant dans le monde des travailleurs, car il correspond encore à la majorité des structures de distribution du pouvoir réel dans les entreprises, c'est pourquoi cette conception de l'action collective a, de nos jours, pris le pas sur d'autres modèles d'action.

Le modèle pessimiste d'action critique se différencie du précédent autant par les objectifs que par les formes de l'action. Dans ce modèle, le taux de syndicalisation et de fidélité syndicale est probablement moins élevé que dans le cas précédent, ainsi que le nombre de militants, encore que, dans des cas particuliers, le pourcentage de militants actifs par rapport à l'ensemble des syndiqués puisse atteindre un taux élevé. Les objectifs ne paraissent plus être automatiquement centrés directement sur l'amélioration de la position économique de chaque travailleur. La revendication contre les inégalités économiques demeure, certes, mais des objectifs intermédiaires semblent apparaître, au niveau d'une action sur les structures sociales conditionnant les rapports de travail. Ces structures sont parfois situées au niveau même de l'établissement ou de toute l'entreprise et, parfois, elles sont localisées au plan régional ou national. On voit apparaître une conscience, parfois diffuse, de ce que la réussite de l'action ne dépend pas seulement de la mobilisation d'une masse, mais aussi du contrôle de structures de la décision, ou du fait que les pouvoirs politico-sociaux ne sont pas indépendants de l'état même des structures d'organisation par lesquelles ils s'expriment. Ce modèle est ainsi orienté vers une critique du fonctionnement des organisations et institutions, mais les difficultés de mobilisation, la présence d'un autre modèle triomphant et les résultats encore difficiles n'engendrent pas un grand optimisme sur l'action syndicale.

La genèse et le développement de ce modèle s'expliquent en partie au moins par la diversité et la nouveauté des expériences d'apprentissage culturel de ceux qui la défendent. On rencontre ce modèle en effet surtout chez les agents techniques, mettant en cause l'injustice du système scolaire et des voies de recrutement et de promotion dans l'entreprise où ils vivent la stagnation de leur mobilité face aux ingénieurs. Mais les employés déjà anciens et intégrés à l'entreprise développent également une forte participation critique aux problèmes de gestion du personnel et parfois même d'organisation du travail. Les ouvriers nouveaux professionnels, en perspective d'évolution sur les bureaux d'études, de même que les individus issus d'une formation permanente active, adoptent également cette conception d'une action davantage centrée sur les structures du travail ou de l'enseignement. Les cadres, enfin, quand ils sont nombreux à être syndiqués dans un même établissement, ont tendance à orienter leur action critique sur les décisions du management qu'ils sont en mesure de comprendre et de contester.

Dans toutes ces positions dans l'entreprise et la société, il apparaît que le pouvoir maîtrisé dans le travail n'est jamais nul mais qu'il n'est pas non plus certain, car il est soumis aux aléas du changement technique, des fusions-concentrations, des résistances d'autres groupes sociaux. La mobilité socio-professionnelle, relativement développée chez tous les cadres, ouvriers ou agents de technique de pointe et employés déjà montés à l'ancienneté dans l'échelle des grades, a pour effet constant de faire vivre une sorte d'évasion hors de ses anciens milieux d'appartenance. Le thème de la « masse perdue » est au fond de nombreux rêves, mais c'est aussi celui du « retour impossible », car il faudrait abandonner la réalité d'un projet individuel et évolutif. La dimension commune de ce nouveau modèle d'action est alors celle d'une difficulté à inventer une forme de collectivité, d'une part car il y a toujours la fascination du modèle de la masse, d'autre part parce que les pouvoirs tenus par chacun et les perspectives d'évolution conduisent à inventer une forme d'organisation du travail et des entreprises qui concilie le discours de la rationalité productive avec celui de l'évolution de ses acteurs. C'est là remettre en cause tout le taylorisme ! Et l'on comprend qu'avec ce double handicap, l'action critique portée sur les structures sociales soit en fait entachée de pessimisme.

Le troisième modèle, celui de *l'action sporadique*, est davantage le fait de ceux qui trouvent dans la vie extérieure au travail les raisons d'une intégration résignée aux conditions et perspectives d'un travail subalterne. Ce modèle est en fait celui de la très faible syndicalisation, ce qui n'exclura pas l'apparition de militants actifs et des poussées de révolte suivies de nombreuses prises de cartes syndicales. Plus que sur des positions à tout prix économiques, ce modèle d'action vise principalement les conditions immédiates de travail : cadences, horaires, manutentions et efforts physiques, système de rémunération, liberté de mouvement, etc. Une autre caractéristique de ce type d'action est d'apparaître de façon inattendue pour la direction comme pour les syndicats, et de s'évanouir une fois les résultats obtenus.

C'est principalement dans les catégories culturelles du retrait ouvrier et de l'individualisme employé que ce modèle a le plus de chances d'apparaître. Il traduit en effet une logique d'acteur où le travail n'est qu'un moyen économique d'une réalisation dans des univers de pouvoir parallèles : la famille, le pays d'origine, les associations, la vie de loisir ou de quartier, etc. Longtemps passifs ou résignés au travail, où l'on ne vient chercher que des objectifs économiques, ceux qui occupent de telles positions sont en réalité parfois poussés à la révolte active et efficace quand le travail met en cause trop fortement leurs stratégies extérieures. Les femmes se révoltent à propos de cadences, de liberté de déplacement, d'horaires souples ; les émigrés peuvent se révolter contre les conditions d'hygiène et de sécurité ou contre l'arbitraire des chefs ; les jeunes peuvent s'opposer à l'arbitraire des règlements et de la discipline, trop contradictoires avec ce qu'ils ont vécu par ailleurs. Mais, une fois le résultat obtenu, c'est la logique extérieure qui reprend le dessus et le travail n'est plus qu'un milieu de retrait vaguement humanisé par les luttes passées et les syndicalistes militants se désolant de ne plus embrayer sur la masse.

Le quatrième modèle est celui de *la stratégie catégorielle* qui consiste à développer une action soutenue sur les structures de la décision pour obtenir des avantages économiques, sociaux ou professionnels au profit d'une même catégorie d'acteurs dans l'organisation. Un tel modèle d'action aux allures parfois corporatistes quand la catégorie correspond à une profession ne vise pas à changer la distribution hiérarchique du pouvoir mais à en tirer un maximum d'avantages matériels grâce à une tactique efficace et très stratégique dans le temps et l'espace. L'apparition de cette modalité de l'action résulte avant tout d'une position très particulière dans l'accès au pouvoir dans les structures de l'organisation. Quand une catégorie de travailleurs possède un réel pouvoir sur ses conditions habituelles de travail, ce qui peut aussi bien être le cas de strates d'employés anciens, de techniciens en fin d'évolution, de groupes de cadres subalternes ou moyens, et même d'ouvriers professionnels en ateliers suffisamment importants, elle peut exercer une pression stratégique forte sur l'ensemble du système social. Si les coalitions à ce niveau ne permettent pas d'action de masse triomphante, alors l'alliance avec l'autorité officielle est chèrement négociée au détriment des autres formes du système social. Le discours participatif aux relations, décisions et à l'esprit maison est alors le seul moyen de se représenter une rationalité d'un ensemble où chacun jouerait sa partie en proposant de contrôler la zone d'autonomie de chaque catégorie de forces issues de l'expérience au travail. Probablement peu développé dans les phases initiales du développement des entreprises, ce modèle d'action collective ne cesse de s'étendre avec le gigantisme des établissements et la multiplication des technologies nouvelles.

Les implications de la coexistence de ces divers modèles d'action collective, issus de l'expérience des relations dans les organisations contemporaines, pourraient être analysées dans le développement des relations industrielles aussi bien dans les sources de forces collectives, que recèle tout système social, que dans l'évolution des négociations en cas de conflit. Tout responsable d'une organisation, et quelles que soient ses orientations idéologiques, devrait de nos jours être en mesure d'intégrer aux processus de prise de décision la reconnaissance du rôle et de l'importance des forces collectives qui sont largement la conséquence des mécanismes d'apprentissage culturel dans les structures de travail en place.

Du point de vue des syndicats, il serait également important de comprendre d'une part les logiques d'acteur dominantes chez leurs militants en fonction de leur double expérience relationnelle de travail et aussi d'organisation syndicale ; d'autre part, les processus de mobilisation de travailleurs pour des actions collectives d'envergure pourraient être éclairés par l'étude des effets culturels inconscients de chaque type d'organisation du travail sur les membres du système social de l'entreprise en lutte.

A ces deux réalités de la décision courante et de l'action collective, nos travaux ne peuvent apporter autre chose que des modèles d'analyse et des hypothèses d'interdépendances entre la rationalité des acteurs sociaux et leurs conditions d'apprentissage culturel au travail.

Les effets culturels de l'organisation que nous avons dégagés à partir des possibilités d'apprentissage de normes de valeurs et d'idées, sur l'organisation et le pouvoir, que l'on trouve dans l'expérience durable des relations en entreprise, devraient conduire à s'interroger davantage sur la signification du travail dans la société contemporaine. Deux conclusions doivent ici être soulignées : l'une par rapport aux structures d'organisation, l'autre par rapport aux forces sociales de l'action collective.

Il faut tout d'abord accepter l'idée que la vie du travail en organisation a conquis, dans les sociétés industrielles et urbaines, une place dominante qui ne se limite pas à la seule production de biens économiques. Avec l'augmentation considérable du nombre des salariés de l'industrie et des administrations privées ou publiques, les villes se sont gonflées tandis que les campagnes se vidaient et les gens ont perdu le système de relations obligées et d'interconnaissance qu'ils vivaient dans les villages[68]. Isolés dans les quartiers des grandes villes, ou perdus dans d'immenses banlieues en voie d'urbanisation, la grande majorité de ces récents habitants des villes avaient et ont encore du mal à tisser les mailles d'un réseau de relations qui leur donne une surface de reconnaissance sociale comparable à celle du village, quand le métier, la famille et les fêtes offraient les occasions nombreuses de rencontre et d'évaluation réciproque. Quelques quartiers artisans des villes bénéficient peut-être de semblables traditions d'interconnaissance. Quelques travailleurs urbains récemment émigrés de leurs campagnes continuent de s'y transporter temporairement ou en rêve, pour bénéficier de leur ancien entourage social. Mais, pour la plupart des travailleurs des villes, c'est dans le travail en organisation qu'ils découvrent en fait de nouvelles occasions de relations obligées. Nos villages urbains, plus que les quartiers, ce sont les milieux professionnels et organisationnels qui les constituent ! C'est là que nous découvrons des éléments d'interconnaissance entre personnes, obligées par les structures de travailler ensemble, de se connaître, s'apprécier et se reconnaître. De même que la société villageoise a livré à une France rurale toute la richesse de sa tradition culturelle, de même l'entreprise livre à la société industrielle et administrative des produits culturels considérables, que nous avons pu analyser comme la conséquence du jeu complexe dans les organisations de positions de travail : manuelles, techniciennes, administratives et d'encadrement ; positions auxquelles il faut ajouter un double coefficient de promotion ou de mobilité sociale, et d'exercice d'un pouvoir formel et informel. L'objectif de cet ouvrage était donc de montrer que le travail en organisation était devenu, dans les sociétés industrielles à forte émigration rurale, un nouveau lieu de production et d'apprentissage culturel au même titre que le monde des corporations, de la famille bourgeoise ou des villages paysans.

Notre seconde conclusion passe alors tout naturellement des

différences culturelles venues du travail à la constitution de forces sociales dans le travail. Si des logiques d'acteurs aussi variées que celles de la profession, du retraitisme, de l'intégration participative, de l'adaptation catégorielle aux strates de l'organisation, de la mobilité sociale et promotionnelle... sont inconsciemment apprises dans les relations de travail, alors la solidarité collective de la classe des travailleurs salariés ne peut qu'être profondément marquée de préoccupations multiples et parfois même contradictoires. Si le travail organisé n'a pas que des effets économiques et si l'exploitation subie dans le travail a aussi quelque chose à voir avec l'expérience stratégique, les capacités d'expression et la reconnaissance sociale d'une identité pour le sujet psychologique, alors il faut en tirer des conséquences sur le phénomène social de la classe. Ce n'est pas l'idée qu'une catégorie sociale puisse être appréhendée par la lutte commune de ses membres contre l'exploitation qui est ici contestée ; mais c'est l'idée que les dimensions de cette catégorie puissent être appréhendées par la seule position de forte exploitation économique au travail. Dans les sociétés industrielles et riches comme la France, les inégalités économiques demeurent, certes, mais elles sont moins discriminantes et moins liées à la propriété privée ou aux privilèges politico-bureaucratiques que dans les sociétés en voie de développement. Un certain nombre de droits civils et de garanties économiques et sociales étant politiquement organisés et imposés par l'Etat aux entreprises, ce n'est plus tant le problème de la survie que celui d'une évolution possible de vie qu'y rencontrent la plupart des travailleurs ; et c'est là que les structures de l'organisation des tâches et des pouvoirs engendrent des formes d'exploitation culturelle nouvelles en confrontant les individus à des processus inconscients de façonnement de leurs identités. Le problème de l'action collective n'est donc plus celui de savoir où se situent les plus exploités qui exprimeront toute la classe ; il ne s'agit pas de s'interroger successivement sur le caractère de prolétarisation croissante des grands professionnels manuels, des employés aux écritures, des agents techniques engendrés par le progrès technocratique, des cadres subalternes, puis moyens, touchés par le malaise de leur massification. Le problème que pose la constitution d'une force collective est d'abord celui de la reconnaissance de la multiplicité et de la spécificité des situations aliénantes, et ensuite celui de la conciliation possible entre les objectifs, valeurs et discours disparates, voire même opposés à court terme, que l'analyse des logiques d'acteur aura pu dégager. L'étude culturelle des processus d'apprentissage de normes, de valeurs et d'idées qui s'opère inconsciemment dans l'expérience des relations de travail a ainsi pour ambition non pas de colorer plus finement des regroupements sociaux prédéterminés sur le plan idéologique et économique, mais de serrer au plus près la réalité contemporaine de l'exploitation par le travail, où l'on ne peut plus faire l'impasse sur les processus culturels de la genèse et du destin des forces collectives.

Nous pensons ainsi avoir soutenu l'idée que le monde de

l'organisation n'est plus seulement le réceptacle de luttes sociales et politiques, pas plus qu'il n'est un champ clos de relations conflictuelles, autonomes, mais limitées à ses frontières ; l'organisation industrielle, administrative et bientôt de nombreux services, professions et associations militantes, deviennent aussi un centre d'influence sur des réalités socio-politiques plus considérables, parce que les individus ne peuvent éviter d'y vivre dans leurs relations fonctionnelles des processus inconscients d'apprentissage culturel.

Conclusion

Les conditions d'un nouveau jeu dans le système social de l'organisation

Dans la continuité d'une interrogation, déjà ancienne en sociologie, sur le rôle des structures de l'organisation dans le fonctionnement du système des rapports humains de travail, nous avons rencontré, de façon empirique, l'importance de phénomènes culturels, très souvent inconscients, dans la régularisation des relations quotidiennes de pouvoir et de domination en entreprise. Il nous est ainsi apparu que la forme d'organisation la plus répandue dans le travail, l'organisation bureaucratique et hiérarchique des fonctions et des individus, était loin d'être soutenue par une large adhésion rationaliste aux impératifs de la technique et de l'économie. L'analyse des intérêts de classe appliquée aux rapports sociaux de production en entreprise dénonce depuis longtemps les inégalités de salaire, de conditions de travail et de perspectives d'avenir entretenues pas le système capitaliste de gestion des entreprises ; mais, si les idéologies s'affrontent à propos du pouvoir sur l'entreprise, le pouvoir formel et informel exercé dans l'organisation n'est pas vu comme source de différences sociales importantes. Nous avons en fait découvert que divers groupes de travailleurs, définis par une position comparable de pouvoir en organisation, élaboraient chacun les éléments d'une mentalité particulière à l'égard des collègues, des chefs de l'entreprise et de l'action collective à partir d'une réaction à l'expérience de ses relations de travail : réaction dont la logique pouvait être située dans une mise en cause des moyens sociaux de la reconnaissance de soi et de son identité. La naissance et la croissance de la société industrielle et de ses entreprises et administrations n'ont ainsi pu se réaliser qu'en s'appuyant successivement et de façon parfois conflictuelle sur le caractère intégratif de ces différentes logiques culturelles de travailleurs profondément façonnés par les conditions civiles et organisationnelles de leur existence sociale.

Où en sommes-nous de ces variations, intégratives et conflictuelles tout à la fois, de cette réalité d'apprentissage culturel sous-jacente aux rapports sociaux de production ? Conclure ici nos réflexions sur un domaine encore à peine défriché ne peut se faire qu'en résumant nos investigations et en faisant des hypothèses sur les formes à venir des organisations qui pourraient en résulter.

UNE COEXISTENCE DE DIFFÉRENTES LOGIQUES D'ACTEURS DANS LES ORGANISATIONS

Les principales différences culturelles issues d'une ancienne division du travail, contemporaine des débuts de l'industrie, étaient certainement celles qui provenaient de l'exercice d'un métier par opposition aux simples manœuvres, et celles qui s'originaient des milieux sociaux favorisés donnant accès à la propriété des moyens de production, ainsi qu'aux savoirs techniques supérieurs ; à ces clivages culturels relativement extérieurs à l'organisation sont venues s'ajouter de nouvelles sociabilités collectives avec la croissance des entreprises.

Fondée sur l'observation et l'enquête dans plus de soixante-dix unités de travail distinctes (ateliers, laboratoires ou bureaux) dans neuf entreprises de Paris et province, notre étude a permis de constater la coexistence de types de sociabilités, nouvelles par rapport à cette première division sociale et culturelle dans le travail.

L'expertise, liée à l'exercice réel d'une profession manuelle ou intellectuelle continue d'engendrer un style de vie collective fondée sur les échanges interpersonnels nombreux, une vie de groupe réelle et capable de négociation internes ou externes et une relative indépendance envers l'autorité formelle de l'organisé. Autrefois principale richesse des ouvriers de métier, cette solidarité du groupe s'étend aussi de nos jours aux autres professions qui, avec l'extension du phénomène d'organisation, se sont développées aussi bien dans les laboratoires, les bureaux d'études que les services fonctionnels.

L'entreprise tire de cette prolifération des catégories d'experts une physionomie de lutte de clans autour du contrôle de l'organisation pour réglementer la source du pouvoir de chaque expertise.

A cette extension des anciens privilèges d'experts, l'organisé contemporain est venu ajouter une seconde dimension d'apprentissage culturel, centrée sur la définition même de la rationalité formelle. Enserrant un nombre croissant d'individus dans un réseau complexe de spécification de tâches et de communications, l'organisé a fini par engendrer un nouveau type de sociabilité chez les employés, les ouvriers spécialisés et même chez les cadres, en conséquence de divers degrés de faiblesse individuelle dans l'accès au pouvoir dans le travail. A partir d'une plus ou moins grande difficulté à percevoir et faire accepter une différence dans les échanges interpersonnels, cette forme de vie sociale se manifeste par une double recherche de protection pour l'individu. Du côté des collègues, c'est une vie de groupe instable et contraignante qui, de la fusion à la strate, représente des essais d'invention de collectivité quand les possibilités d'expression interindividuelles sont bloquées. Du côté du chef, c'est la valorisation des cadres officiels de l'autorité hiérarchique et même syndicale qui permet aux individus d'atteindre un minimum de sécurité et de protection en face des détendeurs de pouvoirs importants.

Une troisième sorte d'univers culturel est venue s'insérer entre les deux précédentes, en conséquence directe, semble-t-il, des importants courants de mobilité sociale et professionnelle qu'a provoqués la croissance du nombre et surtout de la taille des entreprises. À rester dans une même maison sur une ou plusieurs générations, on a progressivement gagné la promotion dans l'organisé vers les bureaux et vers les fonctions d'encadrement — et la promotion sociale correspondante en ce qui concerne le niveau de vie économique et l'intégration urbaine ou scolaire. Mais la réalité culturelle profonde de cette position évolutive est une nécessaire perte de référence aux milieux d'origine. Comme cette mobilité est d'abord la conséquence des possibilités de promotion interne par l'entreprise, c'est en son sein que l'on observe les éléments d'une nouvelle sociabilité. Les « mobiles » sont en effet des gens d'abord marqués par la perte de référence aux groupes d'où ils sont partis et qui les ont souvent exclus. Venus d'un peu partout et communément jalousés par leurs anciens pairs, les « mobiles » qui sont nombreux dans les bureaux, laboratoires et échelons d'encadrement subalternes, ont un double réflexe culturel : ils valorisent le soutien que leur apporte la relation interpersonnelle sélective, et ils s'appuient sur les chefs et l'entreprise qui peuvent leur offrir un support et un refuge dans leur condition aventureuse. L'extraordinaire développement des pratiques de relations humaines peut ainsi avoir trouvé un écho privilégié dans les attentes de soutien personnalisé et affectif que les entreprises engendraient par les courants de promotion interne liés à leur propre croissance.

Au panorama initial d'une lointaine époque industrielle fondée sur la juxtaposition de privilèges issus de la fortune, du savoir et du métier, l'extension du phénomène de l'organisation est ainsi venue ajouter les conséquences culturelles de l'expérience même du travail au point de faire des difficultés de compréhension culturelle l'un des principaux support de l'équilibre des systèmes sociaux dans les ensembles organisés. Le particularisme des logiques d'acteur issu de la multiplicité des positions d'accès au pouvoir en organisation est à notre avis l'une des conséquences majeures de la période de croissance économique et de bouleversement technologique dans les entreprises des vingt dernières années qui ont suivi la phase de reconstruction d'après-guerre.

Mais ce pluralisme des identités collectives issu de l'expérience du travail contemporain doit être complété par l'observation récente de la montée d'un nouveau phénomène dans les entreprises : celui du retrait individuel. L'analyse des styles de relations au travail montre en effet que, pour beaucoup d'individus, sans distinction d'échelons ou de grades, la sociabilité de travail est rejetée ; la soumission au chef ou aux règles bureaucratiques reste alors la principale liaison avec le milieu humain de bureau ou d'atelier. Cette position de désengagement à l'égard des collègues recouvre évidemment de nombreux facteurs psychologiques, mais nous lui avons trouvé une caractéristique commune, celle d'être profondément stratégique à l'égard de possibilités d'investissements plus riches dans d'autres univers de relations, où nombre d'individus disposent, de nos jours, de meilleures possibilités d'accès à la reconnaissance de leur identité personnelle. L'entreprise n'est plus alors pour eux qu'une pure valeur économique au service d'activités parallèles ou futures, dans la région, le pays d'origine, ou le militantisme. Le retrait des relations de travail ne signifie pas que les individus soient apathiques sur toute la ligne, mais bien plutôt qu'ils ont les moyens d'imposer au travail certains éléments de leurs stratégies personnelles externes. Concurrencé par les conquêtes du droit au travail, la protection élémentaire des individus, le mouvement conduisant à certaine limitation de la pure rationalité économique d'entreprise paraît ainsi avoir trouvé un nouvel essor dans la prolifération des ressources stratégiques et des zones d'investissement parallèles au travail.

L'importance de ce phénomène de retrait des rapports humains entre collègues de travail n'est certes pas indépendante des conséquences néfastes d'une excessive simplification et bureaucratisation des tâches, conduisant leurs occupants à préférer la vie extérieure à la monotonie du travail. Mais, plus profondément, c'est le problème même de la rationalité individuelle de chaque sujet installé simultanément dans plusieurs univers de relation et de pouvoir qui est ainsi en jeu. Et les temps ne sont peut-être pas loin où l'étude des processus sociaux de la reconnaissance individuelle, c'est-à-dire en fin de compte de la santé mentale, deviendra centrale à la compréhension des effets de l'entreprise sur son propre dynamisme d'une part et sur celui des zones régionales et locales d'autre part, là où l'individu se trouve en situation concrète d'investissements relationnels simultanés.

Cette multiplicité des cultures apprises dans les relations de travail a contribué à fonder l'équilibre des systèmes sociaux de rapports collectifs en organisation, en ce sens que les types de capacité stratégique et de luttes collectives qui en résultaient finissaient par cristalliser les rapports de pouvoir et de domination entre catégories de travailleurs obligés de vivre ensemble.

Longtemps appuyés sur la possession d'un capital, d'un savoir ou d'une profession, les moyens de la réalisation sociale se sont ainsi enrichis de l'appartenance à une organisation, à un statut, à une carrière, à une catégorie d'homologues où l'on pouvait conquérir les éléments d'un projet personnel mais aussi collectif.

Mais ces processus culturels de la réalisation par le travail étaient largement tributaires de l'effort des sociétés industrielles vers le développement de l'outil organisationnel et de leur succès technique et économique. Avec la réussite même de ces efforts et l'apparition de nouvelles difficultés de croissance économique, le paysage culturel de l'entreprise risque de se transformer rapidement. De nombreuses crises d'identités collectives en sont déjà le signe.

CRISES D'IDENTITÉS COLLECTIVES AU TRAVAIL

Diverses modifications relativement récentes survenues dans les entreprises et la société ont certainement perturbé les données antérieures de l'apprentissage culturel dans les organisations, créant ainsi un terrain favorable à la découverte d'une nouvelle signification de l'organisé.

Le problème de l'émigration et du déracinement culturel est ici central. La logique de l'émigré est de s'adapter temporairement à son poste de travail en ne réclamant que de l'argent et de la santé, pour réaliser son projet de retour au pays ou d'installation dans la société civile et urbaine. Tant qu'il vit cette condition d'arrivant, l'OS est le parfait support de la théorie taylorienne qui lui assure sécurité économique contre efficacité et rendement. Le déchirement culturel lié au dépaysement récent vient s'ajouter à la difficulté d'intégration à la vie sociale de l'entreprise. Or, la société française sort tout juste de l'émigration des campagnes vers les villes qui a fourni une grande partie de la main-d'œuvre ouvrière, tandis que l'ampleur de l'émigration étrangère finit par engendrer des phénomènes d'intégration collective à l'univers du travail. La fameuse question de l'évolution et de la carrière individuelle anciennement réservée aux cadres et aux employés est actuellement posée par tout le monde, parce que les investissements parallèles dans l'ordre du logement, du niveau de vie, de la scolarisation, de la langue, etc., ont été surmontés par beaucoup. Les entreprises ne sont plus considérées comme de purs réservoirs économiques, ou comme des lieux de protection où s'élabore une lente et sûre promotion sociale sur plusieurs générations. L'impatience d'évolution est plus grande car les moyens de s'imposer dans les relations de travail sont plus développés de nos jours pour le plus grand nombre.

Le problème posé par les jeunes issus d'une scolarisation longue et d'un environnement familial et urbain ayant accordé plus d'autonomie est un redoublement de la question précédente. La lente initiation aux postes du métier selon le bon vouloir des anciens n'est plus guère supportée, les capacités d'apprentissage intellectuel et technique sont réelles et stimulées par la durée scolaire autant que par le contenu des loisirs. Quel que soit le niveau d'achèvement scolaire ou universitaire, une impatience se fait jour à l'égard des trop lentes procédures d'apprentissage et d'évolution offertes par les entreprises et administrations. La contestation de tout ordre hiérarchique entérinant ces formes d'organisation et les révoltes spontanément issues de la base viennent remettre en cause la rationalité de toutes les luttes collectives comme celle des théories du rapport hiérarchique fondées sur l'attachement professionnel, l'organisation rationnelle, la relation humaine ou le contrat du management.

Une véritable extension des phénomènes de retrait, qui n'est pas indépendante de l'augmentation des moyens d'action qu'une société développée offre à ses membres, vient compliquer encore les relations d'autorité et d'engagement collectif dans le travail en y introduisant la menace permanente d'insoumission et d'autonomie relative par la passivité, le désintérêt pour le travail et la protection prudente par le respect des règles.

Les doubles salaires de famille, associés à la disparition lente mais réelle de certains taudis et courées, créent pour nombre de mères, ouvrières ou employées, un milieu humain de vie urbaine où les nécessités de choix et les moyens d'action pour organiser la vie familiale sont bien plus développés qu'au travail. Un autre temps, quand les conditions favorables sont réunies, prend ainsi le pas sur celui du travail. D'autres ressources, comme celles du temps de loisir et de l'information venant de l'école et des mass media, ont certainement une influence considérable sur l'implication de nombreux jeunes dans les tâches d'exécution spécialisées et sans avenir qui leur sont offertes. L'organisation, parallèlement au travail, des activités culturelles, des loisirs, et d'action syndicale ou politique, constitue pour beaucoup de jeunes et adultes une zone d'investissements plus intenses que ceux des rapports de travail. Les accords politiques sur l'immigration, ainsi que les facilités des communications, permettent en outre aux immigrés de ne pas perdre complètement de vue leur milieu d'origine et de continuer d'y situer leurs projets essentiels, au point de vivre le plus en retrait possible par rapport à leur milieu de travail. Enfin, il est clair que la division sexuelle du travail, sans doute fondée sur une transposition des rapports de couple dans les relations de commandement, est elle-même remise en cause par la co-éducation, le vote féminin, le double salaire et le contrôle des naissances. La société a longtemps affecté les postes économiquement et socialement dépréciés aux travailleurs féminins, tandis qu'à responsabilité égale la femme devait être plus diplômée que l'homme. La conscience sociale, syndicale et politique de tous ces phénomènes est en passe de faire tomber l'a priori du retrait féminin à l'égard des investissements professionnels. Et c'est un des principes sous-jacents de l'ancienne rationalité du travail qui, en perdant son fondement, risque d'ouvrir une interrogation d'une ampleur sans précédent sur les processus de recrutement, de carrière et même de profils de poste.

Dans l'ordre des structures internes d'organisation, des situations nouvelles sont à l'origine de crises d'idéologies et de valeurs collectives, au point que la formalisation de grades, compétences et procédures ne signifie plus grand-chose, et que de nombreuses zones de rapports informels réintroduisent finalement l'arbitraire dans les rapports de travail. C'est probablement même l'une des raisons pour lesquelles les analyses de rapports de pouvoir sont généralement prisées à l'heure actuelle, puisqu'elles tendent à faire comprendre l'ampleur des déformations apportées à la structure rationnelle des organisations.

Le métier et la compétence d'expert ont été fréquemment remis en cause par la fréquence des changements techniques, et l'effort constant de standardisation des procédures. Les rapports de travail tout le long de la hiérarchie et jusqu'aux niveaux du management sont envahis de luttes clandestines entre clans, castes, corps et professions, qui défendent chacun la suprématie de leur pouvoir d'expert. Il y a ainsi un décalage croissant entre le recrutement et la formation professionnelle fondée sur une scolarisation d'écoles spécialisées par techniques ou métiers, et la réalité des mouvements de compétence ou d'expertise liés aux aléas de la technologie et du commerce. Le développement des activités de formation permanente vient encore augmenter cette fluctuation des frontières culturelles liées à l'exercice d'un savoir.

La croissance des entreprises par fusions, absorptions et concentrations géographiques pour des raisons de santé économique, de technologie et de marché, n'a probablement fait qu'amplifier ce phénomène de conflits d'experts, en le doublant de conflits entre établissements initialement indépendants où l'on retrouve les termes de colonialisme, de la féodalité et des guerres nationales pour rendre compte de tous ces imbroglios. Les efforts de super-experts en organisation pour rationaliser quelque peu ces grands ensembles, parfois multinationaux, n'ont abouti bien souvent qu'à recouvrir ces ensembles par des pyramides d'états-majors eux-mêmes coupés de la réalité. Et c'est, aussi paradoxal que cela puisse paraître, dans les liaisons informelles que la communication est souvent la plus efficace !

L'extraordinaire souci de rationalisation des procédures de travail et de hiérarchie des fonctions a finalement porté un coup fatal au thème de l'intégration fondé sur la promotion au mérite doublé d'une attention personnalisée. Les phénomènes de stagnation par strates ont eu pour effet second de décourager toute politique fondée sur les relations humaines, dans la mesure où le système de récompense bute sur les impasses de la promotion pyramidale. Dès que la croissance initiale des petites entreprises les fait accéder à des tailles importantes, la logique bureaucratique des protections par strates vient ainsi redoubler l'ampleur des phénomènes d'arbitraire qui se développent sous le couvert de réglementations tatillonnes.

La reconnaissance politique des institutions syndicales et de représentation du personnel en entreprise, qui pour beaucoup d'entre elles n'a finalement résulté que de mouvements sociaux postérieurs à mai 1968, contribue à modifier l'équilibre réel des pouvoirs. Pour nombres de questions concernant le personnel, la décision est préparée en commissions de formation permanente, conditions de travail, hygiène et sécurité, œuvres sociales et parfois promotion ou recrutement.

De nouveaux spécialistes tirent leur importance nouvelle de l'attention portée aux problèmes du personnel : les formateurs, les travailleurs sociaux, les psychologues, les médecins du travail, les permanents syndicaux, des responsables de l'information sont autant de fonctions nouvelles qui viennent compliquer et diversifier les anciens jeux de pouvoir entre experts chefs et subordonnés.

Pour toutes ces raisons internes et externes à l'entreprise, ce sont toutes les logiques culturelles d'acteur précédemment analysées qui sont menacées par des crises d'identité collective liées à la perturbation de leurs anciens moyens d'apprentissage culturel dans le travail. Le métier, le statut, la carrière, l'esprit maison, le grade ne sont plus des valeurs sûres, quand les certitudes de pouvoir que ces positions recouvraient sont remises en cause. L'organisation bureaucratique et hiérarchique du travail est de plus en plus considérée comme le lieu des arbitraires de pouvoir, le prétexte au maintien des hiérarchies de salaires, et le témoin dépassé d'une société industrielle, où l'ordre reposait en fin de compte sur la croissance économique, la promotion sociale et l'émigration rurale. Il est possible d'affirmer que l'ordre hiérarchique maintes fois repensé au cours de l'histoire industrielle est à nouveau en crise. Les expériences de travail sont tellement décalées de leurs traductions réglementaires et formelles, par les conditions nouvelles d'évolution des atouts des acteurs dans les relations en organisation, que les anciennes théories de l'ordre et valeurs de l'action collectives sont en crise. On peut même soutenir l'idée que les sciences sociales et humaines sont à la fois demandées et craintes car elles permettent d'éclairer ce décalage tout en mettant en cause l'ordre ancien.

LES CONDITIONS D'UN NOUVEAU JEU DE POUVOIR

Nos travaux n'ont guère porté sur des entreprises vraiment nouvelles où les crises d'identité collective auraient été surmontées par des formes d'organisation permettant des apprentissages culturels plus en rapport avec les conditions de vie et de relations contemporaines. Passée la phase du constat d'échec des structures de la croissance à l'égard de rapports sociaux plus équilibrés dans le travail, la société civile et professionnelle reste affrontée à une tâche urgente d'invention organisationnelle et d'expérimentation sur elle-même. Ce mouvement est d'ailleurs déjà entamé et différents courants de réflexion et d'action sur les structures du travail apportent des éléments de réponse, disparates certes et incomplets, mais à notre avis convergents, à ce nouveau débat d'une société en quête des formes organisées de son avenir. C'est ainsi que, dans les grandes entreprises, on s'interroge et on expérimente sur les conditions d'exercices plus autonomes des tâches d'exécution. On développe également, sous l'impulsion légale, une pratique de formation permanente en s'interrogeant parfois sur la redéfinition des statuts et des fonctions qui pourrait en résulter. Le mouvement centenaire des coopératives de production trouve un regain d'attention pour les pratiques en matière d'information et de décision qu'il s'est efforcé de développer dans les entreprises moyennes et artisanales. Certaines entreprises ont parfois laissé se développer un rôle important des syndicats ou du comité d'établissement dans le domaine de la gestion du personnel et des productions. On peut avancer que ces pratiques de participation ont des motifs variés ; nous les avons rencontrées dans des situations particulières ayant entraîné une redistribution des pouvoirs de fait entre la hiérarchie, les syndicats et le personnel d'exécution. Nombre d'établissements de base de grands groupes industriels sont en réalité dirigés par une sorte d'intégration conflictuelle du syndicat qui, pour des raisons tenant à l'histoire de l'entreprise et de l'environnement, contrôle fortement la capacité d'action collective du personnel. Ce dernier est alors géré par une sorte de négociation paritaire ininterrompue.

Dans d'autres cas, et pour mener à bien une politique d'expansion simultanée sur le plan technologique, organisationnel et commercial, des directions doivent compter avec un personnel dont les capacités d'évolution et d'invention peuvent être plus ou moins prêtées à cet effort de croissance : c'est ce que nous avons observé dans une de nos enquêtes.

L'entreprise de fabrication de peinture[1] paraît fonctionner sur la reconnaissance d'une participation des membres de l'atelier, du bureau et du laboratoire, qui prend la forme d'une négociation permanente au comité d'entreprise entre la direction et les élus du personnel à propos des problèmes de la gestion courante de l'entreprise, ainsi que d'une active participation du personnel aux commissions de travail du comité d'entreprise portant sur les promotions, la rémunération, la sécurité, la formation, l'information et les activités sociales du comité. Cette participation négociée, admise par les syndicats et voulue par la direction dans une optique de management, est même si efficace, que les chefs d'atelier ont dû se syndicaliser pour être informés des débats du comité sur la vie de l'entreprise, sous peine d'être constamment en retard sur les représentants du personnel en matière d'informations concernant directement le fonctionnement des ateliers.

Le département électronique de l'entreprise électrotechnique est un exemple moins élaboré de négociation formalisée que celui de l'entreprise de fabrication de peinture, mais divers éléments sont quand même réunis pour que l'on puisse parler de partage réel de la gestion. Nous avons déjà signalé les caractéristiques de cette entreprise de cent personnes confrontée au problème du passage des prototypes à la fabrication standardisée, dans le cadre géographique d'une usine toute neuve. L'entreprise offre à son personnel de réelles perspectives d'apprentissage technique et de promotion personnelle des ateliers vers les bureaux d'études, et à l'intérieur même des échelons de techniciens. Le personnel est donc composé d'agents techniques, d'ouvriers de type nouveau professionnel, de quelques jeunes ouvriers et de nombreux cadres. Un certain équilibre culturel s'instaure ainsi entre la majorité des membres de l'usine.

Il s'agit en fait d'un ensemble humain de techniciens et ingénieurs où les communications sont facilitées par les échanges d'études sur l'électronique. La direction a accepté cette situation et favorise l'homogénéité et les contacts entre les ateliers et les bureaux. L'usine moderne a de plus été dessinée pour aider ces échanges et diminuer les inégalités de conditions de travail. Dans un tel contexte, plusieurs indices montrent qu'un début de négociation se réalise dans les faits. Les ouvriers participent aux réunions d'information sur le contenu du travail avec les agents de maîtrise, et les syndicalistes ont fini par accepter ce type d'échanges. La gestion prévisionnelle fait descendre les responsabilités d'investissement jusqu'à la maîtrise et impose de multiples échanges entre services avant de prendre les décisions. Et c'est dans cet ensemble que le syndicalisme des cadres est plus développé que dans les autres départements. Or, ces cadres dans leur travail sont responsables de la gestion, et dans leurs réponses aux questionnaires, ils attribuent de réelles préoccupations gestionnaires à l'activité syndicale. Leurs débats de section ont ainsi une forte orientation vers l'étude du développement de l'entreprise. Ce département en arrive ainsi à poser de façon très empirique le problème du partage de pouvoir entre la filière hiérarchique et la filière syndicale, puisque leur objectif commun est l'action dans et sur les structures de l'entreprise. Les formules de négociation permanente et officielle n'ont pas encore été clairement inventées au moment de l'enquête et il faut d'ailleurs resituer cette expérience originale dans le contexte d'un groupe industriel qui ne vit pas ces problèmes dans la plupart de ses autres usines. Exemple incomplet de participation à la gestion, ce département d'électronique montre quand même que les conditions culturelles d'une élaboration des structures de négociation peuvent être réunies aussi bien dans la grande entreprise que dans les petites entreprises.

Le socialisme autogestionnaire trouve également un nouvel essor politique dans le constat maintenant établi des inégalités sociales entretenues par le développement des appareils d'organisation rationnelle et hiérarchique. Mais cette évolution politique se double d'une conscience nouvelle des difficultés qu'il y a à régler le problème de la décision et de la distribution du pouvoir dans un contexte même intentionnellement autogestionnaire ; les expériences yougoslaves, cubaines, chiliennes, algériennes et à présent portugaises sont là pour entretenir le caractère sérieux et urgent de telles réflexions.

Dans les secteurs plus éloignés de la production économique comme l'éducation, la santé mentale ou l'action culturelle et sociale, il est certain que la recherche active sur les structures et les institutions se développe sous forme d'organisations participatives et d'informations critiques sur l'effet des structures en matière de santé, d'enseignement ou d'animation. Mais, là encore, les expériences sont récentes et souvent guettées par la tentation bureaucratique ou le paternalisme des fondateurs charismatiques.

Tous ces efforts même insuffisants et dispersés manifestent l'apparition d'un mouvement de prise de conscience collective de l'importance du nouvel enjeu social que constituent de nos jours les formes de l'organisation des activités de production mais aussi de services. Nul doute que les sciences sociales n'aient un rôle essentiel à jouer dans cet effort d'invention et d'expérimentation structurelle en permettant d'accélérer et d'affiner le diagnostic des interdépendances entre les structures d'organisation et les rapports sociaux.

Sans être en mesure de proposer ni un modèle idéal d'organisation à fonctionnement plus collectif et plus fondé sur la complexité culturelle des travailleurs, ni un plan concret de réformes pour ceux qui voudraient transformer l'entreprise, je voudrais terminer cet ouvrage par l'évocation des grandes lignes d'un possible mouvement dialectique entre la culture des acteurs sociaux et les structures de l'organisation du travail, qui vont très probablement occuper la scène des débats et des actes à propos de l'entreprise à venir.

Face à la pluralité des effets culturels inattendus du travail et face au problème d'une coexistence reconnue de logiques d'acteur variées disposant chacun d'une part non négligeable de pouvoir formel et informel, l'entreprise à venir doit considérer que l'une de ses incertitudes majeures est déjà — et sera de plus en plus — la compréhension et la prévision de la conduite des groupes humains. Savoir qui est l'autre : ce partenaire de travail avec lequel il faut bien entrer en relation puisque l'on œuvre ensemble, connaître sa culture, ses réactions probables, ses idées, son degré d'investissement dans l'entreprise, telles seront les incertitudes qui pèseront sur l'élaboration de toute rationalité collective. Plus nous allons vers la reconnaissance de la dimension réellement stratégique des membres d'une organisation, plus nous sommes conduits à affronter toute l'autonomie culturelle de leurs diverses logiques d'acteur et plus il faut centrer les efforts d'organisation sur la considération de ce pluralisme, de ses sources et de ses effets.

Un double mouvement dialectique entre les structures d'organisation et la culture des acteurs sociaux tend alors à s'instaurer dans une voie de recherches et d'expérimentation sur l'entreprise. D'une part l'influence du pluralisme culturel des travailleurs oblige l'entreprise à développer des mécanismes de rencontre, d'échanges d'information et de négociation pour que les décisions et les conduites conservent une rationalité collective. D'autre part cet approfondissement des échanges accroît la perception des différences culturelles collectives mais aussi interpersonnelles, et l'entreprise doit développer des structures de diagnostic, d'apprentissage et de mobilité permettant aux individus de ne pas bloquer les mécanismes de la décision par des crises d'identité et la quête affolée des moyens bureaucratiques pour se préserver du trouble mental qui en résulterait.

La première période de ce mouvement dialectique des rapports entre les structures et les cultures s'appuie en fait sur une phase antérieure de l'histoire des organisations ; phase que nous avons essayé de décrire et d'expliquer tout au long de cet ouvrage et qui se caractérisait par le constat, maintes fois refait, d'une insuffisance des analyses économiques et techniques du travail pour aboutir à des conduites rationnelles dans le système social des organisations contemporaines, où les travailleurs de l'industrie et des administrations ont d'autres moyens d'expression et d'autres préoccupations que ceux des masses de manœuvre du début de l'ère industrielle.

Nous partons donc de la mise en cause des modalités anciennes d'organisation du travail par la reconnaissance des inégalités et différences culturelles entre acteurs du système social d'entreprise, où le pouvoir a cessé d'être contenu et exprimé par la seule réalité des organigrammes pyramidaux.

Il nous semble alors qu'étant donné la multiplicité des ressources matérielles et intellectuelles de la très grande majorité des acteurs, le problème de la règle doit tenir compte dans son élaboration et son contrôle de l'extraordinaire complexité stratégique des acteurs, qu'ils soient concepteurs, décideurs ou exécutants. C'est, en d'autres termes, la négociation qui doit être placée au cœur de la réflexion sur les structures quotidiennes de travail. Trop longtemps évacuée vers les hautes sphères d'états-majors, ou vers les rencontres entre représentants de la direction et du personnel, souvent loin de leurs bases et centrés sur des choix surtout quantitatifs, la négociation préalable aux décisions sur les aspects les plus fréquents du travail doit être instaurée pour tenir compte de la multiplicité réelle des logiques d'acteur, c'est la seule manière d'augmenter la rationalité des décisions. Le développement des méthodes et des institutions de négociation, à propos de la gestion du personnel et de la gestion des productions et des investissements, que seules de nombreuses expérimentations permettront de réussir, entreprise par entreprise, rencontrera alors un double obstacle dans les rapports humains. C'est tout d'abord la fonction d'information qui devient indispensable au bon fonctionnement des débats collectifs. Le risque est en effet permanent de réduire les assemblées générales ou partielles à de simples chambres d'enregistrement, parce que les informations pertinentes sont échangées dans les couloirs entre personnalités influentes. Fournir des informations utiles aux partenaires formels de la négociation est une condition primordiale pour qu'ils en soient aussi des acteurs réels. Penser le coût et les formes concrètes du passage de l'information dans des commissions ou des rencontres est ainsi une tâche prioritaire de toute entreprise qui se voudrait inventive.

Mais une seconde difficulté attend les défenseurs des mécanismes négociés de la décision : ce sont les différences culturelles qui risquent de bloquer la compréhension entre acteurs sociaux même également informés. Les formateurs et les psycho-sociologues animant des groupes d'expression en entreprise ont souvent rencontré ce phénomène des incompréhensions liées aux différences de langage, certes, mais plus profondément de capacités d'expression et de significations attribuées aux mots et aux actes des autres. Le fait d'avoir des intérêts économiques voisins ne suffit pas à estomper ces obstacles à la communication, qui viennent très souvent de ces logiques d'acteur inconscientes, lentement apprise dans l'expérience des relations de travail. C'est également le but des militants syndicalistes que de s'affronter en permanence à ces inégalités et diversités culturelles dans leurs efforts pour constituer une logique d'action collective, dès qu'ils s'adressent à des publics qui débordent une même position de travail en organisation. Quand des rudiments de négociation deviennent opératoires, c'est qu'une certaine forme d'homogénéité culturelle a pu être réalisée. Des entreprises américaines soucieuses de développer un débat permanent entre les cadres et les techniciens, pour mieux serrer de près les exigences commerciales des clients, ont eu l'intuition de ce phénomène en s'efforçant de développer un modèle culturel commun par la formation et le recrutement psychologique d'individualité au même profil de « battant ». Dans les deux entreprises, de peinture et d'électrotechnique, où nous avons constaté un taux réel de négociation à propos des décisions de gestion du personnel et de la production, cette homogénéité culturelle était réalisée de fait par une longue pratique de formation permanente dans le premier cas — et par le haut degré de technicité commune entre le personnel, essentiellement ingénieurs et projeteurs, dans le second cas. La lutte contre de trop fortes inégalités culturelles est ainsi un second impératif de la négociation. Le problème n'est probablement pas tant de réaliser une mentalité uniforme par de l'endoctrinement et de la sélection sur profil, car on risque alors de vider les négociations de la dynamique des échanges entre personnalités et groupes humains différents. Le problème est plutôt de faire reconnaître ies préoccupations inhérentes à chaque logique d'acteur ; de mieux réaliser les processus de façonnement de ces diversités culturelles par l'expérience des rapports de travail dans les structures d'organisation du moment et de mieux faire admettre les différences de conduites collectives d'intérêts, de rythme d'évolution, et de blocages à l'expression qui ne peuvent qu'envahir dans un premier temps les communications entre groupes d'acteurs ayant vécu diverses expériences d'apprentissage culturel.

La formation permanente peut avoir un rôle extrêmement positif dans cette voie, de même que toutes les expériences en cours sur les formes d'organisation visant à décloisonner les individus et à favoriser la réflexion collective sur les conditions du travail.

Au terme de cette première période du mouvement dialectique des rapports entre la culture et les structures de travail, nous trouvons alors une formule d'entreprise capable de fonder la rationalité de ses décisions sur une participation accrue et négociée entre ses exécutants, ses cadres et des divers représentants catégoriels et syndicaux. Mais cet état, déjà partiellement atteint dans des cas encore particuliers et limités, n'est pas pour autant un état d'équilibre et d'harmonie utopique, un second mouvement, mais cette fois-ci en sens inverse risque de s'amorcer très vite.

Nous venons de considérer les effets de la reconnaissance des diversités culturelles apprises dans l'organisation traditionnelle du travail sur les structures de la décision négociée. Nous allons à présent rencontrer les effets encore plus cachés de ces échanges dans le travail sur le contenu même de la culture et des logiques d'acteur.

A force de vouloir faire se rapprocher des retraitistes, des ouvriers à comportement unanimiste, des évolutifs, des professionnels, des cadres et des employés plus ou moins intégrés, etc., on risque d'accroître la découverte des différences culturelles, des inégalités interpersonnelles, des diversités d'expression au point de renvoyer chacun à s'interroger sur soi-même et sur ses fidélités antérieures. C'est même là un des effets souvent constatés de la formation permanente que de provoquer une évolution considérable des structures mentales quand les relations d'enseignement et d'apprentissage ont été suffisamment longues et intenses. A vivre des modalités nouvelles d'échanges, de négociation et d'information dans le travail, l'acteur social risque la cohérence antérieure de ses systèmes de représentations, de ses références affectives, sociales et culturelles et parfois même de sa santé mentale. La négociation doit alors intégrer au débat sur la rationalité collective une nouvelle dimension qui, cette fois-ci, porte directement sur les divergences entre logiques d'acteur collectifs et logiques d'acteurs individuels. De nouvelles capacités de diagnostics deviennent nécessaires pour évaluer les conséquences des décisions. Les effets des structures du travail ne peuvent plus être analysés par rapport aux seules positions internes à l'organisation. L'acteur social est unique et constitue sa propre rationalité dans l'ensemble de ses univers sociaux d'investissement où il dispose de relations et de modalités d'exercice du pouvoir. Le problème du diagnostic social et culturel sera alors de repérer la part de développement du sujet que l'on ne peut éviter d'intégrer aux préoccupations du collectif de travail. Longtemps laissée au hasard des intuitions individuelles, cette fonction de connaissance de l'environnement du personnel de l'entreprise et pas seulement du réseau des alliés et concurrents commerciaux, chasse gardée du marketing, deviendra une nouvelle fonction d'étude et d'analyse sociale indispensable à la découverte d'une rationalité commune entre acteurs capables d'imposer leurs différences. Les corollaires d'un développement des études et recherches appliquées aux conséquences culturelles complexes des formes de l'organisation seront alors l'ouverture des frontières de l'entreprise sur les voies concrètes d'une mobilité des personnes en fonction des possibilités d'apprentissage stimulées et renouvelées par une telle expérience du travail.

Un tel scénario n'a évidemment rien d'un programme d'action, il traduit simplement notre intime conviction que l'organisation a pris tant de place dans la vie sociale de notre époque qu'on ne peut plus limiter la considération de ses effets aux seuls domaines de l'économie et de la technique ; quand une société s'est aventurée aux confins de l'aménagement de ses forces matérielles, il lui reste à s'interroger consciemment sur les réalités culturelles qu'elle a produites sans le savoir.

Postface

De la culture au développement d'entreprise

Un diagnostic sur le monde du travail élaboré dans les entreprises de la pleine période de croissance – 1962 à 1974 – est-il toujours utile pour comprendre les entreprises d'une autre période, celle de la crise économique, des changements technologiques, politiques et sociaux des années 1980 ? La réédition de cet ouvrage ne se justifie, en effet, que si les modèles de compréhension des cultures du travail continuent d'éclairer aujourd'hui la formation des identités collectives et leur traduction en types d'acteurs et de rapports stratégiques dans les organisations. Si, par ailleurs, le débat théorique récemment ressuscité sur le rôle de la culture dans les entreprises prend bien en compte les propositions sur l'apprentissage culturel au travail élaborées il y a déjà dix ans dans cet ouvrage. Si, enfin, le développement des entreprises contemporaines et à venir peut s'appuyer sur les résultats de la recherche en sociologie pour y trouver les moyens de vitaliser la dynamique de son système social, et les voies d'une nouvelle créativité à visage humain. Réfléchir aux acquis de la recherche et de la pratique récente des sciences sociales dans une préface à cette nouvelle édition de l'ouvrage était indispensable à la mise en perspective de son apport concernant les identités au travail, la problématique culturelle des fonctionnements en organisations, et le devenir économique et social des entreprises.

ANCIENNES ET NOUVELLES IDENTITÉS AU TRAVAIL

Quatre modèles de relations au travail ressortent des travaux de recherche ayant fondé cet ouvrage ; ils définissent quatre façons différentes de se situer en organisation et d'y intervenir comme acteur collectif. Ces modèles ont fait l'objet d'une communication au colloque « Production et affirmation de l'identité », à Toulouse, en septembre 1979 [1].

1. Ces modèles ont été clarifiés et présentés dans deux publications ayant fait suite à l'édition de cet ouvrage : R. Sainsaulieu, « L'apprentissage culturel au travail », in *Que va devenir le travail*, ouvrage collectif publié par la Société française de psychologie,

Le modèle fusionnel ou de masse se caractérise tout d'abord par une façon de peser sur les événements, la tâche et la situation en organisation par le moyen d'une solidarité conformiste à la collectivité des pairs et par une dépendance envers l'autorité du chef ou du leader qui seul peut orienter et pratiquer cette masse. Ce sont principalement les OS, français, et sans aucun pouvoir sur leurs conditions de travail et de relations, qui ont développé cette identité d'acteur social collectif, mais on a pu aussi la retrouver dans toute situation de travail de bureau ou de fonctions techniques dès lors que la rationalisation du travail, la rigidité des contrôles et des contraintes matérielles réduisent les marges de liberté quotidiennes à fort peu de chose.

Le modèle de négociation apparaît chez des professionnels très qualifiés mais aussi chez les cadres de production, ces professionnels de l'organisation des facteurs complexes de la production en ateliers ou en bureaux, qui trouvent dans la richesse des compétences et des responsabilités de leurs fonctions le moyen constant d'affirmer leurs différences, de négocier leurs alliances, et leur reconnaissance sociale.

Le modèle des affinités désigne un univers de rapports humains de travail où l'on exclut les grandes solidarités et les appartenances de groupe pour se limiter à quelques connivences affectives, à l'insertion dans quelques réseaux de relations privilégiées entre collègues, mais aussi avec des chefs. C'est ici le monde de la promotion sociale, de la mobilité socio-professionnelle rapide pour des agents techniques, de jeunes employés et ouvriers diplômés, de nombreux cadres autodidactes qui expriment cette perte de définition par les groupes, et cet accès à des positions plus individuelles et interpersonnelles.

Un modèle de retrait apparaît enfin, non pas du travail, car il faut bien continuer à gagner sa vie, mais de tout engagement personnel dans les rapports collectifs, de groupes ou interpersonnels que l'on rencontre nécessairement dans les organisations. Un tel modèle de « l'absence-présence » n'est pas le résultat de pathologies personnelles à l'égard de la communication, ou d'une allergie collective à l'effort. Trop de gens ont vécu ce retrait des relations de travail pour qu'une telle interprétation soit valide. Il s'agit, en fait, de couches entières de travailleurs de base peu qualifiés, pour qui la vie offre d'autres nécessités d'investissements sociaux. Femmes, OS, jeunes travailleurs et employés, étrangers récemment immigrés, ouvriers encore ruraux ont choisi un tel retrait de l'univers humain du travail parce qu'ils avaient d'autres préoccupations plus urgentes et valorisantes ailleurs. Dans leur esprit, la situation professionnelle n'était qu'un simple atout sur une autre scène d'action.

Paris, Editions modernes d'entreprise, 1977 ; R. Sainsaulieu, « Identités et relations de travail », in P. Tap (sous la direction de), *Identités collectives et changements sociaux*, Toulouse, Privat, 1980.

Ces quatre modalités de présence comme acteur sur la scène des rapports humains dans les fonctionnements des organisations ont été progressivement dégagées d'une observation anthropologique et sociologique des situations de travail dans les organisations grandes ou moyennes. Des écrits complémentaires à cet ouvrage[1] sont venus clarifier encore cette typologie dont l'analyse par milieux de travail – ouvriers, employés de bureau, techniciens et encadrement – débouche sur un début de synthèse au chapitre 7 (p. 24 et suivantes). Mais dans l'ensemble, ces quatre dimensions sont présentes dans l'ouvrage, dont elles sont un des fruits sociologiques majeurs, un bilan d'une sorte d'héritage culturel de la croissance.

Par rapport à ces résultats de recherche élaborés sur l'observation d'une période de plus de quinze années de la vie des entreprises françaises publiques et privées, grandes et moyennes, il ne semble pas que des travaux postérieurs aient considérablement remis en question la structure de ces modèles. J. Ruffié[2] les retrouve dans son observation d'équipes semi-autonomes en usine ; F. Piotet, dans son bilan sur les expériences en matière d'organisation du travail, constate la validité de ces modèles comme critères d'évaluation sociologique des actions expérimentales ; P. Bernoux ne contredit pas leur existence dans sa thèse : *Un travail à soi,* tout en élargissant le concept de culture ouvrière aux représentations du travail et des solutions rationnelles d'organisation conçues par les ouvriers eux-mêmes ; D. Mothé, dans *L'autogestion goutte à goutte,* ainsi que dans plusieurs observations récentes effectuées avec D. Martin sur les OS face aux processus de ces bases culturelles ouvrières quand il s'agit de mettre en œuvre des groupes de réflexion, d'analyse et de propositions. De multiples observations effectuées en entreprises depuis les années 1980 montrent que de tels modèles sont toujours éclairants des logiques d'acteurs ouvriers, employés et techniciens, Thomson, BSN, Rhône-Poulenc, UAP, RNUR, Talbot, EDF, RATP, ELF, Télécom, Bull, RVI, CCF, CFP[3]. Des logiques professionnelles,

1. B. Gosset, *Nouvelles formes d'organisation du travail au féminin*, thèse de 3e cycle, Paris, IEP, 1981 (chap. 2) ; P. Bernoux, *Un travail à soi*, Toulouse, Privat, 1982 ; D. Mothé, *L'autogestion goutte à goutte*, Toulouse, Privat, 1982 ; J. Gautrat, D. Martin, *Cheminements inventifs d'une démarche participative*, rapport CRESST-GSCI, 1983 ; J. Gautrat, D. Martin, *Première évaluation des groupes d'expression à Thomson Grand public*, rapport GSCI, 1984, ronéo. ; F. Piotet, *Sociologie de l'action expérimentale en matière d'organisation du travail*, thèse d'Etat, Paris, IEP, 1984, à paraître aux Editions Syros, 1985.

2. J. Ruffié, P. Bernoux, « Tendances nouvelles en organisation du travail : les groupes semi-autonomes de production », *Economie et humanisme*, 227, 1976.

3. DESS, « Emploi et développement social d'entreprise ». Des mémoires de recherche impliquant quatre mois d'observations structurées dans ces diverses entreprises ont été réalisées sur : les effets des nouvelles technologies dans les bureaux (P. André, C. Fougère, S. Bloch) ; l'évaluation de politiques sociales et de formation en entreprise (R. Amirou, A. de Fenoyl, E. Granier, C. Sodoyer, F. Rateau) ; l'étude des groupes d'expression (A.-M. Hervé, E. Mutabazi, C. Pyrolley, F. Bouyer, V. Goy, S. Chevallier) ; l'étude de système social d'entreprise (M.-P. Muchielli, L. Langot, J.-L. Pépin, P. Desbourdes). Au total, plus de 20 entreprises ont ainsi fait l'objet d'enquêtes à partir

revendicatives et collectives, promotionnelles et retraitistes, sont bien en fait toujours à l'œuvre dans la dynamique des rapports d'acteurs en organisation.

On peut même affirmer que l'héritage culturel de la croissance a pu faire coexister dans les entreprises une double tradition culturelle remontant aux débuts de l'âge industriel : celle du métier et celle de la lutte collective, avec des expériences culturelles nouvelles ; celles de la profession de cadre, celles de la promotion sociale et personnelle par la montée hiérarchique ou technicienne et, enfin, celle des diverses catégories de retraits liées à la pluralité des structures sociales d'investissement dans nos sociétés modernes plus complexes. C'est même probablement un semblable héritage qui a pour longtemps fondé la division sociale du travail qu'entretenait le développement du taylorisme dans l'industrie et le tertiaire. Une culture dominante de la rationalisation couplée avec le progrès économique et social n'a pas vraiment rencontré d'oppositions, comme pourtant elles s'annonçaient déjà en 1912 dans les syndicats de métiers et certaines associations d'ingénieurs. Pour beaucoup d'ouvriers, employés, techniciens et même de cadres, l'espoir n'était pas dans le changement organisationnel mais dans la promotion, la lutte pour les avantages ou encore la sécurité d'emploi permettant des réalisations personnelles à l'extérieur du travail. Seuls des professionnels déqualifiés ou des cadres trop contrôlés ont pu souhaiter plus d'autonomie et de responsabilités dans leur travail, mais sans mordre suffisamment sur les tendances culturelles profondes qui sous-tendaient le système social de la diffusion de l'organisation rationnelle.

Les transformations majeures à ce pacte culturel inconscient sont à notre avis survenues dans la suite des courants autogestionnaires issus de Mai 68, des mouvements féminins, des conséquences de la crise, des changements de populations d'immigrés et des conséquences sociales et culturelles profondes de la période de croissance rapide vécues au cours des trente dernières années.

Ce sont tout d'abord les tendances au retrait qui ont certainement changé. C'est ainsi que l'important mouvement de revendication des femmes pour une plus grande égalité civile et professionnelle a fait apparaître une volonté de qualification de responsabilité et de promotion chez les employés, les ouvriers et les cadres, qui n'était guère apparente dans les années 1960. Les travaux de D. Kergoat[1] et de son équipe de recherche sur la division sociale et sexuelle du travail sont ici déterminants. Il faut y ajouter ceux de N. Brenier-Aubert, J. Frisch et de nombreux autres chercheurs en ce domaine. Il n'est

d'analyses stratégiques et culturelles mettant en évidence la permanence de ces modèles de relations en milieu ouvrier, technicien et cadre. Cette enquête repose sur 700 entretiens, depuis quatre années.

1. D. Kergoat, *Les ouvrières*, Paris, Le Sycomore, 1983 ; D. Fougeyrollas, D. Chabaud, *Espace et temps du travail domestique*, Paris, Librairie des Méridiens, 1985 ; N. Brenier-Aubert, *Le pouvoir usurpé*, Paris, R. Laffont, 1983 ; J. Frisch, *Crise et/ou mutation des valeurs*, Rapport du CES, 1982. L'évolution professionnelle des femmes et la recherche de leur autonomie.

plus justifié de parler d'une position a priori de retrait chez les femmes au travail. Peut-on alors parler d'un effet culturel, sur la vie des organisations, de la rentrée en scène de cet acteur femme au travail ? Si des recherches sont en cours sur la question, il ne semble cependant pas possible d'affirmer l'existence d'une sorte de modèle de relations et de valeurs spécifiquement féminins dans les rapports de travail.

L'intégration progressive de près de quatre millions de travailleurs immigrés à la société française, sans véritable esprit de retour au pays, est un second domaine de changements considérables à souligner. Au cours des dix dernières années, nombreuses ont été les grèves d'OS animées par des étrangers, et le diagnostic assez général de cette évolution pourrait être celui d'un passage de la position de « retrait » à celle de « fusion » ou d'« affinités » pour cause de volonté promotionnelle. Mais si les travaux de recherche récents effectués par D. Lahalle, I. Taboada, M. Catani [1] et bien d'autres chercheurs du Groupe d'étude des migrations internationales, ont mis en évidence ce problème identitaire des nouvelles générations de travailleurs héritières simultanées de plusieurs cultures, il ne semble pas qu'un modèle particulier d'identité professionnelle en soit déjà ressorti. Tout au plus doit-on souligner le souci de faire reconnaître les spécificités culturelles de langue, religion et ethnie, ainsi que la difficile condition d'avoir à se situer au carrefour de plusieurs identités nationales.

Avec la crise enfin, les difficultés d'embauche et les menaces de chômage, il serait probablement injustifié de maintenir le diagnostic général de retrait chez les jeunes ouvriers et employés. La volonté de s'intégrer au travail par une qualification, un métier et des responsabilités, semble en fait caractériser les populations de jeunes, issus de la croissance et des formations scolaires et universitaires qui l'ont accompagnée.

Les bases sociales et organisationnelles antérieures du modèle de retrait ont donc certainement évolué. Ce n'est pas pour autant qu'une telle attitude soit absente des entreprises contemporaines, mais il faudrait en chercher les racines ailleurs. Tout d'abord, du côté de l'impact immédiat des menaces de chômage qui ont eu pour effet de diminuer les solidarités combatives, les engagements syndicaux et les prises de risque en général. Le souci de sécurité, de protection des statuts et avantages acquis, la peur des initiatives trop marquantes constituent probablement une sorte d'héritage terne et gris des premiers chocs de la crise. Les perspectives de retraites anticipées choisies mais aussi souvent imposées dans le cadre des récents contrats de solidarité n'ont pas été sans diminuer l'implication des couches âgées d'ouvriers,

1. Les travaux de cette équipe de chercheurs sur les migrations internationales ont été présentés dans le cadre du rapport collectif CES : « *Crise et/ou mutation des valeurs* » : Isabelle Taboada Leonetti, « Migration, changements et valeurs : les femmes immigrées » ; M. Catani, « Analyse en termes de valeurs de l'histoire de vie sociale, le cas de tante Suzanne ».

mais probablement surtout de cadres, comme le soulignent avec justesse X. Gaullier et M. Cognalet-Nicholon[1].

L'une des premières victimes de la crise économique a, par ailleurs, certainement été la possibilité de promotion rapide qu'avait autorisée la croissance des entreprises. Moins de perspectives d'avancement, et davantage de volonté d'être reconnu comme acteur à part entière dans les situations de travail ont certainement diminué les perspectives d'intégration personnalisées par l'ascension technicienne et hiérarchique dont l'effet a fortement caractérisé la période de croissance. Non que le modèle affinitaire qui en était la conséquence ait grandement diminué ; on peut même admettre l'idée force que l'acteur de soi, celui qui organise ses investissements sociaux pour obtenir une reconnaissance de son développement personnel, constitue une modalité toujours importante des cultures présentes en organisation, mais les points d'application n'en sont plus, aussi sûrement qu'avant, la promotion verticale. Le manque de perspectives d'avenir ainsi diagnostiqué, joint aux quêtes de sécurité de l'emploi, ont probablement installé une sorte de qualité nouvelle du retrait qui n'est plus choisi pour cause extérieure, mais subi comme réponse aux blocages vécus dans les organisations, en dépit des volontés de travail, des diplômes acquis et des expériences professionnelles accumulées.

Mais, par-delà ces réactions collectives de déception par manque d'avenir et d'opportunités de réalisations personnelles au travail, réactions qui coïncident avec la plainte générale des dirigeants à l'égard du manque de motivations de leurs personnels, la question du retrait et des implications professionnelles doit à présent tenir compte de l'augmentation incontestable du temps libre, sur la journée, la semaine et l'année. Comme l'affirment N. Samuel et M. Romer[2], dans la suite des travaux de J. Dumazedier, le temps libre n'est pas un temps vide, mais un temps d'activités familiales, politiques, syndicales, associatives et culturelles. C'est un temps qui peut offrir l'occasion d'initiatives et de relations collectives, comme il peut développer les valeurs plus intimistes du développement de la personne. L'une des issues contemporaines aux insuffisances d'avenir par le travail est globalement celle d'une sorte de nouvel équilibrage entre les activités du travail et celles du temps libre. L'acteur de soi peut ainsi négocier des retraits relatifs à l'engagement professionnel, en contrepartie d'engagements culturels, sportifs et sociaux dans d'autres secteurs où il peut trouver réalisations et considération. Ce fut déjà il y a longtemps la raison du refus des OS américains de Californie à l'égard des politiques d'enrichissement des tâches, car leurs intérêts

1. X. Gaullier, M. Gognalet-Nicholon, *L'avenir à reculons*, Paris, Editions ouvrières, 1982. Les effets du premier choc du chômage sur le dynamisme des personnels d'entreprise a, d'autre part, fait l'objet de témoignages et nombreuses confirmations au colloque sur « Travail social et emploi en entreprise », Paris, section des Conseillères du travail, Ecole des surintendantes, 1979.

2. N. Samuel, M. Romer, *Temps libre ou temps social*, Paris, Librairie des Méridiens, 1984.

de hippies des années 1960 se situaient clairement hors d'un travail parcellisé, même enrichi.

La montée d'une interrogation contemporaine sur les activités bénévoles, dont parle Dan Ferrand Bechmann[1], est certainement l'une des voies qui s'ouvre pour penser l'investissement au travail non plus comme une fatalité mais comme le résultat d'un choix de qualité de vie. Nombre de cadres de l'EDF, des Télécom, de ELF[2] et de grandes entreprises nationales refusent les mobilités forcées afin de conserver le mode d'implantation dans la société locale qu'ils ont su édifier avec leurs conjoints. Vivre au pays n'est pas qu'affaire de folklore et de sentiment, c'est aussi le refus de perdre un système d'action complexe et la reconnaissance sociale qui en est résultée pour beaucoup.

Si la promotion sociale est moins crédible comme modalité d'intégration qu'à d'autres époques, les voies d'investissement comme acteur au travail sont, en revanche, davantage cherchées dans le contexte de mobilité professionnelle, géographique et d'entreprise, qu'imposent les contingences économiques et technologiques de notre époque. Conserver son emploi peut être lié aux changements d'établissement, de région, de fonctions, de métier, voire à des phases d'expatriement. Réagir à la pression économique internationale, aux crises de bassin d'emploi comme aux conséquences sur le travail et l'organisation de la télématique, de la robotique et de la bureautique devient une nécessité urgente des entreprises qui doivent alors compter davantage avec les capacités d'ajustement de leur personnel. La mentalité affinitaire issue de la croissance trouve ici de nombreuses opportunités de mobilité pour vivre des formes d'engagements personnalisés en entreprises.

Mais, alors que les filières ascensionnelles de promotion dépendaient de choix et de sélections opérés par les supérieurs, auxquels les promouvables devaient adhérer pour monter, les perspectives actuelles de mobilité pourraient bien s'inscrire dans un contexte plus négocié, car les risques importants qu'imposent les filières de mobilité horizontale impliquent une reconnaissance plus poussée des capacités individuelles et des soutiens nécessaires aux conversions qu'il faut nécessairement faire quand on change d'établissement, de fonctions, de région et parfois même de métier.

Une dernière perspective de changements culturels concerne, semble-t-il, le destin du modèle général de négociations. Plus particulièrement lié aux situations de pouvoir, de métier et de positions stratégiques en organisation, il a finalement été pratiqué surtout dans les catégories considérées comme des élites, celles des gens de métier

1. D. Ferrand Bechmann, Léon Dujardin, *Le bénévolat social au Canada*, Montréal, Union sociale, 1983 ; D. Ferrand Bechmann, « Le bénévolat des personnes agées ou l'angoisse du roi Salomon », *Gérontologie et société*, 26, 1983.

2. W. Iazykoff, *La mobilité des chercheurs à ELF Aquitaine*, rapport de recherche GSCI, 1984, 200 p. ; R. Sainsaulieu, Y. Granger, C. Giraud, *Le devenir des cadres aux télécommunications*, Paris, GSCI, 1983, ronéo.

et des cadres responsables. Or, plusieurs modifications importantes sont intervenues au cours des années 1970 et début 1980. Tout d'abord, les évolutions culturelles du retrait et des affinités permettent de diagnostiquer une démultiplication potentielle du nombre d'acteurs au travail. D'autre part, les expérimentations participatives d'équipes semi-autonomes, largement inspirées par les courants issus de Mai 68, ou encore stimulées par les exemples japonais des cercles de qualité, débouchent sur une loi tendant à développer l'expression directe des salariés, les conseils d'ateliers dans le secteur public, et la négociation normale entre syndicats et dirigeants d'entreprise. A ces changements structurels, qui ont été largement suivis au dire de nombreux observateurs (Ruffié, Bernoux, Piotet, Gautrat, Martin, Segrestin, etc.), il faut ajouter tout le dévelopement des activités de formation continue dans les entreprises, suite à la loi de 1971, et dont les effets systématiques et culturels ont été amplement confirmés (Dubar, Cousty, Nehmy, Falaha, Sainsaulieu, etc.)[1].

Soulignons, enfin, que de nombreuses expériences de fonctionnements collectifs ont été lancées dans divers contextes de coopération, d'association ou d'entreprises se réclamant de l'autogestion. Ces tentatives de mise en place des formes d'organisation plus participatives et proches de formes nouvelles de démocratie directe ont toutes fait apparaître l'ampleur du problème culturel de tels fonctionnements (Sainsaulieu, Tixier, Marty, Gautrat)[2]. Le modèle de négociation leur est théoriquement applicable, mais plus sous la forme d'élites capables de négocier et de gérer pour les autres. Tandis que les difficultés d'apprentissage d'autres façons de communiquer et de vivre les relations, le groupe et l'autorité, pour nombre d'OS et d'employés, ou même de techniciens et de cadres, envahissent le fonctionnement et freinent de telles structures plus démocratiques, au point qu'elles y perdent efficacité et crédibilité. Même des organismes aussi démocratiques que les kibbutz israéliens[3] rencontrent la difficulté de faire réellement participer tout le monde aux assemblées générales, et la définition de projets collectifs reste bien souvent le fait de quelques dirigeants éclairés et bénévoles. En d'autres termes, le modèle culturel d'une négociation généralisable entre tous les acteurs d'un système, quels que soient leurs projets et leurs capacités relationnelles antérieures, est encore loin d'être connu.

Le défi culturel des organisations à venir est ainsi très probablement celui d'un fonctionnement capable de reconnaître et vitaliser une

1. C. Dubar, *La formation professionnelle continue en France, 1970-1980. Une évaluation sociologique*, thèse d'Etat, Paris IV, 1982 ; P. Cousty, R. Nehmy, R. Sainsaulieu, *Rapports de formation, rapports de production*, Paris, CSO-MACI, 1978, ronéo. ; R. Sainsaulieu, P. Cousty, « Le travail systémique de la formation permanente », *Droit social*, 2, 1979.

2. R. Sainsaulieu, P.-E. Tixier, M.-O. Marty, *La démocratie en organisation*, Paris, Librairie des Méridiens, 1983 ; J. Gautrat, *Méthode d'évaluation des systèmes participatifs*, Paris, Editions du CNRS, textes et études sociologiques, 1984, 76 p.

3. M. Rosner, U. Leviathan, *Work and organization in kibbutz industry*, Norwood Editions, 1980.

constante pluralité culturelle. Les mécanismes sociaux de la reconnaissance des différences, de l'analyse du débat et de l'élaboration collective de projets, deviennent indispensables au développement d'une société d'acteurs plus variée. Mais cette conception d'une dynamique collective différente, fondée sur la reconnaissance des autonomies et des projets variés, et qui pourrait fournir la base culturelle d'une plus grande démocratie en organisation est à peine repérable dans les recherches contemporaines.

L'intérêt des travaux présentés dans cet ouvrage reste donc tout à fait adapté aux problèmes des entreprises contemporaines, qui est de mieux apprécier la variété des comportements d'individus en organisation à partir de quatre modèles de relations dans les rapports de travail. L'analyste social d'entreprise dispose ainsi d'une grille de lecture de la façon dont les différents groupes de travailleurs s'identifient aux pairs, aux chefs, au groupe ; sur quelles représentations communes ils peuvent fonder leurs identités collectives, se distinguer de celles des autres qui ne partagent pas le même modèle et construire, de ce fait, les acteurs du système social d'entreprise.

L'ENTREPRISE ET SES CULTURES : UN NOUVEAU DÉBAT

D'un point de vue plus théorique, le problème posé par ce livre est de savoir si une analyse des représentations collectives peut conduire à une meilleure compréhension des rapports sociaux de production. C'est là un débat sociologique à la fois très ancien et récemment relancé par l'ampleur des contingences de crise, auxquelles les entreprises contemporaines doivent s'adapter pour survivre ; en faisant nécessairement appel aux capacités évolutives de leurs membres qu'elles ne peuvent renouveler ou exclure facilement ; et donc en cherchant les bases culturelles de la capacité d'évolution et d'apprentissage de leur potentiel humain.

A propos des entreprises et du travail, le débat ancien avait un nom : « culturalisme ». Parler de culture, selon les ethnologues [1], ne pouvait correspondre qu'à des faits de sociétés globales, et la reprise par les sociologues fonctionnalistes américains – dont Merton, Parsons, Hemans, Mayo étaient les principaux représentants – d'un véritable déterminisme culturel des fonctionnements intégrateurs d'entreprise tendait à privilégier le conservatisme et la reproduction sur toute étude du changement social. Comment l'entreprise pouvait-elle bien évoluer puisqu'elle n'était jamais que le réceptacle de mouvements culturels extérieurs ?

Avec le temps, cet ancien débat autour du conservatisme et du changement à propos de la dimension culturelle des relations de travail a profondément évolué. D'une part, les sociologues de l'organisation, autour de Michel Crozier, ont mis en évidence que

1. S. Clapier-Valladon, *Panorama du culturalisme*, Paris, Epi, 1976.

l'entreprise, en développant des processus complexes d'ajustement autour et à propos des règles d'organisation, pouvait être un lieu de rotations de pouvoirs entre fonctions, relativement autonomes et différents des rapports de classe. En d'autres termes, l'analyse organisationnelle démontrait qu'il y avait bien système social dans les régulations du travail et que l'entreprise pouvait acquérir les traits spécifiques d'une véritable société humaine, étant donné l'ampleur, la durée et l'intensité des échanges humains qu'entretenait la nécessité toujours difficile d'avoir à s'organiser[1].

D'autre part, l'étude approfondie des régulations institutionnelles engagées par P. Bourdieu et son école[2], à propos du système universitaire et scolaire, ainsi que par les psychosociologues institutionnalistes tels que Lapassade, Lourau, Lobrot et Mendel[3], démontraient de multiples façons que l'une des modalités les plus profondes de la reproduction des classes dominantes était précisément l'inculcation de leurs ethos et habitus, véritables systèmes de représentations, aux catégories dominées au sein des appareils institutionnels. La dimension même de mythes comme le progrès, l'avenir, la rationalité, celle des valeurs éthiques appliquées au travail, au métier, aux rapports humains, et celle des symboles, des codes et des langages, devaient ainsi être prises en compte pour comprendre les processus de reproduction des pouvoirs dans le fonctionnement régulier des institutions et de leurs conflits fondamentaux.

Plus récemment encore, la recherche comparative sur les fonctionnements organisationnels à l'échelle de la planète, puisque le système taylorien s'y est rapidement étendu au cours de la croissance industrielle d'après-guerre, mettait en évidence une réalité culturelle spécifique situant, semble-t-il, une part importante des réussites économiques nationales dans l'adaptation particulière du système taylorien aux substrats culturels de chaque pays. C'est ainsi que les expérimentations socio-techniques des pays scandinaves semblaient devoir une large part de leur efficacité au contexte de démocratie industrielle particulier des pays scandinaves. L'importante comparaison internationale des traits culturels de comportements organisationnels, réalisée par Hofstede[4] sur un échantillon de soixante pays, rend ainsi compte d'une répartition très différente selon les pays de traits culturels fondamentaux aussi importants pour les fonctionnements que :

1. Depuis la publication de cet ouvrage en 1977, les travaux de l'école française de sociologie des organisations ont donné lieu à la présentation de travaux plus récents : M. Crozier, E. Friedberg, *L'acteur et le système*, Paris, Le Seuil, 1976. C. Grémion, *Profession décideur*, Paris, Fayard, 1979 ; F. Petit présente un exposé de l'apport de cette école dans son *Introduction à la psychologie des organisations*, Toulouse, Privat, 1981 ; un numéro spécial de la *Revue française de sociologie*, 1978, présente des recherches en cours au CSO ; le n° 33 de l'*Année sociologique* présente les contributions, du GSCI, groupe de sociologues de la création institutionnelle dirigé par R. Sainsaulieu.

2. P. Bourdieu, *La reproduction*, Paris, Minuit, 1972.

3. G. Lourau et al., « L'analyse institutionnelle et la formation permanente », *Pour*, 32, 1973 ; G. Mendel, *De la répression du politique au psychique*, Paris, Payot, 1972.

4. G. Hofstede, *Cultural consequences*, Londres, Sage Publications, 1980 (traduction française, *Les conséquences culturelles*, Paris, Editions modernes d'entreprise, 1986).

« le refus de l'insécurité », « la distance au pouvoir », « la tendance à l'individualisme » et la « division sexuelle du travail ». De leur côté, M. Maurice, F. Sellier, J. Silvestre, M. Warner et A. Sorge[1] comparent les structures organisationnelles d'entreprises en termes de qualification, division du travail, niveaux hiérarchiques, formation professionnelle, promotion et rôle des cadres et agents de maîtrise dans trois pays européens – France, Allemagne et Angleterre – tandis que d'autres travaux plus récents[2] comparent le modèle japonais aux entreprises européennes sur le problème de l'intégration (A. Cailles, H. Hirata), de l'autorité, des activités de groupe, sur l'ampleur de l'effort de formation des adultes, ainsi que sur l'esprit commercial des producteurs de tout grade.

La dimension culturelle apparaît ainsi caractérisée soit par l'existence de véritables programmes mentaux spécifiques aux entreprises et à leurs modalités de fonctionnements organisationnels ; soit par l'interdépendance entre structures et autorité, ou de répartition du travail et structures sociales de formation, d'éducation et de représentations du personnel qui varient beaucoup entre pays industriels.

L'ancien débat entre culturalisme conservateur et changement social est ainsi nettement dépassé. En tant que système social relativement intégré et autonome autour des rapports de travail, les entreprises, que l'on pourrait ainsi comparer à de mini-sociétés globales, ne peuvent éviter de fonder leurs interactions humaines sur des régulations culturelles. L'univers des représentations articulées en mythes, valeurs et symboles intervient profondément sur l'articulation des rapports entre acteurs, ainsi que sur la définition plus institutionnelle des règles et structures d'organisation et de travail.

P. Bate[3], comparant six entreprises anglaises, met en évidence les traits caractéristiques de véritables cultures organisationnelles où la dimension « émotionnelle », la « dépersonnalisation », la « dépendance », le « conservatisme », l'« isolement » et « l'antagonisme » se combinent pour influencer directement les capacités décisionnelles et la résolution de problèmes dans les rapports de travail. P. d'Iribarne[4], étudiant les entreprises hollandaises, françaises et américaines de mêmes ensembles industriels multinationaux, souligne la diversité des modes de gestion qui s'affirment entre cadres de nationalités différentes à l'intérieur des établissements du même groupe. M. Liu[5], observant les fonctionnements d'ateliers, y constate l'effet social considérable de

1. M. Maurice, F. Sellier, J. Silvestre, *Education et organisation du travail ; comparaison France-Allemagne*, Paris, PUF, 1982 ; M. Maurice, A. Sorge, M. Warner, *Societal differences in organising manufacturing units : a comparison of France, West Germany and Great Britain,* EGOS, 1980.

2. H. Hirata, *Enterprise and society. The case of Japanese and French international firms*, Institute of Developping Economies, 1983.

3. Paul Bate, *The impact of organizational culture on approaches to organizational problem solving in organisational studies*, EGOS, 1984.

4. P. d'Iribarne, « Gérer à la française », *Revue française de gestion*, février 1985.

5. M. Liu, « Technologies, organisation du travail et comportements des salariés », *Revue française de sociologie*, 1981 ; *L'analyse sociotechnique des organisations*, Paris, Editions d'organisation, 1982.

ce qu'il nomme des micro-cultures qui régulent les rapports hiérarchiques et les capacités d'initiatives entre ouvriers et agents de maîtrise. E. Reynaud[1] analyse dans les grands magasins et ateliers de fabrication le rôle de ces micro-cultures dans la constitution d'identité collective et de capacité combative des groupes d'ouvriers et d'employés. J. Gautrat et D. Martin[2], observant les effets sociaux complexes des groupes d'expression, notent les processus de changements culturels complexes qu'enclenchent de telles situations nouvelles de relations de groupe, sur des ouvriers, employés ou techniciens jusqu'alors contraints de ne s'exprimer que dans le contexte des structures d'organisation rationnelles du travail. D'autres chercheurs, comme F. Piotet, P. Richard, ou J. Ruffié[3] avaient eux-mêmes constaté l'importance de ces cultures de travail dans les facultés d'adaptation ouvrières aux expérimentations sur les conditions de travail et les équipes semi-autonomes.

La liste est ainsi considérable des travaux de recherche récents mettant en évidence l'importance des processus culturels à l'intérieur des régulations sociales d'entreprise et de leurs capacités de changement. Le concept même de culture d'entreprise est à présent utilisé dans les recherches portant sur le management par Ramanantsoa, Reitter, ainsi que par les analystes de courants socioculturels (de Vulpian, Paitra...)[4] pour caractériser la spécificité et l'identité de chaque entreprise et situer dans cette dimension culturelle héritée de l'histoire l'une des ressources majeures de son développement spécifique.

Le débat contemporain sur la dimension culturelle des entreprises s'est ainsi rapidement déplacé d'une approche de contingence culturelle sociétale, où ce seraient des traits spécifiques de mentalité collective, ou encore les interdépendances entre institutions et entreprises, qui façonneraient les comportements organisationnels, à une compréhension des structures culturelles spécifiques à chaque entreprise, qui constitueraient en quelque sorte la base de son dynamisme humain face aux exigences d'adaptation qu'imposent les défis technologiques, politiques et économiques du monde contemporain.

A cette importante et récente évolution épistémologique, les résultats présentés dans cet ouvrage ont certainement contribué, en

1. E. Reynaud, « Identités collectives et changement social : les cultures collectives comme dynamique d'action », *Sociologie du travail*, 2, 1982.

2. D. Martin, « L'expression des salariés, technique de management et nouvelles institutions », *Travail et emploi*, 3, 1985 ; J. Gautrat-Mothé, *Pour une nouvelle culture ouvrière*, Paris, Epi, 1986.

3. Outre les travaux cités de F. Piotet et J. Ruffié, il importe de signaler le rapport de P. Richard, *L'entreprise expérimentale*, Paris, GSCI, 1978, ainsi que A. Exiga, P. Richard, *Entreprises et projets personnels*, Paris, GSCI, 1979, ronéo.

4. B. Ramanantsoa, P. Oussaule, « Les multinationales, champions nationaux ou citoyens du monde, une question d'identité », *Revue française de gestion*, novembre 1984 ; J.-P. Larçon, R. Reitter, *Structures de pouvoir et identité de l'entreprise*, Paris, Nathan, 1979 ; A. de Vulpian, *Détection et suivi périodique des courants socioculturels*. Paris, COFREMCA, 1974 ; J. Paitra, « Changement socioculturel et évolution des valeurs et motivation au travail », in *Quelles motivations au travail*, édité par la Société française de psychologie, Paris, Edition moderne d'entreprise, 1982 ; M. Thévenet, *Avoir de la culture d'entreprise*, Paris, Editions d'organisation, 1986.

mettant plus tôt que d'autres l'accent sur deux points majeurs. D'une part, les modèles culturels de relations déjà diagnostiqués influencent non seulement les comportements collectifs de travail, mais bien plus profondément les capacités stratégiques des individus à se définir comme acteurs. Un système social de rapports de travail en organisation sera très profondément articulé par le type d'action de masse, de rôles communautaires, de négociations stratégiques, de retrait, ou d'acteurs de soi davantage centré sur les relations de type affinitaires. Une culture d'entreprise peut alors être comprise comme la conséquence du type d'identités collectives qui trouvent à s'entendre, s'affronter, se dominer ou s'allier au sein des organisations.

Le second apport de cet ouvrage rejoint la question lancinante pour tout sociologue du changement des structures et donc des systèmes sociaux et des cultures qui contribuent à les réguler. Pour E. Morin [1], ce sont des situations de crise, de désordre, de moindre imprégnation des cultures dominantes et traditionnelles qui ouvrent la possibilité de nouveaux apprentissages culturels. La crise n'est jamais une simple période de recomposition des pouvoirs, c'est aussi un temps possible où peut s'observer l'émergence de nouvelles identités et donc de nouveaux acteurs capables de soutenir leur différence, au point de changer la structure du système social antérieur. Dans cet ouvrage, une telle problématique de l'apprentissage culturel est clairement abordée comme étant la conséquence de situations particulières de changement et d'expérimentations sociales, où des identifications différentes sont rendues possibles, des apprentissages cognitifs s'élaborent, des imaginations collectives peuvent se modifier. L'un des apports majeurs de ce livre est d'avoir pu démontrer que les apprentissages culturels, loin d'être la seule conséquence des contingences culturelles extérieures, peuvent également résulter des opportunités d'interactions nouvelles que rendent possibles les actions volontaires de changement d'organisation. A condition de connaître la complexité des processus sociopsychologiques de tels apprentissages, une entreprise est donc en mesure de mettre en œuvre les structures de la transformation de son propre système social.

DÉVELOPPEMENT SOCIAL ET SOCIOLOGIE DE L'ENTREPRISE

A l'origine de la sociologie du travail, il y a certainement un souci de libération des individus écrasés, aliénés par les conditions de vie et de travail trop dures. Cette commune préoccupation de sociologues affrontés aux problèmes sociaux de l'économie en cours d'industrialisation rapide, est certainement portée par G. Friedmann, inspiré de la sociologie empirique américaine, mais aussi par P. Naville, venant d'un courant marxiste. D'une certaine façon, les sociologues qui sont venus ensuite en se spécialisant dans quatre

1. E. Morin, *Sociologie*, Paris, Fayard, 1983.

grandes directions – l'organisation, la sociotechnique, les conflits et la division du travail – ont continué de réfléchir sur les voies complexes de cette libération : la négociation, la lutte et le mouvement social, le jeu des groupes et des relations de pouvoir en organisation, l'étude des processus de domination et de reproduction sociale liés aux structures d'organisation rationnelle du travail, l'expérimentation de nouvelles structures plus autonomes pour l'individu et le groupe.

Plus de vingt années de recherche sur les aspects complexes, systémiques et sociopolitiques de cette libération ont progressivement abouti à une autre représentation conceptuelle de l'entreprise. Non plus tant aliénation des producteurs pour cause économique et structurelle, non plus seulement libération par le jeu du pouvoir, du conflit social et de la conscience ouvrière, mais plutôt système d'acteurs complexe, pléistocratie, comme le souligne J.-D. Reynaud [1], univers d'interdépendances et de protections sociales davantage intégré par une dynamique d'affrontements partiels et, en définitive, conservateurs de l'entreprise menacée par la crise, que par des dominations massives ou des pouvoirs idéologiques incontestés. L'entreprise est-elle en passe de pouvoir être sociologiquement considérée comme une sorte d'acteur économique intégré face aux pressions dangereuses de son environnement économique et politique, local, national ou international ? Si, en effet, beaucoup d'individus sont moins dominés et aliénés par leur travail, ils deviennent potentiellement plus acteurs sociaux du développement de l'entreprise dont ils ne songent pas à partir. Il ne s'agit plus alors d'intégrer les collectifs d'individus grégaires à des structures de pouvoir et d'organisation prédéterminées en dehors d'eux. Il s'agit, au contraire, d'articuler la distribution des fonctions, des rôles et des structures au jeu des pouvoirs entre tous ces acteurs. C'est ainsi que le système social des rapports entre acteurs est au cœur du développement de l'entreprise, et que la gestion de l'ensemble du personnel producteur doit compter avec la complexité des ressources humaines.

Dans un tel contexte systémique, la créativité nécessaire aux ajustements et changements d'une époque de forte contingence ne peut plus s'analyser en termes d'action innovatrice et de réformes décidées seulement par les responsables. Le problème qui se pose est, en effet, celui de l'invention d'institutions adéquates à la dynamique même du système social des rapports entre acteurs. Changer suppose ici que l'organisme d'entreprise intégrée soit en quelque sorte capable de se transformer lui-même, de modifier ses propres régulations antérieures, et d'imaginer d'autres conceptions des structures et rapports de travail. Les termes de démocratie, groupe, communauté, animation, expression, formation, expérimentation, mobilité, autonomie sont probablement nécessaires pour parler de l'entreprise à venir. Mais aucune image forte n'arrive à cerner ce processus de morphogenèse qui doit en quelque sorte fonder la créativité nécessaire de cette entreprise en devenir.

1. J.-D. Reynaud, *Français, qui êtes vous ?*, Paris, la Documentation française, 1980.

A ce problème central d'un développement d'entreprise fondé sur la vitalité des rapports entre acteurs de son système social, les travaux de recherche sur la culture d'entreprise deviennent nécessaires pour appréhender les ressources humaines de cette créativité. Les processus d'apprentissage culturels présentés et analysés dans cet ouvrage, l'importance des processus sociaux de la reconnaissance des identités comme moyen de renouveler la créativité du système, la mise en évidence des jeux sociopolitiques autour de cette dynamique d'apprentissage culturel, sont alors des points clés d'une autre compréhension sociologique d'un véritable développement social d'entreprise.

Les recherches et réflexions présentées dans cet ouvrage ont certes porté sur les entreprises du temps de la croissance, mais en découvrant, déjà dans ce contexte, une problématique culturelle des fonctionnements sociaux d'entreprise, il est possible d'y trouver une exploration de la dynamique sociologique des ressources humaines de l'entreprise contemporaine [1].

1. Les travaux de R. Sainsaulieu postérieurs à la 1re édition de cet ouvrage, *L'identité au travail*, ont exploré les voies diverses d'une transformation sociale de l'entreprise à partir des travaux de sociologie stratégique et culturelle effectués sur les organisations : F. Piotet, A. Exiga, R. Sainsaulieu, *Méthode sociologique d'analyse des conditions de travail*, Paris, ANACT, 1981 ; R. Sainsaulieu, Le Cesi, *L'effet formation dans l'entreprise*, Paris, Dunod, 1982 ; R. Sainsaulieu, « Diagnostic sociologique pour l'amélioration des conditions de travail », *Revue d'économie industrielle*, 10, 1979 ; R. Sainsaulieu, « Formation pour quel développement ? », *Pratiques de formation*, 1982 ; B. Falaha, R. Sainsaulieu, « Formation outil de développement », *Cahiers du CES*, 1983 ; R. Sainsaulieu, M.-O. Marty, « Réflexions aux portes de demain », *Information sociale*, 4-5, 1979 (numéro spécial sur « le contrôle social ») ; R. Sainsaulieu, « Les fonctionnements créateurs du participatif à l'expérimental », *Revue française de gestion*, 34, 1982 ; R. Sainsaulieu, « Renouveau des cultures d'entreprise », *Projet*, mars 1984 ; R. Sainsaulieu, *Sociologie de l'organisation et de l'entreprise*, Paris, Presses de la Fondation nationale des sciences politiques/Dalloz, 1988.

Annexe : **Entreprises et groupes socio-professionnels de l'enquête (a)**

Entreprises	*Ouvriers*	*Techniciens*	*Employés*	*Cadres*	*Total*
1965 Atelier de réparation SNCF région parisienne avec Jean VALLET	34				34
1965 Centres de distribution EDF province avec Jean-Claude WILLIG et Danièle KERGOAT	196			58	254
1966 Compagnie d'assurances privée Paris et province avec Danièle KERGOAT et Marie-Josée RAGUENES		38	620	70	728
1967 Service public national (b) Paris et province avec Henri MANDELBAUM et Anselme FLAVIGNY			4 500	700	5 200
1968 Grands ateliers de réparation SNCF Province avec Henri MANDELBAUM et Claude BLANQUET	409			34	443
1969 Entreprise privée de construction électrique Province avec Henri MANDELBAUM et Claude BLANQUET	1 200	244		150	1 594
1969 Entreprise privée de fabrication de peinture avec Henri MANDELBAUM et Claude BLANQUET	96	17	58		171
Total	1 935	299	5 178	1 012	8 424

(a) Ce questionnaire a tout de même subi plusieurs reformulations au cours des cinq années d'enquête, si bien que les chiffres présentés dans les tableaux de cet ouvrage ne font pas état de tous les résultats qui ont effectivement servi à la rédaction des rapports d'enquête.

(b) Cette enquête de sociologie de l'organisation ne portait pas directement sur l'apprentissage culturel. Seules quelques questions comparables avaient pu être introduites dans le questionnaire.

Notes

Notes de l'introduction

1. Nous présenterons au premier chapitre les divers courants qui ont traversé cette époque de témoignages sur la condition ouvrière.

2. Parmi les nombreux ouvrages américains de psychologie industrielle, celui de J. Tiffin et McCormick, *Psychologie industrielle,* Paris, Presses universitaires de France, 1967, traduction et adaptation française de R. Sainsaulieu, 639 p., offre un panorama détaillé des travaux expérimentaux sur l'explication factorielle des comportements en entreprise.

3. Dans le domaine de la sociologie industrielle, le très important *Traité de sociologie du travail*, ouvrage collectif dirigé par G. Friedmann et P. Naville, Paris, Armand Colin, 1961, tome I, 467 p., et tome II, 439 p., offre un panorama très complet des travaux français et américains sur le conditionnement des conduites individuelles et collectives par la situation de travail.

4. Georges Friedmann, *Le travail en miettes*, Paris, Gallimard, 1964, 347 p.

5. J.-D. Reynaud, in *Traité de sociologie du travail, op. cit.*, t. I, p. 74.

6. Michel Crozier, *Le phénomène bureaucratique*, Paris, Le Seuil, 1964, 400 p.

7. Les circonstances de cette enquête auprès de plusieurs milliers de personnes dans plusieurs entreprises sont présentées en détail dans l'annexe.

Notes du chapitre I

1. Donald Roy, « Restricters and rate busters », p. 38-49 in W. Whyte, *Money and motivation,* New York, Harper, 1955, 268 p. ; Michèle Aumont, « Réactions au travail » in *Monde ouvrier méconnu — Carnets d'usine*, Paris, Spes, 1956, 424 p. ; P. Bernoux, D. Mothé, J. Saglio, *Trois ateliers d'OS*, Paris, Editions ouvrières, 1973 ; J. Fritsch-Gauthier, « Moral et satisfaction au travail », et J.-D. Reynaud, « Structures et organisation d'entreprise », in G. Friedmann et P. Naville, *Traité de sociologie du travail*, Paris, Armand Colin, 1962 ; J.-D. Reynaud, *Sociologie industrielle*, Paris, Cours IEP, 1964-1965, ronéo, 364 p.

2. T.A. Ryan, P.C. Smith, « Industrial motivation », chap. 15, p. 388, in *Principles of industrial psychology*, New-York, Ronald Press 1954, 534 p.

3. G. Friedmann, *Le travail en miettes — Spécialisation et loisirs*, Paris, Gallimard, 1964, 374 p.

4. Soljenytsine, *Une journée d'Ivan Denissovitch*, Paris, Julliard, 1963, 192 p.

5. A l'époque de cette observation participante, 1962-1963, dans la région parisienne, très peu d'ouvriers étaient mensuels.

7. Les principaux témoins extérieurs de la condition ouvrière ont été : S. Weil, *La condition ouvrière*, Paris, Gallimard, 1951, 276 p. ; *L'enracinement*, Paris, Gallimard, 1959, 245 p. ; M. Aumont, *Monde ouvrier méconnu — Carnets d'usine*, Paris, Spes, 1956, 424 p. ; C. Peyre, *Une société anonyme*, Paris, Julliard, 1962, 213 p. ; M. Van Der Meersch, *Pêcheurs d'hommes*, Paris, Albin Michel, 1946, 319 p. ; J. Loew, *Journal d'une mission ouvrière — 1941, 59*, Paris, Ed. du Cerf, 1959, 477 p. ; J. Girette, *Je cherche la justice — Témoignage*, Paris, France-Empire, 1972, 384 p. ; C. Etcherelli, *Elise ou la vraie vie*, Paris, Gallimard, Coll. Folio, 1975.

8. Parmi les ouvriers qui ont parlé de la position ouvrière face au travail et au monde social, on peut citer : D. Mothé, *Militant chez Renault*, Paris, Le Seuil, coll. Esprit, 1965, 235 p. ; J. Destray, *La vie d'une famille ouvrière*, Le Seuil, coll. Esprit, 1971, 176 p. ; P. Gavi, *Les ouvriers — Du tiercé à la révolution*, Paris, Mercure de France, 1970, 319 p. ; G. Douart, *L'usine et l'homme*, Paris, Plon, 1967, 301 p. ; Andrieux et Lignon, *L'ouvrier aujourd'hui*, Paris, M. Rivière, 1960, 216 p. ; E. Albert, « La vie en usine », *Les temps modernes*, 58, 1952 ; J.M. Koncsyk, « Gaston ou l'aventure d'un ouvrier », *Les temps modernes*, déc. 1971.

1. F. Herzberg, *Le travail et la nature de l'homme*, Harcourt, Brace and World, 1966.

2. L'école sociotechnique s'est développée au cours des années soixante, principalement à partir des travaux du Tavistock Institute de Londres. Citons : E. Trist, *Organizational choice*, London, Tavistocks, 1963, 364 p. ; F.E. Emery and E. Thorstrud, *Form and content in industrial organization*, London, Tavistocks, 1969 ; L.E. Davis and J.C. Taylor ; *Design of jobs*, Harmondsworth, Penguin, 1972, 479 p. En France, le rapport Delamotte a systématisé les expériences en cours.

3. L'école américaine des relations humaines s'est largement développée aux Etats-Unis dans les années trente à début soixante. Un résumé de ses principales phases centrées sur les facteurs humains de la productivité et de la satisfaction au travail est donné par S.W. Gellerman, *Les relations humaines dans la vie de l'entreprise* Paris, Editions d'organisation, 1967, 1968 p. La critique du caractère absolu de ces thèses a été présentée par J.S. March et H.S. Simon in *Les organisations, problèmes psycho-sociologiques*, Paris, Dunod, 1964.

4. La psychologie des organisations situe une part de l'explication des conduites individuelles et collectives dans les structures même de l'organisation du travail. Une bibliographie relativement complète des ouvrages et articles en langue anglaise et française est fournie par Pierre Morin in *Le développement des organisations*, Paris, Dunod, 1971, coll. Vie de l'entreprise, 117 p., et Claude Levy-Leboyer, *Psychologie des organisations*, Paris, Presses universitaires de France, 1974, 239 p.

5. La théorie des relations de pouvoir qui soutient notre réflexion a été formalisée par Michel Crozier dans son livre *Le phénomène bureaucratique*, Paris, Le Seuil, 1964, chapitre VI « Relations de pouvoir et situations d'incertitude ». Reformulée dans *La société bloquée*, Paris, Le Seuil, 1970, chapitre 1 « Les problèmes du pouvoir dans les sociétés avancées », ainsi que dans la revue *Pour*, n° 28 « L'analyse sociologique des organisations », par Erhard Friedberg, en 1972. Afin de préciser nos termes, il faut clairement souligner que la notion de pouvoir qui ressort de cette théorie est très différente de celle de l'autorité d'organisation hiérarchique. Cette conception du pouvoir ne doit pas non plus être assimilée à l'influence que tout groupe de pression peut avoir dans n'importe quelle situation sociale. Dans la théorie des organisations, le concept de pouvoir doit être simultanément analysé en termes de structures matérielles et de relations humaines en ce sens qu'il repose sur la façon dont les acteurs sociaux tirent de leur place dans la structure les moyens de jouer un jeu personnel dans les rapports de travail. Le pouvoir peut alors être décrit par une série d'attributs : il est relationnel, réciproque dans le temps et dans l'espace, il est relatif et jamais absolu, tout au moins dans le contexte de l'organisation du travail : il est lié aux zones d'incertitude de la structure économique, technique, organisationnelle et culturelle de l'entreprise dans la mesure où le contrôle de ces zones est une source de pouvoir. On rencontre 4 types de positions stratégiques : l'expert, la communication, la règle officielle, la position à l'intersection de diverses organisations. On doit ajouter que le pouvoir ne peut sortir que d'une relation pertinente pour les acteurs. Tactiquement, le pouvoir s'exprime par une façon de rester imprévisible pour le partenaire de cette relation pertinente, et par des négociations et marchandages volontaires et parfois même inconscients. En fait, cette conception du jeu de pouvoir autour et à propos des structures du travail repose sur un double postulat. Au niveau de l'organisation, les ressources de pouvoir ne sont jamais complètement utilisées, il s'agit en fait d'un jeu à somme non nulle. Au niveau des acteurs sociaux, il faut postuler l'existence d'un sujet individuel rationnel, cherchant à maximiser ses gains et minimiser ses pertes, et largement défini par sa capacité consciente à établir des stratégies.

6. Andrieux et Lignon, *L'ouvrier aujourd'hui, op. cit.*

7. Cette enquête effectuée pour le compte du CNRS et avec l'accord de la SNCF pour ouvrir un terrain à l'observation sociologique, ce dont nous lui exprimons ici toute notre reconnaissance, a donné lieu à l'écriture d'un rapport interne au CSO en 1968, ainsi qu'à divers articles.

8. Cette enquête de Jean Vallet et Renaud Sainsaulieu, effectuée en 1965 dans un autre atelier de la SNCF, a été complétée par une observation en 1971 du même atelier. Le premier rapport d'enquête a été publié sous la forme d'un article : Renaud Sainsaulieu, « Incidence du changement technique sur les normes de relations interpersonnelles entre ouvriers », *Revue des affaires sociales*, janv.-mars 1967.

9. Cette enquête portant sur 1 600 personnes issues de 5 départements autonomes dans une entreprise de 6 000 personnes a été réalisée en 1969. Les résultats essentiels ont été publiés dans Renaud Sainsaulieu, *Les relations de travail à l'usine*, Paris, Editions d'organisation, 1973, 295 p.

10. Cf. « Les relations de travail à l'usine ». Voir notamment les tableaux suivants : « L'attachement à l'entreprise en fonction des modèles de rapports humains », p. 238. « Les styles d'action syndicale et les modèles de relations », p. 263. « Les fondements culturels des relations humaines dans l'entreprise », p. 268.

11. Les résultats statistiques de l'enquête sur les relations interpersonnelles à l'entreprise électronique, qui sont schématisées dans les figures 2 et 3, sont présentés par atelier en annexe.

12. L'enquête a été réalisée pour le compte de EDF-Profor par le CSO, et le rapport rédigé par Jean Claude Willig et Renaud Sainsaulieu en 1967. Le rapport ronéoté a pour titre *Les effets d'une expérience de formation à EDF-GDF.*

13. Les analyses de ces résultats d'enquêtes ont été présentées en détail in R. Sainsaulieu, « L'effet de formation sur l'entreprise », *Esprit*, 10, octobre 1974, p. 407-428.

14. Cette enquête a été effectuée en 1969 au CSO par R. Sainsaulieu, C. Blanquet, H. Mandelbaum et Y. Paris, et a donné lieu à un rapport ronéoté, *Dynamique sociale et culturelle de l'intégration à l'entreprise*, 1971, 150 p.

15. Ce tableau schématique est construit à partir de différences exprimées par les 4 groupes d'ouvriers dans leurs réponses au questionnaire de relations. Ces résultats sont présentés en annexe.

Notes du chapitre 3

1. Nous ne parlerons pas dans ce chapitre de la catégorie des employés de commerce mais de la seule catégorie des employés de bureau qui, en 1968, représente 2 371 128 personnes.

2. H. Balzac, *Les employés*, Paris, Flammarion, 1839.

3. G. Flaubert, *Bouvard et Pécuchet*, Paris, Garnier-Flammarion, 1880.

4. G. Courteline, *Boubouroche*, Paris, Livre de poche, 1972.

5. Max Weber, *Economie et société*, Paris, Plon, 1971, chapitre III, p. 223-228.

6. R.K. Merton, *Eléments de méthode sociologique*, Paris, Plon, 1965, chap. VI, « Bureaucratie et personnalité », p. 196-197.

7. Michel Crozier, *Petits fonctionnaires au travail*, Paris, Editions du CNRS, 1955, 124 p. — *Le monde des employés de bureau*, Paris, Le Seuil, 1965 ; 238 p.

8. Ces analyses ont été largement développées dans son ouvrage : *Le phénomène bureaucratique*, *op. cit.*, chapitre VII, « Le système d'organisation bureaucratique », p. 233-268.

9. Michel Crozier pense, en fait, avoir dégagé les traits d'un véritable modèle bureaucratique français qui serait valable pour les employés, les cadres ou les ouvriers, dès lors qu'ils seraient soumis à des contraintes d'organisation rationnelle bureaucratique. Les résultats présentés au chapitre précédent sur les ouvriers montrent, à notre avis, que cette généralisation ne peut être poussée trop loin. Mais nous reprendrons cette discussion sur la valeur prédictive du modèle français à la fin de ce chapitre ainsi qu'au chapitre 5, quand nous aurons pu analyser d'autres processus de relations du travail dans les bureaux d'études et parmi les cadres. Nous considérons

pour l'instant le modèle français comme typique des relations humaines dans les grandes entreprises administratives.

10. Cette analyse d'un discours « employé » a été principalement effectuée par D. Kergoat sur la base de 30 entretiens appronfondis avec des employés d'assurances sur leurs relations de travail. C. Blanquet et H. Mandelbaum ont analysé les réflexions et attitudes envers le travail d'employés appartenant à diverses caisses d'allocations familiales, ainsi que les entretiens avec les employés de la fabrique de peinture. Dominique Thierry a enfin observé le travail des employés de banque dans trois services : *Comportements au travail des employés d'une grande banque parisienne*, ADSSA, ronéo, 50 p.

11. Le phénomène de la suprématie des rapports formels sur les relations informelles a déjà été très justement découvert et souligné par Michel Crozier. Il en parle surtout dans le phénomène bureaucratique, *op. cit.*, chap. VIII. Nous voulons montrer ici comment, d'une part, cette suprématie du formel s'articule avec la qualité des échanges entre collègues et avec le groupe et, d'autre part, comment elle se traduit dans le contenu de ces échanges hiérarchiques.

12. Par valeur nous entendrons ici de façon très descriptive une catégorie des éléments du discours qui renvoie au domaine des choix, des jugements et des priorités. Les employés peuvent décrire comment ils travaillent, comment ils abordent leurs collègues et leurs chefs, mais ils peuvent aussi spécifier ce qui compte pour eux, ce qui a beaucoup de prix à leurs yeux. Entre la façon dont on s'y prend pour agir, qui pourrait être le domaine des normes de comportements les plus probables pour l'observateur d'un milieu donné, le bureau par exemple, et les jugements de valeurs portés sur certaines personnes, pratiques, ou objets, il y a de difficiles et complexes interdépendances.

Ce sera l'un des objectifs du chapitre 9 sur l'apprentissage culturel au travail que d'élucider les rapports théoriques entre ces deux dimensions de la réalité sociale.

Contentons-nous pour l'instant d'être le plus fidèle possible dans l'analyse du discours des gens sur leurs relations de travail, en montrant que le domaine des choix et des priorités complète et singularise tout à la fois la description des comportements.

13. Cette enquête réalisée en 1967 par R. Sainsaulieu, avec la collaboration de D. Kergoat et M.J. Raguenès, a donné lieu à la rédaction d'un rapport au CSO « Structure d'organisation et modèles de relations en milieu employé ; le changement d'organisation dans une compagnie d'assurance », 300 p., dactyl., 1969.

14. Dans le sens que Georges Friedmann donnait à cette idée reprise d'expériences américaines et anglaises dans son livre *Le travail en miettes, op. cit.*, chap. 3 et 4, « Vers l'élargissement du travail », p. 90 à 133.

15. *L'entreprise de peinture, op. cit.*, rapport ronéo, CSO, chapitre VII : « La dimension culturelle des rapports de travail ».

16. Enquête du CSO, réalisée par Anselme Flavigny dans : *Le personnel des Caisses d'AF*, 1968, Paris, rapport UNICAF, 120 p., chap. 6, « Les relations interpersonnelles sont difficiles », p. 101-107.

17. Etude du CSO réalisée par Michèle Legendre dans *Changement d'organisation dans un service administratif, L'univers relationnel*, chap. IV, p. 47-61, document ronéo.

18. Ce tableau est présenté en annexe.

19. Ces résultats sont présentés dans les tableaux 22 et 23.

20. *L'ancienneté et l'intégration des employés de bureau*. Dès 1957, dans son enquête sur les petits fonctionnaires au travail, *op. cit.*, Michel Crozier constatait l'importance de l'ancienneté dans les jugements portés sur l'entreprise. Dans *Le monde des employés de bureau, op. cit.*, cet auteur montre que la courbe des satisfactions que l'on tire de son travail et de sa situation croît de façon irrégulière, mais continue après la déception des trois premières années. La forme de cette courbe est également retrouvée par A. Flavigny, dans son étude, *op. cit.*, auprès de 4 500 agents des AF. Tandis que D. Kergoat, dans le rapport sur la compagnie d'assurances (CSO, 1968, avec R. Sainsaulieu) retrouve ce phénomène de l'adaptation à l'ancienneté comme central aux rapports de bureau. Michèle Legendre, auprès de ses 200 agents administratifs, refait le même constat en 1972 (document CSO, *op. cit.*).

21. A. Flavigny, *op. cit.*, p. 102.

22. A. Flavigny, *op. cit.*, p. 103.

23. Michel Crozier, *Le monde des employés de bureau, op. cit.*, p. 130.

24. J.-P. Worms, *Une préfecture comme organisation*, CSO, Paris, Copedith, 1968, 174 p.

25. M. Legendre (*op. cit.*) a très clairement explicité le processus de l'apprentissage technique dans les structures d'organisation rationnelles du travail dans *Changement d'organisation dans un service administratif*, chap. III. « Apprentissage et compétence », p. 43.

26. Les chiffres complets des trois derniers recensements sont présentés en annexe.

27. François Lantier, *L'accès des femmes aux emplois qualifiés*, AFPA, 1970 ; Idem, *La structure régionale de l'emploi féminin*, AFPA, 1971.

28. M.-J. Raguenès, *Etude sur les problèmes féminins à la Compagnie d'assurance-vie-accident*, février 1969, document ronéo.

29. Ces résultats sont présentés en annexe:

30. Réponse des employés d'assurances :

	F	H
— Les femmes souhaitent une promotion	81 %	72 %
— Les femmes veulent un chef de section		
. homme	56 %	65 %
. femme	11 %	4 %
. indifférent	33 %	31 %

31. F. Lantier, *Accès des femmes aux emplois qualifiés (Incidence du développement technologique) op. cit.*

32. Serge Moscovici, *Une société contre nature*, Paris, Union générale d'éditions, 1972, 444 p. (Introduction III).

33. F. Lantier, *op. cit.*

34. Colette Clarisse, se fondant sur l'étude de 146 femmes « innovatrices » de la société bourgeoise québécoise, constate que celles qui exercent avec succès une carrière professionnelle vivent obligatoirement de graves difficultés dans leur mariage. Tandis que la majorité des femmes qui travaillent, ou bien restreignent leur nombre d'enfants et leurs activités de quartier pour concilier travail et famille, ou bien adoptent la formule de la carrière cyclique ou à temps partiel.

Notes du chapitre 4

1. Les données des trois derniers recensements INSEE concernant la progression de la catégorie socioprofessionnelle des agents technniques sont présentées en annexe.

2. Pour étayer cette reconstitution du milieu des techniciens, on s'est appuyé sur nos résultats d'enquête ainsi que sur ceux de Marc Maurice auprès des techniciens ingénieurs de l'aéronautique ; sur les enquêtes de Claude Durand sur la représentation de la mobilité et la conscience des classes chez les agents techniques, les employés, les ouvriers et les cadres de cinq grandes entreprises parisiennes. On se reportera enfin aux résultats de l'enquête de Nicole de Maupeou-Abboud qui a porté sur les horizons professionnels et sociaux des jeunes ouvriers et apprentis de la région parisienne, dans les petites entreprises traditionnelles et modernes, ainsi que dans les grandes entreprises modernes de la mécanique, de l'électronique et de la chimie. Ces trois enquêtes ont été publiées : Marc Maurice, C. Monteil, R. Guillon, J. Gaubon, *Etude sociologique des rapports entre profession et organisation parmi les cadres, les ingénieurs et les techniciens de l'industrie aéronautique*, ISST, 1967, enquête auprès de 210 AT2, AT3 et ATP. Claude Durand, in *Le partage des bénéfices*, Editions de Minuit, 1967,

Darras, chap. « Mobilité sociale et conscience de classe » ; Nicole de Maupeou-Abboud, *Les blousons bleus*, Paris, Armand Colin, 1969.

3. Nous avons pris l'idée de ce test dans une étude d'ethnopsychologie comparée effectuée sur les attitudes profondes de jeunes Algériens, Kabyles et Arabes face à divers problèmes de la vie traditionnelle et moderne : le travail, la sexualité, la famille, l'habitat, l'instruction, etc. Cette étude réalisée sous la direction du colonel C. Chandessais en 1960-1962, avec la collaboration de Piault, Lacavalerie et Mastantuono a été publiée sous la forme d'un rapport ronéoté, « Evolution de la mentalité des jeunes Algériens : le T.I. 18 », rapport ronéo LSHA, Paris 1963, par R. Sainsaulieu. Une autre utilisation de cette technique a été faite dans une enquête auprès de téléspectateurs ouvriers et paysans, pour comparer l'image culturelle de la télévision par rapport à celle d'autres moyens de diffusion de la culture : la lecture, le musée, la radio, la discussion de groupe et le cinéma in *Télévision et développement culturel : les réactions d'un public ouvrier et paysan devant la télévision*, rapport CSO, ronéo., 1965, dirigé par M. Crozier et G. Suffert. L'étude des populations d'ouvriers, employés et techniciens a été rédigée par C. Blanquel, CSO, 1971. Il ne s'agit pas d'une véritable technique projective en ce sens que l'on n'analyse pas tout le matériel verbal spontanément projeté par l'individu en réponse à la stimulation d'une image évocatrice. Mais nous avons conservé de ces techniques psychologiques l'idée qu'une situation globale pouvait servir de test grâce à la schématisation d'une image. En demandant aux individus de choisir parmi des phrases indicatrices de styles de relations interpersonnelles collectives et hiérarchiques pour caractériser l'atmosphère des rapports humains dans plusieurs situations : l'habitat, les loisirs, le travail, les réunions syndicales, etc. On espérait reconstituer ainsi la ressemblance des tonalités de relations par situation globale, pour un même groupe social. Une présentation d'un grand nombre de techniques projectives actuellement disponibles peut être trouvée dans *Psychologie industrielle*, de J. Tiffin et McCormick, trad. française et adaptation par R. Sainsaulieu, Paris, Presses universitaires de France, 1965, 604 p.

4. Une présentation complète des tests est faite en annexe.

5. Les planches complètes de ce test sont présentées en annexe, avec les phrases qu'il fallait choisir (chap. IV).

6. Brevet de technicien (BT) ou Brevet de technicien supérieur (BTS).

7. Nicole de Maupeou-Abboud, *op. cit.* ; Marc Maurice, *op. cit.* ; Claude Durand, *op. cit.*

8. Marc Maurice, *op. cit.*, enquête auprès de 244 agents techniques.

9. Les résultats d'enquête ont été présentés en détail dans le livre *Les relations de travail à l'usine, op. cit.*, Editions d'organisation, chap. IX, « Les bureaux d'études », p. 163-181.

10. Le modèle de rapports entre agents techniques, tel qu'il ressort des chiffres de l'enquête à l'entreprise électrotechnique, est présenté en annexe (chap. IV).

11. Les chiffres complets de cette comparaison ont été présentés dans l'ouvrage *Les relations de travail à l'usine, op. cit.* p. 177 à 183.

12. S. Mallet, *La nouvelle classe ouvrière*, Paris, Le Seuil, 1964, p. 353.

13. Le compte rendu ronéoté de cette étude appartient au CSO. Nous y avons déjà fait allusion dans les chap. 2 et 3 de cet ouvrage.

14. Les chiffres de l'enquête auprès des techniciens de la fabrique de peinture sont présentés en annexe.

15. Marc Maurice et al., *op. cit.*

16. Par anomie, nous évoquons une situation collective où les acteurs sociaux vivent une certaine contradiction entre les procédures et les valeurs prescrites dans les institutions, et les exigences de l'efficacité immédiate. Entre les normes de relations du milieu ouvrier ou celles du monde des cadres, les agents techniques sont objectivement placés dans une position collective de déviance tant qu'ils n'ont pas reconstruit les institutions propres à leur milieu. Ce concept d'anomie présenté par E. Durkheim, *Le suicide*, Paris, Presses universitaires de France, 1960, p. 280 a été repris par R.K. Merton, Plon, 1965, trad. française par H. Mendras. chap. V, « Structure et société : Anomie et déviance ».

17. Nicole de Maupeou-Abboud, *Les blousons bleus, op. cit.*, p. 86.

18. N. de Maupeou-Abboud, *op. cit.*, p. 98.

19. Claude Durand, in Darras, *Le partage des bénéfices, op. cit.*

20. Marc Maurice, *op. cit.*

21. La thèse que S. Mallet développe dans *La nouvelle classe ouvrière, op. cit.*, repose sur le fait que les ouvriers de contrôle et les techniciens de bureaux d'études sont dans une position d'intégration objective à leur entreprise, sur les plans économiques, professionnels et de carrière, du fait de la production réalisée dans les entreprises de pointe : électronique, chimie, pétrole... Cette position objective leur donne un réel pouvoir de contrôle sur l'entreprise à condition d'y rester. Un syndicalisme d'entreprise tend ainsi à remplacer les regroupements par industrie ou métier.

Notes du chapitre 5

1. Il s'agit du recensement de 1968.

2. M.D. Young, *The rise of meritocracy*, Harmondsworth, Penguin Book, 1963, 190 p.

3. Marcel Denoncque, J.-Y. Eichenberger, *La participation*, Paris, France-Empire, 1968, 229 p.

4. Marc Maurice, C. Monteil, R. Guillon, J. Caulon, *Les cadres et l'entreprise*, Paris, Institut des sciences sociales du travail, 1967.

5. G. Benguigui, D. Monjardet, *Etre cadre en France*, Paris, Dunod-Actualité, 1970.

6. Selon Benguigui et Monjardet, environ 40 % des cadres sont autodidactes, *op. cit.*

7. Ceci est réel à la régie Renault, par exemple.

8. Jean Maisonneuve, *Psychosociologie des affinités*, Paris, Presses universitaires de France, 1966, 546 p., chapitre 5 « Constellations amicales et catégories socio-professionnelles », p. 189-259.

9. Nous avons déjà cité au chapitre 1 les principaux noms de cette école dite des relations humaines.

10. Benguigui et Monjardet notent, en s'appuyant sur le sondage au 1/20e du recensement 1962, ainsi que sur une enquête de l'UIMM de la même époque : « On peut dire qu'au moins 40 % de ce qu'on appelle globalement les cadres sont des autodidactes... » Il est remarquable de noter qu'en 1965 ils n'étaient que 34 % (dans la branche UIMM); alors qu'ils étaient 38,8 % en 1962. Ce pourcentage, toujours selon les mêmes auteurs, varie d'une branche à l'autre. En 1962, il y a 58,2 % de cadres autodidactes dans la construction aéronautique, 49,9 % dans la construction électrique. Une autre enquête du CESI plus récente, auprès de 11 714 cadres dans l'Ouest et le Sud-Ouest, révèle que 61 % d'entre eux n'ont pas de diplômes d'enseignement supérieur, tandis que pour les cadres administratifs seulement, le pourcentage d'autodidactes s'élève à 75 % et à 81,3 % pour les cadres commerciaux.

11. W.R. Read, « Communications ascendantes dans les hiérarchies industrielles », *Human Relations,* XV, 1962, p. 3-15.

12. W. Ackermann, G. Barbichon, « La diffusion de l'information technique dans les organisations », *Analyse et prévision*, 1, 1968, p. 93-110.

13. Les indicateurs de ce modèle de relations à la maîtrise ont été présentés en détail au chapitre X : « L'encadrement » de l'ouvrage *Les relations de travail à l'usine*, *op. cit.*, p. 185-205.

14. Diverses expériences françaises en matière de changement de conditions de travail dans les entreprises ayant abouti à une redéfinition des rôles de la maîtrise sont

actuellement en cours de préparation. Citons déjà le compte rendu d'une longue observation effectuée par P. Bernoux, parue sous forme de résumé dans la revue *Sociologie du travail*, 4, oct. déc. 1975, p. 383-403 (P. Bernoux et J. Ruffier, « Les groupes semi-autonomes de production »), M. Carraud sur l'effet des changements de conditions de travail dans une fonderie, *Sociologie du travail*, janv.-mars 1976. Enfin plusieurs comptes rendus d'observation sur des expériences de changement de conditions de travail ont été publiés dans un numéro spécial de la revue *Pour* en 1976 sur « Formation et conditions de travail ».

15. Colette Verlhac, *Les méthodes d'intégration dans l'entreprise à Grenoble*, Université des sciences sociales, Grenoble, 1970.

16. Parmi lesquelles il ne faut pas compter le petit peloton des quelques grandes écoles de l'industrie, de l'administration et du commerce.

17. Michèle Legendre, « Réactions de cadres à leur perfectionnement », *Documents de l'INFA*, oct. 1970.

18. Ces résultats sont présentés en annexe.

19. Marc Maurice, *op. cit.*

20. *Les relations de travail à l'usine*, *op. cit.*, chapitre 12, « La syndicalisation du personnel », p. 240-267.

21. Ces deux recherches effectuées au CSO, l'une par Marie-Claire Bureau et l'autre par Michèle Legendre et Gérard Galienne, font l'objet de rapports ronéotés en cours de publication.

22. Cette proportion confirmée par nos résultats d'enquête dans l'entreprise électrotechnique et la compagnie d'assurances est celle qui ressort des statistiques présentées par Benguigui et Monjardet dans *Etre cadre en France*, *op. cit.*, 1971.

23. Cette thèse d'une sélection de classe au travers de fonctionnement de l'appareil scolaire et universitaire développée initialement par P. Bourdieu et J.-C. Passeron dans leurs ouvrages (*Les héritiers*, Paris, Editions de Minuit, 1964, 183 p., et *La reproduction*, Paris, Minuit, 1970, 279 p.) ; puis encore élargie par les travaux de Baudelot et Establet (*L'école capitaliste en France*, Paris, Maspero, 1973, 336 p.) a été largement confirmée en ce qui concerne les étudiants de grandes écoles, futurs ingénieurs et dirigeants d'entreprise.

24. Michèle Legendre, *Origines sociales et options des élèves de l'école ENSMIN*, Nancy, 1971, ronéo.

25. Catherine Gajdos, « Culture et impasse de la technique : les cadres de l'industrie », *Revue française de sociologie*, 12, 1972, p. 667-691.

26. Rolland, *Critères de sélection et promotion des cadres subalternes d'une entreprise publique*, mémoire de maîtrise, 1972, UER Sciences humaines cliniques, Paris VII.

27. J.-C. Rouchy, « Une intervention psychosociologique », *Connection*, 3, 1972, p. 25-67.

28. Michèle Legendre, *Documents de l'INFA*, art. cité.

29. Harry Levinson donne une bonne description analytique de cette situation dangereuse pour la personnalité dans son livre *Les cadres sous pression*, Paris, Editions d'organisation, 1973, 263 p.

30. Document INFA, 1970. Michèle Legendre, dans son étude « Les réactions des cadres et leur perfectionnement », montre que ce sont ces jeux d'intrigue et les études de cas avec jeux de rôles qui sont les plus appréciés par les stagiaires.

31. Nous pensons ici aux travaux de R. Hoggart sur les relations dans la famille ouvrière (*La culture du pauvre*, Paris, Editions de Minuit, 1970, 422 p.) où il montre que les rapports entre parents et enfants sont doublement influencés par l'expérience de travail. D'une part les parents reproduisent les attitudes cassantes vécues au travail, d'autre part ils laissent très tôt la liberté aux enfants comme une sorte de compensation à l'avance du manque de liberté dont ils souffriront dans leur futur destin en usine. J. Destray (*La vie d'une famille ouvrière*, *op. cit.*) constate également à quel point ses rapports avec ses parents étaient alourdis par les conséquences de leur travail. Ces observations rejoignent les thèses générales de Lipset sur l'autoritarisme dans la classe

ouvrière, qui englobe l'ensemble des rapports d'autorité vécus au travail ou à l'extérieur. (M.S. Lipset, *L'homme et la politique*, Paris, Le Seuil, 1960, 463 p.)

32. Henri Lefebvre, *Le manifeste différentialiste*, Paris, Gallimard, 1970, p. 66, Collection Idées.

33. *Le principe de Peter*, Paris, Gallimard, 1970, Collection Idées.

Notes du chapitre 6

1. Les enquêtes sociologiques adoptant cette problématique d'analyse sont très nombreuses. Citons à titre de simple illustration : les sondages d'opinion et de pratiques de consommation ; analyses des votes politiques et modes d'action syndicale ; étude des comportements scolaires, de la pratique télévisuelle et des mass media en général, etc.

2. Pour construire ce tableau, nous nous sommes référé à l'analyse des sources de pouvoir dans l'organisation qui a été présentée au début du chapitre II.

3. Michel Crozier développe, en deux endroits de son ouvrage, le problème des relations interpersonnelles internes au modèle d'organisation bureaucratique, il montre (p. 247-257) que, dans les données élémentaires d'un cercle vicieux bureaucratique, il y a des normes de conduites collectives qui répondent aux formes d'organisation ; règles impersonnelles plus centralisation des décisions et qui sont nécessaires à la reconduction des traits formels de l'organisation. Ces normes sont : l'isolement de chaque catégorie hiérarchique, la pression du groupe sur les individus, et le développement de relations de pouvoirs parallèles. Un peu plus loin, au chapitre VIII, « Le modèle français de système bureaucratique », il analyse davantage les dimensions interpersonnelles et hiérarchiques de ces relations humaines internes du système d'organisation bureaucratique (p. 280-290):

4. Max Weber, *Economie et société*, *op. cit.*, tome I, première partie, chap III « les types de domination ».

5. Nous faisons ici allusion au courant de recherches cumulatives effectuées aux Etats Unis, puis en Angleterre et en France sur les processus de mise en œuvre du type idéal de la bureaucratie selon Weber. Citons parmi ces nombreux auteurs Merton, Sleznick, Burns, Gouldner, Crozier, Lawrence et Lorsh, March et Simon, etc.

6. Michel Crozier, *Le phénomène bureaucratique*, *op. cit.*, p. 291 et 288-289.

Notes du chapitre 7

1. J'emprunte à l'ouvrage de Thorpe et Schmuller les éléments principaux de ce résumé sur les théories de l'apprentissage (*Les théories contemporaines de l'apprentissage et leur application à la pédagogie et la psychologie*, Paris, Presses universitaires de France, 1965).

2. Carl Rogers, *Liberté pour apprendre*, Paris, Dunod, 1972, 365 p., préface et trad. Daniel Le Bon.

3. Carl Rogers, *Liberté pour apprendre*, *op. cit.*, p. 152.

4. Je ne prétends pas développer ici la fiction d'un acteur totalement stratégique, et les thèses de Lindblom sur la sous-optimisation dans le choix des solutions nous paraissent plus proches de la réalité que l'image de l'homme-ordinateur ; il n'en reste pas moins que la rationalité ne peut s'édifier sans pari sur l'avenir, ce qui justifie l'idée d'un apprentissage dans les moyens d'évaluation des résultats de ses actes. C.E.

Lindblom, *The policy making process*, Englewoods Cliffs, N.J., Prentice Hall, 1968, 122 p.

5. Kogan et Wallach, *Risk taking as a function of the situation, the person and the group*, New York, Holt, 1967.

6. D.C. McClelland, J.W. Atkinson, *The achievement motive*, New York, 1953, Appleton.

7. A. Grozelier, « L'influence des facteurs psychologiques et sociaux sur les comportements de risques dans une situation de testing probabilité », *Bulletin du CERP*, mars 1971, p. 19-40.

8. William Doise et Serge Moscovici, in *Introduction à la psychologie sociale*, Paris, Larousse, 1973, 361 p.

9. Kogan et Wallach, *op. cit.* S. Moscovici et Zavalloni, W. Doise : « Rencontres et représentations intergroupes », *Archives de psychologie*, 1972.

10. Carl Rogers, *Le développement de la personne*, trad. L. Herbert, *op. cit.*, chap. VII.

11. Max Pagès, *La vie affective des groupes*, *op. cit.*, chap. VII.

12. Il est probable que cette hypothèse ne pourrait être confirmée dans le cas d'une action syndicale extrêmement longue, ou pour des militants très actifs dont l'essentiel de la vie se déroule dans l'univers syndical. Mais nos enquêtes n'ont pas réellement porté sur ces populations et ces situations particulières.

13. Leonard Sayles, *Behavior of industrial work groups prediction and control*, New York, Wiley Edit., 1958.

14. Enquête CSO — Atelier de réparation SNCF. Nous avons présenté les principaux résultats de cette enquête dans le chapitre II.

15. Ces résultats ont été présentés en détail dans le livre *Les relations de travail à l'usine*, ainsi que dans le chapitre II du présent ouvrage.

16. CSO *Une enquête d'organisation en compagnie d'assurances — op. cit.* Cette enquête a déjà été présentée au chap. III.

17. Michel Crozier présente ce problème de la participation dans l'entreprise du point de vue des recherches américaines et françaises dans ses trois ouvrages : *Les employés de bureau*, *op. cit.*, chap. VII, Interprétation et participation, ainsi que dans le *phénomène bureaucratique*, p. 268-274 ; et dans *La société bloquée*, chap. IV « Du problème de la participation ».

18. Alain Touraine *La conscience ouvrière*, Paris, Le Seuil, 1965, notamment p. 201-202 et 262-269.

19. Sur ce point, il faudrait citer les travaux de Danièle Kergoat in *Bulledor ou l'histoire d'une mobilisation ouvrière*, Paris, Le Seuil, 1973, montrant que, si les comportements de grévistes peuvent être en partie la conséquence de l'état antérieur du système social des rapports de travail, la grève peut aussi faire naître de nouveaux comportements collectifs quand on a le temps d'y développer de nouvelles stratégies. On trouvera également un certain nombre de documents sur la grève de Lip faisant ressortir l'évolution des relations entre grévistes au cours de leur année de lutte. Notamment dans Charles Piaget, *Lip*, Paris, Stock, 1973, p. 91-113 et 187-190.

20. Théodore Caplow, *Deux contre un*, Paris, Armand Colin, 1972, 296 p. « Les coalitions dans les triades ».

21. Michel Crozier, *Le phénomène bureaucratique*, *op. cit.* Le système de relations de pouvoir dans l'atelier, son équilibre et ses limites p. 142-147.

22. T. Caplow, *op. cit.*, p. 99.

23. T. Caplow, *op. cit.*

24. Michel Carraud, « Une expérience de restructuration en entreprise en vue d'enrichir les tâches », *Sociologie du travail*, 1, 1976, p. 36-50.

25. Nous pouvons citer ici les travaux de C. Prestat sur les transformations des relations en organisation de groupes semi-autonomes dans plusieurs entreprises de textile artificiel. Ces expériences ont été présentées dans le rapport de Y. Delamotte, *Vers une organisation plus humaine du travail*, Paris, Documentation française, 1973 ;

dans *Echanges d'expériences sur les nouvelles formes d'organisation du travail*, Rapport C. Prestat, Royaumont, mars 1974 ; et dans Binois et Prestat, « *Les réunions dans le fonctionnement des groupes semi-autonomes* », dans *Sociologie du travail* 1, 1976.

26. Un compte rendu de cette expérience et de l'effet Hawthorne est clairement résumé par S.W. Gellerman, *Les relations humaines dans la vie de l'entreprise*, Paris, Editions d'organisation, 1967, p. 45.

On pourrait citer également un ensemble d'expériences présentées par G. Galienne, C. Mamet, C. Prestat, A. Mallet, M. Carraud, M. Pierrot, D. Thierry, D. Kergoat..., R. Sainsaulieu dans la revue *Pour* (G.R.E.P.), 47-48, « Formation et conditions de travail ».

27. Danièle Kergoat, *Bulledor ou l'histoire d'une mobilisation ouvrière*, Paris, Le Seuil, 1971, 236 p.

28. Catherine Grémion « Le système de décision », p. 56-71, in *Où va l'administration française* ? Paris, Editions d'organisation, 1974, 223 p.

29. Jean-Claude Thoenig, *L'ère des technocrates, le cas des Ponts et Chaussées*, Paris, Editions d'organisation, 1973, 280 p.

30. J.C. Thoenig et Erhard Friedberg, *La création des directions départementales de l'équipement. Phénomène de corps et réforme administrative*, Paris, CSO, 1970.

31. Ces observations ont été faites sur plus de vingt cycles de formation permanente de longue durée, destinés à des cadres de tous grades, des travailleurs sociaux et des formateurs, et ayant porté sur l'enseignement des sciences sociales entre 1966 et 1976.

32. Nous avons plus largement développé ces effets stratégiques de la formation permanente dans deux articles récents : « L'effet de la formation sur l'entreprise », *Esprit*, octobre 1974, p. 407-428 ; « La formation permanente comme intervention sur l'entreprise et la société industrielle », *Connexion*, 17, 1976, p. 3-16.

33. Cette enquête a été présentée au chap. II.

34. *Id.*

35. Ce type de cycle de longue durée, animé et mis au point par Michel Dubois et Antoine Martin, a été poursuivi sur plusieurs années, de 1970 à 1975, et nous avons eu l'occasion d'observer les résultats de leur dynamique au cours de plusieurs semaines d'évaluation. Ces expériences ont été présentées par M. Dubois dans « Notes sur les aspects institutionnels de la formation de formateurs », *Education permanente*, 12, octobre 1971, p. 79-107, et dans un rapport pour le Comité de l'éducation extra-scolaire et du développement culturel du Conseil de l'Europe : « Détermination des objectifs et des programmes par les stagiaires dans les stages de formation de formateur », Oslo, 25 oct. 1974.

36. Cette référence aux crustacés est particulièrement importante dans *Les séquestrés d'Altona*, Paris, Gallimard, 1960, 223 p. ; et Simone de Beauvoir y fait allusion dans *La force de l'âge*, Paris, Gallimard, 1960, p. 217-218.

Notes du chapitre 8

1. Il faudrait tout d'abord citer ici de nombreuses études de travaux, principalement anglais et américains, et notamment les recherches de l'école intégrationniste de E. Mayo et G. Homans, centrées sur la satisfaction des motivations inconscientes en vue d'éliminer des tensions dans l'organisation, l'école américaine de sociologie fonctionnaliste qui, avec R.K. Merton, A. Gouldner, Selznick, développe l'étude des dysfonctions par rapport au modèle idéal de Weber ; ainsi encore que les travaux de l'école anglo-américaine de J. Woodward, C. Perrow, M. Meyer, P. Blau, dont l'étude est celle des causes et facteurs organisationnels des normes de comportements, et de leurs conséquences en termes d'intervention et de changement

des structures. Il faudrait encore citer les études de B. Clemmer et D. Cressey sur le rapport entre la conduite des prisonniers et leur position dans l'organisation sociale de la prison. Dans toutes ces approches des rapports collectifs en institution, on note que les cadres formels des rapports humains sont profondément transformés par l'expérience complexe et parfois violente des relations interpersonnelles. Mais on devrait également citer une autre voie de recherche, celle des psychologues sociaux du Survey Research Center de l'Université de Michigan, qui ont progressivement ouvert la voie à une problématique de reconnaissance croissante des problèmes psychologiques dans la résolution des rapports de rôles en organisation. R. Kahn, D. Wolff, R.P. Quinn, Snoek, dans leur ouvrage *Organisational stress* (New York, John Wiley, 1964, 470 p.); considèrent que l'ambiguïté des rôles est à l'origine de conflits et de tensions psychologiques pouvant aller jusqu'à l'apathie ou l'opposition dans la fonction. Chris Argyris parle du succès psychologique d'une organisation comme étant l'une des exigences essentielles et difficile à satisfaire de son développement. C. Argyris, *Integrating the individual and the organisation*, New York, John Wiley, 1964, 330 p.

2. J.-P. Leyens, « Influence de la distance psychologique et de l'éducation sur l'identification », *Bulletin du CERP*, 3-4, 1969.

3. P.M. Symonds, *The dynamics of human adjustement*, New York, Appleton Century, 1946.

4. Bandura et Kupers, 1964 ; Epstein, 1966, Mischel et Grusec, 1966, Burnstein, Scotland et Zandler, 1961, Ogilvie 1965, Ross, 1966, etc. in Leyens, *op. cit.*

5. J. Maisonneuve, *Psychosociologie des affinités*, Paris, Presses universitaires de France, 1966, 542 p., chap. VIII « La perception des relations affectives et la présomption de réciprocité », chap. IX « La perception des préférés ».

6. Mauk Mulder, « Power and satisfaction in task oriented groups », *Acta psychologica*, 16, 1959.

7. J.-P. Poitou « Perception des contributions individuelles au travail de groupe dans une structure sociale hiérarchisée », *Psychologie française*, 9 (4), décembre 1964.

8. G. Lemaine, J.-P. Desportes, J.-P. Louarn, « Rôle de la cohésion et de la différenciation hiérarchique dans le processus d'influence sociale », *Bulletin du CERP*, 18 (3-4), 1969, p. 237-253.

9. J.P.R. French et B. Raven, « The bases of social power », in Cartwright, *Studies in social power*, University of Michigan, 1959, p. 87-50-165.

10. J.-P. Poitou « Théorie de la réduction des distances psychologiques dans une hiérarchie de pouvoir », de Mulder, *L'Année psychologique*, 2, 1966, p. 475-493.

11. Jean Maisonneuve, *Psycho-sociologie des affinités*, *op. cit.*

12. R. Bastide, *Sociologie des maladies mentales*, chap. V « Psychiatrie de la société globale : des professions et classes sociales à la société industrielle », Paris, Flammarion, 1965, p. 146. Il est fort difficile de trouver en France des statistiques précises de troubles mentaux par catégorie professionnelle et par entreprise ou secteur d'activité en organisation. Des observations récentes effectuées sur les handicaps dans certaines industries de la sidérurgie et du verre tendent à montrer que les troubles psychologiques représentent plus du tiers des handicaps graves.

13. Bruno Bettelheim relate son expérience des camps de concentration dans son ouvrage, *Le cœur conscient*, Paris, R. Laffont, 1972, 335 p. publié, en 1960 aux Etats-Unis, sous le titre *The informed heart*, The Free press. Il a ensuite analysé les conséquences individuelles de l'expérience pédagogique nouvelle des kibboutz en Israël dans son ouvrage *Les enfants du rêve*, Paris, R. Laffont, 1971, 395 p. Parmi ses autres ouvrages, citons encore *La forteresse vide*, publié en France chez Gallimard, coll. Bibliothèque des sciences humaines (1969, 589 p.) où l'auteur pose le problème du traitement des enfants par un univers institutionnel et thérapeutique profondément novateur. Une série de trois émissions données par l'ORTF en octobre-novembre 1974 sur sa pensée et son œuvre donnent en outre un aperçu de sa personne et de ses idées en matière de thérapie.

14. Bruno Bettelheim, *Le cœur conscient*, *op. cit.*, p. 167.

15. *Idem*, p. 169.

16. E.H. Erikson, *Adolescence et crise. La quête de l'identité*, Paris, Flammarion, 1972, 323 p., traduit de l'américain, p. 45.

17. Erikson, *Adolescence et crise, op. cit.*, chap. III « Le cycle de vie, épigénèse de l'identité », p. 92.

18. R.D. Laing *Le soi et les autres*, chap. « Confirmation-infirmation », Paris, Gallimard, 1971, p. 122, 1re édit. anglaise 1961.

19. Un groupe de chercheurs de Palo Alto, en 1956 (Bateson G., Jackson D.D., Haley J. et Weakland J. « Toward a theory of schizophrenia », *Behavioral science*, 1, p. 251), a décrit cette situation de double lien. R.D. Laing reprend cette thèse et l'expose dans *Le soi et les autres, op. cit.*, p. 181, chap. IX, « Situations fausses et intenables ».

20. P. Maucorps, *Le vide social*, Paris, Editions du CNRS, 1965, 190 p.

21. De *apaitau*, en grec « je revendique ».

22. Max Pagès, *La vie affective des groupes*, Paris, Dunod, 1967, Collection Sciences humaines, 508 p.

23. Carl Rogers, *Le devenir de la personnalité*, Paris, Dunod, 1966, Collection Organisation et sciences humaines, 284 p.

24. R. Laing, *Le soi et les autres, op. cit.*, p. 176.

25. Hegel, *La phénoménologie de l'esprit*, Paris, Aubier-Montaigne, 1939, tome I, traduction Jean Hippolyte, 355 p.

26. Karl Marx, *Les manuscrits de 1844*, Paris, Editions sociales, 1972, 174 p.

27. Karl Marx, « L'homme avec toutes ses qualités, y compris la pensée... est un être présent réel », *L'idéologie allemande.*

28. *Le Capital*, tome III.

29. Alexandre Kojeve, *Introduction à la lecture de Hegel*, « Leçons sur la phénoménologie de l'esprit », Paris, Gallimard, 1947, 595 p.

30. René Girard, *La violence et le sacré*, Paris, Grasset, 1972, 450 p.

31. René Girard, *op. cit.*, p. 204.

32. *Id.*, p. 205.

33. *Id.*, p. 207.

34. *Id.*, p. 210.

35. Jacques Lacan, *Ecrits*, Paris, Le Seuil, 1971, tome I, « Le stade du miroir comme formateur de la fonction du Je », p. 89 à 97.

36. J. Lacan, *Ecrits, op. cit.* La critique de la position immanente du sujet développé par Hegel est principalement exposée par J. Lacan dans le chapitre « Subversion du sujet et dialectique du désir », tome II, p. 148-191.

37. A. Glucksman, *Le discours de la guerre*, Paris, L'Herne, 1967, 378 p.

38. R. Laing, *Le soi et les autres, op. cit.*

39. R. Laing, *Le soi et les autres, op. cit.*, p. 181.

40. E. Erikson, *op. cit.*

41. E. Erikson, *Adolescence et crise. La quête d'identité, op. cit.*

42. Mikel Dufrenne, *La personnalité de base, un concept sociologique*, Paris, Presses universitaires de France, 1953, p. 129.

1. F. Bourricaud, « Changement et théorie du changement dans la France d'après 1945 », *Contrepoint*, 16, 1975, p. 81.

2. La culture est généralement appréhendée du point de vue des ethnologues et sociologues comme un ensemble de représentations mentales auxquelles se réfèrent les individus pour agir et réagir aux actions des autres. Une conduite n'a finalement de sens social que par rapport à un certain code d'explication du monde. Mais il faut distinguer plusieurs catégories à l'intérieur même de ces éléments de représentation. On rencontre en effet tout le domaine des valeurs qui indiquent le bien et le mal pour le sujet et lui permettent d'articuler sa pensée en fonction d'échelles de valeurs et de codes de morale dont les racines touchent facilement au sacré ou à l'esthétique. Mais là ne s'arrête pas le contenu de la culture, car, dans le domaine du politique, du juridique, et du philosophique s'élaborent de véritables schémas d'actions qui tendent à s'introduire dans la pratique sous la forme de modèles de conduites et de normes de comportement par rapport à des situations précises. On parlera ainsi de normes de politesse du modèle bourgeois de l'éducation, de normes de la solidarité ouvrière ou même d'esprit maison. Dans tous ces cas, la culture contient plutôt des exemples, des façons de s'y prendre, des solutions toutes faites que des ordres de valeurs. Pour ces dernières, on pensera davantage à ce qui oriente les décisions et les choix, pour les premiers on verra plutôt des modèles du quotidien enserrant toutes les conduites dans une sorte de complète prédisposition. Au cours même de l'activité sociale d'échanges et de communication, les modèles idéologiques viendront désigner le normal et l'exceptionnel dans les richesses de l'expérience immédiate. Peut-on dire alors que, dans l'une ou l'autre de ces dimensions de la culture, le travail organisé puisse avoir une influence supplémentaire à celle des institutions éducatives et morales ?

3. Talcott Parsons, *Sociétés. Essai sur leurs évolutions comparées*, New York, Prentice, 1966, Paris, Dunod, 1973, p. 16-19.

L'auteur pose, dans ses divers ouvrages, l'idée fondamentale que tout phénomène social peut être pensé comme un système d'action, lequel doit satisfaire à quatre fonctions principales qui sont chacune l'objet du fonctionnement d'un sous-système. Le système culturel est chargé de maintenir les modèles et les valeurs, on l'appelle latence (L). Le système social est chargé de réaliser ou préserver l'intégration des acteurs sociaux (I) ; la personnalité, elle-même envisagée comme un système de sous-fonctions a pour objet la réalisation des fins, *goal achievement* (G), et l'organisme envisagé comme sous système doit en garantir l'adaptation (A).

Enfin, les quatre fonctions, dont l'application se fait dans un ordre cybernétique de contrôle LIGA, doivent elles-mêmes être assumées à chaque niveau de sous-système. Dans ce contexte théorique, l'apprentissage peut être considéré comme un système analytiquement indépendant, où le changement passe toujours par un processus de différenciation par rapport au système antérieur, suivi d'une intégration dans un nouveau système où l'on pourra généraliser la complexité plus grande introduite par la différenciation.

4. Parsons et Bales, *Family, socialization and interaction process*, New York, The Free Press, 1955, chap. II « Structure familiale et socialisation de l'enfant », chap. III, « L'organisation de la personnalité comme un système d'action », p. 139.

5. *Ibid.*, p. 139.

6. *Ibid.*, p. 61.

7. *Ibid.*, p. 93.

8. Dans son *Esquisse d'une théorie de l'autorité* (Paris, Plon, 1961-1969, 466 p.), François Bourricaud notait déjà : « N'allons pas croire que ces normes et ces valeurs, sans lesquelles le consensus ne serait pas réalisé, ont une existence pour ainsi dire transcendante et séparée. Elles sont petit à petit formées à partir du processus d'interaction » (p. 70).

9. Michel Crozier, *Un exemple de relation entre problématique, méthode et concepts : l'analyse stratégique des activités collectives organisées*, CSO document,

1969 ; « Sentiments, organisations et systèmes », *Revue française de sociologie*, N° spécial 1971, p. 141-154.

10. René Kaes, *Les ouvriers français et la culture*, rapport Institut du travail, Strasbourg, 1962, 592 p.

11. Emile Cornaert, *Les compagnonnages en France*, Paris, Les Editions ouvrières, 1966, 435 p.

12. J. Lacan, *Ecrits*, Paris, Le Seuil, 1970, chap. « Subversion du sujet et dialectique du désir », p. 173.

13. Les travaux de l'école américaine de relations humaines et psychologique industrielle, dont on trouvera un résumé détaillé dans le livre de J. Tiffin et Mc Cormick (*Psychologie industrielle*) traduit par R. Sainsaulieu, Paris, Presses universitaires de France, 1966.

14. Les caractéristiques de cette entreprise ont été présentées au chapitre II.

15. Les travaux d'Annick Mallet sur les effets de la politique d'immigration des entreprises de Wendel, sont à ce sujet particulièrement suggestifs. A. Mallet, *La main-d'œuvre étrangère dans une usine sidérurgique lorraine*, Diplôme EPHE, VIe section, 1972, 400 p.

16. Max Weber, *Economie et société*, *op. cit.*, notamment p. 249-252 et 275-278.

17. Nous avons donné des échantillons de ces discours dans le chapitre « Travail de métier » de notre ouvrage *Les relations de travail à l'usine*, *op. cit.*

18. Il s'agit d'enquêtes récentes effectuées dans une imprimerie, une ébénisterie, un atelier de dorure industrielle, un centre de formation professionnelle, une entreprise de fabrication d'appareillages mécaniques... utilisant uniquement des ouvriers professionnels.

19. F.W. Taylor, *La direction scientifique du travail*, Paris, Dunod, 1965, 309 p.

20. Max Weber, *Economie et société*, *op. cit.*

21. Henri Fayol, *Administration industrielle et générale*, Paris, Dunod, 1956. Extraits du *Bulletin de la Société de l'industrie minérale*, 1916.

22. Michel Crozier, *Le phénomène bureaucratique*, *op. cit.*

23. Ce phénomène a été analysé sur les résultats des recensements de la population française dans le livre collectif : Darras, *Le partage des bénéfices*, Paris, Editions de Minuit, 1967, et notamment chap. « Les employés à la recherche de leur identité ».

24. Léon Harmel, *Manuel d'une corporation chrétienne*, Paris, Mame, 1879, 538 p. (notamment p. 47 et 48).

25. Pierre Morin dans son livre *Le développement des organisations*, Paris, Dunod, 1971, donne un excellent résumé des diverses recherches et techniques en matière de développement du management et des organisations. Claude Levy-Leboyer présente dans un ouvrage plus récent un compte-rendu très documenté des recherches américaines sur les rapports entre satisfaction et organisation d'une part et les systèmes de participation aux décisions d'autre part. *Psychologie des organisations*, *op. cit.*

26. René Girard, *op. cit.*

27. René Girard, *op. cit.*, chapitre IV, « La genèse des mythes et des rituels », p. 168-169.

28. Léon Festinger, *A theory of cognitive dissonance*, Standford University Press, 1962, 291 p.

29. J.-P. Poitou dans son ouvrage *La dissonance cognitive*, Paris, Armand Colin, 1974, collection U, p. 66 à 70, montre que le besoin de cohérence peut être largement influencé par les conditions même des expérimentations dans le cas de travaux sur la soumission à des choix forcés.

30. Cornelius Castoriadis, *Socialisme ou barbarie*, n° 2 ; *L'expérience du mouvement ouvrier*, 10/18, Union générale d'éditions, 1973, p. 140.

31. R. Sainsaulieu « Les classes sociales défavorisées en face de la télévision. Quelques hypothèses », *Revue française de sociologie*, avril-juin 1966.

32. R. Kaes, *Les ouvriers français et la culture*, *op. cit.*

33. Hoggart, *La culture du pauvre*, Paris, Editions de Minuit.

34. M. Crozier, *Le monde des employés de bureau*, Paris, Le Seuil, 1964, dernière partie et conclusion.

35. Je ne peux ici que faire très brièvement allusion à la très grande quantité de travaux sociologiques ayant contribué à la révélation de l'effet de sélection sociale du système scolaire français, et qui ont largement accrédité l'hypothèse d'une participation différencielle des catégories sociales et socio-professionnelles aux diverses institutions de transmission de la culture dans la société française contemporaine. Parmi tous ces travaux il faut signaler notamment : A. Girard, « Les diverses classes sociales devant l'enseignement », *Population*, 20 (2), 1965 ; P. Bourdieu, J.-C. Passeron, *Les héritiers*, Paris, Editions de Minuit, 1964, 180 p. ; des mêmes auteurs : *La reproduction*, Paris, Editions de Minuit, 1970, 283 p. ; P. Bourdieu in Darras, *Le partage des bénéfices* « La transmission de l'héritage culturel », Paris, Editions de Minuit, 444 p., 1966 ; J.-C. Chamboredon in Darras,*op. cit.* « La société française et sa jeunesse », 155-166 ; Lucie Tanguy « L'Etat et l'école. L'école privée en France », *Revue française de sociologie*, 13 (3), 1972 ; Viviane Isambert-Jamati, « Structures scolaires et systèmes de valeurs », *Revue française de sociologie*, 7 (3), 1966; Jean-Michel Chapoulie, « Le corps professoral dans la structure de classe », *Revue française de sociologie*, 15 (2), 1974 ; P. Bourdieu, *Un art moyen : essai sur les usages sociaux de la photographie*, Editions de Minuit, 1965, 360 p. ; Louis Levy-Garboua « Les demandes de l'étudiant ou les contradictions de l'université de masse », *Revue française de sociologie*, 17 (1), 1976 ; V. Karady, « L'expansion universitaire et l'évolution des inégalités dans la carrière d'enseignants au début de la Troisième République », *Revue française de sociologie*, 14 (4), 1973 ; Raymond Boudon, *L'inégalité des chances — La mobilité sociale dans les sociétés industrielles*, Paris, Armand Colin, 1973, 239 p. ; Tréanton, Darbel, Boudon, débat sur le livre *L'inégalité des chances*, in *Revue française de sociologie*, 14 (1), 1975 ; Basil Bernstein, *Langage et classes sociales*, Paris, Editions de Minuit, 1975, 352 p.

La liste des études sur les institutions de la transmission culturelle pourrait être considérablement allongée. Quels que soient les institutions analysées et les mécanismes de la reproduction des inégalités sociales considérés, tous ces travaux confirment en tout cas un phénomène social massif : la spécificité et la variété des conduites de classe en matières culturelles et linguistiques.

36. Les études sur les conditions du développement de la formation permanente ont porté récemment tant sur la participation des publics aux nouveaux enseignements d'adultes que sur les effets organisationnels, institutionnels et culturels du passage en stage et cours d'éducation continue. Deux colloques ont eu lieu en 1975 sur les politiques et expériences de formation, organisé par l'ARIP à Paris, et en 1976 à Lyon, organisé par la Société française de sociologie, compte rendu in *Bulletin de la société française de sociologie*, 8, nov. 1976.

Tous ces travaux soulignent à quel point les demandes et les effets de la formation permanente s'inscrivent et révèlent avec force les inégalités et différences socio-culturelles en action dans le monde du travail. Cf. Philippe Fritsch, « Formation des Adultes et division sociale », *Connexion*, 16. Jean Dubost, « Travail ouvrier et formation permanente », *Connexion*, n° 16 ; Christian de Montlibert, « Le public de la formation des adultes », *Revue française de sociologie*,14 (4), 1973 ; R. Sainsaulieu, « Formation permanente, intervention sur l'entreprise et la société industrielle », *Connexion*, 17, 1976 ; Jean-Marie Raimond, « Recherche d'une stratégie de la formation des adultes », thèse de 3e cycle, Université de Nanterre, 1971 ; Michel Dubois, L. Ratier, *Développement culturel et formation continue*, rapport d'enquête CESI, 1976, 400 p.

37. Pierre Belleville, *Animation : pour quelle vie sociale*, Paris, Tema editions, 1974, 140 p.

38. Les éléments de ce tableau reposent évidemment sur une simplification des données de la situation et du pouvoir, tout spécialement dans les univers de relations vécues parallèlement au travail. La systématisation des sources d'accès au pouvoir en fonction des incertitudes contrôlées dans la structure a été présentée dans les six premiers chapitres de cet ouvrage ; elle demanderait en outre, pour revenir à la réalité des cas concrets de rapports en entreprise, d'être adaptée aux circonstances spécifiques du jeu des forces dans chaque système social de travail.

39. Nous nous appuyons sur l'analyse de systèmes sociaux d'établissements de 100 à 800 personnes choisis dans diverses branches industrielles, mécanique entretien général, alimentaire, bâtiment, verrerie, chimie, assurances, transport, services — 25 entreprises ont ainsi été analysées, et font l'objet de dossiers monographiques. CSO.

40. Ernest Renan, *Œuvres complètes*, Paris, Calmann-Lévy, 1882, tome V, p. 769. Livre 7e, *Marc Aurèle et la fin du Monde antique, 1882.*

41. *Id.* p. 773... *Pensées de Marc Aurèle*, IX, 29.

42. Wilhlem Reich, *Qu'est-ce que la conscience de classe ?* Paris, Maspero, 1971, p. 19.

43. Selon la thèse défendue par divers auteurs de l'ouvrage, *Révolution culturelle dans la Chine populaire*, Paris, UGE, Coll. 10/18.

44. Robert Blauner, *Alienation and freedom. The manual worker in industry*, Chicago University Press, 1974, 222 p.

45. Melvin Seeman, « On the meaning of alienation », *American sociological review*, déc. 1959, p. 783-791.

46. Alain Touraine, *La conscience ouvrière*, Paris, Le Seuil, 1966, 390 p.

47. Serge Mallet, *La nouvelle classe ouvrière, op. cit.*

48. J.H. Goldthorpe, D. Lockwood, *The affluent worker political attitude and behaviour*, Cambridge University Press, 1968, 94 p.

49. Melvin Seeman, « Les conséquences de l'aliénation dans le travail », *Sociologie du travail*, 2, 1967, p. 113-133.

50. Lucien Karpik, « Trois concepts sociologiques : le projet de référence, le statut social et le bilan individuel », *Archives européennes de sociologie*, 6, 1965, p. 191-222.

51. Dans notre ouvrage *Les relations de travail à l'usine, op. cit.*, p. 255, nous avons montré que la syndicalisation des départements de technologies différents variaient en fonction du système des rapports professionnels inter-catégories.

52. Wilhelm Reich, *Qu'est-ce que la conscience de classe ? op. cit.*, p. 13-20.

53. Jean-Paul Sartre, *Critique de la raison dialectique*, Paris, Gallimard, 1960, p. 165, 176, 191.

54. *Ibid.*

55. Georges Gurvitch, *Dialectique et sociologie*, Paris, Flammarion, 1962, Nouvelle Bibliothèque scientifique, 242 p.

56. *Ibid.*

57. *Ibid.* p. 183, 187.

58. Les travaux de psychosociologues sur l'intervention dans les entreprises sont ici extrêmement intéressants, car ces derniers situent leur pratique dans les organisations au niveau des processus interpersonnels et de groupe de la prise de conscience des orientations et activités collectives. Après E. Jacques et le compte rendu de son intervention à la GLACIER MÉTAL, où il analyse les mécanismes de transfert affectif et d'ambivalence dans la constitution des groupes, Jean Dubost achève une thèse d'Etat mettant en évidence le rôle des organisations comme objets d'identification et les processus d'analyse et de communication selon lesquels les individus prennent conscience de leurs identités collectives dans le système social. Ces travaux, reposant sur une longue pratique de l'intervention, soulignent le rôle de l'analyste comme devant initier ou entretenir un véritable travail de « perlaboration » dans le système social.

59. Carl Rogers, *Le développement de la personne, op. cit.*

60. Robert Sevigny, « Pour une théorie psychosociologique de l'aliénation », *Sociologie et sociétés*, I (2), nov. 1969, p. 193-219. Robert Sevigny et P. Guimond, « Psychosociologie de l'actualisation de soi », *Sociologie et sociétés*, 2, nov. 1970, p. 250-264.

61. Alain Touraine, *La conscience ouvrière, op. cit.*, p. 308.

62. Gérard Mendel, *Socio-psychanalyse*, 1-2-3, 1972-1973.

63. Plusieurs sociologues ont fait porter explicitement leurs recherches empiriques

sur ce phénomène de la pluralité syndicale. A. Touraine a étudié les facteurs des orientations militantes (*La conscience ouvrière*, Paris, Le Seuil, 1966), D. Vidal analyse les caractéristiques de la diversité idéologique chez les militants de diverses centrales syndicales, *Essai sur l'idéologie — le cas particulier des idéologies syndicales*, Paris, Anthropos, 1971, 322 p.. S. Mallet étudiait l'effet de technologie des entreprises sur les conditions d'exercice du syndicalisme (*La nouvelle classe ouvrière*, Paris, Le Seuil, 1962).

64. G. Adam, F. Bon, J. Capdevielle, R. Mouriaux, *L'ouvrier français en 1970*, Paris, Presses de la Fondation nationale des sciences politiques, 1971, 280 p.

65. J.-D. Reynaud, *Les syndicats en France*, Paris, Le Seuil, 1975, tome 1.

66. Les résultats d'enquête sur la conception et la réalité historique de l'action collective ont été présentés au chapitre 7 sur l'apprentissage des normes.

67. L. Sayles, *op. cit.*, chap. 7.

68. Henri Mendras a clairement analysé les caractéristiques structurales et culturelles de cette société d'interconnaissance des villages, *La fin des paysans*, Paris, Sedeis, 1967, Editions Futuribles.

Note de la conclusion

1. Dont nous avons présenté les principales caractéristiques aux chapitres 2 et 8.

Index

CET OUVRAGE
A ÉTÉ REPRODUIT
ET ACHEVÉ D'IMPRIMER
PAR L'IMPRIMERIE FLOCH
À MAYENNE EN JUIN 1993

N° d'impression : 34262.
Dépôt légal : juin 1993.
Imprimé en France.